महाराणा

सहस्त्र वर्षों का धर्मयुद्ध

महाराणा

सहस्त्र वर्षों का धर्मयुद्ध

ओमेंद्र रत्नू

प्रकाशक

प्रभात प्रकाशन प्रा. लि.

4/19 आसफ अली रोड, नई दिल्ली–110002

फोन : 011–23289777 • हेल्पलाइन नं. : 7827007777

इ–मेल : prabhatbooks@gmail.com ❖ वेब ठिकाना : www.prabhatbooks.com

संस्करण

2026

पेपरबैक मूल्य

छह सौ रुपए

मुद्रक

आर–टेक ऑफसेट प्रिंटर्स, दिल्ली

———————— ★ ————————

MAHARANA

by Shri Omendra Ratnu

Published by **PRABHAT PRAKASHAN PVT. LTD.**
4/19 Asaf Ali Road, New Delhi-110002

ISBN 978-93-5521-373-0

₹ 600.00 (PB)

मेवाड़ के उन अनाम व अज्ञात भील, राजपूत
तथा
समस्त हिंदू पूर्वजों को समर्पित,
जो सदियों तक जीवन व संपन्नता दाँव पर लगाकर
अपने महाराणाओं के साथ खड़े रहे।

Mewar Insignia

जो दृढ़ राखे धर्म को,
तिही रखे करतार

जो अपने धर्म पर दृढ़ रहता है,
परमात्मा स्वयं उसकी रक्षा करता है।

प्राक्कथन

एक ब्रिटिश कवि मैथ्यू अर्नोल्ड ने भारत के हिंदुओं के लिए ये पंक्तियाँ लिखी हैं—

'विस्फोट होने से पहले ही झुक गया पूरब,
गहन धैर्य व अन्यमनस्कता में,
सैन्य पंक्तियों को गरजते हुए जाने दिया,
और फिर से ध्यान में मग्न हो गया।'

ये पंक्तियाँ सार हैं उस विमर्श का, जिसने लगभग 300 वर्षों से हमारे अभागे देश की चेतना को बंधक बनाकर रखा है।

विशेषकर गत सात दशकों से तो वामपंथी-इस्लामी विचारकों द्वारा हमारे इतिहास के बलात् अधिग्रहण के कारण हमारे साहित्य व सामान्य जीवन में यह विमर्श अंगद के पैर की भाँति जम चुका है।

इसके अनुसार, हिंदू वे मूक और कायर लोग हैं, जो अपने वाणिज्य-व्यापार एवं अध्यात्म में ही रत रहे एवं भारतीय उपमहाद्वीप को निरंतर चोट पहुँचानेवाले इस्लामी आक्रांताओं को उन्होंने कोई चुनौती ही नहीं दी।

फिर कुछ वर्ष पूर्व, ट्विटर पर मेरे सामने श्री संजय दीक्षित का एक ट्वीट आया। संजय जी पूर्व उच्चाधिकारी, लेखक एवं एक क्रांतिकारी हिंदू विचारक हैं, जिन्होंने अपने ट्वीट में दिवेर के युद्ध का उल्लेख किया था, जहाँ 1583 ईसवी में महाराणा प्रताप ने अकबर की सेना को पराजित किया था।

अपने अज्ञान एवं बौद्धिक आलस्य के कारण मैंने उस पर इतना अधिक ध्यान नहीं दिया।

मुझे लगा कि यह प्रताप को महिमामंडित करने का एक अतिशयोक्तिपूर्ण प्रयास है। फिर मैंने अनायास ही दिवेर के निकट देवगढ़ में रहनेवाले अपने एक मित्र श्री शत्रुंजय सिंह जी से जानकारी ली। उन्होंने मुझे देवगढ़ के एक पुण्यात्मा, श्री नारायण जी उपाध्याय से मिलवाया। यह भेंट मेरी सोच व जीवन का निर्णायक मोड़ सिद्ध हुई।

नारायण सा मुझे दिवेर एवं उसके आस-पास के क्षेत्रों में ले गए जहाँ 1583 ईसवी में विजयदशमी के दिन हुए इस युद्ध के साक्ष्य उपस्थित थे।

वह स्थान देखा, जहाँ मेवाड़ के योद्धा कभी विश्राम करते थे। वे प्राचीन बावड़ियाँ देखीं, जो मनुष्य एवं पशु दोनों का समान रूप से पोषण करती थीं।

दिवेर में मेवाड़ के प्राचीन मार्ग

नारायण सा मुझे राजसमंद ले गए, जहाँ पर मूलतः एक तेलुगु इतिहासकार रणछोड़ भट्ट तैलंग द्वारा लिखा इतिहास, शिलालेखों में उकेरा हुआ है। इन शिलालेखों में दिवेर के युद्ध का विस्तृत विवरण है।

मैंने पाँच शताब्दियों पुराने रास्तों पर समय के साथ धूमिल न होते अश्वों के पदचिह्नों को भी देखा। मैंने विश्वसनीय लेखकों द्वारा लिखित पुस्तकों में दर्जनों उदाहरण पढ़े, जिनसे दिवेर के युद्ध की प्रामाणिकता सत्यापित होती है कि यही वह युद्ध था, जिसके पश्चात् मेवाड़ को इस्लामी साम्राज्यवादी अकबर के पंजों से छुड़वाया गया।

प्राचीन बावड़ी

दिवेर के विषय में खोज करते हुए मुझे दो पुस्तकें मिली। पहली थी जेम्स टॉड द्वारा लिखित

'Annals and Antiquities of Rajasthan' एवं दूसरी, श्री श्यामलदास[1] द्वारा लिखित 'वीर विनोद'। इन दोनों ही पुस्तकों के आधार पर मुझे दिवेर के युद्ध से संबंधित पुष्ट प्रमाण प्राप्त हुए।

इन पुस्तकों के पन्नों में मुझे दिवेर के अतिरिक्त, मेवाड़ के सिसोदिया राजवंश के जीवनचरित्र एवं क्रियाकलापों के विषय में विस्तार से परिचय मिला।

मैं ठगा सा रह गया इन महिमाशाली राजाओं के चरित्र को पढ़कर कि कैसे इन देवतुल्य महाराणाओं का सत्य हमसे बिल्कुल ही छुपा लिया गया है!

मुझे उन चरित्रों, उन प्रकरणों इत्यादि को पढ़कर रोमांचक गर्व व आश्चर्य हुआ कि आखिर कैसे, इतने कम संसाधनों की सहायता से मेवाड़ के इन महाराणाओं ने क्रूर हत्यारों के समूह को सहस्र वर्षों तक पराजित किया।

दुर्भाग्यवश, इन महाराणाओं के विषय में हमें बहुत ही कम लिखित प्रमाण मिलते हैं।

मेवाड़ के लेखकों एवं इतिहासकारों के लेखन में तीन प्रमुख सूत्रों का उल्लेख होता है—

1. हिंदू मंदिरों एवं दुर्गों में प्राप्त शिलालेख,
2. मेवाड़ राजवंश की वंशावली व उनकी ख्यात,
3. लोकश्रुति में प्रचलित महाराणाओं के जीवन चरित्रों की कथाएँ।

मेवाड़ के मुसलमानों के साथ 1,000 वर्षों तक चले निरंतर संघर्ष में इस्लामी आक्रांताओं के द्वारा हिंदू साहित्य ग्रंथों इत्यादि को जलाकर और हिंदू मंदिरों व दुर्गों को तोड़कर भारतीय इतिहास को सर्वाधिक हानि पहुँचाई गई। ये अनपढ़ लुटेरे, लिखित इतिहास के जो प्राथमिक स्रोत थे, उनका नाश करना अपना धर्म मानते थे।

विपुल साहित्य व इतिहास इन बर्बर आक्रांताओं के कारण सदा के लिए खो गया।

उदाहरणार्थ, तेरहवीं शताब्दी में बख्तियार खिलजी ने नालंदा विश्वविद्यालय जैसे शिक्षा व अध्ययन के महान केंद्र को ही जला दिया।

नालंदा का पुस्तकालय इतना विशाल था कि छह माह तक जलता रहा।

यही घिनौना कृत्य अनेकानेक हिंदू गुरुकुलों व शिक्षा केंद्रों के साथ किया गया।

तेरहवीं सदी में मुसलमान गुलाम वंश का इल्तुतमिश, दस वर्षों तक केवल राजस्थान के गुरुकुलों को ही जलाता रहा।

इस्लामी आक्रांताओं द्वारा तोड़े गए हिंदू मंदिरों की संख्या हजारों में है। इन मंदिरों

1. *एनल्स ऐंड एंटीक्यूटीज ऑफ राजस्थान,* जेम्स टॉड पृ. 278 *वीर विनोद* पृ. 158, *वीर शिरोमणि महाराणा प्रताप,* जी.एच. ओझा पृ. 27; *मेवाड़ के महाराणा और शहंशाह अकबर,* राजेंद्र शंकर भट्ट पृ. 291; *वॉर स्ट्रेटेजी ऑफ महाराणा प्रताप,* डॉ. एल.पी. माथुर पृ. 196।

के साथ ही वे बहुमूल्य शिलालेख भी नष्ट हो गए, जिनमें हमारे पूर्वज हमारा इतिहास उकेर कर गए थे।

इन्हीं दोनों कारणों से भारतीय उपमहाद्वीप में लिखित हिंदू इतिहास के प्रमुख स्रोत नष्ट हो गए। ऐसे में मेवाड़ के इतिहास के साथ ऐसा होना कुछ नया नहीं था।

भारतीय इतिहासकार, इस्लामी इतिहासकारों, जैसे कि फरिश्ता, अबुल फज्ल, अल बदायूँनी या मुगल राजाओं, जैसे बाबर, जहाँगीर तथा औरंगजेब द्वारा लिखे अथवा लिखवाए गए ग्रंथों पर निर्भर होने को विवश हो गए।

महाकवि श्यामलदास दधवाड़िया

कर्नल जेम्ज़ टॉड (1782-1835 ईसवी)

यह एक प्रमुख कारण है कि दस सहस्र वर्ष पुरातन हमारी महान सभ्यता के विषय में यदि हम गहन जानकारी प्राप्त करना चाहें तो हमें अधिकतर केवल असत्य ही प्राप्त होते है। किंतु फिर भी, जब मैंने टॉड तथा 'वीर विनोद'[2] के लेखन में मेवाड़ के विलक्षण महाराणाओं के विषय में पढ़ा कि कैसे सतत 1,000 वर्षों तक केवल एक राजपरिवार के वंशजों द्वारा ही इस्लामी आक्रांताओं के विरुद्ध महान संघर्ष किया गया, तो मेरे सुखद आश्चर्य की कोई सीमा नहीं रही।

मेरी जानकारी में मानव इतिहास में कभी, कहीं ऐसा नहीं हुआ है कि इस्लामी आक्रांताओं द्वारा किए गए कपटपूर्ण, हिंसक एवं निर्दयी आक्रमण का किसी एक राज्य ने इतनी तीव्रता से अनवरत प्रतिकार किया एवं उन पर विजय भी प्राप्त की।

तर्क व सत्यनिष्ठा के आधार पर मैंने जाना कि कितने अनर्गल असत्यों का निर्माण इस देश के तथाकथित इतिहासकारों ने किया है। अपनी विधा व ज्ञान के साथ इतना गहरा छल करनेवाले ये स्वयं घोषित इतिहासकार व बुद्धिजीवी स्वयं के साथ कैसे जीते होंगे, यह तो वही बता सकते हैं।

---

2. श्यामलदास।

परंतु हिंदू समाज का अधिकार है यह जानना, कि आखिर क्या मंतव्य था इन लोगों का यों हमारे इतिहास को पोंछ डालने का?

कौन लोग थे, जो राज्य व्यवस्था में बैठे इन मक्कार वामपंथियों के सहायक थे?

आखिर कैसे एक ही दिन में चित्तौड़ के 40,000 हिंदुओं की निर्मम हत्या करने वाला अकबर हमारे लिए महान बना दिया गया? आखिर क्यों मुगल हत्यारों को हमारी महान सभ्यता के लिए हितकारी बताया जाता है?

1,000 वर्षों के संघर्ष में इस्लामी आक्रांताओं ने भारत में केवल तीन मुख्य निर्माण किए—लाल किला, ताजमहल एवं कुतुब मीनार।

क्यों हमारे तथाकथित इतिहासकारों की दृष्टि में, हिंदू राजाओं द्वारा निर्मित सहस्रों दुर्ग, मंदिरों, मूर्तियों, गुफाओं में बने भित्ति चित्र, महल, चित्र इत्यादि का कोई मूल्य नहीं है?

तथापि, जो सबसे बड़ा व प्रभावी छल इस देश के इतिहासकारों ने किया, वह है, मेवाड़ के साहसी महाराणाओं का नाम इतिहास से पूरी तरह मिटा देना।

वे महाराणा, जिनका कर्तृत्व व जीवन, उस समय की किसी महान क्रांति से कम नहीं था।

उनके नाम तक भारत के सार्वजनिक जीवन से मिट गए हैं!

बाप्पा रावल, मेवाड़ वंश के संस्थापक एवं एक शक्तिशाली राजा, जिन्होंने भारत पर सबसे पहले आक्रमण करनेवाले अरब इस्लामी आक्रांताओं को बुरी तरह पराजित कर ईरान तक खदेड़ा। उन महान बाप्पा रावल का नाम इतिहास की पुस्तकों से हटा ही दिया गया, जबकि देश में विध्वंस एवं हत्याओं का तांडव करनेवाले इस्लामी हत्यारों को 'दिल्ली सल्तनत' की उपाधि दी गई।

इस पुस्तक में यह सिद्ध करने का प्रयास किया गया है कि दिल्ली सल्तनत नाम की कोई सल्तनत थी ही नहीं। यह वामपंथी एवं इस्लामी बुद्धिजीवियों द्वारा आविष्कृत एक पूर्णतया असत्य प्रस्तावना है।

महाराणा सांगा, कुंभा एवं हम्मीर सिंह के शासन में मेवाड़ का हिंदू राज्य तथाकथित दिल्ली सल्तनत से कई गुना अधिक बड़ा था। फिर भी हमारे पाठ्यक्रम में उनकी जगह तुगलक, खिलजी और लोधी जैसे विभिन्न वंशों के लुटेरों को, जिन्होंने केवल दिल्ली एवं आस-पास के कुछ क्षेत्र पर राज किया, हमारी पुस्तकों में शक्तिशाली सुल्तान व देश के संरक्षकों के रूप में दर्शाया गया है।

दिल्ली सल्तनत के अतिरिक्त एक और झूठ जो गढ़ा गया, वह है 'हिंदू दासता के 1,000 वर्ष', जिसका सत्य मैंने मेवाड़ का इतिहास पढ़कर जाना।

जब पूरा मेवाड़ कभी एक दिन भी न तो पराजित हुआ और न ही उस पर कभी इस्लामी आक्रांताओं का अधिकार हुआ, तो हिंदुओं की दासता का नंगा असत्य किसने और क्यों गढ़ा, यह इस पुस्तक का मौलिक अन्वेषण है।

और मेवाड़ ही क्यों?

दसवीं से बारहवीं शताब्दी के मध्य आए महमूद गजनी व अन्य इस्लामी आक्रांताओं का शाहिया वंश द्वारा प्रतिकार, आठवीं शताब्दी तक कश्मीर के राजा ललितादित्य मुक्तापीड़ द्वारा उत्तरी एवं मध्य भारत की इस्लामी आक्रमणों से रक्षा का सत्य भी पोंछ दिया गया।

मध्य भारत के गुर्जर-प्रतिहार राजाओं द्वारा अरब आक्रमणकारी सदैव पराजित किए गए, और अरब इतिहास में उन्हें 'जुर्ज के राजा' अर्थात् 'मुस्लिम आस्था के सबसे बड़े शत्रु' बताया गया है। सिंध के जाट, जिन्होंने सोमनाथ मंदिर ध्वस्त करके लौटती महमूद गजनी की सेना को समाप्त कर दिया था। रावल खुमाण, शक्ति कुमार, जैत्र सिंह, मूल राजा, भीमदेव, गुर्जर प्रतिहार राजा, चालुक्य, राष्ट्रकूट, कलिंग, विजयनगर, असम के अहोम, मराठे आदि ऐसे दर्जनों योद्धाओं के शौर्य को अपने कपट से आच्छादित कर, केवल हिंदू दासता का झूठ सतत हमारी धमनियों में घोला जाता रहा।

कुछ पश्चिमी इतिहासकारों, जैसे जॉन मिल या रिचर्ड ईटन ने इस्लामी आक्रांताओं के महिमामंडन एवं भारतीय उपमहाद्वीप में इस्लामी आक्रमण का विरोध करनेवाले हिंदू राजाओं को नीचा दिखाना आरंभ किया। अधिकांश आधुनिक हिंदू इतिहासकारों ने उपमहाद्वीप में शताब्दियों तक चले हिंदू-मुस्लिम संघर्ष के ऐतिहासिक कालक्रम को समझे बिना ही, इस मिथ्यारंजित भारतीय इतिहास को प्रचलित करने में सक्रिय रूप से भाग लिया।

इनमें से कुछ ने तो ऐसा भारत की आध्यात्मिक संस्कृति को पश्चिम एवं मध्यपूर्व के आक्रांताओं की भोगवादी संस्कृति से उत्कृष्ट बताने की अपनी सड़ी-गली, कपोलकल्पित धारणा के चलते किया। एक ऐसी निकृष्ट धारणा, जिसका व्यावहारिक जीवन से कोई संबंध ही नहीं था। आध्यात्म का अर्थ यदि गुंडों के एक समूह के आगे समर्पण होता, तो क्या श्री कृष्ण, महाभारत का युद्ध करवाते? वे भी कुछ ले-देकर यथास्थिति बनाए रख सकते थे।

इन तथाकथित बुद्धिजीवियों के आलस्य, उनकी दीन-हीन मानसिकता एवं हिंदू नेतृत्व तथा धनी व समर्थ हिंदुओं द्वारा किए गए वैचारिक समर्पण का परिणाम है कि ये असत्य, भारतवर्ष की पाठ्य-पुस्तकों से लेकर सामान्य जनजीवन तक, सभी जगह फैल गए। ईसाई मिशनरियों ने इस प्रयास में खुलकर साथ दिया और हिंदुओं का धर्म परिवर्तन करके वे वामपंथ की पोषित इस पकी फसल को काटने में लग गए।

15 अगस्त, 1947 को जब गोरे साहिबों द्वारा स्थानीय भूरे साहिबों को सत्ता का हस्तांतरण हुआ, तब कांग्रेसियों, वामपंथियों, मुसलमानों एवं इतिहासकार बने मार्क्सवादियों ने ब्रिटिश इतिहासकारों एवं मिशनरियों का बचा-खुचा काम समाप्त किया।

मिशनरी, मार्क्सवादी एवं मुल्लाओं को उनके विस्तारवादी लक्ष्य को हवा देने के लिए हिंदू इतिहास का पराजित स्वरूप काफी सुविधाजनक लगा। इसके पश्चात् मीडिया एवं मैकाले-पुत्रों (वे हिंदू जो केवल जन्म से हिंदू हैं और हिंदू धर्म से घृणा करते हैं) ने भी इस नाश में साथ दिया एवं इस देश के पाठ्यक्रम को मुसलमानों के पक्ष में प्रभावित करने में कोई कसर नहीं छोड़ी।

इस प्रकार ये भारत विखंडन के पाँच वाहक (मुल्ला, मिशनरी, मीडिया, मैकाले-पुत्र तथा मार्क्सवादी) भारत के विखंडन की प्रक्रिया में एक साथ सक्रिय होकर जुट गए।

नेतृत्वहीन, संसाधनहीन व शस्त्रहीन हिंदू समाज, अपने धर्म का नाश किंकर्तव्यविमूढ़ होकर देखने को विवश हो गया।

द्वितीय विश्व युद्ध के पश्चात्, जर्मन सत्ता दो भागों में विभाजित हो गई। एक वे, जो यहूदियों के साथ हुए होलोकास्ट (नरसंहार) को नकारना चाहते थे और दुसरे वे, जो आनेवाली पीढ़ियों को सत्य बताना चाहते थे। दूसरा धड़ा कहता था कि इतिहास का मूल उद्देश्य है अपने वंशजों को उनके पूर्वजों की गलतियों के विषय में ज्ञात हो, फलस्वरूप इसकी पुनरावृत्ति न हो। भाग्यवश, इस धड़े की ही जीत हुई।

भारत ने एक स्वतंत्र देश के रूप में इसके ठीक विपरीत रास्ता ही चुना। हम अपने पूर्वजों के साथ इस्लामी आतताइयों द्वारा की गई प्रत्येक धृष्टता को सिरे से नकारते ही आए हैं। देश की तत्कालीन सरकार द्वारा प्रायोजित इस नीति को समझने के लिए केवल एक उदाहरण ही पर्याप्त है।

1989 में, पश्चिम बंगाल माध्यमिक शिक्षा बोर्ड ने एक सर्कुलर निकाला, जिसमें लिखा था, "मुस्लिम शासन की कहीं पर भी आलोचना ना की जाए। मुसलमान शासकों द्वारा मंदिरों के विध्वंस के विषय में न कहीं छापा, ना कहीं लिखा जाए।"

इस सर्कुलर के साथ दो कॉलम की एक पूरी सूची भी संलग्न थी।

पहले कॉलम में ऐतिहासिक तथ्यों के साथ घटनाओं का उल्लेख था और दूसरे कॉलम में आवश्यक बदलाव कर उन्हीं घटनाओं को लिखा गया था। पहले कॉलम का नाम 'अशुद्ध' रखा गया था एवं दूसरे कॉलम का नाम था 'शुद्ध'।

इस सर्कुलर को सभी प्रकाशकों के पास भेजा गया। आदेश बड़े ही स्पष्ट और

अधिकारपूर्ण थे कि वे तथाकथित त्रुटियों को सुधार लें। प्रकाशक एवं लेखक गण से निवेदन है कि वो अपने द्वारा लिखित अथवा प्रकाशित पुस्तकों में यदि कहीं भी ये अशुद्धियाँ हैं तो उन्हें आनेवाले संस्करणों में सुधारें, अथवा संलग्न पृष्ठ को अपनी पहले से प्रकाशित पुस्तकों में त्रुटी-सुधार के रूप में चिपकाएँ। प्रकाशकों से अनुरोध है कि वो त्रुटि-सुधार होते ही पुस्तक की एक प्रति सिलेबस कार्यालय में जमा कराएँ।"

संक्षेप में, हम यहाँ केवल एक ही उदाहरण दे रहे हैं—

पृष्ठ-89 (अशुद्ध) सुल्तान महमूद ने बलात् नरसंहार, लूट, विध्वंस व धर्म परिवर्तन किया।

(शुद्ध) महमूद द्वारा विध्वंस एवं लूटमार मचाई गई।

विडंबना यह है कि मूलतः ये अंश महमूद गजनी के संस्मरणों में से ही लिये गए हैं।

यदि भारत की तत्कालीन सरकार में बैठे लोग, द्वितीय विश्व युद्ध के पश्चात् जर्मनों जितने सत्यनिष्ठ (ईमानदार) होते, तो इस तरह के असत्य फैलाने वालों को जेल हो जाती।[3]

यह कैसी रुग्ण दशा है हिंदू समाज की, जिससे ग्रस्त हो मनुष्य अपने पुरखों के हत्यारों के सत्य को छुपाना चाहता है!

अपराधियों के एक समूह को क्यों नैतिक मनुष्यों के समकक्ष बिठाना चाहता है!

—नीरज अत्री द्वारा

किंतु जैसे पत्थरों का वक्ष चीरकर भी नन्हे पौधे पल्लवित हो आते हैं और कालांतर में अपनी जड़ें जमाते हैं, वैसे ही सत्य के प्रगट होने के भी सहस्रों मार्ग होते हैं।

लाख चेष्टा करे कोई दबाने की, एक जाग्रत् समाज में सत्य प्रगट हो ही जाता है। रॉबर्ट ओर्मे एवं जेम्स टॉड जैसे निष्कपट इतिहासकारों ने क्रमशः 18वीं एवं 19वीं शताब्दी में बड़े ही परिश्रम से मुगलों एवं मेवाड़ वंश के निकटतम ऐतिहासिक तथ्यों को एकत्र करके संकलित किया। महाराणा राज सिंह जी ने भी तेलुगु इतिहासकार, रणछोड़ भट्ट तैलंग को मेवाड़ के राजाओं का इतिहास लिखने के लिए नियुक्त किया।

उन्नीसवीं सदी में महाराणा सज्जन सिंह ने मेवाड़ के इतिहास के शोध हेतु श्री श्यामलदास जी को अनुदान दिया और 'वीर विनोद' की रचना हुई।

श्री आर.सी. मजूमदार, जदुनाथ सरकार, गौरीशंकर हीरचंद ओझा, राजेंद्र शंकर भट्ट, डॉ. रामगोपाल मिश्रा, डॉ. चंद्रशेखर शर्मा, डॉ. के.सी. गुप्ता, सूर्य मल्ल मीसण,

---

3. *एमिनेंट हिस्टोरियंस*, अरुण शौरी, तृतीय आवृत्ति 2007, पृ. 63-65, सहयोग नीरज अत्री।

डॉ. एल.पी. माथुर जैसे सत्यनिष्ठ इतिहासकारों ने भारत का इतिहास तटस्थ रहकर लिखने का प्रयास किया। यद्यपि इन्हें राज्य द्वारा उचित सहयोग नहीं मिला।

इनके कार्य, सम्यक् प्रचार के अभाव में आमजन तक नहीं पहुँच पाए और अंततः भुला दिए गए।

यह पुस्तक इन सत्यनिष्ठ इतिहासकारों के कार्य को समाज तक सरल भाषा में एक कहानी की तरह रोचक बनाकर पहुँचाने का लघु प्रयास है। यह पुस्तक मेवाड़ के महान महाराणाओं के इतिहास के पुनर्लेखन एवं हत्यारे अरबों, तुर्कों, लोधियों, तुगलकों, खिलजियों जैसे बलात्कारी लुटेरों व दुष्ट मुगलों बाबर, अकबर, जहाँगीर व औरंगजेब के विरुद्ध इन महाराणाओं के सफल सैनिक अभियानों पर प्रकाश डालने के उद्देश्य से लिखी गई है।

जितनी जानकारी मुझे 'वीर विनोद', जेम्स टॉड एवं अन्य शोध इत्यादि से प्राप्त हुई, उसके आधार पर मैंने महाराणाओं की कथा कहने का प्रयास किया है। जिन-जिन पुस्तकों से मैंने उद्धरण लिये हैं, उनका उल्लेख मैंने किया है।

मेरी मौलिक शिक्षा आधुनिक विज्ञान की है तथा मेरी सहज प्रवृत्ति तर्कनिष्ठ व सत्य का निष्पक्ष आकलन करने की है, क्योंकि मैं एक शल्य चिकित्सक हूँ। मैं इतिहासकार तो नहीं हूँ, किंतु इस पुस्तक को लिखकर एक शिक्षित हिंदू के रूप में, मैं सत्य बोलने के अपने अधिकार का उपयोग कर रहा हूँ।

मेरा मत है कि इस्लामी आक्रमणकारियों एवं हिंदुओं के मध्य चले आ रहे सभ्यताओं के संघर्ष के सत्य को सार्वजनिक किया जाना अति आवश्यक है। इस पुस्तक के माध्यम से मैंने 1,400 वर्षों के हिंदू-मुस्लिम संघर्ष के विषय में फैले असत्य को प्रकाश में लाने एवं महाराणाओं की कथाओं के माध्यम से हिंदुओं में आत्मसम्मान एवं गौरव की भावना पुनर्जीवित करने का प्रयास किया है।

मेरा मंतव्य है कि युवा हिंदू ऐसे ही प्रयास भारत भर में करें एवं शोध इत्यादि के माध्यम से इस्लामी आक्रांताओं के विरुद्ध साहसी हिंदुओं के संघर्ष के सत्य को सबके सामने लाएँ। फिर चाहे वे आंध्र के काकातिया राजा हों, कर्नाटक के गौड़ा, असम के अहोम, सिंध के जाट, चालुक्य, राष्ट्रकूट, प्रतिहार वंश, विजयनगर साम्राज्य, अजेय मराठा और ऐसे कई राजवंश, जिन्होंने इस्लामी आक्रांताओं का सीधा सामना किया। प्रत्येक राजवंश का इतिहास एवं बलिदान लोगों के सामने आना चाहिए।

यदि यह पुस्तक हिंदुओं के चैतन्य एवं संवेदनशीलता को समान रूप से जाग्रत् कर पाए तो अपने लक्ष्य में सफल होगी।

यदि हम उन असत्यों को समझ पाएँ, जो आज तक हमें सुनाए गए और जान पाएँ कि हिंदुओं ने इस्लामी साम्राज्यवाद के विरुद्ध कितना साहसपूर्ण संघर्ष किया था, तो यह पुस्तक सिद्ध होगी।

इस पुस्तक का लक्ष्य है कि किसी दिन इतिहास के साथ हुए व्यभिचार पर कोई निष्पक्ष जाँच आयोग बैठे और जिन इतिहासकारों एवं बुद्धिजीवियों ने समाज में सत्य को छिपाकर असत्य स्थापित किया, उन्हें दंडित किया जाए।

तथापि, इस पुस्तक का आधारभूत तत्त्व यह है—

इस्लाम हमें पराधीन करने आया था।
मेवाड़ ने ऐसा होने नहीं दिया।

भारत के मिथ्याचारी वामपंथी इतिहासकारों के मुँह पर एक करारा चाँटा स्वयं एक मुसलमान लेखक अल्ताफ हुसैन हाली ने मारा है। हाली लिखते हैं—

हिजाज के मजहब का हठी युद्धक बेड़ा
अपनी पताका संसार के हर कोने में ले गया,
जिसे सात समुद्र भी नहीं रोक पाए,
हा, वह इस्लाम का बेड़ा गंगा में आ कर डूब गया।

अरबों को हिंदू राजाओं द्वारा पाँच सौ वर्षों तक निरंतर पराजित कर पीछे धकेला गया।

फिर आए अफगान, उज्बेक और सभी ने भारत के उत्तरी एवं उत्तर-पश्चिमी भागों में आंशिक सफलता पाई। किंतु मतांध हत्यारों के सतत आक्रमणों के उपरांत भी 1,000 वर्षों तक विरोध का एक केसरिया ध्वज सदैव ऊँचा लहराता रहा, जिससे ये उपद्रवी सदैव भयभीत रहे : **सिसोदिया राजपूतों का मेवाड़।**

यह सत्य है कि इन महान राजाओं के साथ हिंदुओं की सभी जातियों ने मिलकर युद्ध किया, किंतु नेतृत्व, किलेबंदी और शत्रु का पहला आघात, मेवाड़ के राजपूतों ने ही अपने वक्ष पर लिया।

मनुष्य के अस्तित्व में उचित व दूरदर्शी नेतृत्व ही सब कुछ होता है। नेतृत्व के बिना निरंकुश मानव समाज, दिशाहीन अराजकता में चला जाता है।

मेवाड़ के महाराणाओं ने इस राष्ट्र के हिंदुओं को इस्लाम के विरोध के अभियान में एक सशक्त नेतृत्व प्रदान किया। इन विस्मयकारी महाराणाओं को भली-भाँति पता था कि इस्लामी आक्रमणकारियों से संघर्ष में उन्हें केवल कष्ट एवं मृत्यु का सामना करना होगा। किंतु इनमें से एक भी महाराणा ने बर्बर इस्लामियों के साथ समझौता नहीं किया।

इस्लामी आक्रांताओं से संधि करने वाले अन्य हिंदू राजाओं की तरह मेवाड़ के ये महाराणा भी भोग-विलास में डूबकर स्त्री-सुख व मदिरा की उन्मत्तता में मेवाड़ के लोगों का रक्तपान करते हुए जीवनयापन कर सकते थे। किंतु उन्होंने इस्लामी अतिक्रमण के पुरजोर विरोध का बीड़ा उठाकर हिंदू समाज को बाँधे रखा। अपने

सम्मान तथा हिंदू धर्म की रक्षा में असहनीय कष्ट उठाए, बलिदान दिए और शत्रुओं का संहार किया। यद्यपि यह एक असंतुलित संघर्ष था, जिसमें ये महाराणा, साधन-संपन्न, निर्दयी और अनैतिक, इस्लामी जिहाद की हत्यारी मशीन के सामने संख्या व संसाधन दोनों में कम थे। एक ऐसी घातक विचारधारा, जिसने हिंदुओं की निष्ठा भी खरीद रखी थी, जिसमें कोई भी नैतिक मापदंड नहीं बचा था, सिवाय इसके कि हिंदुओं का सर्वनाश करना है।

इन अद्भुत महाराणाओं ने अपना अधिकांश जीवन इन हत्यारे अतिवादियों से संघर्ष करने के अपने धर्म का पालन करते हुए, कभी अश्व की पीठ पर, कभी जंगलों में निवास कर, कभी पत्तों अथवा पत्थरों पर सोकर, कभी घोर निराशा में, कभी मित्रों को खोने की पीड़ा में व्यतीत किया। 1,000 वर्षों तक ये महाराणा, हिंदुओं की स्वाधीनता और संपन्नता पर होनेवाले आक्रमणों के विरुद्ध अडिग, एकाकी ही खड़े रहे। इन महापुरुषों ने सभी प्रकार के छल-कपट को सहकर भी इस्लामी आक्रमणकारियों को भारतवर्ष की आत्मा को दूषित नहीं करने दिया।

मृत्यु और संघर्ष की छाया में जीवन व्यतीत करते हुए भी इन महाराणाओं ने कभी अपनी तलवारें म्यान में नहीं रखीं, अपने भाले नहीं झुकाए अथवा अपने तीरों को कुंद न होने दिया। ये देवपुरुष 'क्षात्र धर्म' के जीवंत उदाहरण हैं, जो हमें विषम-से-विषम स्थिति में भी निडर होकर खड़े रहना सिखा गए। इन्होंने अपने जीवन, कर्म और मृत्यु से भी सिद्ध कर दिया कि हिंदू कायरता की ओट में बैठे निरीह प्राणी नहीं हैं, बल्कि हिंदू वे सिंह हैं, जो आमने-सामने के संघर्ष में लोहे को लोहे से, अग्नि को अग्नि से और रक्त को रक्त से प्रत्युत्तर देने में सक्षम हैं।

सिसोदिया वंश के महान योद्धाओं में से दो महाराणाओं की यशोगाथा अद्वितीय है : महाराणा हम्मीर सिंह एवं महाराणा प्रताप सिंह। दोनों को ही मेवाड़ का राज्य विदीर्ण एवं क्षत-विक्षत अवस्था में प्राप्त हुआ। किंतु दोनों ने प्रचंड साहस, दूरदृष्टि एवं सम्यक् योजनाओं से मेवाड़ को समाप्त होने से बचा लिया। दोनों ने ही हमें अपने जीवन और कर्मों से सिखाया कि धर्म और स्वाधीनता पर कोई समझौता नहीं किया जा सकता। धर्म व स्वतंत्रता की रक्षा में कोई भी मूल्य बड़ा नहीं है। कोई बलिदान इन दोनों से बढ़कर नहीं है। कोई संकट, कोई दुविधा, कोई विवशता, धर्म एवं स्वाधीनता को भुलाने जैसे बड़े नहीं हो सकते।

यदि मेवाड़ इस्लामी अत्याचार के नीचे दब जाता, तो हमारी उत्तरी सीमा कुछ ही दशकों में ध्वस्त हो जाती। हम भी दूसरा अफगानिस्तान बन जाते। अपने-अपने समय में धर्म का ध्वज ऊँचा करने हेतु हिंदुओं के पास हम्मीर एवं प्रताप के अतिरिक्त कोई और था ही नहीं।

यही कारण है कि इन दोनों महापुरुषों को हम सदैव याद रखें, उन्हें पूजें, क्योंकि यदि हम आज भी हिंदू हैं तो केवल उन्हीं के कारण हैं। इन दोनों वीर राजपूतों ने घोर अंधकार के बीच हिंदुओं को जीवन की आशा प्रदान की। तुगलकों के विरुद्ध हम्मीर एवं अकबर के विरुद्ध प्रताप ने।

भारतवर्ष के समस्त हिंदू एवं सभी समकालीन हिंदू राजा भी उन्हें सहज ही अपने नेतृत्व के रूप में मानते थे और इन्हीं महान महाराणाओं का ओज एवं प्रताप था कि समस्त भारत के हिंदू एक केसरिया ध्वज के नीचे एकत्र हो सके, ताकि मुस्लिम आक्रांताओं के विनाश से बचा जा सके। दोनों महाराणाओं ने अपने जीवन में इस कार्य के लिए अतुलनीय मूल्य चुकाया एवं अपने राज्य को पुनः प्राप्त करने से पहले दोनों को ही घोर संकटों का सामना करना पड़ा। अतः इन दोनों को मेवाड़ के सिसोदिया राजाओं की सशक्त वंशावली में सबसे अधिक महत्त्वपूर्ण माना जा सकता है।

महर्षि श्री सीतारामजी गोयल

हमारे समय के महान विचारक एवं आधुनिक महर्षि, श्री सीताराम जी गोयल लिखते हैं—"इस्लामी आक्रांताओं के लिए लूटमार और अराजकता, धार्मिक उन्माद की परिणति थे।[4]

मुसलमानों में नेतृत्व और सैनिकों के मध्य लूट के माल (माल-ए-गनीमत) का बँटवारा एक नियम था और इसी से मुसलमान सैनिकों में हिंसा व लूट के प्रति अति उत्साह रहता था। हिंदुओं को ऐसा कोई प्रोत्साहन उपलब्ध नहीं था, बल्कि निहत्थे लोगों पर वार करना तो महापाप व दंडनीय समझा जाता था। हिंदू धर्म के करुणा व न्याय के मौलिक सिद्धांत, हिंदुओं को इस तरह के दानवी कर्म करने से रोकते हैं। किंतु लूट और बर्बादी मुस्लिम समुदाय का आधार रहा। मुसलमानों के जिस आपसी भाईचारे का इस्लाम, धर्म के आधार पर अपेक्षा रखता है, वह अधर्म तथा लूटपाट के हिस्सों पर आधारित भाईचारा है। ऐसे भाईचारे को 'डकैतों का भाईचारा' कहना अतिशयोक्ति नहीं होगी।"

यदि हम 14 शताब्दियों के हिंदू-मुस्लिम संघर्ष को देखें तो इन दोनों महाराणाओं एवं मेवाड़ की प्रजा ने डकैतों के इस समुदाय का यह सत्य जान लिया था, अतः वे

4. हिरोइक हिंदू रजिजटेंस टु मुस्लिम इंवेड्र्स पृ. 44।

उनसे निरंतर संघर्षरत रहे तथा मेवाड़ में उन्हें पैर नहीं रखने दिया।

प्रताप के एक सेनानायक एवं राजकोषाधिकारी भामाशाह स्वयं एक ओसवाल जैन थे एवं महाराणा राज सिंह के सेनानायक दयाल शाह भी।[5] इससे ज्ञात होता है कि अहिंसा का पाठ, मेवाड़ के आम लोगों को भ्रमित नहीं कर पाया था।

वे भगवान् महावीर का पूजन-स्मरण तो करते थे। पूरा मेवाड़ जगह-जगह जैन मंदिरों से भी पटा पड़ा है। जैन मत तो अहिंसा का चरम सीमा तक पालन करता था, किंतु उन्हीं अहिंसक जैनों ने अपनी स्त्रियों व मातृभूमि के लिए तलवारें उठाकर अपनी स्वतंत्रता पर आक्रमण करने वाले लुटेरे समुदाय से भयंकर युद्ध भी किया।

इस घटना से बड़ा क्या उदाहरण हो सकता है कि अहिंसा का सिद्धांत निरपेक्ष न होकर सापेक्ष है? मेवाड़ की प्रजा एवं महाराणाओं ने कभी भी व्यर्थ की नैतिकता का सहारा लेकर कायरता नहीं दिखाई, जो दुर्भाग्य से आज के अधिकांश हिंदुओं की परिपाटी बन चुकी है।

यद्यपि महाराणा केवल मार-काट मचानेवाले, हृदयहीन योद्धा ही नहीं थे। इनमें लेखन, कविता, वास्तुशास्त्र, स्थापत्य, संगीत एवं जीवन की सभी कलाओं को संरक्षण देनेवाले सहृदय, रसिक शासक भी थे।

यह पुस्तक उन देवपुरुषों के चरणों में विनम्र श्रद्धांजलि है।

मैं मानता हूँ कि इन महापुरुषों को हिंदू धर्म को अपराधी मानसिकता वाले समूह से बचाने हेतु किसी उच्चतर सत्ता द्वारा भेजा गया था, अन्यथा उन्होंने अपनी सेना से 3-4 गुना बड़ी सेनाओं को बार-बार कैसे पराजित किया। कैसे बिना धन व जन-बल के, ये मतवाले राजा शत्रु से लड़ते रहे, पर झुके नहीं!

दुर्भाग्यवश, पिछले 1,400 वर्षों के हिंसा के तांडव, छल से रचे प्रपंच व सार्वजनिक लूट के इस भयावह उपक्रम में, कम-से-कम हिंदुओं के लिए तो कुछ भी नहीं बदला है। वही हत्याएँ, बलात्कार व संपत्ति की लूट चल रही है और निरीह हिंदू उसका मूल्य चुका रहे हैं। बस, अफगानिस्तान-पाकिस्तान एवं बांग्लादेश जैसे देश, जो कभी हिंदुओं की भूमि होते थे, आज हमसे छिन गए हैं। आज भी इस्लामी विस्तारवाद के इस अजगर ने हिंदुओं को अपने पाश में कस रखा है तथा निरंतर हमें निगल रहा है।

यद्यपि अब यह विस्तारवाद हमारे बीच सूफीवाद, मानवता, साम्यवाद, उदारतावाद इत्यादि का मुखौटा पहन आ जाता है। पर अंतिम लक्ष्य वही है, जो 1,400 वर्ष पूर्व था—भारत का इस्लामीकरण। इन सभी प्रपंचों का यदि हिंदुओं द्वारा उचित प्रत्युत्तर नहीं दिया गया तो हमें भयानक परिणाम भुगतने होंगे। इस्लामी विस्तारवाद के सम्यक् प्रतिकार के लिए हमें अपने इतिहास को नूतन दृष्टि से देखना होगा। इन महापुरुषों के

5. टॉड ने दयाल शाह को भूलवश ब्राह्मण लिखा है।

जीवन चरित्र को जानना एवं समझना होगा, जिन्होंने शक्तिशाली व परजीवी धार्मिक शक्तियों से संघर्ष किया और उन्हें रोके रखा। वे लड़े और जीते। उन्होंने उस दानवी एवं अनैतिक विस्तारवादी शक्ति का ऐसा सामना किया, जैसा मानवता के इतिहास में कभी नहीं हुआ।

उन्होंने एक कपटपूर्ण एवं घृणित विचारधारा के वाहक समूह को हिंदुत्व की उदात्त व न्यायपूर्ण विचारधारा से पराजित किया। इन महाराणाओं ने शत्रु की शक्तिशाली एवं कपटी सेना को पराजित करने के लिए ऐसी धर्मनिष्ठ सेनाओं को तैयार किया, जिसने अंत तक अपने महाराणाओं का साथ नहीं छोड़ा। फिर चाहे वीरगति मिली या विजय। उन्होंने हमें दासता से मुक्त रखा, जिससे हमारा मनोबल सदैव ऊँचा रहा।

इन महापुरुषों ने अपनी हड्डियों से निर्मित व अपने रक्त से पोषित स्वतंत्रता का दीपस्तंभ हमें संभालने हेतु दिया है। अब यह हम पर है कि हम उनके द्वारा स्थापित परंपरा को आगे बढ़ाएँ एवं अपने बच्चों को भी वही स्वतंत्रता उनके वंशजों हेतु सँभालकर रखने को दें।

यदि हम सत्य व स्वतंत्रता के लिए प्राणों की बाजी लगाने को तैयार हैं, केवल तभी हम मेवाड़ के इन महापुरुषों के सच्चे वंशज कहलाने के पात्र हो सकते हैं।

केवल तभी हम अपने विस्मृत आत्मविश्वास एवं सम्मान को पुनः अर्जित कर सकते हैं।

केवल तभी हम मेवाड़ के महाराणाओं की धरोहर का उपयुक्त सम्मान कर सकते हैं।

केवल तभी हम सिद्ध कर पाएँगे कि मैथ्यू अर्नोल्ड का विचार सर्वथा अनुचित था कि हमारी वैदिक धरती पर इस्लामी आक्रमण का हिंदुओं ने सफल विरोध नहीं किया।

केवल तभी हम झूठ के उन मकड़जालों से मुक्त हो पाएँगे, जो भारत के विखंडन की शक्तियों ने हिंदुओं को अकर्मण्यता एवं आत्मसमर्पण के मार्ग पर ले जाने के लिए बिछाए हैं।

केवल तभी हम सनातन हिंदू विचार को बाह्य कुत्सित विचारों से उत्कृष्ट सिद्ध कर पाएँगे।

युद्ध और शांति एक साथ संभव हैं अन्यथा गैया चराने वाले, परम करुणावान कृष्ण, महाभारत का युद्ध नहीं करवाते।

शांति का एकमात्र मार्ग है, युद्ध के लिए सदैव तत्पर रहना। हिंसा रोकने का केवल एक उपाय है अस्तित्व में, प्रतिहिंसा का भय।

शांति व युद्ध के इस संतुलन को समझना व जीना ही सत्य सनातन धर्म है। मेवाड़ के ये महाराणा इसी संतुलन के सच्चे वाहक हैं।

इस समझ को हिंदू समाज में स्थापित करके ही हम सीधे सादे हिंदुओं को दानवी विचारधाराओं से प्रभावित होने या धर्मांतरित होने से बचा सकते हैं।

केवल इसी समझ से, दोनों अब्राहमिक मतों द्वारा भारत की आत्मा पर होने वाले आक्रमण को पराजित किया जा सकता है।

केवल तभी हम हिंदू; जीवन में सम्मान व मृत्यु में मोक्ष के अधिकारी होंगे।

हर हर महादेव!

—ओमेंद्र रत्नू

आभार

दादो सा, ठाकुर अक्षय सिंह रत्नू के प्रति मेरी भावनाओं हेतु आभार बहुत ही छोटा शब्द है। ये मेरे दादो सा ही थे जिन्होंने मुझ में सनातन हिंदू धर्म के संस्कारों का बीजारोपण किया।

दादी सा ने प्रेम और ममत्व की गंगा से हमारा पोषण किया।

मेरे पिता, डॉ. करणी सिंह रत्नू आज शरीर में होते तो इस पुस्तक के प्रकाशन पर सर्वाधिक प्रसन्न होते।

बड़े भाई शिवेंद्र, जहाँ भी हैं, वहीं से आशीष दे रहे होंगे।

मेरी माता, श्रीमती आनंद कंवर ने मेरे मन में हिंदू धर्म के प्रति सम्मान एवं प्रतिबद्धता का रोपण किया, अतएव यह पुस्तक उन के चरण कमलों में समर्पित है।

मैं श्री संजय दीक्षित का हृदय से आभारी हूँ जिनके कारण मुझे दिवेर के युद्ध का पता चला। संजयजी ने धैर्यपूर्वक, समय-समय पर मेरा मार्गदर्शन भी किया।

इस पुस्तक पर काम कर पाने का प्रमुख कारण एवं प्रेरणास्रोत हैं मेरे प्रिय मित्र एवं पथ-प्रदर्शक डॉ. परीक्षित सिंह। इससे पूर्व मैं छोटे-छोटे लेख लिख रहा था। यह परीक्षित ही हैं जिन्होंने मुझे इस पुस्तक को मूर्त रूप देने हेतु प्रोत्साहित किया। प्रिय पार्थो सान्याल दादा के प्रति मैं अपनी कृतज्ञता शब्दों में व्यक्त नहीं कर सकता, जिन्होंने प्रतिपल इस कार्य को पूर्ण करने में मेरी सहायता की।

जब-जब भी मुझे आवश्यकता हुई, श्री नीरज अत्री, श्री संदीप देव एवं डॉ. ज्ञानेश्वर खुराना ने सदैव सहायता हेतु अपना हाथ आगे बढ़ाया।

समय-समय पर अपने अमूल्य विचार एवं सहयोग हेतु मैं श्री मकरंद परांजपे का हृदय से आभारी हूँ।

देवगढ़ के श्री नारायण उपाध्याय, वह व्यक्ति हैं जिन्होंने मेरे साथ आरंभ से ही इस पुस्तक पर बराबर का कार्य किया है। मेरे साथ उनकी अंतहीन फोन वार्ताएँ, मेवाड़ की कठिन यात्राएँ, विभिन्न मित्रों एवं इतिहास प्रेमियों से ढूँढ़-ढूँढ़कर तथ्यों को निकालना, उनका अपनी सभी पुस्तकें मुझे दे देना, इनमें से किसी भी घटना का विस्मरण संभव

नहीं। यह पुस्तक नारायण सा के बिना संभव ही नहीं थी। नारायण सा मेवाड़ के महान पूर्वजों की परिपाटी के सच्चे वाहक हैं।

मैं देवगढ़ राजपरिवार के श्री शत्रुंजय सिंह का भी आभारी हूँ जिन्होंने मुझे नारायण सा से मिलवाया व मेवाड़ के महान इतिहास से संबंधित अपने अमूल्य ज्ञान से भी मुझे लाभान्वित किया।

स्थानीय सहायता हेतु चित्तौड़ के श्री पुष्कर नराणिया को प्रेमपूर्ण धन्यवाद।

और फिर है जय आहूजा,

जो मेरा भाई, सखा, सहयात्री व शिक्षक है और स्वयं एक निस्वार्थ तेजस्वी योद्धा है।

जय मेरे पूर्वजन्मों के कर्मफल से मुझे मिला है।

उसने न केवल मुझे यह पुस्तक लिखने हेतु प्रेरित किया, वरन् मेरी आवश्यकताओं को समझा और अपने सुख-चैन का ध्यान रखे बिना, मेरी सहायता की। इस पुस्तक के विषय विशेष को लेकर उसकी समझ व समर्पण अद्भुत है।

दो मातृ शक्तियों के प्रति अपनी कृतज्ञता शब्दों में व्यक्त नहीं कर पाऊँगा। इन दोनों ने अपनी सहज स्त्रैण ऊर्जा से इस पुस्तक को पल्लवित किया एवं समय-समय पर मेरे मार्ग में आनेवाली बाधाओं को दूर करने में सहयोग दिया।

उमा देशभोतला ने इस पुस्तक को कंप्यूटर पर टाइप किया क्योंकि निरंतर कंप्यूटर स्क्रीन को देखने से मेरी आँखें दुखने लगी थीं। एक पारिवारिक एवं कामकाजी महिला होते हुए भी उन्होंने इस पुस्तक के सर्वाधिक कठिन भाग को करने में मेरी सहायता की। उमा स्वयं तेलुगु भाषी हैं। तीन सौ वर्ष पूर्व तेलुगु मूल के लेखक, रणछोड़ भट्ट तैलंग ने मेवाड़ का इतिहास लिखा था। उमा ने मेवाड़ एवं आंध्र के संबंध को जीवित रखा है।

ऋचा गौतम। मैं मानता हूँ कि अब्राहमिकों से संघर्ष में इंटरनेट हिंदुओं के लिए महादेव का वरदान बनकर आया है। हम इंटरनेट के माध्यम से ही मिले और मित्र बने। गत दो वर्षों से ऋचा मेरे साथ इस पुस्तक से जुड़े प्रत्येक बड़े-छोटे विमर्श में साथ रही। इसके अतिरिक्त उन्होंने पाकिस्तान से विस्थापित हिंदू एवं सिख सहोदरों हेतु संचालित संस्थाओं 'निमित्तेकम' एवं 'डी.एफ.आई.' के संचालन में भी भरपूर सहयोग दिया। यदि ऋचा जैसी स्त्रियाँ, अपनी निजी एवं व्यावसायिक व्यस्तता के उपरांत भी धर्म कार्य में इतनी सजग हो सकती हैं तो मैं हिंदू धर्म के उज्ज्वल भविष्य के प्रति बहुत आशान्वित हूँ।

मैं उमा एवं ऋचा के प्रेम और सहयोग के लिए धन्यवाद कहकर उसे बौना नहीं करूँगा कि दोनों ने मुझ जैसे अहदी और हठी व्यक्ति को इतने वर्षों झेला।

आशा करता हूँ कि प्रत्येक हिंदू पुरुष को उसके जीवन में शक्ति का ऐसा स्रोत मिले।

मेरा परिवार मेरा केंद्र है, जिसके आसपास मैं खेलता हूँ।

मनीषा, सार्थक एवं अनन्या—तीनों ने इस पुस्तक के पूर्ण होने में अपना-अपना योगदान दिया है।

मेरे अनुज भूपेंद्र, उनकी पत्नी नीति एवं उनकी पुत्रियों नयनिका एवं लक्षिका को प्रेम, जिन्होंने मेवाड़ के इस गौरवमय इतिहास की कथाओं को रुचि से सुना।

भतीजे दुष्यंत व मंजु भाभी को प्रेम व आभार।

मेवाड़ के इतिहास से संबंधित तथ्यों इत्यादि में सहायता हेतु मैं प्रोफेसर के.एस. गुप्ता साहब एवं डॉ. मनीष श्रीमाली का सदैव आभारी रहूँगा। श्री नारायण सिंह देवल व श्री अरविंद शक्तावत को पुस्तक लेखन में की गई सहायता के लिए आभार।

इस पुस्तक के आरंभिक संपादन के लिए सेजल ठाकुर तथा गीतांजलि आहूजा को भी हृदय से धन्यवाद।

इस पुस्तक के आवरण एवं कलात्मक कार्यों हेतु मैं अपने बालसखा मैल्विन केस्टेलिनो का आभारी हूँ; उनके द्वारा किए कार्य पर मुझे गर्व है।

मैं दिवाकर आचार्य का विशेष धन्यवाद करना चाहूँगा, जिन्होंने अंग्रेजी से हिंदी अनुवाद कर कार्य की गति को बढ़ाया। वह सदैव अपने कार्य में तत्पर रहे हैं।

मेवाड़ के महान महाराणाओं के कर्मों एवं शिक्षाओं से प्रेरणा प्राप्त कर हम हिंदू धर्मानुरागी पुनरुत्थान के पथ पर आगे बढ़ें।

महादेव हमारा मार्गदर्शन करें।

—ओमेंद्र रत्नू

अनुक्रम

प्राक्कथन *7*

आभार *23*

खंड–1

1. बाप्पा रावल : मेवाड़ के संस्थापक राजा 31

2. रावल खुमाण : अरबों का काल 43

3. रावल जैत्र सिंह : नागदा का नाश व इल्तुत्मिश की पराजय 50

4. महारानी पद्मिनी और रावल रतन सिंह :
खिलजी द्वारा चित्तौड़ का नाश व पहला साका जौहर 58

5. महाराणा हम्मीर सिंह :
चित्तौड़ का पुनः अधिग्रहण व हिंदू साम्राज्य की स्थापना 73

6. महाराणा लक्ष्य सिंह (लाखा) :
हिंदुओं के रक्षक व चूँडा की अमर गाथा 87

7. महाराणा कुंभकर्ण (कुंभा) :
अविश्वसनीय प्रतिभा के धनी, अद्वितीय योद्धा व अद्भुत निर्माता 96

8. महाराणा सांगा : मेवाड़ शिखर पर व खानवा की महान विजय 116

खंड–2

9. महाराणा प्रताप सिंह : बाल्यकाल व युवावस्था 145

10. चित्तौड़ का तीसरा साका :
अकबर का पैशाचिक रूप, मेवाड़ सदा के लिए आहत 160

11. प्रताप का राज्यारोहण और मेवाड़ की किलेबंदी 185

12. महाराणा प्रताप और अकबर :
दो विरोधी जीवन मूल्यों का टकराव 200

13. हल्दीघाटी का युद्ध : स्वतंत्रता अभियान का आरंभ 218

14. दिवेर का युद्ध : मेवाड़ का मैराथन व अकबर की निर्णायक पराजय 250

15. महाराणा अमर सिंह : प्रताप के अधिकारी पुत्र 268

16. महाराणा राज सिंह :
श्रीनाथ जी का मेवाड़ पधारना, औरंगजेब की पराजय 293

खंड-3

17. सहस्त्र वर्षों की हिंदू दासता का घृणित झूठ 331

18. सिंहों का मौन : हिंदू समाज के विकल्प 357

चित्तौड़ का तीसरा साका 389

संदर्भ ग्रंथ सूची 392

खंड-1

हिजाज के मजहब का हठी युद्धक बेड़ा
अपनी पताका संसार के हर कोने में ले गया,
जिसने भय को बाधा माना ही नहीं
न फारस की खाड़ी न लाल समुद्र में जो झिझका
जिसने सात समुद्र निडर पार किए
हा, वह (इस्लाम) का बेड़ा गंगा के मुहाने आ कर डूब गया।

—मौलाना ख़्वाजा अल्ताफ़ हुसैन हाली

1

बाप्पा रावल : मेवाड़ के संस्थापक राजा

(728-758 ईसवी)[6]

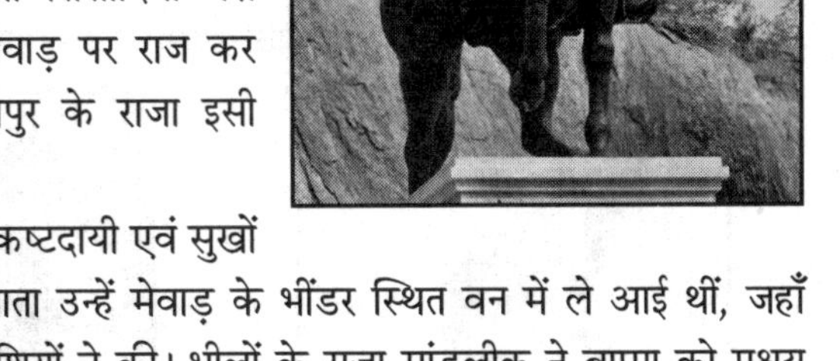

पिता नागादित्य एवं माता कमलावती के पुत्र बाप्पा, गुहिलोत वंश के वंशज थे। उनका जन्मनाम कालभोज था। प्रजा के संरक्षक व राष्ट्र के रक्षक होने के नाते मेवाड़ के लोगों द्वारा उन्हें प्रेम से 'बाप्पा' अर्थात् पिता की उपाधि दी गई जो कालांतर में उनका नाम ही बन गई।

गुहिलोत वंश, श्रीराम के पुत्र लव के वंशजों में से आता है और कालांतर में यह गुहिलोत वंश ही शक्तिशाली सिसोदिया वंश बना, जो 1,400 वर्षों से मेवाड़ पर राज कर रहा है एवं आज भी उदयपुर के राजा इसी महिमाशाली वंश से हैं।

बाप्पा का बाल्यकाल कष्टदायी एवं सुखों से वंचित रहा था। उनकी माता उन्हें मेवाड़ के भींडर स्थित वन में ले आई थीं, जहाँ उनकी रक्षा भीलों एवं यदुवंशियों ने की। भीलों के राजा मांडलीक ने बाप्पा को प्रश्रय दिया। मेवाड़ के राजवंश के साथ भीलों का घनिष्ठ संबंध यहीं से आरम्भ होता है, और यह संबंध गत 1,400 वर्षों से आज भी यथावत् है।

कथानुसार, इन्हीं जंगलों में बाप्पा, शैव साधु हरित ऋषि से मिले, जिन्होंने उन्हें शिव तंत्र की विधियों, राजा के नैतिक मूल्यों व हिंदू धर्म के मौलिक सिद्धांतों की शिक्षा दी।

---

6. इतिहासविदों में इन महाराणाओं के शासन काल की तिथियों में कुछ वर्षों का भेद मिलता है। लेखक ने भिन्न पुस्तकों से खोज कर निकटतम तिथियाँ लिखने का प्रयत्न किया है। कुछ वर्ष ऊपर नीचे हो सकते हैं।

इस प्रकार उन महर्षि ने बाप्पा के लिए चित्तौड़ पर विजय प्राप्त कर, इस्लाम के विरुद्ध हिंदू शक्ति की वृद्धि एवं मेवाड़ पर राजपूतों के अधिकार का पथ प्रशस्त किया।

जैसे कि पुरातन पुरुषों की कथाओं में होता है, बाप्पा का इतिहास भी कई आश्चर्यजनक चमत्कारों से परिपूर्ण है जो हमारे अन्वेषण का विषय नहीं हैं।

बाप्पा को हरित ऋषि के सान्निध्य में शिक्षा ग्रहण करते हुए भगवान् शिव के ही एक रूप, भगवान् एकलिंग जी में अटूट आस्था हो गई थी। आज तक मेवाड़ राजवंश के कुलदेवता के रूप में एकलिंग जी ही स्थापित हैं।

बप्पा और हरित ऋषि

बाप्पा को माता भवानी भी स्वप्न में दर्शन देती थीं। माँ ने ही बाप्पा को आशीर्वाद दिया एवं चित्तौड़ के मोरी वंश की सेवा करने का आदेश दिया। चित्तौड़ का मोरी वंश उस समय के भारत में सत्ता का एक शक्तिशाली केंद्र था। जब बाप्पा चित्तौड़ पहुँचे तो उस समय चित्तौड़ के मोरी शासक, मानमोरी ने बाप्पा का स्वागत किया एवं उन्हें अपना सामंत बनाकर जागीर प्रदान की। यही वह समय था, जब इस्लाम की भुजाओं ने सिंधु नदी पार कर भारतवर्ष में प्रथम बार प्रवेश किया।

केवल सत्रह वर्ष की आयु में अरब खलीफा के दूत मोहम्मद बिन कासिम ने सिंध के राजा दाहिर सेन एवं उनके शौर्यवान भाइयों पर आक्रमण किया। कासिम द्वारा किए गए आक्रमणों को दाहिर सेन ने कई बार प्रबल प्रत्युत्तर देकर पराजित किया। किंतु सिंध में बसे

राजा दाहिर सेन (663–712 ईसवी)

मोहम्मद बिन कासिम (695–715)

बौद्धों ने दाहिर सेन का साथ छोड़कर कासिम का साथ दिया। नेरम के बौद्ध नगर प्रमुख भंडारकर समानी ने कासिम को मार्गदर्शन के अतिरिक्त रसद सामग्री भी दी। [7]बौद्धों के अतिरिक्त एक उपद्रवी 'मेड़' जाति ने भी कासिम से हाथ मिला लिया। उन्होंने ही कासिम को दाहिर के सुरक्षा-चक्र में प्रवेश करवाया, जिससे अरोर के युद्ध में दाहिर की पराजय हुई। यह एक भयंकर युद्ध था, जिसमें दाहिर व उनका सारा परिवार वीरगति को प्राप्त हुआ।

कासिम ने दाहिर और उनके भाइयों का मस्तक काटकर बसरा में अपने खलीफा हज्जाज को भिजवा दिया तथा दाहिर की पुत्रियों का हरण कर उन्हें अपने साथ अरब के दुष्ट खलीफा हज्जाज बिन यूसुफ को यौन-दासियों के रूप में भेंट करने हेतु ले गया। यह मनोवैज्ञानिकों के लिए शोध का विषय होना चाहिए कि किस प्रकार की धार्मिक शिक्षा ने एक सत्रह वर्ष के बच्चे को इतना क्रूर व हिंसक बनाया।

कासिम के पास अब सिंध से लूटा हुआ धन था। उसने भाड़े के योद्धाओं को एकत्र किया तथा यह सेना लेकर वह पूर्व में मेवाड़ की ओर बढ़ा। जेम्स टॉड का मत है कि दाहिर सेन का पुत्र सिंध से पलायन कर गया एवं बाप्पा की शरण में चित्तौड़ पहुँचकर उसने बाप्पा को सिंध की पराजय एवं अपनी बहनों के यौन-दासी बनाने हेतु अपहृत होने के विषय में बताया।

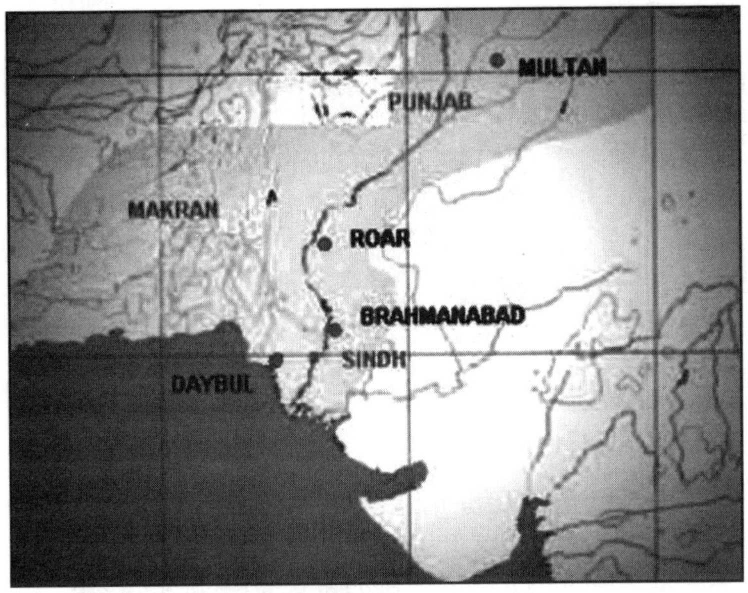

सिंधी में अरबों की प्रारंभिक सफलता

---

7. मिश्रा, पृ. 23।

हिंदू जनजीवन एवं सैनिकों के मध्य भी कभी यौन दासता की बात सुनने में नहीं आई थी। हिंदू राजा केवल सत्ता एवं राज्य के विस्तार हेतु युद्ध करते थे। सेनाओं के आपसी संघर्ष हेतु कुछ नैतिक नियम होते थे एवं इन नियमों का उल्लंघन करने का कोई विचार तक नहीं करता था।

दोनों ओर के हिंदू राजाओं की सेनाएँ आपस में युद्ध करती थीं एवं जो युद्ध में विजयी होता था, वह पराजित राजा का राज्य अपने अधिकार में ले लेता था। या तो पराजित राजा को ही वहाँ का जागीरदार बना दिया जाता था अथवा उसे राज्य से निष्कासित कर दिया जाता था। किंतु आमजन, कृषक, व्यापारी वर्ग अथवा कलाकारों को कष्ट नहीं दिया जाता था तथा जनजीवन सामान्य रूप से चलता रहता था। केवल राजाओं में ही सत्ता का हस्तांतरण होता था।

हिंदू परंपराओं के आधार पर राजवंश एवं आमजन की महिलाओं का हरण व बलात्कार करने अथवा उन पर अधिकार करने का तो कोई विचार तक नहीं कर सकता था। इस्लामी अतिवादियों ने महिलाओं पर यौन अत्याचार, उनके अपहरण व अपमान की परिपाटी को हमारी महान वैदिक भूमि पर सर्वप्रथम आरंभ किया एवं उन्होंने ही अरबी सभ्यता में प्रचलित, स्त्रियों के साथ अभद्र व्यवहार की विचारधारा से हमारी महान सभ्यता में वैचारिक प्रदूषण का बीज डाला।

अरब की मंडियों में हिंदू बेटियों की बिक्री

बाप्पा ने जब कासिम द्वारा महिलाओं पर इस प्रकार के अत्याचार के विषय में सुना तो वे क्रोधित हो गए, किंतु वे यह समझ गए थे कि हिंदुओं को इन बाह्य शक्तियों से संघर्ष करने हेतु हिंदू संगठन की आवश्यकता पड़ेगी। बाप्पा ने इस लंबे संघर्ष हेतु स्वयं को तैयार कर लिया, क्योंकि उन्हें समझ आ चुका था कि अरब म्लेच्छ, हिंदुओं की धर्म धरा पर बार-बार आक्रमण करेंगे और इन्हें पराजित कर अपनी धरती को बचाने

हेतु सतत संघर्ष करना होगा।[8]

बाप्पा ने मेवाड़ की सेना का नेतृत्व करते हुए गुर्जर प्रतिहार वंश के नागभट्ट के साथ मित्रता की, जो उस समय मालवा क्षेत्र, यानी आज के मध्य प्रदेश पर शासन करते थे। बाप्पा ने गुजरात के जय भट्ट के साथ भी मित्रता की एवं इन सब ने मिलकर हिंदू सेना का एक संगठन बनाया। नागभट्ट ने दक्षिण भारत के चालुक्य सम्राट् जयसिम्हा वर्मन से भी सहायता माँगी, जिन्होंने अपने पुत्र पुलकेसी राजा को हिंदू सेना के लिए भेजा।

कासिम के अरब लौट जाने के बाद, जुन्नैद अल मर्री नाम का एक अरब हत्यारा, भारत की पश्चिमी सीमा पर निरंतर आक्रमण कर रहा था तथा दक्षिणी राजस्थान, मालवा व गुजरात में सफल भी हो रहा था।

वर्तमान के मारवाड़ में मंडोवर के निकट बाप्पा रावल के नेतृत्व में हिंदू सेना के 5-6,000 सैनिकों का 60,000 अरबों के साथ एक भयानक युद्ध हुआ। इस युद्ध में हिंदू सेना ने अपने से बड़ी और क्रूर सेना को निर्णायक तौर पर पराजित किया। जुन्नैद का वध कर दिया गया तथा अरब सेना का पूर्ण सर्वनाश कर दिया गया। अरब के उमैय्यद वंश के विरुद्ध हिंदुओं की यह विजय, एक स्पष्ट संदेश था कि वे भारत की पुण्यभूमि की ओर नहीं लौटें।[9]

जो अरब कुछ ही वर्षों में मध्य-पूर्व एशिया, ईरान, मैसोपोटैमिया, सूर्या, उत्तरी अफ्रीका, यहाँ तक कि पूर्वी यूरोप में पहुँच गए, उन्हें सर्वप्रथम पराजय का स्वाद बाप्पा रावल के हिंदू संगठन ने चखाया।

यह भारतवर्ष या हिंदुओं के इतिहास ही नहीं, बल्कि समूची मानव जाति के लिए अत्यधिक महत्त्वपूर्ण घटना थी। यदि अरब मुसलमान, भारत की संपदा व जनसंख्या को जीत लेते तो इस्लाम का भौतिक व आर्थिक सशक्तीकरण एक ऐसे स्तर पर हो जाता, जिसे पराजित करना विश्व की किसी सेना के लिए असंभव होता।

वैसे तो किसी राष्ट्र का कोई पिता हो नहीं सकता, क्योंकि राष्ट्र, व्यक्तियों से कहीं अधिक विराट व उच्च इकाई है, परंतु यदि इस देश को किसी को राष्ट्रपिता की उपाधि देनी ही है तो वे केवल बाप्पा रावल हो सकते हैं।

बाप्पा नहीं होते तो भारत इस्लामी खिलाफत का अवयव बन गया होता। न कोई वैदिक धर्म बचता ना सनातन संस्कृति। इस्लामी मतांधता के अंधकार ने समूचे विश्व को ही लील लिया होता।

साथ ही हिंदुओं को ऋणी होना होगा गुर्जर प्रतिहार राजा नगभट्ट व दक्षिण भारत के जयसिम्हा वर्मन का, जिन्होंने आज से 1300 वर्ष पूर्व इस्लामी खतरे का पूर्वानुमान

8. टॉड, पहला खंड, पृष्ठ 185-86।

9. https://military-history.fandom.com/wiki/Battle_of_Rajasthan.

कर, एक-दूसरे पर पूर्ण विश्वास कर, एक सशक्त हिंदू संघ खड़ा किया।

यदि हमारे ये विलक्षण पूर्वज उस काल में, इतने सीमित साधनों के उपरांत भी अरब हत्यारों को पराजित कर सकते थे, तो आज हिंदू समाज किस जड़ता और संशय में घिरा है ?

हम केवल तभी बाप्पा के सच्चे उत्तराधिकारी कहलाने योग्य होंगे, जब बाप्पा तथा उनके सहयोगी राजाओं के समान, हम हिंदू मिलकर इस्लामी साम्राज्यवाद का प्रतिकार करें।

बाप्पा द्वारा अपने साथियों को गोपनीयता एवं निष्ठा की शपथ दिलाने का तरीका आज भी मेवाड़ी भाषा में सुरक्षित है।

एक गड्ढा खोदकर, अपने हाथ में एक कंकड़ लेकर वे हुंकार भरते थे, "मेरे साथ गोपनीयता एवं निष्ठा बनाए रखने की शपथ लो; कि जो कुछ तुम सुनोगे, वह मुझे बताओगे और यदि ऐसा नहीं किया, तो तुम्हारे पूर्वजों के सभी पुण्य, इस कंकड़ के समान (कंकड़ को गड्ढे में फेंकते हुए) कुएँ में गिर जाएँगे।" और इस तरह उनके साथी निष्ठा की शपथ लेते थे।

अरब आक्रांताओं को बाप्पा एवं उनके साथियों ने समाप्त कर दिया था, बचे-खुचे भागते हुए अरबों का सौराष्ट्र से गुजरात और सिंध तक पीछा किया। अरब इतिहासकार स्वयं लिखते हैं, "हमें हिंदुओं के क्रोध से सर छिपाने की कोई जगह नहीं मिली।"[10]

बाप्पा यहीं शांत नहीं हुए, उन्होंने अरबों को खदेड़ते हुए ईरान तक उनका पीछा किया। बाप्पा ने अफगानिस्तान स्थित गजनी शहर पर धावा बोला, जो उस समय कासिम द्वारा स्थापित सलीम नाम के एक जागीरदार के संरक्षण में था।

उन्होंने सलीम को पराजित कर गजनी पर अधिकार कर लिया एवं उसकी पुत्री से विवाह भी कर लिया। उन्होंने अपने भतीजे को गजनी का संरक्षक बना दिया, ताकि अफगानिस्तान आने वाली कई शताब्दियों तक हिंदू राज्य बना रहे। उन्होंने अरब से लौटते समय, थोड़ी-थोड़ी दूरी पर हिंदू चौकियाँ स्थापित कीं, ताकि इस्लामी सेनाओं द्वारा भविष्य में होनेवाले आक्रमणों को वहीं रोका जा सके। बाप्पा और शेष हिंदू राजाओं की दूरदर्शिता के चलते अगले पाँच सौ वर्षों तक भारतवर्ष अरब इस्लामी आक्रांतों को लगातार पराजित करने में सफल रहा।[11]

उधर, राजा दाहिर के हत्यारे, मोहम्मद बिन कासिम को उसके पापों का फल शीघ्र ही बगदाद में मिल गया।

---

10. गोयल, पृ. 12।

11. टोड, खंड-1, पृ. 185।

'चाचनामा' में कासिम की मृत्यु, राजा दाहिर की पुत्रियों के कारण होने का उल्लेख इस प्रकार मिलता है—

'दाहिर की दो पुत्रियों, सूर्या देवी व परिमला देवी को कासिम अपने खलीफा, हज्जाज के पास भोग-दासी बनाकर लाया। दोनों कन्याओं ने कासिम से प्रतिशोध लेने के लिए हज्जाज को असत्य बात कही कि कासिम पहले ही उनका शारीरिक भोग कर चुका है। कासिम को काम वासना से अंधे खलीफा ने एक बैल की खाल में सिलवाकर सीरिया देश भेज दिया। 18 जुलाई, 715 ईसवी को, तिल-तिल कर दम घुटने से कासिम की मृत्यु हो गई। दाहिर की कन्याओं ने अपने पिता के हत्यारे के भयानक अंत पर हँसते हुए हज्जाज को सत्य बता दिया। हज्जाज बहुत पछताया और खीज में दोनों हिंदू ललनाओं को उसने दीवार में जीवित चुनवा दिया।'

यदि दो असहाय बच्चियाँ अपने विवेक से अपने पिता की हत्या का प्रतिकार ले सकती थीं, तो क्या आज के पूरे हिंदू समाज, विशेषकर हिंदू स्त्रियों को शोभा देता है कि अपने पुरखों व परिजनों के हत्यारों के सम्मुख अहिंसा व सहअस्तित्व की व्यर्थ बकवास करें?

जो हमारे परिजनों को हानि पहुँचाए, जो हमारी बहन-बेटियों के बलात्कार को अपना कर्तव्य समझे, उसका वध न्यायसंगत व धर्मसंगत है।

यही शाश्वत सत्य है। यही उचित है। यही धर्म है।

राक्षसों के समूह से घिरी, अपने घर से हजारों मील दूर, उन कोमल राजकुमारियों ने कैसे अपने विवेक को सँभाला होगा, कैसे योजना बनाई होगी, कैसे हज्जाज को कासिम के विरुद्ध भड़काया होगा, यदि हम विचार करें तो उन प्रज्ञावान ललनाओं के प्रति हृदय सम्मान से भर जाएगा।

राजा दाहिर की पुत्रियों का अमर बलिदान हिंदू इतिहास में स्वर्णाक्षरों में लिखा जाना चाहिए।

बाप्पा के अरब अभियान ने उन्हें चमत्कारी योद्धा के रूप में स्थापित कर दिया तथा इसके पश्चात् उन्होंने 726 ईसवी में स्वयं को मेवाड़ का स्वामी घोषित कर मोरी वंश से चित्तौड़ की सत्ता अपने हाथ में ले ली। यह स्पष्ट नहीं है की बाप्पा ने राजा मानमोरी की हत्या की या केवल उन्हें अपदस्थ किया? किंतु वहीं से आज के मेवाड़ के राजवंश की स्थापना हुई। चित्तौड़ में उपलब्ध इतिहास के अनुसार, "बाप्पा ने स्वयं मोरी वंश से चित्तौड़ लेकर स्वयं को इस धरा का सिरमौर बना लिया था।" 'अमरकाव्यम' में बाप्पा द्वारा मानमोरी राजा के वध का उल्लेख है।[12]

किंवदंती है कि बाप्पा को 'रावल' की उपाधि स्थानीय भीलों ने दी, जो उनके साथ

12. *अमरकाव्यम,* पृ. 99।

कंधे से कंधा मिलाकर अरबों से लड़े थे। राज्यातिपूर्णत्व, वरत्व और लक्ष्मीयत्व, इन तीन शब्दों के आरंभिक अक्षरों से 'रावल' शब्द बना है।

बाप्पा को 'हिंदुओं का सूर्य' भी कहा गया है और उन्हें 'राजगुरु' की उपाधि भी प्राप्त है। ये उपाधियाँ आज भी मेवाड़ के राजपरिवार को अलंकृत करती हैं।[13] लाहौर एवं पेशावर के हिंदू राजाओं पर भी बाप्पा के इस अभियान का सकारात्मक प्रभाव पड़ा। 761 ईसवी में पेशावर एवं किरमान के अफगान, जो मिस्र के ही कॉप्टिक उपनिवेशी थे, ने सिंधु नदी पार कर लाहौर के हिंदू राजा पर आक्रमण किया। केवल पाँच ही महीनों में सत्तर युद्ध लड़े गए, जिनके विभिन्न परिणाम निकले। अंतिम युद्ध में लाहौर के हिंदू राजकुमार अपने शस्त्र लेकर पेशावर गए। वहाँ पर एक संधि हुई। यह संधि आपसी लाभ के लिए की गई।

सिंधु नदी के पश्चिम में बसा कोहिस्तान का पूरा क्षेत्र उन्हें दे दिया गया, किंतु इसमें शर्त यह थी कि पश्चिम से होनेवाले आक्रमणों का प्रत्युत्तर सबसे पहले इन्हीं लोगों को देना होगा।

राजपूतों ने कोह-ए-दामाँ के निकट खैबर में अपना दुर्ग स्थापित किया। इसके पश्चात् दो शताब्दियों तक, आज के सिंध एवं पंजाब के ऊपरी क्षेत्र में शांति बनी रही। दक्षिणी सिंध ही हिंदुस्तान में आने का एकमात्र मार्ग बचा था, जिससे भारत पर इस्लामी आक्रांताओं के आक्रमण की संभावनाओं पर रोक लगाई जा सकी।

इस प्रकार बाप्पा ने अपनी आनेवाली पीढ़ियों के समय में होनेवाले इस्लामी आक्रमणों के विरुद्ध हिंदू विरोध की आधारशिला रख दी एवं इस्लामी आक्रांताओं के साथ संधि नहीं करने का नियम बना दिया, जिसे उनके वंशजों ने भी निभाया।

इसके साथ ही इस्लामी साम्राज्यवादियों की योजनाओं के विरोध का मार्ग प्रशस्त हुआ।

बाप्पा रावल ने अरब धार्मिक विस्तारवाद के कपटी स्वभाव को पहचाना एवं हिंदू राज्यों के साथ मित्रता कर न केवल अरबों को पराजित किया, वरन् एक ऐसी व्यवस्था की स्थापना की, जिससे कि अरब हमलावर, हिंदुओं को अगली पाँच शताब्दियों तक पराजित नहीं कर पाए। अफगानिस्तान एवं ईरान तक बाप्पा की पहुँच एवं स्थानीय रजवाड़ों से विवाह संबंध स्थापित करने से इन क्षेत्रों में शताब्दियों तक हिंदू धर्म के बने रहने के पथ को प्रशस्त किया।

बाप्पा की विजय-यात्रा के प्रभाव का मूल्यांकन इस बात से किया जा सकता है कि अरब एवं तुर्कों द्वारा चौदह सौ वर्षों तक निरंतर आक्रमण करते रहने के पश्चात् आज भी पाकिस्तान एवं अफगानिस्तान में हिंदू निवास कर रहे हैं। यद्यपि वे अब संख्या में बहुत कम हो चुके हैं, किंतु इस्लामी आक्रांताओं द्वारा हिंदुत्व की अग्नि को पूर्ण रूप

---

13. एनल्स ऐंड एंटीक्यूटीज ऑफ राजस्थान, जेम्स टॉड खंड-1, पृ. 186।

से समाप्त नहीं किया जा सका, क्योंकि बाप्पा जैसे महान योद्धाओं के सैन्य अभियानों द्वारा उनके मन में जो आत्मविश्वास एवं निष्ठा की भावना स्थापित की गई थी, वह उन्हें पराजित होने ही नहीं देती। पाकिस्तान में इतनी शताब्दियों के उत्पीड़न के उपरांत भी लगभग एक करोड़ हिंदू आज भी बसते हैं।

राजस्थान की पश्चिमी सीमाओं के पार बाप्पा रावल की पहुँच का सबसे बड़ा उदाहरण है कि आज भी पाकिस्तान के इस्लामी गणतंत्र की राजधानी इस्लामाबाद एवं रावलपिंडी हैं। हिंदुओं के विरुद्ध खुली घृणा का भाव रखनेवाले पाकिस्तान ने भी अपने प्रमुख नगर का नाम एक ऐसे हिंदू राजा के नाम पर रखा है, जिसने अरबों को बुरी तरह पराजित कर हिंदू धर्म की पताका को उनकी छाती में गाड़ दिया था। अरबों के विरुद्ध उनकी विजय यात्रा के कुशल क्रियान्वयन को ध्यान में रखते हुए यह कहना अतिशयोक्ति नहीं होगा कि भारतीय उपमहाद्वीप में यदि वैदिक हिंदू सभ्यता आज भी जीवित है तो वह केवल बाप्पा रावल जैसे महावीरों के कारण।

कर्नल टॉड के अनुसार, सिंध के पश्चिम में अपने सैनिक अभियानों के समय, बाप्पा ने दर्जनों छोटे-मोटे राजाओं को पराजित कर उनकी पुत्रियों से विवाह किया। इस भूभाग में इन स्त्रियों से उनके 130 पुत्र हुए, जो वर्तमान में 'नौशेरा पठान' कहलाते हैं। बाप्पा के मेवाड़ लौट आने के कारण, इन पठानों को उनकी माताओं के वंश के नाम से जाना जाता है।

इतिहासकार डॉ. रामगोपाल मिश्रा ने आठवीं शताब्दी से लेकर 1206 ईसवी तक, प्रारंभिक मुस्लिम आक्रांताओं के विरुद्ध हिंदुओं के संघर्ष पर एक पुस्तक लिखी है, जिसमें उन्होंने भारतीय इतिहास के इस विस्मृत काल के विषय में विस्तृत शोध कर उसे प्रकाशित किया है। स्वयं डॉ. मिश्रा के अनुसार, यद्यपि उन्होंने अपनी पुस्तक इस्लामी स्रोतों के आधार पर लिखी है, पर वे अपनी पुस्तक में हिंदू प्रशस्तियों का वर्णन भी करते हैं।

यद्यपि हमारा अन्वेषण केवल मेवाड़ के महाराणाओं के जीवन-चरित्र एवं कार्यों पर ही केंद्रित है, किंतु प्रारंभिक अरब मुस्लिम आक्रमणों के विरुद्ध संघर्ष करनेवाले हिंदू राजाओं का उल्लेख यहाँ करना आवश्यक है।

गुर्जर-प्रतिहार राजा नागभट्ट, 725 ईसवी तक अवंती, मालवा पर राज करनेवाले पराक्रमी राजा एवं इस वंश के संस्थापक थे।[14]

ग्वालियर में प्राप्त एक अभिलेख से ज्ञात होता है कि उन्होंने अपने क्षेत्र पर आक्रमण करनेवाले एक इस्लामी शासक को बुरी तरह पराजित किया था।

अरब इतिहासकारों ने गुर्जर-प्रतिहार राजाओं को 'जुर्ज के राजा' कहा है। ऐसे ही एक राजा के विषय में अरबों ने लिखा है, "भारत के राजाओं में मुहम्मद में आस्था

14. इंडियन रजिजटेंस टु अरली मुस्लिम इन्वेडर्स 1206, डॉ. राम गोपाल मिश्रा, पृ. 87।

रखनेवालों के लिए उससे बड़ा शत्रु और कोई नहीं है।"

ललितादित्य मुक्तापीड़ (725 से 760 ईसवी) भी बाप्पा के समकालीन एक महत्त्वपूर्ण राजा थे। उन्होंने मध्य भारत के यशोवर्मन से मित्रता की थी। ललितादित्य अरबों का संहार करने में एकदम निर्दयी थे। इस्लामी योद्धाओं के मानमर्दन के लिए उन्होंने मुसलमान सेना के सिर के आधे केश मुँड़वाने की परिपाटी चलाई थी। पंजाब व मुलतान के शाहिया वंश ने भी अरबों को खदेड़ा।[15]

इसी प्रकार बाद में हुए अरब आक्रमणों का सिंध के जाटों ने बुरी तरह दमन किया तथा मुलतान में प्रतिहारों ने भी कुछ ऐसा ही किया।

जिस मोहम्मद गोरी ने 1192 ईसवी में महाराज पृथ्वीराज चौहान की हत्या की, उसे चालुक्य राजा, मूलराजा ने 1178 ईसवी में बुरी तरह पराजित करके गुजरात से भगाया था।

जिन अरब साम्राज्यवादी लुटेरों ने फारस, मेसोपोटामिया एवं मिस्र को एक दशक में ध्वस्त कर दिया, उनकी जनता को धर्म परिवर्तन करने पर बाध्य कर उस स्थान को ईरान एवं इराक बना दिया। बाप्पा तथा उनके हिंदू संगठन ने न केवल उन लुटेरों को रोका, वरन् उनकी सीमाओं तक उनका पीछा करके उन्हें खदेड़ा। बाप्पा के बाद कोई अन्य हिंदू राजा मुसलमानों पर इतना व्यापक प्रभाव नहीं डाल पाया।

अरब आक्रमण के विरुद्ध भारत भर में हिंदू विरोध का जो ज्वार उठा, उसके परिणामस्वरूप अरब साम्राज्यवादियों को निराशाजनक पराजय का सामना करना पड़ा। अरब इतिहासकार अल बालाधुरी ने लिखा है—"कस्बाह के निवासियों को छोड़, भारत के लोग पुनः मूर्तिपूजा की ओर लौट गए। हमें कहीं सर छुपाने की जगह नहीं मिली। केवल झील के पश्चिमी किनारे पर मुसलमान जागीरदार द्वारा बनवाया गया एक ऐसा स्थान, जो अल हिंद की सीमाओं से लगा था, हमारा ठिकाना बना।"[16]

बालाधुरी का यह कथन ही स्पष्ट कर देता है कि बाप्पा रावल समेत हमारे दर्जनों राजाओं ने पाँच सौ वर्षों तक इस्लामी लुटेरों को भारत में घुसने नहीं दिया।

इन बर्बर साम्राज्यवादियों को पराजित करने एवं भारत में हिंदू धर्म का दीपक प्रज्वलित रखने का महान कार्य दूरद्रष्टा महाराव बाप्पा रावल एवं उनके हिंदू संगठन के साहस एवं शौर्य के कारण ही हो पाया।

यदि बाप्पा रावल इस कार्य को चौदह सौ वर्षों पहले कर सकते थे तो आज इतने सक्षम होने के पश्चात् भी हमें अपने धर्म के लिए युद्ध करने से कौन रोक रहा है?

यह ऐसा प्रश्न है, जिसका उत्तर प्रत्येक हिंदू को अपने अंदर ढूँढ़ना चाहिए।

लगभग चालीस वर्षों तक चित्तौड़ से मेवाड़ पर राज करने के पश्चात् बाप्पा

---

15. हिरोइक हिंदू रजिजटेंस टु मुस्लिम इंवेडर्स, सीताराम गोयल, पृ. 12
16. मिश्रा, पृ. 30

रावल अपने अंतर्मन की पुकार को सुनते हुए राज्य अपने उत्तराधिकारी को सौंपकर शिव आराधना में लीन हो गए।

जगत् प्रसिद्ध एकलिंगजी मंदिर के निकट के वनों में सौ वर्ष की आयु तक तप करते हुए वे परमगति को प्राप्त हुए।

अगले पाँच सौ वर्षों तक विभिन्न राजाओं ने बाप्पा रावल के उत्तराधिकारियों के रूप में मेवाड़ की सेवा की, जिनमें से शक्ति कुमार, खुमाण प्रथम, खुमाण द्वितीय, खुमाण तृतीय, समर सिंह, जैत्र सिंह जैसे योद्धाओं ने मेवाड़ राज्य के विस्तार को जारी रखा।

मेवाड़ में स्थित कैलाशपुरी के निकट एक अज्ञात साधक के रूप में बाप्पा ने अपना शेष जीवन व्यतीत किया एवं मोक्ष को प्राप्त हुए। आज भी वहाँ एक शिव मंदिर है एवं बाप्पा रावल की एक विशाल मूर्ति लगी है, जिसे 'बाप्पा की समाधि' माना जाता है।

दुर्भाग्यवश, आठवीं शताब्दी के इन महान हिंदू राजा का नाम हमारे मानस, हमारे इतिहास व हमारे सार्वजनिक जीवन से ही मिटा दिया गया। यह अत्यधिक दुःख व रहस्यपूर्ण विषय है कि न केवल बाप्पा रावल, बल्कि अरबों के विरुद्ध समूचे हिंदू विरोध को ही गौण कर उसे मिटाने का कुत्सित प्रयास इस देश के वामपंथी व इस्लामिक इतिहासकारों ने किया। एक युग प्रवर्तक घटना को यूँ पोंछ दिया जाना, हिंदू विचारकों व हिंदू नेतृत्व की बौद्धिक जड़ता भी सिद्ध करता है। वामी-जिहादियों ने तो अपनी निष्ठा के प्रति समर्पित हो, अपने खेल खेले। हमें क्या हुआ था ? हिंदू समाज व नेतृत्व की बौद्धिक क्षमता या धर्म के प्रति निष्ठा इतनी निर्बल व निष्क्रिय क्यों रही ? जिन देवपुरुषों के कारण हम अपनी भूमि व धर्म बचा पाए, उनका नाम तक हम विस्मृत किए बैठे हैं!

इतिहासविद श्री सी वी वैद्य ने अपनी पुस्तक 'मध्यकालीन हिंदू इतिहास' में बाप्पा की तुलना फ्रान्स के योद्धा चार्ल्स मर्टेल से की है। बाप्पा की ही भाँति मर्टेल भी अति साधारण पृष्ठभूमि से उठ कर पैरिस को जीतते हैं। बाप्पा की अरबों पर विजय की ही भाँति मर्टेल, उमैयद वंश के अब्द अल रहमान अल ग़फ़िकी को पराजित करते हैं । मर्टेल का पुत्र पैपिन फिर फ्रान्स का राज्य पता है। किंतु जहां बाप्पा का वंश आज भी मेवाड़ को सुशोभित कर रहा है, मर्टेल का वंश कुछ पीढ़ियों के बाद समाप्त हो गया। (वैद्य—पृष्ठ 73-74)

अरबों की हिंसक मतांधता से विश्व के जो भूभाग संक्रमित हुए उनकी आज की दुर्दशा चीख-चीखकर हमें एक ही संदेश दे रही है। यदि बाप्पा रावल सरीखे महापुरुषों ने अरबों को पराजित नहीं किया होता, तो आज हमारे पास भी ना कोई राष्ट्र होता, ना समाज, ना धर्म।

पाँच सौ वर्षों तक निरंतर अरब इस्लाम को सिंधु नदी पर ही रोक कर हमारे विलक्षण पुरखों ने ना केवल हिंदू धर्म व भारतवर्ष की, वरन् समूचे स्वतंत्र समाज व वैश्विक चेतना की भी रक्षा की थी।

अब यह हम पर निर्भर करता है कि हम बाप्पा के नाम, जीवन एवं कार्यों को पुन: स्मरण करें तथा हिंदुत्व के इस महान सपूत को अपनी स्मृति में अमर कर लें, जिन्होंने इस्लामी साम्राज्यवाद के विरुद्ध एक हजार वर्षों तक चले संघर्ष की अटल आधारशिला रखी।

□

2

रावल खुमाण : अरबों का काल
(820-860 ईसवी)

खुमाण बाप्पा रावल के सीधे वंशज थे। यद्यपि उनके बीच चार से पाँच पीढ़ियों का अंतर था। आठवीं से दसवीं शताब्दी के मध्य मेवाड़ में तीन भिन्न-भिन्न रावल खुमाण होने का उल्लेख है। तीनों ही इस्लाम के प्रसार के विरोध में हिंदू ढाल बनकर जिए। किंतु इनमें खुमाण द्वितीय सर्वाधिक प्रसिद्ध हुए।

खुमाण के विषय में लिखित ऐतिहासिक प्रमाण बहुत कम मिलते हैं। इस महान राजा के विषय में जानकारी राजस्थानी भाषा में देवनागरी लिपि के पाँच हजार दोहों में लिपिबद्ध 'खुमाण रासो' नाम के ग्रंथ से प्राप्त होती है। इस ग्रंथ के माध्यम से हमें अरब आक्रमणकारियों के साथ खुमाण के युद्धों के विषय में विस्तार से जानकारी प्राप्त होती है।

'खुमाण रासो' नाम के इस महान ग्रंथ की रचना का श्रेय 'दलपत विजय' नाम के एक जैन मुनि को जाता है, किंतु मुनि ने इस ग्रंथ को कब लिखा, इस विषय में विवाद है। वाद-विवाद को इतिहासकारों के लिए छोड़कर हम केवल खुमाण द्वितीय के जीवन एवं उनके कार्यों पर ध्यान देंगे। रावल खुमाण का राज काल 820 से 860 ईसवी के मध्य का माना जाता है। भिन्न-भिन्न इतिहासकार अपने आकलन के अनुसार इस कालखंड को मानते हैं।

बाप्पा की मोक्ष-प्राप्ति के पश्चात, कुछ दशकों तक अरबों ने भारत पर आक्रमण नहीं किया। फिर अरब खलीफा ने एक अरब सेनापति हाशिम को हिंदुओं पर आक्रमण करने के लिए भारत भेजा। हाशिम समुद्री मार्ग से होता हुआ गुजरात के रास्ते भारत

पहुँचा। उसने राजस्थान की ओर मुँह किया, जहाँ कुछ सीमा तक उसे सफलता भी प्राप्त हुई। किंतु फिर चित्तौड़ के दक्षिण-पश्चिम में स्थित भीनमाल के राजा नागभट्ट एवं खुमाण के संगठन ने हाशिम का सामना किया।

उन्हें हाशिम और उसकी गतिविधियों के विषय में अपने गुप्तचरों द्वारा सूचनाएँ प्राप्त होती रहती थीं, परिणामस्वरूप एक भीषण युद्ध हुआ, जिसमें अरबों का विनाश कर, उन्हें कुछ दशकों के लिए भारत से समाप्त ही कर दिया गया।

खुमाण के ही काल में अरबों के मध्य आपस में ही इस्लामी खलीफा, सत्ता के लिए एक-दूसरे की हत्याएँ करने लग गए थे। एक दूसरे अरब सेनानायक ने भारत पर आक्रमण किया, यह था खुरासान का पुत्र अल मामू, जिसे 'महमूद' भी कहा जाता है। अरबों द्वारा भारत पर यह एक प्रमुख आक्रमण बताया गया है। यह गजनी के महमूद से भिन्न है।

'खुमाण रासो' ग्रंथ का प्रमुख उद्देश्य है, भारत पर बड़ी सेना लेकर आक्रमण करनेवाले महमूद पर विजय का यशोगान। तत्कालीन हिंदू आस्था के स्तंभ खुमाण का साथ देनेवाले सभी राजाओं का उल्लेख 'खुमाण रासो' में किया गया है। 'खुमाण रासो' के लेखक के अनुसार, खुमाण ने मेवाड़ का केसरिया ध्वज सदैव ऊँचा रखा। उन्होंने आक्रांताओं के भीषण आक्रमण का न केवल प्रत्युत्तर दिया, वरन् उन्हें पीछे हटने पर भी बाध्य कर दिया और अंततः महमूद को बंदी बना लिया।

खुमाण के सम्मान में, कश्मीर से लेकर रामेश्वरम् तक के कुल चालीस राजवंशों ने उनके नेतृत्व में एकत्र होकर अरब सेना को बुरी तरह पराजित किया। जैसी सेना, खुमाण द्वितीय के नेतृत्व में एकत्र हुई, वैसी पुनः भारत के इतिहास में कभी नहीं हुई। कर्नल जेम्स टॉड अपनी पुस्तक 'एनल्स एंड एन्टिक्विटीज ऑफ राजस्थान' में इन राजवंशों के विषय में लिखते हैं—

गजनी से गहलोत आए,
असर से टाँक,
मदोल्येठे से चौहान,
रहिरगढ़ से चालुक्य,
सेत-बिंदर से जिस्केरा,
मंडोर से खैरावी,
मंगरोल से मकवाना,
नरवर से कच्छावा,
सांचोर से कालुम,
अजमेर से गौड़,
दिल्ली से तँवर,

पाटन से चावंडाट,
सिरोही से देवड़ा,
जालौर से सोनगरा,
गागरौन से खींची,
जूनागढ़ से जदू एवं
कन्नौज से राठौड़।

टॉड ने हिंदू गाथाओं एवं ग्रंथों का गहन अध्ययन कर इनमें से प्रत्येक राजवंश की वंशावली एवं काल का वर्णन किया है।

यद्यपि डॉ. रामगोपाल मिश्रा ने बड़े परिश्रम से छठी से बारहवीं शताब्दी में इस्लाम के विरुद्ध हिंदुओं के संघर्ष का सत्य सार्वजनिक करने का प्रयास किया है, किंतु फिर भी इस काल के बहुत अधिक हिंदू अभिलेख उपलब्ध ही नहीं हैं। दुर्भाग्यवश, इस्लामी लुटेरों ने हिंदू इतिहासकारों एवं राजाओं द्वारा इतिहास को संकलित करने के दो प्रमुख माध्यमों को लगभग समाप्त कर दिया।

हम कल्पना भी नहीं कर सकते हैं कि हमारे पूर्वजों का संगृहीत कितना मूल्यवान् ज्ञान व इतिहास इन लुटेरों की मतांधता के कारण नष्ट हुआ होगा! इसी प्रकार मंदिरों के स्तंभों तथा शिलालेखों को हिंदू मंदिरों के विध्वंस के समय ही तोड़कर नष्ट कर दिया जाता था।

हिंदुओं के लिए इन साम्राज्यवादियों की तर्कविहीन घृणा के चलते इन्होंने सातवीं से बारहवीं शताब्दी के महत्त्वपूर्ण काल के लगभग सभी अभिलेखों को विनष्ट कर दिया। निरंतर इस्लामी आक्रमणों एवं काल की निष्ठुर गति ने अधिकांश पुराने नगरों एवं गाँवों इत्यादि को लील लिया।

तथापि, खुमाण के समर्थन में समूचे भारतवर्ष से योद्धाओं का एकत्र हो अरबों की सेना से लड़ना, इस मिथक को तो तोड़ता ही है कि हिंदू कभी संगठित होकर नहीं लड़े!

'अमरकाव्यम' में खुमाण की सेना का वर्णन ऐसे मिलता है, "एक लाख रावल, 30 लाख अश्वारोही, 7 लाख पैदल, 9 सहस्र हाथी व एक सहस्र नगाड़ों की सेना खुमाण ने एकत्र की।" इसमें कोई संशय नहीं कि यह संख्या बहुत अतिशयोक्तिपूर्ण है, किंतु यह तो कहा ही जा सकता है कि खुमाण ने एक विशाल सेना से महमूद का सामना किया।[17]

खुमाण द्वारा महमूद की पराजय निर्णायक थी। महमूद को बंदी बनाकर कई माह तक खुमाण ने उसका अपमान किया। पुनः भारत की ओर मुँह ना करने के अनिवार्य प्रण के बाद उसे छोड़ा गया। इस्लाम के खलीफा की सेना के पराजित होने से अरब

17. अमरकाव्यम, पृ. 106।

आक्रांताओं का मनोबल टूट गया।

अभिलेखों के अनुसार, खुमाण ने उत्तर एवं पश्चिमी भारत में अरब स्कंधावारों को नष्ट किया एवं अपने जीवनकाल में 24 युद्ध लड़े तथा इराक और अफगानिस्तान तक चढ़ाई कर इस्लामी आक्रांताओं को भरपूर हानि पहुँचाई। आधुनिक हिंदू समाज के लिए यह लज्जा का विषय है कि खुमाण जैसे महान राजा को हमारे इतिहास से पूर्णतया विस्मृत कर दिया गया है। यह खुमाण जैसे शौर्यशाली राजाओं का ही प्रताप है कि विश्व की सबसे पुरातन हिंदू जाति आज भी पृथ्वी पर जीवित है।

ब्रिटिश इतिहासकार व विचारक अर्नोल्ड टॉयन्बी ने विश्व की पुरातन सभ्यताओं एवं अभिलेखों के अध्ययन से जाना कि अनुमानतः 25 पुरानी सभ्यताएँ अब तक विलुप्त होकर काल के गलियारों में खो चुकी हैं। वर्तमान में सबसे पुरानी सभ्यताओं में चीन के अतिरिक्त केवल हिंदू सभ्यता ही प्रमुखता से जीवित बची है।[18]

यह खुमाण जैसे राजाओं का ही पुण्य कर्म व पुरुषार्थ है कि आज भी विश्व की जनसंख्या का कुल 15 प्रतिशत, हम हिंदू हैं। खुमाण ने अरब आक्रमणों को पूर्णतया विफल कर दिया था और इसलिए सुदूर पूर्व के देश, यहाँ तक कि चीन भी अतिवादी इस्लामी लुटेरों से बचा रहा। हम कल्पना भी नहीं कर सकते कि यदि अरबों ने भारत पर पूर्ण विजय प्राप्त कर ली होती तो क्या परिणाम होता ?

इस्लाम के चीन और सुदूर पूर्व में प्रसार की इस भयावह संभावना की पुष्टि हमें आठवीं सदी के चीनी यात्री ओऊ कौंग के संस्मरणों से भी मिलती है। यद्यपि वह कश्मीर के ललितादित्य मुक्तापीड़ के विषय में लिखता है, "मुंती ने (ललितादित्य) मध्य भारत के एक राजा (यशोवर्मन) के साथ मिलकर तिब्बत के पाँच दर्रे अवरुद्ध कर दिए।"[19]

यदि हिंदू भारत, इस्लाम के समक्ष समर्पण कर देता तो कदाचित् पूरे विश्व का इस्लामीकरण हो जाता, क्योंकि इस बात का उल्लेख कई जगह हुआ है कि अरब खलीफा को पश्चिम में यूरोप एवं पूर्व में भारत को विजय करने हेतु अपनी शक्तियों को दो भागों में विभाजित करना पड़ा था। एक ओर जहाँ पूरा विश्व, 732 ईसवी में चार्ल्स मार्टेल एवं उमय्यद खलीफा के बीच हुए टूर्स के युद्ध को जानता है एवं यशगान करता है। यहाँ हम बाप्पा और खुमाण जैसे महायोद्धाओं को विस्मृत कर बैठे हैं।

इस्लाम का पूर्व में विस्तार खुमाण जैसे महान राजा ने रोका, जिनका नाम तक किसी की स्मृति में नहीं है, ऐसे में उनके जीवन और कार्यों के विषय में क्या कहा जाए! यदि खुमाण ने अरबों को पराजित कर उन्हें नहीं खदेड़ा होता तो न केवल पूरे भारत का

---

18. ए स्टडी ऑफ हिस्ट्री, आर्नल्ड टॉयनबी, खंड-1-6।
19. हिस्ट्री ऑफ कन्नौज, आर.एस. त्रिपाठी द्वारा उल्लिखित, 1950, पृ. 203ए मिश्रा, पृ. 29।

इस्लामीकरण हो जाता, बल्कि भारत के धन एवं सेनाओं के बल पर, इस्लामी साम्राज्यवाद, नरसंहार एवं दासता की भयंकर कालिमा में सुदूर पूर्व एवं चीन को भी ग्रस लेता।

इतिहासकार ईवान ऑस्टिन अपनी पुस्तक 'मेवाड़ : संसार का सबसे प्राचीन राजवंश' में लिखते हैं कि खुमाण व बाप्पा जैसे हिंदू महावीरों के कारण ही विश्व इस्लामी खिलाफत बनने से बच पाया। इन वीरों ने अरब विस्तारवाद की रीढ़ तोड़ दी, तथा भारत पाँच सौ वर्षों तक अरबों से सुरक्षित रहा।

जोन ऑफ आर्क, रिचर्ड लायनहार्ट एवं पेलागिस ऑफ स्पेन, जिन्होंने पश्चिम में इस्लाम के आक्रमण को रोका, उन पर कई चलचित्रों का निर्माण हुआ, उनकी स्मृति को जनमानस के मन में जीवित रखने हेतु पुस्तकें लिखी गईं। इधर भारतवर्ष में खुमाण जैसे नायकों को हमारे इतिहास से पूर्णतया मिटा दिया गया, यद्यपि उनका योगदान पूरी मानवता की रक्षा में उतना ही महत्त्वपूर्ण है, कदाचित् यूरोपीय नायकों से भी अधिक।

यह हिंदू विद्वानों द्वारा अभिलेखों के अपर्याप्त रख-रखाव पर भी कटु टिप्पणी है कि ऐसे महान योद्धाओं के विषय में इतिहास में कुछ विशेष नहीं मिलता!

जो कुछ इस पुस्तक में लेखक संकलित कर पाया, वह भी एक ब्रिटिश अफसर कर्नल जेम्स टॉड की राजस्थान के इतिहास पर एक विस्तृत पुस्तक में से लिखा है। खुमाण की स्मृतियों को जीवित रखने के लिए हिंदू समाज, टॉड का सदैव आभारी रहेगा। यद्यपि यह भी कहना पड़ेगा कि पुरातन काल से ही हिंदू राजाओं व पंडितों की दृढ़ता तथा दूरदृष्टि का ही परिणाम है कि 'खुमाण रासो' की वास्तविक प्रतिलिपि आज भी पुणे के एक संग्रहालय में सुरक्षित है।[20]

रावल खुमाण की समाधि

20. हिंदी साहित्य का इतिहास, आचार्य रामचंद्र शुक्ल, पी.डी.एफ.।

हिंदुओं को अपने उन महान पूर्वजों का आभार मानना चाहिए, जिन्होंने असुरों एवं म्लेच्छों से भयंकर संघर्ष किया, जैसा कि हमारी हिंदू गाथाओं में उल्लेखित है। हमें इन महान राजाओं के बलिदानों को सदा स्मरण रखने के लिए उनके इतिहास का शोध एवं कुशल पुनर्लेखन करना होगा।

अपने जीवनकाल में खुमाण; राजस्थान के जन-जन में वैसे ही प्रसिद्ध थे, जैसे कि रोम में जूलियस सीजर। आज भी मेवाड़ में, यदि आप गिर जाएँ अथवा छींकें तो आपको कोई कहेगा 'थनै खुमाण राखै' अर्थात् 'खुमाण आपकी रक्षा करें!'

राजसी पुरुषों के साथ ऐसा होता ही है। उन्हें अपने कंधों पर सत्ता के सुख व कष्ट का विरोधाभास ढोना ही होता है।

खुमाण जब अधेड़ अवस्था के हुए तो एक ब्राह्मण पुरोहित ने उन्हें अपना राज्य छोटे भाई जोगराज को देने का परामर्श दिया। खुमाण ने गुरु आज्ञा समझकर जोगराज को राजा घोषित कर दिया। किंतु जोगराज एक सत्तालोलुप, अन्यायपूर्ण व अदूरदर्शी शासक सिद्ध हुआ। वानप्रस्थ से खुमाण को लौटकर आना पड़ा तथा छोटे भाई को पदच्युत कर उसे देश निकाला देना पड़ा। खुमाण ने अपने दुष्ट भाई के सभी साथियों एवं सलाहकारों को मारकर, उस ब्राह्मण को भी पदमुक्त कर दिया, जिसने भाई को सिंहासन देने का परामर्श दिया था।

ऐसे निस्पृह, वीतरागी, बलशाली व विवेकी रावल खुमाण को एक दिन उनके ही पुत्र मंगल ने मार डाला। सत्ता का लोभ किस प्रकार मनुष्य को अंधा कर देता है! मंगल को भी मेवाड़ के सामंतों एवं मंत्रियों ने देश से निकाल दिया एवं एक अलग राज्य उसे दे दिया। सामंतों के आपसी परामर्श से भरतरी भट्ट को खुमाण का उत्तराधिकारी चुना गया।

भरतरी ने मेवाड़ की सीमाओं का बहुत विस्तार किया। भरतरी भट्ट के तेरह पुत्र हुए तथा ये सभी मालवा एवं गुजरात के क्षेत्रों में जाकर स्वतंत्र राज करने लगे। ये राजा कालांतर में 'भाटवाड़ा गहलोत' कहलाए।

मेवाड़ के रावलों ने सातवीं से बारहवीं शताब्दी के मध्य भारत के अन्य हिंदू राजाओं के साथ मिलकर इस्लामी साम्राज्यवाद से 500 वर्षों तक हिंदू धर्म व देश बचा कर रखा। भारत के स्वर्णिम इतिहास का यह अंश हम हिंदुओं की सामूहिक स्मृतियों से मिटा दिया गया है। यह खुमाण जैसे महानायकों की सफलता का मानक है कि भारतवर्ष पर अरब हमलावर कभी अपना धर्म व संस्कृति नहीं थोप पाए।

अरबों के मुस्लिम साम्राज्यवाद को सबसे बड़ी विफलता भारत में ही झेलनी पड़ी, क्योंकि हमारे महान पुरखे, लुटेरों व बलात्कारियों के इस समूह के सत्य स्वरूप को पहचानकर उन्हें लगातार खदेड़ते रहे। अरबों के भारत पर पाँच सौ वर्षों के असफल

हमलों के बाद मुसलमानों में सत्ता का केंद्र अफगानों, तुर्कों व मध्य एशिया के हत्यारों के हाथों में चला गया, जो और भी अधिक नृशंस व अनैतिक जातियाँ थीं।

अरबों को इस पवित्र वैदिक भूमि को मलिन करने से रोकने वाले खुमाण जैसे महापुरुषों का विस्मरण न केवल इतिहास के साथ अन्याय है, बल्कि हमारी कृतघ्नता का भी द्योतक है। खुमाण की स्मृति को पुनर्जीवित करना ही उन्हें सच्ची श्रद्धांजलि हो सकती है।

□

3

रावल जैत्र सिंह : नागदा का नाश व इल्तुत्मिश की पराजय

(1213-1253 ईसवी)

रावल जैत्रसिंह का जीवन एवं कार्य तीन कारणों से विशेष रहा। प्रथम, रावल जैत्र सिंह तेरहवीं शताब्दी में अफगानों एवं तुर्क आक्रमणकारियों के विरुद्ध हिंदू संघर्ष में एक महत्त्वपूर्ण कड़ी रहे।

बाप्पा रावल, खुमाण तथा शक्ति कुमार की इस्लामी आक्रांताओं के विरुद्ध विजय-यात्राओं के पश्चात् रावल जैत्र सिंह ने इस संघर्ष को जीवित रखा।

द्वितीय, जैत्र सिंह की विभिन्न युद्धों में विजय के परिणाम स्वरूप दिल्ली सल्तनत नाम का झूठ पुनः खुलकर सामने आ जाता है। पराजित मुसलमान लुटेरों को सुल्तान बताने में इस देश के इतिहासकारों को लज्जा भी नहीं आई।

इनमें 1224 से 1234 ईसवी तक शमसुद्दीन इल्तुत्मिश के साथ लड़ा गया एक दीर्घकालीन युद्ध प्रमुख है।

तृतीय एवं सबसे महत्त्वपूर्ण कारण, क्योंकि श्यामलदास एवं टॉड द्वारा अपने लेखन में इस महान राजा का उल्लेख नहीं किया गया है, अतः ऐसे महापराक्रमी राजा के विषय में पाठकों को अवगत कराना और भी आवश्यक हो जाता है। उनके राज्यकाल के विषय में पुराने इतिहासकारों द्वारा न लिखे जाने का कारण कदाचित् उनके विषय में शोध की कमी को दर्शाता है।

चीड़वा ग्राम में मिले 1273 ईसवी के एक शिलालेख से रावल जैत्र सिंह के विषय में कुछ तथ्यपरक जानकारी प्राप्त हुई है। डॉ. गोपीनाथ शर्मा द्वारा 1983 में लिखित 'राजस्थान के इतिहास के स्त्रोत' नामक पुस्तक में पृष्ठ संख्या 110 पर, उदयपुर से आठ मील दूर चित्तौड़गढ़ में प्रतापगढ़ तहसील में बने एक मंदिर के मुख्य द्वार पर बाप्पा रावल के वंशजों—पद्म सिंह, जैत्र सिंह, तेज सिंह एवं समर सिंह के विषय में महत्त्वपूर्ण जानकारी मिलती है।

इसे 'चीड़वा आलेख' कहा गया है, वियना के 'ओरिएंटल एंड इंडियन एंटिक्वेरी जर्नल्स' में चीड़वा तथा माउंट आबू के आलेखों का और उनमें जैत्र सिंह के विषय में किए गए महत्त्वपूर्ण उल्लेखों का पता चलता है।[21]

इंडियन एंटिक्वेरी, भाग 57 में भी चीड़वा आलेख तथा जैत्र सिंह के विषय में एक लेख प्राप्त होता है। इन्हीं स्रोतों के आधार पर हम मेवाड़ के इस महान रावल की कथा कहने का प्रयास करेंगे।

1192 ईसवी में तराइन के द्वितीय युद्ध में मुहम्मद गौरी के सामने हिंदू राजा पृथ्वीराज चौहान को पहली बार पराजय का सामना करना पड़ा। इस पराजय से भारत में हिंदू-मुस्लिम संघर्ष का स्वरूप सदा के लिए बदल गया। इससे पूर्व अरब, अफगान लुटेरों को 500 वर्षों तक हिंदुओं ने भारत में नहीं घुसने दिया। गजनी का महमूद, सोमनाथ का विध्वंस करके वापस जाने को विवश हुआ। पृथ्वीराज चौहान की हत्या के बाद ये लुटेरे यहीं रुक गए। भारत माँ के वक्ष पर यह शूल सदा के लिए गड़ गया।

गौरी ने पृथ्वीराज की हत्या कर दी एवं अपने दास कुतुबुद्दीन ऐबक को उत्तर भारत का गवर्नर बना दिया।

ऐबक, गौरी का दास था और उसे गवर्नर बनाने का कारण था, गौरी की एकमात्र संतान का पुत्री होना। ऐबक की 1210 ईसवी में पोलो खेलते समय मृत्यु हो गई तथा शमसुद्दीन इल्तुत्मिश को ऐबक का कार्यभार प्राप्त हुआ। इल्तुत्मिश एक क्रूर इस्लामी शासक था, जिसने एक बड़ी सेना तैयार कर रणथंभौर तथा मंडोर के हिंदू राज्यों को नष्ट करना आरंभ कर दिया। इल्तुत्मिश ने राजस्थान के कई प्रमुख शिक्षा स्थलों को ध्वस्त कर मेवाड़ की ओर मुँह किया। यहाँ उसका सामना मेवाड़ के रावल जैत्र सिंह से हुआ, जो उस समय नागदा नामक सुंदर मंदिरों की नगरी से मेवाड़ का शासन चलाते थे। यह नागदा नगरी, वर्तमान के उदयपुर से 20 किलोमीटर दूर स्थित थी तथा चित्तौड़ के अतिरिक्त इसे भी मेवाड़ की वैकल्पिक राजधानी होने का गौरव प्राप्त था।

ऐसा कहा जाता है कि उस समय नागदा में 999 शैव-वैष्णव एवं जैन मंदिर थे।

---

21. इंडियन एंटीक्वटी, खंड 57, चिड़वा इंस्क्रिप्शन व जैत्र सिम्हा पर लेख के साथ https://www.rajputcommunity.in/t/rawal-jaitrasmha-and-the-forgotten-battle-of-bhutalghati/981.

जैत्र सिंह के राज्यकाल में मेवाड़, चाँदी के व्यापार का एक प्रमुख केंद्र बनकर भी उभरा था।

इल्तुत्मिश ने मेवाड़ एवं अजमेर के विरुद्ध अभियान छेड़ दिया था। चौहान अब भी क्षीण थे, अत: पराजित हुए तथा इल्तुत्मिश ने नंदेशमा के प्रसिद्ध सूर्य मंदिर को भी तोड़ दिया।

उस समय में मग ब्राह्मण, महान ज्योतिषी माने जाते थे एवं इन सूर्य मंदिरों का निर्माण, ग्रहों की गणना हेतु उन्हीं के द्वारा करवाया जाता रहा था। ये सूर्य मंदिर ज्योतिष शिक्षा के महान केंद्र भी माने जाते थे। ऐसा माना गया है कि नांदेशमा का सूर्य मंदिर मेवाड़ में तोड़े गए मंदिरों में पहला था।

1229 ईसवी में जैत्र सिंह एवं पामराज टाँटेड़ की अगुवाई में मेवाड़ की सेना ने इल्तुत्मिश पर उस घाटी में आक्रमण किया, जो गोगूँदा को नागदा से जोड़ती थी। इसे 'भूताला का युद्ध' भी कहा जाता है। राजस्थान में हुए युद्धों में यह सबसे भीषण युद्ध था, क्योंकि इसमें दोनों ही ओर से सहस्त्रों योद्धा मारे गए थे। टाँटेड़ अपने राजा की रक्षा में वीरगति को प्रात हुए, किंतु उससे पूर्व उन्होंने अपने राजा जैत्र सिंह को इस्लामियों से बचा लिया। जैत्र सिंह ने यहाँ से बचकर नागदा के एक घर में शरण ली, किंतु इल्तुत्मिश ने अपनी क्रूरता का परिचय देते हुए संपूर्ण नागदा नगरी को जला दिया एवं वहाँ के समस्त मंदिरों को भी ध्वस्त कर दिया।

चौहानों, सोलंकियों, परमारों, चारणों एवं वनवासी भीलों के दलों ने मुसलमानों की सेना पर भरपूर आक्रमण किया। इसका लाभ उठाकर जैत्र सिंह सकुशल वहाँ से बच निकले। इस युद्ध में इल्तुत्मिश की सेना को भी भीषण हानि उठानी पड़ी तथा वह भी पीछे हट गया। नागदा का विध्वंस, हिंदू धर्म पर इस्लामियों द्वारा भारतीय उप महाद्वीप में बड़ा ही क्रूर एवं इतिहास द्वारा उपेक्षित आघात है। प्रत्येक मूर्ति एवं मंदिर को इस प्रकार तोड़ा गया था कि उसे पुन: बनाया ही न जा सके।

मेवाड़ में एक प्रसिद्ध कहावत है, जो इस निर्दयी विध्वंस का सटीक चित्रण करती है—

अल्त्या रे मस मूरताऊं बाथ्यां आवै,
जैत नीं पावै तो नागदो हलगावै।'

(अर्थात् इल्तुत्मिश के मुसलमान मूर्तियों से युद्ध कर रहे हैं, जैत्र सिंह को न पाकर नागदा को ही जला रहे हैं।)

हिंदू मंदिरों को तोड़ने की धर्मांधता एवं मद में चूर इल्तुत्मिश ने अमूल्य स्थापत्य तथा ऐतिहासिक आलेखों का भी विनाश कर दिया। आज भी नागदा के अवशेष इस्लामी लुटेरों की क्रूरता के हाथों विधूसरित मेवाड़ की क्षत-विक्षत आत्मा के मूक उदाहरण बने खड़े हैं। इन अवशेषों का वैभव देखकर प्रतीत होता है कि कितने महान और गौरवशाली

नागदा के अवशेष

स्थापत्य के निर्माण, दुष्टों की मदांधता की भेंट चढ़ गए! जैत्र सिंह ने नागदा में भूताला के बलिदानियों की स्मृति में बाघेला तालाब खुदवाया। नागदा में एक बहुप्रसिद्ध सहस्त्रबाहु का मंदिर आज भी श्रद्धालुओं को आकर्षित करता है। इसके नाम के अपभ्रंश के कारण इसे 'सास-बहू' का मंदिर भी कहा जाता है।

खंडित सहस्त्रबाहु मंदिर

लगभग सभी जिहादी इतिहासकारों ने मुस्लिम आक्रांताओं की झूठी उदारता के विषय में लिख-लिखकर अपनी लेखनी को घिस डाला। यह झूठ भी फैलाया कि मुसलमान शासकों द्वारा हिंदू मंदिरों को तोड़े जाने की घटनाएँ हिंदुवादियों द्वारा बढ़ा-चढ़ाकर बताई जाती रही हैं। कदाचित् कभी तो इतिहासकारों का रूप धरे ये मिथ्याचारी वामपंथी, नागदा के इन अवशेषों को स्वयं देख पाएँ तो उन्हें वास्तविकता ज्ञात होगी कि इस्लामियों ने हिंदुओं एवं उनकी धार्मिक आस्था पर कितनी क्रूर और भीषण चोट की है। कदाचित् उन्हें थोड़ी लज्जा आए कि देश की सरल-मन जनता को वो किस प्रकार से झूठ के ग्रास खिला रहे हैं।

शम्स-उद-दीन इल्तुतमिश : नागदा का नाश करने वाला दास

इसी कालखंड में गुजरात पर सोलंकी राजा भीम देव का शासन था, जिन्हें 'भोला भीम' भी कहा जाता था। इसका कारण कुछ तो उनकी छोटी आयु और कुछ उनका स्वभाव था। वास्तव में सत्ता पर बघेल पिता-पुत्र, राणा लवण प्रसाद एवं उनके पुत्र वीरधवल का प्रभाव था। इस काल में गुजरात की शक्ति का निरंतर ह्रास हो रहा था और फलस्वरूप इल्तुत्मिश ने गुजरात पर अपनी लोभी दृष्टि डाल दी थी। ऐसे में वीरधवल ने नागदा के विध्वंस से पूर्व मेवाड़ के जैत्र सिंह तथा मारवाड़ के सोम सिंह, उदय सिंह एवं धारावर्ष से उनकी सैन्य सहायता हेतु संपर्क किया।

जैत्र सिंह के पूर्वज, मेवाड़ के रावल सामंत सिंह को चार पीढ़ी पूर्व गुजरात के कीटू चौहान ने पराजित किया था एवं कुमार सिंह तथा पद्म सिंह के राज्यकाल में मेवाड़, गुजरात का एक हिस्सा मात्र बनकर रह गया था।

ऐसे में जैत्र सिंह ने अपने राज्यकाल के शुरुआती दिनों में गुजरात से संबंध विच्छेद कर लिया था और इसी कारण उन्होंने वीरधवल के प्रस्ताव को ठुकरा दिया। इसी बीच इल्तुत्मिश ने राजस्थान को लूटकर अथाह धन प्राप्त किया तथा उसने हिंदू सैनिकों को भी इसी धन के बल पर अपनी सेना में सम्मिलित कर एक बड़ी सेना का निर्माण कर लिया।[22]

जैत्र सिंह ने इल्तुत्मिश की सैन्य शक्ति का अनुचित अनुमान किया, जिसके

22. https://www.jstor.org/stable/44303995

परिणामस्वरूप उन्हें इल्तुत्मिश के सामने पराजय का मुँह देखना पड़ा। इस युद्ध में उनके कई प्रमुख राजपूत सरदार वीरगति को प्राप्त हुए तथा नागदा का पूर्णतया विनाश भी हो गया।

जैत्र सिंह ने चित्तौड़ में शरण ली तथा वीरधवल के पास अपने दूत भेजकर इल्तुत्मिश के विरुद्ध लड़ने का प्रस्ताव रखा। अंततः हिंदुओं ने एकता जुटाई और मेवाड़ में एक अनजान जगह पर 1234 ईसवी में तुमुल युद्ध में इल्तुत्मिश की पराजय हुई। यह युद्ध आठ माह तक चला। अपनी पराजय से व्यथित इल्तुत्मिश इस युद्ध के कुछ समय पश्चात् 1236 ईसवी में मर गया। तथाकथित दिल्ली सल्तनत की यह प्रथम पराजय थी, वह भी मेवाड़ के एक राजा के हाथों। चीड़वा के आलेख में इस विजय को कुछ इस प्रकार लिखा गया है—"जैत्र सिंह ने पृथ्वी को बचा लिया और ऋषि अगस्त्य की भाँति तुर्कों की सेना के प्राण पी लिये।" इस आलेख में हिंदू ऋषि अगस्त्य का उल्लेख किया गया है, जिनके विषय में कथा है कि उन्होंने पूरा समुद्र पी लिया था।

इस प्रकार जैत्र सिंह ने मेवाड़ के चाँदी के व्यापार को बचा लिया और अपने राज्य को भी, जो विनाश के कगार पर खड़ा था। इसके पश्चात् नागदा को पूरी तरह छोड़ दिया गया और जैत्र सिंह ने चित्तौड़ को मेवाड़ की राजधानी घोषित किया।

जैत्र सिंह ने सिंध के मुसलमानों की सेना को भी पराजित किया था। आबू के आलेख में इस विजय का वर्णन कुछ इस प्रकार है—"मेवाड़ की सेना प्रेतों की भाँति सिंध की सेना का रक्तपान कर रही थी और जैत्र सिंह की जय-जयकार कर रही थी।" श्री गौरीशंकर ओझा ने फारसी ग्रंथों के अध्ययन के बाद लिखा है कि जलालुद्दीन के नेतृत्व में सिंध के मुसलमानों की सेना ने सिंध में थट्टा के जय सिंह को पराजित कर गुजरात की ओर कदम बढ़ाए, किंतु रावल जैत्र सिंह ने उसे रास्ते में ही रोक लिया और उसे पराजित कर उसकी धन-संपदा इत्यादि को लूट लिया।

जैत्र सिंह का अंतिम युद्ध दिल्ली के नसरुद्दीन महमूद से 1248 ईसवी में हुआ। यह युद्ध आठ महीनों तक चला, जिसके पश्चात् नसरुद्दीन पुनः दिल्ली को लौट गया। इस्लामी आक्रांताओं से संघर्ष के अतिरिक्त जैत्र सिंह ने 1242 ईसवी में गुजरात के त्रिभुवन पाल, मालवा के परमार शासकों एवं मेवाड़ के आस-पास छोटे राज्यों को पराजित कर अपने परिवार की सत्ता एवं संप्रभुता स्थापित की। मेवाड़ के इन महान राजा ने लंबे समय तक शासन किया एवं शासन का भार अपने पुत्र तेज सिंह को अपने जीवनकाल में ही सौंप दिया। जैत्र सिंह दीर्घायु को प्राप्त हुए एवं 1253-61 ईसवी के मध्य प्राकृतिक कारणों से उनका देहावसान हुआ।

रावल तेज सिंह भी पिता के समान प्रतापी और शौर्यवान राजा थे और उन्होंने भी मेवाड़ की सीमाओं एवं ख्याति का विस्तार किया। अपने जीवनकाल में उन्होंने गुजरात

के बीसल देव को पराजित किया। तेज सिंह ने 1273 ईसवी तक शासन किया एवं उनके पश्चात् उनके पुत्र समर सिंह ने 30 वर्षों तक मेवाड़ पर शासन किया। समर सिंह ने गुजरात के साथ मैत्री करके दास वंश के दुर्दांत इस्लामी हत्यारे, गयासुद्दीन बल्बन को पराजित कर उसे पुनः दिल्ली की सीमाओं तक ही सीमित कर दिया। चीड़वा के आलेख में रावल समर सिंह को 'शत्रुओं के हंता सिंह' के समान बताया गया है, जिसका तेज चंद्रमा के समान शीतल है, उसे अपने कर्म का धनी और धर्म का प्रबल अनुयायी बताया गया है।

रावल समर सिंह का देहावसान 1303 ईसवी में हुआ और उनके पश्चात् रावल रतन सिंह मेवाड़ के शासक बने। युवा रावल रतन सिंह के राज्यकाल में अलाउद्दीन खिलजी द्वारा किया गया धूर्तता एवं क्रूरतापूर्ण आक्रमण मेवाड़ के इतिहास में ही नहीं, वरन् भारतीय उपमहाद्वीप में हुए हिंदू-मुस्लिम संघर्ष के इतिहास में भी काले अक्षरों में अंकित है।

रावल समर सिंह (1272–1303 ईसवी)

इसके साथ अब हम उस कालखंड के अंत पर आ पहुँचे हैं, जिसमें 600 वर्षों तक हिंदुओं ने इस्लाम को टिकने नहीं दिया। यहाँ से आगे हिंदू-मुस्लिम संघर्ष एक भिन्न स्वरूप में खेला गया।

पृथ्वीराज की हत्या के पश्चात्, भारत के उत्तरी भाग में अफगान और तुर्क मुसलमानों के दासों द्वारा इस्लामी शासन की स्थापना हो चुकी थी। अरबों के आक्रमण अब भूतकाल की बात हो चुकी थी। इस्लाम 600 वर्षों के संघर्ष और नरसंहार के बाद अब भारत में प्रवेश कर चुका था। मेवाड़ ने अपने अंतहीन प्रयासों से चित्तौड़ को इस्लामी शासन से दूर ही रखा था, किंतु अपनी सीमाओं से परे अब वो भी इसे रोक नहीं सका। अतः देश के अन्य भागों, जैसे—सिंध, बंगाल, बिहार इत्यादि में इस्लामी शासन कुकुरमुत्तों की तरह प्रसार करने लगा। कन्नौज से राठौड़ों को मारवाड़ की ओर आने पर बाध्य होना पड़ा, इसी प्रकार ग्वालियर के राजपूतों को भी अपना क्षेत्र छोड़कर आमेर के कच्छावा राजाओं के पास आना पड़ा।

मेवाड़ के अतिरिक्त आमेर व मारवाड़ के दोनों वंश, आगामी 400 वर्षों के लिए इस्लामी उपद्रवियों से संघर्ष के लिए राजस्थान की पवित्र भूमि पर बीज रूप में स्थापित हो चुके थे। रावल जैत्र सिंह तथा समर सिंह राजस्थान की लोक-गाथाओं में ऐसे अमर

पात्र बन गए, जिन्होंने आनेवाली पीढ़ियों को इस्लामी आक्रांताओं के विरुद्ध संघर्ष करने की प्रेरणा दी।

लेखक को पुस्तक के इस भाग में, हिंदुओं द्वारा विस्मृत रावल जैत्र सिंह के शौर्य की गाथा लिखने में अतुलनीय संतोष प्राप्त हुआ है। किंतु एक बात, जो उल्लेखनीय है कि जैत्र सिंह के बिना, मुसलमानों का दास वंश अत्यंत सरलता से पूरे भारतवर्ष का इस्लामीकरण कर चुका होता। अत: हमें इन सभी महाराणाओं को उनकी दूरदर्शिता को तथा उनके शौर्य को हृदय से नमन करना चाहिए, जिन्होंने विपरीत परिस्थितियों से उठकर इस्लामी विस्तारवादियों से संघर्ष कर उन्हें पराजित किया।

यदि इस्लामिक सामाजिक व्यवस्था ने धर्मोन्मत्त मनोरोगियों की सेना को जन्म दिया है, जो अपनी धर्मांधता के प्रसार हेतु बार-बार आक्रमण करते रहे, तो हिंदू धर्म ने भी ऐसे महान मेवाड़ के महाराणाओं को उत्पन्न किया है, जिन्होंने अपनी संघर्षशीलता, शौर्य एवं हिंदू धर्म के प्रति अपने प्रेम और आस्था से कुल एक सहस्र वर्षों तक सतत संघर्ष किया और अपने देश तथा धर्म को बचाए रखा।

□

4

महारानी पद्मिनी और रावल रतन सिंह : खिलजी द्वारा चित्तौड़ का नाश व पहला साका जौहर (1303 ईसवी)

रावल रतन सिंह, रावल समर सिंह के पुत्र थे, जो असाधारण और शूरवीर राजा थे। रावल रतन सिंह की एक अप्रतिम सुंदर पत्नी थी, जिनका नाम था रानी पद्मिनी। पद्मिनी, जो कि मेवाड़ की महारानी भी थीं, उनकी सुंदरता एवं उसी सुंदरता के प्रति अलाउद्दीन खिलजी की वासना के विषय में बहुत कुछ लिखा और अनुमान लगाया गया है। यह निश्चित है कि चित्तौड़ की पहली घेराबंदी और पहला साका जौहर, अलाउद्दीन खिलजी की पाशविक वृत्ति के कारण ही हुआ।

रतन सिंह और पद्मिनी के इर्द-गिर्द एक काल्पनिक गाथा 'पद्मावत' लिखने वाले मलिक मोहम्मद जायसी के काव्यात्मक प्रस्तुतीकरण पर विश्वास करने से इस युग के आस-पास बहुत भ्रम पैदा हुआ है। किंतु ऐतिहासिक रूप से जायसी का लेखा-जोखा अविश्वसनीय है और इसे केवल रानी पद्मिनी और रावल रतन सिंह के आस-पास के कुछ मिथकों को दूर करने के लिए यहाँ स्पष्ट किया जा रहा है।

सर्वप्रथम, पद्मावती के नाम से कोई रानी नहीं थी, यह एक काल्पनिक चरित्र है, जो जायसी ने अपने काव्य के लिए बनाया था, यद्यपि यह रानी पद्मिनी से ही प्रेरित था। इसलिए चित्तौड़ की महान रानी पद्मिनी को पद्मावती के रूप में दिखाने के सभी प्रयासों और योजनाओं का विरोध किया जाना चाहिए। एक मुसलमान व्यक्ति की कल्पना को इस बात

की अनुमति नहीं दी जा सकती कि जिस महान हिंदू रानी ने अपने सम्मान और धर्म की रक्षा के लिए अकल्पनीय बलिदान दिया हो, उस महानतम रानी का नाम ही वह परिवर्तित कर दे!

दूसरी बात, चित्तौड़ की वास्तविक घेराबंदी के 250 साल पश्चात् जायसी ने 'पद्मावत' काव्य लिखा था। इसलिए जायसी की रचना उस समय की घटनाओं के ऐतिहासिक पुनर्निर्माण का आधार हो ही नहीं सकती।

अलाउद्दीन खिलजी का जन्म 1267 ईसवी में हुआ था और उसका पालन-पोषण उसके चचा जलालुद्दीन खिलजी ने किया था, जो दिल्ली के निकट के कुछ भाग पर राज्य करता था।

अलाउद्दीन खिलजी (1296-1316 ईसवी)

जलालुद्दीन ने दासवंश में एक छोटे अधिकारी के रूप में अपने जीवन की शुरुआत की थी और अंतिम दास राजा मुईजुदीन कैक़ाबाद की मृत्यु के पश्चात् उसने उसके राज्य पर अधिकार कर लिया। उसकी पुत्री का विवाह जलालुद्दीन से हुआ था।

अलाउद्दीन ने 1296 ईसवी में जलालुद्दीन की हत्या कर दिल्ली का राज्य हथिया लिया एवं उत्तर भारत के हिंदू राजाओं पर आक्रमण करना शुरु कर दिया।

हिंदू साम्राज्यों, जैसे परमार, वाघेला, चाहमना तथा मेवाड़ के रावलों के पूरे वंश का नाश करने का काम अलाउद्दीन ने ही किया। उसका कुख्यात किन्नर दास सेनापति मलिक काफ़ूर पहला मुसलमान सेनापति था, जिसने विन्ध्य पर्वत पारकर दक्षिण भारत के यादव, काकातीया तथा होयसल राजाओं को परास्त किया था।

काफ़ूर का जन्म हिंदू परिवार में हुआ था और उसे अलाउद्दीन के सेनापति नुसरत खाँ ने 1299 ईसवी में एक दास के रूप में खरीदा था।[23]

हम केवल अलाउद्दीन द्वारा राजस्थान में दो मुख्य आक्रमणों के विषय में बात करेंगे, रणथंभौर एवं चित्तौड़।

---

23. HYPERLINK 'https://en.wikipedia.org/wiki/Malik_Kafur'\ l'CITEREFKishori _Saran_Lal1950' \t '_blank' Kishori Saran Lal 1950, History of The Khaljis, p, 86.

1297 ईसवी में अलाउद्दीन के अनुभवी सेनापति उलुग खाँ एवं नुसरत खाँ ने रूद्र महालय तथा सोमनाथ के मंदिरों को लूटा और शिवलिंग के भग्नांशों को अलाउद्दीन को दिखाने साथ ले गए। जालौर के राजकुमार कान्हड़ देव सोनगरा एवं एक नवीन परिवर्तित मुसलमान मुहम्मद शाह ने मिलकर अलाउद्दीन की सेनाओं से युद्ध कर उन्हें परास्त किया। कान्हड़ देव ने शिवलिंग के भग्नांशों में से नवीन शिवलिंग बनवाए एवं उन्हें प्रभास पाटन, बागदा, आबू, जालौर एवं अपने निजी उद्यान में स्थापित करवाए।[24]

कान्हड़ देव का बाद में मुहम्मद शाह से मतभेद हो गया, क्योंकि उसके सैनिक और वो स्वयं गौमांस खाते थे। ऐसे में मुहम्मद शाह एवं एक और मुसलमान सेनापति कभ्रू, अलाउद्दीन के भय से भागते हुए रणथंभौर के राजा हम्मीर देव चौहान की शरण में चले गए।

हम्मीर ने उन्हें शरण दी, ताकि समय आने पर अलाउद्दीन के विरुद्ध वो इनका प्रयोग कर सके।

अलाउद्दीन ने राजस्थान के रणथंभौर दुर्ग पर 1301 ईसवी में आक्रमण कर दिया तथा अंततः उस पर अधिकार भी कर लिया।

अधिकांश ऐतिहासिक उल्लेखों में रणथंभौर के चौहान शासक हम्मीर देव पर अलाउद्दीन की विजय के विषय में लिखा है। किंतु स्थानीय गौरव-गाथाओं में शौर्य और विश्वासघात की बिल्कुल भिन्न कथा का वर्णन है।

लेखक ने रणथंभौर दुर्ग के निकट कई दिवस तक इस विषय में स्थानीय लोगों एवं गाइडों से बातचीत की, किंतु सभी खिलजी एवं हम्मीर के मध्य हुए उस युद्ध में हम्मीर की विजय पर एकमत थे।

यह कथा खिलजी का हिंसक व जिहादी रूप दिखाने के लिए लिखी जा रही है, यद्यपि इतिहासकारों ने जो मिथ्याचार फैला रखा है, उसी पर भारत विखंडन शक्तियाँ अपना दाँव खेल रही हैं।

1300 ईसवी में अलाउद्दीन ने अपने दोनों सेनापतियों नुसरत खाँ एवं उलुग खाँ को रणथंभौर पर आक्रमण करने भेजा।

अलाउद्दीन की अस्सी हजार की सेना ने हम्मीर की सेना पर आक्रमण किया, किंतु मुसलमानों को इसका बुरा परिणाम भुगतना पड़ा। नुसरत खाँ एक बड़ी गुलेल से छूटे शिलाखंड से मारा गया।

---

24. Dasharatha Sharma (1959)!! HYPERLINK 'https://books.google.com/books?id=n4gcAAAAMAAJ'\t '_blank' Early Chauhan Dynasties/S/Chand/Page 162.

इसके पश्चात् हम्मीर की सेना ने दुर्ग से बाहर आकर मुसलमानों की सेना को तहस-नहस कर दिया।[25]

उलुग खाँ यहाँ से बच निकला और उसने दिल्ली से मदद मँगवाकर इस अभियान को जारी रखा, इसके पश्चात् 1301 ईसवी में खिलजी स्वयं अपनी सेना लेकर इस अभियान में शामिल हो गया।

लंबे समय से दुर्ग को घेरे जाने के कारण दुर्ग में भोजन-पानी समाप्त हो चला था। राजपूतों के पास अन्य कोई विकल्प नहीं था, सिवाय इसके कि दुर्ग का द्वार खोलकर खुले में युद्ध किया जाए!

विरमा, जाजा, मुहम्मद शाह इत्यादि के साथ मिलकर हम्मीर देव ने दुर्ग के निकट ही खिलजी की सेनाओं पर जमकर आक्रमण किया एवं यह पहले से ही निश्चित किया गया था कि यदि राजपूत हारे तो दुर्ग में महिलाएँ, बच्चों के साथ जौहर करेंगी।

हम्मीर ने खिलजी एवं उलुग की सम्मिलित सेनाओं को भीषण टक्कर दी एवं उन्हें परास्त किया तथा अपने सेनापति रणमल से कहा कि वो ये सूचना दुर्ग में पहुँचा दे। किंतु हम्मीर को ये ज्ञात नहीं था कि रणमल अपने तुच्छ स्वार्थों के चलते खिलजी से जा मिला था और खिलजी ने रणथंभौर विजय के पश्चात् दुर्ग एवं राज्य रणमल को सौंपने का प्रलोभन दे दिया था।

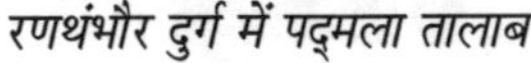

रणथंभौर दुर्ग में पद्मला तालाब

धर्मद्रोही रणमल के कटे मस्तक का शिल्प

रणमल तथा उसके सहायक रतनपाल ने दुर्ग में रानियों तथा निवासियों को ये बताया कि राजा युद्ध हार गए हैं। इसी समय रतनपाल ने सैनिकों को दुर्ग के पीछे के दरवाजे खोलने का आदेश दिया, जहाँ से खिलजी की सेना ने चुपके से दुर्ग में प्रवेश कर लिया।

25. ए कॉम्प्रिहेन्सिव हिस्ट्री ऑफ इंडिया, द दिल्ली सल्तनत, बनारसी प्रसाद सक्सेना, 1992, पृ. 342।

हम्मीर देव का परिवार व्यथित हो उठा, उनकी पटरानी रंगा देवी ने अन्य रानियों एवं बच्चों के साथ जौहर कर लिया। हम्मीर की पुत्री, राजकुमारी पद्मला ने शरीर पर शिलाखंड बाँधकर दुर्ग के ही एक कुंड में कूदकर जल-जौहर कर लिया। भारतवर्ष में जल-जौहर की ये प्रथम घटना थी। दुर्ग में स्थित 'पद्मला तालाब' आज भी उस राजकुमारी के जौहर और बलिदान की गाथा सुनाता प्रतीत होता है।

हम्मीर ने दुर्ग से उठती जौहर की लपटें देखीं तो वो अधीर होकर दुर्ग की ओर दौड़े, किंतु वहाँ जाकर उन्हें रणमल तथा उसके साथियों के विश्वासघात के विषय में ज्ञात हुआ।

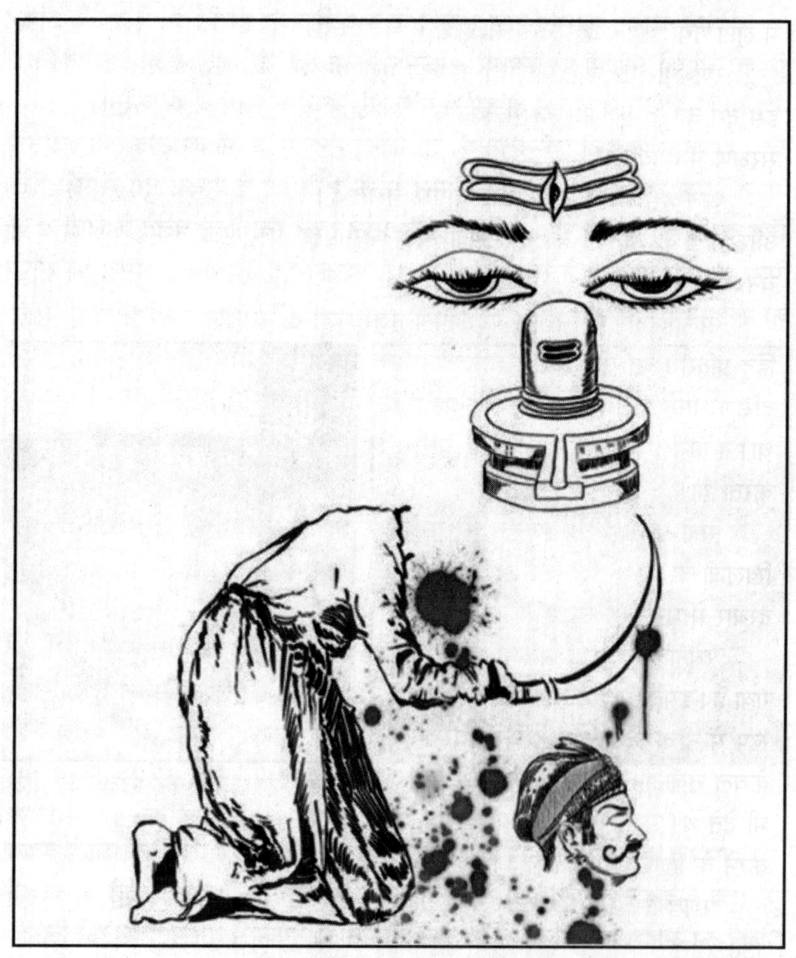

हम्मीर देव चौहान महादेव में लीन

उन्होंने रणमल और रतनपाल को दुर्ग के द्वार के निकट ही शिवमंदिर के सामने शिरच्छेद कर मार दिया।

इसके बाद व्यथित हम्मीर, शिव मंदिर में अपना शीश काटकर शिव में लीन हो गए।

इधर रणभूमि में राजपूत सैनिक अपने राजा के बिना भी वीरतापूर्वक लड़ रहे थे, किंतु वो भी अधिक देर तक टिक नहीं पाए। अंततः यद्यपि खिलजी पराजित हुआ था, किंतु फिर भी दुर्ग उसके हाथों में आ गया, जो कि हम्मीर के ही सेनापति के विश्वासघात का परिणाम था।

इधर मलिक काफूर ने भी दक्षिण भारतीय साम्राज्यों को लूटकर उनसे भारी मात्रा में लूटा गया धन अलाउद्दीन की सेवा में भेज दिया।

रणथंभौर पर जीत खिलजी के लिए एक मनोबल बढ़ानेवाली जीत थी और उसने इस दुर्ग को अपने भाड़े के सैनिकों को 'अल्लाह का पवित्र उपहार' कहकर उन्हीं के संरक्षण में दे दिया।

अब हम चित्तौड़ की ओर वापस चलते हैं। धीरे-धीरे लूटकर धन एकत्र करना और भाड़े के सैनिकों की एक सेना खड़ी करना ही अब अलाउद्दीन का मुख्य कार्य बन चुका था।

अलाउद्दीन ने चित्तौड़ पर अपनी नजरें गड़ा दीं, क्योंकि चित्तौड़ उत्तरी भारत में हिंदू प्रतिरोध का केंद्र था। अलाउद्दीन अब अपनी धन-संपदा में वृद्धि करने के लिए दक्षिण भारत पर आक्रमण करना चाहता था, किंतु चित्तौड़ उसके लिए एक बड़ी बाधा था। न केवल सैन्य दृष्टि से, वरन् चित्तौड़ अपने दोनों ओर व्यापार के मार्ग भी नियंत्रित करता था।

रानी पद्मिनी की सुंदरता की कहानी मेवाड़ राजमहल के एक सेवक रघुनाथ ने खिलजी के कानों तक पहुँचाई थी। रावल रतन सिंह के दरबार में रघुनाथ कवि था और दरबार में मनोरंजन करता था।

रघुनाथ को हिंदी फिल्मों में और साहित्य में मुख्य ब्राह्मण पुजारी के रूप दिखाया गया है। इसका एकमात्र उद्देश्य है, हमारे पुरोहित वर्ग को विश्वासघाती व देशद्रोही के रूप में नीचा दिखाना। जबकि राजस्थान के ब्राह्मण सबसे प्रतिबद्ध हिंदू थे, जो कि ना केवल राजाओं व प्रजा को धर्म के प्रति जागृत रखते थे, बल्कि, अस्त्र शस्त्र की शिक्षा भी देते थे। उनमें से कई ब्राह्मण स्वयं योद्धा थे और हिंदू युवाओं को युद्ध में प्रशिक्षित करने के लिए अखाड़े चलाते थे।

रणथंभौर और शिवाना के किलों की जीत की सफलताओं के साथ खिलजी ने 1302 ईसवी में चित्तौड़ दुर्ग पर घेराबंदी की। खिलजी ने घेराबंदी हटाने के बदले में राजपूतों के सामने पद्मिनी को समर्पित करने की शर्त रखी।

यह प्रस्ताव राजपूतों के लिए आत्मसमर्पण से भी अधिक अपमानजनक था। जिहादी हत्यारों से लड़ने के लिए आस-पास के राज्यों के सहस्रों राजपूत और हिंदू योद्धा, रतन सिंह के लिए आ खड़े हुए। रावल रतन सिंह और खिलजी के बीच भीषण रक्तपात हुआ और दोनों पक्षों के सहस्रों योद्धा मारे गए। खिलजी ने युद्ध से त्रस्त होकर रतन सिंह को शांति का प्रस्ताव दिया और राणा के साथ सभा का आयोजन करने के लिए कहा।

यह असत्य बहुत प्रचारित किया जाता है कि खिलजी ने पद्मिनी के मुख को दर्पण में प्रतिबिंब के माध्यम से देखने की बाध्यता रखी थी, किंतु किसी भी ऐतिहासिक विवरण से इसकी पुष्टि नहीं हुई है। लेखक को एक भी पुस्तक में इस असत्य का उल्लेख नहीं मिला।

मेवाड़ वंश की परंपरा के अनुसार इस बात की कोई संभावना नहीं है कि स्वाभिमानी राजपूत, खिलजी की माँग को मानने के लिए सहमत हुए होंगे। यद्यपि चित्तौड़ किले में आज यदि कोई पर्यटक आता है तो उसे प्रतिबिंब के इस झूठ के किस्से सुनाए जाते हैं।

खिलजी व रतन सिंह की बैठक केवल युद्धरत राजाओं के बीच संधि की शर्तों पर चर्चा करने के लिए हुई थी। खिलजी अपने साथी जिहादियों के साथ, धर्म के प्रति

महारानी पद्मिनी, एक चित्रकार की कल्पना में

चित्तौड़ में पद्मिनी का महल

सत्यनिष्ठ रतन सिंह से मीठी-मीठी बातें करता रहा और कुछ उपहारों के बदले घेराबंदी उठाने को तैयार हो गया। इसके पश्चात् रावल रतन सिंह अपनी सरलता और शिष्टता के चलते खिलजी को दुर्ग के नीचे तक छोड़ने आए। दुर्ग के नीचे पहुँचते ही खिलजी ने अपनी धृष्टता एवं कपटी होने का प्रमाण दे रावल रतन सिंह को बंदी बना लिया। खिलजी ने रावल रतन सिंह को मुक्त करने के बदले शर्त रखी कि रानी पद्मिनी स्वयं खिलजी के पास चली आए।

खिलजी यह भलीभाँति जानता था कि राजपूत सरदार अपनी रानी को कभी समर्पण नहीं करने देंगे तथा खिलजी की सेना से उन्हें युद्ध करना ही पड़ेगा। रावल रतन सिंह की सेना अपने राजा के बिना हताश और व्याकुल हो चुकी थी और खिलजी जानता था कि हतोत्साहित सेना को वह सरलता से पराजित कर देगा।

किंतु खिलजी, एक क्षत्राणी के संकल्प व शौर्य के विषय में कुछ नहीं जानता था। उसके अपने समाज में तो स्त्री का यह रूप उसकी कल्पना से भी परे था।

रानी पद्मिनी स्वयं एक कुशल योद्धा और चतुर नीतिकार थीं।

रानी पद्मिनी ने अपने चाचा गोरा और भतीजे बादल के नेतृत्व में मेवाड़ के श्रेष्ठ योद्धाओं के साथ रतन सिंह को छुड़ा लाने की योजना बनाई।

बादल बहुत कम वय के थे, किंतु राजपूतों से अपेक्षा की जाती थी कि वे इतनी कम आयु में भी दुश्मन से युद्ध करेंगे और बादल के लिए यही बड़े सम्मान की बात थी।

खिलजी को सूचित किया गया कि जब वह चित्तौड़ के आस-पास की खाइयों से अपने सैनिकों को हटा लेगा, उसके पश्चात् ही महारानी पद्मिनी को भेजा जाएगा, किंतु केवल उनकी साथी महिलाओं और दासियों के साथ। रानी पद्मिनी ने स्वयं अपनी और अपने साथ आनेवाली महिलाओं की मर्यादा और निजता का उल्लंघन रोकने के लिए स्पष्ट माँग की थी।

सात सौ से अधिक पालकियों को तैयार कर लुटेरों के शिविर में भेज दिया गया। प्रत्येक में मेवाड़ के सबसे वीर योद्धाओं को रखा गया था और उनकी पालकी उठानेवालों के वेश में छह सशस्त्र सैनिक थे।

खिलजी ने रतन सिंह और पद्मिनी को बिछड़ने से पूर्व, भेंट के लिए आधे घंटे का समय दिया। रतन सिंह और पद्मिनी कुछ दूर तक पालकी में गए, थोड़ी दूरी पर अश्वारोहियों का एक समूह प्रतीक्षा कर रहा था और इसके आगे वे सुरक्षित रूप से चित्तौड़ दुर्ग में प्रवेश कर गए। इधर 5,000 हिंदू सैनिकों ने खिलजी की सेना को चित्तौड़ के दुर्ग में प्रवेश करने से रोकने के लिए बाहरी द्वार पर मोर्चा बना लिया। खिलजी इस घटनाक्रम से भौंचक्का रह गया और उसने आक्रमण कर दिया।

गोरा और बादल

अपने महाराज रतन सिंह की सुरक्षा के प्रति कटिबद्ध और रानी के सम्मान की रक्षा की एकमात्र इच्छा से गोरा और बादल ने खिलजी के सैनिकों पर विनाश का तांडव शुरू कर दिया। इस विनाशकारी युद्ध में सहस्रों योद्धा मारे गए, किंतु मेवाड़ के योद्धाओं ने आक्रमणकारियों को व्यापक रूप से पीछे धकेल दिया।

अलाउद्दीन खिलजी अपने उद्देश्य में पूरी तरह से पराजित हो गया था और राजपूत सेना द्वारा किए गए विध्वंस को देखकर खिलजी अपनी घेराबंदी समाप्त करने और दिल्ली वापस जाने के लिए बाध्य हो गया।

चित्तौड़ के द्वार पर गोरा वीरगति को प्राप्त हुए। बहुत कम बचे हिंदू योद्धा वापस दुर्ग की सुरक्षा में लौट पाए थे, जिसमें बुरी तरह घायल किशोर बादल भी था।

बादल और उनकी चाची, गोरा की वीर पत्नी के बीच का अद्भुत वार्तालाप उस समय की मान्यताओं पर प्रकाश डालता है। जेम्स टॉड ने इस वार्तालाप को महाकाव्य 'खुमाण रासो' से उद्धृत किया है—

'चाची बादल से पूछती हैं, "जब वह उनके स्वामी के साथ था तो उन्होंने युद्ध में क्या-क्या किया था?"

बादल ने उत्तर दिया, "वह युद्ध में किसी कृषक की भाँति अपनी तैयार फसल को काट रहे थे। जहाँ-जहाँ उनकी तलवार की चमक दिखाई देती, मैं उनके साथ ही रहा। वे स्वयं शत्रुओं के मृत शरीरों की शय्या बनाकर उनका तकिया लगाकर सम्मानपूर्वक सो रहे हैं, जहाँ एक बर्बर राजकुमार ने उन पर घात किया और वे वीरगति को प्राप्त हुए।"

चाची ने पुनः पूछा, "मुझे बताओ बादल, मेरे स्वामी ने कैसा शौर्य दिखाया?"

इस पर बादल कहते हैं, "अरे माँ! उनके साहसपूर्ण कृत्यों का कोई क्या वर्णन करेगा! उन्होंने तो स्वयं से भय खाने अथवा उनकी प्रशंसा करने के लिए भी किसी शत्रु को जीवित ही नहीं छोड़ा।"

वीर गोरा की पत्नी ने स्मित मुसकान के साथ बालक से विदा लेते हुए कहा, "यदि मुझे और विलंब हुआ, तो मेरे स्वामी क्रुद्ध होंगे।"

इतना कहकर वह वीरांगना अग्नि में प्रवेश कर गई।[26]

इस्लामी बर्बरों को हमारी धरती से दूर रखने के लिए हमारे पूर्वजों ने इस तरह असंख्य बलिदान दिए हैं। अलाउद्दीन ने शेष राजस्थान को लूटकर अपने संसाधनों को फिर से भर दिया एवं दो साल के पश्चात् चित्तौड़ फिर लौट आया। मेवाड़ अभी तक अपने इतने सारे पुत्रों के खोने से उबर भी नहीं पाया था कि खिलजी ने इस बार अपने आक्रमणों को और अधिक सुचारु रूप से नियोजित किया।

महीनों की घेराबंदी के पश्चात् खिलजी ने चित्तौड़ के दक्षिणी भाग में अधिकार कर अपनी सेना का शिविर स्थापित किया। लोकगाथा के अनुसार, रतनसिंह को एक बार स्वप्न आया था। चित्तौड़ की रक्षक देवी ने उससे कहा, "चित्तौड़ पर राजपूत नियंत्रण जारी रखने के लिए राजसी रक्त की आवश्यकता है। जो मुकुट धारण करते हैं, उन्हें चित्तौड़ के लिए अपना रक्त देना होगा, अन्यथा चित्तौड़ की भूमि उनके हाथों से छिन जाएगी।"

देवी दुर्गा

रतन सिंह ने मध्यरात्रि में ही अपने सभी सरदारों इत्यादि की एक परिषद् बुलाई और दिव्य स्वप्न के विषय में उन्हें बताया। रतन सिंह के 12 बेटे और भतीजे तैयार थे और यह निर्धारित किया गया कि उनमें से प्रत्येक, एक-एक करके आक्रमण का नेतृत्व करेगा।

खिलजी पर मेवाड़ द्वारा तीन दिन के भारी

26. एनलस ऐंड एंटीक्विटीज ऑफ राजस्थान, जेम्स टॉड, खंड-1, पृ. 214।

हमले में सबसे बड़े राजकुँवर अरि सिंह सहित ग्यारह राजकुमार वीरगति को प्राप्त हो गए। तीसरी रात को रतन सिंह के प्रिय पुत्र करण सिंह उत्तरी द्वार से निकलकर केलवाड़ा की सुरक्षा में चले गए। चौथे दिन, रतन सिंह ने घोषणा की, "अब मैं स्वयं को चित्तौड़ की रक्षा में तिरोहित करता हूँ।"

किंतु यह कोई साधारण घोषणा नहीं थी, क्योंकि उस घोषणा के साथ ही भारत की आत्मा पर एक घना अंधकार छा जानेवाला था। 18 अगस्त, 1303 ईसवी को चित्तौड़ दुर्ग के भीतर सहस्रों अन्य महिलाओं के साथ मेवाड़ की महारानी, परम सुंदरी, वीरांगना पद्मिनी ने स्वयं को अग्नि को समर्पित करने हेतु 'जौहर' के लिए तैयार किया।

म्लेच्छों द्वारा बंदी बनाए जाने या अपवित्र किए जाने से बचने के लिए और कोई विकल्प अब नहीं बचा था। भूमिगत सुरंग में बने अभेद्य कक्षों में इन ललनाओं ने प्रवेश किया, जहाँ प्रकाश की किरणें तक नहीं पहुँच सकती थीं। चित्तौड़ के रक्षक योद्धा अपना हृदय कठोर कर, पथराई आँखों से अपनी पत्नियों, माँओं, बहनों एवं पुत्रियों को एक जुलूस के रूप में, मोक्ष के पथ पर जाते हुए देख रहे थे।

पतियों ने अपनी पत्नियों की माँग अंतिम बार भरी। जिन स्त्रियों के आलिंगन में प्रेम की चरम अनुभूतियाँ छुई थीं, उनसे अंतिम बार आँखें मिलीं। हर पुरुष असहाय भी था और निश्चिंत भी। असहाय, क्योंकि अपनी स्त्री को जलने भेज रहा था, निश्चिंत इसलिए कि अब कोई दुर्गंध से युक्त म्लेच्छ उसकी स्त्री को नहीं छू सकता था।

बापों ने बेटियों के माथे चूमे होंगे! अंतिम बार अपनी लाड़ली के तन की सुगंध से अपनी आत्मा को तरंगित किया होगा! नन्हे बच्चों को माँओं से बाँधते समय झूठा दिलासा दिया होगा कि मैं भी पीछे-पीछे आ रहा हूँ।

सब वीरांगनाओं ने पुरोहितों, गुरुओं व चारणों से आशीष लिया होगा कि इस परीक्षा की घड़ी में चित्त में कायरता का कोई कंपन न हो जाए!

पुरुषों व गुरुओं ने अपना हृदय पाषाण का कर, सब संवेदनाओं से रिक्त कर लिया होगा, कि यदि दुर्बलता की एक लकीर भी चेहरे पर दिखी तो हमारी नारियों की अंतिम यात्रा ही कष्टपूर्ण हो जाएगी।

और यह सौ, दो सौ, पाँच सौ लोगों की नहीं, पूरे चित्तौड़ के सहस्रों लड़ाकों व उनके परिवार की भावदशा थी।

आत्मसम्मान की रक्षा व बर्बरता के प्रति अस्वीकार की हठ के सम्मुख जीवन, संबंध, करुणा, प्रेम, ममता… सब गौण व निरर्थक हो गया था।

जब सभी महिलाएँ सुरंग में प्रवेश कर गईं तो महारानी पद्मिनी ने सुरंग के कपाट बंद कर लिये, ताकि उस अग्निकुंड में जो भी महिलाएँ-बालिकाएँ थीं, उनके सम्मान और शुचिता को तातारियों की वासना से दूषित होने से बचाया जा सके।

मेवाड़ की वीरांगनाओं का गौरव, अब उस कपाट के पीछे सुरंग में बंद था, ताकि वे अग्नि के वृत्त में अपने सम्मान को सुरक्षित रख पाएँ। हमारे इन अद्भुत पूर्वजों से जो क्रूरतम शक्तियाँ भी नहीं छीन सकती थीं, वह था 'आत्मगौरव'। उस दिन जौहर की उठती ज्वाला में जो अब सुरक्षित था।

अग्नि की ज्वाला में अपना जीवित शरीर समर्पित कर देना किसी भी प्रकार से सरल नहीं है। काल व वार्धक्य से एक दिन जो शरीर चुक ही जाना था, हिंदू वीरांगनाओं ने उस दिन स्वेच्छा से राख कर दिया। सभी जातियों की महिलाएँ, चाहे वे किसी भी आयु की हों या उनके वस्त्र कैसे भी हों, सभी ने जौहर के उस गौरवशाली दिन, सिर उठा, स्वेच्छा से स्वयं को अग्नि को समर्पित कर दिया।

अत्यंत सुंदर रानी पद्मिनी ने अपने सुंदर शरीर, गौरवर्णी त्वचा को जलते हुए फफोलों में बदलने का पीड़ादायक मार्ग चुना, क्योंकि अफगानिस्तान से आए इन बर्बर, कामुक हत्यारों ने उनके पास और कोई विकल्प ही नहीं छोड़ा था। जौहर, मेवाड़ की उन महान स्त्रियों के साहसी अस्वीकार का एक उदाहरण है, जिन्होंने तातारी आक्रमणकारियों के सामने किसी भी तरह के समर्पण से मना कर दिया।

यह उन स्त्रियों का दृढ़ संकल्प ही था, जिसके कारण आक्रांता उन्हें छूना तो दूर, उनके शरीर को देख भी नहीं पाए। यही कारण है कि चित्तौड़ की महान रानी पद्मिनी ने, लगभग 20,000 विश्वासपात्र दासियों, सखियों एवं चित्तौड़ की साधारण नारियों के साथ उन क्रूर व्यभिचारी आक्रांताओं के मुँह पर द्वार बंद कर दिया, जिनके आचार-विचार-व्यवहार में सुंदरता एवं शुचिता का कोई मूल्य नहीं था। हिंदू स्त्री शक्ति ने मुसलमान पुरुषों की कुरूप वासना को एक भयानक उपक्रम से अस्वीकार कर, तिरस्कृत कर दिया।

चित्तौड़ दुर्ग की शिलाओं के गर्भ में बनी उस भूमिगत सुरंग में प्रवेश कर मेवाड़ की गौरवशाली वीरांगनाओं ने इस्लामी आक्रांताओं एवं इस देश के हिंदुओं को भी स्पष्ट संदेश दे दिया था कि सम्मान और स्वतंत्रता पर कोई समझौता नहीं किया जा सकता।

जौहर की आत्माहुति से देवीस्वरूपा महारानी पद्मिनी ने भारतीय उपमहाद्वीप में हिंदू-मुस्लिम संघर्ष को सदा के लिए जड़वत कर दिया। जौहर की ज्वाला से उड़ते अंगारों ने इन बर्बर शक्तियों के साथ सह अस्तित्व की सभी संभावनाओं को भस्म कर दिया। यह स्पष्ट हो गया था कि ये मतांध तातार हमें बलपूर्वक अपने अधीन करना चाहते हैं और हम यह होने नहीं देंगे।

उस पवित्र दिन हुए जौहर ने, आनेवाली पीढ़ियों को भी यह संदेश दिया कि लुटेरों के इस झुंड से लड़ने के लिए उन्हें भी बलिदान देना होगा, जैसा महारानी पद्मिनी ने किया और सम्मान के साथ अमरत्व को प्राप्त हो गईं।

चित्तौड़ की महारानी पद्मिनी इस देश के महान लोगों के हृदय में तब तक जीवित

रहेंगी, जब तक आखिरी हिंदू जीवित है। अलाउद्दीन खिलजी को अपनी वासना की संतुष्टि के लिए वहाँ राख के अतिरिक्त कुछ नहीं मिला और क्रोध में उसने चित्तौड़ को लूटने और नरसंहार करने का आदेश दे दिया।

महारानी पद्मिनी अग्नि में लीन होते हुए

इस प्रकार, कासिम के सिंध पर आक्रमण के छह सौ वर्षों के संघर्ष के बाद, वर्ष 1303 ईसवी में, इस्लामी आक्रमणकारियों के विरुद्ध हिंदू प्रतिरोध का सबसे बड़ा केंद्र चित्तौड़; हिंदुओं के हाथ से छिनकर, इस देश में आए सबसे भयंकर आक्रांता के हाथों में चला गया।

अपनी खीज में अलाउद्दीन ने 26 अगस्त, 1303 ईसवी को चित्तौड़ के तीस सहस्र साधारण नागरिकों की हत्या का आदेश दिया।[27]

महत्त्वाकांक्षा एवं धर्मांधता के विषय में अलाउद्दीन खिलजी, औरंगजेब के समान ही निकृष्ट था।

उसने स्वयं को 'सिकंदर-ए-सानी' यानी दूसरे सिकंदर के रूप में भी प्रचलित किया, जिसे उसने अपने समय के सिक्कों पर लिखवाया। खिलजी ने अगले कुछ दिनों में चित्तौड़ में निर्मित प्रत्येक भवन एवं भव्य मंदिरों को लूटा व तोड़ा।

धर्मांधता से प्रेरित होकर उसने बर्बरता एवं धृष्टता की समस्त सीमाएँ पार कर दीं तथा कला और स्थापत्य के अद्भुत उदाहरण सभी स्मारकों को ध्वस्त कर, दुर्ग को अपने पुत्र खिज्र खाँ को सौंप वह शेष राजस्थान में विध्वंस फैलाने आगे बढ़ गया।

गौरवशाली अहुलवाड़ा, प्राचीन धार और अवंती, मंडोर और देवगीर, सोलंकी, परमार और प्रतिहारों की गद्दियाँ तथा अग्निकुल के समस्त वंशों को अलाउद्दीन खिलजी की दरिंदगी ने हमेशा के लिए उलट दिया था।

जैसलमेर, गागरौन, बूँदी, जालौर सभी के हिंदुओं को इस भयावह दुश्मन के आक्रमण का सामना करना पड़ा। यह राजपूतों की दृढ़ता एवं धैर्य ही था, जिसके बल पर वह खिलजी जैसे कट्टर धर्मावलंबी शत्रु द्वारा इतनी बुरी तरह ध्वंस होने के पश्चात् भी कुछ ही वर्षों में पुनः इस्लामी साम्राज्यवादी शक्तियों के विरुद्ध संघर्ष हेतु उठ खड़े हुए।[28]

खिलजी ने राजपूतों को युद्ध और धार्मिक घृणा का अत्यंत कटु अनुभव करवा दिया था। जिहाद की इस हत्यारी मशीन के विरुद्ध युद्ध में सरल हृदय, न्यायपूर्ण और नैतिक सिद्धांतों का कोई स्थान ही नहीं था और आनेवाली शताब्दियों में यह स्पष्ट भी हो गया

27. दिल्ली सल्तनत, आर.सी. मजूमदार, पृ. 26।
28. कर्नल जेम्स टॉड।

कि राजपूतों ने इस भीषण ध्वंस से बहुत कुछ सीखा।

जैसे-जैसे पश्चिमी सीमा से आक्रमणकारियों की भीड़ भारत में आती रही, मेवाड़ के महाराणाओं के नेतृत्व में भारत के हिंदू लड़ते रहे और उन्हें पराजित करते रहे।

खिलजी से तुगलक और सैयद से लोदी और फिर मुगल, शताब्दियों तक आक्रमणकारियों के जाति एवं वंश बदलते रहे, किंतु उन्होंने मेवाड़ राजवंश में स्थापित सिसोदिया वंश को सदैव गौरव के साथ केसरिया ध्वज और स्वतंत्रता की भावना को प्रबलता से उठाए हुए पाया।

महारानी पद्मिनी और चित्तौड़ में उनके साथियों द्वारा स्वैच्छिक बलिदान की ऊष्मा ही थी, जिसने मेवाड़ के वंशजों में आक्रमणकारियों की क्रूर शक्ति के समक्ष संघर्ष की उस ज्वाला को प्रज्वलित रखा, जो उनके पूर्वजों ने जौहर से चेतन की थी।

रतन सिंह के पुत्र करण सिंह ने केलवाड़ा के पर्वतीय क्षेत्र में शरण ली एवं चित्तौड़ को पुनः प्राप्त करने के लिए सेना एकत्र करना प्रारंभ किया। करण के दो पुत्र राहप एवं माहप हुए। बड़े पुत्र माहप, डूँगरपुर की ओर निकल गए एवं उस पर अधिकार कर लिया। छोटे राहप, कुशल योद्धा था। वो सिसोद नाम के गाँव में बस गए। इसी सिसोद गाँव के पीछे उनके वंशजों को कालांतर में 'सिसोदिया' के नाम से जाना जाने लगा।

चित्तौड़ को पुनः प्राप्त करने के लिए हुए युद्ध में राहप अपने पिता करण सिंह के साथ वीरगति को प्राप्त हुए।

तीन दशकों की एक छोटी सी अवधि में सिसोदिया वंश की नौ पीढ़ियाँ चित्तौड़ को पुनः प्राप्त करने के उद्योग में समाप्त हो गईं, जिसे अंततः भुवन सिंह ने एक भयंकर लड़ाई के पश्चात् पुनः प्राप्त कर लिया।[29]

इस प्रकार रेगिस्तान के धर्मांध आक्रांताओं द्वारा चित्तौड़ के पहले अधिग्रहण और मेवाड़ के गौरवशाली पुत्रों द्वारा पुनः प्राप्त करने की कथा समाप्त होती है।

इस युद्ध की स्मृतियों, तथ्यों एवं सत्य ने शताब्दियों तक राजस्थान की लोककथाओं में वीरता और प्रेम की कई कल्पनाओं, कविताओं व कथाओं को जन्म दिया है। किंतु कोई भी इस तथ्य को अस्वीकार नहीं कर सकता कि एक गौरवर्णी, अति सुंदर, बुद्धिमान और साहसी रानी पद्मिनी थीं, जिन्होंने राजस्थान के हिंदू इतिहास का पहला जौहर किया।

इस प्रकार इस्लामी लुटेरों द्वारा हमारी वैदिक भूमि की महिलाओं का हरण करने और हिंदुओं का विनाश करने के मंतव्य के विरुद्ध एक अपरिवर्तनीय संघर्ष की आधारशिला रखी।

यह संघर्ष शताब्दियों के पश्चात् भी आज भी कहीं-न-कहीं, किसी-न-किसी रूप में चल रहा है और जब तक हिंदुओं में स्वतंत्रता की उत्कट प्यास है, यह संघर्ष चलता

29. ओझा, प्रथम खंड, पृष्ठ 187।

रहेगा। महारानी पद्मिनी आज भी उस दृढ़ हिंदू भावना का प्रतीक हैं, जिसके सम्मान और स्वतंत्रता को बलपूर्वक झुकाया नहीं जा सकता।

हमें स्वयं को धन्य मानना चाहिए कि हम उन अद्भुत रानी एवं वीर राजा, रावल रतन सिंह की परंपरा के वाहक हैं। अब यह हम पर निर्भर है कि हम रानी पद्मिनी के सर्वोच्च बलिदान द्वारा स्वयं को अग्नि में समर्पित कर देनेवाले उस संघर्ष को जारी रखें और कभी भी, किसी भी मूल्य पर, कामांध हत्यारों के समक्ष आत्मसमर्पण न करें।

□

5

महाराणा हम्मीर सिंह : चित्तौड़ का पुनः अधिग्रहण व हिंदू साम्राज्य की स्थापना (1326-1364 ईसवी)

इन महान महाराणा की जीवन-कथा, मेवाड़ के सिसोदिया वंश के महाराणाओं के जीवन और मेवाड़ पर आधिपत्य हेतु उनके संघर्षों के युग तथा उस काल के विचित्र घटनाक्रम का सबसे ज्वलंत उदाहरण है। मानव इतिहास का यह घटनाक्रम अध्ययन करने योग्य है, क्योंकि इसमें बहुत मूल्यवान उपदेश निहित हैं, जो समकालीन सामाजिक जीवन में काम आ सकते हैं।

कभी तो मेवाड़, विजय के अत्यंत निकट जाकर भी पराजित हुआ, तो कभी मेवाड़ के महाराणा और उनकी सेना, पूर्ण नाश के कगार से भी बचकर निकल आई। हम सोचने को बाध्य हो जाते हैं कि कदाचित् कोई दैवी शक्ति थी, जिसने इस उपमहाद्वीप में हिंदुओं के विरोध को जीवित रखा, अन्यथा सहस्रों वर्षों तक केवल एक ही परिवार द्वारा इस्लामी आक्रांताओं के विरुद्ध सतत युद्धरत रहना कैसे संभव था?

मित्र शत्रु बन गए; संपन्नता विपन्नता बन गई; आनंद के उत्सव, भयानक रुदन में परिवर्तित हो गए; उल्लास के नृत्य, वीभत्स तांडव में बदल गए; मेवाड़ की अनुपम स्थापत्य कला, जिसके निर्माण में सैकड़ों वर्ष लगे थे, उन्हें इस्लामी आक्रांताओं ने क्षणों में ध्वस्त कर दिया; हिंदुओं के त्योहारों और संस्कृति का निर्मम दमन किया गया, पर इस सबके उपरांत भी, यह राजपरिवार, केवल एक धुन पर सवार, धर्म व स्वतंत्रता के लिए लड़ता रहा।

इस्लामी आक्रांताओं के एक संकेत मात्र पर नागदा जैसे सुंदर नगरों को ध्वस्त कर दिया गया और निरीह हिंदुओं को अत्यंत नृशंसता के साथ मृत्यु के घाट केवल इसलिए उतार दिया गया, क्योंकि इन इस्लामी कट्टरपंथियों के अनुसार जो इस्लाम को न माने, उसे मारना ही सबाब (पुण्य) था।

हिंदू संस्कारों और जीवनमूल्यों के अतिरिक्त ऐसा क्या था, जिसके कारण न केवल स्वयं महाराणा, वरन् मेवाड़ की प्रजा अपने निर्भीक राणाओं के साथ के साथ इस जिहाद के विरुद्ध एकजुट होकर खड़ी रही! मेवाड़ की महिमाशाली जनता ने युद्ध में न केवल सहयोग किया, बल्कि हर कल्पनातीत कष्ट को सहा, पर न धर्म का साथ छोड़ा, न अपने महाराणाओं का।

और यह सब एक-दो पीढ़ियों तक नहीं, बल्कि दर्जनों पीढ़ियों तक चला।

ये कौन लोग थे, जो बिना थके, बिना रुके, बिना कोई शिकायत किए; अपने राणाओं के साथ खड़े रहे? आश्चर्य होता है इन महान राजाओं का धैर्य देखकर, जो इस्लामी आक्रांताओं के विरुद्ध लड़ते हुए शत्रु से संख्या में, कुटिलता में और अंधे धार्मिक उन्माद में बेहद कम थे, परंतु तब भी वे स्थिरचित्त रहे! उन्होंने हिंदू धर्म पर हो रहे घातक प्रहारों का पूरे वेग से प्रत्युत्तर दिया।

अलाउद्दीन खिलजी द्वारा रावल रतन सिंह की निर्मम हत्या के पश्चात् पहली बार ऐसा हुआ था कि चित्तौड़ का दुर्ग किसी विधर्मी के हाथों में पड़ गया। फलस्वरूप चित्तौड़ के दुर्ग में स्थित अधिकांशतः महलों-हवेलियों और मंदिरों को अपवित्र अथवा ध्वस्त कर दिया गया। पंद्रह दिनों तक अलाउद्दीन खिलजी चित्तौड़ की दुर्दशा करता रहा, तत्पश्चात् उसने वह दुर्ग अपने पुत्र खिज्र खाँ को सौंप दिया, जिसने इस दुर्ग का नाम 'खिज्राबाद' रख दिया।[30]

चित्तौड़ के प्रथम साका में अलाउद्दीन खिलजी से अंतिम युद्ध हेतु जाने से पूर्व रावल रतन सिंह ने अपने पुत्रों और सहोदरों को चित्तौड़ के गुप्त द्वार से निकल जाने का आदेश दिया, ताकि वे समय आने पर पुनः दुर्ग पर आक्रमण कर उस पर अधिकार कर सकें। चित्तौड़ को पुनः अर्जित करने के प्रयासों में रतन सिंह की कुल नौ पीढ़ियाँ युद्ध में काम आईं, किंतु अंततः महाराणा भुवन सिंह ने इस स्वप्न को पूरा किया।

केवल तीन दशकों के अल्पकाल में ही राहप, माहप, करण सिंह इत्यादि राजाओं ने अपने पूर्वजों के इस महान दुर्ग को पुनः प्राप्त करने हेतु संघर्षरत रहकर अपने जीवन का बलिदान दिया। भुवन सिंह के पश्चात, लक्ष्मण सिंह चित्तौड़ की गद्दी पर विराजे। इस बीच उत्तर भारत में सत्ता, खिलजियों से तुगलकों के हाथों में आ गई। तब मुहम्मद

30. दुर्ग की स्त्रियों के जौहर के पश्चात मेवाड़ के योद्धाओं द्वारा अंतिम आक्रमण।

बिन तुगलक ने चित्तौड़ पर आक्रमण किया और इस युद्ध में लक्ष्मण सिंह और उनके पुत्र अरि सिंह वीरतापूर्वक लड़ते हुए वीरगति को प्राप्त हुए[31] और एक बार फिर चित्तौड़ का यह महान दुर्ग इस्लामी शत्रुओं के पास चला गया।

लक्ष्मण सिंह के छोटे पुत्र अजय सिंह, घायल अवस्था में केलवाड़ा की ओर निकल गए और वहीं अपनी राजधानी बनाई। यहाँ जैन मुनियों ने उनका उपचार किया और सहायता भी की। जैसा कि लिखा गया है, लक्ष्मण सिंह के दो पुत्र थे, छोटे अजय सिंह और उनसे ज्येष्ठ अरि सिंह। तुगलक के आक्रमण से पूर्व, अरि सिंह केलवाड़ा के वनों में जंगली सूअर का आखेट करने हेतु गए। वहाँ उनकी भेंट एक ग्रामीण लड़की से हुई, जिसने उन्हें आहत जंगली सूअर का पीछा करते हुए खेतों में जाने से रोका था। इस बाला ने अरि सिंह से कहा कि उन्हें उनका शिकार प्राप्त हो जाएगा, किंतु वे खेती का नाश न करें तथा बाहर उसके आने तक प्रतीक्षा करें।

अरि सिंह आश्चर्यचकित रह गए, जब उन्हें वह लड़की मृत जंगली सूअर को घसीटकर बाहर लाती दिखाई दी। तत्पश्चात् उस लड़की ने अरि सिंह को गाँव में विश्राम करने और वहीं उस जंगली सूअर के मांस को बनाकर खाने के लिए कहा। अरि सिंह इस लड़की से बहुत प्रभावित हुए। उन्होंने उसे और ध्यान से देखा कि उसने सिर पर दूध का मटका रखा हुआ था और वह सहजता से दो-दो भैंसों को भी खींच रही थी।

अरि सिंह ने विचार किया, *'यदि इस लड़की से मेरा पुत्र उत्पन्न हो, तो वह निश्चय ही अतिबलशाली होगा।'* अरि सिंह ने तुरंत ही उस लड़की के परिवार इत्यादि के विषय में पता किया। वह चाँदना राजपूत थे, अतः अरि सिंह ने उस कन्या के पिता के समक्ष कन्या से विवाह की इच्छा प्रकट की। अरि सिंह ने इस लड़की से विवाह तो किया, किंतु चूँकि वह एक राजकन्या नहीं थी, अतः इस विवाह को गुप्त रखा गया। अरि सिंह कभी-कभी अपनी पत्नी से मिलने वहाँ आते रहते थे और उस कन्या से उनके पुत्र हुआ, जिसका नाम 'हम्मीर सिंह' रखा गया।[32]

इसी बीच मुहम्मद बिन तुगलक ने चित्तौड़ पर आक्रमण किया और इस युद्ध में लक्ष्मण सिंह तथा अरि सिंह को मारकर उसने चित्तौड़ पर अधिकार कर लिया। लक्ष्मण सिंह के दूसरे पुत्र अजय सिंह, जो तुगलक से हुए इस युद्ध से बचकर केलवाड़ा की ओर निकल गए थे, केलवाड़ा में बस गए और वहाँ उनके दो पुत्र हुए, जिनके नाम थे सज्जन सिंह और क्षेम सिंह; किंतु दोनों ही विलासी और अप्रभावी राजकुमार थे। अजय सिंह को पर्वतों में रहनेवाले जनजातियों के सरदार मूँजा बालीचा से कभी-कभी चुनौती मिलती रहती थी, किंतु युद्ध करने हेतु अजय सिंह की आयु अधिक हो चली थी। तब मेवाड़ के

31. किसी हिंदू योद्धा को शहीद कहना उसका सबसे बड़ा अपमान है।

32. वीर विनोद, प्रथम खंड, पृष्ठ 290-91।

कुछ स्वामिभक्त सामंतों ने उन्हें हम्मीर सिंह के विषय में बताया।

हम्मीर को ऊँडवा गाँव से बुलवाया गया। तब हम्मीर की आयु केवल तेरह वर्ष की थी। हम्मीर ने अपने योद्धाओं को तैयार किया। उन्हें पता चला कि मूँजा एक उत्सव हेतु, सेमारी गाँव में आनेवाला है। हम्मीर ने मूँजा पर आक्रमण किया और उसका मस्तक काटकर भाले की नोक पर टाँगकर अजय सिंह के चरणों में लाकर रख दिया।

अजय सिंह ने अपने भतीजे हम्मीर के माथे पर चुंबन दिया और उसी समय उन्होंने मूँजा के मस्तक से निकलते रक्त से हम्मीर का राजतिलक कर दिया। इस तरह हम्मीर सिंह 1326 ईसवी के आस-पास अपनी समस्त परिस्थितियों से शौर्यपूर्वक जूझते हुए मेवाड़ के महाराणा बन गए।[33]

रावल से राणा

यहाँ यह उल्लेख आवश्यक है कि मेवाड़ के इन राजाओं की पदवी व नामकरण, रावल से परिवर्तित हो महाराणा कैसे हो गया? इसके संदर्भ में दो मत प्रचलित हैं।

पहला यह कि महादेव भगवान् शिव को मेवाड़ का राजा मानते हुए, ये राजा स्वयं को राज्य का दीवान मात्र मानते थे, इसलिए 'राणा' शब्द मेवाड़ के शासकों के साथ जोड़ा गया। हमने पिछले अध्याय के अंत में राहप की बात की थी, जिनके कारण सिसोदिया वंश का यह नाम हुआ। राहप ने ही चित्तौड़ के खोने को दैवी संकेत समझ यह आदेश दिया कि भविष्य में मेवाड़ के रावल, शिव के प्रतिनिधि मात्र होकर 'राणा' कहलाएँगे।

यह मानव चेतना के लिए एक बड़ी छलाँग थी। यह प्रस्ताव, सत्ता के अहंकार के स्थान पर अत्यधिक विनम्रता लाने में सफल हुआ। आनेवाली सदियों में ये महाराणा, सामंतों व प्रजा के साथ एक रूप होकर रहे। क्षुद्र निजी स्वार्थ से मुक्त हो, इन महाराणाओं का व्यक्तित्व पूरी तरह से परमार्थ में लीन हो गया। इन महाराणाओं ने स्वयं को कभी राजा समझा ही नहीं, बस शिव के सेवक के रूप में मेवाड़ को सम्हालते रहे। कदाचित् यही कारण था कि मेवाड़ की प्रजा सदैव अपने महाराणाओं के साथ रही।

दूसरी मान्यता है कि महाराणा शब्द, संस्कृत के महा+अर्णव मूल शब्दों से आता है। इसका अर्थ होता है, महायोद्धा।

श्यामल दासजी के अनुसार, राहप ने मंडोवर के राणा मोकल पडिहार को पराजित कर उनसे यह उपाधि ले ली थी।

जो भी हो, यह परिवर्तन हम्मीर के साथ क्रियान्वित हुआ तथा महाराणा हम्मीर सिंह पहले महाराणा हुए।

इसके पश्चात् पारिवारिक संघर्ष से बचने हेतु अजय सिंह ने अपने दोनों ही पुत्रों

---

33. हिस्ट्री ऑफ मेवाड़, फ्रॉम अर्लियस्ट टाइम्स टु एडी 1751, राम वल्लभ सोमानी, 1976, पृ. 105।

सज्जन सिंह और क्षेम सिंह को राज्य से बाहर जाने का आदेश दिया। सज्जन सिंह दक्षिण की ओर निकल गए, जहाँ उनका प्रारब्ध उन्हें ले जा रहा था, क्योंकि भविष्य में उनके वंशजों को औरंगजेब द्वारा भारतवर्ष में किए जा रहे अत्याचारों के विरुद्ध संघर्ष करना था। सज्जन सिंह, महान मराठा शासक छत्रपति शिवाजी महाराज के पूर्वज और सतारा के संस्थापक थे। इनकी वंशावली भी मेवाड़ के ग्रंथों में वर्णित है।

हमें ऋणी होना होगा अजय सिंह का, जिन्होंने पुत्रमोह को त्यागकर प्रतिभाशाली भतीजे को मेवाड़ का राज-भार दिया। यदि हम्मीर को अजय सिंह राजा नहीं बनाते तो न सिसोदिया वंश बचता, न मेवाड़। हम देखेंगे कि कुछ ऐसी ही परिस्थितियों में प्रताप का भी राज्याभिषेक हुआ। जैसा कि प्राक्कथन में लिखा गया है कि हम्मीर और प्रताप की जीवन-गाथा बहुत अर्थों में समान रही।

हम्मीर ने केलवाड़ा को अपना ठिकाना बनाया।

महाराणा बनते ही उन्होंने अपनी प्रजा को 'उजाड़ भूमि नीति' के आधार पर मैदानी क्षेत्रों को छोड़कर पहाड़ों में बस जाने का आदेश दिया, ताकि मेवाड़ की धरती बंजर और अनुपयोगी हो जाए और शत्रुओं के किसी काम न आए। इससे आक्रमणकारी सेना को भोजन-पानी न मिले और वे भूख-प्यास से परेशान हो जाएँ।

कालांतर में मेवाड़ के लगभग सभी महाराणाओं ने प्रजाजनों को मैदानों से पर्वतीय क्षेत्रों में जाने की इसी युक्ति का उपयोग हर इस्लामिक आक्रमण के समय किया। पूरी प्रजा में यह संदेश एक साथ पहुँचाना और सफलतापूर्वक उन्हें एक स्थान से दूसरे स्थान जाने हेतु समझाना एक अद्भुत कार्य था। प्रजाजन भी अपने राजा पर पूर्ण विश्वास करते थे और किसी भी अच्छी-बुरी परिस्थिति में अपने राणा की बात को मानते थे। अपने राजा के प्रति इतना विश्वास और प्रेम देखकर किसे गर्व नहीं होगा? और कभी-कभी तो यह समझना कठिन हो जाता है कि किसका बलिदान अधिक महान था—महाराणाओं का, जिन्होंने अपने देश की अर्थव्यवस्था को बिगड़ते देखा या उनकी प्रजा का, जिन्होंने अपने महाराणा का साथ दिया, फिर चाहे उन्हें स्वयं कितना ही अभाव और विपन्नता क्यों न भोगनी पड़ी हो?

यद्यपि हम्मीर के लिए यह यात्रा सरल नहीं थी। अपनी प्रजा को इतनी विपरीत परिस्थितियों में डालकर तथा अपने राज्य की अर्थव्यवस्था को ध्वस्त करके भी, हम्मीर को अधिक सैन्य सफलता नहीं मिली। एक समय ऐसा भी आया, जब हम्मीर का राजकोष ही रिक्त हो गया तथा उनके पास अपनी सेना को वेतन देने हेतु भी धन नहीं बचा।

इसी बीच तुगलक, चित्तौड़ को जालौर के मालदेव सोनगरा को सौंपकर दिल्ली चला गया। मालदेव ने चित्तौड़ की रक्षा बड़ी तत्परता से की और मन-ही-मन उसने चित्तौड़ ही

नहीं, पूरे मेवाड़ को हथियाने का स्वप्न पाल लिया था। मालदेव को हम्मीर की तेजी का पता तो था, किंतु हम्मीर को उसने निर्बल और असहाय मान रखा था। यद्यपि केलवाड़ा का पर्वतीय क्षेत्र मैदानों से आने वाली प्रजा हेतु सुरक्षित स्थान था, किंतु बार-बार चित्तौड़ को प्राप्त करने के असफल प्रयासों से मेवाड़ के सामंतों व हम्मीर के अन्य मित्रों का विघटन होने लगा था। चित्तौड़ प्राप्ति का पूरा अभियान ही निष्फल हो चुका था।[34]

हम्मीर ने निराशा में सब सामंतों, मित्रों व जनता से पीठ फेर ली। हम्मीर अपना गृहक्षेत्र छोड़कर गुजरात में द्वारका की ओर निकल पड़े। पराजित और निरुत्साहित हम्मीर, द्वारका के मार्ग में चारणों के खोड़ नामक एक गाँव में रात्रि विश्राम के लिए रुके। वहाँ बरवड़ी देवी नामक एक महिला थी, जो कि चखड़ा चारण की पुत्री थी। हम्मीर उनसे मिले और अपने दुर्भाग्य की कथा कह सुनाई।

बरवड़ी देवी ने हम्मीर की ओर देखा और कहा, *"मेरे वीर भाई हम्मीर! दो वरदान देती हूँ। केलवाड़ा वापस लौट जाओ! आप निश्चय ही चित्तौड़ पर विजय प्राप्त करोगे। दूसरा, जब तुम्हें किसी अप्रत्याशित जगह से विवाह का प्रस्ताव आए तो उसे मना मत करना। इस विवाह प्रस्ताव से ही तुम्हें अपना खोया हुआ राज्य प्राप्त होगा।"*

हम्मीर ने उत्तर में कहा, "बाई (छोटी कन्या अथवा बहन), मुझे चित्तौड़ कैसे प्राप्त होगा? मेरे पास न तो सेना है, न घोड़े हैं, न मेरे साथ युद्ध करने हेतु सैन्य सामान, और न ही मेरे परिजनों का पालन-पोषण करने हेतु मेरे पास धन है?"

बरवड़ी देवी ने हम्मीर से कहा कि उनका पुत्र बारू, पाँच सौ घोड़े व पर्याप्त धन लेकर केलवाड़ा में उनकी सेवा में उपस्थित होगा, जिसके सहयोग से वे अपनी सेना खड़ी करके चित्तौड़ प्राप्त कर सकते हैं। साथ ही उन्होंने कहा कि जब आपके पास धन आ जाए तो मुझे वापस लौटा देना।[35]

निराश हम्मीर ने अनायास ही बरवड़ी माता पर विश्वास कर मेवाड़ लौटने का निश्चय किया। हम्मीर वापस केलवाड़ा आए और कुछ ही सप्ताह में बारू उनके पीछे पाँच सौ घोड़ों का समूह लेकर आ गया। हम्मीर ने उन घोड़ों को अपनी सेना में शामिल कर लिया और उसी समय उन्होंने बारू को मेवाड़ का राजकवि नियुक्त कर दिया तथा उन्हें जागीरें भी प्रदान कीं। बारू के वंशज आज भी उन गाँवों में रहते हैं। एक बार पुनः भीलों ने मेवाड़ की सेना बनकर हम्मीर को पुष्ट किया।

उधर एक विचित्र घटनाक्रम के चलते चित्तौड़ दुर्ग के किलेदार मालदेव को उसके विश्वासपात्रों ने परामर्श दिया कि इस प्रकार तो सोनगरा वंश केवल चित्तौड़ में एक सेवक ही बना रह जाएगा।

---

34. टॉड, खंड-1, पृ. 217।
35. वीर विनोद, खंड-1, पृ. 294।

यदि उन्हें चित्तौड़ का किलेदार रहते हुए पूरे मेवाड़ पर आधिपत्य करना है तो उन्हें अपनी पुत्री का विवाह हम्मीर से करवा देना चाहिए। यद्यपि मालदेव इस विवाह का प्रयोग केवल अपनी शक्ति बढ़ाने के लिए कर रहा था, परंतु मालदेव को क्या पता था कि भविष्य के गर्भ में क्या छुपा है?

उधर, हम्मीर के लिए भी यह प्रस्ताव अमान्य था, क्योंकि मालदेव ने मुसलमान शत्रु से हाथ मिलाकर चित्तौड़ हथियाया था। किंतु हम्मीर को बरवड़ी देवी पर इतनी श्रद्धा थी कि उन्होंने सब संशय त्यागकर मालदेव का प्रस्ताव स्वीकार कर लिया। मालदेव की ओर से पुरोहितों ने हम्मीर तक यह संदेश पहुँचाया और उन्होंने हम्मीर को जालौर तथा मेवाड़ के बीच वर्षों से चली आ रही मित्रता के विषय में बतलाया।

पुरोहितों ने हम्मीर को बताया कि उनके पूर्वज मुसलमानों द्वारा मारे गए थे, ना कि मालदेव अथवा उनके परिवार के द्वारा। अब या तो मालदेव ने हम्मीर को पकड़ने हेतु ऐसा किया अथवा उनका अनादर करने की दृष्टि से, किंतु हम्मीर ने पहले ही सभी प्रकार से सोच-विचारकर इस प्रस्ताव का आकलन कर लिया था। सो उन्होंने बरवड़ी देवी की भविष्यवाणी पर विश्वास रखकर और चित्तौड़ विजय के अपने संकल्प के चलते, मालदेव के प्रस्ताव को स्वीकार कर लिया। उन्होंने अपने सेवकों से कहा, "विवाह प्रस्ताव के नारियल को स्वीकार कर लिया जाए।"

"मेरे चरण कम-से-कम उस पवित्र भूमि को तो छुएँगे, जहाँ कभी मेरे पूर्वज चले थे! एक राजपूत को सदैव विपरीत परिस्थितियों के लिए तैयार रहना चाहिए। हो सकता है, कभी उसे घावों से भरा शरीर लिये अपने घर को छोड़ना पड़े, और हो सकता है किसी दिन अपने सिर पर विजयमुकुट पहने, वह उसी भूमि का आधिपत्य भी कर ले!"

इस प्रकार हम्मीर ने अपने जीवन के सर्वाधिक महत्त्वपूर्ण कार्य को साधने के इस अवसर को बेकार नहीं जाने दिया और वे केवल अपने पौरुष और बरवड़ी देवी की भविष्यवाणी के बल पर शत्रु का आलिंगन करने निकल पड़े। विवाह चित्तौड़ में हुआ और प्रथम रात्रि में ही सोनगरा राजकुमारी ने हम्मीर का हृदय व विश्वास दोनों जीत लिये। सोनगरा राजकुमारी को भी हम्मीर से तुरंत ही प्रेम हो गया और उसने अपने वर के चित्तौड़-विजय के रास्ते खोल दिए। राजकुमारी ने हम्मीर से कहा कि वह उसके पिता से उनके विशेष नौकर मौजीराम को माँग ले। इस बात को भी मालदेव मान गया।

मौजीराम नव-विवाहित युगल के साथ केलवाड़ा आ गया और उसने हम्मीर के पास जाकर कहा कि यही समय है, जब आपको आगे बढ़ना चाहिए और वह करना चाहिए, जिस हेतु आप मुझे मालदेव से माँगकर लाए हैं। मौजीराम ने हम्मीर को सुझाव दिया कि आप आखेट की आड़ में चित्तौड़ चलें।

हम्मीर ने मौजीराम की बात मान ली और अपनी छोटी सी सेना को लेकर अर्धरात्रि

में चित्तौड़ पहुँचे। द्वारपाल, मौजीराम को जानते थे, अतः उन्होंने दुर्ग के द्वार खोल दिए, हम्मीर और उनकी सेना ने इसका लाभ उठाकर चित्तौड़ पर आक्रमण करके, जो भी लड़ने आया, उसको खत्म करके चित्तौड़ दुर्ग पर अधिकार कर लिया।

चित्तौड़ एक बार पुनः अपने सच्चे स्वामी के हाथों में आ गया।

सिसोदिया वंश के उखड़े पैर फिर से जमने आरंभ हो गए। सर्वप्रथम हम्मीर ने अंदर रहनेवाली प्रजा पर से प्रतिबंध हटा दिए। इससे हम्मीर को प्रजा का विपुल प्रेम व विश्वास मिला तथा उनकी ख्याति फैलने लगी। प्रजाजन उत्साह से पूरे मेवाड़ में हम्मीर की विजय का संदेश ले गए, जिससे निराश जनता में हर्ष की लहर दौड़ गई।

इस्लामिक आक्रांता खिलजी द्वारा चित्तौड़ पर कब्जा कर उसे खिज्राबाद बना देने के सभी स्मृतिचिह्नों को एक सप्ताह के अंदर नष्ट कर दिया गया। सब मस्जिदें ढहा दी गईं। वैसे भी मेवाड़ की जनता ने 'खिज्राबाद' नाम को स्वीकार नहीं किया था, जैसा कि उस समय के राजस्व अभिलेखों से पता चलता है। मंदिरों का जीर्णोद्धार आरंभ कर दिया गया। ब्राह्मणों का खोया गौरव व सम्मान पुनर्स्थापित किया गया। सब जातियों को यथोचित सम्मान दिया गया तथा हिंदू राज का पुनरागमन हुआ।

उधर यह सूचना मिलते ही मालदेव के क्रोध का ठिकाना न रहा। उसने अपनी सेना संगठित करके चित्तौड़ पर आक्रमण कर दिया। मालदेव के पाँचों पुत्र उसके साथ ही लड़ते थे। हम्मीर ने भी अपनी सेना को एकत्र किया, अपने पूर्व सरदारों, सामंतों को भी बुला लिया और जालौर की सेना से युद्ध की तैयारी करने लगे। मालदेव सीधा हम्मीर से भिड़ने के स्थान पर तुगलक के पास सहायता हेतु गया और तुगलक तथा मालदेव की संयुक्त सेनाओं ने चित्तौड़ पर आक्रमण के लिए कूच किया।

इस बीच जैसे ही मेवाड़ की प्रजा को पता चला कि मेवाड़ के अधिपति अब हम्मीर हैं तो 'हिंदवा सूरज' का ध्वज फिर से गौरवान्वित हुआ, जगह-जगह से सरदार, सामंत और आम लोग पश्चिमी पर्वतीय क्षेत्रों से निकलकर कुंभलगढ़ की घाटियों में आ गए और अपने नए राजा की जयकार करते हुए चित्तौड़ की ओर निकल पड़े।

चित्तौड़ के गौरव की पुनर्स्थापना का अर्थ था कि अब लोग पर्वतों और कंदराओं से निकलकर मैदानों में बसे अपने पुराने ठिकानों और घरों में जा सकते थे। मुसलमानों के क्रूर हमलों से त्रस्त मेवाड़ के हिंदुओं के लिए हम्मीर का पुनरागमन संतोष की साँस के समान था।

सिंगोली का युद्ध

प्रत्येक हिंदू सरदार, जिसने कभी अपनी मातृभूमि से बर्बर इस्लामी शासन के समूल सफाया करने का स्वप्न देखा था, वह मेवाड़ की भूमि से इस्लामी कट्टरपंथियों पर विजय की आशा मात्र से ही उल्लासित हो गया।

इस आशा और उत्साह के बल पर आमजन, सामंतों और सरदारों के सहयोग से हम्मीर ने तुगलक की सेना के सम्मुख एक विशाल सेना खड़ी कर ली और अब तुगलक के आक्रमण की प्रतीक्षा करने के बजाय उसी दिशा में चल पड़े, जहाँ तुगलकी सेना का डेरा लगा हुआ था, ताकि युद्ध का समय व शैली हम्मीर ही निश्चित कर सकें।

मोहम्मद बिन तुगलक

महाराणा हम्मीर सिंह का बंदी तुगलक

मेवाड़ की ओर आने के तीन रास्ते हैं, पश्चिमी रास्ता है मारवाड़ की ओर से, बीच का रास्ता है दिवेर की ओर से और पूर्वी रास्ता है अरावली के पठारों में होकर। तुगलक को उसके सलाहकारों ने मूर्खतापूर्ण परामर्श दिया कि उन्हें पूर्व की ओर से मेवाड़ जाना चाहिए।

तुगलक को यह पता ही नहीं था कि मेवाड़ के संकीर्ण रास्तों और पर्वतीय क्षेत्रों में बने छोटे-छोटे दर्रों में फँसकर उसका संख्याबल निष्फल और निष्क्रिय हो जाएगा। तुगलक ने चंबल नदी के किनारे 'सिंगोली' नामक स्थान पर अपना डेरा डाला। तुगलक 70,000 घुड़सवार व 20,000 पैदल सैनिकों के साथ रात्रि विश्राम में था। 20,000 घुड़सवारों व 10,000 पैदल सैनिकों के साथ हम्मीर ने तुगलक के डेरे को चुपचाप घेर लिया।[36] हम्मीर ने रात के अँधेरे में आक्रमण किया और तुगलक के अधिकांश सेनानायकों को मार दिया। 1336 ईसवी के उस यशस्वी दिन, महाराणा हम्मीर ने मेवाड़ से दुगनी बड़ी सेना को पूरी तरह से नष्ट कर दिया।

हम्मीर ने मालदेव के पुत्र हरिदास को एकल युद्ध में मार गिराया और तुगलक को बंदी बना लिया। यह निश्चित ही तथाकथित दिल्ली सल्तनत के लिए लज्जा का विषय था, जिनके नामों के आगे न जाने कितने प्रकार की उपाधियाँ लगाई जाती थीं। यद्यपि

36. द हिस्ट्री ऐंड कल्चर ऑफ द इंडियन पीपल द दिल्ली सल्तनत (द्वितीय संस्करण) आर.सी. मुजूमदार, 1966, पृ. 60।

इस तथाकथित सल्तनत का प्रभाव केवल कुछ सौ वर्ग किलोमीटर तक ही सीमित था। कालांतर में महाराणा हम्मीर की इस बड़ी विजय और उनके शौर्य की गाथा को भारतीय इतिहास के पन्नों से ही हटा दिया गया और फलस्वरूप उनकी स्मृति आम जनमानस से भी शनै:-शनै: विस्मृत होती चली गई।

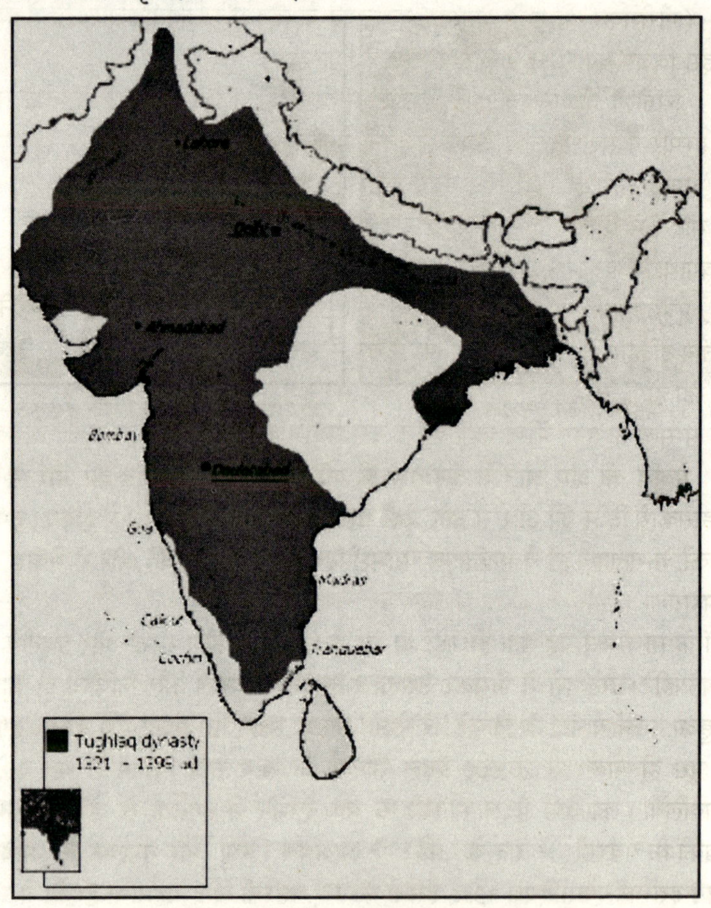

गूगल पर तथाकथित तुगलक वंश का मानचित्र,
मेवाड़ व विजयनगर साम्राज्य दोनों ही, मानचित्र से गायब

विचित्र बात है कि अधिकांश भारतीय इतिहासकारों ने मध्यकालीन भारत के शोध का आधार मुख्यत: फारसी और अरबी इतिहासकारों द्वारा लिखित संस्मरणों को ही बनाया है। ऐसा ही एक लेखक था—फरिश्ता, जिसका उद्धरण भारतीय इतिहासकार

समय-समय पर अपने लेखों में करते हैं। किंतु फरिश्ता अपने धर्म के प्रति समर्पित था और इसी कारण उसने सिंगोली के इस महती युद्ध को अपने संस्मरणों में कहीं लिखा ही नहीं। भारत का इतिहास लिखनेवालों से यह पूछा जाना चाहिए कि मेवाड़ के इतिहासकारों, वहाँ के शिलाखंडों व लोकश्रुति को पूरी तरह क्यों उपेक्षित किया गया?

(गौरीशंकर ओझा के अनुसार, कुंभलगढ़ के जैन मंदिर की एक प्रशस्ति में हम्मीर की इस विजय का स्पष्ट उल्लेख मिलता है। पृ. 214)

सिंगोली की विजय कोई छिटपुट संघर्ष नहीं, बल्कि एक युग प्रवर्तक घटना थी। हम्मीर ने संख्याबल में अपने से दुगनी सेना को पूरी तरह नष्ट किया था। मेवाड़ ने जब अपनी खोई ख्याति और सम्मान पुनः प्राप्त किया तो उसके विषय में केवल कुछ जैन मंदिरों में शिलालेखों इत्यादि से ज्ञात होता है और वही सब कालांतर में मेवाड़ की गौरवगाथा के पन्नों पर भी लिखा गया।

प्रबुद्ध जनों और इतिहासकारों के लिए यह लज्जा का विषय है कि उन्होंने भी भारतीय इतिहास के साथ हुए इस मिथ्याचार में भाग लिया। इस पूरे उपक्रम का उद्देश्य क्या रहा होगा, यह केवल वे भलीभाँति बता सकते हैं। यदि शिक्षक और इतिहासकार इस तरह से सत्य के हनन में सहभागी बनें तो उस समाज का पतन और ह्रास होना निश्चित है।

मेवाड़ के हम्मीर जैसे महान योद्धाओं के इतिहास को समय और कुटिल इतिहासकारों के कुप्रयासों से बचाए रखने का श्रेय जाता है मेवाड़ के इतिहासकारों, लोक गायकों, कथाकारों तथा मंदिरों में उकेरे गए शिलालेखों को, जिन्होंने मेवाड़ के जनमानस में महाराणा हम्मीर के जीवन व शौर्य की गाथा के संस्मरणों को अपनी कथाओं और गीतों के माध्यम से जीवित रखा।

यही प्रकरण महाराणा कुंभा, महाराणा सांगा व प्रताप के विजय अभियान के साथ भी हुआ, जहाँ वामी इतिहासकारों ने मेवाड़ के इन यशस्वी महाराणाओं की विजयगाथा को पूरा ही पोंछ डाला। किंतु हमारे देश के लेखकों व इतिहासकारों ने मेवाड़ की वंशावलियों, ख्यातियों व लोक इतिहास की पूर्ण उपेक्षा क्यों की? केवल वामपंथी लेखकों के पूर्वग्रहों से भरे लेखन को ही सत्य बनाकर क्यों निरीह हिंदुओं के गले उतारा गया? इस पर एक निष्पक्ष जाँच कमीशन बैठना चाहिए।

हम्मीर ने तुगलक को बंदी बनाकर छह महीने तक चित्तौड़ के दुर्ग में बंद रखा। तथाकथित दिल्ली सल्तनत का राजा; चित्तौड़ के दुर्ग में हम्मीर द्वारा एक श्वान की भाँति बंदी बनाया हुआ था, पर दिल्ली सल्तनत के किसी भी सेनापति ने अपने शाह को हम्मीर के हाथों से छुड़वाने का प्रयास तक नहीं किया! यह थी 'दिल्ली सल्तनत'! एक निकृष्ट श्रेणी का झूठ, जो हिंदुओं के सबल संघर्ष को नीचा दिखाकर बर्बर लुटेरों को महिमामंडित करने के लिए गढ़ा गया।

क्या यह समझना कठिन है कि चौदहवीं शताब्दी में भारत का सर्वाधिक शक्तिशाली राज्य मेवाड़ था? तुगलक को क्षमादान के बदले में हम्मीर को अजमेर-रणथंभौर-नागमंड और शिवपुरी इत्यादि समर्पित करने पड़े। इसके अतिरिक्त पचास लाख रुपए नकद और सौ हाथी दंडस्वरूप देने पड़े। साथ ही हम्मीर ने पाँच सहस्र घोड़े भी तुगलक से वसूले।[37]

हम्मीर ने मेवाड़ के दरबार में बंदी तुगलक से कहा, "यदि अब तूने कभी चित्तौड़ पर आक्रमण किया तो मैं चित्तौड़ की रक्षा दुर्ग के अंदर से नहीं, बल्कि बाहर आकर करूँगा।"

पराजित और अपमानित तुगलक को हम्मीर ने जाने दिया। हम्मीर की यह विजय अत्यधिक महत्त्व का विषय होने के पश्चात् भी भुला दी गई और इतिहास ने उस महान हिंदू राजा को भुला ही दिया, जिसने अकेले ही चौदहवीं शताब्दी में हिंदुओं के धर्मध्वज को ऊँचा किया और अपनी शक्ति की अमिट छाप छोड़ी। तुगलक ने इस करारी पराजय के बाद राजस्थान की पवित्र भूमि की ओर मुड़कर नहीं देखा तथा दक्षिण में उत्पात मचाने चला गया।

तुगलक पूरा जीवन एक इस्लामी राज्य बनाने के प्रयास में इधर-उधर भागता फिरा। हिमाचल में काँगड़ा के राजा पृथ्वी चंद ने उसे बुरी तरह पराजित किया तथा उसके एक लाख से अधिक सैनिक मार डाले। दक्षिण में विजयनगर के संस्थापक दो हिंदू भाइयों, हरिहर व बुक्का ने भी तुगलक को पराजित किया। 1351 ईसवी में सिंध में तुर्क गुलामों के साथ संघर्ष में तुगलक की मृत्यु हुई।

इधर मेवाड़ में मालदेव के कनिष्ठ पुत्र बनबीर ने हम्मीर का आश्रय प्राप्त कर लिया तथा आगे चलकर हम्मीर का विश्वसनीय सरदार बना। ऐसा कहा जाता है कि जब बनबीर को नीमच, रत्नपुर और कैराड़ की जागीरें दी गईं, तब हम्मीर ने उससे कहा, "खाओ, सेवा करो और निष्ठावान रहो। पहले तुम एक तुर्क विधर्मी के सेवक थे, किंतु आज तुम अपने धर्म के निष्ठावान् हिंदू के साथ हो। जो मेरा था, वह मैंने प्राप्त कर लिया है, मेरे पूर्वजों के रक्त से नहाया यह दुर्ग, मेरे प्रिय इष्ट द्वारा मुझे दिया गया उपहार है, और वही मुझे सदैव यहाँ स्थापित रखेंगे, मैं इस ख्याति को, इस गौरव को, किसी अन्य की पूजा में नहीं लगाऊँगा, जैसा कि मेरे पूर्वजों ने किया।"

हम्मीर यहाँ अपने इष्ट के रूप में भगवान् शिव के विषय में कह रहे हैं, जो मेवाड़ राज्य के आराध्य देव हैं और अन्य देवता का जहाँ उल्लेख हुआ है, वहाँ कदाचित् भगवान् विष्णु हो सकते हैं, किंतु यह केवल अनुमान ही लगाया जा सकता है। मालदेव को हम्मीर ने जाने दिया। वृद्धावस्था में जालौर में वे मृत्यु को प्राप्त हुए। सोनगरा राजकुमार बनबीर की सिसोदिया राणा हम्मीर से जो मित्रता हुई, वह कालांतर में भी बनी रही। इस मित्रता ने आगे सिसोदिया वंश के संकटकाल, महाराणा प्रताप के उदय और

37. एनलस ऐंड एंटीक्विटीज ऑफ राजस्थान, जेम्स टॉड, खंड-1, पृ. 220।

राजतिलक तथा अकबर के साम्राज्यवादी आक्रमणों के विरुद्ध मेवाड़ के गौरव युद्ध में महत्त्वपूर्ण भूमिका निभाई। हम्मीर, उत्तर भारत के एकमात्र शक्तिशाली हिंदू राजा बने, जिनके तीन ओर दिल्ली, मालवा और गुजरात जैसे मुस्लिम राज्य थे, किंतु उन्होंने तीनों को मेवाड़ के अधीन कर लिया।

मारवाड़, आमेर, बूँदी, ग्वालियर, चँदेरी, रायसेन, सिपरी, काल्पी, आबू इत्यादि के हिंदू राजाओं ने चित्तौड़ के प्रति अपनी निष्ठा व्यक्त की और हम्मीर के साथ बने रहने की शपथ ली। मेवाड़ ने हम्मीर के राज्यकाल में अप्रत्याशित प्रगति और संपन्नता देखी। व्यापार व व्यवसाय के मार्ग खुले और मेवाड़ का राज्य भारतवर्ष में सर्वाधिक संपन्न राज्यों में गिना जाने लगा। इस समय की स्थापत्य कला, मंदिरों और भवनों का वैभव बताता है कि इस समय में आर्थिक दृष्टि से मेवाड़ कितना संपन्न रहा होगा![38]

चित्तौड़ में माता बरवड़ी के सम्मान में बना अन्नपूर्णा मंदिर

हम्मीर ने खोड़, गुजरात से माता बरवड़ी को आमंत्रित किया और उनका यथोचित सम्मान तथा सत्कार भी किया। उन्होंने बरवड़ी देवी की स्मृति में चित्तौड़ दुर्ग में एक मंदिर का निर्माण भी करवाया, जो आज भी 'अन्नपूर्णा माता मंदिर' के नाम से चित्तौड़ दुर्ग में है।

जन्म से मृत्यु तक हम्मीर की कथा, मध्यकालीन भारत की एक ऐसी अद्भुत कथा है, जिसमें एक सिसोदिया राजकुमार ने अपने सुख, सुरक्षा, वैभव, यहाँ तक कि

38. उदयपुर का इतिहास, गौरीशंकर हीराचंद ओझा, खंड-1, पृ. 220।

जीवन के मूल्य पर भी हिंदू धर्म के रक्षार्थ, इस्लामी आक्रांताओं से संघर्ष कर, मेवाड़ को स्वतंत्र किया।

यह कथा है माता बरवड़ी के आशीर्वाद से, मेवाड़ राज्य के विपन्नता से संपन्नता की ओर बढ़ने की, जो आज भी मेवाड़ के इतिहास में स्वर्णाक्षरों में लिखी है।[39] इससे न केवल चारण जाति के सिसोदिया वंश से संबंधों का पता चलता है, वरन् यह भी ज्ञात होता है कि जब अन्य सभी ने सिसोदिया वंश का साथ छोड़ दिया था, तब कैसे चारण उनके हितैषी और रक्षक बने रहे। अन्यथा क्या कारण था कि गुजरात की उन दैवीय महिला ने मेवाड़ के राज्य को पुनः स्थापित करने हेतु केवल आशीर्वाद ही नहीं दिया, वरन् अपने पुत्र के साथ धन व संसाधन भी उपलब्ध करवाए! इसके साथ ही उन्होंने राजस्थान के अन्य राजपरिवारों और इस्लामी साम्राज्यवादी शक्तियों से भी वैर मोल लिया।

इसका कारण सिसोदिया वंश के प्रति सम्मान, प्रेम व विश्वास नहीं तो और क्या था, क्योंकि यही सिसोदिया राजपूत तो कालांतर में इस उपमहाद्वीप में हिंदुओं के भविष्य के लिए एकमात्र आशा बने! दिल्ली सल्तनत के विरुद्ध हम्मीर का अभियान और मुहम्मद बिन तुगलक को बंदी बनाया जाना, उन इस्लामी कट्टरपंथियों के हृदय में कटार घोंपने के समान था, जिन्होंने चित्तौड़ को जीतकर, मेवाड़ के सिसोदिया राजपूत वंश को समाप्त कर पूरे देश के धर्मांतरण का स्वप्न देखा था। हम्मीर ने लगभग चालीस वर्षों तक निर्विघ्न राज किया। उन्होंने गया और वाराणसी तक देश भर में मंदिरों का पुनर्निर्माण कराया और अपनी आयु पूर्ण करके देवलोक गमन कर गए।

हम्मीर अपने व्यक्तित्व व कृतित्व के कारण मेवाड़ और देश भर में अपने नाम की अमिट छाप छोड़ गए। आज हम उन्हें मेवाड़ के एक बुद्धिमान, शूरवीर तथा अजेय शासक के रूप में जानते हैं, जिन्होंने अपने वंशजों के लिए एक स्थिर, संपन्न और विराट हिंदू राज्य की पुनर्स्थापना की। हम्मीर नहीं होते तो मेवाड़ का यह विलक्षण राजपरिवार इतिहास के गलियारों में सदा के लिए लुप्त हो गया होता! हम्मीर के नाम व यशोगाथा की हिंदू जनमानस में पुनर्स्थापना ही उस महापुरुष को हमारी सच्ची श्रद्धांजलि हो सकती है।

□

39. वीर विनोद, द्वितीय खंड, पृ. 293–96।

6

महाराणा लक्ष्य सिंह (लाखा) : हिंदुओं के रक्षक व चूँडा की अमर गाथा

(1382-1421 ईसवी)

महाराणा हम्मीर के पश्चात, महाराणा खेता के नाम से विख्यात उनके पुत्र क्षेत्र सिंह मेवाड़ के महाराणा बने। उन्होंने 1365–82 ईसवी तक राज किया। खेता भी अपने पिता की तरह ही पराक्रमी और महत्त्वाकांक्षी थे। उन्होंने अजमेर, मांडलगढ़, दसोर और छप्पन नाम का पहाड़ी क्षेत्र जीतकर मेवाड़ में मिला लिया था। गोगूँदा के मंदिरों के शिलालेखों के अनुसार, खेता ने मालवा के सेनापति अमी शाह नाम के एक मुस्लिम आक्रांता को पकड़कर कारागार में डाल दिया था।

अपने पिता हम्मीर की ही तरह खेता ने अमी शाह उर्फ दिलावर खाँ से सिंगोली में युद्ध कर, उसे पराजित किया। कीर्ति-स्तंभ के शिलालेख के अनुसार चित्तौड़ के समीप नानौर नामक स्थान पर खेता ने दिलावर को पुनः पराजित कर बंदी बनाया। कुंभलगढ़ के शिलालेख के अनुसार, खेता ने पाटन, गुजरात के शासक जफर खाँ को पराजित कर बंदी बनाया।

बकरौल के युद्ध में दिल्ली के तथाकथित सुल्तान की खेता द्वारा पराजय का स्पष्ट उल्लेख मिलता है। आर.सी. मजूमदार के अनुसार, यह व्यक्ति दिलावर खाँ था, जबकि 'वीर विनोद' ने इस व्यक्ति को फिरोज शाह तुगलक बताया है। जो भी हो, यह विजय

तथाकथित दिल्ली सल्तनत पर मेवाड़ के प्रभुत्व का ही एक और प्रमाण है।[40]

खेता को मेवाड़ की 'गुरिल्ला युद्ध' पद्धति का जनक भी कहा जाता है, क्योंकि वे अपने शत्रु को मेवाड़ की घाटियों में आने देते थे और दोनों ओर से घाटी बंद करके बड़ी-से-बड़ी सेना को भी कुछ ही देर में पूर्णतया समाप्त करवा देते थे।[41] खेता, बारू बारठ के काफी निकट थे, जिन्होंने उनके पिता हम्मीर को चित्तौड़ विजय करने में सहायता की थी। ये बारू, बरवड़ी देवी के पुत्र थे, जिनको हम्मीर अपनी कुलदेवी के समान ही पूजते थे।

महाराणा क्षेत्र सिंह (खेता)
(1364-1382 ईसवी)

एक बार बूँदी के हाड़ा राजपूतों ने बारू का अपमान कर दिया और बारू ने आवेश में आत्महत्या कर ली। इसी झगड़े में महाराणा खेता ने कुपित होकर बूँदी के किले पर चढ़ाई कर दी। इसी युद्ध में महाराणा खेता की असामयिक मृत्यु हो गई।

खेता के बाद उनके पुत्र लक्ष्य सिंह, जिन्हें 'लाखा' भी कहा जाता था, काफी विपरीत परिस्थितियों में मेवाड़ के महाराणा बने। मेवाड़ के ये महान महाराणा, हम्मीर के पौत्र थे और इनका जीवन और इनके कार्य निम्नलिखित तीन कारणों से मेवाड़ के इतिहास में महत्त्वपूर्ण हैं—

1. लाखा ने ही दिल्ली के बादशाह तुगलक को बदनोर में हराया था और उसका बिहार के गया तक पीछा किया। इन्होंने ही गया को इस्लामी लुटेरों के शिकंजे से छुड़ाया था।
2. जावर में चाँदी और टिन की खानें इन्हीं के काल में खोजी गई थीं और इन्हीं खानों के कारण मेवाड़ को इस्लामी आक्रांताओं से लड़ने हेतु सतत आर्थिक बल मिला।
3. लाखा के पुत्र चूँडा के त्याग की कथा, जिन्हें 'राजस्थान का भीष्म' भी कहा जाता है। लाखा की कथा विस्तार से वर्णित है।

---

40. ओझा, उदयपुर राज्य का इतिहास, प्रथम खंड, पृ. 226।
41. माथुर, पृ. 13।

तुगलकों से युद्ध व गया तीर्थ की मुक्ति

एक राजा के रूप में लाखा का पहला काम था, बूँदी के हाड़ाओं को अपने पिता की मृत्यु का प्रत्यक्ष दोषी न मानकर उन्हें क्षमा करना व उन्हें 24 गाँव जागीर में देकर उनसे मित्रता करना।[42]

लाखा ने सिसोदियों का प्रतिशोध शांत करने के लिए मिट्टी की बूँदी बनाकर उसे तहस-नहस किया। इस प्रकार अपनी उदार हृदयता व समझ से लाखा ने दो राज्यों के बीच की शत्रुता को समाप्त कर दिया।

इसके पश्चात् लाखा ने मारवाड़ क्षेत्र को पराजित कर मेवाड़ में मिला लिया और बेरतगढ़ को ध्वस्त कर एक नए नगर 'बदनौर' की स्थापना की।

बदनौर में ही हुए एक भीषण युद्ध में लाखा ने दिल्ली के एक ठग, गयासुद्दीन तुगलक को बुरी तरह पराजित कर उसका पीछा बिहार में स्थित एक हिंदू तीर्थ 'गया' तक किया था। तुगलक हिंदू तीर्थयात्रियों से गया में कर वसूल किया करता था। लाखा ने तुगलक को बंदी बनाया और उसे भारी दंडराशि लेने के बाद ही छोड़ा, साथ ही उन्होंने उसे गया-काशी और प्रयागराज आनेवाले हिंदू तीर्थयात्रियों से कर न वसूलने का प्रण भी करवाया।

यद्यपि विभिन्न लेखकों के वर्णनानुसार इस बात में भी विवाद है कि यह कौन सा तुगलक था, जिसका पीछा करके लाखा ने उसे बंदी बनाया था। कर्नल टॉड उसे मुहम्मद लोधी बताते हैं, किंतु लोधी वंश तो लाखा के महाप्रयाण के 20 वर्ष बाद सत्ता में आया था।

'वीर विनोद' के अनुसार, यह योद्धा गयासुद्दीन तुगलक था, यद्यपि यह तुगलक वंश के संस्थापक गियास-अल-दीन तुगलक का पोता था।[43] वैसे गया के संदर्भ में यह उत्तर प्रदेश या बिहार का कोई स्थानीय मुस्लिम शासक भी हो सकता है, जिसे लाखा ने पराजित करके तीर्थयात्रियों से कर न लेने पर बाध्य किया होगा! दुर्भाग्य से उस समय के लिखित इतिहास में हमें यह स्पष्ट जानकारी नहीं मिलती।

मेवाड़ से द्वारिका का मार्ग एक और डाकुओं के दल द्वारा आतंकित था। इन्हें 'काबा' कहा जाता था। एक समय लाखा की माता सोलंकिनी जब द्वारिकाधीश के दर्शन करने जा रही थीं तो इन्हीं काबा डाकुओं ने उन्हें और उनके रक्षकों को घेर लिया था। शार्दूलगढ़ के राव सिंह डोडिया ने तब मेवाड़ी सेना की सहायता की। दोनों के बीच एक छोटा सा युद्ध भी हुआ। राव सिंह और उनके पुत्र कालू और धवल, इस युद्ध में मेवाड़ की ओर से बड़ी वीरता से लड़े। राजमाता की रक्षा करने के इस युद्ध में राव सिंह की

---

42. मिट्टी की बूंदी, ओझा, पृ. 239।
43. वीर विनोद, खंड-1, पृ. 305।

मृत्यु हो गई, पर काबा डाकुओं को अंततः पराजित कर दिया गया।

कालू और धवल ने राजमाता को मेवाड़ तक सुरक्षित पहुँचाया और वापस लौट गए। लाखा ने इन दोनों भाइयों को रतनगढ़, नंदराय और मसौदा की जागीरें देकर पुरस्कृत किया तथा डोडिया राजपुत्रों को सदा के लिए मेवाड़ का मित्र बना लिया गया। डोडिया वंश के सरदार भविष्य में भी मेवाड़ के महाराणाओं के जीवन में महत्त्वपूर्ण रहे।

राजमाता की अगली गया तीर्थयात्रा में धवल उनके साथ गए थे और मेवाड़ के कारवाँ पर छापर के स्थानीय शासक शेर खान ने आक्रमण कर दिया। धवल ने उसे पराजित कर बंदी बना लिया और उसकी समस्त संपत्ति को मेवाड़ के राजकोष में समर्पित कर दिया। लाखा ने इस्लामी उपद्रवियों के साथ ऐसे कई छोटे-बड़े युद्ध लड़े और हिंदुओं को उनके अत्याचारों से बचाए रखा।

लाखा के राज्यकाल में जावर में चाँदी और सीसे की खानें प्राप्त होना उस समय की दूसरी महत्त्वपूर्ण उपलब्धि थी। लाखा ने इस क्षेत्र में और अनुसंधान किया, जिससे वहाँ से चाँदी, टिन, सीसा, ताँबा और अंजन का दोहन किया। ये खानें मेवाड़ के महाराणाओं और उनके भविष्य के लिए पर्याप्त धन की व्यवस्था करने के लिए अक्षय स्रोत बनी रहीं।

लाखा ने इन खानों से प्राप्त धन की सहायता से मेवाड़ में विभिन्न स्थानों पर दुर्गों का निर्माण करवाया और चित्तौड़ दुर्ग का जीर्णोद्धार भी करवाया। चित्तौड़ दुर्ग में उन्होंने ब्रह्मा मंदिर के अलावा कुछ महलों का निर्माण भी करवाया। साथ ही उन्होंने अपने दादा हम्मीर के अधूरे निर्माण कार्यों को भी पूरा करवाया।

चूँडा का त्याग व व्यक्तित्व

लाखा के जीवन की तीसरी और सबसे महत्त्वपूर्ण घटना, भावनाओं, सम्मान और निष्ठा से ओत-प्रोत है। यह घटना लाखा की वृद्धावस्था में घटी। लाखा के ज्येष्ट पुत्र चूँडा उनके पश्चात् मेवाड़ के लिए एक योग्य उत्तराधिकारी थे। मारवाड़ के राव रिणमल ने चूँडा से अपनी बहन के विवाह प्रस्तावस्वरूप एक नारियल मेवाड़ भेजा। उक्त नारियल को मेवाड़ के दरबार में लाखा ने ग्रहण कर लिया, क्योंकि उस समय चूँडा वहाँ नहीं थे।

लाखा ने मारवाड़ के दूत को कहा कि जब चूँडा आएँगे तो विवाह के प्रस्ताव पर निर्णय लिया जाएगा। लाखा ने मजाक में दूत से कहा, "मुझे नहीं लगता कि तुम यह मुझे जैसे बूढ़े के लिए लाए होगे!" चूँडा के आखेट से लौटने पर जब इस वार्तालाप का पता उन्हें चला तो चूँडा ने राव रिणमल के इस प्रस्ताव को अस्वीकार करते हुए कहा, "यदि मेरे पिता ने विनोद में भी इस प्रस्ताव में रुचि दिखाई है, तो मेरा इस प्रस्ताव को स्वीकारने का कोई अधिकार नहीं बनता।"

रावत चूँडा : मेवाड़ के भीष्म

राव रिणमल इस बात से स्तब्ध रह गए और उन्होंने अपनी बहन का विवाह वृद्ध लाखा से करवाने से मना कर दिया। चूँडा ने इस विषय में बात करने हेतु मारवाड़ से किसी चारण को भेजने का आग्रह किया, तब चंदन चारण को समझने के लिए बुलाया गया। चंदन चारण ने चूँडा से कहा कि महाराणा वृद्ध हैं और यदि हम अपनी राजकुमारी का विवाह उनसे करते हैं तो उन दोनों से उत्पन्न पुत्र को जीवन भर तुम्हारी सेवा ही करनी पड़ेगी। अत: इस विवाह का कोई औचित्य नहीं बनता।

इसके जवाब में चूँडा ने कहा, "मैं चित्तौड़ पर राज करने के अपने अधिकार का इसी क्षण त्याग करता हूँ। मैं महाराणा और राजकुमारी से उत्पन्न पुत्र का आजीवन सेवक रहूँगा।"

चंदन ने फिर कहा, "हे चूँडा, किंतु तब आपके पुत्रों का क्या होगा?"

चूँडा ने उत्तर दिया, "मैं एकलिंगजी की शपथ लेकर कहता हूँ कि मेरा कोई भी वंशज मेवाड़ के सिंहासन पर अधिकार के विषय में नहीं सोचेगा। मेवाड़ के अजन्मे महाराणा को छूने से पूर्व उन्हें मुझसे युद्ध करना होगा।"

चंदन तब राव रिणमल के पास गया और उन्हें समझाते हुए बोला, "चूँडा एक सम्माननीय, वचननिष्ठ व्यक्ति हैं। उन्होंने मेवाड़ के राजसिंहासन का त्याग कर दिया है। यदि हमारी बहन को लाखा से पुत्र होता है तो वही उस राज्य का उत्तराधिकारी होगा। इस अवसर को जाने नहीं देना चाहिए और यह भी स्मरण रखिए राजन, चंदन की पुरानी लकड़ी, नई से अधिक अच्छी होती है।"

इन सब बातों के चलते लाखा का विवाह मारवाड़ की हंसाबाई से हो गया। मारवाड़ की राजकुमारी ने विवाह के तेरह महीने बाद मोकल नाम के एक पुत्र को जन्म दिया। यही मोकल आगे जाकर मेवाड़ के न्यायप्रिय और वीर शासक बने।[44]

क्या हम हिंदू, कभी चूँडा के बलिदान का स्तर समझ पाएँगे, जो उन्होंने अपने पिता की एक जाने-अनजाने में की गई एक छोटी सी इच्छा को पूर्ण करने के लिए किया?

44. वीर विनोद, खंड-1, पृ. 307।

धरती के टुकड़ों के लिए भाइयों पर कोर्ट केस कर झगड़ने वाले हिंदू, क्या चूँडा के प्रेम व त्याग की भावना कभी समझ पाएँगे?

ऐसे महान व्यक्ति का चरित्र कितना उज्ज्वल और उच्च होगा, जिसने न केवल स्वयं को, बल्कि अपने वंशजों को भी प्रतिज्ञावश मेवाड़ के राज्याधिकार से वंचित कर दिया? किस पवित्र विचार के चलते चूँडा ने ऐसा दृढ़-निश्चय किया होगा, यह किसी भी मनुष्य को नैतिक उलझन में डाल सकता है!

चूँडा के समान उत्सर्ग का उदाहरण केवल महाभारत में भीष्म का मिलता है, जब भीष्म ने राज करने के अपने अधिकार को अपने पिता शांतनु की इच्छा के लिए छोड़ दिया था।

चूँडा ने जीवन भर मोकल की सेवा की और एक बड़े भाई की तरह उन्हें बाहरी और आंतरिक शत्रुओं से हमेशा बचाया।

कालांतर में लाखा के देहावसान के बाद दुर्भाग्यवश, माता हंसाबाई ने चूँडा के मंतव्य पर संदेह किया और उन्हें मेवाड़ से चले जाने को कहा।

चूँडा ने अपने भाइयों समेत मेवाड़ की सीमा के बाहर मांडू के दिलावर खाँ के यहाँ अपना ठिकाना स्थापित किया।

चूँडा के निष्कासन के बाद उधर मेवाड़ में महाराणा मोकल की असामयिक हत्या कर दी गई। मोकल के बाद उनके परम यशस्वी पुत्र कुंभा, मेवाड़ की गद्दी पर विराजे।

इस समय चित्तौड़ पूरी तरह से मारवाड़ के रिणमल के नियंत्रण में आ गया था, जो कि कुंभा की दादी के भाई थे। सिसोदिया राजपूतों को इस प्रकार रिणमल का मेवाड़ में बढ़ता हस्तक्षेप नहीं सुहाया तथा एक रात्रि को कुंभा का सेवक इक्का, उनके पैर दबाते-दबाते रोने लगा। जब कुंभा ने कारण पूछा तो इक्का बोला, "चारों तरफ मारवाड़ी आ गए हैं। सिसोदियों के हाथ से मेवाड़ गया तो राठौर मालिक बनेंगे। यह सोचकर रोना आ गया।"

कुंभा ने माँ सौभाग्यवती से मंत्रणा की। स्वयं को यों घिरा पाकर माँ-बेटे ने चूँडा को पुनः मेवाड़ बुलवाया। महात्यागी रावत चूँडा पुरानी बातें भूलकर तुरंत अपने सैनिकों सहित कुंभा के पास आ गए।

राव रिणमल की हत्या की योजना बनाई गई। कुंभा व राजमाता के आदेश पर रिणमल की एक दासी ने उनसे प्रेम का दिखावा कर उन्हें एक रात जमकर मदिरा पिला दी। नशे में दासी ने रिणमल का एक हाथ भी पलंग से बाँध दिया। आठ-दस बलवान सैनिक रिणमल पर टूट पड़े। रिणमल बढ़ी हुई आयु में भी गजब के योद्धा थे। हथियार तो मिला नहीं, रिणमल ने मरने से पूर्व एक लोटे से तीन सैनिकों को मार डाला।

रिणमल को अपनी हत्या का पूर्वानुमान था, सो उन्होंने अपने पुत्र जोधा को पहले ही चित्तौड़ की तलहटी में भेज दिया था। रिणमल की हत्या के बाद चूँडा को जोधा को

मारने भेजा गया। जोधा मारवाड़ की तरफ भाग गए, जहाँ मंडोवर पर चूँडा ने चढ़ाई कर विजय प्राप्त की।

कुछ समय बाद कुंभा की दादी माँ व माँ की मंत्रणा से कुंभा ने जोधा को क्षमा कर दिया तथा मारवाड़ में भिन्न राज्य स्थापित करने की आज्ञा दे दी। वृद्ध चूँडा को पुनः मेवाड़ बुला लिया गया। पितामह भीष्म की भाँति चूँडा भी बहुत वृद्ध होकर मोक्ष को प्राप्त हुए। दुर्भाग्य से इन महापुरुष चूँडा की मृत्यु किन परिस्थितियों में, किस स्थान पर हुई, यह स्पष्ट ज्ञात नहीं है।

चूँडा, हिंदू धर्म के उन अज्ञात, अनाम नींव के पत्थर के समान हैं, जो कभी न पूजे जाते हैं, न सराहे ही जाते हैं। वे तो दिखाई भी नहीं देते। बस अपनी नियति के मौन स्वीकार में धर्म को अपने कंधों पर उठा, संकट की घड़ियों से पार लगाकर अदृश्य हो जाते हैं।

चूँडा जैसा देवपुरुष, वीतरागता का सर्वश्रेष्ठ उदाहरण है। सहज पितृभक्ति, अकूत राष्ट्रप्रेम, सुख-दुःख व जय-पराजय को समदृष्टि से जीनेवाले विलक्षण राजपूत, चूँडा के चरित्र की सुगंध यदि हिंदुओं के सार्वजनिक जीवन में प्रवाहित हो जाए तो हमारा समाज आज भी निखर सकता है।

चूँडा के वंशज 'चूँडावत' कहलाए और उनकी आनेवाली सभी पीढ़ियों ने मेवाड़ की हमेशा सेवा व सहायता की। चूँडावतों ने भविष्य में मेवाड़ के सभी युद्धों में महत्त्वपूर्ण भूमिका निभाई और महाराणा सांगा तथा महाराणा प्रताप के युद्ध अभियानों में उनके साथ मिलकर लड़े। चूँडावतों ने पीढ़ियों तक मेवाड़ की सेवा की और मेवाड़ की सेना में हरावल (अग्रिम पंक्ति) दस्ता सदैव उन्हीं का दायित्व था।

चूँडावत आज भी पूरे विश्व में फैले हुए हैं और ये काफी सफल और गौरवशाली लोग हैं। रावत चूँडा व उनके वंशज चूँडावतों की यह विलक्षण गाथा आज के परिप्रेक्ष्य में दो कारणों से अनुकरणीय हो जाती है।

पहला, राजपूतों के लिए वचन कितना मूल्यवान् होता था! बिना कोई लिखा-पढ़ी, मुख से निकली हुई बात कितनी महत्त्वपूर्ण होती है, यह हमारे पुरखों द्वारा स्थापित मूल्यों से हम समझ सकते हैं।

वह क्या गुण है, जो मनुष्यों को पशुओं से भिन्न तथा ऊपर करता है—वाणी।

मनुष्य केवल तब ही मनुष्य है, जब तक वह वाणी के वास्तविक मूल्य को समझे, अन्यथा वह पशु ही है। समकालीन हिंदू समाज में जो मिथ्याचार का बोलबाला है, उसे मिटाना है तो राव चूँडा जैसे महापुरुषों के जीवन से सीखना ही पड़ेगा। मुख से बोला हुआ वचन ही वाणिज्य, संबंध, परिवार, शिष्टाचार, बोलचाल व समाज का आधार होता है। वचन निभानेवाले समाज ही संसार के शिखर पर आरूढ़ होते हैं।

झूठ बोलनेवाले समाज एक रिक्त व्यवस्था में जीने को अभिशप्त होते हैं। इस दृष्टि

से समकालीन पाश्चात्य व जापानी समाज, हिंदुओं से आगे हैं।

वहाँ आज भी वचन का इतना मूल्य है कि बड़े-बड़े व्यापारिक निर्णय भी मौखिक आश्वासन पर हो जाते हैं।

समय आ गया है कि हिंदू समाज भी वचन के मूल्य को आत्मसात् करे।

जो दूसरी महानतम बात चूँडा के इस वचन से निकलती है, वह है पुरखों का सम्मान। चूँडा के इस वचन का उनकी संतानों व पीढ़ियों ने पालन किया।

मानव इतिहास में ऐसे त्याग के उदाहरण मिलना असंभव है, जहाँ अपने एक पूर्वज के दिए हुए वचन को पाँच सौ वर्षों तक उनकी संतानों ने निभाया। चूँडावतों ने न तो कभी मेवाड़ के राजघराने के विरुद्ध विद्रोह किया, न किसी षड्यंत्र का भाग बने, वरन् निस्पृह, निर्लिप्त भाव से कर्मयोग[45] के सिद्धांत को अपने वक्ष पर धारण करके हिंदू इतिहास में एक अभूतपूर्व उदाहरण स्थापित किया।

मेवाड़ की विजयगाथा का बहुत बड़ा श्रेय इन विलक्षण चूँडावत राजपूतों को जाता है, जो अपने किसी एक पुरखे के दिए एक वचन के लिए मेवाड़ राजघराने की निष्ठा में कटते रहे, मरते रहे, पर कभी मेवाड़ के सिंहासन पर कुदृष्टि नहीं डाली, कभी विश्वासघात नहीं किया। जिस दिन हिंदू समाज, चूँडावतों के इस अप्रतिम त्याग के मूल्य को समझ गया, उस दिन हमारे सार्वजनिक जीवन में हम भी कदाचित् मुख से निकले वचन का मूल्य समझ पाएँ! अपने पुरखों के प्रति निष्ठा का वास्तविक अर्थ समझ पाएँ।

निष्ठा ही सर्वस्व है।
निष्ठा ही मनुष्यता है।
निष्ठा ही पूजा है।
निष्ठा ही प्रार्थना है।
निष्ठा ही जीवन है।

यह प्रकरण जहाँ चूँडा की महिमा दर्शाता है, वहीं दुर्भाग्य से लाखा की अतृप्त कामुकता को भी प्रगट करता है। कोई पिता इतना कामांध भी हो सकता है कि अपने ही पुत्र को उसके अधिकारों से वंचित कर दे?

चूँडा तो राज्य का त्याग करके इतिहास में अमर हो गए, पर लाखा के धवल जीवन पर यह कालिख तो हमेशा रहेगी कि उन्होंने अपने ही पुत्र के साथ अन्याय किया।

चूँडा का त्याग तो भीष्म के त्याग से भी महान था, क्योंकि चूँडा के वचन का मूल्य तो उनकी पीढ़ियों ने भी चुकाया। व्यक्ति अपने अधिकारों की बलि तो दे सकता है, लेकिन अपनी संतानों के अधिकार की बलि इतिहास में कम ही देखने को मिलती है। लाखा की

---

45. योगेश्वर श्रीकृष्ण द्वारा प्रतिपादित सिद्धांत कि बिना फल की इच्छा के किया कर्म मोक्षदायक होता है।

तरह हस्तिनापुर के महाराज शांतनु की काम-वासना का कितना भयंकर मूल्य भारतवर्ष ने चुकाया, जब भीष्म के प्रकरण की परिणति महाभारत के भयानक संग्राम में हुई!

इस जगत के सब दु:ख, कुइच्छा से जन्म लेते हैं।

कुइच्छा क्या है ?

जो इच्छा संतुलन में न हो।

आपकी आय के साथ संतुलन में, आपकी आयु के साथ संतुलन में, आपके श्रम के साथ संतुलन में, परिवार में आपके स्थान के साथ संतुलन में, धर्म के साथ संतुलन में न हो, वही इच्छा कुइच्छा है।

कुइच्छा को मिटाने के लिए धर्म की समझ आवश्यक है। अपनी आवश्यकता से अधिक धन, अपनी योग्यता से अधिक सत्ता, अपनी आयु के विपरीत आचरण, ये सब धर्म के विपरीत हैं, इसलिए दु:ख लाएँगे।

काल की गति को समझ कर जीने वाले व्यक्ति व समाज ही सफल व सुखी होते हैं।

यदि चूँडा मेवाड़ के महाराणा होते तो क्या होता, यह तो कभी भी ज्ञात नहीं हो सकेगा, पर हिंदू राजाओं की कामांधता कितने भयानक परिणाम ला सकती है, यह सीखने योग्य बात है। चूँडा के प्रकरण को यदि छोड़ दें तो महाराणा लाखा एक विलक्षण शासक सिद्ध होते हैं।

उस समय के मेवाड़ की एक अद्‌भुत प्रथा और थी। जब राजा वृद्ध हो जाते थे तो वे स्वेच्छा से राज्यभार त्याग देते थे और कुछ चुने हुए योद्धाओं को लेकर भारतवर्ष के तीर्थों को इस्लामी उपद्रवियों से बचाने हेतु निकल पड़ते थे।

राणा लाखा भी अपनी वृद्धावस्था में भारत के पूर्वी हिस्सों में स्थित हिंदू तीर्थों को यवनों से मुक्त कराने निकल गए और ऐसे ही एक युद्ध में वे मोक्ष को प्राप्त हुए।

लाखा वह अद्‌भुत महाराणा हुए, जिन्होंने अपने पुरखों की ख्याति व मेवाड़ की भौगोलिक सीमा का बहुत विस्तार किया। अपने संघर्षपूर्ण जीवन और सम्मानपूर्ण अंत से मेवाड़ की आनेवाली पीढ़ियों को वे समझा गए कि हिंदू धर्म को इस्लामी उपद्रवियों से बचाना ही उनके जीवन का मूल उद्‌देश्य है। तथाकथित दिल्ली सल्तनत, लाखा के समय में खंडित हो रही थी और गुजरात व मालवा में स्वतंत्र इस्लामिक राज्यों की जड़ें जमने लगी थीं। लाखा अपने पुत्र मोकल व पौत्र कुंभा के लिए पर्याप्त धन व संसाधन छोड़कर स्वर्ग को सिधारे तथा मेवाड़ के इन महान महाराणा के जीवन का पटाक्षेप मध्य भारत के किसी अज्ञात युद्ध में हुआ।

□

7

महाराणा कुंभकर्ण (कुंभा) : अविश्वसनीय प्रतिभा के धनी, अद्वितीय योद्धा व अद्भुत निर्माता

(1433-1468 ईसवी)

महाराणा लाखा के पश्चात् उनके पुत्र मोकल, जो लाखा की अधिक उम्र में जन्मे थे, मेवाड़ के महाराणा बने। मोकल अपने पिता महाराणा लाखा के समान ही आक्रामक और बुद्धिमान थे। उन्होंने पड़ोसी मुस्लिम राज्यों मालवा और गुजरात से युद्ध करके उन्हें पराजित करते हुए मेवाड़ की सीमाओं का विस्तार किया। लाखा व हम्मीर की भाँति मोकल ने भी तथाकथित दिल्ली सल्तनत की विशाल सेना को धूल चटाई।[46]

ऐसा अनुमान है, यह गियासुद्दीन तुगलक द्वितीय रहा होगा, जिसे मोकल ने पराजित कर मेवाड़ से बाहर खदेड़ा।

दुर्भाग्यवश, इससे पहले कि मोकल अपने शौर्य का ध्वज और आगे तक लहराते, उनके दूर के भाई 'चाचा और मेरा' ने अचानक इस विजययात्रा को रोक दिया। एक दिन आखेट के समय मोकल के एक अनपेक्षित व्यंग्य से दोनों भड़क गए और दोनों ने मिलकर नींद में ही उनकी हत्या कर दी। इस दुःखद अंत से पूर्व मोकल इस्लामिक हत्यारों से लड़ने और मेवाड़ की सीमाओं का विस्तार करनेवाले एक साहसी महाराणा थे। उनकी कई पत्नियाँ थीं और

---

46. ओझा, उदयपुर राज्य का इतिहास, खंड-1, पृ. 244।

महाराण मोकल
(1421-1433 ईसवी)

उनकी दो रानियाँ लगभग एक ही साथ गर्भवती हुईं।

लोककथाओं में कहा गया है कि छोटी रानी को बड़ी रानी से ईर्ष्या थी। उन्होंने बड़ी रानी पर कुछ तांत्रिक विधि करवाई, जिससे बड़ी रानी ने गर्भधारण की अवधि को पार कर लिया, फिर भी उन्हें प्रसव पीड़ा आरंभ नहीं हुई। ऐसी मान्यता है कि इस विधि को करने के लिए एक मिट्टी के घड़े पर तंत्र किया गया था, जिसे छोटी रानी ने अपने अभीष्ट की पूर्ति के लिए रख छोड़ा था। जब राजपरिवार के शुभचिंतकों ने यह सुना कि बड़ी रानी को प्रसव नहीं हो रहा तथा वैद्यों ने हाथ खड़े कर दिए हैं, तो वे मदद के लिए एक जीवित देवता, बाबा रामदेवजी के पास मारवाड़ के रेगिस्तान में स्थित 'रामदेवरा' गए।

बाबा रामदेव ने पहले ही अपनी देह को त्यागने का प्रण ले लिया था और वे समाधि में प्रवेश कर चुके थे। उन्होंने मेवाड़ के राजपुरुषों को अपने चाचा धर्मस्वरूप जी के पास जाने का परामर्श दिया। धर्मस्वरूप जी को भी बाबा रामदेव जैसी ही आध्यात्मिक शक्तियाँ प्राप्त थीं। धर्मस्वरूप जी मेवाड़ के राजपरिवार का दुःख समझते हुए उनकी सहायता हेतु मेवाड़ की ओर चल पड़े।

माना जाता है कि रास्ते में उन्होंने कई चमत्कार किए और आज भी मेवाड़ राजपरिवार में उनके द्वारा की गई सहायता को स्मरण करते हुए उनके मंदिरों पर उत्सव होता है तथा मेले इत्यादि का भी आयोजन किया जाता है।

लेकिन रानी पर डाले गए जादू को तोड़ने और प्रसव शीघ्र करवाने के सभी प्रयास विफल रहे। तब धर्मस्वरूप जी ने एक अंतिम उपाय सोचा। उन्होंने सामंतों से कहा कि ढोल बजाकर व मिठाई बाँटकर पुत्र के जन्म की झूठी घोषणा कर दें। कहा जाता है कि जब छोटी रानी ने नगाड़ों की ध्वनि सुनी, तो क्रोध में आकर उन्होंने मिट्टी का वह घड़ा तोड़ दिया, जो बड़ी रानी पर उनके द्वारा करवाए गए तांत्रिक कर्म का आधार था।

घड़ा टूटते ही उसका प्रभाव भी समाप्त हो गया तथा बड़ी रानी को तुरंत ही प्रसव पीड़ा होने लगी और वर्ष 1417 ईसवी में उनके एक पुत्र का जन्म हुआ। एक बालक, जो अपनी माता के गर्भ में सामान्य अवधि से पूरे एक महीने अधिक, अर्थात् दस महीने रहा था।

मिट्टी के घड़े को संस्कृत में 'कुंभ' कहा जाता है और इससे नवजात बालक का नाम भी 'कुंभकर्ण' रखा गया था। प्रेमवश उन्हें मेवाड़ में 'कुंभा' कहा जाता था। कुंभा को मेवाड़ का विशाल राज्य विरासत में प्राप्त हुआ था, जो उसकी पिछली तीन पीढ़ियों—हम्मीर, लाखा और मोकल द्वारा एकत्र धन और संपदा के साथ अच्छी तरह से संरक्षित था।

कुंभा, मेवाड़ के सबसे सफल राजाओं में एक सिद्ध हुए। बहुत से आधुनिक युग के इतिहासकारों द्वारा उन्हें भारतवर्ष पर शासन करनेवाले सभी महान राजाओं, जैसे अशोक, हर्ष, समुद्रगुप्त या चंद्रगुप्त विक्रमादित्य की श्रेणी में माना गया है।[47]

मदारिया का चामुंडा मंदिर, जहाँ कुंभा पूजा करते थे

कुंभा को राज्योचित गुण अपने परिवार से विरासत में प्राप्त हुए थे। उनके दादा एक कुशल योद्धा थे, माता तीक्ष्ण बुद्धिमति, राठौड़ वंश से आई (राणा लाखा की पत्नी) उनकी दादी, दादा राव रणमल राठौड़ और उनके साथी अथवा विरोधी सरदारों, सभी का प्रभाव कुंभा के जीवन पर रहा।

इस पुस्तक का उद्देश्य पाठकों को उस समय के मेवाड़ राजपरिवार में चल रही आंतरिक कलह और जोड़-तोड़ को बताना नहीं है, अतः हम कुंभा के शासनकाल में हुए सैन्य अभियानों, मेवाड़ की किलेबंदी, विभिन्न कलाओं एवं वास्तुकला के उत्थान पर ही ध्यान केंद्रित करेंगे।

47. दिल्ली सल्तनत, मजूमदार, पृ. 336।

मेवाड़ पर कुंभा के लगभग चार दशक लंबे शासन के समय इन सभी क्षेत्रों में मेवाड़ ने अद्वितीय ऊँचाइयों को छुआ। हम संक्षेप में कुंभा के व्यक्तित्व के बारे में बात करेंगे, जिसने मेवाड़ वंशावली में अपनी अमिट छाप छोड़ी। हम यह भी विस्तार से जानेंगे कि कैसे कुंभा का जीवन इस्लामिक राज्यों मालवा, गुजरात और नागौर की संयुक्त ताकतों को नष्ट करने में व्यतीत हुआ। शताब्दियों तक ऐसी विषम परिस्थितियों के उपरांत भी मेवाड़ में इतने ऊर्जावान और सफल राजा होते रहे; ऐसा मानव इतिहास में अन्य कहीं भी नहीं हुआ है।

मेवाड़ अब अपने गौरवशाली उत्थान के पथ पर था, जिसे उन वीर पुत्रों और पुत्रियों के बलिदान पर निर्मित किया जा रहा था, जिन्होंने अपनी मातृभूमि को तुर्क हत्यारों से बचाने के लिए आगे बढ़कर अपने प्राणों की आहुति दी थी। चित्तौड़ में अलाउद्दीन खिलजी द्वारा मृत्यु व नाश के भयानक नृत्य के पश्चात् एक शताब्दी बीत चुकी थी। जहाँ उसने चित्तौड़ के प्रत्येक हिंदू मंदिर और समस्त महत्त्वपूर्ण भवनों को नष्ट कर दिया था, पद्मिनी और अन्य वीरांगनाओं द्वारा किए गए जौहर, अग्निस्नान के पश्चात् अब मेवाड़ अपने प्रतिशोध के साथ पुनर्जीवित हो रहा था। चित्तौड़, खिलजी और तुगलक के घातक आक्रमणों से उबर चुका था तथा मेवाड़ के चारों ओर हिंदू धर्म के नए रक्षक उठ खड़े हुए थे।

जैसा कि जेम्स टॉड बाबर द्वारा किए गए तुर्क आक्रमण के विषय में सुंदरता से वर्णन—"कॉकस की भौंहों और ऑक्सस के तट पर एकत्र तूफानों का विस्तार अब उनके पौत्र सांगा के शीश पर फटनेवाला था और यह सब स्वयं महाराणा कुंभा द्वारा ही प्रभावित था।"

इस कथन में टॉड, कुंभा के पोते महाराणा सांगा और बाबर के बीच 1527 में खानवा में होने वाले संघर्ष का उल्लेख कर रहे हैं। हम्मीर की ऊर्जा, लाखा की कला के प्रति रुचि और प्रतिभा से प्रेरित कुंभा ने अपने हर उद्यम में सफलता प्राप्त की और एक बार पुनः मेवाड़ के 'केसरी ध्वज' को घग्गर के तट पर ला खड़ा किया, जहाँ उनके पूर्वजों ने मोहम्मद गौरी के विरुद्ध महान पृथ्वीराज चौहान के साथ मिलकर युद्ध किया था।

यह एक उल्लेखनीय तथ्य है कि मोहम्मद गौरी द्वारा पृथ्वीराज की हार के पश्चात् तुर्कों और अफगानों से लेकर उज्बेक और तातारियों तक विभिन्न मुस्लिम आक्रमणकारियों ने दिल्ली को लूट-लूटकर विदीर्ण कर दिया था।

उस समय दिल्ली में उसी तरह का सत्ता संघर्ष चल रहा था, जैसा कि अरब में खलीफा के पद के लिए हिंसक संघर्ष हुआ था। इस काल में 24 पुरुष और एक महिला शासक ने उत्तराधिकार प्राप्त करने हेतु हत्या-विद्रोह-कपट तथा द्रोह का पथ अपनाया और दिल्ली पर थोड़े-थोड़े समय के लिए अस्थिर कब्जा किया। जबकि इसी समयावधि

में मेवाड़ में केवल 11 शासकों ने सिंहासन सँभाला और अपना शासन सुचारु रूप से चलाया।

यद्यपि मेवाड़ के इन राणाओं में भी अधिकांश की मृत्यु अल्पकाल में ही धर्म और मातृभूमि की रक्षा करते हुए इस्लामी आक्रांताओं के विरुद्ध संघर्ष में हुई। दिल्ली में तीन शताब्दियों तक चलनेवाले इस सत्ता संघर्ष में हुए रक्तपात से यह स्पष्ट हो जाता है कि इस्लामी समाज, किस तरह की बर्बर परिपाटी को सामाजिक और राजनीतिक अस्तित्व में लाते हैं।

भारत पर हिंसक इस्लाम का निरंतर आक्रमण इस बात का एक बहुत ही शिक्षाप्रद उदाहरण है कि मतांध बर्बर समाज किस प्रकार से उन्नत सभ्यताओं को नष्ट कर सकते हैं। किंतु साथ ही यह भी सिद्ध हो जाता है कि यदि उस सभ्यता के रक्षक, बर्बर कट्टरपंथियों से संघर्ष करने हेतु दृढसंकल्प हों तो उन्हें रोका भी जा सकता है। मेवाड़ के महाराणाओं ने अपने जीवन आदर्शों और कार्यों से यह स्थापित किया।

उस समय में तथाकथित दिल्ली सल्तनत को राणा हम्मीर सिंह और उनके पुत्र राणा लाखा तथा पौत्र मोकल ने पहले ही पराजित कर दिया था। कुंभा के काल में दिल्ली के आस-पास कोई प्रभावी मुस्लिम शासक नहीं था।

दिल्ली के आस-पास किसी प्रासंगिक शासक का न होना भी इस तथ्य को रेखांकित करता है कि तथाकथित दिल्ली सल्तनत केवल वामपंथियों के रुग्ण मस्तिष्क में ही चल रही थी।

वास्तव में इस काल्पनिक सल्तनत में न तो कोई सातत्य था, न ही कोई मौलिक प्रभाव।

इस्लामी कट्टरपंथियों ने अपने कुत्सित हाथ अब मध्य और पश्चिमी भारत की ओर बढ़ा लिये थे, किंतु विशाल और शक्तिशाली मेवाड़ का साम्राज्य, तुर्क आक्रमणकारियों के समक्ष एक अभेद्य कवच की भाँति खड़ा था।

मेवाड़ की लोककथाओं के अनुसार, कुंभा ने अपने जीवनकाल में 56 युद्ध लड़े, जिनमें वे एक भी युद्ध में पराजित नहीं हुए।

हम कुंभा के ऐसे चार अभियानों के विषय में बात करेंगे।

कुंभा ने मालवा, गुजरात और नागौर के मुस्लिम राज्यों को पराजित कर, नागौर को अपने अधीन कर लिया। इसके अतिरिक्त मारवाड़ के मंडोर पर अधिकार कर उन्होंने मारवाड़ को भी मेवाड़ में सम्मिलित कर लिया। यह एक ऐसा कार्य था, जो उनसे पहले अथवा उनके पश्चात् किसी भी राजा ने नहीं किया था।

मालवा पर विजय व महमूद का मानमर्दन

मालवा पर शक्तिशाली सुल्तान, महमूद खिलजी का शासन था, जिसने अपने श्वसुर होशंग शाह की हत्या करके मालवा की सत्ता हथिया ली थी। महमूद एक कपटी, सशक्त योद्धा और धर्मांध कट्टरपंथी होने के साथ ही मेवाड़ का प्रबल शत्रु भी था।

महमूद के साथ कुंभा का पहला सामना 1440 ईसवी के आस-पास मालवा के सारंगपुर में हुआ और राणा कुंभा ने उसे बुरी तरह पराजित किया। महमूद युद्ध छोड़ पलायन कर गया और मांडू के दुर्ग में जाकर छुप गया। कुंभा ने उसका पीछा किया और उसे वहीं से पकड़ लिया। पराजित महमूद को चित्तौड़ लाया गया और छह मास तक कारागृह में रखा गया।[48]

इसी तरह की परिस्थितियों में हम्मीर द्वारा तुगलक के साथ किए गए अपमानजनक व्यवहार के विपरीत कुंभा ने महमूद के साथ सम्मानजनक व्यवहार किया और युद्ध में हुई हानि के बदले उससे धन-हाथी एवं अश्व दंडस्वरूप लेकर उसे सम्मानपूर्वक मुक्त कर दिया।

अपने इस्लामी शत्रुओं को समाप्त न करने की हिंदू राजाओं की यह प्रकृति किसी भी प्रकार तर्कसंगत नहीं कही जा सकती।

इसी विकृति के कारण इतने प्रतापी हिंदू राजा भी इस्लामी हिंसा को भारत से पूर्णतया कभी मिटा नहीं पाए।

इस्लामी अतिक्रमण का बीज नाश नहीं करना, हमारे विलक्षण पुरखों की सबसे बड़ी भूल रही।

जेम्स टॉड भी पृथ्वीराज, हम्मीर और कुंभा जैसे हिंदू राजाओं के इस गुण पर आश्चर्य करते हैं और लिखते हैं—"हिंदुओं के चरित्र में अहंकार, राजनीतिक अंधापन, गौरव तथा उदारता का विचित्र मिश्रण है। अपने धुर विरोधी को भी क्षमा कर देना हिंदू राजाओं की क्षमाशीलता की अति है।"[49]

यद्यपि महान महाराणाओं के इन उदार और क्षमाशील कृत्यों को केवल एक ही दृष्टि से देखना उचित नहीं होगा, किंतु बार-बार जब इसी तरह से हिंदू धर्म पर आघात करनेवाले कपटी और दुष्ट शत्रुओं को क्षमा करने की परिपाटी देखते हैं तो हमें भी आश्चर्य होता है कि मेवाड़ के महान महाराणा भी इन त्रुटियों की पुनरावृत्ति क्यों करते रहे ?

इसी छद्म उदारता के कारण इस्लामी आक्रांताओं ने न केवल पुनः एकत्र होकर अधिक शक्ति के साथ भारतभूमि पर आक्रमण करने का साहस किया, वरन् इस्लामी आक्रांताओं द्वारा प्रताड़ित प्रजा और मेवाड़ के साहसी योद्धाओं के बलिदान को एक क्रूर

48. ओझा, खंड-1, पृ. 255।

49. टॉड, खंड-1, पृ. 231।

मजाक बनाकर रख दिया। इसके अतिरिक्त इस तरह से इस्लामी आक्रांताओं को भी एक विपरीत संदेश गया कि वे चाहे जितनी बार आक्रमण करें, यदि पराजित होकर युद्धबंदी भी बनाए गए तो उनकी हत्या नहीं होगी, उन्हें क्षमा कर दिया जाएगा; और इसी कारण इन अनैतिक, निर्लज्ज सिरफिरों में भारतभूमि पर बार बार आक्रमण करने की लालसा और अधिक प्रबल हो जाती थी।

यह विचारणीय विषय है कि किस प्रकार गौरी, तुगलक और खिलजी के साथ किया गया क्षमाशील व्यवहार हमारे देश और धर्म के लिए हानिकारक सिद्ध हुआ। 1191 ईसवी में तराई के प्रथम युद्ध के पश्चात् जब पृथ्वीराज ने गौरी को जीवित छोड़ा तो अपमान की अग्नि में जलते हुए गौरी ने पुनः भारत पर आक्रमण किया और इस बार उसने छल से पृथ्वीराज पर विजय प्राप्त कर उन्हें न केवल बंदी बनाया, वरन् उन्हें अंधा कर के मार ही डाला।

मेवाड़ के सहस्रों राजपूत योद्धाओं ने भी तराई के युद्ध में अपना बलिदान दिया था।

जिन इस्लामी मूल्यों को 500 वर्षों तक बाप्पा रावल, खुमाण, नागभट्ट, ललितादित्य और इनके जैसे असंख्य हिंदू योद्धाओं ने भारतभूमि में घुसने नहीं दिया था, उन्हीं इस्लामी मूल्यों को केवल पृथ्वीराज की क्षमाशीलता के कारण भारतभूमि को विदीर्ण करने का अवसर मिल गया। गौरी ने पृथ्वीराज को पत्र लिखकर इस्लाम स्वीकार करने की शर्त रखी थी। हमारे ब्राह्मण गुरुओं व विचारकों ने पृथ्वीराज को इस्लाम का सत्य क्यों नहीं समझाया, यह समझ से परे है। यदि पृथ्वीराज के सहायक व परामर्शदाता, उन्हें गौरी की सोच समझा पाते तो कोई कारण नहीं था कि ऐसे पागल हत्यारे को पराजित करने के बाद जीवित छोड़ दिया जाता।

1191 में गौरी की पराजय पर राम गोपाल मिश्रा लिखते हैं—"पृथ्वीराज अपनी विजय को सरलता से नैसर्गिक परिणति की ओर ले जा सकते थे। गौरी का वध व उसकी सेना का नाश सम्मुख था। किंतु पृथ्वीराज ने पराजित गौरी और उसकी सेना को बिना हानि के जाने दिया। यद्यपि पृथ्वीराज का यह निर्णय हिंदू शास्त्रों के अनुसार था, किंतु धार्मिक रूप से एक उन्मत्त व पागल शत्रु के लिए सर्वथा अनुचित था। जो इस्लामी हत्यारा अपनी विजय के लिए किसी भी नैतिकता या विचारधारा को नहीं मानता था, उस पर दया का कोई औचित्य नहीं था। हिंदुओं में यह प्रतिभा ही नहीं थी कि ऐसे क्रूर शत्रु के वास्तविक स्वरूप को समझ सकें। ऐसे सिरफिरों के प्रतिकार के लिए एकदम नए मापदंड व उपाय होने चाहिए थे। अन्यथा भारत का स्वतंत्र रहना असंभव था।"[50]

500 वर्षों तक जिस इस्लाम को बाप्पा, खुमाण, जैत्र सिंह, ललितादित्य, नागभट्ट, अनंगपाल इत्यादि राजाओं ने कितने-कितने कष्ट पाकर रोका था, वह पृथ्वीराज की

50. मिश्रा, पृ. 118.

एक भूल के कारण भारत में घुसने में सफल हुआ।

1192 ईसवी में महाराज पृथ्वीराज की उस पराजय से भारत आज तक उबर नहीं पाया है।

इसके पश्चात् हम्मीर द्वारा तुगलक को क्षमा करना दूसरी सबसे बड़ी भूल थी। तुगलक अवसर पाकर दिल्ली भाग गया और पुनः अपनी सेना तथा साधन एकत्र करके उसने भारत के दक्षिणी भाग पर आक्रमण कर दिया। भारत का सौभाग्य है कि उस समय दक्षिण भारत में विजयनगर साम्राज्य ने तुगलक का सामना किया और उसे पराजित किया, परंतु फिर भी तुगलक ने दक्षिण में हिंदू संस्कृति को बहुत हानि पहुँचाई।

तुगलक के लिए मुस्लिम इतिहासकार भी लिखते हैं कि उसकी हिंदू घृणा अतुलनीय थी। वह हिंदुओं की हत्या कर, उनके मुंडों की मीनार बना कर विक्षिप्त तांडव किया करता था।

कुंभा के प्रकरण में भी जैसे-जैसे हम आगे बढ़ेंगे, हम देखेंगे कि महमूद खिलजी ने कुंभा की उदारता का उत्तर किस कृतघ्नता से दिया और अपने जीवनकाल में उसने छह बार और मेवाड़ पर आक्रमण किए।[51] यद्यपि प्रत्येक आक्रमण में कुंभा ने उसे बुरी तरह पराजित किया, किंतु इन युद्धों में जन-धन की भारी क्षति तो पहुँची ही थी। केवल अपनी उदारता और क्षमाशीलता के ध्वज को लहराने हेतु मेवाड़ के भविष्य को पुनः-पुनः उसी संकट में डालने का क्या औचित्य था?

हिंदू राजाओं द्वारा किए गए इन उदार किंतु अविवेकपूर्ण कृत्यों से ज्ञात होता है कि धर्म तथा कौटिल्य द्वारा परिभाषित राजधर्म का उन्हें कम ज्ञान था।

इसके विपरीत, हमारे अवतार, भगवान् श्रीकृष्ण ने कौरवों को कभी क्षमा नहीं किया। महाभारत के युद्ध के अंत में जब कौरवों के शिविर में केवल दुर्योधन ही शेष रहा, तब भी श्रीकृष्ण ने भीम के साथ खड़े रहकर संकेत के द्वारा भीम को दुर्योधन की जँघा पर वार करने का स्मरण कराया। जब श्रीकृष्ण से युद्ध के नियमों पर युधिष्ठिर[52] चर्चा करते हैं तो योगेश्वर का उत्तर था—

"मायावी मायया वध्यः। सत्यमेतद युधिष्ठिर।" 9.30.6 अर्थात् "मायावी व्यक्ति का वध माया से करना उचित है। यही एकमात्र सत्य है, हे युधिष्ठिर।"

रामायण में भी यही उपदेश दिया गया है—"पूर्वापकारिणं हत्वा न ह्यधर्मेण युज्यते" अर्थात् अपराधी को मारना अधर्म नहीं है। 2.96.24[53]

कौटिल्य ने भी राज्यद्रोही को क्षमा करने का उल्लेख अपने ग्रंथों में कहीं नहीं किया

51. उदयपुर राज्य का इतिहास, जी.एच. ओझा, खंड-2, पृ. 267।

52. महाभारत, 9.30.6।

53. रामायण, 2.96.24।

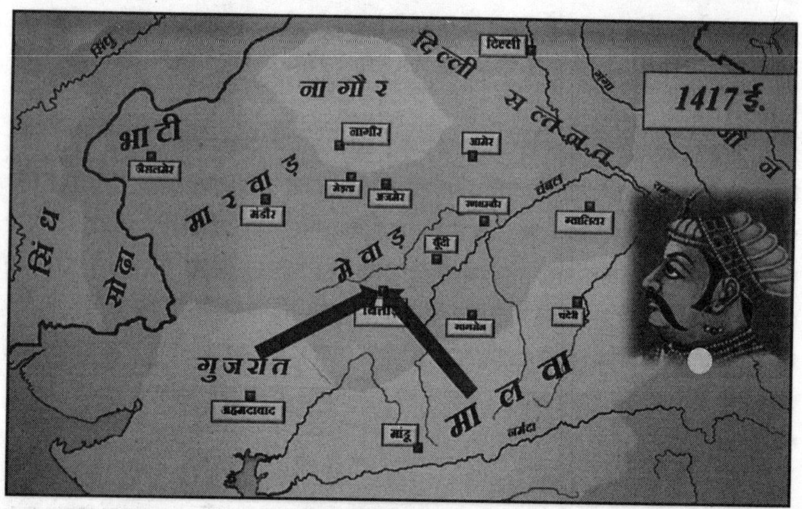

कुंभा के समय मेवाड़ व अन्य राज्य

है। हिंदू राजाओं द्वारा इस्लामी शत्रुओं को क्षमा करने के इन कृत्यों का आधार केवल सात्त्विक अहंकार ही कहा जा सकता है, जब अहंकार सत्व के वस्त्र धारण करके आता है। वीर सावरकर ने इसे 'सद्गुण विकृति'[54] का नाम दिया है। मतांध हत्यारों को क्षमा करना अपनी प्रतिष्ठा के ध्वज को लहराने में तो सहायक हो सकता है, किंतु इसकी परिणति सहस्रों वर्षों तक जन-धन की हानि और धर्म तथा राष्ट्र के विनाश के रूप में होती है।

जो हत्यारा अपने धर्म के विस्तार के लिए हत्या व बलात्कार को उचित मानता है, उस पर दया का क्या प्रयोजन! मेवाड़ के पुरोहितों, सामंतों व चारणों को भी यह ध्यान रखना चाहिए था कि महाराणाओं को इस प्रकार का आत्मघाती निर्णय न करने देते एवं उचित परामर्श देते।

उस समय के हिंदू संस्कारों के अनुसार कदाचित् इस प्रकार के व्यवहार की अनुमति रही होगी, किंतु हम्मीर एवं कुंभा के समक्ष पृथ्वीराज का उदाहरण पहले से था, अत: उन्हें राजधर्म का पालन करते हुए शत्रु का वध कर देना चाहिए था।

मेवाड़ की पूरी गाथा में प्रताप ही ऐसे नायक हैं, जिनको कभी इस प्रकार की उदारता का बुखार नहीं चढ़ा। हम दिवेर के अध्याय में देखेंगे कि प्रताप ने निर्ममता से उस प्रत्येक शत्रु को परलोक पहुँचा दिया, जो तुर्कों को मेवाड़ से समूल उखाड़ने के पुनीत कार्य में बाधा बना। इस प्रकार प्रताप न केवल एक योद्धा के रूप में चमके, वरन् एक दूरदृष्टा के

---

54. स्वयं के सदाचार की पालना हेतु पापी को क्षमा करना व समाज पर संकट आने देना, सद्गुण विकृति है।

रूप में उन्होंने अपने पूर्वजों की त्रुटियों से शिक्षा लेकर तुर्कों पर कोई दया नहीं दिखाई।

गुजरात की विजय

अब गुजरात के शासक कुतुब-उद्-दीन तथा कुंभा के मध्य हुए सैनिक संघर्ष की बात कर लेते हैं। कुंभा की सेना, उत्तर भारत से मेवाड़ के रास्ते सूरत की ओर जानेवाले व्यापारियों से बहुत राजस्व प्राप्त करती थी, और इसी कारण गुजरात का शासक, मेवाड़ को पराजित कर इस समस्या का निवारण चाहता था। इधर कुंभा ने सिरोही तथा बूँदी जैसे महत्त्वपूर्ण राज्यों को भी मेवाड़ में सम्मिलित कर लिया था, क्योंकि कुंभा को संदेह था कि मेवाड़ के निकटवर्ती राज्य कभी भी गुजरात से संधि कर लेंगे तथा उनके लिए कष्टदायी होंगे। इसके अतिरिक्त सिरोही तथा बूँदी, गुजरात के पश्चिमी व्यापारिक पथ को अपने नियंत्रण में लेने की दृष्टि से अधिक महत्त्वपूर्ण थे।

कुंभा ने गागरौन, अजमेर, चाकसू इत्यादि के अतिरिक्त सुदूर स्थित जयपुर के निकट सांभर पर भी अधिकार कर उन्हें मेवाड़ की सीमाओं में सम्मिलित कर लिया।

1456 में मालवा तथा गुजरात के इस्लामी शासकों ने आपस में मित्रता कर ली। गुजरात के चांपानेर के निकट इन दोनों के बीच एक संधि हुई, जिसके पश्चात् दोनों ने मिलकर मेवाड़ पर आक्रमण किया, ताकि कुंभा को एक ही बार में सदा के लिए समाप्त किया जा सके।[55]

गुजरात के चांपानेर में हुई इस संधि के विषय में मुस्लिम इतिहासकारों ने लिखा है—“राणा कुंभा के विरुद्ध किए जा रहे प्रयासों में महमूद खिलजी एक ओर से, तो कुतुब-उद्-दीन दूसरी ओर से आक्रमण करेंगे। दोनों मिलकर कुंभा को समाप्त कर देंगे एवं कुंभा के राज्य को आपस में बराबर बाँट लेंगे। गुजरात से लगे सभी क्षेत्र कुतुब-उद-दीन के राज्य में शामिल होंगे तथा मेवाड़ और अहीरवाड़ा के क्षेत्र मालवा के हो जाएँगे।”[56]

इस समय मेवाड़ सभी ओर से घिर गया था, क्योंकि कुंभा के ही एक भाई क्षेमा ने भी विद्रोह कर कुंभा के विरुद्ध शस्त्र उठा लिये थे। 1456-57 ईसवी की शीत ऋतु में दोनों मुस्लिम सेनाओं ने मेवाड़ पर एक साथ आक्रमण कर दिया। कुतुब ने दक्षिण-पश्चिम की ओर से सिरोही में पैर जमाए और कुंभलमेर को ध्वस्त करता हुआ चित्तौड़ की ओर मुड़ गया। कुंभा ने निडर होकर कुतुब का सामना किया और उसे पराजित किया।

यद्यपि मुस्लिम इतिहासकारों के अनुसार राणा ने कुतुब को धन लेकर गुजरात पुनः लौटने को कहा, जो त्रुटिपूर्ण लगता है, क्योंकि चांपानेर की संधि के अनुसार कुतुब को वैसे भी दक्षिण-पश्चिमी मेवाड़ का प्रमुख भाग मिलना था। यदि वह विजयी हुआ होता

---

55. ओझा, खंड-1, पृ. 269।
56. आर.सी. मजूमदार, दिल्ली सल्तनत, पृ. 335।

तो केवल कुछ रुपए लेकर ही क्यों हटता? अपना पूरा भाग लेकर ही वहाँ से जाता।

जब राणा, कुतुब को पराजित करने में व्यस्त थे और उसे गुजरात की ओर धकेल रहे थे, मालवा के महमूद ने उत्तर-पूर्व मेवाड़ तथा अजमेर पर आक्रमण किया, किंतु उसे वहाँ मेवाड़ के सामान्य सैनिकों ने ही पराजित कर दिया। महमूद ने मांडलगढ़ में शरण ली और वहाँ कुंभा ने उसे पराजित किया।

फरिश्ता द्वारा लिखित मुस्लिम इतिहास में इस युद्ध का परिणाम कुछ इस प्रकार लिखा गया—"मालवा के सेनानायकों ने अपने राजा को सैनिकों की कम होती संख्या एवं शिविर की बिगड़ती स्थितियों के आधार पर वापस लौट जाने की सलाह दी और इस सलाह को मानकर सुल्तान मांडू लौट गया।"

फरिश्ता के लेखन को अनुवादित करनेवाले कर्नल ब्रिग्स लिखते हैं, "जिस युद्ध को अनिर्णीत लिखा जाए, उसे पराजय ही माना जाए।"[57]

अतः कुंभा ने इस्लामी सेनाओं को एक साथ और भी बुरी तरह से पराजित किया और कुतुब को भी गुजरात भाग जाना पड़ा।

राणा ने यहीं इतिश्री नहीं की। 1457-58 ईसवी में राणा ने इन दोनों ही शासकों पर अपने मनचाहे स्थान एवं समय पर आक्रमण किया तथा उनके द्वारा हस्तगत की गई मेवाड़ की पग-पग भूमि को पुनः अपने अधिकार में ले लिया। मुहम्मद खिलजी ने 1469 ईसवी में अपनी मृत्यु से पूर्व मेवाड़ पर छह बार और आक्रमण किए।

नागौर का अधिग्रहण

इसके पश्चात् कुंभा द्वारा तीसरा और बड़ा सैन्य अभियान चलाया गया, जो था नागौर अभियान।

इस समय तक जोधपुर राज्य की स्थापना नहीं हुई थी। नागौर मुजाहिद खाँ के अधिकार में था। मुजाहिद का भाई शम्स खाँ, नागौर पर अधिकार करना चाहता था। उसने इस अभियान में कुंभा से सहायता माँगी। लंबे समय से कुंभा मेवाड़ की सीमाओं का मारवाड़ में विस्तार करना चाहते थे, अतः कुंभा एक बड़ी सेना लेकर नागौर पहुँचे, जहाँ उन्होंने मुजाहिद खाँ को पराजित कर नागौर का शासन शम्स खाँ को सौंप दिया। कुंभा ने उसे राजा बनाकर उससे दो वचन लिये—

1. शम्स नागौर की किलेबंदी को स्वयं हटाएगा।
2. नागौर की हिंदू जनता को मुसलमान कभी दुःखी नहीं करेंगे।

शम्स ने दोनों ही वचनों का पालन नहीं किया। उसने नागौर के दुर्ग में किलेबंदी को बढ़ाया एवं हिंदुओं का अपमान करने हेतु गौहत्या की सार्वजनिक अनुमति भी दे दी।

57. आर.सी. मजूमदार, दिल्ली सल्तनत, पृ. 336।

तब कुंभा ने 50,000 की सेना के साथ पुनः लौटकर शम्स खाँ को पराजित किया। शम्स भागकर गुजरात के कुतुब के पास पहुँचा एवं कुतुब ने धुर शराबी सेनापति, इमाद-उल-मुल्क के नेतृत्व में एक बड़ी सेना कुंभा से युद्ध करने हेतु नागौर भेजी। कुंभा ने शांतिपूर्वक वहीं उनके आने की प्रतीक्षा की और जैसे ही गुजरात की सेना नागौर पहुँची, कुंभा एवं उनकी सेना ने उन्हें बुरी तरह पराजित किया।

कीर्ति स्तंभ की प्रशस्ति में कुंभा की विजय के विषय में लिखा है—"कुंभकर्ण ने गुजरात के सुलतान को पराजित करते हुए नागौर विजय किया, फिरोज द्वारा निर्मित मस्जिद को तोड़ा, दुर्ग को ध्वस्त किया, सभी हाथी छीन लिये, मुस्लिम महिलाओं को बंदी बनाया, यवनों को दंड दिया, गौ-रक्षा की, नगर की सभी मस्जिदों को जला दिया और नागौर को एक गौचर[58] भूमि बनाकर शम्स खाँ[59] की पूरी संपत्ति लूट ली।"

इसके पश्चात् शम्स और कुतुब पुनः कभी नागौर नहीं आए। कुंभा द्वारा नागौर के साथ ही सांभर पर भी अधिकार कर लिया गया एवं नागौर में एक हिंदू जागीरदार को नियुक्त कर दिया गया।

कुंभा ने नागौर दुर्ग की किलेबंदी को स्वयं अपनी देखरेख में नष्ट करवाया। दुर्ग के विशालकाय द्वार के साथ ही हनुमानजी की मूर्ति भी कुंभा अपने साथ इस विजय की स्मृति के रूप में कुंभलगढ़ ले गए। वहाँ इन द्वारों को लगवाकर उनके पास ही एक मंदिर में हनुमानजी की स्थापना की गई। आज भी कुंभलगढ़ के दुर्ग में इस स्थान को 'हनुमान पोल' के नाम से जाना जाता है।

मंडोर विजय व जोधपुर की स्थापना

कुंभा का अंतिम सैन्य अभियान था मंडोर की विजय, जो पूर्व में मारवाड़ की राजधानी थी।

परिवार के अंतर्कलह की एक कथा, जिसे हम महाराणा लाख के अध्याय में पढ़ चुके हैं, उसी के आधार पर कुंभा ने अपने भाई एवं मामा जोधा का मंडोर तक पीछा किया। कुंभा द्वारा मारवाड़ में चलाए गए इस सैन्य अभियान के मुख्य नायक थे कुंभा के काका रावत चूँडा। चूँडा ने मंडोर पर अधिकार कर अपने पुत्रों को वहाँ का अधिकारी बना दिया।

इधर कुंभा की दादी ने उन्हें समझाया कि उन्हें मारवाड़ के राठौड़ों के प्रति इतना कठोर नहीं होना चाहिए, क्योंकि एक तो उनका रक्तसंबंध है और दूसरे उन दोनों का एक ही शत्रु है—इस्लामी आक्रांता।

कुंभा ने यहाँ अपने पाँव पीछे कर लिये। उन्होंने जोधा को चूँडा के पुत्रों से मंडोर ले लेने दिया।

---

58. गाय चराने के विशाल खेत।

59. ओझा, खंड-1, पृ. 268।

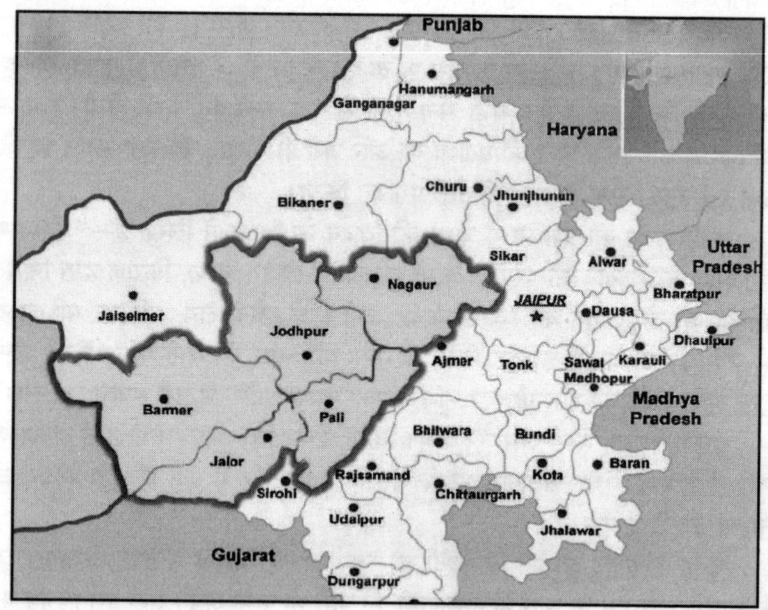

मारवाड़ का मानचित्र

इसके पश्चात् राव जोधा ने जोधपुर नाम से नगर बसाया। जोधपुर कालांतर में मारवाड़ में सत्ता का केंद्र बना तथा अजीत सिंह एवं दुर्गादास राठौड़ के नेतृत्व में औरंगजेब के विरुद्ध सफल संघर्ष में मुगलों को पराजित करने में निर्णायक बना। कुंभा की जोधा के प्रति उदारता से शताब्दियों तक चलनेवाले एक ऐसे संबंध की शुरुआत हुई, जिसके कारण कुंभा के पौत्र सांगा को मेवाड़ का एक सशक्त साम्राज्य स्थापित करने में सहायता मिली एवं दोनों राज्यों ने बाबर के आक्रमणों का प्रत्युत्तर भी साथ मिलकर दिया।

इसके पश्चात् सिसोदिया एवं राठौड़ वंश की संयुक्त सेनाओं ने राज सिंह के शासनकाल में भी औरंगजेब को पराजित किया।

अत: ऐसा कह सकते हैं कि कुंभा की दूरदृष्टि एवं उदारता के कारण राजपूतों में एकता की नींव रखी गई, जिससे भारतवर्ष से मुगलों को समूल नष्ट करने में महती सहायता मिली।

स्थापत्य कला व लेखन

अब कुंभा द्वारा स्थापत्य के क्षेत्र में किए गए विकास कार्यों की बात करते हैं। मेवाड़ के क्षेत्र में फैले कुल 80 दुर्गों में से अकेले कुंभा ने ही 32 दुर्गों का निर्माण करवाया था। हम कल्पना कर सकते हैं कि इसमें कितने धन का व्यय हुआ होगा। कितने लोग लगे होंगे,

कितना उद्योग विकसित हुआ होगा। और यह सब कुंभा की दूरदृष्टि तथा रचनात्मकता ही थी कि यह सब कुंभा ने अपने चालीस वर्षों के शासनकाल में संपन्न करवाया।

इन दुर्गों में सबसे उत्तम दुर्ग है कुंभलगढ़ दुर्ग, जो कि कालांतर में मेवाड़ की राजधानी भी बना। एक प्राचीन कथा के अनुसार, यह पहले एक जैन राजा, संप्रति का दुर्ग था, जो कि राजा चंद्रगुप्त के वंशज थे। कुंभा ने कुंभलगढ़ दुर्ग को ऐसे बनाया था कि न केवल यह स्थापत्य कला का एक अद्‌भुत उदाहरण है, वरन् किसी आक्रमणकारी सेना के लिए भी दुर्जेय है। समुद्र तल से 1,100 मीटर (3,600 फीट) की ऊँचाई पर अरावली की पर्वतमाला में निर्मित यह दुर्ग 36 किलोमीटर की परिधि में फैला है तथा चीन की दीवार के बाद विश्व में दूसरी सबसे लंबी दीवार होने का गौरव रखता है।

कुंभलगढ़ की महान दीवार का एक दृश्य

कुंभलगढ़ की ठोस किलेबंदी

गणेश मंदिर, कुंभलगढ़

दुर्ग का एक द्वार

कुंभलगढ़ सामरिक दृष्टि से महत्त्वपूर्ण एक ऐसा दुर्ग है, जो मेवाड़ और मारवाड़ के बीच निर्मित है, अतः इस दुर्ग से दोनों ही क्षेत्रों पर दृष्टि रखी जा सकती है। इस महत्त्वपूर्ण दुर्ग की केवल स्थापत्यिक एवं सामरिक महत्ता ही नहीं है, वरन् भविष्य

में जब चित्तौड़ पर इस्लामी आक्रमण हुए तो राजपरिवार को शरण लेने के लिए इसी दुर्ग को सर्वाधिक सुरक्षित माना गया।

दुर्ग में लगभग 360 मंदिर हैं, जिनमें 300 मंदिर जैन तीर्थंकरों को समर्पित हैं तथा शेष हिंदू देवी-देवताओं को।

राणा कुंभा के शासनकाल में कुंभलगढ़ पर कुतुब तथा महमूद खिलजी ने बार-बार आक्रमण किए, किंतु वे कभी इस दुर्ग पर विजय प्राप्त नहीं कर सके।

दुर्ग की आराध्य देवी, बाण माता का मंदिर दुर्ग से कुछ ही दूरी पर स्थित है, जिसे पराजय के क्षोभ में मालवा के महमूद खिलजी ने क्षति पहुँचाई थी। ईसवी 1442 में खिलजी ने इस मंदिर पर आक्रमण किया। मंदिर की सुरक्षा हेतु दीप सिंह राजपूत अपने कुछ सौ योद्धाओं के साथ कुंभा द्वारा रखे गए थे।[60] मालवा की पूरी सेना को इस वीर राजपूत ने एक सप्ताह तक मंदिर में प्रवेश नहीं करने दिया। कुंभा उस समय मेवाड़ से बाहर थे, इसलिए दीप सिंह की सहायता नहीं कर पाए। महमूद के बहुत से सैनिकों को मौत के घाट उतारने के बाद मेवाड़ के मुट्ठी भर योद्धा अपनी आराध्य देवी की रक्षा करते हुए वीरगति को प्राप्त हुए। महमूद ने अपने मजहब सम्मत आचरण करते हुए मूर्तियों को भंग कर उन्हें तोलने के बाट बनवाए। उसने मंदिर की मुख्य मूर्ति को तोड़कर उसका चूरा पान में भर-भरकर स्थानीय लोगों को बलपूर्वक खिलाया। कुंभा के लौटने से पूर्व ही महमूद यह कुकर्म कर, मालवा भाग गया।

विजय स्तंभ

यदि कुंभा ने सारंगपुर के युद्ध के बाद महमूद का वध किया होता तो ना तो हमारे मंदिरों की दुर्गति होती, न ही मेवाड़ दीप सिंह जैसे मूल्यवान् योद्धा गँवाता।

कुंभलगढ़ 1576 ईसवी में अकबर के शासनकाल में केवल आठ वर्षों के लिए अकबर के एक सेनापति शाहबाज खाँ के अधिकार में चला गया था, जिसे प्रताप ने अपने रण कौशल और श्रम के बल पर दिवेर के अभियान में पुनः प्राप्त कर लिया।[61] कुंभलगढ़ के अतिरिक्त कुंभा ने अचलगढ़ एवं वसंतगढ़ की स्थापना आबू के क्षेत्र में की। ये दुर्ग पहले परमार राजाओं के अधिकार क्षेत्र में आते थे। उन्होंने आबू एवं

---

60. वीर विनोद खंड-1, पृ. 325।
61. माथुर पृ. 138।

पश्चिमी उपत्यकाओं के बीच के पथ को भी किलेबंदी कर सुरक्षित किया था।[62]

उन्होंने स्थानीय डाकुओं से सुरक्षा हेतु सिरोही में वासंती एवं राजसमंद में देवगढ़ की सुरक्षा हेतु मचींद दुर्ग का निर्माण करवाया। साथ ही उन्होंने आहोर एवं अन्य छोटे दुर्गों का निर्माण कर जालौर एवं पनोरा के भील दलों से सुरक्षा का मार्ग बनाया। इन्हीं दुर्गों के माध्यम से मेवाड़ तथा मारवाड़ का सीमा निर्धारण भी हुआ। उन्होंने चित्तौड़ दुर्ग का पुनर्निर्माण करवाया। कदाचित् उन्हें पूर्वाभास हो गया था कि भविष्य में मुसलमानों की तोपों के सामने दुर्ग की दीवारें स्थिर और प्रबल रखने में यह निर्माण सहायक होगा।

उन्होंने चित्तौड़गढ़ में ही मालवा के महमूद खिलजी पर सारंगपुर की विजय के उपलक्ष्य में नौ मंजिल ऊँचे 'विजय स्तंभ' का निर्माण करवाया। 'विजय स्तंभ' स्थापत्य कला का एक ऐसा अनुपम उदाहरण है, जिसे देखकर आज के समकालीन शिल्पी भी आश्चर्यचकित हो जाते हैं। भगवान् विष्णु के सम्मान में बनाए 122 फीट ऊँचे इस स्तम्भ का कार्य 1448 ईसवी में पूर्ण हुआ। यह अद्भुत निर्माण, सूत्रधार जैता तथा उनके तीन पुत्रों नापा, पूजा व पेमा ने स्वयं कुंभा के निर्देश में संपन्न किया।

मेवाड़ के कोने-कोने में कुंभा ने हिंदू एवं जैन मंदिरों का निर्माण करवाया, जिनमें चित्तौड़ का लक्ष्मीनाथ मंदिर, एकलिंगजी मंदिर तथा गोड़वाड़ में रणकपुर जैन मंदिर का निर्माण भी शामिल है। उन्हीं की प्रेरणा से उनके मुख्य वास्तुविद् मांदना ने छवि चित्रण, गृह निर्माण एवं गृह सज्जा पर अनेक ग्रंथ लिखे।

जब आस-पास के सभी मुस्लिम शासक कुंभा पर विजय प्राप्त करने की घातक एवं रक्तरंजित योजनाएँ बना रहे थे, तब कुंभा स्वयं हिंदू संस्कारों और परंपराओं पर आधारित संगीत-कला इत्यादि से भरपूर एक उत्कृष्ट जीवन जी रहे थे। यह लगभग अकल्पनीय है कि एक राजा, जो निरंतर युद्धों के कारण सुदूर यात्राएँ कर रहा था और शत्रुओं से जूझ रहा था, उसके शासनकाल में भी ऐसी अनुपम कलाओं का उत्थान कैसे हुआ होगा!

कुंभा स्वयं एक अच्छे गायक, वीणावादक तथा एक प्रबुद्ध लेखक थे। भारतीय रागों और रागिनियों पर आधारित उनके साहित्यिक कार्य को 'संगीत राग' के नाम से जाना जाता है। यह ग्रंथ विश्व भर में संगीत पर लिखे गए सबसे बड़े ग्रंथों में से एक है। अद्भुत बात यह है कि यह ग्रंथ दक्षिण भारत

62. देवगढ़ व दिवेर के आस-पास बसने वाले वनवासी।

की शास्त्रीय शैली पर लिखा गया है।[63] उन्होंने 'सूड प्रबंध' तथा 'संगीत मीमांसा' नामक ग्रंथ भी लिखे, इसके अतिरिक्त मातृशक्ति के विषय में उन्होंने 'चंडी शतक' लिखा; प्रेम तथा भोग विषय पर आधारित 'कामराज रतिसार' एवं 'गीत गोविंद' पर टीका भी लिखी।

ऐसा कहा जाता है कि अपने समय में कुंभा ने 1800 विभिन्न हिंदू पुस्तकों का अनुवाद करवाया। सहस्रों पुस्तकों पर टीका एवं उन पर प्रस्तुतियाँ भी लिखीं। उन्होंने इस संबंध में कार्य करने हेतु देश भर से वेदपाठी ब्राह्मणों को भी आमंत्रित किया। उनके ही काल में कुंभस्वामी मंदिर एवं आदिवाराह मंदिर का भी निर्माण हुआ।

एकलिंगजी मंदिर के एक क्षतिग्रस्त हिस्से का भी उन्होंने पुनर्निर्माण करवाया था, जिसे 'कुंभ मंडप' कहा जाता है। रणकपुर, सिरोही के सुंदर जैन मंदिर तथा चित्तौड़ में निर्मित शृंगार चँवरी भी कुंभा के शासनकाल में ही निर्मित हुए।

आज जहाँ एक ओर वामपंथी लेखक, राजपूतों को केवल योद्धाओं के रूप में प्रस्तुत करते हैं, वहीं सत्य यह है कि मेवाड़ के राजपूत महाराणाओं ने कला और स्थापत्य में अनुपम एवं अनुकरणीय योगदान दिया है। कुंभा को ऐसे ही नहीं भारवर्ष के महान राजाओं, जैसे हर्ष तथा विक्रमादित्य के समान माना जाता है। उनका चहुँमुखी व्यक्तित्व तथा हिंदू धर्म के प्रति परम निष्ठा ही उन्हें अपने काल का 'हिंदुओं का सूर्य' बनाती हैं। यह अत्यंत दुःख का विषय है कि ऐसे महान, प्रबुद्ध एवं शौर्यवान राजा को इतिहास की पुस्तकों में उचित स्थान नहीं मिला है।

चारणों के साथ बिगाड़ व सुधार तथा महाप्रयाण

अब उन परिस्थितियों पर बात करते हैं, जिनमें इस महान राजा का देवलोकगमन हुआ। उस समय कुंभा की आयु पचास वर्ष की थी, और वे सक्रियता से मेवाड़ का शासन सुचारु रूप से चला रहे थे।

कुछ वर्षों पहले एक ज्योतिषी ने भविष्यवाणी की थी कि कुंभा की मृत्यु किसी चारण द्वारा किए गए घात से होगी। कुंभा ने सभी चारणों को मेवाड़ से निष्कासित करने का आदेश दे दिया। चारण सरदारों को जो जागीरें प्रदान की गई थीं, वे भी उनसे वापस ले ली गईं। चारणों के लिए यह बड़ा ही दुर्भाग्यपूर्ण समय था, क्योंकि वे राणा हम्मीर के समय से राज्य के संरक्षण में सुखद जीवनयापन कर रहे थे। हम्मीर को उनके ध्येय की सफलता हेतु माता बरवड़ी देवी नाम की एक चारण महिला द्वारा आशीर्वाद एवं आर्थिक सहायता प्राप्त हुई थी।

1468 ईसवी के आस-पास कुंभा एकलिंगजी के मंदिर गए। उन्होंने वहाँ एक गाय को जोर-जोर से रँभाते हुए सुना। इसी दिन से कुंभा उन्माद में आकर केवल एक ही

63. ओझा खंड-1, पृ. 278।

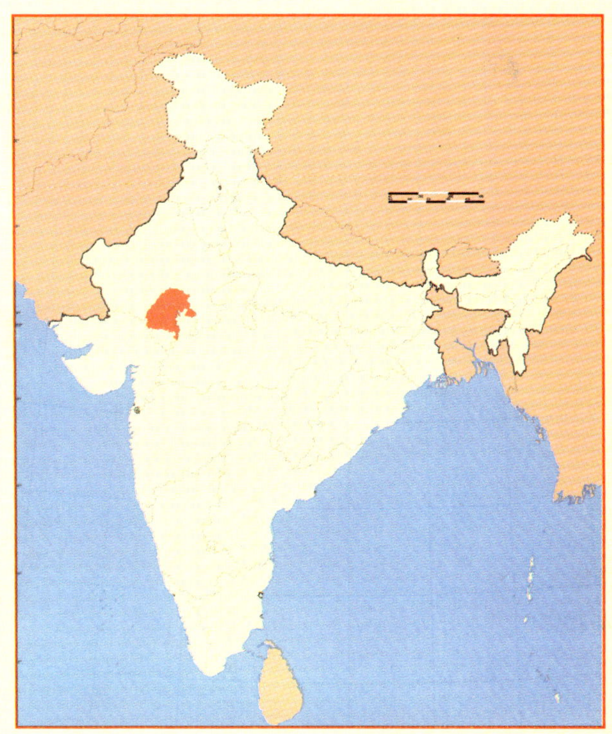

भारत के मानचित्र में मेवाड़

राजस्थान के मानचित्र में मेवाड़

दिवेर स्मारक पर श्री नारायण उपाध्याय के साथ लेखक

दिवेर के आसपास 500 वर्ष पुराने मार्गों पर खुरों के निशान

दिवेर स्मारक

दिवेर की पवित्र घाटी

बाप्पा रावल : हिंदुस्थान के वास्तविक राष्ट्रपिता

वर्तमान पाकिस्तान के खैबर क्षेत्र में एक प्राचीन हिंदू चौकी

बाप्पा रावल की समाधि पर बना मंदिर, शिवलिंग के
आसपास बाप्पा व हरित मुनि की प्रतिमाएँ

नागदा में खँडहरों के बीच विलक्षण सहस्त्रबाहु मंदिर

नागदा के अवशेषों में पाषाणों पर अविश्वसनीय मूर्ति कला

चित्तौड़ के दुर्ग में अन्नपूर्णा माता व बाण माता के मंदिर

मदारिया से मेवाड़ को निहारते कुंभा

मदारिया का पैनोरमा

मदारिया में महाराणा कुंभा के चरणों में लेखक

कुंभलगढ़ स्थित शिव मंदिर, जहाँ कुंभा पूजा किया करते थे

मदारिया में चामुंडा मंदिर के भील पुजारी माँगू बा भील के साथ लेखक

कुंभलगढ़ में नष्ट किए गए हिंदू मंदिर। दुर्भाग्य है कि ए.एस.आई. के पुनरुद्धार के कार्य मूल हिंदू स्थापत्य कला के अनुसार न होकर इस्लामी शैली में हो रहे हैं

कुंभलगढ़ : हिंदुत्व का अजेय गढ़

कुंभलगढ़ की सुरक्षा करती दृढ़ दीवारें

मेवाड़ और मारवाड़ का प्रहरी : कुंभलगढ़

चित्तौड़ में जैन मंदिर व कीर्ति-स्तंभ

चित्तौड़ में कुंभा द्वारा निर्मित अद्‌भुत विजय-स्तंभ

कुंभलगढ़ का मामदेव शिव मंदिर, जहाँ कुंभा की हत्या की गई

सांगा : नाम ही पर्याप्त है

खानवा के स्मारक में गोलियों व तोप के गोलों के निशान; यद्यपि इनकी प्रामाणिकता पर मतभेद है

भरतपुर के निकट खानवा स्थित स्मारक

खानवा स्मारक पर लेखक

खानवा के युद्धक्षेत्र में हिंदू छतरी

सोमनाथ मंदिर के भग्नावशेष

हिंदू पुनर्जागरण का प्रतीक—पुनर्निर्मित सोमनाथ मंदिर

वाक्य को बार-बार दोहराते थे, 'कामधेनु तांडव करिय' अर्थात् 'कामधेनु गाय क्रोध में नाच रही है।'

राणा के इस व्यवहार से राजपरिवार एवं सामंतगण इत्यादि सभी दुःखी थे तथा उनके ज्येष्ठ पुत्र रायमल (सांगा के पिता) ने उनसे पूछा भी कि इसका अर्थ क्या है ? इस बात से क्रुद्ध होकर कुंभा ने रायमल को देश निकाला दे दिया। रायमल ने अपनी ससुराल ईडर में शरण ली। तब एक चारण ने जाकर मेवाड़ के सामंतों से कहा कि वे इस छंद की अगली पंक्ति पूरी कर सकते हैं, जो राणाजी बार-बार दोहरा रहे हैं एवं उसके पश्चात् राणाजी का यह उन्माद शांत हो सकता है।

चारण ने छंद इस प्रकार बनाया कि कुंभा का नाम उसमें भलीभाँति आ रहा था, अतः छंद सार्थक भी बन पड़ा था। कुंभा इस छंद से इतने प्रसन्न हुए कि उन्होंने चारण से कहा, "यद्यपि तुम कह रहे हो कि तुम राजपूत हो, किंतु ऐसा कवित्त केवल एक चारण ही कह सकता है।" इस पर चारण ने कुंभा को प्रणाम करते हुए अपनी पहचान बताई।

कुंभा ने उसे क्षमा कर दिया एवं चारणों को दंड देने हेतु जितने आदेश दिए थे, सभी वापस ले लिये। किंतु कुंभा का व्यवहार दिनोदिन और विचित्र होता गया तथा उन्हें उन्माद के रोग ने पूरी तरह जकड़ लिया। एक दिन सुबह जब वे कुंभलगढ़ में मामदेव कुंड में स्नान कर रहे थे, तब उनके अपने ही पुत्र उदय सिंह, जिसे 'ऊदा' के नाम से जाना जाता था, ने उन पर आक्रमण कर उनकी हत्या कर दी।[64]

64. वी.वी. खंड-1, 334।

मामदेव शिव मंदिर, जहाँ कुंभा की हत्या की गई

इस प्रकार मेवाड़ के सबसे प्रबुद्ध, शौर्यवान एवं दूरदृष्टा महाराणा के जीवन का अंत अपने ही पितृहंता पुत्र के द्वारा हुआ। कुंभा की हत्या का प्रसंग मेवाड़ के उज्ज्वल इतिहास में एक कालिमा के रूप में सदा के लिए छा गया।

ऊदा ने अपने पिता की हत्या के पश्चात् चार वर्ष तक ही शासन किया।

फिर मेवाड़ के सामंतों ने उसके विरुद्ध विद्रोह कर दिया। मेवाड़ के सामंत, रावत कांधल ने ऊदा को पदच्युत करने की योजना बनाई। वे कुंभा के ज्येष्ठ पुत्र रायमल के पास गए, जो ईडर से लौट चुके थे और जब एक दिन ऊदा आखेट के लिए बाहर निकला तो दुर्ग का द्वार खोल, रायमल को दुर्ग में घुसा दिया गया एवं ऊदा के लिए दुर्ग के दरवाजे बंद कर दिए गए। इससे क्षुब्ध होकर ऊदा, मालवा के सुल्तान से जा मिला। एक दिन ऊदा पर आकाशीय बिजली गिरी और वह उसी क्षण समाप्त हो गया। ईश्वर ने उस द्रोही को पितृहत्या का उचित दंड दिया था। इस तरह से यह विवाद बिना किसी संघर्ष के राणा रायमल के पक्ष में समाप्त हो गया।

इसमें संशय नहीं है कि कुंभा के सामरिक अभियान, उनके द्वारा किए गए विकास कार्य एवं एकत्र की गई धनराशि, आगे चलकर उनके पौत्र सांगा एवं प्रताप के समय में इस्लामी आक्रांताओं के विरुद्ध संघर्ष में निर्णायक रही।

यह भी सत्य है कि कुंभा ने अपने जीवनकाल में जो योजनाएँ, सैन्य अभियान इत्यादि चलाए अथवा जो धन संग्रह किया, उसके बिना, भविष्य में मुगलों के विरुद्ध

संघर्ष की कल्पना भी नहीं की जा सकती थी। हम हिंदुओं को सदा के लिए कुंभा का ऋणी रहना चाहिए। इन महाराणा ने हमें ही नहीं, वरन् पूरे उपमहाद्वीप में इस्लामी दासता का विस्तार होने से रोका एवं भविष्य के लिए भी हिंदू प्रतिकार को सुदृढ़ किया।

एक सशक्त राजा, एक वास्तुविद् एवं निर्माणकर्ता, एक गायक एवं संगीतकार, दूरदर्शी सेनापति, एक प्रबुद्ध लेखक, एक स्थापित नर्तक और श्रीकृष्ण तथा दुर्गा के परम भक्त, महाराणा कुंभा के जीवन-चरित्र से हमारी आज की पीढ़ी को अवश्य प्रेरणा लेनी चाहिए। इतिहासविद् श्री आर.सी. मजूमदार ने कुंभा के विषय में लिखा है कि यदि कुंभा के समय में लिखे साठ अलग-अलग ग्रंथों एवं यत्र-तत्र फैले शिलालेखों की जानकारी को एकत्र किया जाए तो हमें ज्ञात होगा कि मध्यकाल के भारत में कुंभा से महान तथा अद्भुत राजा कोई और नहीं था।

कुंभा एक ऐसे प्रबुद्ध व्यक्तित्व थे, जिन्होंने राजस्थान को अपनी दूरदर्शिता एवं कलात्मकता के चलते अनुपम साहित्य, स्थापत्य एवं सामरिक महत्त्व की वस्तुएँ प्रदान कीं।

- एक साहसी सेनानायक, जो कभी कोई युद्ध नहीं हारा।
- एक सज्जन व्यक्तित्व, जिन्होंने सभी को उचित सम्मान एवं प्रेम दिया।
- एक महान राजा, जिनकी स्मृति शताब्दियों तक रहेगी।
- एक राजा, जिन्हें हिंदू इतिहास के पटल पर सर्वोच्च स्थान मिलना चाहिए और अब समय है कि हम भारतवर्ष के इस महान सपूत को उस स्थान पर प्रतिष्ठित एवं पूजित करें।

□

8

महाराणा सांगा : मेवाड़ शिखर पर व खानवा की महान विजय

(1508-1528 ईसवी)

महाराणा कुंभा की हत्या के पश्चात् उनके पुत्र रायमल, मेवाड़ सिंहासन पर विराजे तथा अपने यशस्वी पिता की भाँति राज्य का विस्तार किया। रायमल के समय में मालवा के सुल्तान गियासुद्दीन ने चित्तौड़ पर हमला किया, जिसे रायमल ने पूरी तरह विफल कर दिया। गियासुद्दीन विशाल सेना लेकर फिर चित्तौड़ पर चढ़ आया। इस बार रायमल के ज्येष्ठ पुत्र, वीर पृथ्वीराज ने शत्रु को पराजित कर उसे बंदी बना लिया। गियासुद्दीन को एक माह तक कारागार में रखने और बहुत सा हर्जाना लेने के बाद, अपमानित करके छोड़ा गया। 1509 ईसवी में रायमल, सांगा को भरा-पूरा मेवाड़ सौंपकर स्वर्ग सिधारे।

अब तक के ज्ञात मानव इतिहास में अनगिनत शूरवीर एवं पराक्रमी राजा हुए हैं। इन सब राजाओं में महाराणा संग्राम सिंह की मेवाड़ के सिंहासन तक की संघर्ष यात्रा और इस्लामी अतिक्रमणवादियों पर संपूर्ण विजय की गाथा, इतिहास के सर्वाधिक रोचक एवं अद्भुत वृत्तांतों में से एक है। महाराणा कुंभा के पुत्र महाराणा रायमल के तेरह पुत्रों में पृथ्वीराज ज्येष्ठ, जयमल द्वितीय एवं सांगा तृतीय थे।

एक बार तीनों राजपुत्र एक भविष्यवक्ता के पास गए, जिसने भविष्यवाणी की कि सांगा ही मेवाड़ के अगले राजा होंगे। यह सुनकर पृथ्वीराज आपा खो बैठे और उन्होंने

सांगा की दाईं आँख में अपनी खड्ग की मूठ से वार किया, जिससे सांगा की एक आँख की ज्योति ही चली गई। दोनों ज्येष्ठ भ्राताओं ने सांगा को मारने हेतु उन पर आक्रमण किया, किंतु रायमल के कनिष्ठ भ्राता सूरजमल ने उन्हें बचा लिया।

कुछ माह के बाद यह प्रश्न पुनः दोनों ज्येष्ठ भ्राताओं को सताने लगा तो वे सांगा और अपने काका सूरजमल को लेकर एक शक्तिस्वरूपा चारण लड़की 'बीरी बाई' के पास गए, जो देवी का अवतार मानी जाती थीं। बीरी बाई ने उनके बैठने की व्यवस्था की तो पृथ्वीराज और जयमल, सिंहासन पर जा बैठे। सांगा अपने काका सूरजमल के साथ धरती पर बिछे आसन पर बैठ गए। यह आसन सिंह की चर्म का बना था।

राणा रायमल
(1473-1509 ईसवी)

जब ज्येष्ठ भ्राताओं ने बीरी बाई से पूछा कि मेवाड़ के राजसिंहासन पर कौन बैठेगा तो उन्होंने उत्तर दिया, "निर्णय तो पहले ही हो चुका। यह धरती पर बिछा आसन मेवाड़ के महाराणा के लिए था। इस पर सांगा विराजमान हैं, अतः रायमल के पश्चात् वही मेवाड़ के अधिष्ठाता होंगे। अन्य दोनों भ्राता मेवाड़ के शत्रुओं के साथ संघर्ष में मृत्यु को प्राप्त होंगे।"

अब तो पूर्ण अनियंत्रित होकर दोनों बड़े भ्राताओं ने सांगा पर वहीं आक्रमण कर दिया। काका सूरजमल ने एक बार पुनः बीच में आकर उन दोनों से रक्षा कर सांगा को वहाँ से भाग निकलने का अवसर दे दिया।

जयमल ने सांगा का सेवंत्री ग्राम तक पीछा किया। वहाँ मेवाड़ के विश्वासपात्र राव बीदा ने सेवंत्री के सामंत होने से, रूप नारायण मंदिर में सांगा को आश्रय दिया। बीदा ने सांगा की सेवा-सँभाल की, किंतु जयमल वहाँ भी अपने सैनिकों समेत आ पहुँचे। बीदा ने जयमल से संघर्ष करते हुए सांगा की रक्षा में अपने प्राण न्योछावर कर दिए। तब तक सांगा को मारवाड़ की ओर भाग निकलने का पर्याप्त समय मिल गया।

राणा रायमल को जैसे ही अपने पुत्रों के बीच इस विवाद की सूचना प्राप्त हुई तो उन्होंने कुपित हो अपने दोनों ज्येष्ठ पुत्रों जयमल व पृथ्वीराज को राज्य से निष्कासित कर दिया। उधर सांगा ने मेवाड़ से दूर, अपने घोड़े और राजचिह्नों को त्याग दिया और अजमेर के निकट श्रीनगर में एक साधारण चरवाहे की भाँति छिपकर रहने लगे।

यह स्थान ठाकुर करमचंद पँवार के अधीन था, जो राजपूत थे और छोटी-मोटी रियासतों को लूटकर जीवनयापन करते थे।

उधर मेवाड़ में, कुछ वर्ष पश्चात् कुँवर जयमल की हत्या, उन्हीं के मित्र रतन सिंह द्वारा कर दी गई। कुँवर पृथ्वीराज अत्यंत ही साहसी राजपुत्र थे। उन्होंने विभिन्न युद्धों में अपनी शक्ति का प्रदर्शन कर विजय प्राप्त की थी। किंतु उन्हें, उन्हीं के साले द्वारा विष देकर मरवा दिया गया तथा पृथ्वीराज की अंत्येष्टि कुंभलगढ़ में कर दी गई।

रायमल अपने पुत्रों की एक-एक कर मृत्यु होते देख अत्यंत दुःखी थे और तभी उन्हें ज्ञात हुआ कि सांगा अब भी जीवित हैं। सांगा को रायमल के सामंतों ने खोज निकाला और उनके आश्रयदाता ठाकुर करमचंद को रायमल ने जागीरें इत्यादि दे कर सम्मानित किया। 24 मई, 1509 में रायमल के अवसान के पश्चात् सांगा मेवाड़ के महाराणा बने।

सांगा के संघर्षपूर्ण यौवनकाल और मेवाड़ के सिंहासन तक उनकी यात्रा से दो बातें पता चलती हैं, जो उल्लेखनीय हैं। पहली, भविष्यवक्ता और बीरी बाई; दोनों के द्वारा सांगा के जीवन के विषय में भविष्यवाणी से हिंदू मानस पर ज्योतिष एवं दैवी अवतारों के प्रति आस्था का पता चलता है। हिंदू समाज युगों से ऐसे गूढ़ और पराभौतिक विचारों से प्रभावित रहा है।

लेखक की रुचि यहाँ किसी भी प्रकार से इन विचारों और कार्यों का समर्थन अथवा विरोध की नहीं है। यह उल्लेख केवल युगों-युगों से चले आ रहे एक सामाजिक पक्ष के राजसी परिवारों पर प्रभाव को दर्शाने हेतु किया गया है। इस प्रसंग से यह भी ज्ञात होता है कि उस समय में मेवाड़ का आमजन किस प्रकार इन पराभौतिक कार्यकलापों से प्रभावित रहा होगा, यदि राजपरिवार का भी इनमें इतना विश्वास था।

द्वितीय, मेवाड़ के इतिहास पर बहुविवाह की प्रथा का कितना नकारात्मक प्रभाव रहा है, यह भी उल्लेखनीय है। यह आदिकालीन आवश्यकता का एक स्वरूप ही नहीं था, बल्कि इससे उपजी शाखाओं के कारण राजपरिवारों में अंतर्कलह इस सीमा तक बढ़ गई कि उन्हें सँभालना ही मुश्किल हो गया था।

जब भारत की धरती पर इस्लामी हमलावरों का आगमन हो चुका था, महाराणा की प्रत्येक रानी अपने पुत्र को मेवाड़ का महाराणा बनते देखने के लिए षड्यंत्रों में लिप्त रहती थी।

सांगा का संघर्षपूर्ण बाल्यकाल और हिंसा से प्रभावित जीवन तथा मेवाड़ के राजसिंहासन पर आरोहण, हमें बताता है कि विपरीत परिस्थितियों में भी एक योद्धा का व्यक्तित्व किस प्रकार अपना वास्तविक स्वरूप लेता है। हमें इसी प्रकार के उदाहरण महाराणा प्रताप और महाराणा अमर सिंह के व्यक्तित्व में भी देखने को मिलते हैं। प्रथम दृष्ट्या ऐसा प्रतीत होता है कि सांगा के ज्येष्ठ भ्राता पृथ्वीराज में मेवाड़ का अगला महाराणा बनने की योग्यता तो थी, किंतु उनका अनियंत्रित क्रोध तथा सत्ता-प्राप्ति हेतु उनकी संकीर्ण मानसिकता ही उनकी महत्त्वाकांक्षा में बाधा बन गई। उनके क्रोधी स्वभाव

के चलते उन्हीं के बहनोई द्वारा विष देने से उनकी असमय मृत्यु हुई।

दूसरी ओर, सांगा अपनी युवावस्था में संकोची और एकांतप्रेमी व्यक्ति थे। अपने द्वेषी भ्राताओं पर उनका विश्वास भी उनकी सरलता दरशाता है, क्योंकि एक बार अपने साथ दुर्व्यव्यहार होने और एक आँख खोने के पश्चात् भी वह पुन: उसी प्रश्न के उत्तर हेतु बीरी बाई के पास चले गए। यदि उनके काका सूरजमल नहीं होते तो कदाचित् उस मंदिर में ही उनकी हत्या हो जाती। हम कल्पना भी नहीं कर सकते कि यदि ऐसा हो जाता तो भारतीय उपमहाद्वीप में हिंदुओं की क्या दुर्गति होती!

अजमेर, श्रीनगर के ठाकुर करमचंद के घर सांगा का अज्ञातवास में रहना उनके वीतरागी व्यक्तित्व को दरशाता है, जिसके चलते उन्होंने सहजता से अज्ञातवास का जीवन चुना। किंतु उन्हीं साधारण और उदासीन सांगा को उनकी कायापलट के पश्चात् हम उस समय के सबसे अधिक साहसी और आक्रामक राजा में परिवर्तित होते भी देखते हैं।

एक विलक्षण नायक, जिन्होंने न केवल मेवाड़, अपितु उस समय के भारतवर्ष के बहुत विशाल भूभाग पर निष्कंटक राज किया। महाराणा कुंभा के पश्चात् सांगा ही इतने प्रतापी हुए, जिनका राज्य उन सीमाओं तक था, जहाँ तक कुंभा ने पहुँचाया था।

सांगा मेवाड़ के एक ऐसे आध्यात्मिक और राष्ट्रभक्त सेवक के रूप में सामने आए, जो सत्ता के भूखे नहीं थे, किंतु जब मातृभूमि को उनकी आवश्यकता पड़ी तो उन्होंने सहर्ष इस दायित्व को स्वीकार किया। जैसे-जैसे हम इन अद्भुत महाराणा के जीवन में आगे बढ़ते हैं, जिन्होंने दिल्ली के लोधियों को धराशायी किया, हमें ज्ञात होता है कि सांगा में जो दृढ़ निश्चय, सैन्य-कुशलता और उच्चकोटि की नेतृत्व क्षमता थी, वह अन्य किसी राजा के जीवन में नहीं मिलती।

विचारणीय बात यह है कि इतने साहसी व निर्भीक सांगा अपने भाइयों से क्यों नहीं लड़े? दोनों बार जान बचाने के लिए उन्होंने पलायन करना उचित समझा, पर भाइयों पर शस्त्र नहीं उठाया।

क्या आज के समाज में हम सांगा से सीख सकते हैं कि भले ही पूरा राज्य भी दाँव पर लगा हो, अपने परिवार को हानि नहीं पहुँचानी चाहिए। स्वयं आँख गँवाकर भी सांगा ने भाई से वैर नहीं पाला। आगे हम देखेंगे कि इन्हीं सांगा ने दुर्दांत मुसलमानों से कैसे स्वाभिमान के लिए शत्रुता की।

महाराणा सांगा की जीवनगाथा एक ऐसे शांत राजपुत्र की कहानी है, जिन्होंने न केवल शारीरिक, अपितु मानसिक कमियों को पराजित करके, दयनीय और अपमानित जीवन से ऊपर उठकर सर्वोच्च पद को प्राप्त किया। सांगा के जीवन से एक मूल्यवान बात हमें सीखने को मिलती है कि कोई भी पराजय अंतिम नहीं होती, कोई भी अक्षमता हमें रोक नहीं सकती, कोई परिस्थिति अजेय नहीं होती, यदि हम अपने अंतर्मन के संकल्प से, बाहरी

दबाव में न आकर, कभी भी न झुकने की ठान लें।

पुरुष का दृढ़ आत्मनिश्चय व कर्तृत्व ही निर्णायक होते हैं तथा परिस्थिति व प्रारब्ध, ऐसे पुरुष के दास बन जाते हैं।

प्रत्येक व्यक्ति में जीवन की हर असफलता से आगे निकल आने की असीम क्षमता व संभावना होती है। सांगा का जीवन इस नियम का प्रबलतम प्रमाण है।

राजसिंहासन पर बैठते ही सांगा ने तुरंत मेवाड़ में व्यापक प्रशासनिक सुधार तथा मेवाड़ की सीमाओं का विस्तार आरंभ कर दिया। चौहान वंश के पश्चात् दिल्ली के सिंहासन पर खिलजी, तुगलक, गुलाम, सैयद और लोधी वंश का बारी-बारी अधिकार रहा, किंतु ये सब केवल पुरानी कथा मात्र होकर रह गए थे।

राणा सांगा अस्सी हजार घुड़सवारों, उच्च श्रेणी के सात राजाओं, नौ राव, रावल और रावत की श्रेणी के कुल एक सौ चार सेनानायकों के अलावा पाँच सौ सैन्य हाथी इत्यादि दल-बल के साथ उत्तरी, मध्य और पश्चिमी भारत को विजय करने निकल गए।[65]

आमेर और मारवाड़ के राजपुत्रों ने उन्हें भेंट प्रस्तुत की, अजमेर, ग्वालियर, सीपरी, रायसेन, काल्पी, चँदेरी, बूँदी, गागरौन, रामपुरा और आबू के रावों ने उनके ध्वज तले लड़ना स्वीकार किया और उन्हें अपना नायक माना। सांगा ने ठाकुर करमचंद पँवार, जिन्होंने उन्हें आश्रय दिया था, उन्हें अजमेर की जागीर प्रदान की और उनके पुत्र जगमाल को 'राव' का पद दिया।

यह असाधारण ही है कि जिस राजपुत्र ने एक समय मेवाड़ के अपने राजसी अधिकारों का सरलता से समर्पण कर दिया था और अज्ञातवास तक भोगा था, वह कालांतर में मेवाड़ के सर्वश्रेष्ठ राजपुरुषों में से एक बनकर उभरा। जीवन का प्रवाह अत्यंत विचित्र है। एक सरल व्यक्ति, जो इतिहास के पन्नों में कहीं खो जानेवाला था, वह मेवाड़ का महाप्रतापी राजा बना और उसने ही मेवाड़ के गौरव को सर्वोच्च स्थान दिलाया।

मालवा की विजय

सांगा की महत्त्वाकांक्षाओं को दिल्ली, मालवा और गुजरात के मुस्लिम राजाओं से चुनौती मिली, जिनका वर्णन अब किया जाता है। मेवाड़ की सेनाओं की मालवा और दिल्ली की सेनाओं से 18 बार मुठभेड़ हुई। इनमें से दो तो सांगा और इब्राहिम लोधी की सेनाओं के बीच बकरोल और खतौली में आमने-सामने हुई थीं। खतौली में लोधी की सेना को बुरी तरह मारा-काटा गया और उसके पुत्र को बंदी बना लिया गया। इसी युद्ध में सांगा ने अपना एक हाथ तथा दूसरी ओर का पैर गँवा दिया। सांगा लोधी के पुत्र को चित्तौड़ ले गए, जहाँ से भारी रकम मिलने पर ही उन्होंने उसे स्वतंत्र किया।

---

65. एनल्स एंड एंटीक्विटीज ऑफ राजस्थान, जेम्स टॉड, खंड-1, पृ. 240।

लोक कथा है कि एक राज्य को पराजित करने के बाद जब सांगा को सिंहासन पर बैठने के लिए आमंत्रण दिया गया, तो सांगा धरती पर ही विराज गए। वे बोले, जिस प्रकार से मंदिर में खंडित मूर्ति का कोई स्थान नहीं होता, वैसे ही मेरा क्षत-विक्षत शरीर अब सिंहासन के योग्य नहीं रह गया है। आप लोग किसी और को राणा चुन लें। सामंतों ने उत्तर दिया कि युद्ध में हुए अंग भंग को लज्जा नहीं, गौरव का विषय माना जाता है। आप हर प्रकार से इस सिंहासन के योग्य हैं। तब सांगा ऊपर विराजे। इतने विनम्र थे महाराणा सांगा।

मालवा, मेवाड़ के पूर्व में एक धनी राज्य था। मालवा का राजा मुसलमान था, जबकि प्रजा हिंदू थी। महमूद खिलजी द्वितीय वहाँ एक राजपूत मंत्री मेदिनी राय के सहयोग से राज्य करता था। मेदिनी बहुत न्यायप्रिय व प्रतिभाशाली मंत्री थे तथा खुलकर हिंदू प्रजा का पक्ष लेते थे। कालांतर में मेदिनी का सेना पर नियंत्रण हो गया। मेदिनी राय ने महमूद के शासन को चुनौती दे दी। महमूद, गुजरात के सुल्तान मुजफ्फर से सहायता माँग लाया तथा मालवा पर चढ़ाई कर दी। मेदिनी ने सांगा से सहायता माँगी। सांगा व मेदिनी की संयुक्त सेना ने गागरौन के युद्ध में महमूद व गुजरात की सेना को रौंद डाला।

मुस्लिम इतिहासकारों के ही अनुसार, 30 बड़े सेनानायक व सहस्त्रों सैनिकों का नरसंहार हिंदुओं ने किया।

सांगा ने महमूद खिलजी द्वितीय को जीवित ही पकड़ लिया। वे उसे चित्तौड़ ले गए, यद्यपि उसका पूरा ध्यान रखा और कुछ समय पश्चात् ससम्मान छोड़ देने के लिए तीन शर्तें रखीं—

1. युद्ध का सारा व्याय महमूद को चुकाना होगा।
2. स्वर्ण की मूल्यवान टोपी व एक कमरबंद, जो कि मालवा की संपत्ति था।
3. महमूद का एक पुत्र मेवाड़ के दरबार में जमानत के रूप में रहेगा।[66]

सांगा के इस क्षमादान पर क्या कहा जा सकता है, खिलजी ने जीवन भर मेवाड़ के शत्रुओं के साथ मित्रता रखी और सांगा द्वारा जीवनदान के उपकार के बदले केवल मेवाड़ को हानि पहुँचाता रहा।

यद्यपि महमूद को जीवित छोड़ने में सांगा का कोई विशेष प्रयोजन नहीं था, किंतु संभव है, यह कृत्य केवल अपनी उदारता दिखाने हेतु किया गया हो, जो उस समय के हिंदू राजाओं में बहुप्रचलित था। इसके विपरीत, महमूद खिलजी मुस्लिम 'उम्माह' या मुस्लिम भाईचारे को समर्पित रहा और सांगा को उसने जीवनपर्यंत, एक हिंदू शत्रु की तरह ही देखा।

परोपकार के इस हिंदू रोग का अंत केवल महाराणा प्रताप के समय में ही हुआ,

66. दिल्ली की सल्तनत, आर.सी. मजूमदार, पृ. 341।

जब उन्होंने निर्ममता से अपने शत्रुओं का समूल नाश किया और अपनी स्वयं की मान्यताओं से अधिक मूल्यवान अपनी मातृभूमि की स्वतंत्रता को माना।

महमूद खिलजी की पराजय के मुख्य नायक एक चारण सेनापति, हरिदास महियारिया थे, जो कि सांगा के परम मित्र भी थे। हरिदास ने ही महमूद को बंदी बना कर सांगा के सम्मुख ला पटका था। सांगा इतने प्रसन्न हुए की उन्होंने हरिदास को चित्तौड़ का दुर्ग ही जागीर में दे दिया।

हरिदास ने तब ससम्मान दुर्ग सांगा को लौटाया और बारह गाँवों की जागीर स्वीकार की।

इतना सरल था सांगा का व्यक्तित्व और ऐसी निष्ठा थी उनके मित्रों की।

गुजरात की विजय

गुजरात का नवाब मुजफ्फर खाँ, सांगा का तीसरा प्रमुख शत्रु था, जिसे सांगा ने अपने दक्षिण अभियान में अहमदनगर की विजय के समय पराजित किया था।

मुजफ्फर ने मुबारिज–उल–मुल्क नाम के राज्यपाल को ईडर में नियुक्त किया था। मुबारिज ने सांगा के अपमान हेतु एक कुत्ता पाला, जिसे वह 'सांगा' कहकर बुलाता था। सांगा ने 40,000 की सेना लेकर ईडर का नाश किया, पर मुबारिज भाग निकला। मुबारिज की सेना ने अहमदनगर के किले में स्वयं को बंद कर लिया। मुजफ्फर ने मुबारिज की कोई सहायता नहीं की, क्योंकि वह मुबारिज के कृत्य से बहुत अप्रसन्न था।

किले के द्वार पर लगी बड़ी कीलें

इस अभियान में एक घटना उल्लेखनीय है। सांगा के एक सेनानायक डूँगर सिंह चौहान, अपने पुत्रों और भ्राताओं समेत इस युद्ध में मेवाड़ की ओर से लड़े और उन्होंने अतुलनीय शौर्य का प्रदर्शन किया। डूँगर सिंह के पुत्रों में से एक, कान्हा ने तो शौर्य की हर सीमा ही लाँघ दी।

मुजफ्फर की सेना ने स्वयं को अहमदनगर किले में भीतर बंद कर लिया था। इस किले के मुख्य दरवाजों पर भालेनुमा कीलें निकले हुए थे। इस कारण उन दरवाजों को हाथी की सहायता से भी तोड़ना संभव नहीं था।

ऐसे में कान्हा सिंह, उन भालों के सामने खड़े हो गए और महावत को स्वयं पर हाथी चढ़ा देने को कहा, कान्हा का शरीर तो उन कीलों से विदीर्ण हो दरवाजों पर टिक

गया और उनकी मृत्यु हो गई, किंतु मेवाड़ की सेना ने दुर्ग को जीत लिया।

डूँगर सिंह के पारिवारिक वंशज आज भी डूँगरपुर में रहते हैं।

सांगा ने अहमदनगर का खूब बिगाड़ किया तथा पूरी मुस्लिम सेना को काट डाला। मुबारिज दुर्ग के पीछे से निकल भागने में सफल हुआ।[67]

मुजफ्फर ने अब एक लाख सेना व 100 हाथियों की सेना लेकर मलिक अयाज व इमाद-उल-मुल्क नाम के सेनापतियों को मेवाड़ के विरुद्ध भेजा। मालवा का महमूद भी गुजरात सेना से आ मिला। इस विशाल सेना ने मंदसौर के किले पर घेरा डाल दिया। सांगा ने अशोक मल राजपूत को मंदसौर की सुरक्षा के लिए रखा था। सांगा भी एक लाख से अधिक सेना लेकर मंदसौर के निकट नंदसा गाँव आ पहुँचे। इस युद्ध में सांगा की ओर से सलहदी तँवर मुख्य नायक रहे।

अयाज पराजित होकर गुजरात भाग गया। महमूद ने सांगा से क्षमा माँग अपने पुत्र को छुड़वाया।

सांगा ने अभेद्य रणथंभौर के दुर्ग को भी विजय कर उसका खोया वैभव पुनः लौटाया। इस युद्ध में किलेदार अली की मृत्यु हुई और यवन सेना हार गई।

अतः सांगा के समय में मेवाड़ का राज्य, उत्तर में बयाना के निकट पीलाखल से लेकर दक्षिण में मालवा और गुजरात, सिंधु नदी तक पश्चिम में और पूर्व में अरावली के विस्तार तक फैला हुआ था। सांगा ने अपनी विजय-यात्राओं में दो बार अफगानिस्तान में स्थित गजनी पर भी विजय पाई थी। उन्होंने नागौर के फिरोजशाह पठान को मारकर नागौर को भी विजय किया था।

बहादुर शाह का छल

अपनी पराजय के पश्चात, मुजफ्फर गुजरात में ही रहा और फिर उसने सांगा पर कोई सैन्य कार्यवाही नहीं की। किंतु गुजरात, सांगा के जीवन में कुछ और ही भयावह कथानक रचने वाला था।

मुजफ्फर का दूसरा पुत्र, बहादुर शाह, गुजरात छोड़कर सांगा की शरण में आ गया। किंतु वास्तव में, वह अहमदनगर में सांगा द्वारा उसकी मुसलमान सेना के संहार को लेकर सांगा के विरुद्ध मन में विष पाले बैठा था।

सांगा की माता ने बहादुर शाह को अपने पुत्र की तरह माना और उसे आश्रय दिया। कालांतर में यही बहादुर शाह, गुजरात का राजा बना।

1528 ईसवी में सांगा की हत्या के पश्चात, बहादुर शाह ने चित्तौड़ पर 1535 ईसवी में आक्रमण कर उसका नाश किया। चित्तौड़ का दूसरा साका जौहर, बहादुर शाह द्वारा किए गए आक्रमण के कारण ही हुआ था।

67. वीर विनोद, श्यामलदास, खंड-1, पृ. 359।

सांगा की सरलता और विशाल ह्रदयता ने बहादुर शाह नामक इस्लामी साँप को मेवाड़ में शरण दी और यही भूल मेवाड़ की दुर्दशा का कारण बनी।

एक ओर इस प्रसंग से सांगा और उनकी माता की सरलता का, दूसरी ओर जिहाद की परंपरा में पले-बढ़े बहादुर शाह के संस्कारों का पता चलता है।

अहमदनगर के युद्ध में उसकी सेना के संहार हेतु सांगा से उसका विद्वेष तो किसी सीमा तक उचित भी हो सकता है, किंतु पहले तो अपने ही शत्रु की शरण में जाना, उनका विश्वास प्राप्त करना और फिर उसी परिवार के सर्वनाश का कारण बनना, ये एक बात तो स्पष्ट कर देता है कि जेहादी व्यवस्था में निष्ठा एवं मित्रता के लिए कोई स्थान नहीं है।

केवल इस्लाम की विजय और विस्तार ही सर्वोपरि है।

बहादुर शाह की कथा, इन मनोरोगी, दुष्ट जिहादियों के व्यवहार को समझ कर उसे उचित प्रत्युत्तर देने हेतु बतानी आवश्यक है।

बहादुर शाह का एक इस्लामी शिक्षक था, शेख जियु।

बहादुर शाह ने शेख जियु को चित्तौड़ के विनाश की अपनी इच्छा बताई।

शेख ने उत्तर दिया, "चित्तौड़ के विनाश के साथ तुम्हारा भी विनाश होगा।" बहादुर ने प्रत्युत्तर दिया; 'मुझे कोई चिंता नहीं'।

बहादुर का यह उत्तर, उपयुक्त उदाहरण है जिहादी मानसिकता का। प्रतिशोध व मतिहीन हिंसा के प्रति इतना आकर्षण है कि स्वयं का विनाश भी हो जाए तो भी स्वीकार है।

बहादुर, सांगा के पास एक शरणार्थी के रूप में आया और उसे सांगा तथा उनकी माता, झाली रानी ने स्वीकार भी किया।

एक बार सांगा के भतीजे ने बहादुर को रात्रिभोज पर आमंत्रित किया। बहादुर एक नर्तकी पर मोहित हो गया। इस बात को भाँपकर सांगा के भतीजे ने मजाक में कहा—"ये नर्तकी अहमदनगर की लूट में प्राप्त हुई थी।"

बहादुर को इतना क्रोध आया कि उसने सांगा के भतीजे को वहीं पर दो टुकड़ों में काट दिया। राजपूत, बदले के लिए बहादुर पर झपटे, किंतु तभी रानी माँ ने कटार निकाल ली और कहा कि 'यदि मेरे इस पुत्र को कुछ हुआ तो मैं आत्महत्या कर लूँगी।'[68]

हिंदुओं में अति भावुकता का यह रोग शताब्दियों से है।

उसके वास्तविक रूप को देखने के पश्चात भी हिंदू राजा और उनका परिवार, बहादुर के सत्य से विमुख होते रहे और फिर जो हुआ, वो सब जानते हैं।

समय आने पर बहादुर शाह ने अपना प्रतिकार लिया और चित्तौड़ के विनाश का कारण बना।

---

68. वीर विनोद, खंड-1, पृ. 361, ओझा, खंड-1, पृ. 317।

तथाकथित दिल्ली सल्तनत का विध्वंस

अब सांगा की दृष्टि, उत्तर में दिल्ली के लुटेरे सुल्तान पर थी तथा सांगा ने पूरे भारतवर्ष में हिंदू राज्य स्थापित करने का मानस बना लिया था।

मेवाड़ और दिल्ली के मध्य बकरौल और खतौली के युद्ध सांगा और इब्राहिम लोधी के मध्य आमने-सामने हुए थे।

1517 ईसवी में खतौली नामक स्थान पर हुए युद्ध में लोधी की सेना का नरसंहार हुआ एवं उसके पुत्र को बंदी बना लिया गया। खतौली के युद्ध में ही सांगा ने अपना एक हाथ खोया था और उसका एक पैर भी तीर लगने से सदा के लिए विकृत हो गया था।

सांगा, इब्राहिम लोधी के पुत्र को चित्तौड़ ले गए और भारी हर्जाना मिलने के पश्चात् ही उसे छोड़ा।

1518 ईसवी में लोधी ने धौलपुर के निकट बकरौल में सांगा पर पुनः आक्रमण किया। इस बार लोधी और भी बड़ी सेना लेकर आया था, किंतु फिर भी राणा ने उसे पराजित कर दिया। मियाँ माखन के नेतृत्व में लोधी की सेना में 30,000 पैदल सैनिक और 300 हाथी थे, किंतु राजपूतों ने पूरी सेना को समाप्त कर दिया। इस युद्ध में राजपूतों को कई हाथी-घोड़े एवं अन्य संपदा भी प्राप्त हुई।

सांगा अब आगरा के काफी निकट थे और उनके मन में भारतवर्ष के हृदय को म्लेच्छों के हाथों से मुक्त करवाने की तीव्र इच्छा जन्म ले चुकी थी।

इब्राहिम लोधी पर विजय, सांगा के जीवन का शिखर थी। राणा सांगा अब दिल्ली के सिंहासन के अधिकारी के रूप में माने जाने लगे थे और मेवाड़ की राजसी आकांक्षाएँ अब रुकने वाली नहीं थीं। सांगा ने अपनी इस राजलिप्सा को कूटनीतिक और सैन्य बल, दोनों से पूर्ण किया था।[69]

कुछ इतिहासकारों द्वारा एक तथ्यहीन असत्य प्रचारित किया गया है कि बाबर को सांगा ने पत्र लिखकर इब्राहिम लोधी को पराजित करने हेतु आमंत्रित किया। यह बात न केवल अतार्किक, बल्कि हास्यास्पद है। दो बार इब्राहिम लोधी को धूल चटानेवाले सांगा, एक विदेशी विधर्मी को क्यों आमंत्रित करते? हिंदू-मुस्लिम एकता की झूठी पींगें बजानेवाले इतिहासकारों ने इस झूठ का निर्माण मात्र सांगा को एक अंधा विस्तारवादी दिखाने के लिए किया। इस झूठ का प्रचार सांगा की हिंदू साम्राज्य की स्थापना के सपने को मिटाने के लिए भी किया गया। श्री आर.सी. मजूमदार लिखते हैं कि वास्तव में यह पत्र, गुजरात के मुजफ्फर शाह ने सांगा को पराजित करने हेतु बाबर को लिखा था।

डूँगरपुर के महाराजा द्वारा यह पत्रवाहक पकड़कर सांगा के सम्मुख लाया गया। सांगा ने मुजफ्फर शाह को दंडित करने के लिए उससे कुछ धन व कुछ सैनिक ले लिये।

69. मजूमदार।

इसके पश्चात् मुजफ्फर की उपेक्षा कर सांगा बयाना की ओर कूच कर गए।[70]

वंश भास्कर में सूरज मल्ल जी लिखते हैं की यह पत्र मुल्तान के दौलत खाँ द्वारा लिखा गया था। जो भी हो, यह तो निश्चित है कि सांगा ने बाबर को कोई पत्र नहीं लिखा था।

बाबर से संघर्ष : खानवा का युद्ध

यही वह समय था, जब चुगताई तुर्क बाबर ने भारत की उत्तरी सीमाओं पर उत्पात मचाना आरंभ किया। बाबर ने 1526 ईसवी में निर्बल और पराजित इब्राहिम लोधी को पानीपत के प्रथम युद्ध में पराजित किया था, जहाँ इब्राहिम लोधी की हत्या के बाद उसकी सेना का और बुरा हाल हुआ।

बाबर कट्टर इस्लामी था और अपनी विजय के लिए सदैव अपने खुदा को ही श्रेय देकर अपनी सेना में धार्मिक उन्माद का संचार करता था।

ऐसा कहा जाता है कि 1526 ईसवी में पानीपत के प्रथम युद्ध में इब्राहिम लोधी को पराजित करने के पश्चात् उसने अपनी सेना से कहा था, "ये मेरी और तुम्हारी नहीं, अल्लाह की विजय है।"

21 फरवरी, 1527 ईसवी को सांगा और बाबर की सेनाओं का सामना राजस्थान के उत्तर-पूर्वी छोर पर स्थित बयाना के दुर्ग में हुआ था। सांगा की लगभग दो लाख योद्धाओं से सुसज्जित सेना ने तुर्क सेना को खदेड़ दिया और बाबर को प्राण बचाकर भागना पड़ा।

जहीरुद्दीन मोहम्मद बाबर
सांगा की विष देकर हत्या करने के बाद 1528–1530 तक भारत को लूटने वाला तुर्क

बाबर ने अपनी पराजय पर गंभीरता से विचार किया और सांगा को संधि का प्रस्ताव भिजवाया। किंतु सांगा ने प्रथम बातचीत में ही संधि से मना कर दिया। कई इतिहासकार बयाना की विजय के बाद सांगा का बाबर का पीछा कर उसे समाप्त न करना एक बड़ी सामरिक भूल मानते हैं।

इसमें तथ्य भी लगता है।

---

70. दिल्ली की सल्तनत, आर.सी. मजूमदार, पृ. 345।

सांगा के राजपूतों की रक्त पिपासा व शौर्य देखकर मुगल सेना पूरी तरह से निरुत्साहित हो चुकी थी।

बयाना से भागे एक मुगल सेनापति मंसूर बरलास ने बाबर से कहा, "राजपूतों का साहस अतुलनीय है। वे मृत्यु के देवता अजरैल के अवतार हैं। हमारी तरह वे युद्ध से भागते नहीं।"

मुगल सेना के अफगान सैनिक घर लौटने लगे। तुर्क योद्धा बोले कि उस धरती की रक्षा क्यों करें, जिससे हम घृणा करते हैं? उन्होंने बाबर से प्रार्थना की कि काबुल लौट चलने में ही भलाई है।

बाबर स्वयं अपने संस्मरणों में लिखता है, "मुझे अपने योद्धाओं से एक भी पौरुष का शब्द अथवा वीरता का परामर्श नहीं सुनाई दिया।"

बयाना से खानवा के बीच लगभग एक माह के समय में यदि सांगा, बाबर पर आक्रमण कर देते तो निश्चय ही बाबर के पैर सदैव के लिए भारत भूमि से उखड़ जाते। किंतु नियति को कुछ और ही स्वीकार था। सांगा अति आत्मविश्वास से भरे, बाबर के संधि प्रस्ताव को तौलने में लगे रहे।

किसी उर्दू शायर ने इस परिस्थिति पर उचित संज्ञा दी है—'लम्हों ने खता की थी, सदियों ने सजा पाई है।'

कुछ दिनों के उस विलंब का मूल्य, हिंदू समाज आज तक चुका रहा है। जब सांगा ने बाबर को 'वार्षिक कर' देने की शर्त रखी, तब बाबर ने अपनी सेना को इस्लाम धर्म की दुहाई देकर लड़ने हेतु प्रेरित किया। उसने अपनी सेना को इस्लाम की कसमें खिलाकर हिंदू काफिरों की हत्या करने के लिए उकसाया।

जब एक अफगान भविष्यवक्ता, मुहम्मद शरीफ ने पराजय की भविष्यवाणी की, तो भी बाबर ने अपने पैर पीछे नहीं किए।

बाबर ने सभी के सामने शपथ ली कि वह कभी भी मदिरा और परस्त्री को नहीं छुएगा। कभी अपनी दाढ़ी नहीं कटवाएगा और किसी मुसलमान पर कभी कर नहीं लगाएगा। इस तरह उसने अपनी सेना में सम्मिलित इस्लामी तुर्क, उज्बेक, तातार, अफगान और मंगोल योद्धाओं को जिहाद के लिए तैयार कर लिया, जिससे कि वे एक बार फिर हिंदू सेनाओं का सामना कर सकें।

इसी बीच इस्लाम में परिवर्तित एक राजपूत, हसन खाँ मेवाती अपनी दस हजार की सेना के साथ राणा की सहायता को आ मिला। इसके अलावा इब्राहिम लोधी के ही कुछ सहायक भी राणा की सेवा में समर्पित हो गए, इनमें से प्रमुख था मुहम्मद खाँ लोधी।

बाबर के उस प्रेरणास्पद भाषण का उल्लेख उसकी जीवनी 'बाबरनामा' में है—

"नायकों, सैनिकों और जो भी इस दुनिया में पैदा हुए हैं, सभी मृत्यु को प्राप्त होंगे।[71]

केवल अल्लाह ही अनंतकाल तक रहेंगे।

जो भी जीवन रूपी इस भोज में आया है, उसे मृत्यु के घड़े से पानी पीना ही होगा।

लज्जा और पराजय के साथ जीने से अच्छा है, सम्मान के साथ मृत्यु!

यदि मैं भी सम्मान के साथ मरूँगा तो मुझे भी संतोष होगा। इसलिए मेरा नाम रहने दो, क्योंकि मेरा शरीर तो मृत्यु का ही है।

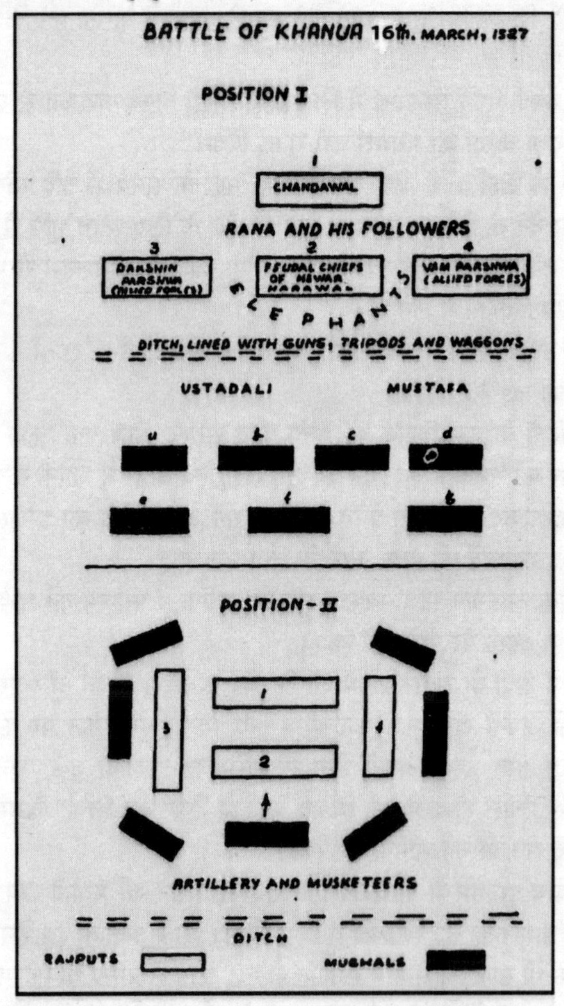

खानवा के युद्ध में राजपूत व मुगल सेनाओं की स्थिति

71. बाबरनामा, पृ. 394।

यदि हम विजयी हुए तो हम 'गाजी' कहलाएँगे और यदि मृत्यु को प्राप्त हुए तो शहीद; और दोनों ही तरीके से संपत्ति हमारा इंतजार कर रही है। तो आइए, एक साथ अल्लाह के पवित्र नाम की शपथ लें कि हम में से कोई भी युद्ध में पीठ नहीं दिखाएगा, युद्धभूमि छोड़कर नहीं जाएगा और तब तक विधर्मियों को काटेगा, जब तक कि उसकी आत्मा उसका शरीर नहीं छोड़ देती।"[72]

बहुत से स्वघोषित उदारवादी व 'चतुर' इतिहासकार, भारत में हुए हिंदू-मुस्लिम संघर्ष को दो विचारधाराओं का टकराव ना मान कर दो राजाओं के बीच का संघर्ष बताते हैं। इन 'विचारकों' के अनुसार, यह केवल दो साम्राज्यवादी राजाओं के बीच का संघर्ष था, जिसका मजहब इत्यादि से कोई लेना-देना नहीं था।

यदि इन उदारवादियों ने बाबर का यह भाषण पढ़ा होता तो कदाचित वे अपनी प्रस्तावना पर लज्जित होते। हिंदू समाज स्वयं को कितनी भी आत्मप्रवंचना में डालें, मुसलमान केवल अपने मजहब के लिए लड़ता है। इस्लामी हत्यारे, केवल इस्लाम के प्रसार व हिंदुओं का धन लूटने भारत आए थे। जितनी शीघ्रता से हिंदू समाज यह बात समझेगा, उतना ही सुरक्षित रहेगा।

अपनी सेना में इस तरह का धार्मिक उन्माद भरकर बाबर ने हिंदू राजाओं में से किसी को रिश्वत देकर अपनी ओर मिलाने की कुत्सित चाल चली। वह इस चाल में सफल भी हुआ, जब रायसेन के सलहदी तँवर ने बाबर से हाथ मिला लिये। सलहदी के मन में सांगा के विरुद्ध द्वेष था, क्योंकि सांगा ने कुछ वर्षों पहले ही उसे पराजित किया था तथा बाबर के साथ कूटनीति में भी सांगा ने सलहदी के परामर्शों की उपेक्षा की थी।

बाबर ने उसे बहलाकर उसके क्रोध का प्रयोग सांगा के विरुद्ध किया। सांगा को तुर्क बाबर की इस कुत्सित प्रकृति के विषय में पता ही था कि वह अब भारत की आत्मा पर चोट करने के लिए अपने धार्मिक उन्माद की सहायता ले रहा है। सांगा ने बाबर के सामने अपूरणीय शर्तें रखकर उसे उलझाए रखा और बाबर की आंतरिक शक्तियों को तौलना जारी रखा।

सांगा बाबर से युद्ध करने का मानस बना चुके थे। बाबर को भी समझ आ गया था कि दो सप्ताह की बातचीत के पश्चात् सांगा उस पर आक्रमण करेंगे।

सांगा ने बाबर को बंदी बना कर दिल्ली का सिंहासन हस्तगत करके, देश को एक ही बार में हिंदू राष्ट्र बनाने का निश्चय कर लिया था।

राणा सांगा द्वारा अपनी सेना को दिए गए भाषण की कुछ पंक्तियाँ निम्नलिखित हैं, जिनसे सिद्ध होता है कि सांगा, मुसलमानों के आक्रमणों से कितने त्रस्त थे और उन्होंने

72. बाबरनामा, पृ. 383-84।

तुर्कों को सदा के लिए निर्मूल कर देने का प्रण ले लिया था—

"प्रत्येक व्यक्ति को सैन्य नियमों के आधार पर युद्ध करना होगा और याद रखना होगा अपने पूर्वजों की ख्याति, और उनका शौर्य। यह अंतिम अवसर है, जब हमें उन आक्रमणकारियों को खदेड़ देना है, जिन्होंने हमारी पुण्यभूमि को शताब्दियों से केवल लूटा है। हमें बस एक बार इस अवसर को पूर्णरूप से प्रयोग में लेना होगा, इसके बाद वे कदापि हमारी ओर अथवा हमारी भूमि की ओर मुँह भी नहीं करेंगे और हिंदू पद पादशाही का ध्वज पूरे राष्ट्र पर फहराएगा।"

16 मार्च, 1527 ईसवी को आगरा के निकट, खानवा के रणक्षेत्र में प्रात: आठ बजे के आस-पास मेवाड़ की दो लाख और बाबर की लगभग एक लाख की सेना में तुमुल युद्ध आरंभ हुआ।

खानवा का यह युद्ध भारतवर्ष की नियति के सर्वाधिक निर्णायक युद्धों में से एक माना जाता है। यहाँ सांगा और उनकी सेना का मुगलों की प्राणघातक तोपों और आग्नेयास्त्रों से पहली बार सामना हुआ।

राजपूतों को बारूद के इस घातक परिणाम का कोई पूर्वानुमान नहीं था और उनकी अग्रिम पंक्तियों में भगदड़ मच गई।

सांगा के हजारों सैनिक मारे गए और उनके घोड़े तथा हाथी अपनी ही सेना को रौंदते हुए पीछे की ओर दौड़ पड़े।

कुछ क्षणों के लिए हिंदू योद्धा किंकर्तव्यविमूढ़ हो गए।

तब राजपूतों ने इन तोपों का उत्तर देने के लिए एक अद्‌भुत युक्ति निकाली।

आत्मबलिदान का सर्वोच्च प्रदर्शन करते हुए राजपूत सैनिकों ने आगे बढ़-बढ़कर इन तोपों में अपने सिर फँसा दिए और उनके रक्त-मांस से वे तोपें व्यर्थ होती चली गईं। सांगा की सेना द्वारा यह साहसिक कृत्य होते देख मुगल भौंचक्के रह गए और अब मेवाड़ की सेना मुगलों पर हावी हो गई।

मुस्लिम आक्रांताओं ने एक और षड्यंत्र के अंतर्गत, कुछ दर्जन सर्वश्रेष्ठ धनुर्धारियों को छिपाकर शत्रु राजा को खोजने और उस पर तीरों की वर्षा करने में लगा दिया।

ये इस्लामी तीरंदाज कभी भी हिंदू योद्धाओं के सामने नहीं आते थे, वे हमेशा अपने नायकों और सेनाओं की भीड़ के पीछे छुपे रहकर सतत हिंदू नेतृत्व पर प्रहार करते रहते थे।

दूसरी ओर हिंदू राजा, हरावल दस्ते में रहकर युद्ध में आगे जाते थे और अपने साहस और शौर्य का परिचय देते थे।

हाथी पर बैठकर सेना के अग्र भाग में हिंदू राजा बहुत सरलता से चिह्नित भी हो जाते थे। इसके विपरीत मुसलमान राजा सदैव सेना के पीछे छुप कर रहते थे तथा युद्ध का संचालन करते थे।

हिंदू राजाओं की इस अदूरदर्शी प्रवृत्ति के कारण भारत के इतिहास में बहुत से जीते हुए युद्धों में हिंदुओं को अनावश्यक पराजय मिली। बाबर ने भी सांगा को पहचान कर उन पर तीरों की वर्षा करने के लिए अपने कुशलतम धनुर्धारियों को भेजा, जिन्होंने केवल सांगा को ही लक्ष्य बनाकर उन पर अनवरत तीरों की वर्षा कर दी।

इस भीषण बाण वर्षा में एक तीर सांगा के मस्तक में लगा और वे मूर्च्छित हो गए। कुछ संस्मरणों में सांगा का बंदूक की गोली से घायल होना भी लिखा गया है।

यह घटना युद्ध के मध्य काल में ही घट गई थी। लगभग एक घंटे के लिए युद्ध थम गया। बाबर लिखता है, "श्रापित काफिर एक घंटे तक भ्रम में पड़े रहे।"

सांगा के सहयोगी सेनानायक उन्हें रणक्षेत्र से दूर ले गए। ठिकाना बड़ी सादड़ी के झाला अज्जा, जो कद-काठी में सांगा के समान ही थे, राजसी वस्त्रादि, राजचिह्न पहनकर सैनिकों का मनोबल बढ़ाने के लिए आगे आ गए। इस कृत्य से मेवाड़ की सेना का मनोबल बना रहा और उन्होंने तुर्कों को मारना आरंभ कर दिया। एक बार पुनः हताश राजपूत सेना में प्राण आ गए।

ऐसी विकट स्थिति में टॉड व श्यामल दासजी, राजेंद्र शंकर भट्ट आदि अधिकतर इतिहासकारों का मानना है कि रायसेन का सलहदी तँवर अपने पैंतीस हजार अश्वारोहियों के साथ बाबर की सेना से जा मिला।

सांगा के सरदारों ने फिर भी एकत्र होकर इस विश्वासघात का प्रत्युत्तर देने हेतु पुनः आक्रमण किया, किंतु एक-एक करके वे सब भी वीरगति को प्राप्त हुए। संध्याकाल होने तक मेवाड़ की सेना का प्रत्येक श्रेणी का नायक, धर्म रक्षा हेतु अपने प्राण न्योछावर कर चुका था। माणकचंद चौहान, रावल उदय सिंह, रावत रतन सिंह चूँडावत, झाला अज्जा, रामदास सोनगरा, गोकुलदास परमार, रायमल राठौड़, खेत सिंह, हसन खाँ मेवाती व मोहम्मद खाँ लोधी आदि सेनानायक वीरगति को प्राप्त हुए। दोनों ओर की सेना का भयंकर नाश हुआ, यद्यपि मुगलों द्वारा तोपों व बंदूकों के उपयोग के कारण हिंदू सैनिक अधिक संख्या में हताहत हुए थे।

खानवा का भीषण युद्ध होते हुए बारह घंटे हो चले थे तथा अँधेरा छा गया था। अधिकांश हिंदू सैनिक या तो वीरगति को प्राप्त हो चुके थे अथवा सेनानायक की अनुपस्थिति में किंकर्तव्यविमूढ़ होकर इधर-उधर बिखर गए थे।

दिल्ली, आगरा, बयाना और अलवर की ओर जानेवाले रास्तों पर दोनों ही ओर के सैनिकों के कटे अंगों के अवशेष और निर्जीव शरीर यत्र-तत्र बिखरे पड़े थे। यदि हिंदू सेना की भयंकर क्षति हुई थी तो मुसलमानों की सेना को भी उतनी ही हानि उठानी पड़ी थी। बची हुई हिंदू सेना में सांगा को जीवित पाकर हर्ष की लहर दौड़ गई तथा सांगा की जय-जयकार हुई। बची-खुची मुगल सेना, राजपूतों के प्रतिघात के भय से युद्ध के मैदान में ही पड़ी रही।

कुछ ही दूरी पर हिंदू सेना का डेरा होने के उपरांत भी मुगलों की बची-खुची सेना का साहस नहीं हुआ कि सांगा के डेरों पर अंतिम हमला कर सके। जोधपुर के राव गाँगा, चँदेरी के मेदिनी राय तथा आमेर के महाराज पृथ्वीराज कच्छावा ने सांगा की रक्षा की।

खानवा के युद्ध को बाबर ने अपने संस्मरणों में इस्लाम की जीत पर यूँ लिखा है—

"इस्लाम के प्रसार के लिए, मैं भटकता फिरा,
काफिरों और हिंदुओं से मैंने युद्ध किया,
मैं शहीद होने निकला था,
अल्लाह का शुक्र, उसने मुझे गाजी बना दिया।"[73]

अब विवेचनीय बात यह है कि अब तक के समस्त प्रचलित इतिहास में खानवा को सांगा की पराजय व बाबर की विजय बताया गया है।

सब तथ्यों के निष्पक्ष आकलन के बाद लेखक का मत है कि खानवा में सांगा हारे नहीं थे। हम खानवा के भीषण युद्ध के तथ्यों का पुनरावलोकन करते हैं।

1. यदि खानवा हिंदुओं की पराजय पर समाप्त हुआ तो बाबर ने सांगा की हत्या क्यों नहीं की? बाबर का नियम था, अपने शत्रुओं की पराजय के बाद निर्मम हत्या व शत्रु सेना के कटे मुंडों की मीनारें बनाना। हमें पानीपत के प्रथम युद्ध के बाद यही व्यवहार देखने को मिलता है, तो खानवा के बाद क्यों नहीं?
2. सांगा की मूर्च्छा के समय वे वहीं आसपास ही ले जाए गए थे। यदि हिंदू सेना खानवा में हारी थी, तो मुसलमान सेना ने कुछ दूरी तक भी सांगा का पीछा करके उन्हें समाप्त क्यों नहीं किया? ऐसा कैसे संभव हुआ कि बाबर और उसकी हत्यारी सेना बयाना से दक्षिण की ओर कभी नहीं आती है और मेवाड़ का एक इंच भी बाबर नहीं जीतता है?[74]

   बाबर स्वयं लिखता है, "काफिरों के डेरे की तरफ दो मील जाने के बाद, मैं पलट गया। रात होने चली थी, तथा नमाज़ का समय हो चुका था।"
3. कम-से-कम तीन लिखित स्रोतों में खानवा को सांगा की विजय बताया गया है।

   रणछोड़ भट्ट तैलंग द्वारा लिखित 'अमरकाव्यम्' व चित्तौड़ के इतिहासकारों द्वारा लिखा 'चित्तौड़ पाटनामा' में बाबर व सांगा के बीच खानवा[75, 76] के बाद संधि के लिए मिलना भी वर्णित है। इसी प्रकार सूरज मल्ल मीसण द्वारा

---

73. बाबरनामा, पृ. 394।
74. बाबरनामा, पृ. 372।
75. अमरकाव्यम्, पृ. 193-94।
76. चित्तौड़ पाटनामा, पृ. 165-66।

रचित, 'वंश भास्कर' में भी सांगा की जीत का उल्लेख मिलता है। (खंड 4, पृष्ठ 2934) और सबसे महत्त्वपूर्ण बात यह कि खानवा के बाद सांगा लगभग एक वर्ष तक जीवित रहते हैं तथा उसी भूभाग में अपनी सेना के साथ रहते हैं, पर बाबर उनकी हत्या नहीं कर पाता।

4. यदि इस बात को दूसरी तरफ से देखें कि खानवा को बाबर की विजय किस आधार पर बताया जाता है? लगभग सभी इतिहासकार बाबर के ही लिखे 'बाबरनामा' को अपना मूल स्रोत बताते हैं। 'बाबरनामा' में भी खानवा को प्रत्यक्ष मुगल विजय नहीं बताया गया है, बल्कि उसमें बाबर के एक सेनापति शेख जाइन द्वारा लिखे अतिशयोक्तियों से भरे एक पत्र 'फतेहनामा' में खानवा को विजय बताया है।

   इतिहास लेखन का मौलिक सिद्धांत है कि किसी पक्ष की विजय का दावा उसके कहने से नहीं स्वीकार किया जाता। निष्पक्ष या विरोधी पक्ष के अनुमोदन के बाद ही कोई निर्णय सिद्ध माना जाता है। खानवा के विषय में इस सरल से नियम की अनदेखी क्यों की गई?

   जिस प्रकार 'बाबरनामा' में सांगा के पत्र की बात सर्वथा असत्य प्रचार थी, क्या बाबर का स्वयं को खानवा का गाजी बताना असत्य नहीं हो सकता? झूठ बोलना व प्रचारित करना इन लुटेरों का स्वभाव था। किस आधार पर खानवा जितने महत्त्वपूर्ण विषय पर एक मतांध हत्यारे के लिखे विवरणों को ब्रह्म वाक्यों के सत्य के समान स्वीकार किया गया? क्यों इस युद्ध की कोई तथ्यात्मक विवेचना नहीं की गई?

   आशा ही कर सकते हैं कि खानवा के आस-पास खुदाई और अन्वेषण करके खानवा के सत्य को स्थापित किया जाएगा।

5. कुछ इतिहासकारों ने बाबर की सेना का पड़ाव वर्तमान के फतेहपुर सीकरी के जलस्रोत के पास बताया है। उनके अनुसार, सांगा तथा उनकी सेना को जानेवाले जल में विष मिलाया गया।

   इन सब तथ्यों का गहन अन्वेषण होकर खानवा का सत्य जगजाहिर करना ही चाहिए।

   इस युद्ध के विवरण में कपट की स्पष्ट दुर्गंध आ रही है।

   बाबर की बयाना की पराजय एक झटका थी, तो सांगा की पराजय, निर्णायक क्यों कही गई?

6. खानवा के तुरंत बाद बाबर अपने पुत्र हुमायूँ को काबुल भेज देता है। यदि बाबर खानवा जीत गया था, तो हुमायूँ को उत्तर भारत में किसी स्थान का

सूबेदार बनाता, काबुल क्यों भेजता यदि उसे हुमायूँ के वध का भय नहीं था?

7. बाबर सांगा की मृत्यु पर एक शब्द भी अपनी जीवनी में नहीं लिखता। एक वर्ष तक सांगा खानवा के आस-पास ही रहे और बाबर ने हुमायूँ को भारत से दूर भेज दिया तथा सांगा की मृत्यु पर वह चुप्पी रखता है, यह बात समझ से परे है!
8. खानवा जयपुर से 200 किलोमीटर की दूरी पर है। लेखक ने स्वयं वहाँ जाकर युद्ध स्थल को देखा है। खानवा में गत राजस्थान सरकार द्वारा एक बहुत ही सुंदर व भव्य युद्ध स्मारक बनाया गया है। प्रत्येक हिंदू को एक तीर्थ स्थल की भाँति इसका दर्शन करना चाहिए। पर मुख्य बात यह है कि खानवा के युद्ध क्षेत्र में कम-से-कम एक दर्जन हिंदू स्थापत्य शैली की छतरियाँ आज भी खड़ी हैं। साथ ही एक जीर्ण-शीर्ण मंदिर भी युद्ध स्थल के बीच खड़ा है। मध्य काल में राजस्थान के बलिदानी वीरों की स्मृति में छतरियाँ बनाई जाती थीं। यदि सांगा खानवा हारे थे तो ये हिंदू छतरियाँ किसने बनाईं? इतनी विशाल छतरियों को बनाने में कम-से-कम छह माह का समय तो लगा होगा। इन छतरियों का वहाँ होना स्पष्ट प्रमाण है कि यह क्षेत्र सांगा के अधीन ही था। परम विस्मय की बात है कि क्या किसी वामी-प्रगतिशील इतिहासकार ने खानवा के युद्ध क्षेत्र का कभी निरीक्षण नहीं किया है?

खानवाँ में आज भी खड़ी हिंदू छत्रियाँ

एक हिंदू मंदिर के खँडहर खानवाँ का युद्धक्षेत्र

कैसे ये लोग इतने प्रगत सत्य को भी निगल जाते हैं!!

युद्ध से निकाले गए सांगा को जैसे ही होश आया, उन्होंने अपने नायकों पर स्वयं को रणक्षेत्र से हटाने के लिए बहुत क्रोध किया। उन्हें ज्ञात हुआ कि मेवाड़ की सेना का बहुत बड़ा भाग वीरगति प्राप्त कर चुका है। यह जानकर भी सांगा रुके नहीं। उन्होंने अपने सरदारों से कहा कि वे विधर्मी बाबर को पराजित किए बिना चित्तौड़ नहीं जाएँगे।

अचेत सांगा को युद्धभूमि से उठाकर लानेवालों में आमेर के राजा पृथ्वीराज कच्छावा के अतिरिक्त मारवाड़ और सिरोही के राजा शामिल थे। सांगा ने रणथंभौर में अपना शिविर लगाया और वहीं से सेनाओं को पुनः एकत्र करके बाबर पर अंतिम व निर्णायक आक्रमण करने की योजना बनाने लगे। दुर्भाग्य से सांगा के परम मित्र व जयपुर के अति दूरदर्शी राजा, पृथ्वीराज कच्छावा का निधन खानवा युद्ध के कुछ माह बाद ही हो गया।

बसवा में महाराणा संग्राम सिंह की समाधि की दयनीय स्थिति

अब यह बात प्रचारित की गई कि सांगा की बाबर से पुनः युद्ध करने की बात सुनकर मेवाड़ के ही कुछ दुष्ट सामंतों ने ही सांगा को विष दे दिया। तर्कनिष्ठा से यह बात कदापि संभव नहीं लगती। जो सामंत गत बीस वर्षों से सांगा के साथ सौ से अधिक युद्धों में लड़ते आए थे, वे अचानक ही सांगा को विष क्यों दे देंगे?

शत्रुओं को विष देना मुसलमान आक्रांताओं का पुराना हथियार था तथा इस बात की अधिक संभावना है कि सांगा की बाबर के साथ 1527-28 के बीच संधि की बैठकें हुईं, उनमें से किसी में सांगा को प्रत्यक्ष रूप में या किसी सामंत को कोई लोभ देकर बाबर द्वारा ही सांगा को विष दिया गया। इस पूरे प्रकरण पर अधिक शोध व अन्वेषण की आवश्यकता है, क्योंकि खानवा का युद्ध भारत के इतिहास के सर्वाधिक निर्णायक युद्धों में से एक है।

बहुत अधिक संभावना यही है कि या तो खानवा में सांगा विजयी रहे थे या खानवा अनिर्णीत समाप्त हुआ। यदि बयाना की हिंदू विजय अंतिम नहीं थी तो खानवा की लड़ाई अंतिम क्यों मानी जाए? सांगा व बाबर के बीच पूरे एक वर्ष संघर्ष चला, जो कि 30 जनवरी, 1528 के दिन, पैंतालीस वर्ष की अल्पायु में महाराणा सांगा को विष देकर उनकी हत्या पर समाप्त हुआ।

सांगा की मृत्यु के स्थान पर भी इतिहासकार एकमत नहीं हैं, कुछ उनकी मृत्यु उत्तर भारत में कालपी में बताते हैं, कुछ चित्तौड़ में। बसवा में बनी उनकी समाधि से लगता है कि कालपी ही उस महापुरुष का मृत्युस्थल रहा होगा।

इस प्रकार से भारतभूमि के एक अत्यंत साहसी व दूरदर्शी हिंदू राजा के जीवन का अंत शत्रु द्वारा धोखे से हुआ। एक राजा, जिसने विरक्त होकर वीरता के साथ सभी परिस्थितियों का सामना किया, वह महापुरुष केवल विश्वासघात से ही मारा जा सकता

था, क्योंकि मृत्यु भी प्रत्यक्ष उनके सामने आने में घबराती थी।

सांगा की हत्या के साथ ही राजपूतों का समूचे भारतवर्ष पर राज करने का स्वप्न धूमिल हो गया। इससे भी भयानक परिणाम यह हुआ कि बाबर को भारत में पैर जमाने का अवसर मिल गया। बाबर के ही एक सेनापति मीर बाकी ने हिंदुओं की श्रद्धा के सबसे पवित्र केंद्र अयोध्या के राम मंदिर को नष्ट कर उस पर बाबरी मस्जिद का निर्माण[77] कराया, जो पाँच सौ वर्षों के अनवरत हिंसक संघर्ष व लाखों हिंदुओं व सिखों की वीरगति के पश्चात् मुक्त करवाया जा सका।

इन 500 वर्षों में अधिकांश समय ऐसा था जब दूर-दूर तक कोई आशा भी न थी कि रामजन्मभूमि को हिंदू पुन: प्राप्त भी कर सकेंगे। रामजन्मभूमि पर इतना एकतरफा और बर्बर कब्जा था कि किसी भी प्रकार की आशा लगाना हास्यास्पद और कल्पना के विपरीत था।

न सिर्फ विदेशी आक्रांता, बल्कि तथाकथित स्वतंत्रता के पश्चात भारत का शीर्ष राजनीतिक नेतृत्व व भारत के शीर्ष इतिहासविद् भी इस हिंदू मान्यता के विपरीत थे कि भगवान् राम का जन्म इसी पवित्र भूमि पर हुआ था।

किंतु यह कैसा आग्रह था? ये कैसी हठधर्मिता थी हिंदुओं व सिखों की? यह कैसा अनोखा संकल्प था कि चारों ओर से विकराल आँधियों में घिरे होने के उपरांत भी हिंदू हृदय में इस राम मंदिर के नन्हे से दीए की लौ टिमटिमाती रही?

77. यह तथ्य विवादित है कि रामजन्मभूमि पर मस्जिद किस मुगल सेनानायक ने बनवाई।

वर्षों पहले मैं अपने बड़े भ्राता श्री आर.पी. सिंह के साथ कैंटोनमेंट एरिया में गया था। एक अधेड़ सैनिक ने मेरे बड़े भ्राता, जो कि उस समय मेजर थे, को देखकर छाती निकालकर 'राम राम' कहा।

मैं आश्चर्य और आनंद से स्तब्ध खड़ा रह गया और मुझे मेरे प्रश्न का उत्तर भी मिल गया।

सेना के सब अफसर, इनकी स्त्रियाँ, इनके बच्चे यद्यपि आपस में अंग्रेजी में ही बात करते हैं, किंतु साधारण सैनिकों ने राम का नाम आग्रहपूर्वक जीवित रखा हुआ है और यहीं से स्पष्ट हो जाता है कि जब विधर्मी दरिंदों ने हमारे आराध्य, भगवान् राम का मंदिर नष्ट कर दिया, श्री राम की जन्मभूमि हम से हथिया ली, तो हिंदुओं ने राम को दैनंदिन जीवन में उतार लिया।

जो रामजन्मभूमि और मंदिर रूप में हमसे छिन गए, उसे तत्त्व बनाकर हमने अपनी आत्मा में प्रवाहित कर लिया।

जन्म के समय के मंगल गीत से लेकर, विवाह संस्कार व चिता की अग्नि में शरीर के समर्पण तक राम-नाम का सत्य ही हिंदुओं का उद्घोष बन गया। संसार का कोई आक्रमण हृदय में बैठे राम को नहीं मिटा सकता था और इस तथ्य का उपयोग हमारे पुरखों ने धर्म की रक्षा हेतु किया।

इस्लामी आक्रांताओं ने भारतीय उपमहाद्वीप में हजारों मंदिरों को धूल-धूसरित कर उन पर मस्जिदें खड़ी कीं। पर हमारे ऋषियों, मठाधीशों व गुरुओं ने तीन पवित्रतम स्थानों पर काल की धूल नहीं जमने दी। वे हैं शिव की काशी, मथुरा की कृष्ण जन्मभूमि व रामजन्मभूमि।

हिंदुओं के लिए ये तीन स्थान कभी महज भूखंड नहीं, बल्कि सनातन हिंदू धर्म के मर्मस्थल रहे हैं। हिंदू मानस सब आक्रमण सहकर भी इन भूखंडों पर समझौते को कभी राजी नहीं हुआ।

रामजन्मभूमि, राम का जन्म स्थान होने के अतिरिक्त सामूहिक हिंदू स्मृति व चेतना में एक पवित्रतम स्थान है, जो कभी मरा नहीं और आज जिसने दर्शा दिया कि वह कभी मिटाया नहीं जा सकता।

हमें मूर्तिपूजक कहकर हमारा उपहास करनेवाले मतांधों को भी हिंदुओं ने दिखा दिया कि हम उस रिक्त स्थान के लिए भी कट-मर सकते हैं।

वह रिक्त स्थान, हर हिंदू हृदय में एक विशेष कोना बन गया।

रामजन्मभूमि का मुकदमा कदाचित् इतिहास में सबसे दीर्घकालीन मामलों में से एक होगा। लाखों हिंदुओं व निहंग सिखों के बलिदान पर रामजन्मभूमि की मुक्ति का

आंदोलन चलता रहा। गोस्वामी तुलसीदासजी तथा अन्य संतों ने राम नाम की अकंप ज्योति समाज में प्रज्वलित रखी।

किसी जाति, संप्रदाय, पंथ का संज्ञान लिये बिना, हर हिंदू ने श्रीरामजन्मभूमि को विस्मृत नहीं होने दिया। वे सब जानते थे कि राम नाम से ही हिंदू धर्म जीवित है। राम गए कि धर्म गया।

6 दिसंबर, 1992 को बाबरी मस्जिद गिरा दी गई। सन् 2020 में भारत के सर्वोच्च न्यायालय ने हिंदुओं के पक्ष में निर्णय भी सुना दिया।

प्रस्तावित राम मंदिर का मॉडल

जिस दिन अयोध्या में भगवान् श्रीराम के भव्य मंदिर का द्वार खुलेगा, उस दिन यह विश्व केवल ईंट-पत्थर के किसी निर्माण का साक्षी नहीं होगा, बल्कि यह विश्व साक्षी होगा हिंदुओं के उस अखंड संकल्प का, जिसे संसार की सबसे क्रूर और हिंसक विचारधारा नहीं झुका सकी।

सब देखेंगे कि खोए हुए इतिहास को पुनः अर्जित किया जा सकता है।

सांगा व उनके राजपूतों तथा हिंदू सैनिकों का बलिदान व्यर्थ नहीं गया।

रामजन्मभूमि पर मंदिर, खानवा के घावों का सबसे शीतल लेप है।

सांगा की पवित्र स्मृति को इससे अधिक मूल्यवान और क्या श्रद्धांजलि हो सकती थी?

खानवा भले ही अनिर्णीत समाप्त हुआ था, किंतु हिंदुओं की हठ व संकल्प से बाबर निर्णायक रूप से पराजित हुआ।

युद्ध की ओर पुनः चलते हैं।

हिंदू सेना से संख्या में आधी मुस्लिम सेना के समक्ष खानवा का युद्ध अनिर्णीत समाप्त होने के कारणों का यदि विश्लेषण किया जाए, तो इससे हमें हिंदुओं की सैन्य तैयारी के अभाव के अतिरिक्त, इस्लामी आक्रांताओं का युद्ध-कौशल व धार्मिक मान्यताओं के मुसलमानों द्वारा उपयोग के विषय में बहुत कुछ पता चलता है—

1. हिंदू सेना, विभिन्न राजाओं और सरदारों की एक मिली-जुली सेना थी, जो एक बाहरी आक्रमण के विरुद्ध सांगा के नेतृत्व में एकत्र हुई थी।
   उन लोगों ने साथ में कभी युद्ध नहीं किया था, इसलिए उनमें नेतृत्व की स्थिति भी स्पष्ट नहीं थी और खानवा के युद्ध में हिंदू सेना में उपजा विभ्रम कुछ सीमा तक इसी का परिणाम था।
2. मुगल तोपें हिंदुओं के लिए साक्षात् काल बनकर आईं और उनकी मारक क्षमता से हिंदू अनभिज्ञ थे और सैन्य साधनों की इस कमी के कारण हिंदुओं को बड़ा मूल्य चुकाना पड़ा।
3. तुर्क बड़ी ही प्रभावी युद्ध नीतियाँ लेकर आए थे, जिनके नाम 'तुलगुमा' व 'अराबा' थे।

ये युद्ध नीतियाँ बाबर ने ही सर्वप्रथम अपनाई थीं। 'तुलगुमा' का अर्थ है—पूरी सेना को छोटी-छोटी टुकड़ियों में बाँटना, अर्थात् दाईं-बाईं और मध्य की इकाई। दाईं और बाईं इकाई के क्रमशः अग्र और पृष्ठ भाग भी होते थे। इस छोटी सी सेना के माध्यम से शत्रु सेना को तुरंत ही चारों ओर से घेरा जा सकता था, क्योंकि ये टुकड़ियाँ सरलता से आगे-पीछे हो सकती थीं।

मध्य-अग्र भाग की सेना के पास अराबा, यानी बैलगाड़ियाँ होती थीं, जिन्हें शत्रु की ओर मुँह करके खड़ा किया जाता था और आपस में रस्सियों से बाँधकर रखा जाता था। इन बैलगाड़ियों के पीछे तोपें रखी जाती थीं और इन्हें छुपाने के लिए परदों से ढका जाता था। इन दो युक्तियों से बाबर का तोपखाना और भी घातक हो गया था। बंदूकें और तोपें बिना डर के चलाई जा सकती थीं, क्योंकि उन्हें आड़ मिली थी उन बैलगाड़ियों की, जिन्हें एक साथ बाँधकर स्थिर रखा गया था।

क्योंकि हिंदू बैलों को पवित्र मानते हैं, अतः मुस्लिम योद्धा उनके पीछे सुरक्षित थे। इसके अतिरिक्त इन भारी तोपों की नलियाँ एक साथ पलटी जा सकती थीं। आग्नेयास्त्रों और तोपों के इतने सुनियोजित उपयोग का अर्थ था—हिंदुओं की असंगठित सेना के लिए भारी नुकसान।

4. सलहदी तँवर के विश्वासघात को कुछ लोग नहीं मानते हैं और इसका खंडन करते हैं। यद्यपि कुछ विश्वसनीय ऐतिहासिक सूत्रों से सलहदी के इस

कृत्य का पता चलता है। सलहदी के इस विश्वासघात का लिखित प्रमाण हो, इस हेतु इस कृत्य को पुस्तक में स्थान दिया गया है।

इससे किसी का अपमान करने का कोई मंतव्य नहीं है। खानवा का युद्ध, उपमहाद्वीप में हिंदू-मुस्लिम संघर्ष का एक बहुत महत्त्वपूर्ण बिंदु था, और यदि हम यहाँ सत्य नहीं लिखेंगे तो हमारी ही हानि होगी। यद्यपि तँवर कुल का यह लाँछन एक पीढ़ी बाद ही पोंछ दिया गया, जब ग्वालियर के रामशाह तँवर अपने परिवार के साथ सांगा के पुत्र उदय सिंह से जा मिले और प्रताप के काल में मेवाड़ की सेना के सेनापति बने। हल्दी घाटी के युद्ध में तँवरों के इस कुल के शौर्य की रोमांचक गाथा हम जानेंगे।

5. हिंदू सेना द्वारा उस शत्रु के प्रति भी मानवीय व्यवहार रखा गया, जो कि सत्ता व लूट के आगे मानवीय मूल्यों में बिल्कुल भी विश्वास नहीं करते थे। जो केवल अपने मजहब के लिए ही अंधे होकर लड़ रहे थे। सांगा बयाना के युद्ध के समय ही बाबर का पीछा करके उसे समाप्त कर सकते थे, किंतु शायद हिंदुओं की उदारता और मर्यादा-बोध के कारण अथवा सुनियोजित सोच के चलते बाबर को उन्होंने जाने दिया।

उस भूल का मूल्य हिंदुओं को खानवा के युद्ध में चुकाना पड़ा।

आत्मबल व संख्याबल के आधार पर खानवा हिंदुओं को जीतना चाहिए था, पर नियति को कुछ और स्वीकार था। काली का खप्पर अभी और हिंदुओं का रक्तपान करने को प्यासा था। अनिर्णीत खानवा के बाद बाबर की अधिकांश तोपें और आग्नेयास्त्र नष्ट हो चुके थे। उसकी सेना का बहुत बड़ा भाग समाप्त हो गया था। बाबर, हिंदू सेनाओं को अपने स्वामी और मातृभूमि हेतु साहस और शौर्य का प्रदर्शन करते देख चुका था, अतः उसके बाद बाबर ने सांगा का पीछा नहीं किया। बाबर में इतना साहस ही नहीं हुआ कि मेवाड़ की ओर मुँह भी करे। अपनी थकी हुई सेना लेकर बाबर पूर्व की ओर बढ़ा और उसने अवध तथा बंगाल की बहुत दुर्दशा की।

सांगा ने छापामार युद्ध कर बाबर को लगभग एक वर्ष तक आतंकित करके रखा। 'बाबरनामा' में बाबर स्वयं लिखता है कि दिल्ली से आगरा के बीच राजपूत कब उस पर हमला कर दें, उसे पता नहीं होता था। सांगा की हत्या के बाद ही बाबर ने चैन की साँस ली। सौभाग्य से खानवा के तीन वर्ष बाद ही, 27 दिसंबर, 1530 ईसवी में बाबर भी मर गया तथा हिंदुओं का बहुत बड़ा द्रोही, सांगा की हत्या का कोई लाभ नहीं उठा सका। ऐसी किंवदंती है कि बाबर को इब्राहिम लोधी की माँ ने विष देकर मरवाया था।

सांगा की हत्या मेवाड़ ही नहीं, वरन् पूरी राजपूत राज्याभिलाषा का निर्णायक मोड़ सिद्ध हुई। सांगा की हत्या के परिणाम कई अर्थों में तराई के दूसरे युद्ध के बाद पृथ्वीराज चौहान की हत्या से भी अधिक दुर्भाग्यपूर्ण रहे—

1. सांगा की हत्या के साथ राजपूत संगठन छिन्न–भिन्न हो गया तथा फिर कभी राजपूत इस तरह संगठित नहीं हो पाए। न तो सांगा जैसा कोई सशक्त नायक हुआ और न ही मेवाड़ राजपूत एकता की धुरी बन सका।
2. बाबर ने सांगा की हत्या कर इस्लामी राज्य की स्थापना कर दी तथा पहली बार इस्लामी आक्रांताओं ने भारतवर्ष की छाती में पैर गड़ा दिए। अगले 150 वर्षों तक हिंदू समाज इन मुगल हत्यारों के दंश झेलता रहा।
3. सांगा के बाद इस्लामी आक्रमण के विरुद्ध सर्वाधिक बलशाली प्रतिरोध का केंद्र मेवाड़ अप्रत्याशित रूप से निर्बल व दिशाहीन हो गया तथा मेवाड़ के राजपरिवार में ही गृहयुद्ध छिड़ गया।
4. खानवा के युद्ध के कुछ माह बाद ही जयपुर के पृथ्वीराज कच्छावा के देहांत के बाद नेतृत्वहीन राजपूतों पर विपत्ति का पहाड़ टूट पड़ा। गुजरात के बहादुर शाह के आक्रमण के चलते 1535 ईसवी में दूसरा 'जौहर' हुआ, जिसमें सांगा की पत्नी रानी कर्णावती के साथ 13,000 स्त्रियों ने जौहर किया तथा मेवाड़ के 32,000 सैनिक वीरगति को प्राप्त हुए।
5. सांगा के बाद इस्लामी आक्रांताओं ने बाबर की चाल का उपयोग कर हिंदू राजाओं की निष्ठाओं को आपस में लड़ाकर भारतवर्ष में अपना प्रभुत्व फैलाने में सफलता पाई। इससे पूर्व अधिकतर संघर्षों में हिंदुओं ने मुसलमानों को सीधी टक्कर दी थी।

महाराणा सांगा की केवल एक आँख थी। उनका केवल एक हाथ और एक पैर ही काम करता था। उनके शरीर पर कुल चौरासी घाव थे, किंतु उनके प्राणों के संकल्प व जिजीविषा पर कभी उनकी शारीरिक विकलांगता हावी नहीं हुई।

उन्होंने कभी अपनी अक्षमताओं का प्रभाव मन पर नहीं पड़ने दिया।

यह सच में असाधारण ही है कि एक राजा, जिसका शरीर इस खंडित दशा में हो, फिर भी वह अपनी सेना में ऐसा आत्मविश्वास भर दे कि वह उसके पीछे चलते हुए रणक्षेत्र में विजय अथवा वीरगति का पथ चुने! हम कल्पना भी नहीं कर सकते, कि एक ऐसा राजा, जो एक पैर से लँगड़ाकर चलता हो और उसे घोड़े पर चढ़ने के लिए भी किसी की सहायता लेनी पड़े, अपनी एक आँख से देखते हुए अपनी सेना का मार्गदर्शन करते हुए उसके साथ अफगानिस्तान, बंगाल, महाराष्ट्र और दिल्ली की विजय यात्राएँ करे।

स्वयं पर संशय किए बिना, अपनी शारीरिक अवस्था और अक्षमता पर दीनता अनुभव किए बिना, उन्होंने अपने सरदारों और सेना में इतना आत्मविश्वास जगाया कि अकेले ही मध्ययुगीन भारत का सबसे बड़ा हिंदू राज्य स्थापित कर लिया। मृत्यु तो शाश्वत

है, किंतु अपने सांसारिक शरीर को छोड़ने से पूर्व सांगा ने अपनी आनेवाली पीढ़ियों के लिए बुद्धिमत्ता, शौर्य और सर्वोच्च बलिदान की भावना का अप्रतिम उदाहरण खड़ा किया।

एक ऐसी पीढ़ी, जिसने महाराणा प्रताप जैसे वीर राजा को तुर्क आक्रांताओं से तब भी अकेले लड़ते देखा, जब सब आशा ही समाप्त हो चुकी थी। सांगा ने मेवाड़ के योद्धाओं को सिखाया कि इस्लाम के साथ उनका यह संघर्ष अस्तित्व का है, जिससे पीछे हटना असंभव है, क्योंकि बाप्पा रावल के समय से ही इस्लामी आक्रांताओं द्वारा हिंदुस्तान पर सतत आक्रमण हो रहे थे और ये लोग एक या दो युद्ध से माननेवाले नहीं थे।

यह एक अंतहीन संघर्ष होने वाला था, जब तक कि दोनों में से एक पूर्णतया नष्ट नहीं हो जाता। सांगा इसलिए बाबर का बीजनाश करने मेवाड़ से निकले थे। सांगा ने केवल मेवाड़ के महाराणाओं की परंपरा को ही नहीं निभाया, वरन् साहस और दृढ़ निश्चय के नए मापदंड भी स्थापित किए। उन्हीं मापदंडों से प्रेरणा लेकर मेवाड़ का राजपरिवार कभी भी तुर्कों के अधीन नहीं रहा और सदैव 'हिंदुआ सूरज' का ध्वज धारण करके शताब्दियों तक हिंदू धर्म का सर्वोच्च संरक्षक और प्रतिपालक बना रहा।

□

खंड-2

अकबर ने झूठ फैलाया कि प्रताप समर्पण करने वाले हैं।
तब बीकानेर के राजकुमार पृथ्वीराज राठौड़ ने प्रताप को पत्र में यह लिखा—
पातल सो पतशाह, बोलै मुख हूंतां बयण।
मिहर पछम दिस मांह, ऊगै कसप राव उत॥
पटकूँ मूँछाँ पाण, कै पटकूँ निज तन करद।
दीजै लिख दीवाण, इण दो महली बात इक॥

"महाराणा प्रताप सिंह यदि अकबर को अपने मुँह से बादशाह कहे तो फिर कश्यप का पुत्र (सूर्य) भी पश्चिम से उग सकता है।
हे एकलिंग के दीवान! मैं अपनी मूँछों पर ताव दूँ या अपनी तलवार से स्वयं पर प्रहार कर लूँ? इन दो में से एक बात लिख दीजिए।"

प्रताप का उत्तर—
तुरक कहाशी मुखपतौ, इण मुख सू एकलिंग।
ऊगै जयाँ ही ऊगशी, प्राची बीच पतंग॥
खुसी हूंत पीथल कमध,पटको मूँछाँ पाण।
पछटण है जेतै पतौ,कलमां सिर केवाण॥
सांग मूंड सहसी सको, समजस जहर सवाद।
भड़ पीथल जीतो भलां, बैण तुरक सूँ वाद॥

भगवान् एकलिंग की कृपा से इस मुँह से तो वह हत्यारा अकबर,
तुर्क ही कहाया जाएगा।
सूर्य सदा की भाँति, पूर्व से ही उगेगा।
जब तक मेरी खड्ग यवनों की गर्दनों पर है, आप अपनी मूँछों को ताव दीजिए।
मुसलमानों के हर वार को प्रताप अपने सर पर लेगा,
क्योंकि अपने बराबर वाले का यश विष के समान कटु होता है।
आप वचनों के युद्ध में तुर्कों से कभी पराजित नहीं होंगे।

9

महाराणा प्रताप सिंह : बाल्यकाल व युवावस्था
(1572-1597 ईसवी)

बाल्यकाल एवं यौवन

सांगा की हत्या के उपरांत मेवाड़ में सत्ता पाने के लिए गृहयुद्ध छिड़ गया। उस काल का संक्षिप्त विवरण इसलिए आवश्यक हो जाता है, क्योंकि इस गृहयुद्ध का प्रताप के जीवन व व्यक्तित्व पर गहरा प्रभाव पड़ा। साथ ही हमें यह संदेश भी मिलता है कि एक राष्ट्र की प्रगति व स्वतंत्रता के संघर्ष में नेतृत्व की रक्षा कितनी आवश्यक है! सभ्यता जब एक विराट समझवाले नेता को खोती है तो अराजकता व अशांति ही परिणाम होता है।

समाज का संतुलन व शांति का निर्वहन, क्षणभंगुर होता है। कभी एक व्यक्ति की अनुपस्थिति से समाज की पूरी संरचना ढह सकती है, तो कभी एक व्यक्ति की उपस्थिति डूबती हुई सभ्यताओं को बचा सकती है।

1528 ईसवी में सांगा की हत्या के पश्चात् उनके पुत्र रतन सिंह द्वितीय सिंहासन पर विराजे। रतन सिंह ने मालवा के सुल्तान को पराजित किया। वे सुदृढ़ शासन चला रहे थे कि उनके सौतेले मामा सूरजमल के साथ उनका वैर हो गया। दोनों के बीच हुए तलवार युद्ध में रतन सिंह का निधन हो गया।

सूरजमल, सांगा की पत्नी, महारानी कर्मावती के भाई थे। कर्मावती अपने पुत्र विक्रमादित्य को राजा बनाना चाहती थीं तथा

यह अवसर उन्हें रतन सिंह की हत्या से मिल गया। विक्रमादित्य बहुत ही निम्न कोटि का शासक व राजा सिद्ध हुआ। वह मल्ल युद्ध करनेवाले पहलवानों को अपने आस-पास रखता तथा मेवाड़ के निष्ठावान व बुद्धिमान सामंतों का निरंतर अपमान करता। मेवाड़ के सामंत चित्तौड़ से दूर होते गए। यह जानकर गुजरात के मुसलमान शासक बहादुर शाह[78] ने चित्तौड़ पर चढ़ाई कर दी। यह वही बहादुर शाह था, जिसे सांगा ने चित्तौड़ में शरण दी थी।

यहाँ एक और असत्य को गिराना आवश्यक हो जाता है। एक विचित्र व पूर्ण रूप से निराधार बात महारानी कर्मावती के विषय में प्रचलित की गई है। वह यह कि कर्मावती ने बाबर के बेटे हुमायूँ को एक राखी भेजकर चित्तौड़ की रक्षा की गुहार लगाई। जबकि ऐसी कोई राखी महारानी के द्वारा भेजी ही नहीं गई। 'वीर विनोद' के अनुसार, मेवाड़ के कुछ अपमानित सामंतों ने हुमायूँ से अवश्य सहायता माँगी थी। हुमायूँ ने चित्तौड़ के लिए कूच भी किया, किंतु ग्वालियर के पास उसे बहादुर शाह का पत्र मिला, जिसकी पंक्तियाँ हिंदू-मुस्लिम एकता की पींगें बजाने वालों के लिए विशेष रूप से उद्धृत करना उचित होगा।

बहादुर ने लिखा, "मैं जिहाद करने जा रहा हूँ। यदि तुम विक्रमादित्य का साथ देते हो तो अल्लाह के सम्मुख क्या मुँह लेकर जाओगे?"

हुमायूँ ने अपने धर्म सहोदर की बात मानते हुए ग्वालियर[79] में ही डेरा डाल लिया।

यह सफेद झूठ प्रचारित किया गया कि हुमायूँ चित्तौड़ विलंब से पहुँचा था, जबकि हुमायूँ ग्वालियर में ही ठहर गया था, मेवाड़ कभी पहुँचा ही नहीं। बहादुर का हमला सर पर जानकर कर्मावती ने मेवाड़ के सामंतों से गुहार लगाई।

रानी कर्मावती ने जो पत्र सामंतों को लिखा, वह 'वीर विनोद' तथा गौरीशंकर ओझाजी, दोनों ने ही उद्धृत किया है।

रानी ने लिखा, "अब तक चित्तौड़ राजपूतों के हाथ में रहा, पर अब उनके हाथ से निकलने का समय आ गया है। मैं किला तुम्हें सौंपती हूँ, चाहे रखो, चाहे शत्रु को दे दो। मान लो, तुम्हारा स्वामी अयोग्य ही है, तो भी जो राज्य, वंश परंपरा से तुम्हारा है, उसके शत्रु के हाथ चले जाने से तुम्हारी बड़ी अपकीर्ति होगी।"[80]

एक बार पुनः मेवाड़ के यशस्वी व विश्वासपात्र सामंतों ने मातृभूमि की पुकार का उत्तर दिया तथा चित्तौड़ की रक्षा हेतु सब लामबंद हुए।

रावत बाघ सिंह के नेतृत्व में अर्जुन हाड़ा, राव सत्ता, माला सोनगरा, डोडिया भाण,

---

78. यह वही बहादुर शाह है, जिसे सांगा ने शरण दी थी।

79. ओझा, खंड-1, पृ. 344।

80. वीर विनोद तथा ओझा, दोनों ही इस पत्र का उल्लेख करते हैं।

भैरव दास सोलंकी, झाला सज्जा तथा एक दर्जन से अधिक बड़े सामंत चित्तौड़ की रक्षा हेतु एकत्रित हो गए। मुसलमान अपनी तोपों के कारण चित्तौड़ की सेना को हराने में सफल रहे। 8 मार्च, 1535 ईसवी को 32,000 राजपूत व अन्य हिंदू सैनिकों ने चित्तौड़ की रक्षा में प्राण गँवाए। रानी कर्मावती ने 13,000 अन्य हिंदू स्त्रियों के साथ जौहर किया।

विक्रमादित्य, छोटे भाई उदय सिंह व कुछ सैनिकों के साथ दुर्ग से भाग निकला। बहादुर शाह की सेना को राजपूतों ने भयंकर हानि पहुँचाई थी। कुछ दिनों बाद मालवा के मंदसौर में, हुमायूँ व बहादुर शाह के बीच हुए युद्ध में बहादुर शाह पराजित हुआ। मेवाड़ के सामंतों ने अवसर पाकर चित्तौड़ पुनर्गृहित कर लिया। विक्रमादित्य को पुनः मेवाड़ का राजा बना दिया गया।

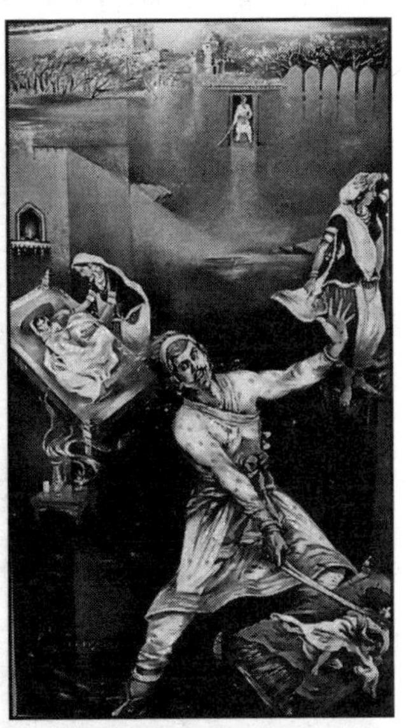

पन्ना धाय का अमर बलिदान। उदय सिंह की रक्षा

पाठकों को स्मरण होगा कि सांगा के एक बड़े भाई पृथ्वीराज थे। एक दासी के द्वारा पृथ्वीराज का एक पुत्र था, जिसका नाम बनबीर था। बनबीर क्रोधी व ओछे स्वभाव का व्यक्ति था, जिसे सांगा ने देश निकाला दिया था। प्रभावहीन विक्रमादित्य को देख बनबीर चित्तौड़ लौट आया और धोखे से विक्रमादित्य की हत्या कर दी। इसके पश्चात् बनबीर, विक्रमादित्य के छोटे भाई उदय सिंह की

वह महल जहाँ पन्ना धाय ने अपने पुत्र चंदन की बलि दी थी

हत्या करने महलों की तरफ आया।

यहाँ हम उदय सिंह की धाय माँ के अकल्पनीय, अविश्वसनीय त्याग के साक्षी बनते हैं। पन्ना धाय ने अपने पुत्र चंदन को उदय सिंह के स्थान पर राजसी शयनकक्ष में सुला दिया। बनबीर ने चंदन को उदय सिंह समझ सोते बच्चे के दो टुकड़े कर दिए।

बालक उदय सिंह को टोकरी में चित्तौड़ से कुंभलगढ़ ले जाती महानारी पन्ना धाय

पन्ना धाय, उदय सिंह का नाम लेकर जोर-जोर से विलाप करने लगी, ताकि बनबीर को संदेह न हो जाए। पन्ना धाय अपने पुत्र की अंत्येष्टि में अंत तक रुकीं और फिर उदय सिंह को सबसे छिपाकर कुंभलगढ़ ले गईं। अपने पति के साथ भयंकर कष्ट पाते हुए, किसी तरह छिपते-छिपाते यह महान स्त्री कुंभलगढ़ के स्वामी, आशा देवपुरा के पास पहुँची तथा उन्हें सत्य कह सुनाया। आशा देवपुरा ने बालक उदय सिंह को प्रश्रय देकर मेवाड़ के सामंतों को सूचित किया। मेवाड़ के सभी सामंतों ने उदय सिंह को अपना राणा माना तथा उनके नेतृत्व में मावली के युद्ध में बनबीर को पराजित कर उसका वध किया।

यूँ एक और विलक्षण त्याग की गाथा के फलस्वरूप मेवाड़ राजवंश समाप्त होते-होते बचा लिया गया। पन्ना धाय माँ ने स्वामिभक्ति व निष्ठा के भाव को उस शिखर पर आरूढ़ कर दिया, जिसे छूना असंभव है।

एक क्षण के लिए हम उस संकल्प व पीड़ा को अनुभव कर सकते हैं, जिसके चलते पन्ना धाय माँ ने अपने बच्चे की बलि चढ़ा दी! हिंदू धर्म यूँ ही नहीं बचा है। बहुत माँओं की गोद उजड़ी हैं, बहुत स्त्रियाँ अनाथ हुई हैं, म्लेच्छों के समूह के इस लंबे संघर्ष में मेवाड़ के जन-जन ने मूल्य चुकाया था।

ऐसे अनगिनत बलिदानियों ने मुसलमानों के साथ युद्ध की इस अग्नि में अपने रुधिर का घी बनाकर डाला था। तब जाकर धर्म की यह जोत निरंतर अकंप ज्वाला बनकर जलती रही थी।

कमेरी गाँव में पनोरमा में लगा सूचना पट्ट

यदि उस रात, उदय सिंह बनवीर

के हाथों मारे जाते तो कभी कोई महाराणा प्रताप नहीं होते।

प्रताप के अभाव में, अकबर हमारे पूरे देश को ग्रस लेता तथा फिर हिंदू धर्म के अंतिम चिह्न भी समाप्त हो जाते। मानव इतिहास में सभ्यताएँ इतनी ही क्षणभंगुर हैं।

भारतीय उपमहाद्वीप में धर्म की अग्नि को प्रज्वलित करने का श्रेय पन्ना धाय के उस महान बलिदान को भी जाता है, जिसने मातृभूमि और स्वामिभक्ति के आगे अपना सर्वस्व लुटा दिया।

पन्ना धाय माँ को उदय सिंह ने सगी माँ की तरह ससम्मान अपने पास चित्तौड़ में रखा। 1540 ईसवी में उदय सिंह मेवाड़ के महाराणा बने। उसी वर्ष 9 मई को उनकी सबसे बड़ी रानी, जयवंता बाई के गर्भ से एक पुत्र का जन्म हुआ, जिसका नाम प्रताप रखा गया।

बाल्यकाल

प्रताप, मेवाड़ के महाराणा उदय सिंह के ज्येष्ठ पुत्र एवं महाराणा सांगा के पौत्र थे।

इनकी माता जयवंता बाई ने इनका लालन-पालन कर इन्हें संस्कारित किया था। प्रताप हृष्ट-पुष्ट एवं साहसी बालक थे। बाल्यकाल में ही उनकी माता ने उन्हें अपने राजवंश, हिंदू धर्म एवं मेवाड़ की धरती के प्रति निष्ठावान रहने की शिक्षा दी थी। जयवंता बाई ने ही प्रताप को दो खड्ग रखने के लिए भी कहा था, क्योंकि वही राज्य के ध्वज को धारण करनेवाले थे। यह वचन उन्होंने जीवनपर्यंत निभाया।

बालक प्रताप अपनी माता के चरणों में

प्रताप के पिता उदय सिंह अपनी छोटी रानी एवं प्रताप की विमाता भटियाणी रानी धीर बाई पर अनुरक्त थे। उदय सिंह के इन्हीं रानी भटियानी से दो और पुत्र थे, जिनका

नाम जगमाल व सगर था। जगमाल को उनकी माता ने मेवाड़ का महाराणा बनाने की महत्त्वाकांक्षा से पाला था। उदय सिंह की आसक्ति का लाभ उठाकर भटियाणी रानी अपनी योजना पर आरंभ से ही काम कर रही थीं। जब प्रताप अपनी जन्मस्थली कुंभलगढ़ से उदयपुर आए, तब उदय सिंह ने प्रताप को वहाँ नहीं रहने दिया तथा उन्हें एवं उनकी माताजी को चित्तौड़गढ़ दुर्ग के नीचे कुँवरपदा अर्थात् राजकुमारों के निवास में रहने का आदेश दिया।

चित्तौड़ किले की तलहटी में 'कुँवरपदा'

प्रताप एवं उनकी माताजी की सुरक्षा हेतु केवल दस सशस्त्र सैनिक दिए गए थे तथा प्रताप एवं उनकी माताजी के लिए भोजन भी चित्तौड़ के दुर्ग से बड़े ही अपमानजनक तरीके से भेजा जाता था। मेवाड़ में किसी भी राजकुमार के साथ आज तक ऐसा व्यवहार नहीं हुआ था। किंतु प्रताप ने इस अपमान के समय को भी अवसर में परिवर्तित कर लिया।

प्रताप अपने बाल्यकाल में भी उदार हृदय के व्यक्ति थे एवं उन्होंने 'भोजन पेटी' की एक परंपरा प्रारंभ की। जो भी भोजन प्रताप एवं उनकी माताजी के लिए दुर्ग से आता था, प्रताप उसको अपनी रक्षा में लगे सैनिकों के साथ बैठकर ग्रहण करते थे।

यह कृत्य उनके समय से पूर्व किसी ने भी नहीं किया था तथा इसके कारण प्रताप के प्रति उनके सैनिकों की निष्ठा एवं सम्मान बहुत बढ़ गया था।

जैसे ही यह बात सभी जगह फैली तो न केवल सेना, वरन् आमजन भी उनके इस व्यवहार से बहुत प्रभावित हुए। धरती पर बैठकर सैनिकों के साथ भोजन करने की

यह प्रथा प्रताप ने स्वयं जीवनपर्यंत निभाई। सेना के प्रत्येक नायक के साथ जननायक प्रताप के अत्यंत मधुर संबंध बन गए। सभी उन्हें प्रेम एवं सम्मान की दृष्टि से देखते थे।

प्रताप के वंचित बाल्यकाल ने मेवाड़ राज्य के लिए भी एक अवसर उत्पन्न किया, जो प्रताप द्वारा मुगलों की सेना पर विजय में निर्णायक सिद्ध हुआ और इसी कारण यहाँ उसका उल्लेख होना आवश्यक है। मेवाड़ में सदा से ही पर्वतों में रहने एवं वनों पर निर्भर रहनेवाली स्थानीय भील जाति का निवास था। ये भील, राजसी भोजन, रीति-नीति, भाषा इत्यादि से दूर रहते थे। यद्यपि बाप्पा रावल का जीवन प्रथमतया, ओगुना पनरवा के भीलों ने ही बचाया था और राजपूतों एवं भीलों का संबंध सातवीं शताब्दी से प्रारंभ हो चुका था, किंतु प्रताप के काल में इस संबंध को और अधिक दृढ़ता मिली। आनेवाली शताब्दियों में मेवाड़ के मुगल साम्राज्यवादियों के साथ हुए युद्धों में इस संबंध का प्रभाव अभूतपूर्व था।[81]

प्रताप ने राजवंश एवं प्रजा के मध्य की सीमाओं को धुँधला कर दिया। प्रताप, मेवाड़ के राजकुमार होकर बहुत सहजता से नितांत निर्धन व सामान्य प्रजाजनों के साथ खाना-पीना व उठना-बैठना रखने लगे। यह एक ऐसी घटना थी, जो राजस्थान के सामंतवादी समाज में कभी देखी-सुनी नहीं गई थी। भीलों के साथ रहने के कारण प्रताप मेवाड़ की एकता को कई सोपान ऊपर ले गए।

बाल्यकाल में प्रताप चित्तौड़ के निकट के वनों में विचरण करते थे, जहाँ उन्होंने अपनी आयु के भील बालकों से मित्रता स्थापित की और आखेट के अतिरिक्त अरावली के पर्वतों एवं घाटियों में जीवन जीने की कला सीखी। भील समाज का मेवाड़ के आमजनों पर एक और उपकार का उल्लेख आवश्यक है।

मेवाड़ के महाराणा जब प्रजा को मैदानों से उठकर पठारों की ओर पलायन का आदेश देते थे, तो इसे 'शुष्क भूमि नीति' कहा जाता था। यह शत्रु की सेना को भूखा-प्यासा रखने के लिए मेवाड़ की जनता का अप्रतिम बलिदान था।

ऐसी विपत्ति के समय भील समाज ही पूरे राज्य की जनता का भरण-पोषण करता था। भील समाज का हिंदुओं की स्वतंत्रता में राजपूतों के समान ही महत्त्वपूर्ण योगदान है। हिंदू समाज को हृदय से हमारे इन भील पुरखों के प्रति अनुगृहीत होना चाहिए।

भीलों ने प्रेमवश प्रताप को 'कीका' कहकर संबोधित करना आरंभ कर दिया, जिसका अर्थ भीलों की भाषा में 'छोटा बालक' होता है। इस घटना का यह भी अर्थ हो सकता है कि बालक प्रताप के प्रति भील स्त्रियों का मातृवत् विशेष स्नेह था, अन्यथा भील समाज में 'कीका' शब्द अपनी जड़ें नहीं जमा पाता।

मेवाड़ के कई इतिहासकारों द्वारा एवं गाथाओं में प्रताप एवं भीलों की इस अभिन्न

81. अमरकाव्यम पृष्ठ 239-40।

मित्रता का उल्लेख किया गया है। जब प्रताप का मेवाड़ के सिंहासन पर राज्यारोहण हुआ, तब भी भील उन्हें 'राणा कीका' के नाम से ही संबोधित करते थे और स्वयं प्रताप भी इस संबोधन को उतने ही प्रेम से स्वीकार करते थे। मानव इतिहास में ऐसा मुश्किल से ही पाया जाता है, जहाँ भारत के सबसे बड़े और धनाढ्य राजवंशों में से एक का राजकुमार, अपनी प्रजा के साथ ऐसा घनिष्ठ संबंध रखे कि राजा और प्रजा में कोई अंतर ही नहीं रहा और यही विचित्र संबंध हमारे देश की अद्भुत संस्कृति और सभ्यता का द्योतक है।

एक ओर जहाँ मध्यकालीन राजस्थानी जीवन-शैली में सामंतवाद एवं जातिवाद की आलोचना होती है तथा इनसे पीड़ित लोगों के लिए घड़ियाली आँसू बहाए जाते हैं, कोई बुद्धिजीवी, मेवाड़ के राजवंश एवं मेवाड़ के विस्मृत सपूत, अर्थात् भीलों के बीच के इस अटूट व विलक्षण संबंध का यशगान तो दूर, चर्चा भी नहीं करता!

भीलों ने प्रताप को अरावली की संकीर्ण घाटियों में रहना तथा वन में जीवन रक्षा करना सिखाया। जंगली पशुओं से आत्मरक्षा तथा इस स्थिति में भी अपने एवं अन्य सभी के लिए भोजन व्यवस्था करना इत्यादि सभी बातें सिखाईं। प्रताप के निर्देश पर भील योद्धाओं को मेवाड़ की सेना में सम्मिलित किया गया एवं उन्हें सैन्य प्रशिक्षण प्रदान किया गया। भील सेना, प्रताप की आँख व कान बन गई। मुगलों की सेना की छोटी सी गतिविधि की सूचना, प्रताप के पास घंटों पहले पहुँच जाती। इस सामरिक बढ़त के कारण ही प्रताप मुगलों को पराजित कर पाए।

भीलों ने जीवनपर्यंत प्रताप की सेना में महत्त्वपूर्ण भूमिका निभाई एवं प्रताप तथा उनके वंशजों के साथ अपनी निष्ठा बनाए रखी। प्रताप के जीवन के सबसे कठिन समय, हल्दीघाटी के युद्ध से दिवेर के अभियान तक, ये भील ही थे, जिन्होंने मेवाड़ की सीमाओं की सुरक्षा का भार सँभाला एवं मुगलों को इस पूरे काल में सीमाओं के समीप भी नहीं आने दिया।

आधुनिक विज्ञान कहता है कि बाल्यकाल के अनुभव, व्यक्ति के चरित्र निर्माण में सर्वाधिक महत्त्वपूर्ण होते हैं। प्रताप के बाल्यकाल की इन घटनाओं का उनके व्यक्तित्व पर प्रभाव हम स्पष्टता से देख सकते हैं। प्रताप के बाल्यकाल के विषय में हम इतना कह सकते हैं कि यद्यपि वह मेवाड़ के राजवंश में जन्मे जयेष्ठ पुत्र थे, फिर भी उन्होंने अपने जीवन के आरंभ में ही संघर्ष एवं कष्टों को अनुभव किया। तथापि स्वयं को दीन-हीन मान, हृदय में क्रोध व द्वेष पालने के स्थान पर उन्होंने अपनी प्रज्ञा व करुणा को निखारा। अपने परिवार, प्रजा एवं बाह्य विश्व में मानवीय मूल्यों के आधार पर संबंधों को सुगंधित एवं प्रगाढ़ किया।

एक समझ, जो उन्हें अपने संचित कर्मों से प्राप्त हुई थीं उनकी माता के वीतराग

लालन-पालन और साथ ही उनके आध्यात्मिक झुकाव ने उन्हें सांसारिक दुर्बलताओं से दूर, शिक्षा, युद्ध कौशल, परिजनों के प्रति प्रेम व सम्मान जैसे मूल्यों पर आधारित जीवन जीने को प्रेरित किया।

उन्होंने विश्व को अपूरणीय वासना की दृष्टि से न देख कर, केवल कर्तव्य कर्म की दृष्टि से ही देखा। वह सब सहज स्वीकार किया जो जीवन ने उन्हें दिया। अपने प्रारंभिक दिनों के अपने जीवन के प्रत्येक अवसर का भरपूर सदुपयोग कर प्रताप अपने परिवार तथा धर्म के गौरव हेतु सूर्य के तेज के सदृश आलोकित हुए।

युवावस्था

प्रताप लंबी-चौड़ी कद-काठी वाले प्रभावशाली व्यक्तित्व और चुंबकीय आकर्षण वाली आभा से समृद्ध युवराज बने। सुंदर बड़ी आँखें तथा गोल चेहरे पर सज्जित भरी हुई राजपूती मूँछें, प्रताप को सहज ही राजपुरुष की भंगिमा देती थीं। प्रताप के शरीर सौष्ठव के विषय में कई अविश्वसनीय कथाएँ हैं, किंतु अनेक पुस्तकों का गहन अध्ययन करने के पश्चात् ये सभी कोरी कथाएँ ही लगती हैं। गूगल सर्च में भी प्रताप की ऊँचाई सात फीट पाँच इंच बताई गई है, किंतु इस बात का कोई प्रमाण कम-से-कम लेखक को तो नहीं मिला है।

यद्यपि उदयपुर के राजमहल में रखे कवच को देखकर कहा जा सकता है कि उनकी ऊँचाई छह से सात फीट के मध्य रही होगी। उनकी दोनों खड्ग, उनका भाला, उनकी बंदूक एवं उनका लौह कवच, ये सभी कुल मिलाकर अस्सी से सौ किलोग्राम के अवश्य रहे होंगे। इस प्रकार का भार धारण करके युद्धस्थल पर जाने के लिए न केवल दृढ़ इच्छाशक्ति, वरन् शक्तिशाली शरीर का होना भी आवश्यक है। प्रताप के पास दोनों थे, इसमें कोई संदेह नहीं है।

आखेट के प्रति प्रताप का उत्साह एवं दशकों तक वनों में उनका विचरण, उन्हें पहाड़ी युद्ध का सिद्धहस्त योद्धा बनाने में बहुत सहायक रहे। प्रताप, मेवाड़ के सर्वोत्तम खड्गधारियों के साथ स्वयं प्रशिक्षण लेते थे, अतः उनका खड्ग-कौशल घातक था। किंतु प्रताप को भाले का उपयोग करना सबसे अधिक प्रिय था। यही मेवाड़ के अधिकांश योद्धाओं की परंपरा थी।

रावत कृष्णदास चूँडावत व जयमल राठौड़ पर प्रताप के संपूर्ण शस्त्र प्रशिक्षण का दायित्व था।

बालक प्रताप का आरंभिक प्रशिक्षण

चूँकि मेवाड़ के अधिकांश युद्ध पर्वतीय क्षेत्रों में लड़े गए, भाले को फेंकना, उसका दूर तक घात करना व हल्का भार, मेवाड़ के योद्धाओं के लिए भाले को सर्वोत्तम अस्त्र बनाता था। प्रताप को उनके शिक्षकों द्वारा सिखाया गया था कि किसी भी व्यक्ति को अपना अश्व, अपनी खड्ग एवं अपनी स्त्री को कभी छोड़ना नहीं चाहिए।

इन शिक्षाओं को प्रताप ने अपने आचरण में आत्मसात् किया। प्रताप ने स्वयं को आखेट में निपुण कर लिया। मेवाड़ में आखेट बड़ा ही महत्त्वपूर्ण माना जाता था। आखेट, एक परंपरा की महत्ता और भाले, खड्ग एवं कटार इत्यादि के प्रशिक्षण का उत्कृष्ट तरीका था। इसे 'टीकादौड़' भी कहा जाता था एवं मेवाड़ के प्रत्येक राजकुमार को साहस की परीक्षा के रूप में यह करना ही पड़ता था।

यद्यपि प्रताप की आखेट में तीव्र स्वाभाविक रुचि भी थी। यह एक विचित्र संयोग है कि अपने राजतिलक के समय की अशांति के मध्य भी प्रताप आखेट के लिए जंगल में चले गए थे। दुर्भाग्यवश, 1597 ईसवी में आखेट करते समय जो आघात प्रताप को लगा, उसके कारण ही केवल सत्तावन वर्ष की अल्पायु में वे परमतत्व में लीन हो गए।

प्रताप स्वयं एक अनुपम द्वंद्व योद्धा थे एवं इसके प्रशिक्षण के लिए वे अपने मित्रों के साथ द्वंद्व क्रीड़ा किया करते थे। शीघ्र ही मेवाड़ की प्रजा में प्रताप के व्यक्तित्व एवं आचरण के विषय में बात फैली, तो उन्हें अपने राजकुमार प्रताप में असंख्य संभावनाएँ दिखाई दीं। प्रताप को पहले ही अंदेशा था कि उनके पिता उनके स्थान पर जगमाल को अपना उत्तराधिकारी चुन सकते हैं, किंतु फिर भी उन्होंने स्वयं को इस उहापोह से अलग रखा।

उन्होंने केवल अपने पिता के दैनिक राजकार्यों के निष्पादन तथा मेवाड़ राज्य के सुचारु संचालन में सहयोग किया। प्रताप में परिवार के प्रति बहुत गहरी निष्ठा थी। एक समय वर्षाकाल में, राजपरिवार पिछोला झील के दक्षिणी तट पर था एवं राणा उदय सिंह

अपनी रानी के साथ राजप्रासाद में थे।

भीषण वर्षा के कारण एक रात राजप्रासाद में पानी भर गया। प्रताप पिछोला के दूसरे तट पर थे। वे वर्षा की चिंता न करते हुए नावें लेकर राजप्रासाद पहुँचे तथा अपने पिता एवं परिवार को सुरक्षित वहाँ से निकाल लिया।

प्रत्येक संध्या को, प्रताप, चित्तौड़ दुर्ग से निकलकर मेवाड़ की सेवा करने वाले एक साधारण सरदार की भाँति अपनी माता के पास आते, उनके साथ रहते एवं स्थानीय लोगों से मेल-मिलाप, वार्ता इत्यादि में समय व्यतीत करते।

प्रताप का ज्ञान एवं राजकार्यों में उनकी व्यस्तता, अपने सेनानायकों एवं सलाहकारों के साथ सम्मानजनक व्यवहार के कारण वे मेवाड़ के सामंतों के प्रिय बन गए थे। देवगढ़, सलूंबर, आमेट एवं भैंसरोड़गढ़ इत्यादि के सभी सामंत एवं नायक, राज्य संबंधी विषयों में प्रताप से परामर्श करते और इसी कारण उनकी प्रताप के प्रति निष्ठा जीवनपर्यंत बनी रही। यही वह महत्त्वपूर्ण बात थी, जिसके चलते प्रताप को मेवाड़ के राज्यारोहण में सहायता मिली एवं उन्होंने सफलतापूर्वक मेवाड़ पर राज भी किया। इन्हीं सामंतों की सहायता से प्रताप ने केवल राजकुमार होते हुए भी मेवाड़ की सीमाओं का विस्तार आरंभ किया। उन्होंने करण सिंह चौहान को पराजित कर वागड़ पर विजय प्राप्त की, सलूंबर के राठौड़ों को पराजित किया एवं छप्पन का क्षेत्र भी हस्तगत किया।

उन्होंने गोडवाड़ पर भी अधिकार कर उसे मेवाड़ में सम्मिलित कर लिया। इन विजय अभियानों ने मेवाड़ की हतोत्साहित सेना के मनोबल को पुनर्जीवित किया। सैनिकों के हृदय में प्रताप बसते थे। सेना ने उदय सिंह के दशकों के शांत एवं निर्लिप्त कार्यकाल की पीड़ा को भुलाकर उत्सव मनाया, क्योंकि अब उन्हें एक जुझारू एवं साहसी राजकुमार का नेतृत्व प्राप्त हो चुका था।

प्रताप का हिंदू धर्म की शिक्षाओं का प्रशिक्षण एवं उनके पूर्वजों द्वारा इस्लामी साम्राज्यवादियों के साथ किए गए संघर्ष की समझ भी ध्यान देने योग्य बिंदु हैं। मेवाड़ के ब्राह्मण शिक्षकों एवं हिंदू साधुओं के लिए प्रताप के मन में असीम श्रद्धा थी। इन्हीं महामनाओं की कृपा से उन्होंने मेवाड़ राजवंश के इष्टदेव, शिव स्वरूप भगवान् एकलिंगजी की भक्ति का प्रसाद प्राप्त किया था। प्रताप की धर्म शिक्षा आचार्य राघवेंद्र द्वारा की गई।

हिंदू धर्म एवं उसके आधारभूत मूल्यों के प्रति उनकी प्रतिबद्धता ने भारत की जनता पर इस्लाम बलपूर्वक थोपे जाने के विरुद्ध उनके निश्चय को और अधिक दृढ़ बनाया। प्रताप की युवावस्था की दो घटनाएँ यहाँ उल्लेखनीय हैं।

प्रथम, अपने भील मित्रों के साथ वनों में विचरण करते समय प्रताप की भेंट मुनि

रूपनाथजी से हुई, जो हिंदू धर्म में नाथ संप्रदाय से संबंधित थे। प्रताप उनसे बहुत प्रभावित हुए। रूपनाथजी ने न केवल प्रताप को सनातन धर्म की नैतिक एवं आध्यात्मिक शिक्षाएँ दीं, वरन् उन्हें राजनीति, राजधर्म एवं युद्धकौशल के गुर भी सिखाए।

मुनि रूपनाथ के साथ प्रताप

नाथ संप्रदाय की परंपरा के प्रणेता महान गुरु मत्स्येंद्र नाथ एवं गुरु गोरक्षनाथ थे, जो उच्चतम श्रेणी के आध्यात्मिक योद्धा भी थे। यह कोई संयोग नहीं है कि वर्तमान समय में गोरखपुर के महंत रहे श्री अवेद्यनाथजी के शिष्य महंत श्री आदित्यनाथजी भी उसी नाथ परंपरा के अनुयायी हैं। नाथ संप्रदाय ने भारतीय उपमहाद्वीप में न केवल ज्ञान एवं आध्यात्मिक शक्तियों से विस्तार कर हिंदू मूल्यों की स्थापना एवं रक्षा की, वरन् जब-जब भी भारतीय उपमहाद्वीप में धर्म का अनुसरण करना मुश्किल हो गया तो उन्होंने अपनी शक्तियों के बल पर राजाओं को धर्म के मार्ग पर चलने के लिए मार्गदर्शन दिया। महंत अवेद्यनाथजी के गुरु महंत दिग्विजयनाथजी, संन्यास से पूर्व, मेवाड़ के एक सिसोदिया राजपूत परिवार से थे। मुनि रूपनाथजी के साथ प्रताप का संबंध जीवनपर्यंत बना रहा एवं ये मुनि रूपनाथ जी ही थे, जिन्होंने मुगलों पर आक्रमण करने तथा उन्हें पराजित करने के लिए दिवेर के थाने को चुनने की सलाह दी थी।

प्रताप की युवावस्था में एक और घटना हुई थी, जिसके दूरगामी परिणाम हुए। प्रताप और उनके अनुज शक्ति सिंह, चित्तौड़ के निकटवर्ती वनों में शिकार हेतु गए थे। यहाँ प्रताप एवं शक्ति सिंह में एक हिरण के शिकार पर विवाद हो गया एवं इस विवाद के परिणाम ने मेवाड़ का इतिहास बदल दिया।

शक्ति सिंह को मेवाड़ में 'शक्ता' के नाम से भी जाना जाता था तथा वे भी साहस एवं निडरता में प्रताप के समान ही थे। जब उनकी आयु केवल पाँच वर्ष की थी, शक्ति सिंह अपने पिता के साथ बैठे थे। एक आयुध निर्माता अपने साथ एक कटार लेकर आया, जिससे उसने सूती कपड़े को एक ही वार में काटकर दिखाया। बालक शक्ता ने

राणा से पूछा, "क्या यह कटार अस्थि एवं मांस को नहीं काट सकती?" इतना कहकर उन्होंने कटार को हाथ में लिया और स्वयं के हाथ पर ही कटार चला दी। रक्त की धार से वहाँ बिछा कालीन लाल हो उठा, किंतु बालक शक्ता के मुख पर पीड़ा, दु:ख या आश्चर्य का कोई भाव नहीं आया।

प्रताप एवं शक्ता प्रेमपूर्वक साथ रहते थे तथा मेवाड़ के सुयोग्य शिक्षकों एवं शस्त्रास्त्र प्रशिक्षकों के सान्निध्य में सब भली-भाँति सीख रहे थे। दुर्भाग्यवश, उस दिन आखेट में किसी बात पर साधारणत: शांत स्वभाव के प्रताप को क्रोध आ गया। उन्होंने शक्ति सिंह को द्वंद्वयुद्ध की चुनौती दे डाली। इस पर शक्ति सिंह ने चुनौती स्वीकार करते हुए कहा, "पहला आघात आप करेंगे या मैं?"

दोनों भ्राता एक-दूसरे के सामने भाले तानकर खड़े थे। राजपूत रक्त दोनों की धमनियों में उबाल ले रहा था। दोनों ही बराबर एक-दूसरे पर भीषण आघात कर रहे थे। मेवाड़ के दोनों राजकुमारों में से एक की मृत्यु निश्चित थी। ऐसे में कुछ स्वामिभक्त सैनिक भागकर महल की ओर आए। उन्होंने राजवंश के मुख्य पुरोहित नारायण पालीवाल को सारा वृत्तांत कह सुनाया। पालीवाल पुरोहित अश्वारूढ़ हो तुरंत राजकुमारों के पास पहुँच गए।

शक्ति सिंह

पुरोहित ने दोनों ही राजकुमारों को अलग करने के अथक प्रयास किए, किंतु दोनों ही अपने हठ पर अड़े थे। पुरोहित ने भय व चिंता से काँपते हुए दोनों ही भाइयों को राजवंश की इतनी बड़ी हानि करने से रोकने का भरसक प्रयास किया। जब दोनों ही राजकुमारों ने पुरोहित की प्रार्थना पर ध्यान नहीं दिया, तो पुरोहित पालीवाल ने सर्वोच्च बलिदान दे दिया। आत्मोत्सर्ग का वह मार्ग चुना, जो राजवंश की सुरक्षा के लिए आवश्यक हो गया था।

नारायण पालीवाल ने अपनी कटार निकालकर अपनी छाती में घोंप दी। दोनों राजकुमार हतप्रभ रह गए। पुरोहित ने अपने प्राण त्यागने से पूर्व प्रताप से कहा, "यदि आप दोनों अब भी नहीं रुके तो ब्रह्महत्या का दोष आपके सिर होगा।"

ऐसी थी मेवाड़ के गुरुओं में बुद्धिमत्ता एवं बलिदान की परंपरा। पालीवाल पुरोहित समझ गए थे कि दोनों ही राजकुमारों के युवा हठ को तर्क से नहीं रोका जा सकता एवं अपने क्रोध की ज्वाला में उन्हें ज्ञान का दीपक दिखाई ही नहीं देगा। यदि दोनों में से एक भी राजकुमार घायल हो जाता या मृत्यु को प्राप्त हो जाता, तो मेवाड़ का राजवंश कभी न समाप्त होने वाली अंतर्कलह में डूब जाता।

हम हिंदुओं को पालीवाल पुरोहित जैसे मेवाड़ के शिक्षकों के प्रति कृतज्ञ होना चाहिए एवं प्रताप तथा अन्य महाराणाओं के बराबर सम्मान इन गुरुओं को भी देना चाहिए। इस घटना के पश्चात् प्रताप ने शक्ति सिंह को मेवाड़ से निर्वासित कर दिया।

शक्ति सिंह स्वयं अकबर के दरबार में चले गए। यद्यपि अपने जीवनपर्यंत शक्ति ने प्रताप एवं मेवाड़ के प्रति निष्ठा रखी तथा उन्हें समय-समय पर अकबर की अगली योजनाएँ, उपयोगी जानकारियाँ इत्यादि भिजवाते रहते थे। जब धौलपुर के निकट अकबर का एक सैन्य अभियान चल रहा था, तब शक्ति को अकबर के चित्तौड़ आक्रमण के विषय में ज्ञात हुआ तो उन्होंने तुरंत ही उदय सिंह एवं प्रताप को सूचना भिजवा दी, ताकि वे समय रहते उपयुक्त निर्णय ले सकें।

ये वही शक्ति सिंह हैं, जिन्होंने हल्दीघाटी के युद्ध में प्रताप को अपना अश्व देकर उनकी प्राणरक्षा का अपना दायित्व निभाया। अंततः 1580 ईसवी में उन्होंने अकबर का दरबार छोड़ अपने भ्राता के नेतृत्व में रहने का निश्चय किया एवं 1583 ईसवी में हुए दिवेर के युद्ध में प्रताप के नेतृत्व में मेवाड़ के ध्वज तले युद्ध किया। यह एक व्यर्थ का आक्षेप शक्ति सिंह पर लगाया जाता है कि वे धर्मद्रोही थे। उनका जीवन तो ठीक इस मान्यता के विपरीत, उत्कट धर्मपरायणता का प्रबल उदाहरण है।

महान महाराणा प्रताप का व्यक्तित्व एवं उनके उत्थान का पथ, उनके बाल्यकाल एवं युवावस्था की अनेक घटनाओं से प्रशस्त हुआ था, जो आज हमारे लिए भी उतनी ही उचित हैं, जितनी तब उनके लिए थीं।

अपने परिवार तथा परिजनों से उपेक्षित होने के उपरांत भी विशाल हृदय कैसे रखा जा सकता है।

एक ऐसे राज्य में, जहाँ स्वातंत्र्य एवं धर्म, रक्तकणों में प्रवाहित होता हो, वहाँ के राजकुमार के रूप में कैसे, केवल अपने कर्तव्य एवं कर्म पर ही केंद्रित रहा जाता है।

कैसे आप तप एवं नियम की पालना करते हुए स्वयं को सबल एवं सक्षम बना सकते हैं।

कैसे अपनी माता, मातृभूमि एवं अपनी प्रजा के लिए भी एक पुत्र की भाँति निष्ठावान रहा जा सकता है।

कैसे निडर होकर धर्म की सेवा की जा सकती है।

कैसे राजकुमार होने के थोथे अभिमान को त्याग, एक सरल मनुष्य के रूप में

अपने प्रजाजनों के साथ मिलकर आचार-विहार किया जा सकता है।

कैसे बिना किसी अपेक्षा के अपने परिजनों की सेवा करते हुए उनके प्रति सत्यनिष्ठ रहा जा सकता।

कैसे पिता द्वारा उपेक्षित होने के उपरांत भी कर्तव्य पथ पर अडिग होकर चला जाता है।

कैसे हृदय की तुच्छ दुर्बलता को त्याग, उदारता व दूरदृष्टि का जीवन जिया जाता है।

ये सब उच्च आदर्श, हमें प्रताप के बाल्य काल व युवावस्था में उनके व्यवहार में स्पष्ट देखने को मिलते हैं।

पतझड़ में जैसे वृक्षों के पत्ते गिरते हैं और फिर कोपलें फूटती हैं, उसी प्रकार धरती पर अनगिनत मनुष्य जन्मते-मरते रहते हैं, किंतु यदि प्रताप हमारे हृदय में आज, कल और अनादिकाल तक विराजमान रहेंगे तो केवल इसलिए, क्योंकि वे एक अद्वितीय मनुष्य थे, जिन्होंने मेवाड़ एवं हिंदू धर्म को समाप्त होने से बचाने में अपना जीवन अर्पित कर दिया। यदि आज हिंदू जनमानस में प्रताप की छवि जीवित है, तो केवल इसलिए, क्योंकि उन्होंने क्षात्र धर्म को एक शरीर दिया। प्रताप ने हमें एक आशा दी कि यदि एक अकेला राजा उस समय के सर्वाधिक शक्तिशाली राजा से लड़ सकता है, तो आज हम भी भारत को विनष्ट करने में जुटी शक्तियों को पराजित कर सकते हैं। जब तक पृथ्वी पर एक भी हिंदू जीवित है, तब तक प्रताप जीवित रहेंगे, क्योंकि प्रताप एक भावना है सम्मान व स्वातंत्र्य की, जिस पर काल की धूल कभी जम ही नहीं सकती।

प्रताप ने शौर्य एवं साहस के बल पर इतिहास में अपनी जगह बनाई। इसलिए नहीं कि वे महत्त्वाकांक्षी थे, वरन् इसलिए कि उन्होंने मानवीय मूल्यों को सदैव शिरोधार्य रखा, सदा सहजता से धारण किया। राजनिष्ठा, शौर्य एवं मातृभूमि के प्रति प्रेम को सदैव अपने रक्तकणों में समाकर जीनेवाले ऐसे महापुरुष को इतिहास भी अपने सुनहरे पृष्ठों में स्थान देने को बाध्य होता है। □

10

चित्तौड़ का तीसरा साका : अकबर का पैशाचिक रूप, मेवाड़ सदा के लिए आहत (25 फरवरी, 1568)

यदि किसी दिन, मानव समाज, अपनी झूठी सहिष्णुता और उन मध्यकालीन धर्मांध हत्यारों के अंधे तुष्टीकरण की मरीचिका से बाहर निकलेगा, जिन्होंने भारतीय उपमहाद्वीप में 1400 वर्षों से हिंदुओं का सतत नरसंहार किया है, तो केवल राजस्थान के हिंदू ही होंगे, जिनका नाम इस्लामी आक्रांताओं के विरुद्ध निरंतर संघर्ष और बलिदान हेतु सर्वाधिक सम्मान से लिया जाएगा।

निश्चित रूप से इन लोगों का नेतृत्व करनेवाले अद्भुत शौर्यवान राजाओं, जैसे मेवाड़ के सिसोदिया, अजमेर के चौहान, जालौर के सोनगरा, जैसलमेर के भाटी इत्यादि का यशगान तो सर्वोपरि होगा ही, तथापि ये राजस्थान के आमजन ही थे, जिन्होंने अपने राजाओं के धर्मध्वज के नीचे एकत्र होकर उनका साथ दिया और हिंदू धर्म की रक्षार्थ सर्वोच्च बलिदान देने में भी विचलित नहीं हुए।

राजस्थान में उस महान बलिदान की घटना को 'साका' कहा जाता है, जब इस्लामी आक्रांता हिंदुओं के किलों को चारों ओर से घेर लेते थे। हिंदू सैनिक अपनी

महिलाओं को अग्नि में समर्पित कर देते थे, जिसे 'जौहर' कहा जाता था। अपनी पत्नियों, माँओं व बेटियों की चिता की राख को ये सैनिक अपने शरीर पर मल कर किले से बाहर आत्मोत्सर्ग के लिए निकल पड़ते थे।

इस्लामी काल से पूर्व कभी भी 'साका' शब्द का उपयोग नहीं हुआ था, क्योंकि इस्लाम के आगमन से पूर्व के सैन्य अभियानों में मानवता और करुणा के सिद्धांतों का ध्यान रखते हुए, केवल सैनिकों से ही सैनिकों का युद्ध होता था। नि:शस्त्र आमजन, व्यापारी, पुजारी, कलाकार, कृषक और सबसे महत्त्वपूर्ण, महिलाओं और बच्चों पर आक्रमण करना या उन्हें सताना कभी किसी के विचार में भी नहीं आता था। भारत पर गत 2500 वर्षों से हूण, शक, कुषाण, ग्रीक, यहाँ तक कि मंगोल भी आए थे, किंतु इस्लामी आक्रांताओं से पूर्व साका-जौहर की भयावह घटना का कहीं कोई उल्लेख नहीं मिलता।

सातवीं शताब्दी में अरब के मुहम्मद बिन कासिम ने सिंध के राजा दाहिर पर आक्रमण किया।

उससे पूर्व के काल में हिंदुओं में परस्पर युद्ध होते थे। किंतु महिलाओं को कभी भी बंदी बनाकर यौन-दासी नहीं बनाया गया था। हिंदुओं के आपस के युद्धों के लिखित या मौखिक इतिहास में स्त्रियों के साथ ऐसे घृणित व्यवहार का कोई उल्लेख नहीं मिलता।

यह अमानवीय परिपाटी सर्वप्रथम, मुहम्मद बिन कासिम ने अपने खलीफा, हज्जाज बिन यूसुफ के लिए राजा दाहिर की दो पुत्रियों को भोग-दासी बनाकर, आरंभ की। कासिम द्वारा राजा दाहिर की हत्या के बाद उनकी पत्नी, रानी देवी ने रोर के दुर्ग से कुछ दिनों तक संघर्ष किया, किंतु चारों ओर से घिर जाने के बाद रानी देवी ने जौहर कर लिया। लिखित इतिहास में कदाचित् यह पहली जौहर की घटना थी।

सिंध की हिंदू महिलाओं को इस्लामी विजेताओं को निर्वस्त्र होकर भोजन एवं मदिरा परोसने के लिए बाध्य किया गया और भाड़े के इस्लामी सैनिकों को सिंध की महिलाओं के साथ अपनी इच्छानुसार दुर्व्यवहार करने दिया गया। हिंदू शासित भारत में कभी दास प्रथा नहीं थी। जब राजा दाहिर व उनके परिवार की स्त्रियों की दुर्गति का मेवाड़ के बाप्पा रावल को पता चला तो बाप्पा को अरब से आए इन बर्बर इस्लामी आक्रांताओं का वास्तविक स्वरूप व मंतव्य तुरंत समझ आ गया। उन्होंने तुरंत अपने निकटतम हिंदू राजाओं के साथ मैत्री संबंध स्थापित करके एक सशक्त हिंदू सेना संघ का निर्माण किया, जो इन राक्षसों के विरुद्ध प्रतिकार कर सकता था।

बाप्पा के जीवनकाल और अरबों पर उनके विजय अभियान के विषय में इस पुस्तक में विभिन्न स्थानों पर लिखा गया है। बाप्पा और उनके योद्धाओं द्वारा अरबों की पराजय व उनका पीछा करके उन्हें खदेड़ने और अफगानिस्तान तथा सिंध को इस्लामी

आक्रमणकारियों से मुक्त करवाकर वहाँ पुनः हिंदू साम्राज्य की स्थापना करने हेतु, विश्व भर के हिंदू व सभ्य समाज उनके सदैव ऋणी रहेंगे।

बाप्पा को पता था कि भविष्य में इस्लामी आक्रमण सिंध के रास्ते से ही होंगे। अतः ईरान से अपनी विजय-यात्रा संपन्न करके आते हुए बाप्पा ने भिन्न भिन्न स्थानों पर राजपूतों की चौकियों का निर्माण किया, ताकि भविष्य में होनेवाले आक्रमणों के बारे में मेवाड़, पंजाब और सिंध के राजाओं को पहले ही पता चल जाए।

बाप्पा की दूरदर्शिता और व्यवस्थाओं से भारत आनेवाले पाँच सौ वर्षों तक इस्लामी आक्रमणों से सुरक्षित रहा। आज इतने आधुनिक संसाधनों इत्यादि के बाद भी हम इस प्रकार के हत्यारे आक्रमणकारियों से बचने में उतने सक्षम नहीं हैं, जैसे कि 1400 वर्ष पूर्व बाप्पा ने अपने संकल्प व दूरदृष्टि से सहज ही हमें बचाया।

हम इन महान योद्धाओं के कौशल की विस्मयपूर्ण सराहना ही कर सकते हैं, जिन्होंने इन अमानवीय, क्रूर, करुणाहीन एवं अनैतिक हत्यारों से हिंदू धर्म की रक्षा की। एक ऐसे समूह से हमारे धर्म व राष्ट्र को बचाया, जो अपनी धर्मांधता के चलते काफिरों की महिलाओं एवं संपत्ति को लूटने का एकमात्र लक्ष्य लेकर आए थे। अरबों के बाद हिंदुओं पर दूसरा आक्रमण 1000 ईसवी में अफगान लुटेरे महमूद गजनी द्वारा हुआ।

मुहम्मद गौरी
(1173-1202 ईसवी)

आज के पश्चिमी पंजाब में तब शाहिया वंश के जयपाल, आनंदपाल तथा त्रिलोचनपाल ने इस आक्रमण का पूरी शक्ति से प्रतिकार किया। इसके पश्चात् मध्य भारत के चंदेल राजाओं ने भी महमूद का सामना किया। महमूद ने हिंदू धर्म की आस्था के स्थल सोमनाथ मंदिर पर आक्रमण कर उसे ध्वस्त किया और मंदिर की रक्षा में समर्पित 50,000 हिंदू योद्धाओं को भी निर्ममतापूर्वक मार दिया।

डॉक्टर रामगोपाल मिश्र के अनुसार, हिंदू राजा चालुक्य भीमदेव प्रथम ने महमूद का पीछा किया था और सिंध के जाट योद्धाओं ने सोमनाथ के नरसंहार से लौट रही महमूद की सेना को बुरी तरह परास्त किया। डॉक्टर मिश्रा इस्लामी इतिहासकार गर्दिजी को उद्धृत करते हुए लिखते हैं, "महमूद भारत से निकलने को उतावला था। हिंदुओं का बादशाह भीमदेव उसकी प्रतीक्षा कर रहा था। महमूद को भय था कि उसकी विजय कहीं पराजय में न बदल जाए! इसलिए वह मनशूरा के रास्ते वह मुलतान लौटा। उसकी लौटती सेना को पानी व भोजन भी नहीं मिला। फिर सिंध के जाटों ने नरसंहार किया। इस्लाम के बहुत से सैनिक यूँ मारे गए।"[82]

82. मिश्रा, पृ. 66।

भारतवर्ष के हिंदू राजाओं को अब यह बोध हो चुका था कि ये इस्लामी आक्रांता केवल हिंदुओं के धन के पीछे ही नहीं थे, वरन् उनके पावन हिंदू धर्म पर भी आक्रमण कर उन्हें बलात् अपने धर्म में परिवर्तित करना चाहते थे।

हिंदू धर्म का समूल नाश करने के लिए हिंदू स्त्रियों का प्रदूषण आवश्यक था। इसीलिए हिंदू स्त्रियों का बलात्कार व यौन शोषण इस्लामी आक्रांताओं का नियम बन गया।

तराई के दूसरे युद्ध में अफगान लुटेरे मोहम्मद गौरी द्वारा पृथ्वीराज चौहान की हत्या तीसरा बड़ा आघात थी। तराई के पहले युद्ध में पृथ्वीराज के द्वारा पराजय व क्षमादान के उपरांत भी गौरी ने बार-बार पृथ्वीराज को इस्लाम स्वीकार करने के लिए पत्र भी लिखे।

पृथ्वीराज की पत्नी संयोगिता की जो दुर्गति मुसलमानों ने की, उसका वर्णन लेखक के लिए संभव नहीं। उस महान नारी ने अपमान से बचने के लिए आत्महत्या कर ली।

गौरी की सेना ने हिंदू स्त्रियों से खुलकर व्यभिचार किया।

निश्चित ही यह मनोवैज्ञानिकों के लिए शोध का विषय है कि यह कैसी नैतिक व्यवस्था है, जो मनुष्य को इतना बर्बर तथा क्रूर बना देती है?

ये कैसी सोच है जो स्त्रियों को इतनी निर्ममता से कुचलने में रस प्राप्त करती है।

जो स्त्री, सुख व सृजन का आधार है, जिसे हिंदू समाज देवी के समान पूजता आया है, उसके साथ इतना घृणित व्यवहार करने की सीख कोई समाज क्यों और कैसे दे सकता है?

हिंदू मानसिकता पर चौथा प्रहार था, बिना किसी युद्ध के भी मुस्लिम सेनाओं द्वारा हिंदुओं से लूटपाट, विध्वंस तथा बलात्कार की घटनाएँ।

इससे सिद्ध होता है कि भारतीय उपमहाद्वीप पर इस्लामी आक्रमणों का मूल उद्देश्य बलपूर्वक हिंदुओं का धर्म-परिवर्तन कराना ही था। मुसलमानों द्वारा आम लोगों की हत्याएँ व बलात्कार अकारण नहीं थे। यह एक मनोवैज्ञानिक चाल थी। भय के वातावरण में मानव मस्तिष्क विवेकहीन हो जाता है। शताब्दियों में, लाखों की संख्या में जो हिंदुओं के धर्मांतरण हुए तथा कई राजाओं ने इन राक्षसों के आगे बिना लड़े ही समर्पण कर दिया, उसका वास्तविक कारण यह भय ही था, जिसे उर्दू में 'दहशत' कहते हैं। एक भयाक्रांत समाज को दास बनाना अत्यंक सरल काम था।

भय एक सम्मोहन जैसा होता है। एक ऐसा सम्मोहन जिसमें व्यक्ति या समाज केवल जीवित रहने की सोचता है। इसलिए, इस सम्मोहन से स्मृति का विस्मरण हो जाता है। स्मृति जाने से बुद्धि का नाश होता है। और बुद्धिनाश के बाद मनुष्य को पशु की भाँति दासत्व में जकड़ जाना बहुत सरल है।

यदि हम मध्य-पूर्व में इस्लामी विस्तार की बात करें तो उन्हें मैसोपोटामिया तथा

फारस को इराक और ईरान बनाने में अधिक उद्योग नहीं करना पड़ा, मात्र दशकों में ही यह कार्य संपन्न हो गया। इसी प्रकार से बाइजेंटाइन तथा मिस्र की सभ्यताओं का भी विध्वंस कर पूरे समाज का बलात् धर्म परिवर्तन कर दिया गया।[83] इस्लामी हमलावरों की 'दहशत' के चलते ये समाज बिना लड़े ही झुकते गए।

इस्लामियों का पश्चिम की ओर विस्तार रोकने में साहसी ईसाइयों का, तथा पूर्व में उनके विस्तार को रोकने में निर्भीक हिंदुओं का बहुत बड़ा योगदान है। तुर्कों, अरबों, उज्बेकों, अफगानों, कजाकियों और तातारियों के सतत आक्रमणों का निडर एवं शौर्यवान हिंदू राजाओं ने पूरी शक्ति से प्रतिकार किया।

हिंदू विरोध एवं संघर्ष से क्षुब्ध होकर इस्लामी शक्तियों ने अपनी धार्मिक विचारधारा पर चलते हुए निःशस्त्र और निरीह आमजनों को भी हानि पहुँचाना आरंभ किया। इस्लामी विचार के अनुसार गैर-मुस्लिम महिलाओं का बलात्कार करना न्यायोचित माना गया है। युद्ध में जीती गई गैर-मुस्लिम महिलाओं को इनके धर्मगुरु 'लौंडी' कहकर भी संबोधित करते हैं और यही इस्लामी अभियानों की आधारभूत अवधारणा भी थी।

यों तो किसी भी मनुष्य का दूसरे मनुष्य को दास बनाना महापाप है, किंतु स्त्री और बच्चों की यौन-दासता तो दासता का भी निम्नतम प्रकार है। दुर्भाग्य से इसे इस्लामी लुटेरों के अनुसार न्यायोचित ठहराया गया है और वर्तमान में भी इसे इस्लामी शिक्षा में पढ़ाया जाता है। 1400 वर्षों तक घृणित तथा अमानवीय यौन दासता की कुत्सित प्रथा के लिए क्षमा माँगने के विपरीत आज भी साप्ताहिक आयोजनों में दी जानेवाली इस्लामी शिक्षा में यौन-दासता को सिखाया जाता है और उसकी वकालत भी की जाती है।

अब यह सत्य, विश्व के सभ्य समाज से छुपा भी नहीं है।

सहस्रों वर्षों से भारतीय उपमहाद्वीप के हिंदू, बौद्ध एवं जैन समाज की चेतना में इस प्रकार की घृणित प्रथा का कभी कोई विचार नहीं उपजा था। इसलिए इस बर्बर और निकृष्ट प्रथा से निपटने हेतु, हिंदुओं को कालांतर में एक समाज के रूप में स्वयं में बदलाव करने पड़े।

मुसलमान आक्रांताओं द्वारा किए जाना वाला एक और घृणित कृत्य था, मृत शरीर के साथ संभोग। इसे अंग्रेजी में 'नैक्रोफीलिया' कहते हैं।[84] इस्लामी आक्रांताओं द्वारा महिलाओं और बच्चों के मृत शरीरों के साथ ऐसा घृणित कार्य होते देख हिंदुओं के मन उद्वेलित हो उठे और इस्लाम के अनुयायियों के प्रति उनका मन घृणा से भर गया।

सातवीं से सत्रहवीं शताब्दी, अर्थात् एक हजार वर्ष तक राजस्थान ही एकमात्र ऐसा

83. मिश्रा, पृ. 7

84. https://www.meforum.org/57825/islamic-necrophielia

भूभाग है, जहाँ इस्लामी आक्रमणों का वीरतापूर्वक सामना किया गया और हिंदुत्व के ध्वज को स्वतंत्रतापूर्वक सदैव ऊँचा रखा गया। राजस्थान के राजाओं एवं प्रजाजनों ने एक ऐसी सुरक्षा-तकनीक का प्रयोग किया, जिससे न केवल उनका सम्मान बच गया, वरन् उससे अन्य हिंदुओं को भी संदेश गया कि चाहे मृत्यु का वरण ही क्यों न करना पड़े, हम इस्लामी शक्तियों के सामने नतमस्तक नहीं होंगे।

राजस्थान के हिंदुओं की उच्चतम आध्यात्मिक शक्ति के कारण ही उन्होंने विरोधस्वरूप 'साका-जौहर' जैसी बलिदानी प्रथा की शुरुआत की, जिससे हिंदुओं की अस्मिता पर हमला करनेवाले इस्लामी आक्रांताओं की आत्माएँ भी उद्वेलित हो गईं।

साका वस्तुत: उस प्रथा को कहा जाता है, जब हिंदू राजा अपने-अपने दुर्गों के द्वार खोलकर, केसरिया बाना पहनकर शत्रु का तब तक सामना करते थे, जब तक कि वे स्वयं अथवा शत्रु, मृत्यु को प्राप्त न हो जाए। जौहर की प्रथा में हिंदू महिलाएँ-बालिकाएँ और बच्चे स्वयं को अग्नि को समर्पित कर देते थे, ताकि शत्रु उनके मृत शरीर के साथ कोई भी अभद्रता न कर पाए और केवल उनकी भस्म ही उनके हाथ लगे।

कुछ लेखकों ने बड़ी ही निर्लज्जता के साथ जौहर जैसी बलिदानी प्रथा की तुलना सती प्रथा के साथ की है। इन दोनों ही प्रथाओं को समान मानना न केवल अज्ञान है, वरन् इससे इस्लामियों के समक्ष अपनी अस्मिता को बचाने के लिए जौहर के बलिदानी स्वरूप को भी विकृत करने की कुत्सित मंशा भी है।

जौहर, इस्लामी आक्रांताओं से महिलाओं-बालिकाओं एवं बालकों की अस्मिता की रक्षा के लिए होता था, जबकि सती प्रथा एक रूढ़ि थी, जिस पर सर्वथा भिन्न बहस होनी चाहिए।

एक रूढ़िवादी सामाजिक कुरीति की, एक महान बलिदान से तुलना करना केवल त्रुटिपूर्ण ही नहीं, वरन् एक दुर्भावनापूर्ण और निंदनीय कार्य है।

कई मित्रों का मत है कि इतनी हृदयविदारक मृत्यु की अपेक्षा उन्हें विष पीकर अथवा स्वयं को शस्त्राघात से मृत्यु का चुनाव करना चाहिए था। हमारी महान माताओं और भगिनियों ने अग्निस्नान से अपने शरीर को समाप्त करने का इतना पीड़ादायक मार्ग क्यों चुना? इसके दो कारण हैं।

पहला तो यह कि इस्लामी युद्ध नीति में, शत्रु की मृत महिलाओं के साथ भी बलत्कार किया जा सकता है। कौन सती महिला अपनी मृत्यु के बाद भी अपने साथ ऐसा घिनौना कुकृत्य सहन कर सकती थी? जब शरीर ही राख हो चुका होगा तो बात ही समाप्त हो गई। यदि हमारी पूर्वजा स्त्रियों ने जौहर नहीं किया होता, और किसी भी कारण से उनकी मृत देह यवनों के हाथ पड़ जाती तो वे राक्षस भारत के नगरों और मार्गों में हमारी रानियों के शवों के साथ संभोग करते। पूरे हिंदू समाज का मनोबल, उनकी

लड़ने की इच्छा ही टूट जाती, यदि दरिंदगी का यह नंगा नाच खुले में होता। हमारे पूर्वजों ने जौहर करके वह संभावना ही समाप्त कर दी। और दूसरा यह कि जौहर से इस्लामी आक्रमण के विरुद्ध संघर्ष करने का एक सशक्त संदेश जाता था कि हम अपने शरीर का अंत हो जाने तक इस्लाम का प्रतिकार करेंगे।

हम केवल कल्पना कर सकते हैं कि राजस्थान के उन दुर्गों से कैसा भयावह काला धुआँ उठा होगा, जिसे कई-कई कोस दूर तक आमजनों ने देखा होगा। हम सोच सकते हैं कि उस समय के आमजनों पर अपने राजाओं, रानियों और योद्धाओं द्वारा धर्म हेतु किए गए इस महान बलिदान का क्या प्रभाव पड़ा होगा। हम केवल कल्पना ही कर सकते हैं कि राजस्थान के दुर्गों से उठती कालस्वरूपा ज्वालाओं को देखकर हर हिंदू का इस्लामी हत्यारों से लड़ने का संकल्प कितना सघन हो गया होगा।

अपने सतीत्व की रक्षा हेतु अग्नि को समर्पित हुई उन महिलाओं व बच्चों की भीषण चीत्कारों का आमजनों के मनो-मस्तिष्क पर कैसा वीभत्स प्रभाव पड़ा होगा, हम सोच सकते हैं। राजस्थान में उस समय बह रही पवन में मिश्रित घी और चंदन के धुएँ की गंध जौहर स्थल से कई कोस तक फैल गई होगी और जहाँ-जहाँ तक भी इस गंध का प्रभाव हुआ होगा, वहाँ तक इस्लामी बर्बरता की कथा लोगों की नासिका से होते हुए उनके हृदय में बस गई होगी।

'दहशत' का सम्मोहन एक उच्चतर सत्ता के आह्वान से ही तोड़ा जा सकता है। और वह सत्ता है दासता के विरोध में आत्मोत्सर्ग का संकल्प। जो व्यक्ति या समाज, स्वतंत्र रहने के लिए आत्मोत्सर्ग को भी स्वीकार कर ले, वह भय से मुक्त हो जाता है। उसकी चेतना भौतिक जगत के नियमों का अतिक्रमण करके मुक्त हो जाती है। यही घटना साका-जौहर का मूल आध्यात्मिक आधार थी।

पूरे विश्व में कहीं पर भी जौहर और साका जैसा एक भी उदाहरण नहीं है, जिसमें शत्रु द्वारा अपमान अथवा मृत्यु के विरोधस्वरूप ऐसा महाबलिदानी कृत्य किया गया हो। यह अत्यंत गर्वीले लोगों द्वारा दी गई चुनौती थी, जिन्होंने इस्लामी आक्रांताओं की विजय को भी खोखला कर दिया। हिंदुओं ने जौहर कर एक ऐसा प्रत्युत्तर दिया, जिसने देश भर के प्रत्येक व्यक्ति के लिए एक उदाहरण प्रस्तुत किया तथा उन्हें भी किसी साम्राज्यवादी के समक्ष कभी न झुकने हेतु प्रेरित किया।

साका-जौहर से केवल राजस्थान ही नहीं, वरन् पूरे भारतवर्ष के हिंदू समाज में एक नए संकल्प व इच्छाशक्ति का संचार हुआ कि हम कभी इस्लामीकरण के प्रयासों के आगे नहीं झुकेंगे।

यद्यपि राजस्थान ने एक हजार वर्षों में एक दर्जन से अधिक साके और जौहर देखे हैं, किंतु 25 फरवरी, 1568 को हुआ चित्तौड़ का तीसरा साका सर्वाधिक वीभत्स और

हृदय विदारक था, जब अकबर ने चित्तौड़ के दुर्ग पर आक्रमण किया था।

मुगलों द्वारा हिंदुओं के भीषण नरसंहार की इस गाथा को न केवल हिंदू वरन् मुस्लिम लेखकों ने भी लिपिबद्ध किया है, जो स्वयं इस हत्याकांड के साक्षी थे। उन्हीं से उल्लेख करते हुए हम यहाँ बात करनेवाले हैं। हम प्रयास करेंगे कि हम चित्तौड़गढ़ के इतिहास के उस काले दिन के एक-एक क्षण को जीवंत अनुभव कर सकें।

चित्तौड़ के तीसरे साका-जौहर ने मेवाड़ के इतिहास को बदलकर रख दिया और इसी के साथ न केवल राजस्थान, वरन् पूरे भारतवर्ष के हिंदुओं ने इस्लाम के अनुयायियों का एक ऐसा विकृत और वीभत्स मुख देखा, जिसने धर्मांधता के नाम पर असंख्यों लोगों को निर्ममता से लील लिया था। तीसरे साका का महाराणा प्रताप के मानस पर भी एक गहन और कभी न मिटनेवाला प्रभाव पड़ा था।

एक अनुमान के अनुसार, प्रताप के लगभग 500 निकट व दूर के संबंधी इस साका-जौहर में वीरगति को प्राप्त हुए। प्रताप ने साके के बाद ही इन विक्षिप्त हत्यारों द्वारा किए गए हिंदुओं के नरसंहार का उचित प्रत्युत्तर देने की शपथ ली थी।

सबसे पहले चित्तौड़ के तीसरे साका से पूर्व की घटनाओं तथा अकबर द्वारा चित्तौड़ पर आक्रमण की पृष्ठभूमि पर हम चर्चा कर लेते हैं।

जैसा कि हमने प्रताप के यौवनकाल वाले अध्याय में जाना कि प्रताप ने अनुज शक्तिसिंह को उनके क्रोध एवं असंगत व्यवहार के कारण मेवाड़ से निष्कासित कर दिया था। शक्ति सिंह ने मेवाड़ छोडने के पश्चात् अकबर के दरबार में जगह बना ली थी, किंतु उनके मन में सदैव मेवाड़ ही था। यदि हम उनके जीवनवृत्त पर ध्यान दें तो ऐसा प्रतीत होता है कि शक्तिसिंह अकबर के दरबार में मेवाड़ के एक भेदिए (गुप्तचर) थे, जो मेवाड़ को अकबर की कुत्सित योजनाओं से समय-समय पर अवगत करवाते रहे।

इस पुस्तक में इस विषय पर कई ऐसे बिंदु आते हैं, जो इस बात को किसी सीमा तक सत्यापित भी करते हैं। 1567 में अकबर के साथ मध्य भारत में उसके अभियानों पर धौलपुर में शक्तिसिंह को चित्तौड़ पर अकबर के आक्रमण की योजनाओं का पता चल गया।

अकबर ने व्यंग्य में शक्ति सिंह से पूछा, *"मेवाड़ के अतिरिक्त सब हिंदू राजा मेरे अधीन हो चुके हैं। मैं उस पर आक्रमण करूँगा। तुम मेरी सहायता करोगे?"*

एक रात शक्तिसिंह अपने कुछ विश्वस्त मित्रों के साथ चित्तौड़ की ओर निकल गए। वे अपने पिता उदय सिंह के पास पहुँचे और वहाँ जाकर उन्होंने अकबर द्वारा 80,000 की सेना के साथ चित्तौड़ पर आक्रमण की योजना के विषय में बताया।

मेवाड़ के युद्ध नीतिकारों की सभा ने एकत्र होकर इस बात पर विचार-विमर्श किया।

जयमल राठौड़ और पत्ता चूँडावत

मेवाड़ के सामंतों की सभा ने निर्णय लिया कि बहादुर शाह से संघर्ष के बाद मेवाड़ अभी सैन्य रूप से सबल नहीं है। उदय सिंह, प्रताप के साथ चित्तौड़ छोड़कर दक्षिण-पूर्व मेवाड़ की ओर निकल जाएँगे, जबकि 8,000 योद्धा जयमल राठौड़ और पत्ता चूँडावत के नेतृत्व में, चित्तौड़ दुर्ग और उसमें बसे 30,000 प्रजाजनों की रक्षा करेंगे। प्रताप ने बहुत आग्रह किया कि वे चित्तौड़ में रहकर मुगलों से युद्ध करेंगे, किंतु सामंतों ने प्रताप सहित पूरे राजपरिवार को उदयपुर की ओर रवाना कर दिया। राजपरिवार के साथ ही मेवाड़ का राजकोष भी बहुत चतुराई से स्थानांतरित कर दिया गया।

चित्तौड़ दुर्ग की गहन सुरक्षा में मेवाड़ की सेना ही नहीं, तीस हजार आम प्रजाजन भी रहते थे।

15 अक्तूबर, 1567 को अकबर ने चित्तौड़ से छह मील दूर नागरी गाँव में अपना पड़ाव डाला और इस्लामी आक्रांताओं के विरुद्ध अटल खड़े हिंदुओं के सर्वाधिक महत्त्वपूर्ण केंद्र चित्तौड़गढ़ का घेराव कर दिया। राजपूतों के दो मुख्य योद्धा थे—जयमल राठौड़ और पत्ता चूँडावत। दुर्ग के भीतर साईंदास रावत, बल्लू सोलंकी, डोडिया ठाकुर साँड़ा और ईसरदास चौहान सरीखे योद्धा भी तैनात थे।

मुगल तोपों को चित्तौड़ दुर्ग की दीवारों पर प्रभावहीन देखकर अकबर ने दुर्ग की

दीवार तक दो सुरंगें खुदवाने का आदेश दिया।

इन सुरंगों के माध्यम से वह बारूद लगाकर दुर्ग की दीवारों को गिराना चाहता था। मुगलों को दुर्ग में बैठे शत्रु से युद्ध का कोई भी अनुभव नहीं था और न ही दुर्ग को जीतने का। इस विषय में अकबर के दो हिंदू सलाहकारों, आमेर के भगवानदास और राजा टोडरमल ने मुगलों की सहायता की थी।

दीवारों को ध्वस्त करने के लिए सर्वाधिक महत्त्वपूर्ण था—दुर्ग की दीवार के निकट ढकी हुई खाइयाँ खोदना, जिन्हें 'सबात' कहा जाता था।

खाई खोदकर निकाली गई एक टोकरी मिट्टी के बदले स्थानीय मजदूरों को एक चाँदी की मोहर दी जाती थी।

किंतु ये मजदूर जैसे ही खाइयाँ खोदने जाते तो दुर्ग में उपस्थित योद्धा बंदूकों और तीरों से उन्हें परलोक पहुँचा देते। ऐसा आकलन है कि चित्तौड़ के राजपूत इसी तरह प्रतिदिन 200 मजदूरों को मौत के घाट उतार देते थे। अकबर चित्तौड़ के लिए कोई भी मूल्य चुकाने को तैयार था।[85] अत: उसने उन्हीं मृत मजदूरों के शवों से एक दीवार बनाई, जिसकी आड़ में मुगल खुदाई का कार्य जारी रख पाए।

तीन माह के पश्चात् दुर्ग के योद्धाओं ने अकबर को शांति संदेश भेजने का विचार किया। अत: डोडिया के ठाकुर साँड़ा तथा ईसरदास चौहान को अकबर से वार्ता करने हेतु भेजने का प्रस्ताव हुआ। ठाकुर साँड़ा ने अकबर से कहा, "हम आपको उपहार इत्यादि देने को राजी हैं और आपसे अनुरोध करते हैं कि आप अपनी महानता का परिचय देते हुए इस घेराबंदी को हटाएँ और युद्ध को यहीं समाप्त करें।"

अकबर ने प्रत्युत्तर में कहा, "मैं बादशाह हूँ और मैं केवल सम्राट् से ही उपहार ले सकता हूँ। उदयसिंह को स्वयं यहाँ आकर समर्पण करना होगा, अन्यथा इस युद्ध का अंत नहीं होगा। तुम एक साहसी और स्वामिभक्त योद्धा हो, अत: तुम्हारे लिए मैं कुछ भी करूँगा, किंतु युद्ध का अंत नहीं।"

साँडा ने उत्तर दिया, "यदि युद्ध होना ही है तो हमारी केवल एक विनती है कि हिंदू योद्धाओं के शवों का हिंदू रीति से ही अंतिम संस्कार किया जाए।" अकबर ने राजपूतों की इस प्रार्थना को ससम्मान स्वीकार किया।

जब वे वहाँ से निकलने लगे, तो अकबर की सेवा में लगे आमेर के राजा भगवानदास ने व्यंग्य में कहा, "तुमने बादशाह को मुजरा पेश नहीं किया?"

इस पर ईसरदास चौहान ने कहा, "ये मेरे बादशाह नहीं हैं, इन्हें मैं अपना मुजरा युद्धस्थल में ही पेश करूँगा।"

अकबर राजपूतों की इस निर्भीकता से बहुत प्रभावित हुआ था। अकबर ने ईसरदास

85. अबुल फज्ल।

चौहान को अपनी ओर मिलने का प्रस्ताव दिया, जिसे ईसरदासजी ने अस्वीकार करते हुए साँडा ठाकुर की ही माँग दोहराकर विदा ली।

एक पेंटिंग दिखा रही है चित्तौड़ की घेराबंदी के समय विस्फोट का प्राचीन चित्र

मेवाड़ के योद्धा कहीं ये आशा लेकर आए थे कि हिंदू राजा भगवान दास व टोडरमल उनकी कुछ सहायता तो करेंगे। कोई सम्माजनक मार्ग निकालने में अकबर को प्रभावित करेंगे। किंतु दोनों हिंदू राजाओं के इस कायरतापूर्ण व्यवहार से मेवाड़ के वीरों की अंतिम आशा भी समाप्त हो गई।

अकबर ने उत्तरी छोर की दीवार को 4800 किलो बारूद[86] लगाकर ध्वस्त करने का प्रयास किया, किंतु दुर्ग के योद्धाओं ने इस आक्रमण को विफल कर दिया और टूटी हुई दीवार को रातोरात ठीक भी करवा लिया। इसी प्रकार 17 दिसंबर, 1567 को दक्षिणी छोर की दीवार पर भी बारूद लगाकर तोड़ने का प्रयास किया गया, किंतु इस कार्य में कुछ गड़बड़ी फैलने के कारण कुछ मुगल सैनिक मारे गए।

मुगल इतिहासकार अल बदायूँनी ने अपनी पुस्तक, 'मुंतखब-उल-तवारीख' में लिखा है—"बारूद से जो धमाका हुआ, उसमें दोस्त और दुश्मन दोनों ही मारे गए। इस्लाम के योद्धा पत्थरों के नीचे दब गए, कुछ चट्टानें तो चार-चार हजार किलो की रही होंगी, जिनके साथ पत्थरदिल काफिर इस तरह उड़े, जैसे आतिशी बरसात में पतंगे उड़ा करते हैं। इस धमाके की गरमी और धुआँ, जन्नत और दोजख दोनों तक पहुँचा होगा। चुनांचे आग से खेलनेवाले मोमिनों और काफिरों, दोनों का ही खून एक जगह बहा। और यह दिन खासतौर पर गिद्धों और कौवों की दावत का दिन बन गया।"

अकबर ने दुर्ग पर तोपें तैनात कर दीं और सामने से हमला करना शुरू किया, जिससे दुर्ग की दीवार को हर जगह से हानि हुई, किंतु मुगल तोपची, चित्तौड़ की अजेय दीवारों को भेद नहीं पाए। वहाँ इतने शिलाखंड बिखर गए थे कि मुगल उन्हीं की आड़

86. वीर विनोद, खंड-2, पृ. 78।

में छिपकर हमला करने लगते। एक दिन अकबर ने 'संग्राम' नाम की अपनी बंदूक से निशाना साधकर गोली चलाई, जो दुर्ग की बुर्ज पर खड़े एक योद्धा को लगी। दुर्भाग्य से यह योद्धा थे, दुर्ग के स्वामी जयमल राठौड़।

अकबर की गोली से उनकी कूल्हे की हड्डी टूट गई और जयमल चलने-फिरने में अक्षम हो गए।

दुर्ग का वह स्थान जहाँ जयमल राठौड़ को गोली लगी

इस घटना से दुर्ग में उपस्थित सैनिकों का मनोबल टूटने लगा था और मेवाड़ की सेना अपने भविष्य को लेकर चिंतित हो चली थी। जयमल ने अन्य सरदारों के साथ विमर्श किया कि मुगल सेना के पास असीमित साधन हैं। हमारे यहाँ साधन भी कम हैं, भोजन सामग्री भी अब समाप्त होने लगी है। अब समय आ गया है कि हम दुर्ग के द्वार खोल दें और जितना हो सके, मुगलों का संहार करें, ताकि हमें देवलोक में स्थान प्राप्त हो सके। महिलाओं को जौहर का आदेश दे दिया गया।

निजाम-उद-दीन-बख्शी अपनी पुस्तक 'तबाकत-ए-अकबरी' में लिखता है—"दुर्ग की सेना में अपने सेनापति के घायल होने से निराश व्याप्त हो गई। हर पुरुष अपने घर की ओर भागा। उन्होंने अपनी पत्नियों व बच्चों को एक स्थान पर एकत्र कर उन्हें लकड़ियों पर बिठाकर आग लगा दी। काफिरों के यहाँ इस कृत्य को जौहर कहा जाता है।"

भीम ताल के पास विभिन्न समाज की महिलाओं के जौहर स्थल

जैसा कि इस अध्याय के प्रारंभ में बताया गया है, चंदन की लकड़ियों की बड़ी-बड़ी चिताएँ जलाई जाती थीं और इन चिताओं में महिलाएँ, बालिकाएँ तथा छोटे बालक अग्नि में प्रवेश करके अपनी पवित्रता की रक्षा करते थे। चारणों ने दुर्ग की महिलाओं को जौहर का महत्त्व समझाया। चंडी पाठ किया गया तथा सर्वोच्च बलिदान के लिए छोटे बच्चों को माँओं के साथ बाँध दिया गया, ताकि वे छटपटाकर अग्निकुंड न छोड़ दें।

जन जौहर का मुख्य स्थल, भीम ताल

अबुल फज्ल जौहर के लिए लिखता है—"अकबर ने शुजात खाँ व भगवान दास को प्रसन्नतापूर्वक बताया कि उसने एक महत्त्वपूर्ण व्यक्ति को मार डाला है। एक घंटे के बाद जब्बार कुली ने सूचित किया कि दुर्ग की प्राचीर से सब पुरुष कहीं चले गए हैं। तभी दुर्ग में कई स्थानों पर एक साथ अग्नि की लपटें उठने लगीं। भगवान दास बोला कि यह जौहर हो रहा है। कल सुबह राजपूत आक्रमण करेंगे।

जौहर में अग्निस्नान करने वाली महिलाओं की हथेलियों की छाप

जौहर दर्शाता प्राचीन चित्र

चंदन की लकड़ी की एक विशाल चिता बनाई गई, जिसमें घी, धूप आदि डाला गया। फिर ये अपनी स्त्रियों को कुछ पाषाण मना (पत्थरदिल) हठी लोगों के संरक्षण में छोड़कर लड़ने निकल गए। जब पराजय निश्चित हो गई तो इन हठी पुरुषों ने असहाय स्त्रियों को राख बना दिया।

ये हठी लोग दुर्ग के चारण हुआ करते थे। ये स्त्रियों व बच्चों को पुरखों की कथाएँ सुनाकर उनका तेज जाग्रत् करते थे। संकेत आने पर ये चिताओं को अग्नि दे देते थे।

यह इन चारणों के लिए असह्य वेदना की घड़ी होती थी। जिन रानियों व बच्चियों को इन्होंने शिक्षित व संस्कारित किया था, उन्हें अपने हाथों से यूँ मिटा देना कोई सरल बात नहीं थी।

अंतिम स्त्री के राख हो जाने पर ये चारण सिर पर केसरिया बाँधकर मरने चले जाते।

यह भयानक उपक्रम किसलिए? केवल धर्म व स्वतंत्रता के लिए!

हमें अबुल फज्ल का नैतिक दिवालियापन भी दिखता है, जिसे अपने लोगों की

दरिंदगी नहीं दिख रही, बल्कि, महान राजपूतों को पाषाण हृदय तथा उनके चारण मित्रों को हठी कह रहा है।

जिन प्रमुख रानियों व सामंतों की महिलाओं ने जौहर किया, उनमें से कुछ नाम इस प्रकार हैं—

1. रानी सज्जन बाई सोनगरा—पत्ता चूँडावत की माताश्री।
2. रानी जीवा बाई सोलंकिनी—पत्ता की पत्नी, जो लड़ते हुए वीरगति को प्राप्त हुईं।
3. रानी भगवती देवी चौहान—ईसरदास चौहान की पुत्री।
4. रानी मदालसा बाई कच्छावा—सहसमल्ल की पुत्री।
5. रानी पद्मावती बाई झाला।
6. रानी रतन बाई राठौड़।
7. रानी बालेसा बाई चौहान।
8. रानी बगड़ी बाई चौहान—डूँगर सिंह परमार की पुत्री।
9. रानी आशा बाई परमार।
10. पत्ता चूँडावत के दो बेटे और पाँच बेटियाँ।

उस दिन धरती की छाती क्या फटी न होगी?
क्या आकाश उस दिन पिघल न गया होगा?
क्या इंद्र का आसन उस दिन डोला न होगा?
क्या देवताओं ने मानवों की वेदना पर आँसू न बहाए होंगे?
क्या चित्रगुप्त के कर्मों की बही, रक्त से नहाई न होगी?
क्या ब्रह्मा सोच में न पड़े होंगे कि इस दिन के लिए सृष्टि रची थी?
क्या बुद्ध की अकंप चेतना उस दिन कँपी न होगी?
क्या कृष्ण का स्थिर चित्त भी उस दिन डोला न होगा?
क्या अपने खप्पर से रक्त पीती काली के हाथ न काँपे होंगे?
क्या अपना त्रिशूल, महादेव उस दिन उठा पाए होंगे?

सर्वप्रथम जयमल राठौड़ व पत्ता चूँडावत की हवेलियों से जौहर के धुएँ उठे। तत्पश्चात् पूरे चित्तौड़ में जगह-जगह जीवित चिताएँ धधक उठीं।

आकाश में उठते धुएँ और लपटों को देखकर मुगल समझ नहीं पाए कि क्या हो रहा है? आमेर के राजा भगवानदास ने अचंभित अकबर एवं मुगल सेना को बताया कि दुर्ग की स्त्रियाँ सामूहिक आत्मदाह कर रही हैं।

रनिवास में एक जौहर स्थल

दुर्ग में जयमल राठौड़ की हवेली

मेवाड़ की सेना अब अंतिम आक्रमण करनेवाली है। अर्थात् अब योद्धाओं ने स्वयं और परिवार के मोह को अग्नि में समर्पित कर दिया है। अब मेवाड़ के सभी योद्धा एक-दूसरे को अंतिम बीड़ा खिलाएँगे तथा केसरिया बाना पहनकर वीरगति के लिए रण में उतरेंगे।

अगली सुबह, चित्तौड़ दुर्ग के कपाट खोल दिए गए।

अबुल फज्ल लिखता है, "आज तक किसी ने ऐसा युद्ध नहीं देखा। आज तक किसी ने ऐसा युद्ध न तो सुना है और न ही कभी लड़ा है। इस युद्ध के विषय में कुछ भी कहना मेरे सामर्थ्य से बाहर है। मैं इस युद्ध में घटित हजारों शौर्यपूर्ण कृत्यों में से एक का भी उचित वर्णन नहीं कर पाऊँगा।"

जयमल चल नहीं पा रहे थे, अत: उनके भाई कल्ला राठौड़ ने उन्हें अपने कंधे पर बैठा लिया, ताकि जयमल अधिकाधिक मुगलों का संहार करने की अपनी अंतिम इच्छा को पूरा कर सकें।

कल्ला राठौड़ ने अपने भाई से उस समय कहा था, "मेरे कंधों पर बैठ जाइए और अपनी तलवार की प्यास इन म्लेच्छों के रक्त से बुझाइए।"

दर्जनों मुगल सैनिकों का संहार करने के पश्चात् दुर्ग की 'हनुमान पोल' और 'भैरव पोल' के मध्य दोनों ही योद्धा वीरगति को प्राप्त हुए। अकबर ने गोली लगने से मृत जयमल का सिर, स्वयं अपने हाथों से काटा, ऐसा मुगल इतिहासकार अबुल फज्ल ने अपने संस्मरणों में लिखा है। डोडिया साँड़ा अपने अश्वारोहियों के साथ मुगलों से लड़ते हुए गंभीरी नदी के तट पर वीरगति को प्राप्त हुए। दुर्ग के द्वार खुलने के बाद अकबर ने मेवाड़ की सेना पर अपने उन्मत्त हाथी छोड़ दिए। मेवाड़ की शौर्यशाली सेना को कुचलने हेतु 300 हाथियों को छोड़ा गया था। इनमें से मुख्य हाथी थे मधुकर, जांगिया, सब्दिलिया और कादिरा। राजपूतों ने हाथियों को भी आड़े हाथों ले लिया।

ईसरदास चौहान ने मधुकर नाम के हाथी पर चढ़कर हाथी का नाम पूछा और फिर ईसरदास ने हाथी की सूँड़ काटते हुए महावत से कहा, "अपने गुणग्राहक बादशाह से कहना, ईसरदास ने मुजरा भेजा है।" और इस तरह सरदार ईसरदास चौहान ने चित्तौड़ की तलहटियों में मुगल खेमे में शांति वार्ता के पश्चात् आमेर के राजा भगवानदास को दिया हुआ अपना वचन निभाया।

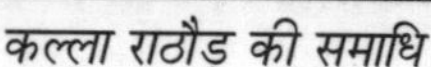

कल्ला राठौड़ की समाधि

जयमल राठौड़ यहाँ गिरे थे

जयमल व कल्ला राठौड़ का महान, अंतिम कृत्य

ईसरदास को इसी मधुकर के नीचे दबकर वीरगति प्राप्त हुई, क्योंकि सूँड़ काटने से बिलबिलाया हाथी पलटकर उन्हीं पर आ गिरा।

मुगल हाथियों की सूँड़ों को राजपूत योद्धा इस प्रकार काट रहे थे कि अबुल फज्ल ने उसकी उपमा देते हुए लिखा है, "आसमान से साँपों की बारिश हुई जा रही थी।"

यह एक ऐसा दृश्य था, जिसे देखकर अकबर को मेवाड़ के योद्धाओं के शौर्य और शक्ति दोनों का ही भलीभाँति बोध हो गया था। जांगिया नाम के हाथी ने रक्तस्राव से मृत्यु से पूर्व 45 हिंदू योद्धाओं को कुचलकर मार डाला। तीन घंटों तक निरंतर युद्ध के पश्चात् अकबर ने हाथियों की सेना की सुरक्षा में चित्तौड़ दुर्ग में प्रवेश किया।

पत्ता चूँडावत ने मुगल सेनाओं पर अंतिम प्रहार किया, जब वे चित्तौड़ दुर्ग में प्रवेश कर रहे थे। युद्ध करते समय पत्ता को एक हाथी ने घायल कर दिया था और उसी हाथी की सूँड़ में उठाकर पत्ता को अकबर के पास लाया गया। अकबर ने चित्तौड़ दुर्ग के 'रामपोल' पर पत्ताजी का सिर काट दिया।

दुर्ग का पूर्वी द्वार जहाँ से डोडिया साँडा निकले

पत्ता चूँडावत की समाधि। अकबर ने यहीं पत्ता का मस्तक काटा था

मुगल इतिहासकार स्वयं मुगल सेना पर मेवाड़ी सैनिकों के आक्रमण, उनके शौर्य, निर्भीकता और शक्ति के विषय में लिखते हैं, "जब एक राजपूत मरकर गिरता था, तो दस और राजपूत उसकी जगह ले लेते थे। उन्होंने हमारे हाथियों पर मधुमक्खियों की तरह आक्रमण कर दिया, जब एक राजपूत गिरता था तो दूसरा हाथी पर घात करने लगता था। वे निष्कपट युद्ध करते थे।"[87]

एक मेवाड़ी सैनिक केवल एक समय पर एक ही मुगल सैनिक से लड़ता था और मारा जाता था। एक युवा मेवाड़ी सैनिक ने अकबर को सामने से आकर चुनौती दी, जिसे अकबर ने स्वीकार किया और उसने अकेले ही उस युवा योद्धा से लड़ाई की। दोनों में तुमुल युद्ध हुआ, लेकिन लंबे द्वंद्व के बाद, अकबर ने उस युवा योद्धा को थका दिया और

87. बदायूनी।

फिर उसका शीश काट दिया। अकबर बार-बार उसका नाम पूछता रहा, किंतु युवक ने अपना नाम नहीं बताया। उसके वीरगति प्राप्त होने के पश्चात् भी अकबर को उस योद्धा का नाम ज्ञात नहीं हो सका, जिसने इतनी वीरतापूर्वक युद्ध किया था।

आठ हजार मेवाड़ी योद्धाओं को मारकर अकबर ने दुर्ग में रहनेवाले 30,000 आमजनों के रोष का सामना किया। इनमें कलाकार, मजदूर, महावत, सईस, नाई, लोहार, कलाल, दर्जी, नायक, वाल्मीकि, सभी जातियों के लोग थे, जो अपनी मातृभूमि की रक्षार्थ शस्त्र उठाए और मुगल सेना से युद्ध करते हुए अकबर और उसकी सेना के हाथों निर्ममता से मारे गए।

इस संबंध में ब्रिटिश इतिहासकार कर्नल जेम्स टॉड लिखते हैं—"अकबर ने अपनी सफलता का मानक मृत हिंदू शरीरों से उतारे गए जनेऊ के भार को माना था। चित्तौड़ के नरसंहार के बाद उतारे इन जनेऊ का कुल भार साढ़े चौहत्तर मण बताया गया है। एक मन 40 किलो का होता है, अतः 2,980 किलो जनेऊ एकत्र हुए। हम सोच सकते हैं कि उस काले दिन पर कितने हिंदुओं का रक्तपात किया गया होगा? साढ़े चौहत्तर मन जनेऊ की ढेरियाँ बनाकर यह दिखाने के लिए आगरा ले जाया गया कि मेवाड़ पर अब मुगलों का अधिकार था।"

इस नरसंहार की स्मृति को सदैव याद रखने के लिए आज तक साढ़े चौहत्तर का यह अंक मेवाड़ के वैश्य लोग अपनी बहियों में नहीं लिखते।

जब तक साढ़े चौहत्तर का यह अंक हिंदुओं को याद रहेगा, हम विपरीत समय में भी कुछ अच्छा कर पाएँगे।

हम जीवित रहेंगे, क्योंकि जिस कारण से, जिस अमर त्याग के चलते इस अंक का जन्म हुआ था, वह महान कारण ही हमें जीवित रखेगा।

आज भी मेवाड़ में यह मान्यता है कि कोई पत्र, जिसपर साढ़े चौहत्तर लिखा है, उसे अनधिकृत रूप से खोलनेवाले को चित्तौड़ के नरसंहार के समान पाप लगेगा।[88]

25 फरवरी, 1568 की उस दुःखद दोपहर में चार महीनों की घेराबंदी के पश्चात् अकबर ने चित्तौड़ के दुर्ग को अपने अधीन कर लिया और वहाँ पर मुगल ध्वज फहरा दिया।

इस्लामी आक्रांताओं के विरुद्ध संघर्ष में हिंदुओं के लिए यह सबसे काला दिन था, जब 20,000 आमजन और 8,000 योद्धाओं ने अपना जीवन मातृभूमि पर न्योछावर कर दिया, साथ ही 10,000 महिलाओं एवं बच्चों ने जौहर कर अपने सम्मान की रक्षा की। इन सबका हत्यारा अकबर, निर्ममता से इनके शवों पर पैर रखकर चित्तौड़ का विजेता बना।

इतिहासकार श्री के.एस. लाल ने इस दुर्भाग्यपूर्ण दिन हुए हिंदुओं के नरसंहार के

88. टॉड, खंड-1, पृ. 263।

तैमूर लंगड़ा (1336–1405 ईसवी)

विषय में लिखा है—"अकबर ने क्रूरतापूर्ण मानस के साथ दुर्ग में प्रवेश किया। 1398 ईसवी में तुर्क-मंगोल हत्यारे तैमूर लंगड़े ने अपनी म्यान से तलवार बाहर निकालकर वापस म्यान में तभी रखी, जब उसकी सेना ने एक लाख असैनिक, आम हिंदुओं की निर्मम हत्या कर दी थी। अकबर भी ठीक उसी प्रकार, नंगी तलवार लेकर चितौड़गढ़ की एक बुर्ज पर खड़ा हो गया। यह नरसंहार अकल्पनीय निर्ममता के साथ कुल साढ़े नौ घंटे तक चला। निःशस्त्र और निरीह हिंदू पुरुष, महिलाओं एवं बच्चों को तलवारों व भालों से मौत के घाट उतार दिया गया। ये हत्याएँ करते समय मुगल सैनिक समवेत स्वर में अपने परमात्मा की विजय 'अल्लाह हू अकबर' का नारा जोर-जोर से लगा रहे थे। यहाँ तक कि उन्होंने अबोध बालकों को भी नहीं छोड़ा। बदले की भावना में भालों की नेजों से उन्हें जीवित ही अग्नि में भून दिया गया। कुछ को हाथियों के पैरों तले कुचलवा दिया गया।"

अबुल फज्ल के अनुसार, 40,000 हिंदुओं के अस्तित्व को तथाकथित महान मुगलों का विरोध करने के दंडस्वरूप एक दिन में धूल में मिला दिया गया। अकबर ने अपनी रत्नजड़ित तलवार बारंबार लहराते हुए अपने सेनानायकों से कहा कि जो कोई भी उसके आदेशों की अनुपालना न करते हुए महान मुगलों का विरोध करे, उसे मौत के घाट उतार दो।

उसने आदेश दिया कि इस दुर्ग की हवा में साँस लेनेवाले प्रत्येक प्राणी, पशु-पक्षी सभी को मार दो, क्योंकि उन्होंने भी इस दुर्ग की विद्रोही हवा में साँस ली है।[89]

89. के.एस. लाल का उद्धरण इस लिंक में http://mariam-uz-zamani.blogspot.com/2015/07/mughal-rajput-war-jauhar-saka-massacre-at-3rd-siege-of-chittor-pt6.html.

चित्तौड़ में क्षत-विक्षत एक मंदिर

एक बहुत लज्जाजनक बात पूरे विश्व को ज्ञात हो कि जब मुगल हिंदुओं का नरसंहार कर रहे थे, हिंदू मंदिरों को ध्वस्त कर रहे थे, तब हिंदू राजा भगवानदास तथा टोडरमल और उनकी हिंदू सेनाएँ, वहीं जड़वत्, मुँह बाए, दुर्ग के हिंदुओं का नरसंहार देख रही थीं! मृत्यु के इस तांडव के मध्य, अपने देवी-देवताओं के मंदिरों को यूँ खंडित होते देखकर भी कोई क्षत्रिय हिंदू कैसे तटस्थ रह सका था, यह समझ से परे है।

बहुत अधिक संभावना है कि अकबर ने जयपुर की हिंदू सेना को किले के बाहर ही या आरक्षित रखा था। यह असंभव है की जयपुर के राजपूत अपने सहोदरों का हत्याकांड नपुंसकों की भाँति देखते और विद्रोह नहीं करते।

एक दो व्यक्तियों की निष्ठा तो अकबर खरीद सकता था, पूरी हिंदू सेना की नहीं।

राजा टोडरमल ने अपनी मीठी वाणी और बुद्धिमानी भरे शब्दों से दुर्ग में विध्वंस देखकर आनंदित हो रहे अकबर को समझाने का प्रयास अवश्य किया, किंतु वह विफल रहा।

अकबर आँखें मूँदकर जैसे किसी अज्ञात सत्ता से जुड़कर इस कुत्सित कृत्य का आनंद ले रहा था! वह टोडरमल से बोला, "मुझे अभी तुम्हारी अक्लमंदी की बातें और मीठे शब्दों की कोई जरूरत नहीं है। मेरे कान फिलहाल सिर्फ तलवारों की झनकार और मरनेवालों की चीख-चिल्लाहट सुनना चाहते हैं। मुझे अकेला छोड़ दो, मैं अमीर से एकाकार हो रहा हूँ। एक अच्छे वाचक को बुलवाओ, जो मुझे शाहनामा के कुछ अच्छे अध्याय पढ़कर सुनाए, जिनमें कुछ कमाल की बातें लिखी हों, जिनमें रक्त हो, रस नहीं, और जिनमें मेरे साम्राज्य को सुदृढ़ करने की कुंजी छुपी हो। मुझे केवल युद्ध चाहिए—शांति नहीं।"

इतना कहकर अकबर पुनः अपनी उन्माद की अवस्था में चला गया और यदा-कदा अपनी आँखें खोलकर कुछ अनर्गल प्रलाप कर क्रूर मुस्कान बिखेरने लगता। नौ घंटे तक वह ऐसे ही खड़ा रहा, जब तक असहाय हिंदुओं को निर्दयी मुगल सैनिक अपनी तलवार का ग्रास बनाते रहे।

इस रक्त की होली के बीच एक रोचक बात यह घटी कि मेवाड़ के दर्जनों बंदूकची व लगभग एक सहस्र आमजन, मुगल सैनिकों का भेस बनाकर चित्तौड़ से निकल गए। सब उच्च श्रेणी के योद्धा इस साके में वीरगति को प्राप्त हुए। केवल एक राजपूत योद्धा, ग्वालियर के राजकुमार, शालिवाहन तंवर, इन आमजनों के साथ बचकर निकल पाए। जयमल ने शालिवाहन को साके से रोक दिया था, क्योंकि वे मेवाड़ के अतिथि थे। शालिवाहन ने प्रताप को अकबर के वीभत्स रूप व सेना की पूरी जानकारी दी। ये महान योद्धा, हल्दी घाटी के युद्ध में प्रताप की रक्षा करते हुए वीरगति को प्राप्त हुए।

यह मेवाड़ के इतिहास का सर्वाधिक काला दिवस था, जब मातृभूमि के रक्षार्थ सहस्रों बेटों ने अपने प्राणों का निस्स्वार्थ बलिदान दे दिया।

यह एक ऐसा दिन था, जिसका प्रभाव मेवाड़ और मुगलों के बीच होनेवाले विभिन्न संघर्षों पर सदा के लिए सघनता के साथ पड़ने वाला था।

यह एक ऐसा दिन था, जिसे मेवाड़ के धर्म-रक्षकों के साहस और शक्ति का परिचायक कहा जाएगा, जब उन्होंने एक बर्बर, धर्मांध सेना के सामने अपना शौर्य दिखाया और वीरगति पाई।

यह दिन हमारे उन महान पूर्वजों की सदैव याद दिलाएगा, जिन्होंने समर्पण के स्थान पर मृत्यु का वरण किया। उन्होंने किसी अन्य धर्म में परिवर्तित होने के स्थान पर अपने हिंदू धर्म को उचित समझा।

जब मृत्यु उन्हें ग्रसने को तैयार खड़ी थी, तब भी उन्होंने अपने महान पूर्वजों के प्रति अपनी निष्ठा बनाए रखी। आखिर किस तत्त्व के बने थे, वे महिलाएँ, बालक, जिन्होंने स्वेच्छा से अग्नि में प्रवेश कर अपने सम्मान को अक्षुण्ण रखा? वह क्या कारण था कि महारानी पद्मिनी से आरंभ होकर जौहर की यह प्रथा, शताब्दियों तक विभिन्न कालखंडों में हिंदुओं ने अपनाई, किंतु कभी भी उन्होंने अपने धर्म और स्वतंत्रता को किसी के आगे समर्पित नहीं किया?

कितने दृढ़ निश्चयी होंगे वे पुरुष, जो अपनी पत्नी और अपने बच्चों को अग्नि को समर्पित होने भेज देते थे, क्योंकि वे अपना धर्म नहीं छोड़ सकते थे? आखिर वे पुरुष किस शक्ति से ओत-प्रोत होते थे कि स्वयं को एक हिंसक सैन्य हाथी के समक्ष खड़ा कर देते थे? आखिर उन असहाय और संख्या में कम हिंदुओं की कौन सी ऐसी आशा थी, जिसके बल पर वे इस्लाम में परिवर्तित होने के स्थान पर युद्ध में वीरगति प्राप्त करने

को अधिक सम्मानजनक मानते थे?

इन महान लोगों में कैसा आध्यात्मिक बल था कि वे मृत्यु का सामना केवल इसलिए हँसते-हँसते कर लेते थे, क्योंकि उन्हें विश्वास था कि कहीं-न-कहीं उनके महाराणा जीवित हैं और वे इन तुर्क हत्यारों से युद्ध जारी रखेंगे?

यदि हम उनके साहस, उनकी आशा, उनके दृढ़ निश्चय का लेशमात्र भी अपने भीतर भर पाएँ तो कदाचित् हम चारों ओर से घिरे अपने इस राष्ट्र को एक विदेशी धर्म के साथ शताब्दियों से चले आ रहे संघर्ष से बचा पाएँगे।

यदि हम उस साढ़े चौहत्तर के अंक को अपने दैनिक जीवन में आत्मसात् कर सकें, हमारे परिवार में हर आध्यात्मिक गतिविधियों में सम्मिलित कर लें तो कदाचित्, हम निरीह हिंदुओं के साथ उस दुर्भाग्यपूर्ण दिन हुए नरसंहार को कभी नहीं भूलेंगे और न ही उन लोगों को, जिन्होंने मृत्यु के सम्मुख खड़े होते हुए भी अपनी पलक तक नहीं झपकाई।

एक भागीरथ प्रश्न, जिसपर हमारे देश के सभी हिंदुओं और शिक्षाविदों को लज्जा आनी चाहिए, वह यह है कि एक विदेशी साम्राज्यवादी हत्यारा, जिसने निर्दोष जनता को इस निर्ममता के साथ मारा, उसे हम अपने विद्यालयों में 'अकबर महान' किस मुँह से पढ़ा लेते हैं?

क्या हिंदी सिनेमा जगत् को इस राक्षसी प्रवृत्ति के व्यक्ति के गुणगान करनेवाली फिल्में बनानी चाहिए, जिसने अपनी धर्मांधता के चलते 40,000 निरपराध आमजनों और बच्चों को मारने का आदेश दिया?

हिंदू मानस को इस निकृष्ट व्यक्ति को एक अच्छे सहिष्णु व्यक्ति के रूप में देखना चाहिए या अपने पूर्वजों की हत्या करनेवाले घृणित व्यक्ति के रूप में? एक हिंदू होने के नाते हमें यह प्रश्न स्वयं से प्रतिदिन पूछना चाहिए और इसका उत्तर भी हमें स्वयं ही खोजना चाहिए; क्योंकि यदि हम इसी तरह अकबर को एक महान राजा के रूप में महिमामंडित करते रहे तो हम मेवाड़ के उन महान बलिदानियों, उन हुतात्माओं का भद्दा उपहास ही कर रहे हैं।

एक क्षण के लिए अकबर का मनोवैज्ञानिक विश्लेषण करें तो हमें समझ आएगा कि सहिष्णुता के बुर्के के नीचे कितना निर्मम हत्यारा छुपा था।

कोई भी संवेदनशील व्यक्ति होता तो इतनी स्त्रियों व बच्चों के आर्तनाद से पिघल कर इस नरसंहार को रोक देता। किंतु यही जेहाद का सत्य है।

व्यक्ति चेतनाशून्य होकर जड़वत् हो जाता है। स्वयं की काल्पनिक जन्नत और स्वयं के मजहब के विस्तार के लिए कोई भी यातना स्वीकार कर लेता है। अब यह हिंदू समाज सोच ले कि ऐसे निष्ठुर व्यक्ति को घृणा से देखना है या सम्मान से।

अतीत कभी मरता नहीं, क्योंकि अतीत की स्मृति व चेतना वर्तमान को परिभाषित करती है। इसलिए अतीत ही वर्तमान है।

यदि जौहर की लपटें हमारा अंतर्मन सतत जलाती रहें, तो अतीत ही वर्तमान है।

धातु से धातु की टंकार यदि अब भी हमारे कानों में गूँज रही है, तो अतीत ही वर्तमान है।

अग्निकुंड में जलती हुई स्त्रियों व बच्चों की चीखें यदि हमारे हृदय को आज भी छेद रही हैं, तो अतीत ही वर्तमान है।

वही अमर चेतना यदि आज भी स्पंदित है, वही अजेय चेतना हमें संघर्ष करने का आह्वान कर रही है, तो अतीत ही वर्तमान है। पाँच तत्त्वों का यह नश्वर शरीर आज नहीं तो कल मिटेगा ही। किंतु मेवाड़ के साका-जौहर ने हमें बता दिया कि शरीरों के मिटने से स्वतंत्रता की अभीप्सा नहीं मिट जाती, बल्कि दुगने वेग से वह उभरकर आती है।

अकबर की तीन पीढ़ियों के पश्चात् मुगलों की सत्ता का नाश हो गया और आज अकबर के कुल का कोई बीज धरती पर नहीं बचा। किंतु वे हिंदू, जो उस बर्बर धर्मांध सेना के सम्मुख बिना शस्त्रों के भी पूरी जीवटता के साथ लड़े थे, उनके वंशज आज भी जीवित हैं।

वे महान राजपूत योद्धा, जिन्होंने अपने परिवार को अग्नि को समर्पित किया और स्वयं को खड्ग की धार को, अपनी पीढ़ियों में वे आज भी जीवित हैं। वे विलक्षण लोग, जिनके बलिदान के कारण हम आज भी हिंदू हैं और पृथ्वी के सबसे पुरातन सनातन धर्म के प्रणेताओं एवं पालकों के वंशजों के रूप में जीवित हैं।

जब तक पृथ्वी अपनी धुरी पर घूम रही है, साका-जौहर के अमर बलिदानी, हिंदुओं के हृदय में जीवित रहेंगे।

जब तक सूर्य अपनी ऊष्मा से धरती पर जीवन प्रवाहित कर रहा है, वे बलिदानी जीवित रहेंगे।

जब तक इस धरती का पुण्य इतना क्षीण नहीं हो जाता कि हिंदू धर्म ही समाप्त हो जाए, वे बलिदानी जीवित रहेंगे।

क्योंकि, धर्म वह तत्त्व है, जो हमें धारण करता है, किंतु 25 फरवरी, 1568 के उस अभूतपूर्व दिन, 40,000 हिंदुओं ने धर्म को अपने वक्ष पर धारण किया था।

अब देखना यह है कि क्या हम हिंदुओं में वह सामर्थ्य, साहस और निष्ठा है कि हम अपने धर्म को धारण कर अपने पुरखों की स्मृति के साथ न्याय कर पाते हैं? यह धारणा ही हमारे महान पूर्वजों को सच्ची श्रद्धांजलि होगी।

□

11

प्रताप का राज्यारोहण और मेवाड़ की किलेबंदी

चित्तौड़ को खोने के चार वर्ष के बाद, 1572 ईसवी में, पचास वर्ष की आयु में महाराणा उदय सिंह की मृत्यु गोगूँदा में हुई। उनके कुल पच्चीस पुत्र थे, जो सभी राजपुत्र थे। यही कारण बना मेवाड़ में संभावित गृहयुद्ध का।

उदय सिंह ने अपनी मृत्यु से पूर्व ही भाटी रानी, धीर बाई के पुत्र जगमाल को मेवाड़ का उत्तराधिकारी घोषित करके इस गृहयुद्ध का बीज बो दिया। यह निश्चित रूप

महाराणा उदय सिंह
(1540–1572 ईसवी)

से मेवाड़ की जनतंत्रवादी परंपरा और सामंतों की दूरदर्शिता ही थी, जिसके कारण महाराणा उदय सिंह द्वारा हुए इस अन्याय के विरोध में सभी सामंत तुरंत ही मंत्रणा के लिए एकत्रित हुए।

निम्नलिखित विवरण के आधार पर हम उदय सिंह की मृत्यु से लेकर प्रताप के राज्यारोहण तक की सभी घटनाओं पर चर्चा करेंगे—

मेवाड़ में सिंहासन कभी रिक्त नहीं रखा जाता था। मृत राजा का अंतिम संस्कार और नए राजा का राज्याभिषेक एक ही समय पर होता था, एक ही पुरोहित के घर पर। जब प्रताप के भाई और सामंत, मृत उदय सिंह का अंतिम संस्कार कर रहे थे, तब जगमाल को अनुपस्थित देख ग्वालियर के राजा रामशाह तँवर ने कुँवर सगर से पूछा, "जगमाल कहाँ है?"

सगर ने उत्तर दिया, "क्या आप नहीं जानते? बैकुंठवासी महाराणा ने उनको राज्य का मालिक बनाया है।"

सोनगरा राजकुमार और जालौर के राव, दोनों ने ही मेवाड़ के वृद्ध और सम्माननीय चूँडावतों के सरदार किस्तना से पूछा कि जगमाल को राजसिंहासन पर बैठाकर उन्होंने इतना बड़ा अन्याय कैसे होने दिया?

किस्तना ने उत्तर दिया, "जब एक बीमार व्यक्ति जीवन के अंत समय में हो और वह दूध माँगे, तो मना क्यों करना?"

किस्तना ने यह भी कहा कि सोनगरा का भानजा मुझे पसंद है और मैं भी प्रताप के ही नाम का समर्थन करता हूँ।

सभी सामंत एकत्रित हुए और उनके बीच इस विषय को लेकर काफी उग्र विचार-विमर्श होने लगा। अक्षय राज सोनगरा ने रावल कृष्णदास और रावल सांगा से कहा कि यदि जगमाल को राजा बनाना है, तो इसमें आप लोगों का समर्थन आवश्यक है।

"एक तरफ हमारे सामने अकबर जैसा विकट शत्रु है, चित्तौड़ हमारे हाथ से जा ही चुका है, मेवाड़ बंजर हो चुका है, यदि राजपरिवार में गृहयुद्ध होता है तो मेवाड़ का नाश निश्चित है और शीघ्र ही हम सब मुगलों के दास होंगे।" सोनगरा ने कहा।

दोनों ही सामंतों ने सोनगरा की बात का समर्थन किया और कहा कि प्रताप ज्येष्ठ

हैं, योग्य हैं और वीर हैं, तो इन्हें किस दोष के कारण राज्याभिषेक से वंचित किया जा रहा है?

उधर, प्रताप कभी भी परिवार में रक्तपात नहीं चाहते थे। उन्होंने इसे नियति का लेख मान, अपने प्रिय चेतक पर बैठकर सुदूर सिंध में जाने के लिए काठी चढ़ा दी। तब सामंत उनके पास आए और उन्हें बताया कि सभी ने एकमत से उन्हें ही मेवाड़ का उत्तराधिकारी चुना है। प्रताप अपने पिता की इच्छा का अपमान नहीं करना चाहते थे, सो बोले, "दाजीराज सा का आदेश है जगमाल ही गद्दी पर बैठे। मैं उनके आदेश की अवहेलना नहीं कर सकता।"

मेवाड़ के सामंत बोले, "अवहेलना आप नहीं, हम कर रहे हैं। जगमाल के राजा बनने से मेवाड़ का विनाश निश्चित है।"

भारी मन से प्रताप ने स्वीकृति दे दी।

जगमाल को रामशाह तंवर व अक्षय सोनगरा राजगद्दी से उतारते हुए

रावल किस्तना, अक्षय राज और ग्वालियर के रामशाह तँवर के साथ वहाँ पहुँचे, जहाँ जगमाल सिंहासन पर बैठकर इतरा रहा था। उन्होंने जगमाल के शस्त्र उससे ले लिये और थोड़े बहुत विवाद के बाद जगमाल को सिंहासन से हटा दिया गया।

राजवंश के बड़े किस्तना ने कहा, "आपसे गलती हुई है महाराज, यह जगह आपके बड़े भाई की है।"

रामशाह तँवर ने जगमाल की बाँह पकड़कर उसे सिंहासन से उतार दिया।

फिर प्रताप को तलवार के घेरे में लेकर रावल किस्तना ने तीन बार जमीन से तलवार को छूकर उन्हें मेवाड़ का अगला महाराणा घोषित किया।

क्या कोई मूल्य है, जो हम हिंदू चुका सकते हैं उन सामंतों की निष्ठा का, जिन्होंने देशहित में अपने राजा की आज्ञा की भी अवहेलना कर दी?

यदि मेवाड़ के सामंत उस दिन दुर्बलता या अन्यमनस्कता दिखाते तो प्रताप सदा के लिए खो जाते। प्रताप के खोने का अर्थ केवल एक होता—हिंदू समाज का दासत्व।

उस महिमाशाली दिन, मेवाड़ के देवतुल्य सामंतों ने अपनी दूरदर्शिता व साहस से हिंदू धर्म व देश बचा लिया।

प्रताप के राज्यारोहण का प्रकरण हिंदू समाज में जनतांत्रिक मूल्यों की गहरी पैठ की भी पुष्टि करता है। यद्यपि हिंदू समाज में राजा को भगवान् विष्णु का प्रतिनिधि माना गया है तथा मेवाड़ में महाराणा को भगवान् शिव का दीवान, तथापि, राजा या राणा को धर्म से च्युत होने की स्वतंत्रता नहीं थी।

सस्ती भावुकता व खोखली राज्यनिष्ठा में न पड़कर मेवाड़ के सामंतों ने उस दिन धर्म व देश को सर्वनाश से बचा लिया।

दूसरी बार प्रताप का राज्याभिषेक मेवाड़ के सामंतों द्वारा कुंभलगढ़ में गाजे-बाजे के साथ किया गया। बत्तीस वर्ष की आयु में, महाराणा प्रताप सिंह, सिसोदिया वंश के मुसलमानों के साथ चल रहे अस्तित्व के संघर्ष के ठीक बीच में मेवाड़ के शासक बने।

गोगूँदा का वह मंच जहाँ प्रताप का राज्याभिषेक हुआ

प्रताप का राज्यारोहण, सर्वाधिक कठिन समय में एक ओर मनुष्य की दुर्बलता तथा दूसरी ओर उसकी संकल्पशक्ति का विचित्र मिश्रण है। उदय सिंह के कठिन व हिंसा से सने बाल्यकाल से मेवाड़ के महाराणा बनने तक की यात्रा ने उन्हें शक्की और अस्थिरचित्त व्यक्ति बना दिया था। संभावना है कि वे स्वयं को परिस्थितियों से पीड़ित व्यक्ति मानते रहे और उन्होंने चाटुकारों के कहने पर कई अनुचित निर्णय लिये।

वहीं दूसरी ओर प्रताप ने अपने अपमान और बाल्यकाल के कड़वे अनुभवों को अपने चारित्रिक बल पर उत्थान की सीढ़ी बनाया और सभी शंकाओं पर विजय प्राप्त करके स्थिरचित्त और दृढ़ निश्चयी व्यक्तित्व का निर्माण किया। प्रताप के बाल्यकाल से ही उनका जीवन अस्थिर था, किंतु उनकी दृढ़ इच्छाशक्ति और मुनि रूपनाथ की आध्यामिक शिक्षा तथा पथ-प्रदर्शन से प्रताप कभी अपनी मातृभूमि की सेवा के लक्ष्य से विमुख नहीं हुए।

कर्नल टॉड के कथनानुसार, प्रताप प्रायः दुःखी होकर कह बैठते थे—

"मेरे और दादो सा, राणा सांगा के बीच में यदि दाजीराज सा (उदय सिंह) नहीं होते, तो किसी तुर्क की क्या सामर्थ्य कि राजस्थान को आदेश दे!"[90]

प्रताप से पूर्व बीती शताब्दी में हिंदू समाज ने एक नूतन स्वरूप धारण किया था। गंगा और यमुना के बीच के बिखरे हुए राज्य फिर से उत्तरोत्तर प्रगति के पथ पर बढ़ने लगे थे। आमेर और मारवाड़ का प्रभुत्व और सत्ता इतनी शक्तिशाली हुई कि वे साम्राज्यवादी शेरशाह सूरी से[91] अकेले ही भिड़ गए। हिंदुओं को अब एक ऐसा राजा चाहिए था, जो इस्लाम से उन्हें पूर्ण मुक्ति दिला सके।

हिंदुओं को ऐसा ही नायक राणा सांगा में मिला, जिनमें हर वह गुण था, जिसके

90. टॉड, खंड-1, पृ. 266।

91. शेरशाह सूरी ने मारवाड़ के राव मालदेव पर 1543 ईसवी में अस्सी हजार की सेना लेकर आक्रमण कर दिया। मालदेव ने भी अपनी पचास हजार सेना के साथ शेर शाह सूरी को इसका प्रत्युत्तर दिया एवं शेरशाह को रोक दिया। ऐसे में भोजन-पानी की निरंतर हो रही कमी को देखते हुए शेरशाह ने एक कुत्सित चाल चली और राव मालदेव तक एक झूठा पत्र पहुँचा दिया जिस में लिखा था कि राव मालदेव के कुछ विश्वासपात्र सेनानायक शेरशाह से मिले हुए हैं। शेरशाह की ये युक्ति काम कर गई और 4 जनवरी, 1544 ईसवी को राव मालदेव शंकित हो कर युद्धभूमि से अपने विश्वस्त सेनानायकों और सेना को लेकर रणभूमि छोड़ गए। पर मालदेव के दो सेनानायक जैता और कूँपा राठौड़ रणभूमि में डटे रहे तथा अपने 12000 सेना के साथ शेरशाह की सेना पर आक्रमण कर दिया। इस युद्ध में राजपूतों की सेना छोटी होने के पश्चात् भी हजारों अफगान सैनिक मारकर जैता और कूँपा अपनी सेना समेत युद्धभूमि में वीरगति को प्राप्त हुए।

युद्ध में एक समय ऐसा भी आया, जहाँ शेरशाह को अपनी पराजय होती दिख रही थी। हिंदुओं ने अपने से दुगुनी सेना को काट डाला। युद्ध की शाम को शेरशाह बोला, "मुट्ठी भर बाजरे के लिए पूरा हिंदुस्तान चला जाता।"

कारण लोग सहज ही उनके आज्ञाकारी हो जाते थे और जिनके कुल की महिमा तथा गौरव हिमालय से लेकर दक्षिण में रामेश्वरम् तक सभी को ज्ञात था। इन हिंदू राज्यों के पास ऐसे नायक की आज्ञा मानने के पीछे बड़े कारण थे, क्योंकि ऐसे ही नायकों के अभाव में उनका पैतृक सम्मान धूमिल हुआ था। और ऐसा ही नायक हिंदू राजाओं ने सांगा के पौत्र प्रताप में भी पाया होता, यदि उदय सिंह, सांगा व प्रताप के बीच में न जन्मे होते या उनका शत्रु, अकबर से थोड़ा कम चालाक व नृशंस होता।"

भाग्य ने प्रताप को एक ऐसी विषम परिस्थिति में ला खड़ा किया था, जैसी उस समय के किसी भी हिंदू राजा को नहीं देखनी पड़ी थी। प्रताप व सांगा के बीच का समय मेवाड़ राजघराने में गृहयुद्ध का काल था। निष्ठाएँ बँट चुकीं थीं। राजस्व व व्यापार बुरी तरह से नष्ट हो चुके थे। स्वेच्छाचारी लुटेरे व सामंत उभर आए थे। प्रताप को न केवल अपने परिवार की अंतर्कलह को सुलझाना था, बल्कि सामंतों को भी फिर से एकजुट कर, उस समय के सबसे हिंसक व दुर्दांत हत्यारे अकबर से भी मेवाड़ को बचाना था।

उधर अपने अपमान के बाद, मेवाड़ के अयोग्य राजकुमार जगमाल ने दिल्ली की ओर मुँह किया और मेवाड़ के सामंतों के निर्णय को उचित ठहराते हुए अपने ही वंश के सबसे बड़े शत्रु अकबर की शरण में जा पहुँचा।

यह मेवाड़ के सामंतों और सरदारों की दूरदृष्टि ही थी कि उन्होंने राज्यादेश के विपरीत जाकर, अयोग्य जगमाल के स्थान पर योग्य प्रताप को राजा बनाया।

अकबर द्वारा जगमाल को भीलवाड़ा में जहाजपुर की जागीर प्रदान की गई। जगमाल का विवाह सिरोही के राजा मान सिंह की पुत्री से हुआ था, वह नहीं जो वंशहीन 1571 ईसवी में मृत्यु को प्राप्त हुआ।

जगमाल ने सिरोही को वहाँ के उत्तराधिकारी सुरताण सिंह से छीनने के लिए अकबर की सहायता माँगी। तब अकबर ने जगमाल की सहायता हेतु अपने दो सेनानायकों के साथ सेना रवाना की।

17 अक्तूबर, 1583 को इस सेना ने आबू पर आक्रमण किया, जहाँ सुरताण ने अपनी किलेबंदी कर रखी थी और इसी जगह राजस्थान का एक बहुत गौरवशाली युद्ध हुआ। अकबर की शक्तिशाली सेना को राव सुरताण की छोटी सी सेना ने बुरी तरह पराजित किया। अकबर की ओर से आए दोनों सेनानायक राय सिंह और कोली सिंह, इस युद्ध में जगमाल के साथ सुरताण द्वारा मारे गए और इसके बाद सुरताण, सिरोही के निर्विवाद राजा बने। इसी के साथ प्रताप और मेवाड़ के लिए उत्पन्न होनेवाली एक चुनौती का अंत हुआ।

प्रताप मेवाड़ के राजा बने और उन्होंने इस वंश की पद्वियों इत्यादि को धारण किया। किंतु उन्हें एक ऐसा राज्य प्राप्त हुआ था, जिसकी कोई राजधानी नहीं थी,

संसाधन नहीं थे। सामंत उदासीन थे और प्रजा हतोत्साहित थी। फिर भी प्रताप के पास अपने वंश के संस्कार और किसी भी चुनौती का सामना करने की दृढ़ इच्छाशक्ति थी।

प्रताप ने चित्तौड़ पर पुनः अधिकार करने का मन बनाया और अपने वंश के गौरव तथा प्रभुत्व को दोबारा प्राप्त करने पर बहुत सोच-विचार किया। अकबर स्वयं दिल्ली में अस्थिर था, किंतु उसने अपने मित्रों और संधियों के आधार पर अपना वर्चस्व बहुत जल्दी बढ़ा लिया था।

आमेर, बीकानेर और बूँदी के राजाओं ने अकबर के साथ संधि कर ली। प्रताप को यह स्वीकार करना पड़ा कि अब उनका संघर्ष केवल विधर्मी तुर्कों से ही नहीं, वरन् अपने स्वधर्मी भाइयों से भी होगा। यह एक ऐसा तथ्य था, जो तुर्कों के साथ प्रताप के सभी युद्धों के समय प्रताप के मन पर भारी था। जगमाल का भाई सगर भी प्रताप से अलग हो तुर्कों से जा मिला।

चित्तौड़ के तीसरे साके के घावों ने मेवाड़ की चेतना को विदीर्ण कर दिया था तथा मेवाड़ की प्रजा भी जौहर की स्मृति से आहत व हतोत्साहित थी। प्रताप को घायल मेवाड़ विरासत में प्राप्त हुआ था। किंतु साथ ही उनके सहयोग के लिए वीर जयमल राठौर और पत्ता चूँडावत के पुत्रों सरीखे योद्धा भी आ गए थे। सलूंबर, देवगढ़, आमेट इत्यादि के सामंतों ने भी प्रताप के प्रति अपनी निष्ठा बनाए रखी।

ग्वालियर के राजा रामशाह तँवर उनके मुख्य सेनानायक बने और देलवाड़ा के ठाकुर उनके विश्वासपात्र नायकों में से एक थे। मेवाड़ के मुख्य कोषाध्यक्ष, ओसवाल जैन भामाशाह[92] केवल एक योग्य कोषपाल ही नहीं, वरन् एक वीर योद्धा भी थे।

उन्होंने अपने वीर भाई ताराचंद के साथ प्रताप के प्रति निष्ठा रखने की शपथ ली। तुर्क साम्राज्यवाद के विरुद्ध हल्दीघाटी तथा दिवेर दोनों ही युद्धों में वित्तीय व्यवस्था तथा युद्ध नीति का प्रभार भामाशाह व ताराचंद ने सँभाला।

प्रताप के भाई शक्ति सिंह का भी उनके जीवन में विशेष स्थान था। चाहे वे युवावस्था में प्रताप को छोड़कर चले गए थे, किंतु प्रताप की यशोगाथा में उनका विशेष व अविस्मरणीय स्थान है। शक्ति सिंह के विषय में इसी पुस्तक में भिन्न-भिन्न स्थानों पर विवरण दिया गया है। शक्ति सिंह जीवनपर्यंत प्रताप व मेवाड़ के प्रति निष्ठावान रहे। बहुत अधिक संभावना इस बात की है कि वे अकबर के दरबार में प्रताप की गुप्तचरी करते थे। हर बार मेवाड़ पर होनेवाले आक्रमणों की पूर्व सूचना वे प्रताप तक पहुँचाते थे।

हल्दीघाटी में प्रताप की जीवनरक्षा के प्रकरण के बाद अकबर ने शक्ति सिंह से बहुत सवाल-जवाब किए। तब शक्ति सिंह अपने परिवार व सैनिकों सहित प्रताप से आ

92. जैन धर्म के पालक, जो अधिकतर व्यापर में संलग्न रहते थे।

मिले। शक्ति सिंह के 17 पुत्र हुए, जो कि 'शक्तावत' कहलाए तथा पीढ़ियों तक प्रताप व उनके वंशजों के साथ मुगलों से लड़े।

भामा शाह (1547-1600 ईसवी)

शक्ति सिंह व प्रताप का एक साथ कुल देवी की पूजा करते हुए दुर्लभ चित्र

1572 में राज्यारोहण से लेकर 1597 में उनके महाप्रयाण तक, अपने जीवन के पच्चीस वर्षों तक प्रताप ने एक बड़े साम्राज्यवादी शत्रु के सामने पूर्ण दृढ़ता से संघर्ष कर अंततः उसे पराजित किया। उनके अपने लोगों ने सुख व सत्ता के लोभ में उन्हें छोड़ दिया, किंतु प्रताप ने अपनी भूमि व संकल्प नहीं छोड़ा और वनों में केवल भीलों के आसरे ही संघर्ष किया।

प्रताप ने मातृभूमि हेतु युद्ध लड़े; अपने शत्रुओं का विनाश किया, काल और कपट ने उनके मित्र छीन लिये, एक शिला से दूसरे शिला पर दौड़ते फिरे, मैदानों में भीषण युद्ध से लेकर पर्वतीय घाटियों में गुरिल्ला छापामार युद्ध किया, अपने परिवार और सेना का वन के कंद-मूल फलों से पोषण किया और बालक अमर सिंह को उन्हीं वनों में पाला, घातक जीव-जंतु और निर्मम मानवों से भी सामना हुआ। प्रताप ने तब भी अपने अद्भुत नेतृत्व-कौशल और संकल्प-शक्ति से तुर्कों के विरुद्ध संघर्ष में अपनी प्रजा और सेना का मनोबल बनाए रखा।

जितनी उन पर विपत्तियाँ बढ़ीं, उसी मात्रा में उनका संकल्प भी बढ़ता गया, क्योंकि वे उस वचन से बँधे थे, जो उन्होंने स्वयं से ही लिया था, "अपनी माँ के दूध को मैं लज्जित नहीं होने दूँगा।"

बाप्पा रावल का वंशज, किसी नश्वर मनुष्य के आगे झुक जाएगा, यह विचार ही अतर्क्य था। यहाँ मेवाड़ के महान सामंतों और साधारण प्रजाजनों को भी श्रेय देना

आवश्यक है, जो हर परिस्थिति में अपने राजा के साथ खड़े रहे।

असहनीय विपत्तियाँ, भयंकर विपन्नता व साक्षात् मृत्यु ही जब मुँह बाए खड़ी थी, मेवाड़ के लोग अनजान श्रद्धा से भरे अपने महाराणा के पीछे खड़े रहे। मेवाड़ ने 25 फरवरी, 1568 को चित्तौड़ के तीसरे साके-जौहर में अकबर द्वारा किए गए नरसंहार को सहन किया था, लेकिन फिर भी वह उस राख, अवशेष और मृत शरीरों के ढेर से मुक्त होकर अपनी स्वाधीनता और गौरव के लिए उठ खड़ा हुआ।

कालजयी, महान योद्धा, महाराणा प्रताप सिंह के कारण ही भारतीय उपमहाद्वीप में मेवाड़, हिंदुओं के आशादीप के समान प्रज्वलित हुआ।

एक ऐसे व्यक्ति, जिन्होंने अपने अदम्य साहस और दृढ़-संकल्प से भारतीय उपमहाद्वीप में इस्लामी दमन के प्रयासों की पूरी पटकथा को ही बदल दिया।

एक ऐसे व्यक्ति, जो न तो उतावले थे, न ही दीर्घसूत्री।

एक ऐसे सद्चरित्र पुरुष, जिन्हें प्रजा के धन और परिश्रम पर स्वयं विलासितापूर्ण जीवन जीना स्वीकार नहीं था।

वे एक महायोगी थे, जिन्होंने मातृभूमि की स्वाधीनता के लिए एक योद्धा का दायित्व निभाया और भारतीय उपमहाद्वीप में हिंदुओं पर जो दासता के काले बादल छाए थे, उनसे लड़ने में अपना जीवन स्वाहा कर दिया।

एक ऐसे वैरागी व्यक्ति, जिन्होंने एक महाराणा को प्राप्त सभी सुखों और ऐश्वर्य को सहज ही त्याग दिया। वे तुर्कों के साथ संधि कर सकते थे, किंतु उन्होंने कुछ वर्षों के दासतापूर्ण जीवन के स्थान पर संघर्ष भरा जीवन चुना।

एक सच्चे नायक, जिन्होंने अपने बुद्धिमान और निष्ठावान सामंतों का सम्मान किया और नए युवाओं को मेवाड़ के भविष्य के लिए तैयार किया। एक सच्चे स्पार्टन[93] जो रात को अपने सिर के नीचे मलमल के तकिए के स्थान पर भाला रखकर सोते थे।

मेवाड़ के राजा बनते समय प्रताप ने चार प्रतिज्ञाएँ ली थीं, जो मेवाड़ की लोककथाएँ बन गईं और मेवाड़ जैसे छोटे से राज्य को मुगल उपद्रवियों से संघर्ष हेतु तैयार किया—

1. चित्तौड़ को पुन: प्राप्त करने तक सभी भोग-विलास की वस्तुओं का उपभोग बंद किया जाएगा।
2. सोने-चाँदी के थाल इत्यादि के स्थान पर पत्तों से बनी पत्तलों का उपयोग होगा।
3. बिस्तरों पर कपड़े और नरम मलमल के स्थान पर पत्ते और घास बिछाकर सोया जाएगा।

93. ग्रीस देश में एक द्वीप स्पार्टा के निवासी, जो ग्रीक इतिहास में विलक्षण योद्धा थे

4. युद्ध में बजनेवाले नगाड़े राजसी सवारी के आगे के स्थान पर पीछे की ओर बजाए जाएँगे।

मेवाड़ की विपरीत स्थिति और उसको सुधारने के लक्ष्य को सतत स्मरण रखने के लिए ऐसा किया गया। मेवाड़ की प्रजा को बोध था कि उनका राजा इतना कष्टपूर्ण जीवन जी रहा है, इसीलिए वे भी उस यात्रा में प्रताप के साथ रहे।

राज्यारोहण : प्राथमिक किलेबंदी

सर्वप्रथम प्रताप ने राजस्व उत्पन्न करने और उसके सम्यक् नियोजन पर विशेष ध्यान दिया। सामंतों को नए नियमानुसार व्यय करने के लिए निर्देशों के साथ नए अनुदान दिए गए। कुंभलगढ़ को राजधानी बनाया गया और सुदृढ़ किया गया। इसी प्रकार गोगूँदा और पर्वतों पर बने अन्य दुर्गों का भी पुनर्निर्माण कर उन्हें सुदृढ़ किया गया। मैदान में परिस्थितियाँ सही नहीं होने के कारण प्रताप ने अपने पूर्वजों के पुरातन तरीके को अपनाया और अपनी प्रजा को पर्वतीय क्षेत्रों में जाने के लिए कहा।

प्रताप अपने निरंतर प्रयासों एवं कुशल क्रियान्वयन से राजाज्ञाओं का पालन करवाते हुए स्वयं को भी तुर्क साम्राज्यवादियों से लंबा युद्ध लड़ने के लिए तैयार कर रहे थे।

बनास और बेड़च के बीच की उपजाऊ भूमि खाली की जा रही थी, उसे 'बे-चिराग' अर्थात् बिना दीपक के, अंधकार में छोड़ने का आदेश दिया गया।

इससे मेवाड़ पर आक्रमण करते मुगलों को अपने साथ ढेरों खाद्य सामग्री इत्यादि साथ लाने पर मजबूर होना पड़ा। न तो मुगलों को स्थानीय रसद सामग्री मिलती और न ही स्थानीय लोगों की निर्मम हत्या का अवसर, जो उस समय तुर्कों के लिए सहज बात थी। प्रताप ने मेवाड़ की जनता पर कठिन नियम पूरी कठोरता से स्वयं लागू किए।

एक बार प्रताप अपने कुछ अश्वारोहियों के साथ अपने आदेशों की अनुपालना का निरीक्षण करने गए। मेवाड़ की हरी-भरी धरती पर मरुस्थल जैसी भयावह शांति फैली हुई थी, मक्के के खेतों में जंगली घास उग आई थी, कँटीले बबूल के पेड़ राज्य के मुख्य मार्गों का गला दबा रहे थे, गाँवों में घर, जंगली जानवरों का निवास स्थान बन गए थे। जहाँ-तहाँ जंगली जीव-जंतु विचरने लगे थे।

इस जंगल के बीच एक अकेला चरवाहा अपने पशुओं को लेकर बनास के किनारे किसी समय हरे-भरे रहे ऊँटाला के चरागाहों में लेकर निकला, जहाँ अब इक्के-दुक्के ही हरे पेड़ थे। थोड़ी-बहुत पूछताछ के बाद उस चरवाहे को मारकर उसके शव को पेड़ पर लटका दिया गया।

प्रताप का यह हर उस व्यक्ति को संदेश था, जो मेवाड़-मुगल संघर्ष के प्रति उदासीन था या उसे हलके में ले रहा था।

राजाज्ञा का उल्लंघन करने वाले चरवाहे को मृत्युदंड

कर्नल टॉड के अनुसार—"इतनी कठोर देशभक्ति से प्रताप ने राजस्थान के उपवन को मुसलमान विजेताओं के लिए किसी काम का नहीं छोड़ा।"[94]

मुगल शासन और यूरोपियन व्यापारियों के बीच स्थापित व्यापार-विपणन का रास्ता मेवाड़ होकर सूरत तथा अन्य समुद्र तटों तक जाता था और इसका लाभ उठाकर मेवाड़ी सैनिक उनके सामान व धन को लूट लेते थे। हम केवल उस सेना व प्रजा के संकल्प की दृढ़ता की कल्पना कर सकते हैं, जो प्रताप के साथ कंधे से कंधा मिलाकर, तुर्क आक्रमणकारियों के जीवन को नरक बना रही थी।

प्रताप व भीलों का सतत विमर्श *राणा पुंजा*

94. टॉड, पृ. 266, खंड-1।

1572 ईसवी में मेवाड़ का सिंहासन सँभालने और 1583 ईसवी में दिवेर के युद्ध के मध्य मेवाड़ के आमजन, पर्वतीय क्षेत्रों की ओर पलायन कर चुके थे। हजारों नए गाँवों की बसावट शुरू हुई। इसका एक परिणाम रहा, मेवाड़ के आमजन तथा पर्वतीय वनों में रहनेवाले आदिवासी भीलों के बीच संपर्क। महिमाशाली भीलों ने खुले हृदय से जनता का स्वागत किया, उन्हें पर्वतीय वनों से प्राप्त भोजन उपलब्ध करवाया और उनकी रक्षा भी की।

मेवाड़ के जनसमुदाय को मैदानों से पर्वतों में बसाने में भीलों ने भरपूर मदद की, इसीलिए शताब्दियों से मेवाड़ के राजचिह्न पर भील जनजाति को भी अंकित होने का गौरव प्राप्त है।

प्रताप से प्रेरणा लेकर सामंतों और सरदारों ने भी अपने इन असमर्थ प्रजाजनों को कर-संग्रह में छूट दे दी। आम जनों के हृदय में प्रताप के लिए जितना प्रेम और निष्ठा थी, वह मानव इतिहास में अन्य किसी राजा के लिए कभी नहीं हुई। सेनाएँ युद्ध लड़ती हैं, सैनिक मरते और मारते हैं कि सम्मान व संपत्ति मिले, किंतु एक विशाल राज्य की पूरी प्रजा एकजुट होकर, एक विदेशी आक्रांता के विरुद्ध संघर्ष में सक्रिय भागीदारी निभाए, ऐसा केवल मेवाड़ में हुआ है।

यदि अन्य किसी राजा ने ऐसे कठोर नियम प्रजा पर लगाए होते तो निश्चित रूप से मेवाड़ में विश्वासघातियों और विद्रोहियों की संख्या इतनी बढ़ जाती कि चारों ओर केवल अराजकता का राज होता। इससे ज्ञात होता है कि प्रताप एक नायक, नीतिकार और दयालु राजा के रूप में कितने असाधारण थे!

प्रताप इतने बुद्धिमान तथा दूरदर्शी थे कि इस संघर्ष में स्वयं पर और प्रजाजनों पर आनेवाली विपदाओं को पहले से ही जानकर उनके अनुसार तैयार रहते थे। सेना को स्पष्ट आदेश थे कि कर संकलन व आवागमन में नागरिकों के साथ विनम्रता व सहानुभूति से व्यवहार किया जाए।

प्रताप ने न केवल तुर्क साम्राज्यवाद के विरोध में अभियान की योजना बनाई, वरन् अपने प्रजाजनों तक अपने संदेश को भी भली-भाँति पहुँचाया। 1576 ईसवी में हल्दीघाटी का युद्ध, सात वर्ष तक गुरिल्ला युद्ध तथा दिवेर में हुई निर्णायक विजय से ज्ञात होता है कि प्रताप ने अपनी बुद्धि और रणकौशल से अपने जीवनपर्यंत तुर्क आक्रमणकारियों को मेवाड़ में पैर नहीं जमाने दिया।

प्रताप ने अपने पितामह सांगा की भूल से सीख ली। उन्होंने सेना को मुगलों के आग्नेयास्त्रों से बचाने के लिए गुरिल्ला युद्ध नीति को अपनाया। प्रताप ने चित्तौड़ के तीसरे साके से समझ लिया कि उनका शत्रु एक निर्मम हत्यारा है, जो राजपूतों को राजपूतों से लड़वाएगा और बिना किसी शंका के हिंदुओं का रक्त बहाएगा। प्रताप ने

देखा कि आमेर के भगवानदास जैसे हिंदू राजा, चित्तौड़ के युद्ध में हिंदुओं का रक्तपात देखकर भी मूकदर्शक बने रहे।

प्रताप भली-भाँति समझ चुके थे कि उन्हें अकेले ही अपने गौरव और स्वाधीनता की रक्षा के लिए लड़ना होगा।

प्रताप इस्लामी साम्राज्यवादियों की नीच और घृणित प्रवृत्ति को जान चुके थे और उन्हें पता था कि इन बर्बर पागलों के साथ युद्ध ही एक अंतिम उपाय है। इनके साथ सह-अस्तित्व संभव ही नहीं है।

प्रताप ने अकबर को पराजित करने के लिए एक विस्तृत योजना बनाई थी, जिसका क्रियान्वयन कर, वे तुर्कों को मेवाड़ से समूल उखाड़ फेंकना चाहते थे। अतः उन्होंने संधियाँ कीं, विद्रोहों का दमन किया, तटस्थ राजाओं व सामंतों से उनकी निष्ठा खरीदी। और मेवाड़ की सभी जातियों एवं जनजातियों के साथ उन्होंने एक सामाजिक सामंजस्य बिठाया। हम हिंदू, महाराणा प्रताप सिंह की सैन्य कुशलता और सर्वोच्च बलिदान के महत्त्व को वास्तव में कभी समझ ही नहीं पाए। वामी-जिहादी, प्रताप के जीवन व शौर्य को तो ढक नहीं सकते थे, सो उनके विवेक व युद्ध-कौशल पर उन्होंने उल्टी-सीधी बातों का प्रचार किया, जिनका सत्य से कोई लेना-देना ही नहीं था। जैसे प्रताप को भगोड़ा व अदूरदर्शी सेनानायक कहना।

जब मुसलमान युद्ध में पीछे हटे तो सामरिक दाँव, किंतु जब हिंदू राजा पीछे हटे तो भगोड़ा!

जब मुसलमान युद्ध हारे, तो उसके विजय अभियान को झटका, जब हिंदू राजा हारे, तो निर्णायक पराजय!

जब मुसलमान छापामार युद्ध लड़ें तो विलक्षण युद्ध शैली, जब हिंदू गुरिल्ला युद्ध लड़ें तो विवशता!

जब मुसलमान राजा हिंदू स्त्रियों का यौन शोषण करें तो उनके मजहब की दुहाई, जब हिंदू राजा मुसलमानों की स्त्रियों को शालीनता से लौटाएँ, तो चुप्पी!

जब मुसलमान संधि करें तो सामरिक बुद्धिमत्ता, जब हिंदू संधि करें तो समर्पण!

जब मुसलमान निर्मम संहार करें तो उनका मजहब, जब हिंदू संहार करें तो हत्यारे!

जब मुसलमान युद्ध जीतें तो गाजी, जब हिंदू युद्ध जीतें तो संयोग!

ऐसे ही असत्यों को इस देश के व्यभिचारी बुद्धिजीवियों ने आविष्कार करके प्रचारित किया।

इसका परिणाम यह हुआ कि इस्लाम से हिंदू समाज के गौरवपूर्ण विरोध की पूरी गाथा ही इतनी मलिन हो गई कि हम मूल विषय से ही भटक गए।

जहाँ हिंदू समाज एवं विश्व के अन्य प्रबुद्धजनों को यह विवेचना करनी चाहिए थी

कि इस्लाम एक विचार के रूप में समाज के लिए कितना उपयोगी है, वहाँ सारा ध्यान हिंदू-मुस्लिम संघर्ष के आस-पास लिखे मिथ्या प्रचार पर चला गया।

हिंदुओं के संघर्ष हेतु, वैश्विक समुदाय द्वारा हिंदुओं का आभार व्यक्त करने की बजाय उन्हीं के विरुद्ध मिथ्याचार से सारा विमर्श व्यर्थ के तर्कों में उलझकर रह गया।

एक ऐसी सभ्यता, जिसने विश्व को अत्याचार, नरसंहार, अंधानुकरण और तर्कविहीन निष्ठा के अतिरिक्त कुछ नहीं दिया, उस विचारधारा के विरुद्ध हिंदुओं के विलक्षण संघर्ष को आच्छादित करने का भौंडा प्रयत्न किया गया।

ये सब इसलिए किया गया, ताकि इस्लामी विस्तारवाद की समीक्षा को भूलकर सारा ध्यान इस्लाम के विरुद्ध हिंदू संघर्ष के आस-पास ही केंद्रित हो जाए। कौन हारा, कौन जीता, के विवाद में मूल विषय से ही हिंदुओं को भ्रमित कर दिया गया कि आखिर ये सब नरसंहार किया क्यों जा रहा था? अरब, तुर्क और अफगान लुटेरे मजहब का नाम लेकर मृत्यु का तांडव कर क्यों रहे थे?

इस पर अंतिम दो अध्यायों में विस्तार से लिखा गया है।

प्रताप को भगोड़ा बताना ऐसा ही है, जैसे कोई सिंह को सियार से भयभीत माने! प्रताप मेवाड़ की युद्ध परिषद् व रणनीति के आधार पर हर युद्ध लड़े और जीते। पीठ दिखाना उनका स्वभाव ही नहीं था। हाँ, शत्रु से घिर जाने पर व्यर्थ जीवन गँवाना कहाँ की बुद्धिमत्ता होती! मेवाड़ के भूगोल का सम्यक् उपयोग प्रताप ने मुगलों को पराजित करने में किया। मित्र को मित्र व शत्रु को शत्रु मानकर व्यवहार किया।

एक और असत्य जिसका प्रतिकार आवश्यक है, वह यह है कि प्रताप बहुत विपन्नता में जिए। मेवाड़ का महाराणा, जो अकबर जैसे शत्रु से युद्ध कर रहा था, वो निर्धन होगा? यह प्रस्तावना जितनी भ्रांत है उतनी ही मूर्खतापूर्ण भी है।

प्रताप सहज प्रकृति के अवश्य थे, पर वे परम वैभवशाली राज्य के स्वामी थे। प्रताप के पास पूरी तरह से सुसज्जित पैदल, अश्व व हाथियों की सेना थी। प्रताप को यूँ दयनीय दिखाना भी वामी-जहदियों की एक चाल थी हिंदुओं को हतोत्साहित करने की।

कुछ भूल हमारे अपने साहित्यकारों से भी हुई जिन्होंने प्रताप के वनों में निवास को प्रताप के जीवन का कष्टपूर्ण अध्याय लिखा। प्रताप के पुत्र, कुँवर अमर सिंह की घास की रोटी की कहानी मार्मिक तो हो सकती है, पर सत्य नहीं। प्रताप ऐश्वर्यवान राजा थे, तथा उनका सरल जीवन, उनका चुनाव था, उनकी विवशता नहीं।

राणा प्रताप एक महान व्यक्तित्व थे, जिन्होंने भारतीय उपमहाद्वीप में हिंदू-मुस्लिम संघर्ष की रूपरेखा का अपनी समझ के अनुसार निर्माण किया। उसी आधार पर इस्लामी साम्राज्यवादियों के साथ वीरतापूर्वक संघर्ष किया तथा मृतप्राय स्थिति में पहुँच चुके हिंदू समाज के मन में क्षात्रधर्म को पुनः जाग्रत् किया।

प्रताप के इस एकाकी विरोध से कालांतर में कई हिंदू राजाओं ने प्रेरणा लेकर अकबर की तीन पीढ़ियों तक मुगलों के विरुद्ध विद्रोह किया। अंततः प्रताप की लगाई इस लौ से ही मुगलों का नाश हुआ, जबकि महिमाशाली मेवाड़ आज भी अपने गौरव के ध्वज को लिये खड़ा है। मेवाड़ इस विलक्षण इतिहास का भग्नावशेष मात्र नहीं है, बल्कि शक्ति, समर्पण, प्रेम और क्षत्रिय धर्म की एक गौरवमयी स्मृति है। मेवाड़, मनुष्यता के सबसे मूल्यवान् नियमों व उत्कृष्ट मूल्यों का वाहक है। हम परम भाग्यशाली हैं कि हम भी इस आश्चर्यजनक रूप से सुंदर व गरिमामयी धरोहर के उत्तराधिकारी हैं।

□

12

महाराणा प्रताप और अकबर : दो विरोधी जीवन मूल्यों का टकराव

प्रताप : वो साँचे ही टूट गए जहाँ ऐसे पुरुष ढाले जाते थे

महाराणा प्रताप के जीवन और कृतित्व को यदि कोई एक बात प्रमुखता से परिभाषित करती है तो वह है मुगल आक्रांता अकबर से उनका आजीवन संघर्ष, तथा उनकी विजय।

यह एक विशेष प्रकार की आनुवंशिक शत्रुता थी, जो अकबर के दादा बाबर की प्रताप के पितामह सांगा से और फिर अकबर की प्रताप से किसी पारिवारिक परंपरा की भाँति चली। दोनों के मध्य हुमायूँ और उदय सिंह जैसे राजाओं का भी नेतृत्व रहा,

मोहम्मद जलालुद्दीन अकबर
(1556–1605 ईसवी)

जो इतिहास में बहुत महत्त्व का स्थान नहीं रखते। उनका इतिहास में योगदान भी केवल इतना ही था कि अकबर और प्रताप क्रमशः इन दोनों के पुत्र थे, जिन्होंने भारतीय उपमहाद्वीप के इतिहास को अपने-अपने तरीके से प्रभावित किया।

मेवाड़, बाबर द्वारा की गई राणा सांगा की हत्या से उबर रहा था और विपरीत परिस्थितियों में उदय सिंह का मेवाड़ के सिंहासन पर राजतिलक हो चुका था। अपने बाल्यकाल और किशोरावस्था में प्रताप ने यह सब होते हुए देखा। उदय सिंह को मेवाड़ का राज्य बहुत छिन्न-भिन्न अवस्था में प्राप्त हुआ। अकबर को भी अपने पिता हुमायूँ से दिल्ली का राज बड़ी ही कलहपूर्ण स्थिति में मिला था।

राजकार्य अधिकांशतः बहराम खाँ के हाथ में थे।

1556 में पानीपत का दूसरा युद्ध अकबर द्वारा जीता गया। इस युद्ध में हेमचंद्र विक्रमादित्य नाम के हिंदू राजा की हार के पश्चात् अकबर के विरुद्ध हिंदू विरोध का मुँह लगभग बंद हो गया। किंतु अकबर और बहराम खाँ को पानीपत के इस युद्ध में हिंदुओं की शक्ति का भान हो गया था। यह युद्ध अकबर ने कपट और भाग्य के भरोसे जीता था। 5 नवंबर, 1556 को हेमू की विशाल सेना ने अकबर की चार गुना छोटी सेना पर आक्रमण किया।

हिंदू सैनिक, तुर्कों की सेना को बहुत ही बुरी तरह से पराजित करने ही वाले थे कि उसी समय तुर्कों द्वारा उपयोग में ली गई एक पुरानी नीति काम कर गई। मुसलमान हमलावर युद्ध में अपने सर्वश्रेष्ठ धनुर्धरों को एक विशेष, ऊँचे स्थान पर रखते थे। इन धनुर्धारियों का एक ही लक्ष्य होता था—हिंदुओं के राजा या मुख्य नायक को ढूँढ़कर उस पर एक साथ हमला करना।

यह नीति सफल हुई, क्योंकि हिंदुओं ने कभी भी अपने इतिहास से नहीं सीखा और बार-बार वही भूल दोहराते रहे। हाथी पर बैठकर सेना के अग्र भाग को संचालित करना

शौर्य तो हो सकता है, पर बुद्धिमत्ता नहीं।

यह सरल सा तथ्य भी हिंदू रणनीतिक नहीं समझ पाए।

खानवा के युद्ध में अकबर के दादा बाबर ने इसी तरह से अपने धनुर्धारियों की मदद से सांगा को घेरकर घायल किया था। पानीपत में यही नीति अकबर ने भी अपनाई और हेमू पर निरंतर तीर बरसाकर उन्हें मरणासन्न स्थिति में पहुँचा दिया।

सोचने की बात है कि जहाँ हिंदू राजाओं ने सदैव आगे रहकर सामने से शत्रु पर आक्रमण किया, इस्लामी आक्रांता सदैव अपनी सेना के पीछे छुपे रहते थे।

हेमू का मस्तक विच्छिन्न करने के पश्चात् उनके वृद्ध पिता को इस्लाम में परिवर्तित होने के लिए कहा गया।

मना करने पर उनका भी सिर काट दिया गया। अकबर समझ गया था कि हिंदुओं को बलात अपने अधीन और इस्लाम में परिवर्तित नहीं किया जा सकता। यदि एक हेमू ने उसे इस तरह टक्कर दी थी तो भारत में दर्जनों ऐसे रजवाड़े थे। अकबर इस तरह कितनों से लड़कर जीत सकता था? अतः उसने सहिष्णुता का मुखौटा तो पहना, पर मन-ही-मन हिंदुओं को हिंदुओं से ही लड़ाने का एक षड्यंत्र रचा।

सर्वप्रथम, उसने हिंदू मंत्रियों को अपने दरबार में शामिल करना आरंभ कर दिया। वह हिंदू राजाओं को भय या प्रलोभन देकर अपने साथ मिलाने लगा।

उसने अपने पूर्ववर्ती इस्लामी हत्यारों के जीवन से एक महत्त्वपूर्ण पाठ सीख लिया था। जब तक इस्लामी आक्रांता, हिंदू राजाओं व प्रजा को धर्मांतरण के लिए विवश नहीं करेंगे, दिल्ली या आगरा में किसका राज है, हिंदुओं को इससे बहुत प्रयोजन नहीं होगा।

अकबर ने इसीलिए जजिया कर समाप्त कर हिंदुओं को थोड़ा शांत कर दिया। किंतु हिंदुओं से कर वसूलने की दर कई गुना बढ़ा दी।

अपने शासन की स्वीकृति के विनिमय में हिंदुओं को इस्लामी आक्रमण से थोड़ा विश्राम मिल गया।

किंतु अकबर धुर इस्लामी राजा था। उसने यह मुखौटा केवल हिंदुओं को बहलाने के लिए पहना था।

इस छद्म सहिष्णु नीति के प्रदर्शन से अकबर को लाभ हुआ और बहुत से हिंदू राजा अकबर की महत्त्वाकांक्षा के सम्मुख झुकने लगे। तराईन के द्वितीय युद्ध में पृथ्वीराज चौहान की मोहम्मद गौरी द्वारा पराजय के बाद 1556 ईसवी तक कोई भी इस्लामी आक्रांता दिल्ली पर पूर्णतया राज नहीं कर सका था।

प्रथम तो हर इस्लामी हत्यारे को हिंदू राजाओं द्वारा उनके उपद्रव मचाने और धर्म-परिवर्तन की कुत्सित इस्लामी आकांक्षाओं को बार-बार पराजित किया।

दूसरे, इस तथाकथित दिल्ली सल्तनत में मुसलमानों का आपस में चला सत्ता का भीषण आंतरिक संघर्ष भी इसका बड़ा कारण था। तथाकथित दिल्ली सल्तनत के ये 350 वर्ष केवल हत्याओं, सुल्तानों को पदच्युत करने, विश्वासघात और सत्ता के बर्बर अनुसरण में बीते थे। इसलिए भारत के वक्ष में कोई इस्लामी हमलावर अपनी मतांधता की कील नहीं गाड़ पाया था।

किंतु अकबर के उत्थान के साथ हिंदुओं को एक नए प्रकार का शत्रु मिला, जिसने चतुराई से अपनी नीतियों को बदला और हिंदुओं के आपसी दुराव तथा लोभ का लाभ उठाकर हिंदुओं को हिंदुओं से ही लड़वाया।

अकबर ने अपनी महत्त्वाकांक्षा के लिए अपनी पूरी शक्ति राजस्थान में झोंक दी, क्योंकि उसे पता था कि राजपूत, और भी विशेषकर चित्तौड़ के सिसोदिया राजाओं को पराजित किए बिना भारत पर राज करना असंभव होगा। अत: अकबर ने आमेर के कच्छावा राजाओं से मित्रता की और इस मित्रता को प्रगाढ़ करने के लिए उसने विवाह संबंध भी स्थापित किए।

अकबर के दादा बाबर ने भी आमेर के राजपूत राजाओं को विवाह का प्रस्ताव भेजा था, किंतु कच्छावा राजपूतों ने उसके प्रस्ताव को विनम्रता से टाल दिया था।

आमेर के राजपूतों द्वारा अकबर से की गई संधि के विषय में काफी कुछ लिखा गया है और विशेषत: आमेर के राजा भारमल की पुत्री हरखू बाई (त्रुटिवश इन्हें जोधा के नाम से जाना जाता है) के अकबर से विवाह के विषय में। अब उन परिस्थितियों का निष्पक्ष आकलन करते हैं, जिनके चलते आमेर के राजपूतों ने अकबर से संधि करने का निर्णय लिया।

सर्वप्रथम, जयपुर का राज्य मैदानी क्षेत्र में है, जबकि मेवाड़ का राज्य चारों ओर से अरावली से घिरा हुआ होने के कारण भौगोलिक रूप से सुरक्षित है। यदि आमेर ने अकबर और उसकी विशाल सेना से युद्ध छेड़ा होता तो मैदानी क्षेत्र में होने के कारण तुर्कों की आग्नेयास्त्रों और उनकी बर्बर महत्त्वाकांक्षा के सामने उनकी एक नहीं चलती और जयपुर के लिए गुरिल्ला युद्ध का तो प्रश्न ही नहीं उठता था।

जहाँ मेवाड़ के पास अरावली का प्रकृति निर्मित दुर्ग था, जयपुर सर्वथा कवचविहीन था।

दूसरी बात, बाबर द्वारा सांगा को विष देकर हत्या करने के पश्चात् राजस्थान में कोई एक ऐसा समर्थ नायक नहीं बचा था, जो सभी राजपूत राजाओं को एक सूत्र में बाँधकर उनका नेतृत्व करे। हिंदुओं के विरोध के प्रकाश-पुंज मेवाड़ की आभा क्षीण हो चुकी थी और अन्य हिंदू राजा अब स्वयं पर ही निर्भर थे। बिना नेतृत्व के, अकबर जैसे चालाक व निर्मम शासक से युद्ध करना सरल नहीं था।

तीसरा, इस समय की हिंदू राज्यों की आपसी प्रतिद्वंद्विता भी एक बड़ा कारण था। सत्ता का खेल मनुष्य को भिन्न-भिन्न प्रकार से प्रभावित करता है।

जयपुर राज्य शताब्दियों से ही मेवाड़ का अनुसेवी था और यद्यपि ऐसा कोई लिखित प्रमाण नहीं है कि मेवाड़ ने कभी किसी राज्य को या अपने साथी राजपूतों को हेय प्रतीत करवाया हो, किंतु आपस में यदा-कदा टकराव की स्थिति बन ही जाती थी।

ऐसे ही कुछ कारणों से संभव है कि जयपुर के राजा भारमल, उनके पुत्र भगवानदास तथा पौत्र मान सिंह ने मेवाड़ के राजपरिवार से शत्रुता नहीं तो प्रतिस्पर्धा तो पाल ही ली हो।

चौथी बात, कवि श्यामलदास अपनी विस्तृत पुस्तक 'वीर विनोद' में लिखते हैं, यही समय था, जब मुगलों ने राजपूत राजाओं के घरों में विवाह संबंध स्थापित किए।

आमेर के सरदारों और पुरोहितों ने भी इसे शांति का रास्ता सुझाया, अतः जयपुर ने अपनी पुत्रियाँ, मुगलों को विवाह संबंध में देने का निर्णय भारी हृदय से किया।[95]

किंतु अपने घरों में उन्होंने मुगलों की बेटियों को विवाह संबंध में लेने से साफ मना कर दिया, क्योंकि इससे जयपुर के राजपरिवार का इस्लामीकरण होना निश्चित था। यह एक अति बुद्धिमानी व दूरदर्शितापूर्ण निर्णय था, जिसके कारण जयपुर के राजपरिवार का धर्म-परिवर्तन होने से बच गया।। अपनी पुत्री का विवाह करके विषय की इतिश्री कर लेना सहज था, किंतु एक मुगल लड़की को घर में लाने से वह अपने इस्लामी आचार-विचार, व्यवहार में लाती और जयपुर राजपरिवार के इस्लामीकरण को रोकना असंभव होता। एक राजकुमारी को खोकर पूरे राज्य की सुरक्षा करना एक विवेकपूर्ण त्याग ही कहा जा सकता है।

मुगलों की बेटियों से विवाह के लिए मना करना सरल नहीं रहा होगा। जयपुर के ब्राह्मण गुरुओं व राजपूतों का यह निर्णय क्रांतिकारी था और पूरे हिंदू समाज को इस दूरदर्शिता के लिए जयपुर के राजपूतों का ऋणी होना चाहिए।

पाँचवीं बात, गौरवशाली और समर्थ मेवाड़ राज्य को भी प्रताप के मोक्ष के पश्चात् कुँवर अमर सिंह के काल में जहाँगीर के संधि प्रस्ताव को स्वीकार करना पड़ा था, क्योंकि मेवाड़ की आर्थिक स्थितियाँ विकट हो चुकी थीं। मेवाड़ के सामंतों द्वारा सेना को वेतन न दे पाने की स्थिति से सेना में भी असंतोष की भावना आ गई थी। अमर सिंह ने अपने पुत्र करण सिंह को जहाँगीर के दरबार में अपना प्रतिनिधि बनाकर भेजा और इस तरह से मेवाड़ ने मुगलों से अपनी शांति खरीदी। यदि मेवाड़ पर भी प्रारब्ध ऐसा समय ला सकता है तो हम अकेले जयपुर के राजाओं पर ही समर्पण का दोषारोपण कैसे कर सकते हैं?

छठी और सबसे महत्त्वपूर्ण बात, इस्लामी साम्राज्यवादियों के विरुद्ध संघर्ष में केवल अकबर, जहाँगीर और शाहजहाँ के काल में सौ वर्ष के समय को छोड़कर आमेर

95. वीर विनोद, खंड. 2, पृ. 170।

ने सदैव मेवाड़ के साथ मिलकर मुसलमानों से संघर्ष किया था। इतिहास साक्षी है कि जयपुर के योद्धाओं ने राजा पृथ्वीराज कच्छावा के नेतृत्व में राणा सांगा के साथ और फिर राणा राजसिंह के साथ मिलकर औरंगजेब के विरुद्ध युद्ध किया। मेवाड़ की ओर से दर्जनों कच्छावा राजपूत सरदारों का बलिदान वर्णित है। ये वे सैनिक व सामंत थे, जो प्रताप से प्रभावित हो, अपना घर-बार छोड़कर प्रताप से आ मिले थे।

सहस्र वर्ष के संघर्ष में जयपुर के त्यागी व वीर राजपूतों पर सौ वर्षों की विवशता के लिए धर्मद्रोह का आक्षेप, भ्रांत व अन्यायपूर्ण है।

सातवीं बात, जयपुर के राजपूतों ने मुगलों के साथ मिलकर एक बड़ी सेना का निर्माण तो किया, किंतु यह ध्यान रखा कि हिंदू जनता की अकारण हत्या न हो। इसलिए अकबर, जहाँगीर और शाहजहाँ के काल में हिंदू मंदिरों को ध्वस्त नहीं किया गया और हिंदू जनता का बलपूर्वक धर्म-परिवर्तन भी नहीं करवाया गया। जैसे ही औरंगजेब ने हिंदू मंदिरों को ध्वस्त करना आरंभ किया और हिंदुओं को बलपूर्वक धर्म-परिवर्तन के लिए बाध्य किया, तब जयपुर और जोधपुर के राजपूतों ने विद्रोह कर दिया तथा मुगलों द्वारा प्राप्त पद इत्यादि को तुरंत प्रभाव से त्याग दिया। इसी विद्रोह के कारण जैसे ही 1707 में औरंगजेब की मृत्यु हुई, मुगल शासन निष्प्राण हो गया।

आठवीं बात, मथुरा और वृंदावन में दर्जनों हिंदू मंदिर जयपुर राजपरिवार द्वारा निर्मित कराए गए थे, साथ ही जयपुर राजपरिवार कई वैदिक विद्यालयों का संरक्षक भी था। काशी का विश्वनाथ मंदिर व एक मुख्य घाट, राजा मान सिंह द्वारा निर्मित हैं। राजा जय सिंह ने बनारस के संस्कृत विद्यापीठ को संरक्षण दिया था तथा अपने पुत्र राम सिंह को वहीं शिक्षित किया।

नौवीं बात, आमने-सामने के युद्ध में कई ऐसे अवसर आए, जब जयपुर के राजपूतों ने अपने राजपूत भाइयों को बचकर निकलने के अवसर भी दिए। ऐसा अनुमान है कि हल्दीघाटी के युद्ध में भी जब प्रताप मुगलों से घिर गए थे और उनके अधिकांश सेनापति मारे जा चुके थे, तब प्रताप का वहाँ से बचकर निकलना लगभग असंभव ही हो जाता, यदि मान सिंह और अन्य राजपूतों ने प्रताप को ढील नहीं दी होती।

हल्दीघाटी में उस समय उपस्थित मुसलमान इतिहासकार अल बदायूँनी ने लिखा है कि मुस्लिम सैनिकों ने मान सिंह से प्रताप का पीछा करके उन्हें मारने के लिए कहा, किंतु मान सिंह ने स्पष्ट मना कर दिया। तब मुसलमान सेनापति आसिफ खाँ ने दो मुगल सैनिकों को प्रताप के पीछे भेजा, जिन्हें पीछे से आ रहे प्रताप के भाई शक्ति सिंह ने मार दिया।

ठीक यही काम मान सिंह ने प्रताप के पुत्र अमर सिंह जी के समय किया। प्रताप के मोक्ष के पश्चात, कई वर्षों तक मान सिंह जी, अमर सिंह पर आक्रमण को टालते रहे।

अकबर, हल्दीघाटी व अमर सिंह के प्रति उदारता रखने के कारण मान सिंह के प्रति बैर भाव रखता था, परंतु वह सीधे मान सिंह से टक्कर नहीं ले सकता था।

दसवीं बात, हम मान सिंह के हल्दीघाटी में प्रताप के साथ हुए संघर्ष में इतना खोए हैं कि मान सिंह द्वारा भारतवर्ष में चलाए सैन्य अभियानों की ओर हमारी चेतना गई ही नहीं है। मान सिंह को अकबर ने अफगान विद्रोह कुचलने के लिए भेजा। मान सिंह ने अद्वितीय प्रतिभा का परिचय देते हुए अफगानों को बुरी तरह काटा। मुसलमानों के एक गिरोह के द्वारा दूसरे गिरोह के संहार को आयोजित करने के लिए क्या हिंदू समाज को मान सिंह का ऋणी नहीं होना चाहिए? मान सिंह के अभियान के बाद मुगल-अफगान शत्रुता स्थापित हो गई। यदि मान सिंह ने मुगल सेना का उपयोग कर अफगानों को नहीं मारा होता, तो निश्चय ही अफगानी पश्चिमी सीमा से अतिक्रमण करते। ऐसे में यदि मुगल व अफगान एक हो जाते तो भारत का इस्लामीकरण कौन रोक सकता था?

इसी प्रकार मान सिंह ने बंगाल के मुसलमानों को मुगल सेना से मरवाया। जयपुर के मान सिंह के प्रति हिंदुओं को घृणा से देखने के स्थान पर कृतज्ञता से देखना चाहिए, क्योंकि उन्होंने इस्लामी विस्तार को चतुराई से रोका।

यह उचित है कि महाराणा प्रताप के साथ मान सिंह का युद्ध, हिंदुओं के हृदय में शूल की तरह गड़ता रहेगा, किंतु राजे-महाराजे, सत्ता व जीवन के बहुत से विरोधाभासों को अपने वक्ष पर ढोते हैं। हमें अपने पूर्वजों के खंडित चित्त की ओर संदेह से नहीं, करुणा की दृष्टि से देखना चाहिए।

अंतिम बात, आमेर के राजा भारमल की पुत्री हरखू बाई के विषय में अनेक कहानियाँ हैं। कुछ का कहना है कि वह भारमल की अपनी पुत्री नहीं थी, वरन् किसी दासी की पुत्री थी और अकबर से विवाह के पश्चात् उसके वंश के विषय में वैसे भी कौन पूछनेवाला था? कुछ का कहना है कि वह एक पुर्तगाली दासी थी, जिसे जयपुर के राजा ने खरीदा था और अकबर को प्रस्तुत कर दिया। एक रोचक बात इस विषय में लिखने योग्य है, जिससे इस बात को बल मिलता है कि हरखू कोई दासी पुत्री रही होगी!

किंवदंती है कि सिखों के चौथे गुरु श्री रामदासजी को जब हरखू बाई का सत्य पता चला तो वे विनोद में बोले, "चलो, राजपूतों को भी राजनीति करनी आ गई! अन्यथा तो हर बात का समाधान वे तलवार से करते हैं।"

एक अंतिम बात हरखू बाई के अकबर से विवाह के विषय में लिखी जानी चाहिए। हरखू बाई का धर्म-परिवर्तन करके उनका नाम विवाह के समय ही 'मरियम-उल-जमानी' कर दिया गया था, अतः हिंदी फिल्म 'मुगल ए आजम' में अकबर द्वारा जन्माष्टमी का त्योहार मनाए जाने के जो दृश्य फिल्माए गए थे, वे केवल हिंदू मस्तिष्क

को भ्रमित करने का उपक्रम थे। सत्य यह है कि अकबर हिंदू धर्म व रीति-रिवाजों से घृणा करता था।

हरखू बाई उर्फ़ मरियम उल जमानी *राजा भारमल*

बॉलीवुड के द्वारा हर ऐतिहासिक चलचित्र में ऐसे ही मिथ्या दृश्य दिखाकर सीधे-सादे हिंदुओं को गंगा-जमुनी तहजीब के किस्से दिखा कर भ्रमित किया जाता रहा है, जबकि ऐसी कोई संस्कृति ना तब थी, ना आज है। गंगा भी हिंदुओं की है तथा जमुना भी ।

अकबर, खूनी-ए-आजम अवश्य था, जिसे हमारी पावन वैदिक भूमि का इस्लामीकरण करने से मेवाड़ के महाराणा प्रताप सिंह ने रोका था। मनुष्य को जीवन में चुनाव करने में विलासिता नहीं होती, हमें परिस्थितियों से ही कुछ अच्छा निकालना पड़ता है। प्रथम दृष्ट्या, जयपुर के राजपूतों का इस्लामी आक्रांताओं के साथ विवाह संबंध स्थापित करना वास्तव में हिंदुओं के डूबते भविष्य को उबारने के लिए एक कामचलाऊ व्यवस्था मात्र थी। जयपुर के राजपूतों ने जो किया, उससे कोई सहमत हो या न हो, किंतु जयपुर राजपरिवार की सनातन धर्म के प्रति निष्ठा पर कोई संदेह नहीं कर सकता।

यद्यपि जयपुर ने मेवाड़ के साथ आगामी युद्धों के दौरान उपर्युक्त कारणों से अकबर के पक्ष में युद्ध किया, किंतु हमें युद्ध में और दरबार में और भी ऐसे कई कारणों की जानकारी होती हैं, जहाँ मान सिंह ने प्रत्यक्ष अथवा परोक्ष रूप से मेवाड़ के राजपूतों की सहायता की थी।

हमें यह भी याद रखना चाहिए कि जयपुर के राजपूत, भगवान् श्रीराम के द्वितीय पुत्र, कुश के वंशज हैं। कुँवर मान सिंह ने आजीवन मेवाड़ की परोक्ष रूप में रक्षा की। हल्दीघाटी के पश्चात् अफगान व बंगाली मुसलमान विद्रोहियों को बुरी तरह पराजित किया। मान सिंह के विषय में अंतिम बात। प्रताप के मोक्ष के बाद अकबर ने अपने बेटे सलीम को प्रताप के पुत्र अमर सिंह पर आक्रमण हेतु भेजा। अकबर ने मान सिंह को सलीम की सहायता का निर्देश दिया। वर्षों तक सलीम अजमेर में भोग-विलास में पड़ा रहा तथा मान सिंह चुपचाप तमाशा देखते रहे। अपनी ओर से मान सिंह ने मेवाड़ के लिए कोई कठिनाई पैदा नहीं की, बल्कि सलीम का सहयोग करने में असमर्थता प्रकट करते रहे।

इस पृष्ठभूमि के आधार पर यह निष्कर्ष निकाला जा सकता है कि जयपुर घराने का तुर्कों के साथ संबंध संक्षिप्त समय के लिए था और इसका कारण उस समय की भूराजनैतिक स्थिति और दिल्ली से भौतिक निकटता होने के कारण जयपुर की सुरक्षा पर सतत मँडराता संकट था। किंतु इस सबसे अधिक, हिंदुओं को जयपुर के राजपूतों का सदैव आभारी रहना चाहिए कि वे कभी इस्लाम में परिवर्तित नहीं हुए। यद्यपि हमारे पास सिसोदिया राजपूत का उदाहरण है, प्रताप का भतीजा, उनके भाई सगर का पुत्र, जिसने इस्लाम अपना कर अपना नाम 'मुहब्बत खाँ' रख लिया था।

जहाँगीर (1605-1627 ईसवी)

नागौर का एक राठौड़, जिसने इस्लाम अपना लिया था, किंतु एक भी कच्छावा सरदार ने किसी भी परिस्थिति में इस्लाम नहीं अपनाया। इसका कारण, प्रबल इच्छाशक्ति और सनातन मूल्यों में परम आस्था ही होगी कि इस्लामियों के साथ विवाह-संबंध होने के बाद भी आमेर के किसी एक भी बड़े सामंत अथवा सरदार ने इस्लाम धर्म नहीं अपनाया।

इस्लाम के उग्र धर्म-परिवर्तन के स्वभाव को देखते हुए यह कोई छोटी उपलब्धि नहीं है, क्योंकि इस्लामी मतांधों ने कुछ ही दशकों में पूरे मध्य-पूर्व को समाप्त कर दिया था, किंतु जयपुर, धर्मांतरण के विरोध में अडिग खड़ा रहा और आज भी खड़ा है।

मुगलों के साथ जयपुर का संबंध निश्चित रूप से उनके लिए केवल एक कामचलाऊ व्यवस्था थी, जिससे तुर्कों के सैन्य सामर्थ्य के अंधड़ से धर्म व देश को सुरक्षित रखा जा सके। जयपुर के राजाओं ने मुगलों के साथ साफ शर्त रखी कि उनकी

सेवाओं के बदले हिंदुओं के दुर्ग और मंदिर ध्वस्त नहीं किए जाएँ। औरंगजेब ने हिंदू मंदिरों को ध्वस्त कर इस विश्वास को तोड़ा और परिणामस्वरूप उसे जयपुर और जोधपुर के राजपूतों का विद्रोह भी झेलना पड़ा।

औरंगजेब के समय, जयपुर के मिर्जा राजा जय सिंह ने विधिवत जयपुर के राजपूतों को मुगलों से दूर कर लिया। जय सिंह को औरंगजेब द्वारा मराठा सम्राट छत्रपति शिवाजी महाराज के साथ युद्ध पर भेजा गया। जय सिंह ने शिवाजी महाराज से 'पुरंदर की संधि' कर उन्हें औरंगजेब से मिलने आगरा भिजवाया। जय सिंह ने अपने पुत्र राम सिंह को पूर्व सूचना दे दी थी कि यदि औरंगजेब शिवाजी महाराज को बंदी बनाए तो उन्हें वहाँ से निकाल जाने में सहयोग करें। इस विषय पर बीकानेर के श्री महेंद्र खड्गावत ने कुछ मौलिक शोध किया है, जिस पर वे शीघ्र ही पुस्तक भी लिखेंगे ।

वही हुआ जिसका जय सिंह को संदेह था। औरंगजेब ने शिवाजी महाराज को राम सिंह के महलों में ही नजरबंद कर लिया। यह सर्वविदित है कि राम सिंह जी ने ही छत्रपति शिवाजी महाराज को आगरा से फलों की टोकरी में छुपाकर औरंगजेब के चंगुल से छुड़वाया। ऐसी मान्यता है कि औरंगजेब ने इस बात के लिए मिर्जा राजा जय सिंह से गहरी शत्रुता पाली तथा अंतत: 19 जुलाई, 1667 ईसवी में जय सिंह को विष देकर बुरहानपुर में उनकी हत्या करवा दी। इस प्रकार जयपुर के राजवंश ने अपनी बलि देकर भी दक्षिण में हिंदू विरोध की ज्वाला को प्रज्वलित रखा।

आमेर राजपरिवार के नाम पर केवल एक ही धब्बा लगा और वह था 1568 में चित्तौड़ का तीसरा साका। आमेर के राजा भगवानदास ने न केवल अकबर की ओर से युद्ध लड़ा, वरन् मेवाड़ की छोटी सी आठ हजार सैनिकों की सेना को निर्ममता से समाप्त कर दिया, और साथ ही वह तुर्क सैनिकों द्वारा तीस हजार निरीह हिंदुओं की हत्या का भी मूकदर्शक बना रहा।

अपनी आस्था के केंद्र, हिंदू मंदिरों का बर्बरतापूर्ण नाश देखकर जयपुर के राजपूत सामंतों व सैनिकों ने विद्रोह नहीं किया होगा, यह बात अविश्वसनीय है। पर ऐसा प्रतीत होता है कि भगवानदास व राजा टोडरमल ने जयपुर की राजपूत सेना को चित्तौड़ में प्रवेश ही नहीं करने दिया होगा, अन्यथा जयपुर के राजपूत विद्रोह कर देते।

अबुल फज्ल, बदायूँनी, निजामुद्दीन बख्शी, फरिश्ता व अन्य मुसलमान लेखकों के संस्मरणों में भी किसी राजपूत द्वारा हिंदुओं की हत्या का कोई उल्लेख नहीं मिलता। इन्हीं इतिहासकारों द्वारा भगवानदास व टोडरमल की उपस्थिति का विस्तार से उल्लेख मिलता है। इतने सारे हिंदुओं की निर्मम हत्या व सैकड़ों वर्ष पुराने हिंदू मंदिरों को ध्वस्त होते देखकर भी मूकदर्शक बने रहने के पाप के लिए भगवानदास व टोडरमल को हिंदू इतिहास कभी क्षमा नहीं करेगा।

अकबर एक अत्यंत कुटिल व्यक्ति था और उसका मुख्य सलाहकार बहराम खाँ भी उसके समान ही कुत्सित जेहादी था, जिसे पता था कि हिंदुओं को आमने-सामने के युद्ध में पराजित नहीं किया जा सकता।

अकबर ने बड़ी चतुराई से हिंदू राजाओं की कमियों को ध्यान में रखा और उनका समयानुसार लाभ भी उठाया, विशेषतः आमेर, मेवाड़ और मारवाड़ के राजपूतों को आपस में लड़वाने में। पानीपत के द्वितीय युद्ध में राजा हेमचंद्र को पराजित करने और उनका मस्तक काटने के पश्चात् अकबर ने दिल्ली के आस-पास के सभी उत्तरी सूबों को एकसूत्र में किया तथा मालवा के सुल्तान ने भी उसके समक्ष निष्ठा दिखाई।

आमेर के राजा भारमल इस अवसर का लाभ उठानेवाले सर्वप्रथम राजपूत थे और उन्होंने अपनी पुत्री/दासी हरखू बाई का विवाह अकबर के साथ कर दिया। भारमल का पुत्र भगवानदास, अकबर की सेना का मुख्य नायक बना। उसने 1567-68 में चित्तौड़ पर हुए आक्रमण में भी अकबर का साथ दिया।

अकबर द्वारा बनवाई हिंदू सिरों की मीनार का चित्र पानीपत के संग्रहालय में

मेवाड़ को अपने अधीन करने की अकबर की महत्त्वाकांक्षा का उद्भव तब हुआ, जब उसे लगा कि मेवाड़ ही एकमात्र ऐसा राज्य है, जो कभी इस्लामी उपद्रवियों के सामने नहीं झुका है। उसे पता था कि जब तक मेवाड़ उसके अधीन नहीं होगा, इस उपमहाद्वीप के इस्लामीकरण का उसका स्वप्न पूरा नहीं होगा। अकबर को यह पता था कि मेवाड़, सांगा की मृत्यु के पश्चात् नेतृत्वहीन हो गया था और उदय सिंह अपेक्षाकृत निर्बल राजा थे। तब तक अकबर का सामना प्रताप से नहीं हुआ था। उसने मेवाड़ के इस राजकुमार की केवल कथाएँ सुनी थीं।

उधर, प्रताप ने 1568 में चित्तौड़ का तीसरा साका, महिलाओं का जौहर और अकबर द्वारा चित्तौड़ में किया गया भीषण हत्याकांड देखा था। एक अनुमान के अनुसार इस साके, जौहर में प्रताप ने लगभग 500 निकट व दूर के संबंधियों को खोया था।

अतः उन्होंने इस्लामियों को दंड देने की शपथ ली थी। चित्तौड़ हाथ से निकल जाने का प्रताप के मन को गहरा आघात लगा था। सिसोदिया राजाओं का अजेय कहा जानेवाला दुर्ग इस्लामी उपद्रवियों की सेना द्वारा तहस-नहस कर दिया गया। राजसी वैभव से परिपूर्ण वह महान दुर्ग, जो हिंदुस्तान के सभी दुर्गों में सर्वश्रेष्ठ कहलाता था, अब जंगली पशुओं का आश्रय स्थल बन कर रह गया था।

महाराणा प्रताप तुर्कों के विरुद्ध हिंदू एकता के परम पक्षधर थे और भारमल द्वारा अपनी पुत्री/दासी का विवाह अकबर से करने के कारण प्रताप दु:खी थे। उन्होंने अकबर की राजसी रक्त को दूषित करने की चाल समझ ली थी और इसका विरोध करने के लिए अपना जीवन समर्पित कर दिया। उस समय की सभी कविताओं और दोहों इत्यादि में प्रताप के इस कथन का उल्लेख है कि मेवाड़ पर चाहे जो भी आपदा आए, सिसोदिया वंश की कोई भी कन्या तुर्क का बिस्तर गरम नहीं करेगी।

एक बार अकबर ने प्रताप के विरोध और निरंतर युद्ध से त्रस्त होकर दिल्ली दरबार में ये झूठी बात प्रसारित कर दी कि प्रताप ने समर्पण करने के लिए एक दूत भेजा है। बीकानेर के राजकुमार, पृथ्वीराज, जो अकबर के मनसबदारों में से एक थे, उन्होंने प्रताप को दोहे में लिख भेजा—

"यदि प्रताप अकबर को अपने मुँह से बादशाह कहेंगे, तो सूर्य भी पश्चिम से ही उगेगा। मुझे बताएँ ओ वीर प्रताप, मैं अपनी मूँछों पर ताव देता रहूँ अथवा अपनी तलवार से अपने प्राण ले लूँ?"

प्रताप ने उन्हें उत्तर दिया—

"जब तक शरीर में प्राण हैं, भगवान् एकलिंगजी की कृपा से, मैं तो अकबर को केवल तुर्क ही कहूँगा। सूर्य पहले की भाँति पूर्व से ही उगेगा। जब तक मेरी तलवार यवनों की गरदन पर है, आप अपनी मूँछों में ताव देते रहिए। प्रताप प्रत्येक आघात को अपने सिर पर लेगा, आप तुर्कों से वाक्युद्ध में अवश्य विजयी होंगे।"[96]

अत: प्रताप के हिंदू एकता के स्वप्न और आकांक्षा के उपरांत भी अकबर की कुटिल चालों व हिंदुओं के प्रारब्ध ने, प्रताप को अपने ही सहधर्मी बंधुओं से आमने-सामने का युद्ध करने को बाध्य कर दिया। किंतु प्रताप ने अपने राजपूत साथियों के साथ कितना भी कटाक्ष किया हो, पर कभी उन्हें अकबर के दरबार में होने के कारण हेय नहीं समझा।

अकबर के राजपूत और चारण दरबारी, निरंतर प्रताप को अकबर द्वारा चली जाने वाली प्रत्येक चाल की सूचना देते रहते थे। प्रताप को ज्ञात था कि अकबर के प्रत्येक हिंदू दरबारी के मन में वास्तव में तो वे ही बसे थे, क्योंकि इस महाद्वीप में हिंदुओं के बचने की वही अंतिम आशा थे। अत: उन्होंने पर्वतों और वनों से अपना संघर्ष जारी रखा तथा प्रत्येक हिंदू के मन में आशा का संचार भी जीवित रखा।

आज तो हमारे लिए यह जानना अत्यंत सरल है कि पाँच सौ वर्ष पहले कैसे अकबर के राज में हिंदू लोकाचार, संस्कृति तथा सामाजिक तंत्र को समाप्त करने का दोषी केवल अकबर ही था, किंतु उसके समकालीन प्रताप के लिए इस बात को उसी

96. ओझा, पृ. 29-30।

समय समझना और देखना, प्रताप की दूरदृष्टि को दर्शाता है।

प्रताप ने अकबर को मेवाड़ के शत्रुओं तथा विद्रोहियों को सहायता देते और अपनी तरफ मिलाते हुए देखा था तथा यही कारण था कि प्रताप के मन में शत्रुता और प्रगाढ़ होती गई। किंतु सबसे महत्त्वपूर्ण बात यह है कि यदि हम मेवाड़ के इतिहास में बाप्पा रावल से लेकर उदय सिंह तक के संघर्ष को देखें, तो सहज ही निष्कर्ष निकाला जा सकता है कि प्रताप भी इस्लामी विस्तारवाद की कुत्सित नीति अच्छी तरह से समझ गए थे और यह भी जान गए थे कि अकबर इस योजना का केंद्रबिंदु है।

अकबर उदारता का मुखौटा लगा, हिंदुओं को आपस में लड़ाकर, भारत के इस्लामीकरण पर निकला था।

फिर चाहे हिंदू राजाओं में अंतर्कलह उत्पन्न करना हो अथवा बाह्य आतंकवादियों, जैसे उज्बेकिस्तान से बहलोल खाँ इत्यादि को बुलवाना और ऐसे किराए के हत्यारों की एक पूरी सेना तैयार करना; अपने ही लोगों का दमन करना अथवा उन्हें निर्दयतापूर्वक मार देना अकबर के लिए बहुत सरल था। उसने अपने ही विशेष सहयोगी बहराम खाँ, जो कि उसका अभिभावक था, जिसने उसे पुत्रवत् सँभालकर हर युद्ध में विजय दिलवाई थी, उस बहराम खाँ पर अविश्वास करके उसे मरवाने का षड्यंत्र किया। जब बहराम खान निकल भागा तो उसका पीछा करवाया और अंततः उसे मरवा ही दिया। इसके बाद अकबर ने उसकी विधवा पत्नी से विवाह भी किया। इतने घोर अनैतिक व्यक्ति से प्रताप का सामना था।

वैसे तो सभी इस्लामी आक्रांता आततायी लुटेरे थे, जिनमें सत्तालोलुपता कूट-कूट कर भरी थी और यही हमने अपनी इस पुस्तक में स्थापित भी किया है, किंतु मुगल इनसे भी एक कदम आगे निकले।

बाबर ने अपने संस्मरणों में विष के प्रयोग पर लिखा है।

हुमायूँ स्वयं को बचाने हेतु पूरे उपमहाद्वीप में भागता फिरा, अतः हम उसके विष-प्रेम के विषय में अधिक नहीं कह सकते।

अकबर, विभिन्न प्रकार के विषों का संकलन करता था।

उसने विभिन्न प्रकार के विषों पर शोध करने और उस तक पहुँचाने हेतु एक अधिकारी नियुक्त कर रखा था। अकबर ने 'खिलत' नाम के विशेष परिधान बनवाए थे जिनके कॉलर एवं बाजुओं में विष लगा होता था।

अकबर अपने शत्रुओं को खिलत भेंट कर उन्हीं से शत्रुओं की हत्या कर देता था। राजेंद्र शंकर भट्ट, इतालवी फिजिशियन मानुची के शब्दों का उल्लेख करते हुए कहते हैं—"अकबर ने अपने शासन के रास्ते में आनेवाले कई राजाओं और सामंतों की ऐसे ही हत्या की थी।" मानुची, शाहजहाँ एवं औरंगजेब के शासनकाल में भारत आए थे, उन्होंने

लिखा था—"जब मैं मुगल दरबार में था तो इस प्रकार से हत्या करने अथवा करवाने का तरीका बहुप्रचलित था।"[97]

अकबर ने अपने शत्रुओं के लिए विषाक्त गोलियाँ भी बनवाई थीं। ऐसा कहा जाता है, अकबर की अपनी मृत्यु भी ऐसी ही एक गोली भूलवश निगल जाने से हुई थी।[98]

औरंगजेब विष बनाने की इस विधा में निष्णात था। उसने सबसे पहले जोधपुर महाराजा के वीर पुत्र पृथ्वीराज की हत्या की थी। इसके पश्चात् स्वयं जोधपुर महाराजा जसवंत सिंह को विष दिया। इसके पश्चात् उसने जयपुर के मिर्जा राजा जयसिंह एवं मेवाड़ के महाराणा राज सिंह को भी विष देकर उनकी हत्या की। इन दोनों के विषय में राज सिंह के अध्याय में लिखा गया है।

धिम्मी-वामपंथी-जिहादी समुदाय जिन्होंने इस देश के बौद्धिक जगत पर अपना कब्जा जमा रखा है, उनके अनुसार एक व्यक्ति अथवा वंश, जिसने लोगों को इस विधि से मारा हो, वो महान थे और उन्हें उदाहरण मानकर हमें उनका अनुसरण करना चाहिए।

मैं यह पाठकों के विवेक पर छोड़ता हूँ कि वो वामी-जिहादी समुदाय के साथ हैं या नहीं?

यहाँ एक और कुत्सित और अभद्र प्रथा का उल्लेख होना आवश्यक है इस प्रथा के कारण भी प्रताप अकबर से घृणा करते थे। इस प्रथा को 'नवरोजा' कहा जाता था, अर्थात् नौ दिन। इसे फारसी त्योहार 'नवरोज' समझने की त्रुटि मत कीजिएगा। अकबर ने आगरा में नौ दिन का एक व्यापार का त्योहार मनाना प्रारंभ किया, जिसमें क्रेता और विक्रेता दोनों ही महिलाएँ होती थीं।

अकबर स्वयं इस त्योहार में एक महिला का वेश धारण करके जाता था और वहाँ से अपने शारीरिक सुख हेतु महिलाएँ पसंद करता था।

नवरोजा की प्रथा के विषय में अपूर्ण और अस्पष्ट उल्लेख है, किंतु राजस्थान के स्थानीय साहित्य तथा लोकश्रुति में अकबर द्वारा प्रचलित इस निकृष्ट प्रथा का उल्लेख मिलता है। आज भी राजस्थान में 'जला' के नाम से एक लोकगीत गाया जाता है, जो कि हिंदुओं की मूर्खता व अंधी विलासिता का प्रमाण है। 'पणिहारी' नाम की लोकधुन पर गाया जाने वाला यह गीत जलालुद्दीन अकबर की बारात का वर्णन करता है। लेखक ने अनगिनत विवाहों में इस अपमानजनक गीत पर हिंदू स्त्रियों को नाचते देखा है। एक समाज के रूप में तो कम-से-कम हम हिंदुओं को यह प्रथा पूर्णतया समाप्त कर देनी चाहिए।

प्रताप के पास जब इस नवरोजा की घृणित प्रथा का समाचार पहुँचा तो उनके मन में अकबर को पराजित करने का निश्चय और भी दृढ़ हो गया। चित्तौड़ के तीसरे साका-

97. भट्ट, पृ. 167।

98. मनुक्की।

जौहर के लिए अकबर की अंधी काम वासना प्रमुख कारणों में से एक थी। अकबर की यह नीच प्रवृत्ति ही प्रताप के मन में अकबर के प्रति घृणा और कभी उसके अधीन न होने या संधि न करने का भी कारण बनी।

एक लोककथा के अनुसार, बीकानेर की राजकुमारी को जब अकबर ने नवरोजा के लिए बुलवाया, तो उसने स्थानीय देवी करणी माता से रक्षा की गुहार लगाई और राजकुमारी के स्थान पर करणी माता स्वयं अकबर के हरम में पधारीं, ताकि वह अकबर के गले पर कटार रखकर इस कुत्सित प्रथा को समाप्त करवा दें।

इस घटना का कोई ऐतिहासिक प्रमाण न होने के कारण इसे किंवदंती ही माना जा सकता है। लेखक द्वारा इस प्रथा का उल्लेख केवल राजपूतों की शक्ति व आत्मसम्मान पर मर-मिटने की प्रवृत्ति बताने के लिए किया गया है, जिन्होंने अकबर को इस घृणित फरमान को वापस लेने के लिए बाध्य किया। साथ ही लेखक की हिंदू समाज से प्रार्थना है कि लोकगीतों में हमारे पुरखों के हत्यारे मुसलमानों का महिमामंडन तुरंत समाप्त किया जाए।

इतालवी लेखक एवं यात्री निकोलाइ मानुची ने अपनी पुस्तक 'स्टोरिया दो मोगुर' अथवा 'भारत में मुगल वंश का इतिहास' में अकबर के हरम का उल्लेख कुछ इस प्रकार से किया है, "अकबर ने अपने हरम का उपयोग भी अपने राज्य के विस्तार के लिए किया। वह राजाओं की राजकुमारियों से विवाह कर लेता था और इन्हीं महिलाओं के बल पर वो राजाओं को आपस में लड़वाता रहता था।"

मानुची केवल वही लिखते थे, जो उन्होंने मुगल काल में देखा था। उन्होंने मीना बाजार के विषय में भी लिखा था कि किस तरह इसे हिंदू महिलाओं को मुगल हरम में लाने के लिए एक युक्ति के रूप में प्रयोग में लिया जाता था। यद्यपि मीना बाजार केवल महिलाओं के लिए होता था, किंतु ऐसा कहा गया है कि अकबर स्वयं वहाँ महिला के वेश में जाया करता था (अबुल फज्ल)।

इस घृणित प्रक्रिया के विषय में बात करने से लेखक का आशय केवल उन राजपूत राजाओं की शक्ति और सामर्थ्य दिखाना है जिन्होंने अकबर को इस अपमानजनक फरमान को वापस लेने पर बाध्य कर दिया।

अकबर द्वारा शत्रु की स्त्रियों के दुरुपयोग के विपरीत प्रताप के धार्मिक संस्कारों को यदि देखना हो तो एक घटना उल्लेखनीय है।

1585 ईसवी में अकबर ने प्रताप को पकड़ने हेतु अब्दुल रहीम खानखाना को भेजा।

जब खानखाना आबू के निकट पड़ाव डाले हुए थे, तब कुँवर अमर सिंह ने खानखाना की पुत्री और उनके परिवार की अन्य महिलाओं को बंदी बना लिया।

अमर सिंह शत्रु खेमे की स्त्रियों को बंदी बनाकर अपने पिता प्रताप के सन्मुख ले गए।

प्रताप अमर सिंह पर अत्यंत क्रोधित हुए और उन्होंने कहा, "यदि हम भी युद्ध में शत्रु की महिलाओं के साथ दुर्व्यवहार करेंगे तो हम में और अकबर जैसे मुसलमानों के बीच क्या अंतर रह जाएगा ? क्या ये हिंदुओं के संस्कार हैं ?"

खानखाना की स्त्रियों को ससम्मान लौटाना

"इस समय खानखाना की पुत्री से राखी बँधवाओं और उसके भाई बनो। इसके पश्चात् सभी महिलाओं को ससम्मान खानखाना के शिविर में छोड़कर आओ।"

इस आदेश को सुनते ही कुँवर अमर सिंह ने क्षमा माँगी, खानखाना की पुत्री से राखी बँधवाई और उन सब महिलाओं खानखाना के शिविर में छोड़कर आए।

खानखाना स्वयं भी आध्यात्मिक व्यक्ति थे, जिन्होंने बाद में इस्लाम छोड़ दिया एवं कृष्ण भक्त बन गए।

खानखाना एक शिया मुसलमान थे और अकबर के गुरु बहराम खाँ के पुत्र थे।

वो प्रताप के इस कृत्य से बड़े प्रभावित हुए और बिना उन पर आक्रमण किए ही आगरा लौट गए।

जब अकबर ने उन्हें पूछा कि उन्होंने प्रताप से युद्ध क्यों नहीं किया, तब उन्होंने एक ऐसा उत्तर दिया, जो कदाचित् इतिहास में स्वर्णिम अक्षरों में लिखा जाएगा।

खानखाना का उत्तर था—"लड़ा मनुष्यों से जाता है जहाँपनाह, फरिश्तों से नहीं।"

क्या कभी हमने थोड़ा रुककर अकबर और प्रताप के नैतिक मूल्यों की तुलना की?

एक सभ्य समाज को किस तरह के नियमों एवं आदर्शों का पालन करना चाहिए?

प्रताप के या अकबर के?

हमारे देश के वामपंथी और तथाकथित उदारवादियों ने हमारे बच्चों को 'अकबर महान शासक' था नाम का झूठ घोल-घोलकर पिलाया है, किंतु यही उपयुक्त समय है कि हमें अपने बच्चों को इन मिथ्या दावों का वास्तविक खतरा समझाना होगा।

क्या चाहते हैं हम? हमारे बच्चे अकबर के पदचिह्नों पर चलें अथवा प्रताप के?

हिंदू समाज को इस प्रश्न पर गहनता से मंथन कर, अपना उत्तर खोजना होगा।

अनैतिकता का ये घोल हमारे बच्चों के मस्तिष्क और विचारों को और दूषित न करने पाए।

या तो बहन-बेटियों का सम्मान एक निरपेक्ष सिद्धांत है, जैसा कि हिंदू धर्म में है या फिर महिलाएँ केवल विनिमय और भोग की वस्तु हैं। उन्हें पाशविक धर्मांधों को सौंप देना चाहिए, जो अपनी धर्मांधता के चलते इस पूरे विश्व को ही अपनी संपत्ति माने बैठे हैं!

या तो स्त्रियाँ देवियाँ हैं, जो हमें जीवन और उल्लास का वर देती हैं अथवा वे मात्र उपभोग के लिए हैं, जिन्हें काम में लेकर फेंक दिया जाए।

यदि हम अकबर जैसे बलात्कारी के संस्कार अपने बच्चों को देंगे तो शीघ्र ही हम सनातन धर्म को महिलाओं से घृणा करने वाले इस समुदाय में परिवर्तित होते देखेंगे।

दूसरी ओर, यदि प्रताप का सत्य विद्यालयों में पढ़ाया जाए तो हमारे बच्चे, भारत देश के सम्मानीय और विचारशील नागरिक बनेंगे।

श्रीकृष्ण ने महाभारत में पूरी मानवता लगभग नष्ट कर डाली थी क्योंकि एक द्रौपदी के चीर हरण का प्रयास हुआ था। क्या हम हिंदू अपने भगवानों और प्रताप सरीखे पुरखों से सीख सकते हैं कि एक स्त्री का शील भंग महापाप है। हर हिंदू को यह शपथ लेनी चाहिए कि समाज की स्त्रियों की रक्षा उसके जीवन का सर्वाधिक मूल्यवान नियम बन जाए।

एक देश के दो आदर्श नहीं हो सकते।

यदि अकबर महान है, तो हमें प्रताप को भुलाना होगा।

और यदि प्रताप महान हैं, तो अकबर को किसी कूड़ेदान में फेंकना होगा।

हिंदुओ के इस खंडित चित्त में दो विपरीत तरह के वैचारिक जगत् हैं, जिसके चलते समाज न केवल एक मतिभ्रम में है, वरन् अकर्मण्य भी हो चला है।

यदि हम अपने आदर्शों के साथ नहीं खड़े हैं तो कदाचित् हम मानव ही नहीं हैं।

आत्मसम्मान, सत्यनिष्ठा, व आत्मगौरव से रिक्त समाज तो दासता या यौन शोषण को भी जीवन मान लेगा। जीवित रहने के लिए भोजन व घर तो गुलामों को भी मिल ही

जाता है। पर क्या हम हिंदू ऐसा दुर्गंधयुक्त जीवन जीने को राजी हैं?

हिंदुओं को अब निर्णय करना ही होगा।

हिंदुओं के मानस पर किसका प्रभाव होगा, अकबर का या प्रताप का?

इस प्रश्न के उत्तर पर ही निर्भर करता है कि हम आने वाले वर्षों में उन्नति को प्राप्त होंगे अथवा अवनति व विनाश को!

देश के वामपंथी और छद्म उदारवादियों पर हमारे बच्चों को अकबर की महानता के विषय में असत्य पढ़ाने और भ्रमित करने के लिए कमीशन बिठाकर देशद्रोह का मुकदमा चलाना चाहिए, क्योंकि सत्य यह है कि अकबर एक कामांध, मतांध, लंपट, अति महत्त्वाकांक्षी, इस्लामी हत्यारा था। अकबर एक निर्मम व्यक्ति था, जिसने भारतीय उपमहाद्वीप के इस्लामीकरण की अपनी महत्त्वाकांक्षा को मदांधता और व्यग्रता के साथ पूर्ण करने के हरसंभव प्रयास किए।

प्रताप को पता था कि अकबर द्वारा हिंदुस्तान के इस्लामीकरण की योजना के बीच अकेले वे ही खड़े हैं। इस बात का ज्ञान ही प्रताप को महापुरुष मानने और उनके उस संघर्ष को नमन के लिए पर्याप्त है, जिसे न केवल उन्होंने आरंभ किया, वरन् अकेले ही उस संघर्ष को उसकी यथोचित परिणति तक भी पहुँचाया। प्रताप ने हिंदू धर्म के लिए हर आघात, हर चालबाजी, हर विश्वासघात, हर संकट को अपनी विशाल छाती पर सहन किया।

कोई धन्यवाद, कोई श्रद्धांजलि, कोई कृत्य, हमें उस महापुरुष के उपकारों से उऋण नहीं कर सकता।

आज हम हिंदू हैं, स्वतंत्र हैं, सुखी हैं, संपन्न हैं, सुरक्षित हैं, तो केवल और केवल एक महाराणा प्रताप सिंह के कारण।

□

13

हल्दीघाटी का युद्ध : स्वतंत्रता अभियान का आरंभ

प्रातः स्मरणीय महाराणा प्रताप के नेतृत्व में मेवाड़ की सेना एवं जयपुर के मान सिंह तथा आसिफ खाँ के नेतृत्व में इस्लामी साम्राज्यवादी मुगल सेना के मध्य हुए इस युद्ध के विषय में बहुत से इतिहासकारों एवं लेखकों द्वारा बहुत-कुछ लिखा गया है।

यह लेख उस युग प्रवर्तक दिन की तैयारी, उस दिन की सैन्य रणनीति, घटनाओं तथा इस युद्ध के परिणामों पर भिन्न-भिन्न स्रोतों से पुष्टि करने के बाद, उस दिन के तथ्यों को व्यवस्थित करने का प्रयास है।

मेवाड़ के सिंहासन पर प्रताप का राज्यारोहण 32 वर्ष की परिपक्व आयु में हुआ। तब तक उन्हें मेवाड़ की सेना के सैन्य कौशल का पूर्ण अनुभव हो चुका था। भाँति-भाँति के इस्लामी आक्रांताओं के साथ हुए अपने पूर्वजों के संघर्ष की गाथाओं का ज्ञान उन्हें श्रुति द्वारा उत्तराधिकार में मिला था।

चित्तौड़ के तीसरे साका-जौहर के समय, एक ही दिन में अकबर द्वारा 40,000 निरापराध नागरिकों की हत्या की पीड़ा का दंश भी उन्होंने अपने हृदय में सँजो रखा था। उन्हें ज्ञात था कि किस प्रकार से मुगलों के आग्नेयास्त्रों ने पिछले सभी युद्धों में एकदम से युद्ध का सारा पासा ही मुगलों के पक्ष में पलट दिया था। अकबर द्वारा चतुराई से अन्य राजपूत राजाओं को अपनी ओर मिला लेने की धूर्तता का भी उन्हें पूर्ण बोध था।

अकबर द्वारा मेवाड़ को अपने अधीन करने के उन्माद का प्रताप को स्पष्ट बोध था

कि अकबर मेवाड़ को हथियाने के लिए किसी भी सीमा तक जाएगा। सबसे महत्त्वपूर्ण बात, प्रताप को ज्ञात था कि इस बर्बर आक्रमण का प्रत्युत्तर देने का यह महती दायित्व उनके अकेले कंधों पर आ चुका है। समूचे भारतवर्ष के हिंदू राजा या तो अकबर से संधि कर चुके थे या राजा हेमू की भाँति उससे लड़कर मारे जा चुके थे, या ग्वालियर के रामशाह तँवर की भाँति राज्य गँवाकर भटकने को विवश हो गए थे।

यदि प्रताप को अपनी सैन्यशक्ति तथा शस्त्रों के कम होने का आभास था, तो उन्हें अपनी व अपने सहायकों की शक्ति का भी ज्ञान था। उनकी प्रजा तथा भील समाज का सहयोग तथा मेवाड़ की भौगोलिक स्थितियों से भली-भाँति परिचित होना उनका सर्वाधिक महत्त्वपूर्ण अस्त्र था। सेना के त्वरित गमनागमन तथा विशेष स्थानों से तुर्कों पर प्रहार करने हेतु उपयुक्त स्थानों का उन्हें भली-भाँति पता था।

इन सबसे महत्त्वपूर्ण बात थी, प्रताप के प्रति मेवाड़ के सामंतों की निष्ठा। प्रताप के परिजन भी जब प्रताप से विमुख हो गए तो ये सामंत छाया की तरह प्रताप के साथ रहे और कभी उनके नेतृत्व पर प्रश्न नहीं उठाया।

प्रताप ने हल्दीघाटी को अकबर के साथ एक लंबे युद्ध के प्रारंभिक बिंदु की तरह चुना, ताकि वे मेवाड़ को पुनः प्राप्त कर सकें। युद्धभूमि के चयन तथा प्रताप की सेना के विवरण को जानकर ही लगता था कि यह युद्ध लंबे समय तक चलनेवाला होगा। प्रताप जानते थे कि हल्दीघाटी में युद्ध के लिए मुगलों को मेवाड़ में घुसना होगा, जहाँ उनकी तोपें इत्यादि निष्फल थीं।

1572 ईसवी से, जब वे मेवाड़ की राजगद्दी पर विराजे, तक से 1576 के हल्दीघाटी के युद्ध तक, प्रताप ने अन्य राजपूत सरदारों तथा घरानों से संपर्क किया, संसाधन एकत्र किए, छिपने के स्थान चुने व भीलों का एक कसा हुआ, गुप्त सूचना तंत्र स्थापित किया। अकबर द्वारा भेजे गए शांतिदूतों को वार्ताओं में उलझाए रखकर वे अपने सामंतों तथा सेनानायकों के साथ आनेवाले युद्ध पर मंत्रणा करते रहे।

1572 ईसवी से 1583 ईसवी के दिवेर के युद्ध के बीच के कालखंड का अध्ययन करें तो हम जान सकते हैं कि प्रताप एक दूरदर्शी नायक तथा एक कुशल रणनीतिज्ञ थे। वे एक निर्भीक योद्धा थे, जिन्होंने प्रत्येक संभावना पर पूर्ण मनोयोग के साथ विचार किया। इसीलिए अप्रत्याशित घटनाओं तथा कठिनाइयों के उपरांत भी अपनी योजनाओं को कुशलता के साथ कार्यान्वित किया।

अब कुछ बिंदुओं पर विचार करते हैं तथा जानते हैं कि हल्दीघाटी कोई बिना विचारे, त्वरित युद्ध नहीं था, वरन् यह प्रताप तथा अकबर की सेनाओं के बीच प्रथम संघर्ष था। प्रताप ने अपने प्रतिद्वंद्वी को जाना-समझा तथा उसके अनुरूप अपनी भविष्य की योजनाएँ बनाकर उन्हें कार्यान्वित किया, जिससे अंततः वे मुगल आक्रांताओं को

1583 ईसवी में हुए दिवेर के निर्णायक युद्ध में पराजित कर मेवाड़ की पवित्र धरा को स्वतंत्र कर पाए।

यह अत्यंत दु:खद है कि भारत की स्वतंत्रता के पश्चात् लिखी गई इतिहास की सभी पुस्तकों में हल्दीघाटी को प्रताप की शौर्यगाथा का शिखर बताकर मिथ्या प्रचार किया गया है। सत्य यह है कि हल्दीघाटी का युद्ध प्रताप के विजय अभियान का एक महत्त्वपूर्ण सोपान मात्र था। इन्हीं इतिहासकारों ने प्रताप को एक असहाय पलायनकर्ता के रूप में भी दरशाया है, जबकि प्रताप एक स्वतंत्र महाराणा के रूप में जिए, शासन किया तथा चित्तौड़ के अतिरिक्त मेवाड़ की धरती का कोना-कोना मुगल आक्रांताओं से छीन लिया। 1597 ईसवी में प्रताप का देहावसान भी एक स्वतंत्र शासक के रूप में हुआ। वे अपने पीछे मेवाड़ का एक सक्षम, समृद्ध तथा सशक्त राज्य अपने ज्येष्ठ पुत्र अमर सिंह के हाथों में छोड़कर गए।

अकबर के संधि प्रस्ताव

अब हम अकबर तथा उसके गिरोह द्वारा 1572 ईसवी से 1576 ईसवी के मध्य प्रताप के साथ किए गए संधि प्रयासों को देखते हैं।

प्रताप ने मुगलों के इन संधि प्रयासों को जान-बूझकर लटकाया, ताकि वे युद्ध से पहले अपनी सेना तथा संसाधनों को तैयार कर लें।

अगस्त 1572 ईसवी में संधि प्रस्ताव लेकर मुगलों का पहला दूत जलाल खाँ कोरची प्रताप के पास पहुँचा। किंतु प्रताप द्वारा उसकी पूर्ण उपेक्षा करने पर वह दो महीने मेवाड़ में रुककर अकबर के पास लौट गया। प्रताप द्वारा संधि प्रस्ताव ठुकराने की बात उसने अकबर से लगा-बुझाकर कह सुनाई।

अकबर द्वारा मान सिंह के हाथों सबसे विख्यात संधि प्रस्ताव भेजा गया था तथा इसी घटना से प्रताप का सच्चा चरित्र देखने को मिलता है। 1573 ईसवी में मान सिंह मात्र 23 वर्ष के थे, जब उन्हें यह प्रस्ताव लेकर भेजा गया। उनके साथ गए बहुत वरिष्ठ मुसलमान सेनानायकों के प्रतिनिधिमंडल में शाह कुली खाँ, मुराद खाँ, सैयद अब्दुल्ला, राजा गोपाल, जगन्नाथ आदि प्रमुख थे। मान सिंह, डूँगरपुर होते हुए मेवाड़ की ओर आए थे। मान सिंह ने रावल आसकरण को हराकर उसकी सेना तथा नगर को ध्वस्त कर दिया था। इस कारण आसकरण को पर्वतों में जाकर छिपना पड़ा।

प्रताप के गुप्तचर पुरबिया दुरसा तथा सिसोदिया नेता, मान सिंह की सब गतिविधियों की सूचना प्रताप को दे रहे थे। सलूंबर के जागीरदार ने मान सिंह की आवभगत की तथा प्रताप को सावधान किया कि मान सिंह पूरी तरह मुगलों से प्रभावित है; उसकी किसी बात पर विश्वास न किया जाए। ऐसा अनुमान है कि प्रताप के अंतर्मन में कहीं यह आशा

थी कि मान सिंह के राजपूत स्वाभिमान को जगाकर उन्हें मित्र बनाया जा सकता है।[99] हमें स्मरण रखना चाहिए कि मान सिंह के दादा, राजा भारमल, मेवाड़ राज्य को अग्रज मानते थे। एक निर्बल उदय सिंह के कारण उन्हें मेवाड़ से संबंध विच्छेद करना पड़ा। 1562 ईसवी में मेवात के नवाब मिर्जा मुहम्मद द्वारा आक्रमण के समय मेवाड़ से सहायता न मिलने पर भारमल ने अपनी निष्ठा मेवाड़ से अकबर को स्थानांतरित कर दी।

प्रताप देखना चाहते थे कि क्या मान सिंह अपने पिता व दादा से भिन्न सोच रखते थे ? प्रताप, गोगूँदा के पहाड़ों से निकलकर आए तथा उदयसागर की पाल पर मान सिंह तथा प्रताप का मिलना निश्चित हुआ। किंतु प्रताप ने स्वयं मिलने के स्थान पर अपने ज्येष्ठ पुत्र, कुँवर अमर सिंह को मान सिंह के साथ भोजन करने भेजा।

उन्होंने अपने मित्र तथा प्रमुख सरदार डोडिया भीम सिंह के द्वारा मान सिंह को कहलवा दिया कि महाराणा का पेट खराब है, अतएव वे मान सिंह के साथ भोजन करने में असमर्थ हैं। मान सिंह बात समझ गए। उन्होंने भीम सिंह को प्रत्युत्तर दिया, "मुझे पेटदर्द की एक अच्छी दवा पता है, यदि प्रताप वही चुनना चाहते हैं तो फिर ठीक है। मैं सदैव मेवाड़ का हितैषी रहा हूँ, किंतु आज के बाद से आपको सावधान रहना होगा, क्योंकि अब से आपका कुसमय प्रारंभ हो चुका है।"[100]

प्रताप को जब मान सिंह की इस उक्ति का पता चला तो उन्होंने प्रतिसंदेश कहलवाया, "यदि तुम्हें मुझसे युद्ध करना है तो मैं तुम्हें मालपुरा में मिलूँगा, किंतु यदि तुम्हारे फूफा अकबर के मन में मुझसे युद्ध की इच्छा है, तो युद्ध का स्थान उसे ही चुन लेने दो।"

उदयसागर की पाल पर मान सिंह तथा भीम सिंह डोडिया के बीच हुआ वार्तालाप मेवाड़ के इतिहास में लिखित है तथा लोककथाओं का अंग भी।

इस वार्तालाप के अंत में भीम सिंह कहते हैं, "यदि मैं तुम्हारे हाथी के निकट पहुँचा तो तुम हाथी की नहीं, मेरे भाले की सवारी करोगे, यदि ऐसा नहीं हुआ तो मेरा नाम भी भीम सिंह नहीं।"

मेवाड़ तथा जयपुर के राजपूतों के बीच यह वार्ता अब बहुत कटु स्तर तक जा पहुँची थी। प्रताप ने वे बर्तन तक उदयसागर में फिंकवा दिए, जिनमें मान सिंह ने भोजन किया था तथा उस स्थान को भी गंगाजल से शुद्ध करवाया, जहाँ मान सिंह बैठे थे।

लोक कथाओं के अनुसार, मान सिंह उदयपुर होते हुए वापस लौटे, जहाँ प्रताप स्वयं उनसे मिले तथा तुर्कों के साथ शांति हेतु तीन मुख्य बिंदु रखे, जिन्हें मेवाड़ के इतिहास व लोकगाथाओं में 'तीन च' लिखा गया है, जिनका अर्थ अधोलिखित है—

---

99. माथुर, पृ. 83।

100. वीर विनोद, खंड-2, पृ. 147।

1. मेवाड़ कभी भी तुर्कों की 'चाकरी' नहीं करेगा, अर्थात् अकबर के दरबार में पेश नहीं होगा।
2. मेवाड़ कभी तुर्कों को 'चौथ' नहीं देगा, अर्थात् कर नहीं देगा।
3. मेवाड़ कभी तुर्कों को अपनी 'छोकरी' नहीं देगा, अर्थात् मुसलमानों से विवाह का संबंध नहीं बनाएगा।

हिंदू हितैषी जयपुर के राजा मान सिंह

वस्तुतः प्रताप ने मान सिंह को एक ऐसा प्रस्ताव दिया था, जिसे मान सिंह स्वीकार ही नहीं कर सकते थे। वे रुष्ट व निराश होकर वहाँ से आगरा चले गए। मुगलों की ओर से तीसरा संधि प्रस्ताव लेकर पहुँचे आमेर के राजा भगवानदास, जो मान सिंह के पिता थे। ये वही भगवानदास थे, जिन्होंने 1568 में चित्तौड़ के साके में अकबर का साथ दिया था तथा अपने राजपूत भाइयों से द्रोह किया था।

प्रताप के मन में इनके लिए केवल घृणा थी। प्रताप ने फिर भी उन्हें गोगूँदा में आमंत्रित किया था। अग्रज होने के नाते सम्मान भी दिया, किंतु उन्होंने वही तीन बिंदु उन्हें भी कह सुनाए। प्रताप ने भगवान दास के साथ भोजन नहीं किया।

चित्तौड़ का हिंदू द्रोही,
राजा भगवान दास

सितंबर 1573 ईसवी में भगवान दास भी खाली हाथ लौटे।

इसके पश्चात् अक्तूबर 1573 ईसवी में, अंततः अकबर ने एक अंतिम संधि प्रयास के रूप में राजा टोडरमल को प्रताप के पास भेजा।

प्रताप ने टोडरमल का गोगूँदा में स्वागत किया। प्रताप ने टोडरमल को एक हाथी भेंट किया, जिसे विनम्रता के साथ उन्होंने लेने से मना कर दिया। टोडरमल भी प्रताप को संधि हेतु समझाने में विफल हुए; इसी के साथ अकबर द्वारा बार-बार भेजे जानेवाले संधि-प्रस्तावों की कड़ी का अंत हो गया।

चित्तौड़ के हत्याकांड का साक्षी, हिंदू द्रोही, राजा टोडरमल

मेवाड़-मुगल युद्ध अब अधिक दूर नहीं था।

यह सोचने की बात है कि अकबर द्वारा मेवाड़ को बार-बार संधि-प्रस्ताव क्यों भेजे गए? क्योंकि जैसा चमचे इतिहासकारों ने लिखा है, यह युद्ध तो एक विशाल तथा सक्षम, मुगल साम्राज्य और एक छोटे से हिंदू राज्य के बीच था। फिर अकबर शांति क्यों चाहता था?

1. बार-बार भेजे गए संधि-प्रस्तावों से पता चलता है कि यह जो विशाल मुगल साम्राज्य था, वह केवल वामपंथी इतिहासकारों की कपोल-कल्पना में ही था, जिसका कारण उनकी अपनी भ्रांत धारणाएँ हैं। सत्य में अकबर का राज्य केवल राजपूतों व अन्य राजाओं के साथ भिन्न-भिन्न संधियों के फलस्वरूप कामचलाऊ व्यवस्था मात्र था। एक ऐसा जुगाड़ था, जो कभी भी खंडित हो सकता था। अकबर एक अस्थिर चित्त का इस्लामी भेड़िया था, जो कई बार हिंदुओं के प्रति अपनी घृणा प्रकट कर बैठता था। अबुल फज्ल के लिखता है, 'एक बार सूरत में किसी विषय पर अकबर मान सिंह पर क्रोधित हो गया। मदिरा के प्रभाव में उन्मत्त अकबर ने मान सिंह को गिराकर उनका गला दबाना चाहा। सैयद मुजफ्फर नाम के एक सेनापति ने मान सिंह को छुड़ाया।'

   अकबर जानता था कि उसके साम्राज्य का प्रपंच, ताश के पत्तों का एक निर्माण है, जो एक राजा के सम्यक् विरोध से भी ढह सकता है। अकबर का दुर्भाग्य यह रहा कि वे राजा महाराणा प्रताप निकले![101]

   चातुर्य, शौर्य, संगठन, त्याग, धैर्य व धर्मनिष्ठा के अद्‍भुत मिश्रण, प्रताप ने अकबर का अंदेशा उचित सिद्ध किया। प्रताप के विरोध के कारण ही अकबर हिंदुओं को मिटा नहीं पाया।

2. मुगल साम्राज्य की झूठी अवधारणा इसलिए भारतीय जनमानस में समा गई, क्योंकि अधिकतर भारतीय इतिहासकारों ने फारसी, तुर्क तथा अन्य

101. माथुर, पृ. 8।

मुसलमान लेखकों द्वारा लिखित संस्मरणों को अपने लेखन का आधार बनाया है। ये मुसलमान लेखक अपने बादशाहों की चाटुकारिता में असत्य भी लिखते थे तथा हिंदू राजाओं के प्रति पूर्वग्रह से भरते थे। इसीलिए इनकी निष्पक्षता पर पूर्ण संदेह है।

जिस प्रकार की भाषा एवं तथ्यों का प्रयोग फारसी, तुर्क व अरब इतिहासकारों ने किया है, वह न तो सभ्य है, न ही प्रामाणिक, बल्कि अतिशयोक्तियों तथा तत्कालीन मुसलमान शासकों की चापलूसी से भरी है। उदाहरणार्थ, अबुल फज्ल लिखता है कि प्रताप को अकबर के वचनों पर विश्वास नहीं था, अतः उन्होंने स्वयं जाने की अपेक्षा अमर सिंह को अकबर के दरबार में भेजा था। यह सर्वथा बेसिर-पैर की बात है। यदि कुँवर अमर सिंह अकबर के पास गए होते तो फिर प्रताप तथा अकबर के मध्य युद्ध की स्थिति कभी आनी ही नहीं चाहिए थी।

टॉड या श्यामलदास तो प्रताप के सैंकड़ों वर्षों के बाद इतिहास लिख रहे थे, उनकी त्रुटियाँ तो भूलवश हो सकती हैं। अबुल फज्ल तो प्रताप का समकालीन था। इतनी निर्लज्जता से इतना बड़ा असत्य बोलना इस्लामी इतिहासकारों को नग्न कर देता है।

अतः ऐसा कहा जा सकता है कि तथाकथित महान मुगल साम्राज्य, निर्माणाधीन प्रकल्प था व मुसलमानों का अतिशयोक्तिपूर्ण प्रचार था।

सत्य यह है कि तुर्कों तथा मेवाड़ के बीच एक प्रकार से समानता थी। अकबर के संधि प्रस्ताव उसकी चतुराई का प्रमाण अवश्य थे, जिसके आधार पर वह मेवाड़ से संधि करके उसे शनैः-शनैः समाप्त करने के सपने देख रहा था।

3. चित्तौड़ पर आक्रमण के समय अकबर ने मेवाड़ के योद्धाओं, आमजन के शौर्य तथा बलिदान का स्वाद चख लिया था। मेवाड़ के केवल 8,000 सशस्त्र सैनिकों ने 30,000 तुर्क सेना को हताहत कर दिया तथा चित्तौड़ विजय करना केवल इसीलिए संभव हो पाया, क्योंकि उस समय तुर्कों की संख्या मेवाड़ से दस गुना अधिक थी।

अकबर एक धूर्त व्यक्ति था, जिसने मेवाड़ की सैन्य शक्ति तथा उनके आत्मोत्सर्ग की क्षमता को अपनी आँखों से देखा था। अकबर साक्षी था मेवाड़ के उस अमर बलिदान का, कि जब मेवाड़ी वीरों के पास संसाधन समाप्त हुए तो किस प्रकार महिलाओं ने जौहर किया तथा पुरुषों ने साका। अकबर के लिए प्रताप से युद्ध करने के लिए मेवाड़ के पर्वतीय क्षेत्र में

घुसना, अपनी तुर्क सेना को मृत्यु के मुख में प्रवेश करवाने जैसा था। फलतः उसने संधि का मार्ग चुना। अकबर समझ चुका था कि यदि साका-जौहर जैसी एक और घटना मेवाड़ में पुनः घटी, तो उसका राज्य भरभराकर गिर जाएगा। 1568 के साके-जौहर के समय उदय सिंह के नेतृत्व में मेवाड़ एक निर्बल नेतृत्व के कारण भ्रम में था। पर इस बार यदि वैसा नरसंहार हुआ तो पूरा हिंदू समाज प्रताप के नेतृत्व में उठ खड़ा होगा। राजपूत आपसी मतभेद भुलाकर उसका नाश कर देंगे।

यह संभावना मात्र अकबर के लिए प्रताप से संधि का प्रयास करने को पर्याप्त थी।

4. अफगानिस्तान, पंजाब, बंगाल, बिहार तथा गुजरात में उसके शासन में हो रहे विद्रोहों से अकबर त्रस्त था। वह मेवाड़ के साथ नया मोर्चा नहीं खोलना चाहता था। मारवाड़ के राजा चंद्रसेन से अकबर निरंतर युद्ध रत रहा तथा उन्हें पराजित करने के बाद ही उसका ध्यान मेवाड़ की ओर जा पाया। बहराम खाँ, जो अकबर का संरक्षक था, अब अकबर का शत्रु बन, विद्रोह कर चुका था। अकबर ने बहराम खाँ की पत्नी, अपने पालक तथा संरक्षक की पत्नी को अपनी भोग दासी बना लिया था। हिंदुओं में गुरु की पत्नी माँ स्वरूप होती है। तुर्क अकबर, यह सभ्यता हमारे पवित्र देश में लेकर आया। बहराम खाँ एक शिया मुसलमान था तथा अकबर के सुन्नी धर्मगुरु सतत अकबर को बहराम के विरुद्ध भड़काते थे।

   अकबर, हिंदू सेनापतियों पर बहुत अधिक निर्भर हो गया था तथा मेवाड़ के समर्पण से उस पर दबाव काफी कम हो सकता था। इसीलिए प्रताप को संधि के प्रस्ताव भेजता रहा।

5. अकबर, प्रताप को अपना सामर्थ्य दिखाकर, बिना लड़े ही उन्हें पराजित करना चाहता था। 1572 तक, जब महाराणा उदय सिंह की मृत्यु हुई, तब तक अकबर ने मेवाड़ के पड़ोसी राज्यों के साथ संधि करने या हस्तगत करके वर्चस्व स्थापित कर लिया था। एक समय तो प्रताप के अधिकार में केवल 300 वर्ग मील का बंजर व अनुपजाऊ क्षेत्र रह गया था।

   अकबर ने सोचा कि प्रताप इन मुश्किलों का सामना नहीं कर पाएँगे, अंततः समर्पण कर देंगे। हम कह सकते हैं कि अकबर के संधि प्रस्ताव प्रताप पर मनोवैज्ञानिक दबाव बनाने के लिए थे। किंतु अकबर जैसे कामांध हत्यारे को प्रताप की धर्मनिष्ठा के बारे में क्या पता था ? अकबर तो सदियों पुरानी इस्लामी चाल ही काम में ले रहा था, जिसके अनुसार काफिरों की निष्ठा खरीदकर भी

इस्लाम का प्रसार करना उचित बताया गया है। पर सामने थे आठ सौ वर्षों के संघर्ष के वाहक, पौरुष के साक्षात् अवतार, महाराणा प्रताप सिंह, जो स्वतंत्रता व धर्मरक्षा के सामने सत्तासुख को मिट्टी के ढेले से अधिक नहीं मानते थे। अकबर तो अपने रेगिस्तानी मजहब की सीख पर ही चल रहा था कि इस्लाम के विस्तार के लिए काफिरों व काफिरों के नेतृत्व की निष्ठाएँ खरीद लो।

अकबर को प्रताप के संकल्प तथा सामर्थ्य का कुछ पता नहीं था, अतः अकबर की अनभिज्ञता भी समझ में आती है।

6. जगमाल तथा सगर—प्रताप के दो सौतेले भाई, प्रताप को छोड़कर अकबर से जा मिले थे। अकबर उनकी सहायता से प्रताप के परिवार में गृहयुद्ध करवाना चाहता था। किंतु सामंतों, परिवार व मेवाड़ की जनता केवल प्रताप से प्रेम करती थी। इन सबने अकबर के विरुद्ध प्रताप का ही साथ दिया, फिर चाहे जो भी कष्ट सहन करना पड़ा हो।

   मेवाड़ के भील, प्रताप की सेना की रीढ़ की हड्डी सिद्ध हुए। वे आजीवन प्रताप के गुप्तचर, रक्षक, पोषक व संदेशवाहक बने रहे। भीलों की निष्ठा, जो सदियों से मेवाड़ के प्रति थी तथा प्रताप के समय भी रही, अनुकरणीय थी। मेवाड़ की पूरी प्रजा ने ' शुष्क भूमि नीति' का पालन कर दस वर्षों तक असह्य कष्ट सहे, पर प्रताप का साथ नहीं छोड़ा। इस प्रकार अकबर के सारे प्रपंच, भीलों व मेवाड़ के महान लोगों के संकल्प के चलते विफल हो गए।

7. अकबर जानता था कि अरावली के दर्रों में उसका तोपखाना निष्फल रहेगा। उसके दादा बाबर द्वारा उपयोग की गईं 'तुलघुमा' व 'अराबा' जैसी युक्तियाँ मेवाड़ की पहाड़ियों में प्रभावहीन रहेंगी, इसलिए भी वह संधि करने को आतुर था। इधर, प्रताप व उनके सामंत, चित्तौड़ के हत्यारे से प्रतिकार लेने को आतुर थे, सो संधि प्रस्तावों के साथ खेलते हुए, प्रताप व उनके सहयोगी एक लंबे युद्ध की तैयारी में लगे रहे।

8. अकबर, मेवाड़ के साथ आमने-सामने का संघर्ष, मेवाड़ की धरती पर टालना चाहता था। उसे पता था कि मेवाड़ की सेना को अरावली में पराजित करना असंभव है। वह जानता था कि अरावली में प्रताप को बंदी बनाना या पराजित कर, उनकी हत्या करना असंभव था। उल्टे मेवाड़ के हाथों अकबर की पराजय एक भयानक दुःस्वप्न की भाँति होती, क्योंकि अकबर के सहायक हिंदू राजा विद्रोह कर सकते थे।

युद्ध की तैयारी

अब हम प्रताप द्वारा आमेर की राजपूत तथा दिल्ली की तुर्क सेनाओं पर आक्रमण हेतु की गई तैयारी पर बात करते हैं। यहाँ से आरंभ होती है उस महान हिंदू राजा की गाथा, जिसने अपनी मातृभूमि तथा प्रजा की रक्षा हेतु अपनी योजनाएँ इतनी कुशलता से बनाईं कि सफलता, सदैव उनकी दासी बनकर रही।

एक कुशल नेता, जो अपने सरदारों, सेना तथा आमजन के साथ पूरा सामंजस्य बनाकर चलते थे, एक ऐसे राजा, जिन्हें अपनी तथा अपने शत्रु की शक्ति तथा क्षीणता का भली-भाँति बोध था। एक पूर्ण पुरुष, जिनका भाग्य ने कभी साथ नहीं दिया, न ही समय ने कोई उदारता दिखाई तथा न ही जीवन ने उन पर कोई अनुकंपा की, पर इन सबके उपरांत भी उन्होंने अपनी प्रजा तथा मातृभूमि की सेवार्थ अपने जीवन का सर्वस्व समर्पित कर दिया।

एक ऐसे योगी, जिन्होंने भावुकतावश कभी भी भय की छाया नहीं खोजी, पिता की ओर से सम्मान न मिलने पर भी कभी बुरा नहीं माना, भाई-बंधुओं में क्लेश के बाद भी उन्हें उतना ही प्रेम दिया, एक वीर योद्धा की तरह जीवन जिया तथा कभी अपने कष्टों के लिए भाग्य को दोष नहीं दिया। एक कर्मयोगी, जिन्होंने मृत्युपर्यंत मेवाड़ की स्वाधीनता के अपने एकमात्र लक्ष्य हेतु अपना सर्वस्व दाँव पर लगा दिया। एक साधक, जिन्हें हिंदू धर्म तथा सनातन मूल्यों का ज्ञान था तथा इन्हीं नैतिक मूल्यों पर चलकर उन्होंने विजयश्री प्राप्त की।

1568 ईसवी में चित्तौड़ के तीसरे साके से 1576 ईसवी में हल्दीघाटी के युद्ध तक, अकबर तथा प्रताप, दोनों ही अपने-अपने लक्ष्य साध रहे थे। अकबर अफगानिस्तान तथा बंगाल में हुए विद्रोहों का दमन कर रहा था, तो प्रताप आस-पास के सभी छोटे-बड़े राजाओं से संधि तथा संबंध स्थापित कर रहे थे। वे एक ऐसी संयुक्त सेना का निर्माण कर रहे थे, जो भविष्य में अकबर तथा आमेर के राजपूतों की संयुक्त सेनाओं से टकराकर उन्हें पराजित कर पाती। अपने उन राजपूत भाइयों से लड़ने में, जो कि अकबर के साथ जा मिले थे, निस्संदेह प्रताप का हृदय दु:खी था। उन्होंने भारी मन से अपने लोगों से युद्ध का निर्णय लिया, क्योंकि स्वाधीनता का मूल आदर्श तथा धर्म की रक्षा अधिक महत्त्वपूर्ण साध्य थे।

इस युद्ध हेतु प्रताप की जो तैयारियाँ तथा योजना थी, उनका लेखा-जोखा निम्नलिखित है—

1. प्रताप ने अत्यंत सूझ-बूझ से तुर्क आक्रांता को गुरिल्ला युद्ध-पद्धति से थकाकर मेवाड़ की पग-पग भूमि पर पुनः अपना अधिकार करने की ठानी थी। जब प्रताप के पिता, महाराणा उदय सिंह ने चित्तौड़ छोड़कर उदयपुर

में बसने का विचार किया, तो वहाँ उनका स्वागत पोनरवा के ठाकुर राव हरपाल ने किया था। हरपाल, राजपरिवार को पोनरवा के सघन वनों में ले गए, जहाँ उनका गढ़ स्थापित था। इसके पश्चात् प्रताप तथा उनके साथ राजपरिवार की महिलाओं को छप्पन व कमलनाथ के पर्वतीय क्षेत्र में रखा गया। वहाँ भोजन-पानी की पर्याप्त व्यवस्था थी, सो प्रताप अपने परिवार की सुरक्षा को लेकर आश्वस्त थे। योद्धा खंडित चित्त से युद्ध नहीं लड़ सकता, इसलिए परिवार को सुरक्षित कर, प्रताप निःशंक होकर युद्ध में जुट गए।

मायरा की गुफाएँ

2. प्रताप तथा उनके मंत्रियों द्वारा लिया गया सबसे महत्त्वपूर्ण निर्णय था— मायरा, जोवारवाला तथा मचीनपुर की गुफाओं की खोज, जहाँ उन्होंने अपने विश्वस्त सामंतों को सैन्य सामग्री, शस्त्र तथा धन छुपाने का आदेश दिया था। यहाँ पर प्रताप के शौर्यवान पूर्वजों, मुख्यतः महाराणा हम्मीर, कुंभा तथा सांगा की दूरदर्शिता का पता चलता है, जिन्होंने मेवाड़ के साम्राज्य के लिए पर्याप्त धन की व्यवस्था की थी। इन्हीं दूरदर्शी महाराणाओं के धन से प्रताप को इस महासमर के कठिन समय में अपने राज्य को सँभालने में महती सहायता मिली।

   हमें मेवाड़ के सरदारों-सामंतों के बुद्धि-कौशल तथा सुनियोजित युद्ध कला पर भी गर्व होना चाहिए, जिन्होंने अकबर के आक्रमण से पूर्व ही चित्तौड़ से राजकोष को हटा लिया था। किसी को भनक लगे बिना कैसे उन अदम्य साहसी लोगों ने इस राजकोष को वहाँ से सुरक्षित स्थान पर पहुँचाया होगा, यह भी विचारणीय है।

3. अरावली की दुर्गम पर्वत-शृंखला में ऐसे कई स्थान थे, जो ऊँचाई में अधिक नहीं थे तथा जहाँ पानी इत्यादि की पर्याप्त व्यवस्था थी। इन पर्वतों के मध्य पठारी भूमि, कृषि हेतु पर्याप्त मात्रा में थी तथा उपजाऊ इतनी थी कि वर्षपर्यंत

वहाँ पर किसी-न-किसी प्रकार की फसल प्राप्त की जा सकती थी।
ऐसे सभी क्षेत्र आपस में आने-जाने के लिए संकीर्ण घाटियों अथवा पगडंडियों के माध्यम से जुड़े थे। इन घाटियों में मेवाड़ की सेना छिप भी सकती थी और विश्राम भी कर सकती थी। इन स्थानों तक आनेवाले रास्ते इतने दुर्गम थे कि हजार लोगों को रोकने को केवल 20-30 सैनिक ही पर्याप्त होते थे। ऐसे सभी स्थानों को चिह्नित कर उनका नामकरण किया गया।

4. प्रताप ने अपने परदादा, महाराणा कुंभा द्वारा निर्मित गढ़ तथा गढ़ियों को सैनिकों की विश्रामस्थली की तरह उपयोग में लिया, जिससे सैनिक अपने अगले गुरिल्ला युद्ध पर जाने से पहले पुनः विश्राम कर पाएँ। इनमें गोगूँदा सर्वोत्तम गढ़ था, क्योंकि यह हल्दीघाटी से अधिक दूरी पर नहीं था।
उन्होंने जोशी पूना की अगुआई में अपनी अश्वारोही सेना को हल्दीघाटी में तैनात रखा तथा पर्वतों की कंदराओं एवं पेड़ों पर आदिवासी भील योद्धाओं को रख छोड़ा, ताकि दुश्मन पर दोहरी मार की जा सके।

5. 'शुष्क भूमि नीति' के चलते उन्होंने गाँवों में बसी अधिकांश जनता को केलवाड़ा, कुंभलगढ़ इत्यादि उपजाऊ धरती वाले स्थानों पर पुनर्स्थापित कर दिया। मेवाड़ के समतल स्थानों को पूर्णतः निर्जन कर दिया गया। खेतों को उजाड़ दिया गया, कुओं में विष डाल दिया गया, जिससे आनेवाली मुगल सेना को भूख व प्यास से मरने की परिस्थिति उत्पन्न हो जाए। इस नीति से तुर्कों से होनेवाली जनहानि से तथा माता-बहनों की अस्मिता की भी रक्षा हो सकी।

6. प्रताप ने अपनी सेना एवं युद्ध के योग्य नागरिकों के लिए शस्त्र प्रशिक्षण की भी उचित व्यवस्था की थी। इसका दायित्व ग्वालियर के राजा रामशाह तँवर को सौंपा गया था। ये वही रामशाह तँवर थे, जिनके राज्य ग्वालियर को अकबर ने हथिया लिया था तथा वे ग्वालियर को पुनः प्राप्त करने की आशा से महाराणा उदय सिंह से आ मिले थे। उसी समय से रामशाह तँवर को मेवाड़ का सेनापति तथा रणनीति का प्रमुख सलाहकार नियुक्त किया गया था। उन्हें मेवाड़ की सेवा हेतु उनके परिवार तथा सेना की एक टुकड़ी के भरण-पोषण के लिए 800 रुपए प्रतिदिन मिलते थे।
चित्तौड़ के तीसरे साके के पश्चात् रामशाह के साथ उनके तीन पुत्र शालिवाहन, भवानी तथा प्रताप भी मेवाड़ की सेनाओं को शिक्षण व रणनीति सिखाने में लगे थे, जो अरावली पर्वत-शृंखला में बिखरी हुई थी।[102]

102. भट्ट, पृ. 227।

7. मेवाड़ के भील समुदाय को लेकर गुप्तचरों का एक सशक्त तंत्र बनाया गया, जो प्रताप के अत्यंत विश्वासपात्र लोग थे। भील, वनों की संपदा पर निर्भर एक ऐसी जनजाति है, जिन्हें वेश बदलने, वनों में तुरंत अदृश्य हो जाने, कई-कई दिनों तक बिना सामान्य भोजन-पानी के जीवित रहने तथा वन में उत्पन्न होनेवाले खाद्य-अखाद्य को खाकर जीवनयापन कर लेने में महारत थी। प्रताप का गुप्त सूचना तंत्र, हल्दीघाटी तथा दिवेर के युद्ध में अत्यंत प्रभावशाली सिद्ध हुआ, क्योंकि इन्हीं की सहायता से प्रताप को शत्रुओं की वस्तुस्थिति, उनका संख्या बल योजनाओं इत्यादि के विषय में प्रामाणिक जानकारी मिलती थी।
8. प्रताप ने सिरोही के राजा मान सिंह के साथ मित्रतापूर्ण संधि तथा अपने श्वसुर ईडर के राजा नारायणदास से सहायता का भी वचन लिया था। प्रताप को अपनी कमियों का भी पता था, जैसे कि तोपखाना। उन्होंने इसका निराकरण हाकिम खाँ सूरी तथा उसके 800 अफगान सैनिकों को भाड़े पर रख कर किया। हाकिम खान सूरी, शेर शाह सूरी का संबंधी था तथा मुगलों से घृणा करता था। उसकी निष्ठा खरीदना प्रताप की चतुरता का प्रमाण है।

प्रताप ने स्वयं राजसी वैभव का त्याग करके अपनी सेना तथा प्रजा के साथ वनों में रहने का प्रण लिया था। उन्होंने शपथ ली थी कि जब तक मेवाड़ की भूमि से मुगलों का समूल नाश नहीं कर देंगे, तब तक वे धरती पर शयन करेंगे और धातु के पात्रों में भोजन नहीं करेंगे तथा राजसी ठाट-बाट से दूर रहेंगे। प्रताप की इस शपथ से उनकी सेना तथा प्रजा इतनी प्रभावित हुई कि मेवाड़ के इस कुसमय में जन-जन ने तुर्कों के विरुद्ध हुए युद्ध में बढ़-चढ़कर भाग लिया। आमजनों की इस सम्मिलित सेना में ब्राह्मण, वैश्य, क्षत्रिय, चारण, भील सहित सभी 36 जातियों तथा जनजातियों ने अपनी मातृभूमि के रक्षार्थ इस युद्ध में प्रताप का साथ दिया।

प्रताप को संख्या तथा वचनबद्धता में भी जितनी सहायता प्राप्त हुई, वह अद्भुत थी। यह स्वामिभक्ति तथा वचनबद्धता तब तक बनी रही, जब तक प्रताप का अकबर से युद्ध चलता रहा, यानी 1576 ईसवी में हल्दीघाटी से 1583 ईसवी में दिवेर के युद्ध तक।

मान सिंह मुगलों के सेनापति

इधर अकबर की ओर से क्या प्रयास किए जा रहे थे, उस पर कुछ बात कर लेते हैं। अकबर ने 1576 ईसवी में अजमेर आकर अपना डेरा जमाया। मुसलमान मंत्रियों के समझाने के विपरीत, अकबर ने मान सिंह को प्रताप के विरुद्ध इस अभियान का नेतृत्व

सौंपा। मुगलों की सेना में आसिफ खाँ, सैयद अहमद, हाशिम बारहा, जगन्नाथ कच्छावा, सैयद राजू, मिहतर खाँ, माधो सिंह, राव लूणकरण, मुजाहिद बेग इत्यादि भी थे।

'मुंतखिब उल तवारीख' का लेखक अल बदायूँनी भी मुगलों की सेना के साथ गया था। उसने हल्दीघाटी के युद्ध का वर्णन साक्षी के रूप में लिखा है, यद्यपि उसने केवल मुसलमानों के दृष्टिकोण से ही अपना संस्मरण लिखा है। मान सिंह, जिन्हें अकबर पुत्रवत् मानता था, उनका चयन मुगलों की इस सेना का नेतृत्व करने के लिए किया गया। इसके प्रमुख कारण निम्नानुसार हैं—

1. मान सिंह अत्यंत शौर्यवान तथा कुशल योद्धा थे। एक ऐसे हिंदू सेनापति थे, जिन्हें युवावस्था में ही कई युद्ध लड़ने का अनुभव था।
2. यह अकबर के द्वारा रचा गया एक सफल षड्यंत्र था, जिसमें उसने आमेर तथा मेवाड़ दोनों राजपरिवारों को एक-दूसरे के विरुद्ध कर दिया।
   अकबर का मंतव्य केवल प्रताप तथा मान सिंह की सेनाओं को एक-दूसरे से मरवाना नहीं था। वह दो महत्त्वपूर्ण राजपूत घरानों के बीच स्थायी वैमनस्य के बीज बोकर उसकी फसल काटना चाहता था।
3. अकबर जानता था कि यदि उनका नेतृत्व कोई मुसलमान करेगा तो जयपुर के राजपूत शस्त्र उठाने में हिचकिचाएँगे। अतः उसने उन्हीं के राजपूत राजकुमार, मान सिंह को सेनापति नियुक्त कर दिया तथा राजपूतों को राजपूतों से लड़वाने में सफल रहा। हम अकबर से, उसकी इस घातक चाल के लिए घृणा कर सकते हैं, पर कहना पड़ेगा कि यह एक बहुत ही सफल प्रयोग था, जिसने 150 वर्षों तक मुगल शासन को भारत में अक्षुण्ण बनाए रखा।
4. अकबर को यह भी ज्ञात था कि मेवाड़ की सेना तथा राजा, दोनों ही हिंदू-धर्मध्वजधारी हैं तथा हिंदू धर्म की रक्षार्थ कोई भी बलिदान देने में नहीं हिचकेंगे। अतः मेवाड़ के सैनिक, हिंदू राजपूतों से आधे मन से ही लड़ेंगे और प्रताप को पराजित करना सहज होगा।
5. अकबर जानता था कि राजपूत राजाओं में मेवाड़ का वर्चस्व और सम्मान है तथा महाराणा सांगा के शासन काल तक जयपुर मेवाड़ को सहयोग कर दिया करता था और मेवाड़ की वरिष्ठता भी स्वीकार करता था। अकबर ने जयपुर तथा मेवाड़ घरानों में परस्पर प्रतिद्वंद्विता का लाभ उठाया तथा दो राजपूत राजाओं को एक-दूसरे का शत्रु बना दिया।

20 अप्रैल, 1576 ईसवी को मान सिंह ने मेवाड़ के मांडलगढ़ की ओर बीस हजार की सेना लेकर कूच किया। वह मांडलगढ़ में दो महीने तक रुके तथा उन्होंने अजमेर से अपनी सेना हेतु भोजन इत्यादि सामग्री तथा

संसाधन जुटाए। मांडलगढ़ से उन्होंने खमनौर की ओर प्रस्थान किया, जो कि हल्दीघाटी से छह किलोमीटर की दूरी पर है। मान सिंह के मांडलगढ़ आगमन की सूचना मिलते ही प्रताप भी आगे बढ़े। एक बार तो प्रताप ने शत्रु से वहीं निपटने का मन बनाया, किंतु उनके सामंतों तथा सरदारों ने उन्हें ऐसा न करने का आग्रह किया, जिसके दो प्रमुख कारण थे—

1. मान सिंह की इतनी बड़ी सेना से समतल मैदान में युद्ध करना मृत्यु को निमंत्रण देना होगा, अतः दुश्मन को पर्वतीय क्षेत्र में खींचकर लाना होगा, जो कि मेवाड़ की सेना के अनुकूल रहेगा।
2. मान सिंह तो मुगल प्रतिनिधि बनकर रह गए थे। इस बार का युद्ध केवल दो राजाओं की सेनाओं का नहीं था, वरन् इस युद्ध के परिणाम पर हिंदुओं तथा मेवाड़ का भविष्य निर्भर था। यह समय अत्यधिक सावधानी का था, क्योंकि प्रताप के लिए पराजय अब विकल्प ही नहीं रह गई थी।

प्रताप अपने सरदारों की बातों को मान, उचित समय की प्रतीक्षा करने लगे। जब मान सिंह भी खमनौर तक पहुँच गए तो यह निश्चित हो गया था कि युद्धस्थल हल्दीघाटी ही होगा। प्रताप ने अपनी सेना को कुंभलगढ़ से गोगूँदा भिजवा दिया था, जो कि हल्दीघाटी से तीस किलोमीटर दक्षिण-पश्चिम में है।

युद्ध से कुछ दिन पूर्व राजा रामशाह तँवर के गोगूँदा स्थित निवास पर मेवाड़ की युद्ध परिषद् की बैठक हुई, जहाँ आगामी युद्ध पर विस्तार से मंत्रणा की गई। इसमें ग्वालियर के तँवर वंश के सरदार रामशाह तँवर तथा उनके तीन पुत्रों शालिवाहन, भवानी तथा प्रताप के साथ रामशाह के किशोर वय पौत्र धर्मागत भी थे।

इस युद्ध मंत्रणा हेतु मेवाड़ के प्रमुख सामंत, राव संग्राम सिंह, झाला बीदा, झाला मान, भीम सिंह डोडिया, दुर्गा सिंह परमार, हरिदास चौहान, नाथा चौहान, प्रज्ञा दास भाकरोट, आलम राठौर, नेत सिंह सारंगदेवोत, कृष्णदास चूँडावत तथा भामाशाह अपने भाई ताराचंद के साथ उपस्थित थे। मेवाड़ के राजपरिवार तथा प्रताप के कई निकट संबंधी भी वहाँ उपस्थित थे, जैसे कि मान सिंह सोनगरा (प्रताप के मामा), कूंपा राठौर (जयमल राठौर के पुत्र) व कल्याण सिंह चूँडावत (पत्ता चूँडावत के पुत्र)।

सभी वरिष्ठ जनों का मत था कि मेवाड़ की सेना को पर्वतीय क्षेत्र से बाहर नहीं निकलना चाहिए तथा मुगल सेना को पहाड़ों में अंदर आने देना चाहिए।

रामशाह, नेत सिंह, कृष्णदास तथा अन्य वरिष्ठ जनों का मानना था कि जयपुर के राजपूत योद्धाओं के अतिरिक्त मुगल सेना को पर्वतीय क्षेत्र में युद्ध करने का कोई अनुभव नहीं है, अतः उन्हें तो मेवाड़ की सेना वहीं परलोक पहुँचा देगी। इसके विपरीत, युवा

सरदारों का मानना था कि युद्ध पहाड़ों की अपेक्षा मैदान में होना चाहिए।

फिर सब सेनानायकों ने यह निष्कर्ष निकाला कि मेवाड़ की सेना हल्दीघाटी से निकलकर मुगल सेना पर तीन दिशाओं से आक्रमण करेगी तथा बनास नदी के तट पर खमनौर के मैदानी क्षेत्र में युद्ध करेगी, परंतु घाटी से दूर नहीं जाएगी। यह निर्णय वरिष्ठ सरदारों द्वारा पूर्व में लिये गए निर्णय के एकदम विपरीत था, जिसके अनुसार मुगल सेना को हल्दीघाटी के भीतर आने दिया जाना था तथा अरावली के पर्वतों तथा वनों की आड़ में छापामार युद्ध करना था।[103]

प्रताप ने युवा सरदारों के निर्णय को मान दिया, क्योंकि उनके मन में भी शत्रु को मेवाड़ की सैन्य शक्ति का वीभत्स रूप दिखाने की एक योजना थी। यदि उन्होंने मुगल सेना को पराजित कर दिया तो अन्य हिंदू राजा स्वत: ही मेवाड़ से मिल जाएँगे। इसके विपरीत, यदि मेवाड़ की पराजय होती है, तो भी अकबर तथा अन्य राजाओं को कम-से-कम यह संदेश चला जाए कि मेवाड़ कभी तुर्कों के आगे समर्पण नहीं करेगा।

केवल पर्वतों में छुपे रहने से तो प्रताप और मेवाड़ के युवा योद्धाओं को मुगलों के रक्त से अपनी खड्ग की प्यास बुझाने का अवसर कहाँ से मिलता।

प्रताप, मान सिंह तथा उसके राजपूत योद्धाओं को भी परखना चाहते थे कि वे अपने राजपूत भ्राताओं से विमुख होकर एक विधर्मी ध्वज के नीचे कैसे लड़ते हैं? प्रताप को कहीं आशा थी कि जयपुर की सेना में जो राजपूत सैनिक हैं, कम-से-कम उनके मन में तो अपने मेवाड़ी राजपूत भ्राताओं की निर्मम हत्या का विचार हिचकिचाहट पैदा करेगा!

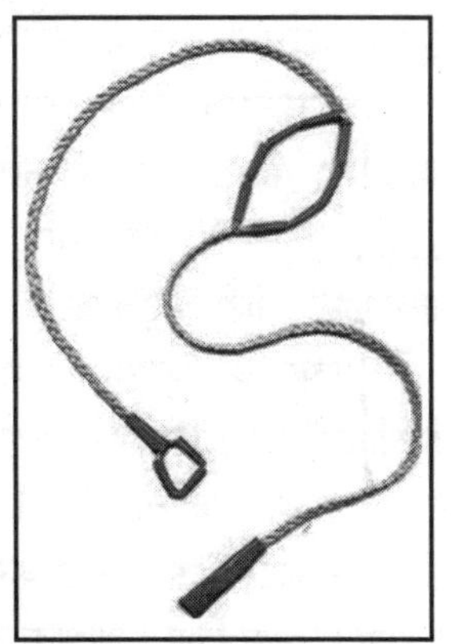

गोफण का प्रतीकात्मक चित्र

हल्दीघाटी के इस युद्ध के समय प्रताप के सबसे शौर्यवान तथा ज्येष्ठ पुत्र, कुँवर अमर सिंह को युद्ध से दूर रखा गया। अपनी सेना से दो-तीन गुना बड़ी सेना से भीषण युद्ध के लिए निकलते समय प्रताप ने निर्णय लिया कि यदि वे इस युद्ध में वीरगति को प्राप्त हो जाएँ तो पीछे कुँवर अमर सिंह इस संघर्ष को आगे बढ़ाने के लिए जीवित रहें।

इधर गोगूँदा में ही, युद्ध के लिए निकासी से पूर्व इस बात का निर्णय हो चुका था कि यदि मुगल सेना मेवाड़ की सेना पर हावी होती है तो मेवाड़ की सेना पुन: पर्वतीय क्षेत्रों में अपने ठिकानों में लौट जाएगी तथा किसी भी स्थिति में प्रताप को सभी ओर से शत्रुओं से सुरक्षित रखना होगा। यह भी निर्णय लिया गया कि यदि मुख्य सेनापतियों में

103. माथुर, पृ. 103।

से कोई भी प्रताप को युद्ध स्थल छोड़ने के लिए कहता है तो प्रताप को वहाँ से जाना ही होगा, प्रताप को अकारण ही अपना बलिदान नहीं देना है।

भीलों की सेना को पेड़ों तथा कंदराओं में छुपकर मुगल सेना पर रस्सी से बने एक प्रकार के उपकरण, यानी गोफण से पत्थरों की वर्षा करनी थी। इस प्रकार फेंके गए पत्थर किसी गोली की भाँति जाकर शत्रु सेना को लगते थे तथा उसे भीषण हानि पहुँचाते।

मेवाड़ के राजकीय इतिहास तथा कर्नल टॉड द्वारा मेवाड़ के सैन्यबल की संख्या बीस हजार, तथा मान सिंह के नेतृत्व में अस्सी हजार की सेना बताई गई है। जबकि मुसलमान लेखकों ने प्रताप की सेना 3,000 तथा मान सिंह की 5,000 बताई है।

पहली बात, यह निश्चित है कि चित्तौड़ के साके के समय जो 8,000 मेवाड़ के सैनिक लड़े थे, वे पूरी मेवाड़ी सेना के अंशमात्र थे, तो प्रताप के पास 20,000 सैनिक होना कोई असंभव बात नहीं थी। दूसरी बात, हल्दीघाटी का युद्ध सामरिक दृष्टि से बड़ा युद्ध था। जिस स्तर के सेनानायक दोनों तरफ से लड़ रहे थे, उनकी सेनाओं का जोड़ भी 20,000 के पक्ष में बैठता है। तीसरी बात, जैसा कि हम जानेंगे, यह युद्ध हल्दीघाटी के दर्रे से लेकर खमनौर होते हुए बनास नदी तक लड़ा गया। इतने विस्तृत युद्ध में मात्र 3,000 की सेना होने की बात समझ नहीं आती है।

बदायूँनी के लेखन का विरोधाभास भी बहुत-कुछ बता रहा है। एक तरफ वह मान सिंह को 'इस्लाम की तलवार' की संज्ञा देता है, दूसरी तरफ वह मेवाड़ की सेना 3,000 बताता है! इतनी कम सेना का अर्थ यह था कि हल्दीघाटी कोई युद्ध न होकर एक छोटी-मोटी भिड़ंत थी।

प्रताप के विरोध की महिमा को कम करने के लिए मुसलमान लेखक द्वारा हल्दीघाटी को छोटा संघर्ष बताना एक मनोवैज्ञानिक पैंतरा था।

संख्या चाहे जो भी रही हो, एक बात निश्चित है कि प्रताप अपनी सेना से दो-तीन गुना बड़ी सेना से युद्ध करने उतरे थे। पर्वतीय क्षेत्र के निकट युद्ध करने की उनकी रणनीति उनके लिए निर्णायक रूप से लाभकारी रहनेवाली थी। प्रताप ने अपनी सेना का पड़ाव लोसिंग नामक गाँव में डाला, जो कि खमनौर से केवल 10 मील दक्षिण-पश्चिम में था तथा मान सिंह ने खमनौर के निकट मोटेला ग्राम में अपना पड़ाव डाला। अब ये दोनों ही सेनाएँ एक-दूसरे से केवल छह मील की दूरी पर रह गई थीं।

यहाँ एक प्रसंग का उल्लेख आवश्यक है। भील गुप्तचरों ने प्रताप को सूचित किया कि मान सिंह मात्र सौ घुड़सवारों के साथ लोसिंग के निकट वन में भटक गए हैं। कुछ सलाहकारों ने वहीं मान सिंह को मार डालने की बात प्रताप से कही। झाला बीदा ने इसका विरोध किया। उनके मतानुसार एक तुच्छ लाभ के बदले में जयपुर तथा मेवाड़ के बीच स्थायी वैमनस्य उत्पन्न हो जाएगा, जिसे फिर भुलाना असंभव होगा। प्रताप ने बीदा

से सहमति जताई तथा मान सिंह को सुरक्षित लौट जाने दिया।

प्रताप का यह निर्णय हिंदुओं के भविष्य के लिए बहुत लाभदायक सिद्ध हुआ। प्रताप की तीन पीढ़ियों के बाद जयपुर व मेवाड़ के राजपूत पुनः एकजुट हो गए।

औरंगजेब ने जब प्रताप के पड़पोते महाराणा राजसिंह के शासनकाल में मेवाड़ पर पुनः आक्रमण किया, तब जयपुर ने ही मेवाड़ का परोक्ष रूप से साथ दिया।

युद्ध का दिन

मेवाड़ की सेना दो भागों में आक्रमण करती थी, अग्रिम दस्ते को 'हरावल दस्ता' कहा जाता था तथा पृष्ठ भाग के दस्ते को 'चंदावल दस्ता'। हल्दीघाटी के युद्ध को समझने हेतु हमें दोनों सेनाओं के इन्हीं दोनों दस्तों के व्यूह को समझना होगा।

18 जून, 1576 को महाराणा प्रताप हल्दीघाटी के रास्ते होते हुए खुले रणक्षेत्र में आ गए। यह हल्दीघाटी के उत्तर से आनेवाले रास्ते के अंत में था, जिसे अब 'बादशाही बाग' कहते हैं। मान सिंह ने सर्वाधिक अनुभवी, 80 बारहा सैयद सैनिकों को प्रताप तथा उनकी सेना के निकास द्वार पर लगाया। प्रताप ने अपनी सेना को तीन भागों में विभक्त किया। वाम पक्ष में मेवाड़ का हरावल दस्ता, जिसका नेतृत्व झाला मान, जैत सिंह, झाला बीदा तथा मान सिंह सोनगरा कर रहे थे। दक्षिण अथवा दाईं ओर से नेतृत्व कर रहे थे राम शाह तँवर, उनके तीन पुत्र तथा एक पौत्र। उनके साथ थे भामा शाह तथा उनके अनुज ताराचंद। ताराचंद अद्वितीय खड्गधारी थे। उनके विषय में प्रसिद्ध है कि वे दोनों हाथों से एक साथ खड्ग चला सकते थे।

मध्य हरावल के नेतृत्व का दायित्व था भीम सिंह डोडिया, रावल कृष्ण दास, रावत सांगा, रामसिंह तथा हाकिम खान सूरी पर। मध्य में चंद्रावल दस्ते में थे पूँजा राणा, पुरोहित गोपीनाथ, पुरोहित जगन्नाथ, कल्याण पड़िहार, जयमल बच्छावत, जैसा चारण तथा केशव चारण। संख्या कम होने के कारण मेवाड़ के पास केवल एक चंदावल दस्ता था। प्रताप को इस व्यूह के मध्य में रखा गया था। मुगल सेना भी इसी तरह से सुसज्जित थी।

मुगल सेना का दायाँ भाग सैयद बारहा सैनिकों का था, जो अपने शौर्य तथा अनुभव के कारण प्रसिद्ध थे। वाम भाग का नेतृत्व कर रहा था गाजी खाँ, उसके साथ राव लूणकरण, जगन्नाथ कच्छावा व आसिफ खाँ थे। मान सिंह को मध्य में सुरक्षित रखा गया था, किंतु उनकी रक्षा हेतु मुगलों का हरावल दस्ता भी था। इस युद्ध में निर्णायक रही मुगलों की दो आरक्षित टुकड़ियाँ। इनमें आगे की आरक्षित सेना का नाम था 'अल्तमश', जिसके नायक थे माधो सिंह। उसे जहाँ भी मुगल सेना क्षीण पड़ती, सहयोग देने का आदेश था। पृष्ठ भाग की आरक्षित सेना का नायक था चालाक मिहतर खाँ।

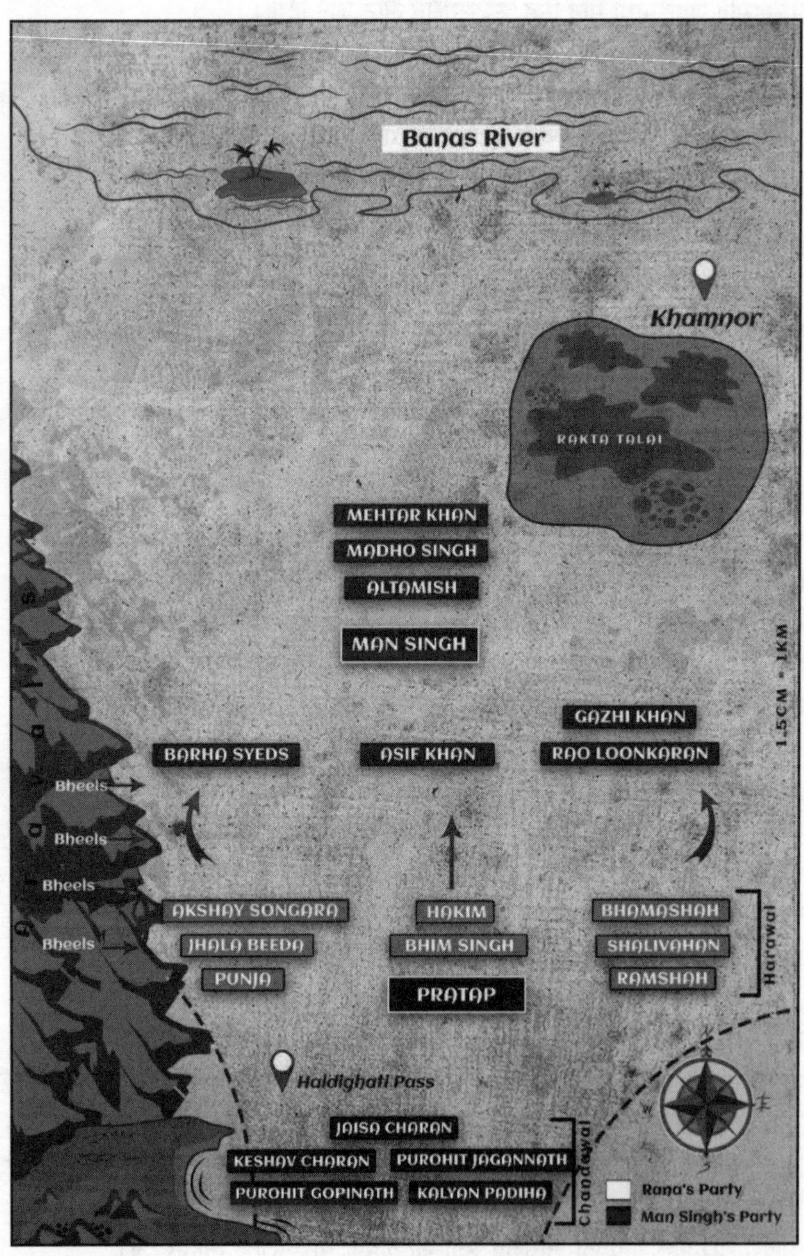

हल्दीघाटी के युद्ध का मानचित्र

18 जून, 1576 को प्रातः ग्यारह बजे के आस-पास खमनौर के निकट के मैदान में यह युद्ध लड़ा गया। इस युद्ध का जो भी परिणाम होता, उसका स्पष्ट प्रभाव इस उपमहाद्वीप के हिंदुओं पर पड़ना निश्चित था। सर्वप्रथम, महाराणा प्रताप सिंह हल्दीघाटी के मुहाने से अकेले निकलकर खुले में मुगल सेना के सामने खड़े हो गए। कुछ क्षणों में हाकिम खाँ व भामाशाह उनके दोनों ओर आ गए। प्रताप ने भयंकर क्रोध व घृणा से मुगल सेना पर दृष्टि डाली।

बदायूँनी लिखता है, "कीका राणा ने नफरत से हमारी ओर देखा। गरमी ऐसी पड़ रही थी कि खोपड़ी में मगज (बुद्धि) पिघल रहा हो।"

शंखनाद के साथ हिंदू सेना ने मुगल सेना पर धावा बोल दिया। अबुल फज्ल ने अपने संस्मरणों में लिखा है, "दोनों ही सेनाएँ युद्ध से प्रेम करती थीं तथा जीवन से घृणा। उन्होंने जीवन से बढ़कर अपने स्वाभिमान का मूल्य मान लिया था।"

मेवाड़ के मध्य भाग में हरावल दस्ते द्वारा प्रथम आक्रमण किया गया। यह आघात हाकिम खाँ सूर और उनके अफगान सैनिकों ने मुगलों के हरावल पर किया तथा मुगलों को भीषण हानि पहुँचाई।

प्रताप ने काजी खाँ पर हल्ला बोल दिया, जो हल्दीघाटी के मुख पर अपने सैनिकों के साथ खड़ा था। इन्हें परलोक पहुँचाकर प्रताप ने सैयद हाशिम बारहा पर हमला किया। फिर उन्होंने जगन्नाथ कच्छावा तथा आसिफ खाँ के नेतृत्व वाली मुगल सेना की ओर अपना अश्व मोड़ लिया। प्रताप के भीषण तथा औचक घात से सभी सेनानायक विकल हो उठे।

प्रताप तथा उनकी सेना ने इन्हें घेरकर पथरीले तथा कँटीली झाड़ियों वाले मैदान की ओर धकेल दिया। यहाँ से आसिफ खाँ ने मुगल सेना के मध्य में मान सिंह के निकट जाकर अपने प्राण बचाए।

जगन्नाथ कच्छावा अत्यंत शौर्यवान तथा कुशल योद्धा था, किंतु वह भी अपने अश्व से गिरते-गिरते बचा; उसे बचाने हेतु मुगलों की आरक्षित सेना को लेकर माधो सिंह को आना पड़ा।

प्रताप ने इस आरक्षित सेना को भी काटना आरंभ कर दिया तथा सैयद बारहा सैनिकों के अतिरिक्त मुगलों की मध्य की सेना तितर-बितर हो गई। इधर मेवाड़ की दाईं वाहिनी ने मुगलों की वाम वाहिनी पर आक्रमण करके उसे ध्वस्त कर दिया तथा उन्हें अपने प्राणों की रक्षा हेतु पीछे पलायन करना पड़ा। साँभर के राजपूत सैनिक, जिनका नेतृत्व राव लूणकरण कर रहा था, वह भेड़ों के झुंड के समान भाग कर मुगलों की दक्षिण वाहिनी, जिसका नेतृत्व बारहा सैयद कर रहे थे, के पीछे छुप गए।

मेवाड़ की वाम वाहिनी लेकर झाला बीदा ने सैयदों पर भयंकर हमला किया तथा उन्हें पूर्णतया परास्त किया। किंतु घायल व आहत होकर भी ये सैयद रणक्षेत्र में रहे। इन्होंने

भागने की अपेक्षा मृत्यु को अंगीकार करना उचित समझा। बदायूँनी ने लिखा है, "यदि सैयद अपना स्थान छोड़ देते तो उस दिन मुगल सेना को भयंकर हानि हो सकती थी।"

यहाँ एक प्रसंग है, जिसके माध्यम से इस्लामी आक्रांताओं की विकृत मनोदशा से हिंदू समाज को अवगत करवाना आवश्यक है।

इस प्रसंग को स्वयं बदायूँनी ने अपने संस्मरणों में लिखा है, जिससे हिंदुओं को भारत पर इस्लामी आक्रमणों के सत्य का ज्ञान हो जाएगा तथा उनका यह भ्रम भी दूर हो जाएगा कि इस्लामी सभ्यता मुसलमानों व गैर-मुसलमानों में भेद नहीं करती है।

जब दोनों ही ओर से सेनाएँ ऐसे तुमुल युद्ध में व्यस्त थीं तो दोनों ही पक्षों के वाम-मध्य तथा दक्षिणी वाहिनियों में युद्धरत आमेर तथा मेवाड़ के सैनिकों के बीच अंतर कर पाना असंभव हो चला था। दोनों ओर के सभी राजपूत केसरिया बाना पहनकर युद्ध में जाते थे तथा कद-काठी व मूँछों के कारण एक जैसे ही दिख रहे थे। ऐसे में अल बदायूँनी, आसिफ खाँ से पूछता है, "मुझे तो दोनों ही ओर राजपूत सैनिक दिखाई दे रहे हैं, जिन्होंने केसरिया दुपट्टा अनहिन वस्त्र बाँधा हुआ है, अब ऐसे में आमेर तथा मेवाड़ के राजपूतों में से शत्रु तथा मित्र को पहचानेंगे कैसे?"[104]

इसके उत्तर में आसिफ खाँ ने कहा, "तुम तो मुक्त हस्त से बाण चलाओ, बाण किसी भी राजपूत को लगे, मरेगा तो काफिर ही, जीतेगा तो इस्लाम ही।"

काश, उस समय तथा आज के हिंदू, आसिफ खाँ के इस उत्तर का वास्तविक अर्थ समझ पाते! यदि हिंदू समाज को समझ आ जाए कि हम एक ऐसे हत्यारे समाज से युद्धरत हैं, जिनके कोई नैतिक मूल्य हैं ही नहीं; यदि हिंदुओं को आसिफ खाँ के इन शब्दों का उचित अर्थ समझ में आए कि उनके लिए पारस्परिक मित्रता, वचनबद्धता तथा व्यक्तिगत निष्ठा इस्लाम के विस्तार के सम्मुख कोई मूल्य ही नहीं रखते।

यदि आज भी हिंदू समझ पाते कि विश्व में इस्लाम के विस्तार को लेकर जो यह मनोविकृति है, उसके रहते इन इस्लामी उपद्रवियों से किसी भी प्रकार की सहभागिता, सहयोग अथवा शांति की अपेक्षा नहीं की जा सकती। यदि हिंदुओं को इन इस्लामी आक्रांताओं के वास्तविक लक्षण ज्ञात होते तो किंचित् हमारा प्रतिरोध और भी अधिक दृढ़ और सुनियोजित होता!

यदि हिंदुओं ने इस्लामी आक्रमणों का प्रत्युत्तर अपने धर्म की रक्षार्थ विचार करके दिया होता और मानसिक रूप से विक्षिप्त, इन अनैतिक उन्मादियों को एक इंच भूमि का भी अंश नहीं दिया होता, तो कदाचित् आज हमारे इस राष्ट्र का स्वरूप कुछ और ही होता।

वापस युद्ध पर आते हैं। शत्रु की दोनों वाहिनियों को पराजित तथा ध्वस्त करने के

104. ओझा व भट्ट, दोनों बदायूँनी को उद्धृत करते हैं।

पश्चात् मेवाड़ की सेना ने मुगल सेना पर पुनः भीषण प्रहार किया। रामशाह तँवर तथा उनके पुत्रों ने मान सिंह पर आक्रमण किया। मान सिंह ने वीरतापूर्वक रामशाह से एकल युद्ध किया। यह युद्ध इतना भीषण था कि उनके साथ लड़नेवाले योद्धा भी रुक कर उनका युद्ध देखने लगे थे।

एक अन्य मुसलमान लेखक मुल्ला शीरी, जिसने सदैव इस्लामी योद्धाओं का ही गुणगान किया है, उसे भी मान सिंह के शौर्य के विषय में लिखना ही पड़ा—"आज एक हिंदू, इस्लाम की तलवार बन गया।"[105]

भागते हुए सलीम चिश्ती के पुत्र और फतेहपुर सीकरी के शेखजादे शेख मंसूर पर प्रताप ने अपने बाण से प्रहार किया। बाण उसके कूल्हे में लगा और इसी कारण वह जीवन भर लँगड़ाकर चला।

काजी खाँ नाम के एक मुगल सेनानायक का हाथ कट गया और युद्धस्थल से भागते हुए जोर-जोर से चिल्लाने लगा, "जब दुश्मन हावी हो तो लड़ाई से भागना हमारे रसूल की सुन्नत है।"[106]

वह इस्लाम के पैगंबर, मोहम्मद बिन अब्दुल्ला, से प्रेरणा लेकर पलायन कर रहा था। अब मेवाड़ की सेना ने मुगल सेना की तीनों वाहिनियों को पूर्णतया परास्त कर दिया था और मुगल सेना तीन-चार किलोमीटर तक उत्तर दिशा की ओर भाग खड़ी हुई। कई सैनिकों ने तो बनास नदी को भी पार कर लिया। यहीं पर हल्दीघाटी के युद्ध में दुर्भाग्यपूर्ण मोड़ आया।

आपस में इशारों से बात होने के पश्चात् मेवाड़ के सेनानायकों ने मुगलों का उत्तर दिशा में पीछा किया और खमनौर गाँव के निकट एक खुले स्थान में पहुँच गए।

इसका उल्लेख नहीं मिलता कि भागती मुगल सेना का पीछा करने के निर्णय में प्रताप की सहमति थी या नहीं। यदि मेवाड़ की सेना पहाड़ों के निकट ही रहती तथा अति उत्साह में खुले में न आती तो इस युद्ध की ही नहीं, समूचे हिंदू-मुस्लिम संघर्ष की दिशा कुछ और ही होती।

इसके ठीक विपरीत, विचित्र संयोग है कि सांगा के समय में लड़े गए बयाना के युद्ध में यदि सांगा ने बाबर का पीछा किया होता तो मुगल चुनौती सर्वदा के लिए समाप्त हो जाती। हल्दीघाटी में मुगलों का पीछा करने के कारण बाजी पूरी तरह उलट गई। मेहतर खाँ नाम के एक मुगल सेनानायक ने भयभीत तथा भागती मुगल सेनाओं को पुनः एकत्र करने के लिए एक युक्ति लगाई। उसने अपने तुरही-नगाड़ेवालों को आदेश दिया कि वे सेना में शोर मचा दें कि अकबर स्वयं बड़ी सेना लेकर आ पहुँचा है।

105. माथुर, पृ. 110।

106. भट्ट, पृ. 232।

इस्लामी आक्रांता इस तरह के मिथ्याचार से युद्ध को अपने पक्ष में कर लेने के अभ्यस्त थे। ऐसी ढिंढोरी और सहायता आने की सूचना सुनकर मुगल सैनिकों में विश्वास जागा और वे फिर से युद्ध करने को तैयार हो गए।

मेवाड़ के सैनिक अकबर के आगमन से आश्चर्य और संदेह से भ्रम में पड़ गए। उन्हें लगा कि यदि और भी सेना आ गई तो अब हम उनका प्रतिकार कैसे कर पाएँगे? मेहतर खाँ की युक्ति काम कर गई और पुनः खमनौर के रणक्षेत्र में युद्ध प्रारंभ हो गया।

खमनौर में उस दिन भयंकर रक्तपात हुआ। विदीर्ण योद्धा निकट ही एक कुंड में जा-जाकर गिरने लगे और शीघ्र ही उस कुंड का जल इन योद्धाओं के रक्त से लाल हो गया। इस कुंड को 'रक्त तलाई' अर्थात् रक्त का तालाब कहा गया। अब दोनों ही सेनाएँ आमने-सामने बड़े ही वीभत्स तरीके से युद्ध करने लगीं और शीघ्र ही मुगल-मेवाड़ सैनिकों के बीच 3:1 का अनुपात हो गया था।

अब मृत्यु का तांडव आरंभ हुआ और मेवाड़ के रणबाँकुरे, मृत्यु के साथ कदम-से-कदम, सुर-से-सुर और ताल-से-ताल मिलाते हुए नाचे। संहार के अतिरिक्त मेवाड़ के योद्धाओं के लिए सब कुछ विस्मृत हो गया।

एक ही लक्ष्य था, प्रताप को बिना हानि के निकलने देना।

रामशाह तँवर, अपने तीन पुत्रों व पोते धर्मागत समेत बलिदान हुए। ग्वालियर घराने की तीन पीढ़ियाँ एक दिन में काल कलवित हो गईं।

जगन्नाथ कच्छावा ने जयमल राठौड़ के पुत्र रामदास राठौड़ को मार गिराया। झाला बीदा तथा केशव और जैसा चारण भी युद्ध में काम आए। इस समय भीम सिंह डोडिया, जिनका मान सिंह से व्यक्तिगत वैमनस्य था, जब मान सिंह शांति वार्ता हेतु आए थे, तब उसने चिल्लाकर कहा—"मैं भीम सिंह डोडिया आ चुका हूँ, अब बचकर दिखाओ।"[107]

उन्होंने अपना भाला जोर से मान सिंह की ओर फेंका, जो मान सिंह के हौदे में धँस गया, पर इस वार से मान सिंह बच गए। एक दर्जन से अधिक मुगल सैनिक भीम सिंह पर टूट पड़े और भीम सिंह को काफी घायल कर दिया। यह देख प्रताप ने तुरंत अपना घोड़ा उस ओर मोड़ लिया, जहाँ भीम सिंह युद्ध कर रहे थे।

प्रताप ने चेतक को एड़ लगाई और देखते-ही-देखते चेतक के दोनों आगे के पैर मान सिंह के हाथी के मस्तक पर थे। घोड़ा अपने पिछले पैरों पर खड़ा था; तब प्रताप ने अश्व पर बैठे-बैठे ही मान सिंह पर अपने भाले से घात किया और गरज कर बोल उठे, "ले, आ गया प्रताप सिंह! जहाँ तक तुझसे हो सके, वीरता दिखा।"[108]

---

107. हाथी पर बौथने के लिए धातु या लकड़ी का बना आसन।

108. वीर विनोद, खंड-2, पृ. 152।

प्रताप का मान सिंह पर वार

एक बार पुनः मान सिंह प्रताप के वार से भयभीत हो झुककर हौदे में छुप गए और भाला जाकर उनके हौदे के पिछले भाग में लगा। प्रताप के वार से मान सिंह का हाथी घायल हो गया तथा युद्ध से हटा लिया गया। मान सिंह के हाथी की सूँड़ में सीधी तलवार बँधी थी, जिसे 'खाँडा' कहते हैं। हाथी के उस खाँडे से चेतक के एक पिछले पैर की मांसपेशी कट गई। प्रताप के शरीर पर भी अब तक आठ घाव हो चुके थे। यद्यपि इस पर भ्रम है, कुछ लेखक दो घावों की बात करते हैं—एक भाले से व एक तीर से।

भीम सिंह को प्रताप नहीं बचा पाए।

घायल घोड़े पर प्रताप के लिए लड़ना असंभव हो गया था तथा हाकिम खाँ ने चेतक

को बलपूर्वक घाटी की ओर मोड़ दिया, ताकि प्रताप युद्ध क्षेत्र से बाहर निकल जाएँ।

दोपहर तीन बजे तक मेवाड़ की सेना पूरी तरह थक चुकी थी और प्रताप ने अपने सेनानायकों को पर्वतों की ओर लौट जाने का आदेश दिया। राणा पुंजा के नेतृत्व में सर्वप्रथम भीलों ने पर्वतों का आश्रय लिया।

मुगलों ने लौटते प्रताप को चिह्नित कर लिया। घायल चेतक लँगड़ाकर अपने स्वामी को शत्रु से दूर पर्वतों की ओर ले जा रहा था। कम-से-कम दो दर्जन मुगल धनुर्धारियों ने प्रताप पर बाण बरसाने आरंभ कर दिए और इतने ही सैनिकों ने प्रताप पर सीधा हमला भी बोल दिया।

रक्त तलाई में तँवरों की समाधि तथा झाला मान की समाधि

रक्त तलाई

ऐसे में हाकिम खाँ सूर और झाला मान ने अपने स्वामी की रक्षा हेतु आत्मोत्सर्ग का सर्वोच्च बलिदान देने का निर्णय लिया।

हाकिम खाँ, महाराणा पर हो रही बाणवर्षा के बीच आ खड़े हुए। झाला मान ने प्रताप के सिर से उनका राजचिह्न उतारकर स्वयं पहन लिया, जिससे शत्रु उन्हें ही प्रताप समझें।

प्रताप कुछ समझ पाते, उससे पूर्व ही झाला मान सिंह ने अपनी तलवार प्रताप को दी और उनकी दोनों तलवारें स्वयं हाथ में लेकर मुगलों की ओर चीखते हुए चल पड़े, "आओ नीच विधर्मियो! मैं हूँ प्रताप, तुम्हारा सर्वनाश करनेवाला!"

मुगल सैनिक झाला मान को प्रताप समझ उन पर टूट पड़े। झाला मान शरीर सौष्ठव, रूप-रंग इत्यादि में काफी हद तक प्रताप जैसे ही दिखते थे।

हाकिम खाँ और झाला मान दोनों ही अपने महाराणा के प्राणों की रक्षा करते हुए, मन में प्रसन्नता लिये, मुगलों से युद्ध करते-करते वीरगति को प्राप्त हुए। प्रसन्नता इस बात की कि उनके नायक महाराणा प्रताप अब भी जीवित थे और स्वतंत्रता का यह संग्राम समाप्त नहीं हुआ।

चेतक का अंतिम आलिंगन

अब हम दोनों सेनाओं के युद्धक हाथियों के विषय में भी बात कर लेते हैं। प्रताप के हाथी लूणा का युद्ध हुआ मुगल सेना के हाथी गजमुक्ता के साथ, और इस युद्ध में दोनों ही हाथियों ने कई सैनिकों को कुचल दिया। लूणा का महावत गोली खाकर हौदे में ही ढेर हो गया, लूणा हाथी मेवाड़ के खेमे में लौट आया। तब प्रताप के सर्वश्रेष्ठ हाथी रामप्रसाद को लाया गया और रामप्रसाद ने मुगलों को कुचल-कुचलकर पस्त कर दिया। इस समय मुगलों ने रामप्रसाद के प्रत्युत्तर में 'रण मदार' नाम के हाथी को उतारा।

जब रामप्रसाद, रण मदार पर भारी पड़ रहा था, तब उसके महावत को एक तीर लगा और वह मारा गया। राम प्रसाद बहुत बलशाली व समझदार हाथी था। जिसकी प्रसिद्धि स्वयं अकबर के कानों तक भी पहुँची थी। रामप्रसाद ने महावत के बिना भी मुगलों को कुचलना जारी रखा। मुगल हाथी सेना का सेनापति हुसैन खाँ, अवसर पाकर रामप्रसाद पर चढ़ गया और उसे काबू में कर मुगलों की ओर ले गया।

इस सुंदर जीव को आसिफ खाँ ने अकबर को भेंट कर दिया तथा अकबर इस भेंट को पाकर अत्यंत प्रसन्न हुआ था। अकबर ने इस हाथी का पुनः नामकरण करके 'पीरप्रसाद' रख दिया। ऐसी कथा है कि उस दिन से रामप्रसाद ने खाना-पीना त्याग दिया था और कुछ ही दिवस में युवावस्था में ही उसकी मृत्यु भी हो गई।

एक पशु की भी ऐसी निष्ठा थी प्रताप के प्रति।

उधर मान सिंह ने प्रताप के रणभूमि से पलायन को अनदेखा कर दिया और वे लड़ते रहे। तब आसिफ खाँ ने अपने दो नायकों को प्रताप के पीछे उन्हें समाप्त करने हेतु भेजा। इस समय एक अद्भुत प्रसंग घटा, जिसका उल्लेख करना कई कारणों से आवश्यक हो जाता है।

प्रताप के अनुज शक्ति सिंह, जो किशोरावस्था में उनसे अलग हो गए थे, उन मुगल सैनिकों के पीछे-पीछे चल पड़े। जैसे ही दोनों मुगल नायक प्रताप के निकट पहुँचे, शक्ति सिंह ने मेवाड़ी में चिल्लाकर प्रताप को 'ओ नीले घोड़े रा असवार' संबोधित किया, जिसका अर्थ है 'ओ नीले घोड़े के सवार'।

प्रताप ने पीछे मुड़कर देखा कि शक्ति सिंह ने उन दोनों मुगलों का वध कर दिया है। शक्ति सिंह अब प्रताप के पास आए तो उनकी आँखों में दुःख व प्रेम के आँसू थे। यह प्रसंग हल्दीघाटी से पाँच किलोमीटर की दूरी पर 'बिलोचा' गाँव में घटा। दोनों सहोदरों ने आलिंगन किया और शक्ति सिंह ने अपना घोड़ा प्रताप को दे दिया, ताकि वे शत्रु से दूर जा पाएँ।

बिलोचा ग्राम में प्रताप का घोड़ा चेतक भी अपने पिछले पैरों में लगे घाव और गरमी से त्रस्त होकर गिर पड़ा; उसने प्रताप के हाथों में ही अपनी अंतिम श्वास ली। दोनों बंधुओं ने चेतक का बिलोचा गाँव में अंतिम संस्कार कर दिया। आज भी लोग वहाँ चेतक की समाधि पर श्रद्धांजलि अर्पित करने आते हैं। प्रताप ने दक्षिण की ओर अपनी यात्रा चालू रखी और कोल्यारी गाँव में जाकर शरण ली। वहाँ स्थानीय लोगों ने उनकी सेवा-शुश्रूषा की।

हल्दीघाटी में मारे जानेवाले सैनिकों की संख्या को लेकर सभी इतिहासकारों के भिन्न-भिन्न मत हैं। फारसी और मुगल इतिहासकारों ने संख्या 500 बताई है, जिनमें से 180 मुस्लिम और 320 हिंदू थे, जबकि 'एनल्स ऑफ मेवाड़' तथा कर्नल टॉड ने कुल संख्या 16,000 बताई है।

बिलोचा में चेतक की समाधि

जो भी संख्या रही हो, यह एक प्रमाणित तथ्य है कि प्रताप के नेतृत्व में हुए इस युद्ध में मृतकों की संख्या मेवाड़ के पक्ष में 2:1 के अनुपात में रही। यदि मुस्लिम इतिहासकारों की गणना मानी जाए तो मारे गए हिंदुओं में से आधे तो मुगल सेना के ही थे। दूसरी ओर, मेवाड़ के वीरगति प्राप्त सेनानायकों की संख्या मुगलों से कहीं अधिक थी, क्योंकि मुगलों के प्रमुख सेनानायक अब भी जीवित थे। किंतु मेवाड़ के रामशाह तँवर और उनके परिवार के सभी योद्धा वीरगति को प्राप्त हुए; झाला मान, भीम सिंह डोडिया, झाला बीदा, हाकिम खाँ, मान सिंह सोनगरा, रामदास मेडतिया और भी कई शौर्यशाली वीरों ने मातृभूमि के रक्षार्थ बलिदान किया।

मेवाड़ के जो नायक बचकर निकलने में सफल रहे, उनके नाम हैं रावत किशनदास, गोपालदास मेडतिया, भामा शाह, ताराचंद तथा राणा पूँजा।

हल्दीघाटी के युद्ध का परिणाम अगर देखें तो दोनों ही सेनाएँ विदीर्ण और हताहत हुई थीं और दोनों ने ही अपने शौर्य और रणकौशल का उत्कृष्ट प्रदर्शन किया था। हम यहाँ कुछ तथ्य प्रस्तुत कर रहे हैं, जिनसे सिद्ध होता है कि हल्दीघाटी के इस युद्ध में मेवाड़ की विजय हुई—

1. मुगल सेना को अपनी सैन्यशक्ति से केवल चौथाई शक्तिवाली मेवाड़ी सेना ने अत्यंत ही लज्जाजनक तरीके से पराजित किया था और मुगल सेना इतनी हताहत तथा थकी हुई थी कि प्रताप और उनकी सेना का पर्वतों में सौ मीटर तक भी पीछा नहीं कर पाई।

2. अकबर ने मान सिंह को सीधा आदेश दिया था कि इस युद्ध के अंत में प्रताप को या तो जीवित पकड़ा जाए या रणभूमि में मार दिया जाए, किंतु मान सिंह ऐसा कर नहीं पाए और उनकी पराजय हुई।
3. आगरा लौटने पर अकबर ने इस पराजय के परिणामस्वरूप आसिफ खाँ और मान सिंह की ड्योढ़ी नीची करने का दंड दिया। दोनों के पदनाम-प्रभाव तथा अधिकार इत्यादि भी कम कर दिए गए।
4. मुगल सेना मेवाड़ के किसी भी सेनानायक को जीवित नहीं पकड़ पाई और न ही उनके अस्त्रास्त्रों अथवा किसी धन पर अधिकार कर पाई, सिवाय युद्ध के उस अद्भुत हाथी रामप्रसाद के।
5. जून 1576 में लड़े इस युद्ध के तीन महीने बाद प्रताप के हस्ताक्षरित ताम्रपत्र मिले हैं, जिनमें प्रताप ने इस युद्ध में वीरगति प्राप्त सामंतों के परिवारों को जागीरें दी हैं। प्रताप के हस्ताक्षरित सथाणा, पीपली व मोही गाँवों के तीन ताम्रपत्र अगस्त व सितंबर 1576 में जारी किए गए।

   इतिहास लेखन में राजस्व के अभिलेख सर्वाधिक विश्वसनीय माने जाते हैं। यदि प्रताप हल्दीघाटी के युद्ध में हारे थे तो युद्ध के तीन माह बाद जागीरें कैसे वितरित कर रहे थे ?
6. नवंबर, 1576 में अकबर स्वयं एक बड़ी सेना लेकर खमनौर होता हुआ गोगूँदा पर आक्रमण करने आता है। प्रताप के सभी वरिष्ठ सेनापति वीरगति को प्राप्त हो चुके थे, सो उन्हें पश्चिम की ओर आबू में शरण लेनी पड़ी। प्रश्न यह है कि यदि हल्दीघाटी मुगल जीते थे तो युद्ध के छह माह बाद ही अकबर उसी स्थान पर हमलावर क्यों हुआ ?
7. सर्वाधिक महत्त्वपूर्ण बात यह है कि हल्दीघाटी के इस युद्ध के पश्चात् मुगल सेना की जो दुर्दशा हुई, उसके विषय में अधिकतर इतिहासकारों ने नहीं लिखा है।

मान सिंह प्रताप को खोजते हुए गोगूँदा पहुँचे, जहाँ केवल 20 दुर्ग रक्षकों को मारकर मुगलों ने दुर्ग पर अधिकार कर लिया। ये दुर्ग रक्षक वे वृद्ध और दुर्बल लोग होते थे, जिन्हें केवल मोक्ष की आकांक्षा रहती थी। मान्यता थी कि दुर्ग की रक्षा में प्राण देने वाले मोक्ष को प्राप्त होते हैं। चूँकि वार्धक्य के कारण ये सैनिक अधिकतर बिस्तरों में विश्राम ही करते थे, इन्हें 'माचातोड़' सैनिक भी कहा जाता था।

मान सिंह ने दुर्ग पर अधिकार तो कर लिया, किंतु प्रताप ने पहले से ही दुर्ग और गोगूँदा गाँव खाली करवा दिया था तथा प्रजाजनों को आस-पास की पर्वतमाला में छुप जाने को कह दिया था। प्रताप की सेना ने गोगूँदा आने-जाने के सभी रास्तों को बंद कर

दिया और मान सिंह को गोगूँदा के जंगलों में बंदी बना लिया।

यहाँ प्रताप का विलक्षण कर्मयोगी चरित्र उजागर होता है। अपने परिजनों, मित्रों व मुख्य सेनानायकों को खोने के शोक, दु:ख या अवसाद का संज्ञान न लेकर प्रताप पुनः युद्ध में जुट गए। उनके शरीर के घाव अभी हरे थे, पर वह महापुरुष मातृभूमि की सुरक्षा में जुट गया।

भूख-प्यास से त्रस्त मान सिंह और उसकी सेना कुछ दिन गोगूँदा में पड़ी रही, किंतु वहाँ उन्हें न तो पीने को पानी मिला, न ही खाने को अन्न। प्रताप के आदेशानुसार ग्रामीणों ने पहले से ही सभी संसाधनों को समाप्त कर दिया था। मान सिंह अपने सैनिकों के साथ तीन महीने तक गोगूँदा में फँसे रहे तथा उनके सैकड़ों सैनिक भूख व बीमारी में मारे गए।

मान सिंह की सेना को जंगली आमों व अपने ही अश्वों को मारकर खाने को बाध्य होना पड़ा। चार महीने गोगूँदा में पड़े रहने के बाद मान सिंह और आसिफ खाँ अकबर के पास आगरा लौट गए। दोनों वहाँ अकबर द्वारा अपमानित किए गए। अकबर स्वयं उनसे कई माह मिला तक नहीं।[109]

अब बात करते हैं प्रताप की रणनीति और हल्दीघाटी के युद्ध में उनकी उपलब्धियों की—

1. प्रताप ने अकबर और उसके सेनानायकों को एक स्पष्ट संदेश दे दिया कि प्रताप अपनी स्वाधीनता व देश की रक्षा भली-भाँति कर सकते हैं।
   यह न केवल मुगलों के लिए महत्त्वपूर्ण संदेश था, वरन् मेवाड़ के सामंतों और प्रजा तथा पूरे देश के हिंदुओं के लिए भी था, कि उनका राजा किसी भी मूल्य पर अपना शीश नहीं झुकाएगा।
2. प्रताप का मुगलों के साथ यह पहला प्रत्यक्ष युद्ध था। इस युद्ध में प्रताप ने भविष्य के लिए मुगलों के रणकौशल और नीतियों का भली-भाँति अध्ययन कर लिया था।
3. हल्दीघाटी के युद्ध से पहले रामशाह, तँवर मेवाड़ की सेना को पर्वतों से बाहर आए बिना मुगलों को हल्दीघाटी में आने देने के बाद घेर कर मारने की योजना बना रहे थे। किंतु युवा सरदारों के आग्रह के कारण पर्वतों से निकल कर मैदान में लड़ने के प्रस्ताव को स्वीकार किया गया। हल्दीघाटी के रक्तपात के पश्चात् प्रताप ने सबक सीखा। प्रताप अब मुगलों से प्रत्यक्ष युद्ध की अपेक्षा उन्हें गुरिल्ला युद्ध से पराजित करने का मन बना चुके थे। प्रताप और उनके सामंतों को भली-भाँति समझ आ गया कि आमने-सामने

109. माथुर, पृ. 117

की टक्कर आत्महत्या के समान होगी। मुगलों को एक हजार घावों से पराजित करना होगा।

4. हल्दीघाटी ने मेवाड़ के महाराणा प्रताप सिंह को संपूर्ण भारतवर्ष के एकमात्र हिंदू नायक के रूप में स्थापित कर दिया था। प्रताप की योजना आरंभ से ही मुगलों के विरुद्ध एक लंबा युद्ध लड़ने की थी। इसीलिए युद्ध से पलायन के पश्चात्, न तो प्रताप और न ही उनके जीवित बचे नायकों अथवा सेना में किसी प्रकार का पश्चात्ताप अथवा क्लेश था।

प्रताप के नाम की ख्याति न केवल राजपूताना, वरन् देश के अन्य भागों में भी होने लगी थी। उनका कीर्तिगान चहुँ दिशाओं में हिंदुओं तक पहुँचने लगा। यहाँ तक कि मुगल दरबार में भी कभी प्रत्यक्ष, कभी परोक्ष स्वरों में हिंदू राजाओं व कवियों द्वारा प्रताप की प्रशंसा होती थी।

राणा सांगा के पश्चात्, प्रताप एकमात्र राजा थे, जिन्होंने मुगलों के विरुद्ध राजपूतों की सेना एकत्र कर युद्ध किया था। यह प्रताप का दृढ़ निश्चय ही था, जिसके चलते भले ही बड़े राजपूत राजाओं ने उनका साथ न दिया हो, परंतु सभी छोटे सरदारों, सामंतों और ठिकानेदारों ने उनके समर्थन में तलवार उठाई। प्रताप मुगल विरोध और हिंदू विद्रोह के रूपक बन चुके थे।

हल्दीघाटी के युद्ध के पश्चात् कभी विपरीत रहे बाँसवाड़ा, डूँगरपुर, सिरोही, जालौर तथा ईडर के राजाओं ने भी मेवाड़ से मित्रतापूर्ण संधि कर ली। मुगलों को मेवाड़ से निष्कासित करने के अभियान की नींव पड़ चुकी थी और हल्दीघाटी के बाद नवीन उत्साह से मेवाड़ के लोग अपने राणा के साथ खड़े हो गए थे।

हल्दीघाटी के युद्ध में हिंदुओं की दृष्टि से एक ही भारी भूल हुई—मेवाड़ी सेना का मुगलों के पीछे खुले में आ जाना। इस भूल का भारी मूल्य मेवाड़ ने प्रथम श्रेणी के योद्धाओं को खोकर चुकाया। यदि मेवाड़ के इन नायकों का संहार नहीं हुआ होता तो कदाचित् इस हिंदू-मुस्लिम संघर्ष की दिशा सर्वथा भिन्न होती। पर नियति को यह स्वीकार न था। तथापि हम गर्व के साथ हल्दीघाटी के युद्ध को निश्चित रूप से प्रताप की विजय कह सकते हैं।

थर्मोपल्ली, तटीय ग्रीस में एक घाटी है, जहाँ ग्रीक सेना ने 480 वर्ष ईसा पूर्व में फारसी आक्रांताओं का सामना किया था। जेम्स टॉड, हल्दीघाटी की तुलना थर्मोपल्ली के युद्ध से करते हैं। थर्मोपल्ली के युद्ध में ग्रीक राजा लियोनायडस नायक के रूप में उभरे, उसी प्रकार हल्दीघाटी के युद्ध से प्रताप नायक बन कर उभरे तथा 'हिंदुआ सूरज' की उपाधि से विभूषित हुए तथा वे साहस और शौर्य का जीवंत प्रतीक बन गए।

फारसी सेना के आगे जैसे ग्रीक सेना संख्या में बेहद कम थी, वैसे ही मेवाड़ की

सेना भी तुर्कों के समक्ष कम संख्या में थी। किंतु यह तुलना यहीं समाप्त हो जाती है, क्योंकि थर्मोपल्ली के युद्ध का परिणाम ग्रीक सेना की पराजय थी व राजा लियोनायडस वीरगति को प्राप्त हुआ था। जबकि हल्दीघाटी का युद्ध मेवाड़ ने जीता और प्रताप अजेय हो, मुगलों के चंगुल से निकल गए थे।

हल्दीघाटी के इसी युद्ध से दिवेर के युद्ध की आधारशिला रखी गई।

हल्दीघाटी का युद्ध मुगल आक्रांता अकबर के विरुद्ध संघर्ष का कीर्तिदायक प्रारंभ था, तो दिवेर का युद्ध उस संघर्ष की सफल व विजयदायिनी निष्पत्ति थी।

दिवेर में प्रताप ने मुगलों द्वारा मेवाड़ में बार-बार घुसपैठ के प्रयासों का ही पटाक्षेप कर दिया। उन्होंने 1583 ईसवी में चित्तौड़ के अतिरिक्त मेवाड़ की पग-पग भूमि को स्वाधीन कर, 1597 ईसवी में अपने मोक्षपर्यंत स्वाभिमानी राजा की तरह शासन किया तथा एक भरा-पूरा राज्य अपने पुत्र कुँवर अमर सिंह को सौंपकर देवलोक को पधारे।

□

14

दिवेर का युद्ध : मेवाड़ का मैराथन व अकबर की निर्णायक पराजय

सन् 1576 में हल्दीघाटी के पश्चात् दिवेर के युद्ध के लिए सात वर्षों तक चले अभियान की पूर्णाहुति उस दिन हुई, जब महाराणा प्रताप ने 1583 में दिवेर के थाने पर लगभग बीस हजार की सेना लेकर धावा बोल दिया। तीन दिन तक चली इस मार-काट में प्रताप ने मेवाड़ की पग-पग भूमि पर फैले मुगलों के कुल 36 थानों को स्वतंत्र कर मातृभूमि का इंच-इंच मुगलों से मुक्त करवा लिया।

प्रताप, छापामार युद्ध की अपेक्षा एक बार अपनी पूरी सैन्य शक्ति के साथ आक्रमण करना चाहते थे, ताकि मुगल थानेदारों के संहार की गूँज आगरा में अकबर के कानों तक पहुँच जाए। अचानक किए गए इस हमले में प्रताप व कुँवर अमर सिंह ने बिना रुके मुगलों का संहार किया एवं तुर्कों को एकत्र होकर पुनः आक्रमण करने योग्य भी नहीं छोड़ा।

दिवेर के इस महिमाशाली अभियान के वर्णन से पूर्व यह समझना आवश्यक होगा कि हल्दीघाटी से लेकर दिवेर तक के सात वर्षों के अंतराल में प्रताप ने क्या आर्थिक व सैनिक तैयारी की।

स्मरण रहे कि हल्दीघाटी में मेवाड़ के सबसे प्रतिभाशाली योद्धा, प्रताप को बचाने के उपक्रम में वीरगति को प्राप्त हो गए थे।

हल्दीघाटी युद्ध के तुरंत बाद प्रताप ने भामाशाह व ताराचंद को मालवा का सूबेदार नियुक्त कर उन्हें मुगल थानों व काफिलों को लूटकर धन एकत्रित करने का निर्देश दिया। मेवाड़ की पूर्वी दिशा में स्थित मालवा, आगरा से गुजरात के बंदरगाहों के मध्य एक महत्त्वपूर्ण पड़ाव था। अकबर समुद्री मार्ग से बहुत सारा धन तुर्की व अरब देशों में इस्लामी सल्तनतों को भेज रहा था।

अकबर व बहुत से पूर्ववर्ती मुसलमान लुटेरे, वैदिक भूमि भारतवर्ष को इस्लामिक खिलाफत का ही विस्तार मानते थे। खिलाफत की मौलिक अवधारणा यह है कि पूरे

विश्व में इस्लाम के प्रतिनिधि के रूप में केवल एक ही व्यक्ति का राज होगा, जिसे 'खलीफा' कहा जाएगा। शेष विश्व केवल उस खिलाफत के पोषण के लिए होगा। ऐसी संभावना है कि अकबर अपने मन में इस्लाम का खलीफा बनने का स्वप्न पाल रहा था।

श्री एम.ए. खान द्वारा लिखित पुस्तक 'जिहाद : बलात् धर्मांतरण, उपनिवेशवाद और दासता की परिपाटी' में वे लिखते हैं—

"भारत के गैर-मुसलमानों से छीना हुआ धन व संपदा इस्लामिक खिलाफत के राजकोषों की पूर्ति के लिए, दमिश्क, बगदाद, मिस्र व ताशकंद भेजा जाता था। वहाँ यह धन, इस्लामी धार्मिक शहरों मक्का व मदीना के रखरखाव में तथा मौलवियों के वेतन हेतु उपयोग में लाया जाता था। यद्यपि इसी कालखंड में हिंदू काफिर, भयानक विपन्नता की ओर धकेले जा रहे थे।"

मुगलों ने हिंदुओं की आर्थिक संपन्नता को नष्ट कर, सुदूर के इस्लामी राज्यों का पोषण किया, क्योंकि वही उनकी निष्ठा के केंद्र थे।

1526 के पानीपत के प्रथम संग्राम में इब्राहिम लोधी की हत्या कर बाबर ने आगरा के राजकीय कोष की चाबियाँ हथिया लीं। बाबर स्वयं अपनी जीवनी 'बाबरनामा' में लिखता है, "आगरा के खजाने में से सभी कबीलों; अफगान, हजारा, अरब, बलोच आदि को यथायोग्य उपहार दिए गए। हर व्यापारी और छात्र, बल्कि हर वह व्यक्ति, जो हमारी सेना के साथ आया था, उसने जी भरकर खजाने में से अपना हिस्सा लिया। निश्चित ही संबंधियों व छोटे बच्चों की पूरी शृंखला लाल और श्वेत रंगों (स्वर्ण व रजत) में नहा गई और विपुल रत्न और गुलाम भी उन्हें मिले।"

जहाँ हिंदू राजा अपनी प्रजा से लगभग 16 प्रतिशत कर वसूलते थे, मुगल 40-50 प्रतिशत कर वसूलते थे। जो लेखक मुस्लिम संघर्ष के काल को आर्थिक रूप से प्रगतिशील व हिंदुओं के प्रति बहुत उदार व्यवस्था बताते हैं, स्वयं मुसलमान लेखकों के आँकड़े इन वामपंथी जिहादियों के असत्य दावों की धज्जियाँ उड़ा देते हैं।

फ्रेंच यात्री बर्नियर, औरंगजेब की 'कर व्यवस्था' पर लिखता है, "यह एक ऐसा आतंक था, जिसने किसानों व कारीगरों को जीवन की मूलभूत आवश्यकताओं से भी वंचित कर, उन्हें थकान व विपन्नता में मरने के लिए छोड़ दिया।"

इस प्रकार जब मुगल लुटेरे और उनके साथ सत्ता में भागीदार उच्च वर्ग के हिंदू, अय्याशी में धन उड़ा रहे थे, तब भारतवर्ष के हिंदू, चोरों व हत्यारों के इस समूह के द्वारा भयंकर दरिद्रता के गर्त में धकेल ले जा रहे थे।

अकबर, राज्य के धन को मुसलमानों की हज यात्रा पर भी व्यय करता था। मुगल काल में औसतन 15,000 यात्री हज के लिए प्रति वर्ष मक्का जाते थे। यह धार्मिक प्रयोजन अकबर द्वारा 1573 ईसवी में गुजरात विजय के बाद आरंभ हुआ, जब मुगलों

को सूरत का बंदरगाह मिल गया। 1576 में मुगलों का एक कारवाँ आगरा से छह लाख रुपए का भारी भत्ता लेकर हज के लिए निकला। 1577 में इससे दुगुना धन लेकर हज कारवाँ गया।[110]

भामाशाह एवं ताराचंद के नेतृत्व में मेवाड़ के सैनिकों ने इन जत्थों को लूटना आरंभ किया। अकबर इन जत्थों की बहुत सुरक्षा नहीं कर सकता था, क्योंकि स्थान व समय का चुनाव मेवाड़ की सेना करती थी तथा मुगल प्रतिकार से पूर्व ही मेवाड़ के सैनिक पर्वतों व कंदराओं में लुप्त हो जाते थे। इस प्रकार प्रताप ने मुगलों की एक दुखती रग पकड़कर उसका भरपूर दोहन किया।

पाँच वर्षों में भामाशाह ने 25 लाख स्थानीय मुद्रा व 20,000 स्वर्ण मुद्राएँ एकत्र कर प्रताप के चरणों में रख दीं। हिंदू समाज क्या कभी भामाशाह व ताराचंद के उपकारों से उऋण हो सकता है? कैसे विलक्षण मनुष्य थे ये दोनों भाई! कैसी उच्च कोटि के रणनीतिज्ञ, कैसे उत्कट योद्धा, कैसे सत्यनिष्ठ व प्रताप के स्वामिभक्त मित्र! इसमें कोई संदेह नहीं कि ऐसे संकल्पनिष्ठ महापुरुषों के कारण ही प्रताप अपना धर्मयुद्ध लड़ व जीत पाए थे।

भामा शाह प्रताप को मुगलों से लूटा धन सौंपते हुए

---

110. https://indiafacts.org/islamic-loot-how-the-mughals-drained-wealth-out-of-india.

1580–81 में प्रताप ने दोनों भाइयों से जो धन प्राप्त किया, उससे 12 वर्षों तक सेना के वेतन की व्यवस्था हो गई थी। भामाशाह व ताराचंद के बिना प्रताप, केवल एक साहसी, विद्रोही राजा बन कर रह जाते। इन दो ओसवाल जैन बंधुओं के कारण ही प्रताप मेवाड़ के यशस्वी महाराणा के पद पर स्थापित हुए। हल्दीघाटी से दिवेर के मध्य के कालखंड में प्रताप व मुगलों के सैनिक संघर्षों का लघु विवरण भी आवश्यक हो जाता है।

मोही का युद्ध

हल्दीघाटी की पराजय से झल्लाए अकबर ने स्वयं नवंबर 1576 में मेवाड़ पर आक्रमण कर गोगूँदा प्रताप से छीन लिया। प्रताप को खोजते हुए कुछ माह मेवाड़ में भटककर असफल अकबर आगरा लौट गया। किंतु जाने से पूर्व अकबर ने कई महत्त्वपूर्ण थाने प्रताप से छीन लिये। मई,1577 में अकबर की पीठ होते ही प्रताप ने एक-एक कर मुगल थानों को जीतना आरंभ किया। अकबर ने उदयपुर का नाम मुहम्मदाबाद रखकर वहाँ मुगल सिक्के प्रसारित कर दिए थे। प्रताप ने सर्वप्रथम उदयपुर जीतकर राजस्व से मुहम्मदाबाद नाम हटवाया तथा मुगल सिक्के गलवा दिए।

उदयपुर और गोगूँदा से मुगलों को भगाने के बाद प्रताप, मोही का महत्त्वपूर्ण ठिकाना जीतना चाहते थे। मोही, राजसमंद में भाटी राजपूतों का महत्त्वपूर्ण ठिकाना था। वहाँ मुजाहिद बेग नाम के एक मुगल ने स्थानीय हिंदुओं को कृषि के लिए बाध्य कर अपनी सेना के लिए रसद की व्यवस्था कर ली थी। प्रताप को यह कदापि स्वीकार्य नहीं था, क्योंकि ऐसा होने से मुगल पूरे मेवाड़ को कुछ ही वर्षों में जीत लेते। सितंबर, 1577 में प्रताप ने भाटी राजपूतों को संदेश भेजकर आक्रमण की तैयारी के लिए कहा। मेवाड़ व भाटियों की सामूहिक सेना ने खेतों को नष्ट करना आरंभ किया। मुजाहिद बेग के पास 3,000 घुड़सवारों के अतिरिक्त पैदल सेना भी थी। मुजाहिद के साथ हिंदू सेना का भयंकर युद्ध हुआ, जिसमें मुजाहिद अपने सैकड़ों सैनिकों के साथ मारा गया। मोही प्रताप के कब्जे में आ गया तथा शेष मुगल थानों पर मुगल सेना रसद के लिए फिर अजमेर पर निर्भर हो गई।

'अकबरनामा' में अबुल फज्ल लिखता है, "राणा के आदमियों ने मोही पर हमला कर फसलें वगैरह बरबाद करना शुरू कर दिया। इस वक्त कुँवर मान सिंह कच्छावा मेवाड़ के पहाड़ी इलाकों में चला गया। मोही के थानेदार मुजाहिद बेग को खबर मिली, तो वह फौरन बिना जरूरी हथियार लिये ही फौजी आदमियों समेत खेतों की तरफ दौड़ा। मुजाहिद बेग ने रुस्तम जैसी बहादुरी दिखाई और शहीद हुआ।"

एक बार पुनः हम देखते हैं कि मान सिंह ने प्रताप के आक्रमण को अनदेखा कर, हिंदू संघर्ष में कितनी महत्त्वपूर्ण सहायता की।

अगले वर्ष अकबर ने अपने कुशल सेनापति, शाहबाज खाँ को मेवाड़ भेजा, जिसने भयंकर लूटपाट व नरसंहार किया। 1578 में शाहबाज ने प्रताप को कुंभलगढ़ में घेर लिया, जहाँ से छिपकर प्रताप को निकलना पड़ा। इस तरह मेवाड़ की वैकल्पिक राजधानी व पुरखों का आश्रय भी प्रताप से छिन गया।

बाँसवाड़ा का युद्ध

1578 ईसवी में डूँगरपुर के रावल आसकरण व बाँसवाड़ा के रावल प्रताप सिंह अकबर की अधीनता स्वीकार कर चुके थे। आसकरण के पुत्र कुँवर सहस्रमल ने इस बात से दु:खी होकर प्रताप से विनती की कि वे डूँगरपुर पर आक्रमण करें।

इस कार्य के लिए कुँवर सहस्रमल ने महाराणा प्रताप को 4,000 मुद्राएँ देने का वचन भी दिया। प्रताप ने कुँवर सहस्रमल से कहा, "अगर आप हमारे पास न भी आते तब भी हम डूँगरपुर-बाँसवाड़ा पर आक्रमण जरूर करते। हमें यदि मुगल सल्तनत से बैर रखना है, तो पड़ोसी राज्यों को अपने अधीन कर मेवाड़ को सशक्त बनाना ही होगा।" डूँगरपुर-बाँसवाड़ा को बादशाही मातहती कुबूल करने का खामियाजा भुगतना पड़ा। महाराणा प्रताप ने कानोड़ के रावत भाण सारंगदेवोत को फौज समेत भेजा। रावत भाण हल्दीघाटी युद्ध में वीरगति पानेवाले रावत नैतसिंह सारंगदेवोत के पुत्र थे। डूँगरपुर और बाँसवाड़ा की फौजें मिल गईं और सोम नदी के किनारे मेवाड़ी सेना का सामना डूँगरपुर-बाँसवाड़ा की सम्मिलित सेना से हुआ।[111]

रावत भाण सारंगदेवोत ने बड़ी वीरता दिखाई और बुरी तरह आहत हुए। रावत भाण के काका रणसिंह सारंगदेवोत इस युद्ध में वीरगति को प्राप्त हुए। रावत भाण के नेतृत्व में मेवाड़ी सेना ने इस युद्ध में विजय प्राप्त की। महाराणा प्रताप का प्रभुत्व उन्हें स्वीकार करना ही पड़ा।

डूँगरपुर के रावल आसकरण की मृत्यु के पश्चात् प्रताप ने आसकरण के पुत्र सहस्रमल को वहाँ का राजा बना दिया, जो कि पहले से ही प्रताप के समर्थन में था। इसी प्रकार उग्रसेन को बाँसवाड़ा का अधिपति घोषित किया गया। दोनों ही राजा, प्रताप के अनुयायी एवं समर्थक थे और इस प्रकार प्रताप ने मेवाड़ की दक्षिण-पश्चिमी सीमाओं को सुरक्षित कर लिया।

वागड़ पर महाराणा प्रताप की विजय की खबर अकबर के कानों तक पहुँची तो एक बार तो उसे विश्वास नहीं हुआ, क्योंकि कुछ महीने पहले ही उसने वागड़ के नरेशों को अपने अधीन किया था। इनके अतिरिक्त मारवाड़ के चंद्रसेन राठौर, बूँदी के राव दूदा हाड़ा, सिरोही के महापराक्रमी राव सुरताण देवड़ा तथा प्रताप के श्वसुर ईडर के

111. माथुर, पृ. 143

नारायणदास का पूर्ण सहयोग प्रताप को मिला। दर्जनों छोटे-बड़े ठिकानों के सरदार प्रताप से आ मिले।

मायरा की खदानों में छुपे धन एवं भामाशाह तथा ताराचंद द्वारा अर्जित धनराशि से प्रताप ने एक विशाल सेना संगठित की, जिसमें सिरोही, ईडर, डूँगरपुर एवं बाँसवाड़ा की सेनाएँ भी सम्मिलित थीं। आस-पास के क्षेत्रों में बसे सोलंकियों एवं चौहान सरदारों की सेनाएँ तथा शक्ति सिंह के नेतृत्व में शक्तावतों की सेना मेवाड़ की ओर से युद्ध करने हेतु तैयार हुईं।

प्रताप के ज्येष्ठ पुत्र कुँवर अमर सिंह अब एक अत्यंत बलशाली व साहसी युवा योद्धा बन चुके थे। कुँवर अमर सिंह मेवाड़ की सेना की एक टुकड़ी का संचालन करने के साथ ही पूरे सैन्य अभियान का आपसी समन्वय भी सँभालते थे। भामा शाह एवं ताराचंद को एक टुकड़ी एवं भीलों को पर्वतों एवं वृक्षों पर अपना-अपना मोर्चा सँभालने के लिए कहा गया।

यद्यपि इस युद्ध की विस्तृत जानकारी हमारे पास नहीं है, किंतु प्रताप की सेना में अनुमानतः 25,000 पैदल सैनिक एवं 5,000 अश्वारोहियों को मिलाकर लगभग 30,000 की सेना थी। प्रताप को 1582 में प्राप्त धनराशि एवं मेवाड़ के अधिकांश सामंतों एवं निकटतम राजाओं की सहायता के कारण यह संभव है कि उनकी सेना में 10,000 की संख्या की वृद्धि हो गई हो।

यह युद्ध प्रताप के लिए 'करो या मरो' का अवसर था। अतः प्रताप अपने सबसे कुशल सेनानायकों के साथ युद्ध में उतरे थे। मुगलों की ओर से सेरिमा खाँ सुल्तान, दिवेर का थानेदार था, जिसमें 2,000 सैनिक, एक हाथी तथा कुछ सौ अश्वारोहियों का दस्ता था। सेरिमा नरम स्वभाव का, न्यायप्रिय व्यक्ति था एवं किसी दूर के संबंध से अकबर का चाचा लगता था। सेरिमा हिंदू रीति-रिवाजों का सम्मान करता था तथा किसी सीमा तक वह हिंदुओं के प्रति सहिष्णु भी था।

सेरिमा को उसके शुभचिंतकों ने प्रताप से दिवेर में युद्ध न करने की सलाह दी थी, किंतु सेरिमा ने उन सबकी बातों को अनसुना कर प्रताप को पकड़ने अथवा मारने के लिए अभियान शुरू कर दिया।

एक प्रकरण है, जो सेरिमा के हिंदू रीति-रिवाजों की ओर झुकाव को दरशाता है। जब वह अमर सिंह के भाले से आहत हो मृत्यु शैया पर था, उसने गंगाजल पीने को माँगा था।[112] इस प्रकरण को कई लेखकों एवं इतिहासकारों ने लिखा है। प्रताप ने स्वयं इस मुगल को मृत्यु-पूर्व गंगाजल दिया था।

मुगलों की ओर से सेरिमा ने आस-पास के 14 मुगल थानों से भी सेना बुलवाकर

112. अमरकाव्यम्, पृ. 262

अपने साथ मिला ली थी। श्यामलदास ने अपनी पुस्तक 'वीर विनोद' में लिखा है, "प्रत्येक मुगल थाने में कम-से-कम हजार सैनिकों की नफरी उपस्थित रहती थी। अतः यह माना जा सकता है कि दिवेर के युद्ध में मुगलों के कम-से-कम 15,000 सैनिक थे।"[113]

यदि हम दोनों ओर की सेनाओं की तुलना करें तो प्रताप द्वारा दिवेर को युद्धस्थल हेतु चुनना एवं अपने सभी शक्तिशाली एवं बड़े योद्धाओं को एकत्र करने से यह स्पष्ट हो जाता है कि यह युद्ध प्रताप एवं मुगलों के बीच होने वाला आर-पार का संघर्ष था। प्रताप ने समय और स्थान ऐसा चुना था, जहाँ से वे एक अप्रत्याशित आक्रमण कर सामरिक महत्त्व के दिवेर थाने को जीता जा सके।

इस युद्ध को हम दिवेर का अभियान इसलिए कह रहे हैं, क्योंकि दिवेर पर विजय के बाद प्रताप ने विश्राम नहीं किया।

दिवेर विजय के अगले ही दिन मेवाड़ की सेना को दो भागों में विभक्त करके, मेवाड़ में मुगलों के 36 थानों को जीतकर पुनः मेवाड़ के अधिकार में कर लिया गया। इनमें एक भाग का नेतृत्व स्वयं प्रताप ने किया था और दूसरे का कुँवर अमर सिंह ने।

दिवेर की विजय के पश्चात् अमर सिंह ने अपनी आधी सेना को पूर्व में आमेट की ओर भेजा; जिसने भी मुगलों का साथ दिया, उसे समाप्त कर दिया गया। इधर प्रताप ने दक्षिण-पश्चिम की ओर कूच कर कुंभलगढ़ एवं उदयपुर पर पुनः अधिकार कर लिया। अब दिवेर के युद्ध के विषय में उपलब्ध जानकारी के आधार पर उसका विश्लेषण करते हैं।

मेवाड़ की युद्धनीति

मेवाड़ की 'युद्ध परिषद्' की बैठक दिवेर घाटी के दक्षिण-पूर्व में दस किलोमीटर दूर एक निर्जन क्षेत्र में हुई।

प्रताप के अतिरिक्त इस सभा में कुँवर अमर सिंह, भामा शाह, ताराचंद, शक्ति सिंह, भील राजा राणा पूजा, रावत कृष्णदास, गोपालदास मेड़तिया एवं शक्ति सिंह के वंश के सभी शक्तावत उपस्थित थे।

यह तो सभी ने स्पष्ट रूप से मान लिया था कि मेवाड़ की सेना दिवेर के उत्तरी मैदानों में युद्ध नहीं करेगी, वरन् इसके विपरीत उन्होंने दिवेर के दक्षिणी भाग को चुना, जो पर्वतीय क्षेत्र में खुलता था। कोई भी यहाँ हल्दीघाटी में की गई भूल को किसी भी मूल्य पर दोहराना नहीं चाहता था।

मेवाड़ के सेनानायकों ने मुगलों पर 'कुंत व्यूह' से आक्रमण का निर्णय लिया।

113. वीर विनोद, खंड-2, पृ. 158

कुछ सैनिकों को आमजन में घुल-मिलकर, बिना शत्रु की दृष्टि में आए, थाने के निकट जाकर उस पर दृष्टि बनाए रखने के आदेश हुए। प्रताप, भामा शाह एवं अन्य सभी नायक घाटी के बीच से शत्रु पर आक्रमण करने के लिए तैयार थे, भील सेना को पर्वतों व टीलों पर स्थान दिया गया, ताकि वो शत्रुओं पर छुपकर बाणों एवं 'गोफण' से वार कर सकें।

कुँवर अमर सिंह को गाँव का पूरा चक्कर लगाकर घाटी के उत्तरी छोर पर शत्रु की प्रतीक्षा करनी थी, ताकि मुगलों द्वारा मैदानी क्षेत्र में भागने की किसी भी संभावना को रोका जा सके।

युद्ध

एक शक्तिशाली एवं सुसज्जित सेना, जहाँ सभी को उचित वेतन एवं पर्वतीय युद्ध हेतु प्रशिक्षण मिला था, दिवेर के थाने का नाश करने को निकली।

इस सेना का नेतृत्व करने के लिए विश्वासपात्र नायक एवं सहायक जैसे कुँवर अमरसिंह, शक्ति सिंह, भामा शाह, ताराशाह, रावत कृष्णदास एवं मेवाड़ के कई सरदार अपने-अपने दस्ते एवं टुकड़ियों के साथ उपस्थित थे। साहसी भीलों की सेना पर्वतीय क्षेत्रों में पेड़ों इत्यादि पर मुगलों पर घात करने हेतु तैयार थी। इस तरह महाराणा प्रताप ने अपने जीवन के सबसे महत्त्वपूर्ण एवं अंतिम अभियान का मंचन किया, ताकि मेवाड़ की पग-पग भूमि से मुगलों को समाप्त कर प्रत्येक थाना मेवाड़ के अधिकार में लिया जा सके। हल्दीघाटी के विपरीत, प्रताप अब मुगलों के साथ खड़े अपने राजपूत भाइयों पर घात करने के नैतिक भार भी मुक्त थे।

अकबर ने मेवाड़ में स्थित मुगलों के थानों का दायित्व केवल अपने विश्वासपात्र मुसलमान सरदारों को ही दिया था, क्योंकि उसे भी अब जयपुर एवं जोधपुर के राजपूतों पर विश्वास नहीं था कि वे अब मेवाड़ के राजपूत राज्य के निकटवर्ती थानों की रक्षा उसी निष्ठा से कर पाएँगे। अकबर की ऐसी मनःस्थिति, प्रताप जैसे समर्पित सनातनी के लिए बहुत उपयोगी रही।

अब उन्हें अरब के रेगिस्तान से आए, हिंदू धर्म तथा मेवाड़ के शत्रुओं द्वारा किए गए 800 वर्षों के दमन के प्रतिकार का खुला, निर्बाध अवसर मिल रहा था। 25 फरवरी, 1568 को चित्तौड़ में किए गए 'जौहर' अग्निस्नान में चीत्कार करती माँओं, बहनों एवं बालिकाओं की कातर चीखें, प्रताप के मन में जलती प्रतिशोध की अग्नि में घी का काम कर रही थीं।

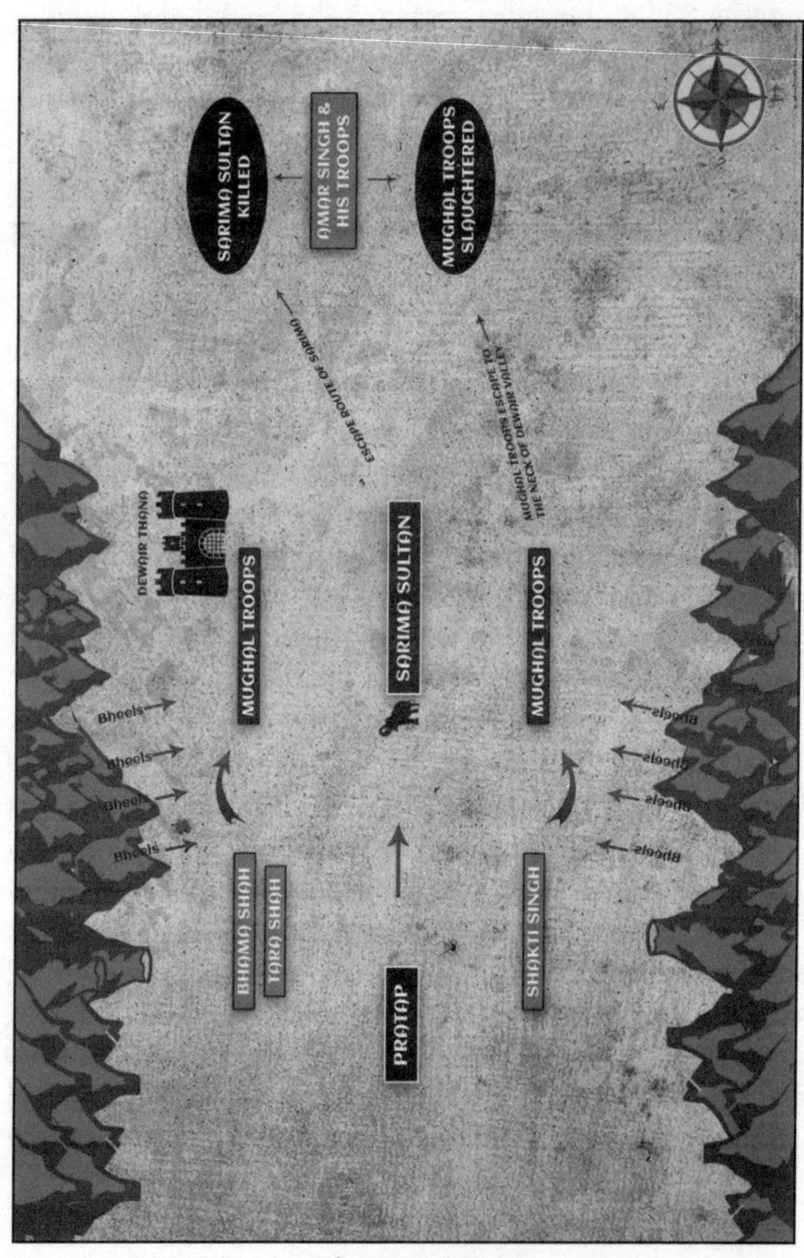

दिवेर युद्ध का मानचित्र

जयमल राठौर और पत्ता चूँडावत, ग्वालियर के तँवर, सादड़ी के झाला, डोडिया के भीम सिंह जैसे आत्मबलिदानी मित्र और सहायक प्रताप को स्मरण करा रहे थे कि उन्हें तुर्कों का संहार कर उन सभी बलिदानों का ऋण चुकाना है एवं मेवाड़ की पवित्र भूमि को मुगलों से मुक्त कराना है। उस गौरवशाली दिन मेवाड़ के पूर्वज भी स्वर्ग से प्रताप को देखकर पुष्पों की वर्षा कर रहे होंगे, जब प्रताप ने पुनः अपनी मातृभूमि को गौरव दिलाने हेतु अपने पूर्वजों को दिए वचन का निर्वहन करने के लिए कदम बढ़ाए।

मित्रों, संबंधियों, प्रजा, शुभचिंतकों एवं गुरुओं इत्यादि सभी ने 'हर-हर महादेव' की हुँकार के साथ मेवाड़ के आकाश को गुंजायमान किया एवं प्रताप की सेना को तुर्कों का संहार करने हेतु संबल देकर, मातृभूमि पर दाँत गड़ाए बैठे तुर्कों से निर्णायक युद्ध करने हेतु विदा किया।

प्रताप ने दिवेर की विजय के एकमात्र लक्ष्य के पथ में सभी प्रकार का भय, चिंता एवं शंकाओं, स्वयं एवं अपने पारिवारिक जीवन इत्यादि को पीछे छोड़ दिया था। प्रताप किसी भीषण धूमकेतु की भाँति केवल प्रतिशोध की अग्नि हृदय में धारण कर संहार की लालसा लिये आगे बढ़ रहे थे। अश्वों की निरंतर बजती टाप, भालों की सरसराहट, खड्गों की खनक, मनुष्यों एवं पशुओं के मिश्रित उग्र स्वर, केवल लक्ष्य की ओर देखती लाल उग्र आँखें, मेवाड़ की प्रजा एवं महाराणा का दृढ़ निश्चय उन्हें विजयादशमी के उस शुभ दिन तक ले आया।

सितंबर 1583 ईसवी की विजयदशमी के उस महिमाशाली दिन, हिंदू योद्धा काल बनकर उन म्लेच्छों पर टूट पड़े, जिन्होंने 800 वर्षों तक उनकी मातृभूमि पर रक्त की होली खेली थी।

सूर्य की प्रथम किरण के साथ ही प्रताप की सेना ने मुगल सेना पर तीन ओर से आक्रमण कर दिया एवं हिंदू सैनिक शत्रु पर भीषण प्रहार करने लगे।

मुगलों का मुख्य सेनापति सेरिमा खाँ सुल्तान, अपनी सेना का नेतृत्व हाथी पर बैठकर कर रहा था। प्रताप का सेरिमा से सामना हुआ, प्रताप ने भाले से भीषण प्रहार किया, किंतु ऊँचाई पर होने के कारण सेरिमा ने झुककर स्वयं को बचाया। तब पडिहार [114]सोलंकी वंश के एक राजपूत योद्धा ने सेरिमा के हाथी के सामने के पैरों के बीच में घुसकर उसके दोनों पैरों को अपनी कटार से काट दिया। पैर कटने से विकल हाथी सामने की ओर झुक गया एवं प्रताप ने भाले के एक ही बार में हाथी का कुंभ स्थल (सर) फोड़ दिया। प्रताप के इस प्रबल आघात से हाथी भरभराकर धराशायी हो गया।

सेरिमा ने हाथी से कूदकर प्राण बचाए। सेरिमा ने अश्वारूढ़ होकर अपनी सेना का नेतृत्व एवं युद्ध करना जारी रखा। किंतु शीघ्र ही सेरिमा और उसके सैनिकों को आभास

114. राजपूतों की एक उपजाति।

प्रताप के औचक आक्रमण से मुगलों में भगदड़

हो गया कि पर्वतों एवं पेड़ों से निरंतर चल रही पत्थरों एवं बाणों की वर्षा से अब उनका बचना कठिन है, अत: उन्होंने उत्तर की ओर खुले मैदान की ओर भागना शुरू कर दिया।

सेरिमा का यह प्रयास, उसे और उसके सैनिकों को दिवेर घाटी के मुहाने पर ले आया, जहाँ कुँवर अमर सिंह एवं उनके शूरवीर इसी बात की प्रतीक्षा में थे। पीछे से प्रताप और उनकी सेना तथा सामने से कुँवर अमर सिंह एवं उनकी सेना ने मुगलों को घेरकर गाजर–मूली की भाँति काटना

प्रताप द्वारा सेरिमा के हाथी का कुंभ स्थल विदीर्ण

आरंभ कर दिया। कुँवर अमर सिंह ने एक लंबा और शक्तिशाली भाला लिया और सेरिमा की ओर घात लगाकर फेंका।

इस भाले की तीव्रता एवं प्रहार इतना घातक था कि सेरिमा के शरीर को छेदता हुआ यह भाला, उसके अश्व के भी शरीर से पार निकलकर धरती में जाकर धँस गया। कुँवर अमर सिंह के इस घातक प्रहार से उनके विषय में प्रचलित कथा का सत्यापन हो गया कि वे सात फीट लंबे, एक बलिष्ठ योद्धा थे। इस तरह का वार कोई असाधारण योद्धा ही कर सकता था।

पूरे मानव इतिहास में भाले के ऐसे बलशाली प्रहार के उदाहरण शायद ही कहीं और मिले! हम उन मुगल सैनिकों के टूटे मनोबल की कल्पना कर सकते हैं, जिन्होंने अपने नायक को कुँवर अमर सिंह के भाले के एक ही आघात से उसके अश्व समेत इस प्रकार धरती में बिंधते एवं निष्प्राण होते देखा होगा!

सेरिमा अब भी जीवित था और उसने सहायता हेतु इधर-उधर देखा भी, किंतु तब तक उसके सैनिक इधर-उधर भाग खड़े हुए थे और अब सेरिमा के निकट केवल मेवाड़ी योद्धा ही खड़े थे।

सेरिमा ने उन सैनिकों से पूछा कि वह योद्धा कौन है, जिसने इस कुशलता के साथ उसे भाले के वार से मृत्यु के कगार पर पहुँचा दिया है? सेरिमा ने उस योद्धा से मिलने की इच्छा जताई। कुँवर अमर सिंह ने प्रताप की ओर देखा। प्रताप ने मौन स्वीकृति दी, तब अमर सिंह आगे आए। इस बीच मेवाड़ी सैनिकों ने सेरिमा के शस्त्र उससे ले लिये, ताकि वह मेवाड़ के राजकुमार पर कोई कपटपूर्ण घात न कर दे।

अमर सिंह के वार से सेरिमा तथा उसकी सवारी का छेदन

इस बात का उल्लेख कई जगह किया गया है कि कोई भी सैनिक मुगलों के

सेनापति सेरिमा के शरीर से उस भाले को नहीं निकाल पाया था, तब कुँवर अमर सिंह आगे आए। उन्होंने एक हाथ से ही उस भाले को धरती, अश्व एवं सेरिमा के शरीर से निकाल लिया। ऐसा माना जाता है कि मृत्युपूर्व सेरिमा ने कहा था, "मुझे दैवीय प्रकाश से ओत-प्रोत एक बलिष्ठ पुरुष दिखाई दे रहा है, मैं भाग्यशाली हूँ कि मैं इस देवपुरुष के हाथों से मारा गया हूँ।"

ऐसा भी कहा जाता है कि सेरिमा ने मृत्युपूर्व अपने मुँह में गंगाजल डालने की इच्छा जताई थी। सेरिमा के अंतिम समय में स्वयं प्रताप ने उसके मुँह में गंगाजल डाला तथा उन्होंने सेरिमा की मृत्यु के पश्चात् उसके पार्थिव शरीर को सम्मान सहित दफनाने का आदेश भी दिया। इस घटना के पश्चात् तीन घंटे तक चला दिवेर का युद्ध रुक गया एवं मुगल सेना बुरी तरह पराजित होकर भाग खड़ी हुई। जो भी मुगल सैनिक इस युद्ध में लड़ रहा था अथवा वहाँ से भाग रहा था, उसे मेवाड़ी योद्धाओं ने बिना किसी दया के समाप्त कर दिया।

प्रताप सेरिमा खाँ को गंगाजल पिलाते हुए

दिवेर के इस युद्ध में एक भी युद्धबंदी नहीं था। दोपहर तक दिवेर के थाने पर केसरिया ध्वज फहरा दिया गया था। प्रताप एवं उनकी सेना द्वारा प्रचंड आक्रमण कर मुगल सेना का सर्वनाश किया गया और यहीं से मेवाड़ से मुगलों को पूर्णतया समाप्त कर उन्हें बाहर निकालने का अभियान प्रारंभ हुआ।

बहलोल खाँ मुगलों में एक उज्बेक सेनानायक था। वह नृशंस व भीमकाय योद्धा था। उससे शत्रु सदैव भयभीत रहते थे। उसका युद्ध कौशल एवं उसकी पाशविक प्रवृत्ति उसे उच्चकोटि का शत्रु बनाती थी। बहलोल खाँ, दिवेर के दूसरे छोर पर अपनी सेना के साथ तैनात था और यह दूसरा छोर कुंभलगढ़ के मार्ग पर स्थित था। बिना एक भी पल गँवाए प्रताप ने अपने कुछ सैनिकों को लेकर इस छोटे ठिकाने पर आक्रमण कर दिया। प्रताप को स्पष्ट रूप से स्मरण था कि किस तरह

से इस बहलोल खाँ उज्बेक ने उनके मित्रों एवं संबंधियों को निर्दयतापूर्वक हल्दीघाटी में मारा था, अत: प्रताप की बहलोल खाँ से शत्रुता बहुत सघन व निजी थी।

दिवेर के युद्ध में बहलोल खाँ से प्रताप के प्रतिशोध को इतिहास ने रक्त तथा तलवार से लिखा है। 43 वर्ष की आयु में मेवाड़ के महाराणा प्रताप सिंह ने बहलोल खाँ पर प्रतिशोध की भावना से ऐसा प्रबल प्रहार किया कि वह हत्यारा उजबेक समझ ही नहीं पाया कि उसके साथ हुआ क्या है। प्रताप ने खड्ग के एक ही भीषण प्रहार से उस उज्बेक का शरीर सिर से धड़ तक दो हिस्सों में काट डाला। प्रताप यहीं नहीं रुके। उनकी खड्ग का प्रहांर इतना सबल था कि बहलोल खाँ का घोड़ा भी बीच में से आधा कट गया।

आस-पास युद्धरत सैकड़ों मेवाड़ी व मुगल सैनिक इस अद्‌भुत दृश्य को देख हतप्रभ रह गए। ऐसा प्रतीत होता था, मानो इस्लामी विचारधारा के विरुद्ध सभी हिंदुओं का क्रोध, प्रताप के हाथों उस प्रचंड आघात में एकत्र होकर बहलोल खाँ पर गिरा था।

पद्‌मिनी का नि:शब्द होकर अग्नि को समर्पित हो जाना, रतनसिंह की कपटपूर्वक हत्या, प्रताप के पितामह राणा सांगा के विरुद्ध खानवा में षड्‌यंत्र और उनकी हत्या, चित्तौड़ के तीसरे साके में हिंदुओं का नरसंहार, दशकों तक अरावली की पर्वत श्रृंखलाओं में वन-वन भटकना, मित्रों-संबंधियों इत्यादि को हल्दीघाटी के युद्ध में अकाल मृत्यु को प्राप्त होते देखना, वह सब कुछ जो इस उपमहाद्वीप के हिंदुओं ने मुसलमानों की ओर से झेला था, उस हर अत्याचार का प्रत्युत्तर, इस निर्णायक युद्ध में प्रताप ने दे दिया।

प्रताप ने उस दिन एक मुगल सेनानायक को ही नहीं मारा, वरन् उन्होंने पूरे विश्व को यह संदेश दे दिया था कि हिंदुओं का क्रोध क्या रूप धारण कर सकता है! यदि हिंदू दृढ़प्रतिज्ञ हो, अपनी स्वाधीनता एवं स्वाभिमान हेतु शस्त्र उठा लें, तो किस प्रकार से वे शताब्दियों से चले आ रहे दमन का प्रतिशोध एक पल में ले सकते हैं! विश्व भर के इतिहास में कभी भी, कहीं भी ऐसा प्रकरण नहीं घटा है, जब एक राजा ने इस प्रकार से अपने प्रतिशोध का गुबार निकाला हो!

प्रताप ने उस दिन हल्दीघाटी का ही प्रतिशोध नहीं लिया, वरन् उन्होंने अकबर की धूर्तता एवं कायरता के उस दुर्ग को ही बीच में से काटकर रख दिया था, जो अकबर ने हिंदुओं पर विजय हेतु बनाया था। 1583 के उस दिन से जनवरी 1597 में उनके मोक्ष के दिन तक, फिर किसी भी बड़े योद्धा ने प्रताप के साथ सीधा युद्ध करने की हिम्मत नहीं की। कोई आश्चर्य की बात नहीं, यदि इस दिन के पश्चात्, अकबर ने अपने सेनानायकों से कई बार मेवाड़ पर आक्रमण करने के लिए कहा, किंतु एक ने भी हाँ में सिर नहीं हिलाया।

इस आघात का मुगलों की मन:स्थिति पर ऐसा प्रभाव पड़ा कि प्रताप ने एक ही रात में मेवाड़ से 32 मुगल थानों को अपने अधिकार में ले लिया। जिस दिन दिवेर पर

विजय प्राप्त हुई, उसी दिन दिवेर में हिंदू थानेदार को बिठाकर सेना को दो भागों में विभक्त किया गया। अमर सिंह आधी सेना लेकर पूर्व की ओर निकले, दिवेर से भागे मुगल सैनिकों का आमेट तक पीछा कर उन्हें समाप्त किया गया। आमेट की रक्षा में लगी मुगल सेना का अमर सिंह एवं उनकी सेना ने पूर्ण संहार कर दिया।

इधर प्रताप ने दक्षिण-पश्चिम की ओर मुँह किया एवं कुंभलगढ़ पहुँच गए। मुगलों की सेना वहाँ से भाग खड़ी हुई एवं जो मुगल वहाँ डटे रहे, उन्हें परलोक पहुँचाकर प्रताप कुंभलगढ़ में घुसे। शाहबाज खान ने 1578 ईसवी में प्रताप से कुंभलगढ़ छीना था, जिसे प्रताप ने केवल पाँच ही वर्षों में पुनः प्राप्त कर लिया। केवल इन्हीं पाँच वर्षों के लिए कुंभलगढ़ हिंदू स्वामित्व में नहीं रहा।

इतिहास में केवल प्रताप ही ऐसे साहसी एवं दृढ़ निश्चयी राजा रहे, जिन्होंने तथाकथित 'शक्तिशाली मुगल साम्राज्य' से अपना हारा हुआ दुर्ग पुनः प्राप्त किया। इस बीच अब्दुल्ला नाम का एक शक्तिशाली मुगल सेनानायक भी अपनी सेना समेत प्रताप के हाथों मारा गया। कुंभलगढ़ के निकट ही एक और मुगल थाना हम्मीरसर भी प्रताप के हाथ में आ गया। इसके पश्चात् प्रताप दक्षिण में स्थित ओवरो गाँव की ओर बढ़े। उन्होंने टिन तथा चाँदी का उत्पादन करनेवाली जावर की खदानों को हस्तगत कर लिया। आर्थिक दृष्टि से मेवाड़ के लिए इन खदानों पर अधिकार करना अत्यंत महत्त्वपूर्ण था।

मेवाड़ को घेरे हुए सभी बत्तीस थानों पर आक्रमण किए गए एवं वहाँ तैनात मुगल सेनाओं को निर्दयता से समाप्त कर दिया गया। कर्नल टॉड, मेवाड़ के इस प्रकरण पर लिखते हैं, "प्रताप ने मेवाड़ को मरुस्थल बना दिया।"

जो प्रताप के सामने आया, प्रताप की तलवार की भेंट चढ़ गया। मेवाड़ के मैदानी तथा पठारी क्षेत्रों में सब कुछ अब प्रताप की तलवार की छाया में था। यह प्रताप द्वारा मातृभूमि की सेवा में किया गया अद्वितीय किंतु वांछनीय समर्पण व त्याग था। बहुत कम समय तक चले इस अभियान में प्रताप एवं कुँवर अमर सिंह ने चित्तौड़ के अतिरिक्त पूरा मेवाड़ पुनः प्राप्त कर लिया था।

मेवाड़ को दोनों ही ओर से सुरक्षित कर प्रताप एवं अमर सिंह जब उदयपुर आए तो उन्होंने देखा कि आस-पास के थानों से मुगल भाग चुके थे।

यह प्रताप के ही प्रचंड अभियान का प्रभाव था कि उदयपुर जैसे महत्त्वपूर्ण नगर व क्षेत्र के लिए मुगलों ने कोई संघर्ष ही नहीं किया तथा उदयपुर पर सहज ही प्रताप का अधिकार हो गया। बहलोल खाँ की दुर्गति का समाचार मुगल हरकारों ने विद्युत् की तरह पूरे मेवाड़ व देश में फैला दिया था। पूरे मेवाड़ में मुगल सैनिकों में भगदड़ मच गई। जिसे जो साधन मिला, उसी पर चढ़कर वह प्रताप, कुँवर अमर व मेवाड़ी सेना के

प्रकोप से बचने के लिए भाग निकला। दिवेर का युद्ध एवं उसके पश्चात् मेवाड़ को पुनः प्राप्त करने के लिए चलाए गए अभियान ने उपमहाद्वीप में प्रताप को अकबर के सामने निर्विवाद हिंदू नायक के रूप में स्थापित कर दिया था।

प्रताप द्वारा प्राप्त की गई इस विजय के विषय में काफी ऐसी जानकारियाँ इत्यादि हैं, जिन्हें पुस्तकों को जलाकर, मंदिरों को ध्वस्त कर, मुगलों द्वारा इतिहास से मिटा दिया गया, किंतु लोककथाओं ने प्रताप की इस विजयगाथा को मेवाड़ के जन-जन की स्मृतियों में सदा के लिए अमर कर दिया। रणछोड़ भट्ट, वीर विनोद, जेम्स टॉड एवं राजस्थान के विश्वविद्यालयों के कई समकालीन इतिहासकारों ने दिवेर के अभियान में हुई घटनाओं को ग्रंथों में सहेजकर रखा है। किंतु हम जैसे आमजनों के लिए दिवेर के अभियान की सफलता इस बात से स्थापित होती है कि 1583 ईसवी से 1597 ईसवी तक प्रताप ने निःशंक होकर राज किया।

उस समय के विश्व की तथाकथित सर्वाधिक शक्तिशाली मुगल सल्तनत के स्वामी अकबर और उसकी सेना ने कभी मेवाड़ पर पुनः आक्रमण करने का साहस भी नहीं किया। इस देश के अधिकांश निर्लज्ज इतिहासकारों ने अकबर द्वारा प्रताप पर पुनः आक्रमण न करने का कारण भारत के अन्य प्रदेशों में अकबर की व्यस्तता बताया है।

सत्य यह है कि प्रताप व कुँवर अमर सिंह के क्रोध व पराक्रम की पवित्र अग्नि में मुगल अतिक्रमण जलकर राख हो गया था। प्रताप की निर्णायक विजय को छोटा सिद्ध करने के लिए इन घटिया वामियों-जिहादियों ने स्वयं के जितना ही घटिया झूठ गढ़ा।

सरल सी तर्कनिष्ठा से ही यह प्रश्न उठ जाता है कि यदि अकबर भारत में अन्यत्र व्यस्त था, तो उसने 1568 ईसवी से लेकर 1583 ईसवी में, 15 वर्षों तक, चार संधि प्रस्ताव, दस से अधिक सैन्य अभियान तथा करोड़ों रुपए व सहस्रों सैनिक मेवाड़ विजय में क्यों व्यय किए थे?

इस्लामी मानसिकता के इन गुलामों और इनके हिंदू चाटुकारों के लिए यह तथ्य एक असहनीय वेदना है कि एक अकेले हिंदू राजा, महाराणा प्रताप सिंह ने मुगलों को धूल चटाकर अपने जीवनपर्यंत उन्हें मेवाड़ में घुसने नहीं दिया।

अकबर का भारत के पूर्ण इस्लामीकरण का स्वप्न, एक प्रताप के कारण स्वप्न ही रह गया।

यही कष्ट इस अभागे देश के छद्म बुद्धिजीवियों को कचोटता है। इसीलिए वे नए-नए झूठ गढ़कर प्रताप के शौर्य को तुच्छ दिखाने के असफल प्रयास करते रहते हैं।

खैर, हरसंभव प्रयास के उपरांत भी, प्रताप के सत्य को ये मक्कार इतिहासकार नहीं मिटा पाए। अब इंटरनैट के इस युग में तो हर हिंदू के घर से प्रताप का सत्य बोला जाएगा।

प्रताप के त्याग व योग्यता की कथा पूरा विश्व कृतज्ञता व विस्मय से सुनेगा। यह हर हिंदू का दायित्व है।

मुगलों को मेवाड़ से खदेड़ने के बाद प्रताप अन्य हिंदू राजाओं की सहायता से धन एवं सेना भी एकत्र कर रहे थे, ताकि पहले चित्तौड़ एवं उसके पश्चात् दिल्ली पर आक्रमण कर पाएँ, किंतु इससे पहले ही आखेट के समय दुर्भाग्यवश, प्रताप को एक गंभीर चोट लगने से उनका देहावसान हो गया। जीवनलीला पूरी होने से पहले प्रताप ने मेवाड़ का सम्मान एवं संपन्नता पुनः प्राप्त कर ली थी तथा कुँवर अमर सिंह को मेवाड़ का संपन्न और सशक्त राज्य सौंपकर यह महापुरुष स्वर्ग सिधार गए।

दिवेर का युद्ध तब हुआ, जब अकबर एवं उसके हिंदू सेनापतियों ने शेष भारत में हिंदू विद्रोह व विरोध के स्वरों का पूरी तरह से दमन कर दिया था। हिंदू इतिहास में दिवेर का यह युद्ध स्वर्णाक्षरों में लिखा जाना चाहिए, क्योंकि यहीं से प्रताप ने अपने खोए हुए राज्य को पुनः प्राप्त करने का अभियान छेड़ा एवं मेवाड़, राजस्थान एवं भारतवर्ष में एक नए आत्मविश्वास का संचार किया।

दिवेर की विजय और प्रताप द्वारा मुगलों के भीषण संहार से मुस्लिम आक्रांताओं में स्पष्ट और सबल संदेश गया कि हिंदू अब अपने धर्म के विरुद्ध कुछ सहन नहीं करेंगे। चाहे वह शक्ति का प्रयोग हो या कपट का। जेम्स टॉड ने हल्दीघाटी की तुलना थर्मोपाइल के युद्ध से की थी तो दिवेर के युद्ध की तुलना उन्होंने मैराथन के युद्ध से की है।[115]

490 ईसा पूर्व में ग्रीक व फारसी सेना के बीच मैराथन में युद्ध हुआ, जिसमें ग्रीक सेना ने निर्णायक विजय प्राप्त की। सही शब्दों में दिवेर 'मेवाड़ का मैराथन' ही कहा जाएगा, जिसने पूरे उपमहाद्वीप के हिंदुओं में इस भावना को स्थापित कर दिया था कि समय आने पर हिंदू योद्धा किस निर्ममता से शत्रु को समाप्त कर सकते हैं!

प्रताप वह महापुरुष थे, जिन्होंने इस्लामी साम्राज्यवाद के विरुद्ध हिंदू संघर्ष की ज्वाला को उस समय भी जाग्रत् रखा, जब सभी ओर से आशाएँ समाप्त हो चुकी थीं एवं मेवाड़ के पुनरुद्धार का मार्ग दूर-दूर तक नहीं दिख रहा था। आज यदि हम हिंदू हैं तो इसका श्रेय केवल महाराणा प्रताप सिंह को जाता है। दिवेर की उस घाटी का तीर्थ की भाँति पूजन होना चाहिए, जहाँ प्रत्येक हिंदू जीवन में कम-से-कम एक बार जाकर मेवाड़ की उस पवित्र धरा के दर्शन करे। हर हिंदू मेवाड़ के उन महान बलिदानी योद्धाओं के सम्मान में कम-से-कम एक बार अश्रुपूरित श्रद्धांजलि देकर आए, जिन्होंने धर्म और सम्मान हेतु अपने प्राणों को अर्पित कर दिया।

दिवेर को हिंदुओं के उस अदम्य साहस का प्रतीक बनाना हर हिंदू के लिए प्रताप व मेवाड़ के हमारे पुरखों के प्रति कृतज्ञता व्यक्त करने का एक पुनीत अवसर है। दिवेर

115. माथुर, पृ. 146।

की युद्ध तीर्थ के रूप में स्थापना, हर हिंदू के लिए उस दिन के रोमांचक शौर्य के स्पंदन को साक्षात् अनुभव करने का एक अवसर है। दिवेर की पुनर्स्थापना हमें उस अकथनीय शौर्य के दर्शन करा सकती है, जिसके आधार पर हिंदुओं ने चौदह सौ वर्षों तक इस्लामी आक्रमणों का सामना किया है।

वही अद्भुत पौरुष आज के हिंदुओं को आत्मविश्वास प्रदान कर सकता है, ताकि आवश्यकता पड़ने पर हम आनेवाले चौदह सौ वर्षों तक इस्लामी शक्तियों का सामना कर पाएँ। महाराणा प्रताप को हमारी यही सच्ची श्रद्धांजलि होगी।

दिवेर की पवित्र घाटी के प्रति यही हमारी सच्ची कृतज्ञता होगी।

□

15

महाराणा अमर सिंह : प्रताप के अधिकारी पुत्र

(1597-1620 ईसवी)

मेवाड़ के अत्यधिक शक्तिशाली तथा साहसी महाराणाओं में से एक अमर सिंह की कथा है, जिन्हें संयोगवश हिंदू धर्म के महानतम सुपुत्र महाराणा प्रताप की धर्मशील परंपरा को आगे बढ़ाने का सौभाग्य प्राप्त हुआ। अमर सिंह, महाराणा प्रताप के ज्येष्ठ पुत्र थे। किसी भी स्तर पर वह प्रताप से कम नहीं थे।

अमर सिंह एक अत्यंत संवेदनशील तथा सम्माननीय व्यक्ति थे।

उनमें साहस का लेशमात्र भी अभाव नहीं था तथा उनमें तुर्क, इस्लामी आक्रांताओं को प्रत्युत्तर देने की प्रबल इच्छा भी थी।

विभिन्न इतिहासकारों ने प्रताप के देवलोक गमन की परिस्थितियों के विषय में बहुत कुछ लिखा है, किंतु एक कथा का उल्लेख करना महत्त्वपूर्ण है। हिंदुओं के दुर्भाग्य के उस दिन, आखेट के समय प्राण घातक आघात लगने से प्रताप की रीढ़ की हड्डी में चोट लग गई। प्रताप को काल ने घेरना आरंभ किया तथा भयंकर शारीरिक कष्ट में वे मृत्यु शय्या पर पहुँच गए। पर किसी बात में प्रताप के प्राण अटके थे। प्रताप अशांत थे। सभी सरदारों-सामंतों ने एकत्र होकर प्रताप से उनके दु:ख का कारण जानना चाहा तो प्रताप ने वह घटना कह सुनाई—

"एक समय हम अरावली पर्वतमालाओं में जीवन व्यतीत करते हुए एक निर्जन

स्थान पर अपना डेरा डाले हुए थे कि वर्षा शुरू हो गई। वहाँ हमारे साथ 'अमरा' (अमर सिंह) अपने परिवार और कुछ विश्वस्तों के साथ तंबुओं में रह रहा था। 'अमरा' पत्नी के साथ एक तंबू में था, तब मुझे उसकी पत्नी के साथ उसका वार्तालाप सुनाई दे गया। वह कह रही थी, "हमारे दु:ख के दिन कभी समाप्त होंगे या नहीं?"

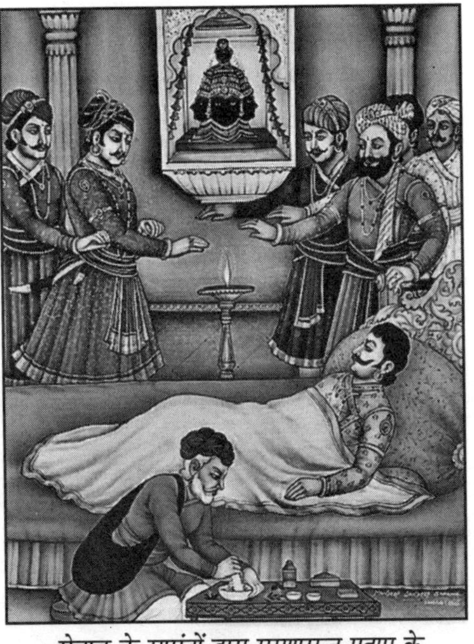

मेवाड़ के सामंतों द्वारा मरणासन्न प्रताप के सम्मुख स्वतंत्रता की शपथ

अमर ने उत्तर दिया, "क्या किया जा सकता है? दाजीराज सा (मेवाड़ राजपरिवार में पिता के लिए संबोधन) के प्रण के सामने कौन कुछ कह सकता है?"

इस घटना का उल्लेख करते हुए प्रताप ने अपने सलाहकारों एवं सामंतों से कहा कि अमर सिंह में मुझे अपने जितना दृढ़ निश्चय नहीं दिखता। उन्हें शंका थी कि आज नहीं तो कल, कदाचित् वह तुर्कों के समक्ष समर्पण कर देगा। अपने सुखों के लिए कदाचित् वह अपने परिवार की मर्यादा और सम्मान को तिलांजलि दे सकता है।

अमर सिंह तुरंत मृत्युशय्या पर लेटे अपने पिता के समक्ष पहुँचे। अपने पिता के सम्मान की रक्षा की शपथ लेते हुए उन्होंने कभी भी मुगलों के समक्ष समर्पण न करने का प्रण लिया। वहाँ उपस्थित मेवाड़ के सभी सामंतों ने भी अपनी-अपनी खड्ग हाथ में लेकर शपथ ली कि वे अपनी मृत्युपर्यंत, अमर सिंह के साथ बने रहेंगे। उनके इस दृढ़ निश्चय और प्रण को देखते हुए प्रताप को भरोसा हो गया। अपने पुत्र तथा मेवाड़ के स्वामिभक्त सामंतों को आशीष देकर उस रात वे शांतिपूर्वक सो गए।

महाराणा प्रताप के देह त्याग का वर्णन हिंदुओं के लिए चाहे कितना ही कष्टदायक हो, प्रकृति जनित नियमों से तो स्वयं योगेश्वर कृष्ण भी बँधे थे, तो हम मनुष्यों का क्या सामर्थ्य!

थोड़ी कल्पना का सहारा लेते हुए और हिंदू मान्यताओं के अनुसार हम प्रताप के स्वर्गारोहण का वृत्तांत लिखने की चेष्ठा कर रहे हैं।

'राणा रासो' में प्रताप की इस कथा का प्रकरण इस प्रकार उल्लिखित है—

"महाराणा प्रताप अपनी शय्या से उठे, उन्होंने गंगाजल से स्नान किया। उन्होंने अपने साथियों एवं परिवार की ओर प्रेमपूर्वक देखा। वे अपने पुत्र अमर सिंह एवं पौत्र करण सिंह के साहस और कर्तव्यनिष्ठता के प्रति आश्वस्त हो चुके थे। महाराणा प्रताप ने पद्मासन में बैठकर अपने ललाट की तीनों रेखाओं के मध्य ध्यान लगाकर भगवान् विष्णु का स्मरण किया। उन्हें नीलवर्णी भगवान् के साक्षात् दर्शन हुए और राणा उस छवि के दर्शन कर भाव-विभोर हो गए। महाराणा प्रताप ने प्राणवायु का एक गहन निश्वास भरा और इस नश्वर संसार के सभी प्राणिक बंधनों से मुक्त होकर उस महायोगी की आत्मा श्रीहरि के चरणों में लीन हो गई।"

हिंदुवा सूर्य अस्त, आजीवन धरती पर सोने वाले प्रताप ने देहत्याग भी धरती पर ही किया

19 जनवरी, 1597 ईसवी को सत्तावन वर्ष की आयु में भारतवर्ष के सबसे महान हिंदू राजा, महाराणा प्रताप सिंह, जिन्होंने अपनी मातृभूमि और धर्म के रक्षा के लिए उस समय के सबसे शक्तिशाली, राक्षसी साम्राज्य से आमने-सामने का युद्ध किया और धर्म व राष्ट्र को उन नराधम आक्रांताओं से बचाए रखा, वह महाराणा प्रताप अपने मरणधर्मा शरीर को छोड़कर देवलोक सिधार गए।

प्रताप के देहत्याग पर टॉड की पंक्तियाँ भी उल्लेखनीय हैं—

"इस प्रकार एक महिमाशाली राजपूत राजा का जीवन समाप्त हुआ, जिन्हें आज भी हर सिसोदिया राजपूत ही नहीं, बल्कि हर हिंदू अपना आदर्श मानता है, और तब

तक मानता रहेगा, जब तक कि कोई नया संघर्ष, राष्ट्रप्रेम की इस ज्वाला को ही न बुझा दे। ईश्वर करे, वह बुरा दिन कभी न आए। पर यदि दुर्भाग्यवश वह दिन आता भी है तो कम-से-कम ब्रिटेन का उसमें कोई योगदान न हो।"[116]

टॉड के ये शब्द हमारी चेतना में प्रताप की महानता को प्रगाढ़ता से स्थापित करने के लिए पर्याप्त हैं।

परलोक सिधारने से पूर्व मेवाड़ के साहसी लोगों के पिता तुल्य महाराणा ने अपनी प्रजा में साहस का संचार किया और पराजय की मानसिकता से निकालकर उन्हें अपने पैरों पर खड़ा किया। प्रताप ने अपने जीवन व कर्म से वे आदर्श स्थापित किए, जिनसे पीछे हटना उनकी आनेवाली पीढ़ियों के लिए असंभव था।

एक सत्पुरुष व महिलाओं और निर्बलों के रक्षक। उन्होंने अपने धर्म और प्रजा पर बर्बर इस्लामी आक्रांताओं के अत्याचार होते देखे और ऐसा प्रत्युत्तर दिया कि उनकी मृत्यु के पाँच सौ वर्षों के पश्चात् भी हिंदू समाज उनकी स्मृति और उनके कर्मों से प्रेरित होता है।

श्रीराम की भाँति ही एक मर्यादापूर्ण योद्धा, जिन्होंने अपने युद्ध कौशल व अपने शस्त्रों का दुरुपयोग अपने टुच्चे स्वार्थ के लिए नहीं, वरन् धर्म की स्थापना एवं सम्मान की रक्षा हेतु किया। इसमें कोई संशय नहीं कि उन्हें भी वही गति प्राप्त हुई होगी, जो भीष्म, पांडवों, पुरु, बाप्पा रावल, कुंभा और सांगा जैसे धर्मशील योद्धाओं को प्राप्त हुई थी।

उस महान दिन बाप्पा रावल के वंश के पूर्वजों ने उल्लासित हो गर्जना की होगी, जब उनके वंश का एक सपूत, हिंदू धर्म को दमन के कुचक्र से मुक्त कर गया। वह सपूत, जो कर्तव्य पथ पर चल कर, निज कर्म को पूरा कर, सदा के लिए मेवाड़ की पवित्र भूमि में समाहित हो गया।

उस युगपुरुष की इहलीला के पटाक्षेप पर मृत्यु भी रोई होगी कि मेवाड़ अब अनाथ हो चला। जब कृष्ण व राम जैसे अवतारी पुरुष भी जीवन-चक्र की अवहेलना नहीं कर सके थे तो प्रताप भी प्रकृति के नियमों के अधीन थे; मरणधर्मा शरीर को निवृत्त कर अपनी आगे की यात्रा पर वे चले गए।

मूल्यवान् बात यह है कि उन्होंने एक ऐसा जीवन जिया, जो उनकी स्मृति व उनके सिद्धांतों को अमर बना गया। इसलिए प्रताप आज भले ही हमारे साथ शरीर से न हों, पर उनकी प्राण-ऊर्जा, उनका दृढ़ संकल्प, उनका विरक्त व्यक्तित्व आज भी हिंदू समाज को पोषण दे रहा है।

कुछ महापुरुष होते हैं, जो अपने कृतित्व व सात्त्विक आचरण के कारण काल का भी अतिक्रमण कर जाते हैं और कालजयी हो जाते हैं। जब तक सत्य-सनातन हिंदू धर्म

116. टॉड, खंड-1, पृ. 278।

पृथ्वी पर है, प्रताप जीवित रहेंगे; क्योंकि प्रताप कभी मरे नहीं। प्रताप कभी मर सकते नहीं। धन्य है हिंदू समाज, जिसे ऐसे देवपुरुष का सान्निध्य मिला। प्रताप ने निर्वाण से पूर्व मेवाड़ को एक सुयोग्य व सबल राजा देकर सिसोदिया राजाओं के सातत्य का दायित्व भी पूर्ण कर दिया।

अड़तीस वर्ष की आयु में कुँवर अमर सिंह को मेवाड़ के महाराणा का महती दायित्व प्राप्त हुआ। जैसे-जैसे हम उनके कर्मों और जीवन चरित्र का निरूपण करेंगे, हम जानेंगे कि अमर सिंह ने अपने पिता द्वारा स्थापित आदर्शों का पूरी निष्ठा के साथ पालन व निर्वहन किया।

प्रताप के देवलोक गमन के पश्चात् अकबर ने मेवाड़ पर अपने आक्रमणों को नए सिरे से शुरू किया, यद्यपि तीन वर्ष तक अमर सिंह ने प्रताप द्वारा स्थापित नीतियों और आदर्शों पर चलते हुए मेवाड़ के सामरिक और आर्थिक उत्थान पर ध्यान केंद्रित किया।

अमर सिंह ने मालपुरा, गुजरात, मालवा, ईडर और आबू में मुगल थानों एवं काफिलों पर आक्रमण कर उन्हें लूटकर उनकी संपत्ति को हस्तगत किया। अपनी सैन्य शक्ति को बढ़ाने हेतु उन्होंने गोड़वाड़, मुलतान तथा पंजाब से कुशल तोपचियों को बुलवा कर उनकी सहायता से मेवाड़ की सेना को आग्नेयास्त्रों से सुसज्जित किया।

अमर सिंह के इस निर्णय से मेवाड़ और मुगलों में 47 वर्षों से चले आ रहे संघर्ष में एक बड़ा परिवर्तन होने वाला था, जिसके परिणामस्वरूप उनके प्रपौत्र राज सिंह के समक्ष औरंगजेब को घोर पराजय का सामना करना पड़ा। अमर सिंह मेवाड़ के ऐसे पहले राजा थे, जो उत्तम तकनीक के शस्त्रास्त्र अन्य राज्यों से मेवाड़ में लाए और अत्याधुनिक तोपों का मेवाड़ में ही निर्माण कर मेवाड़ की सैन्य शक्ति को बल दिया।

मेवाड़ अब मुगलों से स्वयं की रक्षा नहीं कर रहा था, वरन् मुगलों पर बढ़-चढ़कर आक्रमण कर रहा था। अमर सिंह अब भी प्रताप की उस परंपरा का निर्वहन कर रहे थे और मेवाड़ के पर्वतीय क्षेत्रों में नगरों एवं ठिकानों का निर्माण कर रहे थे। इनमें से प्रमुख ग्राम और नगर थे सायरा तथा कुंभलगढ़। मेवाड़ का प्रमुख शत्रु अकबर, दो दशकों तक मेवाड़ को भूल चुका था, क्योंकि दिवेर की भयंकर पराजय के बाद कोई मुगल सेनापति मेवाड़ पर आक्रमण करने पर राजी ही नहीं था।

अकबर दो दशकों तक गुजरात, मालवा, अफगानिस्तान, बलूचिस्तान, पंजाब तथा अन्य भागों में उठ रहे विद्रोहों का दमन करने में ही व्यस्त रहा। अकबर के प्रमुख सलाहकार भगवानदास, टोडरमल, तानसेन इत्यादि काल के ग्रास बन गए और वह एकाकी रह गया था।

15 सितंबर, 1599 ईसवी को अकबर ने अपने बड़े पुत्र सलीम को अजमेर का सूबेदार बनाया। उसे अमर सिंह को पकड़कर मेवाड़ को पराजित करने का दायित्व

काशी विश्वनाथ मंदिर के ऊपर बनी मस्जिद

श्रीकृष्ण की जन्मभूमि की दीवार से सटी मस्जिद

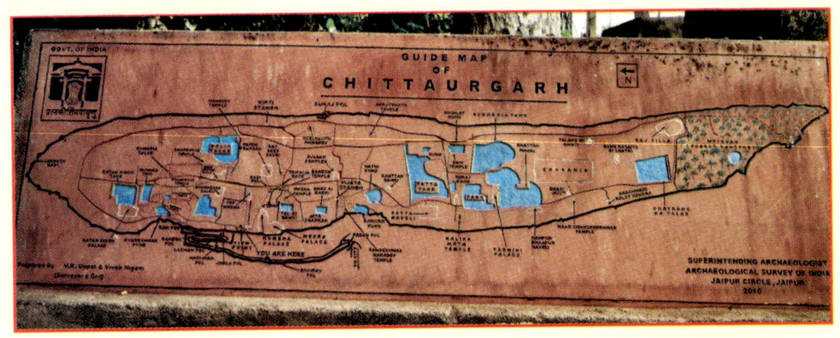

चित्तौड़गढ़ का मानचित्र

कुँवरपदा—वह स्थान, जहाँ प्रताप ने अपना बचपन बिताया

प्रताप ने राजा-प्रजा की दूरी मिटा दी

तीसरा साका–जौहर; चित्तौड़ सदा के लिए आहत

अकबर की मुस्लिम सेना ने हर हिंदू प्रतिमा को खंडित किया

ए.एस.आई. द्वारा निर्मित हिंदू मंदिर के ऊपर इस्लामिक गुंबद

1568 में जौहर की प्रथम अग्नि की साक्षी बनी जयमल राठौड़ की हवेली

भीम ताल, जहाँ जौहर की अधिकांश चिताएँ धधकी थीं

गोगुंदा में प्रताप के राज्याभिषेक का ऐतिहासिक स्थल

चित्तौड़गढ़ में राजघराने और प्रजा को विभाजित करती बनबीर की दीवार

महारानियों द्वारा जौहर का एक स्थान

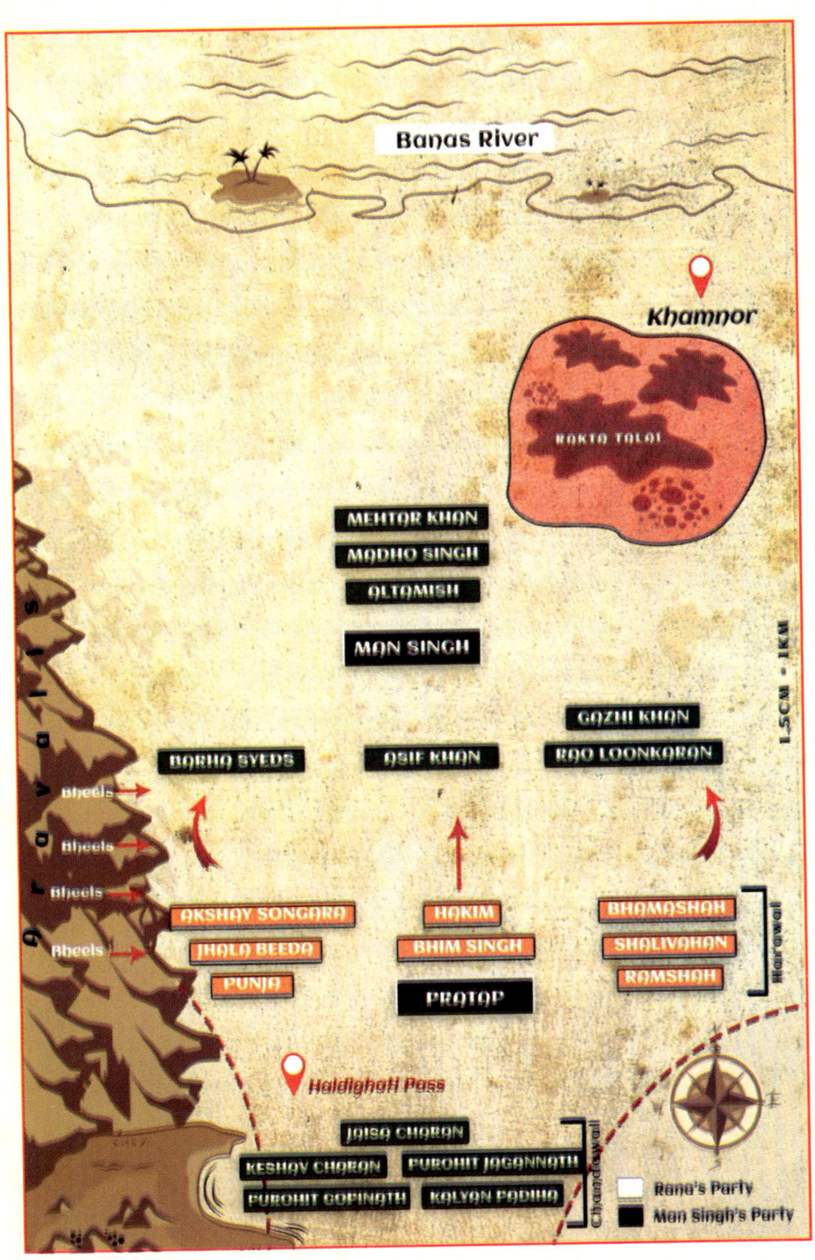

हल्दीघाटी युद्ध का मानचित्र

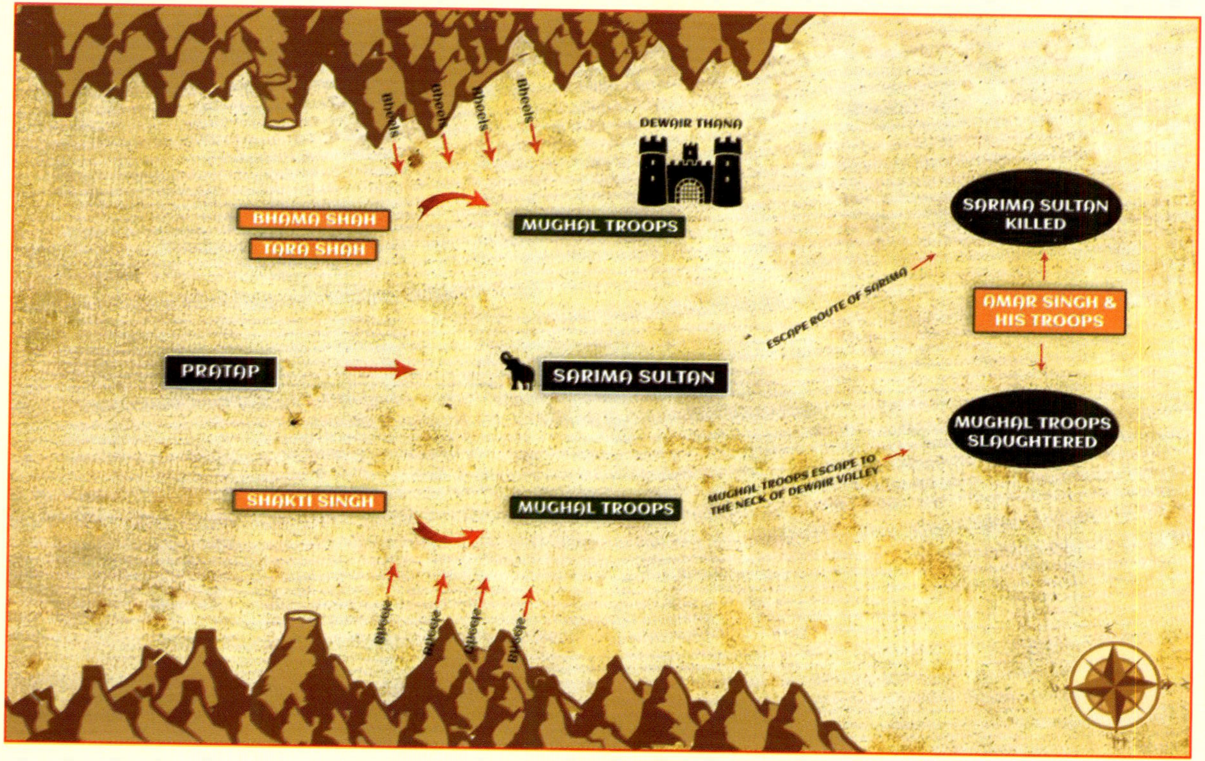

दिवेर युद्ध का मानचित्र

प्रताप ने बहलोल खान और उसके घोड़े को दो टुकड़ों में काट दिया

प्रताप को बचाते शक्ति सिंह

हल्दीघाटी से बादशाही बाग को जोड़ने वाला प्राचीन मार्ग धूमिल होते हुए

चावंड में महाराणा प्रताप की समाधि

अमर सिंह की समाधि

सदानीरा मोहक राजसमंद

अरावली की पहाड़ियों में वीर दुर्गादास राठौड़ बालक अजित सिंह के साथ

नाथद्वारा के निकट राजसिंह की समाधि, जिसे कृतघ्न
हिंदू समाज ने उपेक्षित कर दिया है

सी विस पेसम, पारा बेलम—आप शांति चाहते हैं तो युद्ध के लिए तत्पर रहें। मेवाड़ ने इस लातिनी कहावत को सदैव चरितार्थ किया

चित्तौड़गढ़ स्थित मीराबाई का मंदिर—अध्यात्म व युद्ध के सहअस्तित्व का प्रमाण

हिंदू शरणार्थी बालक दिलीप भील के साथ लेखक

जयपुर में सी.ए.ए. के समर्थन में एक रैली में जय आहूजा के साथ लेखक

कौन थे वे मूर्ख, जो कहते थे कि पाशविक वृत्ति एक विचार की हत्या नहीं कर सकती? इससे सरल और क्या है? और जब एक विचार मर जाता है, तो वह केवल एक शव होता है। —सिमोन वील

जो समाज अपनी स्त्रियों की रक्षा नहीं कर सकता, उसका मिटना ही श्रेयस्कर है

एक मनुष्य का आत्मज्ञान, मानवता को बचाने के लिए पर्याप्त है। —महर्षि अरविंद

सौंपा। अकबर ने जयपुर के मान सिंह को बंगाल से बुलाकर सलीम की सहायता करने का निर्देश दिया। मान सिंह मेवाड़ के राजपूतों से न तो युद्ध करना चाहते थे और न ही वे सलीम को पसंद करते थे, क्योंकि मान सिंह अपनी बहन के पुत्र खुसरो को अकबर के पश्चात् मुगल साम्राज्य का सम्राट् बनते देखना चाहते थे।

मेवाड़ के सौभाग्यवश, सलीम मादक पदार्थों का आदी तथा व्यभिचारी था, अत: उसमें युद्ध तथा रक्तपात करने की कोई इच्छा ही नहीं थी। सलीम ग्वालियर के आस-पास निरर्थक ही घूमता रहा। इससे मान सिंह मन-ही-मन प्रसन्न हुए। उन्होंने अजमेर में रहकर शांत मन से सलीम को भोग-विलास में लिप्त रहकर समय नष्ट करने दिया।।

अबुल फज्ल ने सलीम के विषय में लिखा है, "सलीम मुगल साम्राज्य का अयोग्य पुत्र सिद्ध हुआ।"[117]

अकबर सलीम से क्षुब्ध था और उसने सलीम को अमर सिंह को समाप्त करने के आदेश दिए। अमर सिंह ने इस अंतराल में ऊँटाला, मोही, कोशीथल, बगर, मंडल, मदारिया इत्यादि थानों को लूट कर हस्तगत कर लिया। ऊँटाला दुर्ग के विजय की कथा अद्‌भुत है। ऊँटाला की विजय बताती है की राजपूत अपने सम्मान की रक्षा के लिए किस सीमा तक जा सकते थे।

शत्रु पर आक्रमण करने हेतु सेना की प्रथम टुकड़ी, जो सबसे आगे रहती थी, उसे 'हरावल' कहा जाता था और उसके पीछे वाली टुकड़ी को 'चंदावल'। राव चूँडा के वंशज चूँडावत राजपूत, पीढ़ियों से चली आ रही व्यवस्था के अनुसार सदैव हरावल में ही लड़ते थे तथा प्रताप के भ्राता शक्ति सिंह के वंशज शक्तावत राजपूत, चंदावल में। एक समय चूँडावतों एवं शक्तावतों में विवाद हो गया कि सदा चूँडावत ही क्यों हरावल में लड़ने का सौभाग्य प्राप्त करेंगे?

अमर सिंह ने दोनों की मध्यस्थता करते हुए कहा कि ऊँटाला के दुर्ग में जो भी पहले प्रवेश करेगा, भविष्य में वही हरावल में युद्ध करने का सौभाग्य प्राप्त करेगा। बल्लू शक्तावत तथा रावत जैत सिंह चूँडावत ने दुर्ग पर एक साथ आक्रमण कर दिया।

बल्लू शक्तावत ने महावत को उस दुर्ग के मुख्य द्वार पर हाथी चढ़ाने के लिए कहा, जहाँ से मुगल तीरों और गोलियों की निरंतर वर्षा कर रहे थे। महावत ने यह कहते हुए असमर्थता जताई कि हाथी के दाँत नहीं हैं तथा दुर्ग के द्वार पर लगे नुकीले भालों के कारण द्वार को हाथी तोड़ने से असफल हो रहा है। बल्लू सिंह उन भालों के समक्ष खड़े हो गए और महावत को स्वयं पर हाथी चढ़ाने का आदेश देते हुए कहा, "यह हाथी मुझ पर चढ़ा दो, अन्यथा मैं तुम्हारा वध कर दूँगा"। महावत ने आदेश की पालना की। बल्लू सिंह का क्षत-विक्षत शरीर हाथी के लिए सहायक हुआ और दुर्ग का द्वार भरभराकर ध्वस्त हो गया।

117. भट्ट पृ. 352।

इधर रावत जैत सिंह ने रस्सियों की सहायता से दुर्ग की दीवार पर चढ़ना प्रारंभ किया, किंतु एक मुगल सैनिक ने उन्हें गोली मार दी। गोली लगने से आहत सामंत ने अपने साथी से कहा कि मेरा मस्तक काटकर दुर्ग में फेंक दो। साथियों ने वही किया। इस प्रकार चूँडावत तथा शक्तावत, दोनों ही कुल के योद्धा एक ही समय पर दुर्ग में प्रवेश कर गए। अमर सिंह ने दोनों ही शाखाओं के योद्धाओं की भूरि-भूरि प्रशंसा की और चूँडावत ही हरावल में युद्ध करने के अधिकारी बने रहे।

व्यभिचारी और हत्यारे अकबर तथा उसके पुत्रों को ऐसे महान राजपूत योद्धाओं के साहस और बलिदान का क्या बोध हो सकता था, जिन्होंने अपने मान हेतु एक दुर्ग को हस्तगत करने के लिए बलिदान का एक ऐसा उदाहरण दिया, जो तुर्क-मुगल इत्यादि किसी के लिए भी एक असंभव स्वप्न के समान था।

अमर सिंह ने कुछ ही समय में मुगलों के 30 थानों को हस्तगत कर लिया; इसके साथ ही मेवाड़ पर अधिकार करने का अकबर का स्वप्न केवल स्वप्न ही रह गया। यद्यपि ऐसा कहा जा सकता है कि मेवाड़ ने यह विजय बल्लू सिंह शक्तावत, रावल जैत सिंह चूँडावत तथा तेज सिंह खंगारोत जैसे साहसी योद्धाओं के बलिदान के कारण प्राप्त की थी।

अंततः सलीम से निराश व कुपित होकर अकबर ने सलीम के पुत्र खुसरो को आगे किया, क्योंकि उसमें युद्ध-कौशल था तथा बादशाह के प्रति अटूट निष्ठा भी। अकबर ने एक और चाल चली।

अकबर ने प्रताप के सौतेले भ्राता सगर को अपनी ओर मिलाकर उसे चित्तौड़ का किलेदार बनाकर, मेवाड़ का महाराणा बनाने का स्वप्न दिखाया।

सगर चित्तौड़ आया और अपने महान पूर्वजों के सिंहासन पर बैठ भी गया, किंतु उसे कभी मेवाड़ की जनता द्वारा प्रेम और सम्मान नहीं मिला। सात वर्षों तक मेवाड़ ने सगर के इस मिथ्याराज को सहन किया। कर्नल टॉड, सगर के इस अध्याय को बड़े सटीक शब्दों में बताते हैं—

"सगर, यद्यपि अपने भ्राता तथा भतीजे पर किसी शिलाखंड की भाँति कठोर था, फिर भी वह उन महान बलिदानी योद्धाओं के उस मंदिर से आते मूक अभिशापों व अपशब्दों को सहन नहीं कर सकता था, जो उस मंदिर की रक्षा में वीरगति को प्राप्त हुए थे।

उन साहसी राजाओं के शवों पर खड़े स्तंभ उसके स्वयं के अपमान के सबसे बड़े द्योतक थे। उस धरती पर चलते हुए उसे सदैव ऐसा प्रतीत होता था कि सभी उँगलियाँ केवल उसी की ओर उठ रही हैं। प्रतिपल उसे उन महामनाओं के शौर्य और स्वयं की अयोग्यता का स्मरण होता था।"

सगर इसी लज्जावश चित्तौड़ छोड़ जहाँगीर के दरबार में गया।

उसने उस मुगल की उपस्थिति में अपनी कटार निकालकर अपनी गरदन पर फिराकर आत्महत्या कर ली। एक द्रोही के लिए यही उचित अंत था।

इसके साथ ही राजपूतों में फूट डालने की इस चाल का भी अंत हो गया।

दिल्ली में खुसरो, मेवाड़ पर आक्रमण करने के लिए बड़ी सेना इकट्ठी कर रहा था, किंतु भाग्य बीच में आ गया और 15 अक्तूबर, 1605 को अकबर, विष के प्रभाव से मृत्यु को प्राप्त हुआ। 'अकबरनामा' में इसका उल्लेख है—

'जहाँ अल्लाह का करम रहता है, वो रहता है,
जो कुछ नहीं हो रहा है, वो भी हो जाता है,
जो यकीनन होना है, वो भी होते-होते रुक जाता है।'

मेवाड़ को अपने अधीन होते देखना अकबर के भाग्य में नहीं था। अपने मोक्ष के सात वर्ष पश्चात् भी प्रताप ने अकबर को मेवाड़ विजय से वंचित रखा। अकबर की मृत्यु की कथा भी उसके जीवन जितनी ही विश्वासघातों से युक्त है। टॉड, बूँदी राजघराने द्वारा लिखे गए इतिहास का उल्लेख करते हुए कहते हैं—[118]

"मान सिंह अकबर के विश्वासपात्र थे। अकबर उन्हें 'बेटा' कहकर बुलाता था। मान सिंह, जहाँगीर के योग्य पुत्र खुसरो को अकबर के बाद अगला बादशाह बनाना चाहते थे। दूसरी ओर अकबर ने जहाँगीर को अपना उत्तराधिकारी चुन रखा था। मुगल सेना में आंतरिक संघर्ष के भय से अकबर ने मान सिंह को भोजन में विष देकर मारने का विचार किया, क्योंकि मान सिंह आमने-सामने के द्वंद्व में भारी पड़नेवाले योद्धा थे।"

कई लेखक और इतिहासकारों, जैसे कि मिस्टर ब्रेवरीज और विन्सेंट स्मिथ लिखते हैं कि जिन शत्रुओं को अकबर बल से नहीं जीत पाता था, उन्हें कपटपूर्वक विषैले भोजन एवं विषैले वस्त्रों की सहायता से मार्ग से हटाया करता था।

साधारणतया, वह ऐसे लोगों को मीठी-मीठी बातों में बहलाकर उन्हें भोजन हेतु आमंत्रित करता और अपने विश्वासपात्र रसोईयों की सहायता से उन्हें विषाक्त भोजन देकर उनकी हत्या कर देता था। किंतु उस दिन, भाग्यवश, जो भोजन उसने मान सिंह को मारने के प्रयोजन से बनवाया था, उसके रसोइयों द्वारा वह भोजन अकबर को ही परोस दिया गया। इस विष के प्रभाव से उसे भोजन खाने के तीन दिवस के भीतर ही खूनी दस्त लगे और फिर 15 अक्तूबर, 1605 को भारत का सबसे कपटी, व्यभिचारी मुसलमान राजा, हिंदुओं का सबसे घातक शत्रु, अपने ही बनाए कुचक्र में फँसकर नरक में चला गया।

जैसा छल और षड्यंत्र से भरा जीवन उसने जिया था, ठीक वैसे ही अपमानजनक अंत को वह प्राप्त भी हुआ। उस समय का लेखा-जोखा रखनेवाले लोगों ने लिखा है कि दुर्गंध के कारण कोई उसके निकट भी जाने से कतराता था। अपने अंत समय में अकबर

118. टॉड, खंड-1, पृ. 279।

में मुसलमानों का धार्मिक मंत्र, कलमा पढ़ने तक की शक्ति नहीं बची थी और वह मौन ही संसार से विदा हुआ। इस तरह षड्यंत्रों के भरोसे जीवन व्यतीत करने वाले एक कपटी बादशाह को यमदूत उस अंधकार में खींचकर ले गए, जहाँ 40,000 निर्दोष हिंदुओं का नरसंहार करने के लिए, उसे स्वनिर्मित नरक में जलना था।

अकबर की मृत्यु के पश्चात् जहाँगीर दिल्ली का राजा बना, किंतु उसके अपने पुत्र खुसरो ने 1607 ईसवी में उसके विरुद्ध विद्रोह कर दिया। जहाँगीर ने खुसरो के इस विद्रोह का भैरोंवाल, पंजाब के युद्ध में दमन कर दिया तथा बंदी बनाकर उसे अंधा कर दिया। इसके पश्चात् जहाँगीर ने मुहब्बत खाँ (यह मुहब्बत खाँ जन्म से सिसोदिया था और प्रताप के भाई सगर का पुत्र था, किंतु धर्म परिवर्तन के पश्चात् मुहब्बत खाँ बन गया) को अमर सिंह का दमन करने भेजा। मुहब्बत खाँ की पराजय की कथा भी अद्‍भुत है—

जहाँगीर (1605–1627 ईसवी)

12,000 अश्वारोही, 500 सैनिक, 17 तोपों, 60 सैन्य हाथी और 20 लाख रुपए लेकर मुहब्बत खाँ ने मेवाड़ में अपने कदम रखे और राजपूतों के थानों को ध्वस्त करते हुए ऊँटाला के दुर्ग तक आ पहुँचा। यहाँ रावत मेघसिंह और गोविंदासोत चूँडावत ने मेवाड़ी सैनिकों की केवल 500 सैनिकों की टुकड़ी लेकर तुर्कों पर अचानक आक्रमण से अचंभित करने की योजना बनाई। एक दर्जन के आस-पास मेवाड़ी सैनिक, चरवाहों के रूप में गाय-भैंसों का एक बड़ा रेवड़ लेकर मुहब्बत खाँ की सेना के निकट पहुँचे। मेवाड़ी सैनिकों ने पशुओं के सींगों पर तरबूज में पटाखे भरकर, उनमें आग लगाकर तुर्क पड़ाव में छोड़ दिया। 500 मेवाड़ी सैनिकों ने इस स्थिति का लाभ उठाते हुए तुर्कों पर भालों एवं तीरों से हमला करना प्रारंभ किया।

एक बड़ी सेना ने उन पर आक्रमण कर दिया है, यह मान कर मुहब्बत खाँ की विचलित सेना उत्तर दिशा में अजमेर की ओर भागने लगी। यहाँ से कुछ मील दूर ही अमर

सिंह मेवाड़ की पूरी सेना लिये प्रतीक्षा कर रहे थे और देखते-ही-देखते पूरी तुर्क सेना को समाप्त कर दिया गया। उनके समस्त शस्त्रास्त्र एवं मूल्यवान् सामग्री मेवाड़ी सेना द्वारा लूट ली गई तथा तुर्कों द्वारा जीते किए गए समस्त थानों को पुनः प्राप्त कर लिया गया।

जहाँगीर ने अगली बार अब्दुल रहीम खानखाना के भाई को मेवाड़ पर चढ़ाई करने भेजा। अमर सिंह और तुर्क सेना का सामना 1607 ईसवी में दिवेर के निकट एक घाटी में हुआ। वहाँ एक भीषण युद्ध के पश्चात् तुर्क सेना पराजित हो गई। इस युद्ध का श्रेय मुख्यतः कानाजी को दिया गया, जो अमर सिंह के काका लगते थे। कालांतर में इन्हीं कानाजी के वंशज 'कानावत' कहलाए। एक छोटे संघर्ष के पश्चात् दिवेर का युद्ध हुआ।

रानकपुर के निकट मुगल अब्दुल्ला के नेतृत्व में लड़ी मुगल सेना मानो क्षण भर में समाप्त हो गई। यद्यपि यह विजय मेवाड़ को महँगी पड़ी। सभी प्रथम पंक्ति के सरदार दूदा सांगावत, नारायणदास, सूरजमल, आसकरण सिसोदिया जैसे वीर इन युद्धों में काम आए। पूरणमल शक्तावत, हरिदास राठौड़, भोपत झाला, कहीर दास कच्छावा, केसुदास चौहान, मुकुंद और जयमलोत राठौड़ इत्यादि भी इन विजय अभियानों में वीरगति को प्राप्त हुए।

अपनी इन पराजयों से विचलित जहाँगीर ने अपने पुत्र परवेज को अमर सिंह के पीछे एक नई सेना और भरपूर गोला-बारूद देकर राणा को पराजित करने के लिए भेजा। जहाँगीर ने अजमेर के सूबेदार का मनसब बढ़ाया और परवेज को निम्न निर्देशों के साथ मेवाड़ भेजा, "यदि राणा अथवा उसका पुत्र करण सिंह, सम्मानपूर्वक मिलने आएँ तो उनसे ससम्मान मिलना तथा उनके साम्राज्य को कोई हानि न पहुँचे।"

अमर सिंह ने सामने से परवेज पर हमला किया और खमनौर की घाटी की रक्तरंजित धरा पर मुगल सेना का स्वागत किया। मुगल पराजित हुए और साथ ही अजमेर को भी लूटा गया। इस युद्ध के विषय में मुगल इतिहासकार भी लिखते हैं कि यह पूरी तरह से मेवाड़ की विजयश्री का दिन था। मुगल इतिहासकार लिखते हैं कि परवेज घाटियों में खो गया था, उसके शिविर में विद्रोह की स्थितियाँ उत्पन्न हो गईं, उसकी रसद का रास्ता काट दिया गया तथा निरंतर होने वाले मेवाड़ी सेना के आक्रमणों से उसकी सेना लगभग समाप्त हो गई।

तब जहाँगीर ने परवेज के पुत्र को मेवाड़ के अभियान की बागडोर सौंपी, जिसे मुहब्बत खाँ ने स्वयं युद्ध कला में प्रशिक्षित किया था। उसकी सेना को भी अमर सिंह द्वारा मुँह की खानी पड़ी। अमर सिंह का विजय अभियान निरंतर 18 वर्ष चला। किंतु मुगल किसी रक्तबीज[119] की भाँति बढ़ते गए।

119. हिंदू पुराणों में एक राक्षस जिसको मारना असंभव था क्योंकि जहाँ उसके रक्त की एक बूँद गिरती, एक और रक्तबीज खड़ा हो जाता।

मेवाड़ के वीर पुत्र जितना मुगलों को काट-काटकर उनके शवों का अंबार लगाते, उससे अधिक मुगल, युद्ध में अपनी जान झोंकने हेतु उपस्थित हो जाते। इस कट्टरवादी और धर्मांध सेना की धार अनवरत बहती रही। प्रत्येक विजय के पीछे, मेवाड़ की सेना अपने साहसी सपूतों को खोती रही और उसके शत्रु कीटाणुओं की भाँति बढ़ते रहे।

प्रताप के देवलोक गमन के पश्चात् अमर सिंह के नेतृत्व में सत्रह बड़े युद्ध लड़े गए तथा सभी सत्रह युद्ध मेवाड़ ने जीते। यद्यपि इन युद्धों में हुई विजय के लिए मेवाड़ को अपने कई शौर्यवान योद्धाओं की बलि देनी पड़ी। ऊपर से मेवाड़ के पास न तो नए संसाधन उत्पन हुए और न ही वीरगति को प्राप्त (हिंदू योद्धा कभी शहीद नहीं होते हैं। शहीद अरबी मूल का शब्द है जिसका अर्थ है, साक्षी या गवाह। मुसलमानों का अल्लाह साक्षी होता है कि अमुक मुसलमान ने इस्लाम की राह में प्राण गँवाए। केवल मुसलमान शहीद होता है। किसी हिंदू को शहीद कहना उसका सबसे बड़ा अपमान है।) योद्धाओं के स्थान पर नए योद्धाओं की भर्ती हो पाई।

उधर जहाँगीर भी अपने कई महत्त्वपूर्ण सेनानायकों को खो चुका था, जैसा कि उसने अपने संस्मरणों में लिखा है। मेवाड़ के युद्धों में, फरीद खाँ बर्लास व सिकंदर मोईन करावल की शहादत का उल्लेख जहाँगीर बहुत भारी मन से करता है। बर्लास अपने वंश का अंतिम सेनापति था तथा करावल के शव को मेवाड़ से आगरा मँगवाकर जहाँगीर ने अपने हाथों से गाड़ा। जयपुर के वीर नायक, माधो सिंह, जगन्नाथ कछावा व मान सिंह भी इहलोक से जा चुके थे। जहाँगीर मेवाड़ से संधि करने को आतुर था।

1613 ईसवी में जहाँगीर ने अपने सबसे योग्य पुत्र, खुर्रम (शाहजहाँ) को मेवाड़ पर आक्रमण हेतु एक बड़ी सेना लेकर भेजा। खुर्रम एक चतुर सेनापति सिद्ध हुआ। उसने अपनी सेना को छोटी-छोटी टुकड़ियों में बाँट दिया और मेवाड़ के थानों को एक-एक करके हस्तगत करने लगा, जिससे अमर सिंह को पीछे हटते हुए अरावली की पहाड़ियों में जा बसने के लिए विवश होना पड़ा। इसके पश्चात् खुर्रम ने मेवाड़ की सेना की रसद और सामरिक सामग्री पहुँचने के रास्ते बंद कर दिए। इन आक्रमणों से विचलित मेवाड़ी सेना गुरिल्ला पद्धति से युद्ध करने लगी।

पूरा उत्तरी मेवाड़ मुगलों के नियंत्रण में आ गया। कुंभलगढ़ और उदयपुर समेत मेवाड़ के सभी महत्त्वपूर्ण नगर अमर सिंह हार चुके थे; परिणामत: उन्हें अरावली के जंगलों में रहना पड़ा। इसके पश्चात् जो परिस्थितियाँ रहीं, उनमें अमर सिंह, उनके पुत्र करण सिंह एवं मेवाड़ के सभी महत्त्वपूर्ण सामंतों और प्रजा तक ने मिल-जुलकर संघर्षमय जीवन जिया। मेवाड़ के ये सभी लोग इस्लामी आक्रांताओं से केवल इसलिए संघर्ष कर पाए, क्योंकि इसमें उन्हें अमर सिंह और उनके सामंतों का दूरदर्शितापूर्ण नेतृत्व प्राप्त था।

भामाशाह, एक कुशल सेनापति और वित्त व्यवस्थापक थे उन्होंने प्रताप के पश्चात् अमर सिंह के साथ भी 1600 ईसवी में अपनी मृत्युपर्यंत, उसी तत्परता एवं निष्ठा के साथ कार्य किया, जैसा वे प्रताप के समय में करते थे। उन्होंने मेवाड़ के राजकोष को पोषित किया और अपनी मृत्यु से केवल एक रात पहले मेवाड़ के समस्त बही-खाते, दुर्गों एवं गुफाओं में छुपे हुए धन के मानचित्र, सभी अपने महाराणा को समर्पित कर दिए।

अपनी मृत्यु के पश्चात् भी भामाशाह ने मेवाड़ के सामरिक संघर्ष को पोषित करने हेतु धन की समुचित व्यवस्था बनाए रखी थी। अमर सिंह ने भामाशाह के पुत्र जीवा शाह को मेवाड़ का मुख्य कोषाधिकारी नियुक्त किया, जिन्होंने जीवनपर्यंत अपने पिता की ही तरह मेवाड़ की सेवा की।

खुर्रम द्वारा मेवाड़ के सभी वित्त-व्यापार इत्यादि को रोक देने के बाद कुछ ही माह में मेवाड़ के सामंतों ने प्रजा में फैल रहे असंतोष को भाँप लिया तथा इस विषय में चर्चा करने वे महाराणा के पास पहुँचे। उन्होंने सम्मिलित स्वर में उनसे निवेदन किया—

"हमारे पास अब न तो मुगलों से लड़ने हेतु संख्या है और न ही साधन, अतः मेवाड़ की संप्रभुता बनाए रखने हेतु संधि से उपयुक्त और कोई समाधान नहीं दिख रहा।"

महाराणा अमर सिंह ने अपने पिता को उनके अंतिम समय में वचन दिया था कि वे स्वयं कभी, किसी भी परिस्थिति में समर्पण नहीं करेंगे, किंतु उन्हें भी अपनी संघर्षरत सेना एवं प्रजा में फैलते असंतोष की प्रतिध्वनि स्पष्ट सुनाई दे रही थी।

उन्होंने अपने सामंतों से तनिक रुकने को कहा। तब तक उन्होंने मुगलों के सेनापति और प्रताप के शुभचिंतक अब्दुल रहीम खानखाना के लिए एक दोहा लिखा। राणा ने लिखा—

गोड़ कछावा राठवड़, गोखां जोख करंत।
कहजो खांनांखान नै, वनचर हुआ फिरंत॥

अर्थात् गौड़, कच्छावा और राठौड़ राजपूत, मुगलों से संधि करके ठंडी हवाओं का आनंद ले रहे हैं, किंतु हे खानखाना! केवल हम सिसोदिया हैं, कि वनों में पशुओं की भाँति विचरण करने को बाध्य हैं।

रहीम को जब यह संदेश प्राप्त हुआ था, तब वह दक्षिण भारत में युद्धरत थे।

उनका प्रत्युत्तर था—

धर रहसी रहसी धरम, खप जाशी खुरसाण।
अमर विशंभर ऊपरा, राखौ निहचो राण॥

अर्थात् धरती रहेगी और धर्म भी रहेगा, मुगल मारे जाएँगे। विश्वंभर महादेव स्वर्ग से आपको देख रहे हैं, थोड़ा सा धीरज रखिए राणाजी!

इस्लाम छोड़ हिंदू धर्म अपनाने वाले मेवाड़ के मित्र, अब्दुल रहीम खानखाना

मेवाड़-मुगल शत्रुता की गाथा से हम थोड़ा विराम लेकर इन महामनाओं की आत्मिक और बौद्धिक विशालता का भी स्वाद लें, जहाँ शत्रु राजा को उसकी प्रतिद्वंद्वी सेना का ही एक सेनापति संबल और विश्वास से ओत-प्रोत शब्दों में ज्ञान की बात कह रहा है! समझ व प्रेम की इन ऊँचाइयों को आत्मसात् करने का हम प्रयास कर सकते हैं, ताकि हमारा समसामयिक जीवन भी इन महापुरुषों के प्रतिबिंब में आलोकित व सुगंधित हो सके।

रहीम के साथ इस प्रकार का संवाद होने के पश्चात् अमर सिंह ने मुगलों से एक वर्ष तक और संघर्ष किया।[120] इन परिस्थितियों में मेवाड़ के सामंतों ने अमर सिंह से आज्ञा लिये बिना ही राजकुमार करण सिंह से संवाद किया। सामंतों ने करण सिंह से विनयपूर्वक निवेदन किया—

"न खाने को अन्न है, न पहनने को वस्त्र न शस्त्र हैं और न ही साधन परिवारों में 4-4 पीढ़ियों के पुरुष अपने बलिदान दे चुके हैं।

कभी-कभी तो एक ही घर में पिता का बारहवाँ और पुत्र का जन्म एक साथ होता है। यदि कोई बालक मुसलमानों के हाथ लग जाए तो उन्हें यौन-दुराचार हेतु प्रयोग किया जाता है। हमारी पत्नियों और बालकों के जीवन से अधिक हमें इस प्रकार के दुराचार का भय विचलित कर देता है।

पिछले 47 वर्षों में हमारे लोगों ने सभी प्रकार के कष्ट उठाए, किंतु समाधान होता दिख नहीं रहा। मेवाड़ के पुत्रों ने दशकों लंबा यह संघर्ष मात्र गूलर के फल व जंगली आम खाकर किया है, किंतु अब तो वन के वृक्ष भी सूखने लगे हैं।" करण सिंह ने शांतिपूर्वक सब सुना। उन्होंने सामंतों को उनकी सेवा और निष्ठा के लिए धन्यवाद दिया। उन्होंने सामंतों को समझाया कि दाजीराज सा ने मृत्यु शय्या पर महाराणा को वचन दिया था कि जब तक स्वयं जीवित हैं, वे मुगलों के साथ किसी प्रकार से संधि नहीं करेंगे।

सामंत झाला हरिदास तथा शुभकरण पँवार ने उत्तर दिया, "यदि मेवाड़ के सामंत ही युद्ध करने से मना कर देंगे तो अकेले महाराणा क्या कर पाएँगे?" दोनों ही सामंतों

120. वीर विनोद, खंड-2, पृ. 234-35।

ने करण को सलाह दी कि वे उन्हें खुर्रम से संधि की शर्तों पर बात करने दें। यदि वे सम्मानजनक होंगी, तो मेवाड़ को अपने साधन और सेना एकत्र करने के लिए समय मिल जाएगा और इसमें कोई बुरी बात नहीं है।

मेवाड़ की पद व्यवस्था में राजकुमार, उमराव और रावतों से नीचे के पदों में आता है। अतः मुगल सोचेंगे कि राजकुमार संधि कर रहा है, किंतु मेवाड़ के अनुसार यह केवल एक छोटे सामंत के द्वारा संधि प्रस्ताव के रूप में ही देखा जाएगा। मेवाड़ का अपने लिए सदैव तत्पर रहने वाले सामंतों के प्रति यह सम्मान ही था, जिसके आधार पर राजकुमार भी पद में, मेवाड़ के निष्ठावान सामंतों से कम गिने जाते थे। मेवाड़ में वरीयता और निष्ठा का अद्भुत सम्मान होता था। कदाचित् हमारे वर्तमान नेतागणों तथा जन नायकों को इस परिपाटी से शिक्षा लेनी चाहिए। दोनों ही सामंतों ने करण को आश्वस्त किया कि एक बार उन दोनों को जहाँगीर के दरबार में उपस्थित होने दिया जाए, ताकि उससे संधि की शर्तों पर बात की जा सके। यदि शर्तें सम्मानजनक नहीं हुईं तो वे दोनों ही अपनी मृत्युपर्यंत युद्ध हेतु तत्पर रहने का वचन देते हैं।

राजकुमार करण सिंह ने अमर सिंह की अनुमति के बिना ही दोनों सामंतों को जहाँगीर से मिलने अजमेर भेज दिया। जहाँगीर मेवाड़ से हो रहे इन युद्धों से तंग आ चुका था और भारत के विभिन्न क्षेत्रों में चल रहे विद्रोहों का दमन करने में उसके अपने साधन भी शनैः-शनैः क्षीण होते जा रहे थे।

1615 ईसवी में महाराणा प्रताप के देवलोकगमन के 18 वर्ष पश्चात 17 प्रमुख युद्ध लड़ने और उनमें विजय प्राप्त करने के बाद, मेवाड़ ने जहाँगीर के साथ संधि की। दोनों ही सामंतों को पूरे स्वागत-सत्कार के साथ मुगलों ने दरबार में बुलवाया। जहाँगीर ने महाराणा अमर सिंह को स्वयं पत्र लिखा और उनके प्रति अपना सम्मान दर्शाया।

इस पत्र के साथ उसने महाराणा हेतु ढाका के मलमल की एक शॉल एवं एक वस्त्र पर केसर से बना अपने हाथ के पंजे की छाप लगाकर पत्र भेजा, जिसका अर्थ था कि मुगल इस संधि में लिखे गए प्रत्येक शब्द का सदैव सम्मान करेंगे। इसके अतिरिक्त जहाँगीर ने अपने पुत्र खुर्रम को आदेश दिया कि इस संधि में जिन शर्तों पर भी राणा अपनी सहमति दें, उसके आधार पर अपनी सहमति स्वरूप वह स्वयं भी राजसी मुहर लगाए।

यह सब कुछ महाराणा अमर सिंह की जानकारी के बिना हो रहा था। वे स्वयं गोगूँदा में थे।

राजकुमार करण सिंह ने संधि और उसकी शर्तों के विषय में अपने पिता को सब कुछ बताया तथा उन्हें इस सम्मानजनक संधि को स्वीकार करने की सलाह दी।

अमर सिंह का मुँह, दुःख और क्षोभ से क्लांत हो गया। राणाजी ने मौन धारण कर लिया।

कुछ समय के पश्चात् अमर सिंह ने कहा, "यदि आप सभी ने अपना मन बना ही लिया है, तो इस विषय में मैं और क्या कहूँ? मैं दाजीराज सा (प्रताप) को दिए अपने वचन को कदापि भंग नहीं करना चाहता था, किंतु ईश्वर ने अंततः मुझे यह दिन दिखा दिया।"

अमर सिंह दुःखी मन से एकांतवास में चले गए। अपने जीवन काल में ही राज-काज के सब निर्णय उन्होंने करण सिंह पर छोड़ दिए।

यह संधि यद्यपि मेवाड़ के लिए आवश्यक थी और उस समय की माँग भी थी और इसे पर्याप्त सम्माजनक शर्तों पर ही किया गया।

फिर भी यह संधि, मेवाड़ के तत्कालीन महाराणा अमर सिंह के असामयिक निधन का प्रमुख कारण बनी। अमर सिंह इस दंश को सह ना सके कि उनके जीवनकाल में मेवाड़ ने मुगलों की प्रभुसत्ता को स्वीकार कर लिया।

अमर के गर्वीले चरित्र पर यह बोझ असहनीय था कि उन्हें उन मुस्लिम आक्रांताओं के समक्ष झुकने का अपमान झेलना पड़ा, जिनसे उनके पूर्वजों ने विगत 800 वर्षों से स्वाभिमान तथा सम्मान की लड़ाई लड़ी थी। मेवाड़ और मुगलों में हुई इस संधि के मुख्य बिंदु थे—

1. राणा अपनी पसंद की जगह पर खुर्रम से मिलेंगे।
2. राणा के पुत्र करण सिंह को उनके प्रतिनिधि के रूप में मुगल दरबार में भेजा जाएगा।
3. मेवाड़ के राजकुमार को मुगल दरबार में अन्य राजकुमारों से उच्च स्थान प्राप्त होगा तथा यह स्थान जहाँगीर के बिल्कुल निकट होगा।
4. मेवाड़ के राणा को कभी मुगल दरबार में उपस्थित नहीं होना पड़ेगा।
5. चित्तौड़ का दुर्ग, राणा को पुनः दे दिया जाएगा, किंतु उसे कभी सुधारा नहीं जाएगा और न ही किलेबंदी की जाएगी।
6. राणा अपने एक हजार अश्वारोही मुगल सेना में देंगे।[121]

अतः 8वीं शताब्दी से 17वीं शताब्दी तक लगभग एक सहस्र वर्षों के लिए इस्लामी आक्रांताओं से लड़ने के पश्चात् मेवाड़ और मुगलों में संधि हो गई।

कुछ इतिहासकार इस संधि को मेवाड़ के समर्पण के रूप में देखते हैं, किंतु यह उचित नहीं है और उस समय को एक संकीर्ण सोच से देखने का ही परिणाम है। अपने मन से मेवाड़ ने कभी भी समर्पण नहीं किया। इस शांतिकाल का उपयोग मेवाड़ ने अपने

121. भट्ट, पृ. 402।

साधनों एवं सेना को एकत्र करने हेतु किया था।

1567 ईसवी में अकबर के चित्तौड़ के घेरे से आरंभ हुए इस संघर्ष का इतिहास विलक्षण शौर्य, आश्चर्यजनक निष्ठा, अतुलनीय बलिदान व अद्भुत एकाग्रता एवं चरित्र की रोमांचक घटनाओं में गूँथा गया था। यदि भारत के शेष राजपूत राज्य, धर्म व स्वाधीनता के लिए इसका आधा भी समर्पण दिखाते तो न कोई मुगल यहाँ होता, न उनका काला इतिहास।

मेवाड़-मुगल संधि की मुख्य बात यह थी कि राणा को स्वयं कभी मुगल दरबार में उपस्थित नहीं होना था और न ही उन्हें बादशाह को झुककर अभिवादन करना था। यह अत्यंत महत्त्वपूर्ण था, क्योंकि मेवाड़ के महाराणा का मुगलों के सामने झुकना या उनको झुककर अभिवादन करना न केवल मेवाड़, वरन् पूरे भारत के आत्मसम्मान पर प्रश्नचिह्न लगा देता। इसके अतिरिक्त अमर सिंह ने मुगलों से विवाह संबंधों को सिरे से अस्वीकार कर दिया था। यह भी मुगलों की सत्ता पर एक प्रहार था, क्योंकि विधर्मी मुगल, विवाह संबंधों के माध्यम से राजपूत राजाओं को अपने अधीन बना लेते थे।

अतः अमर सिंह ने अच्छी तरह से विचारकर इस संधि को मौन स्वीकृति दी थी, ताकि लगभग 800 वर्षों तक उनके पूर्वजों और उनकी प्रजा ने जो संघर्ष का समय भुगतकर भी अपने आत्मसम्मान की रक्षा की थी, वह संघर्ष व्यर्थ न हो जाए।

इस संधि के अतिरिक्त मेवाड़ के पास केवल एक ही मार्ग था, प्रत्यक्ष युद्ध।

उससे भविष्य के सभी मार्ग व संभावनाएँ बंद हो जातीं और मेवाड़ को पुनः खड़े होने का भी कोई अवसर ही नहीं मिलता। मेवाड़ ने इस्लामी कट्टरपंथियों से संघर्ष के इतिहास में सदैव पुनः अपने आप को एक सशक्त राज्य के रूप में स्थापित किया था और इस संधि को एक ऐसे समय के रूप में देखा जा सकता है, जिसके पश्चात् मेवाड़ को पुनः अपनी सत्ता तथा सम्मान को स्थापित करने का अवसर मिला था।

मेवाड़ और मुगलों के बीच के इस शांतिकाल में मेवाड़ को अपनी अर्थव्यवस्था सुदृढ़ करने और हिंदुओं के सबसे कुटिल शत्रु, यानी औरंगजेब से संघर्ष करने हेतु अपनी प्रजा को तैयार करने के लिए समय मिल गया।

इतिहास में इस संधि के लिए अमर सिंह को उदार दृष्टि से देखना चाहिए। यद्यपि यह संधि उस समय की भूराजनीतिक परिस्थितियों के कारण एक थोपा हुआ प्रकरण था, किंतु राजपूतों के आत्मसम्मान तथा हिंदुओं की स्वाधीनता से किसी प्रकार का समझौता नहीं किया गया। इसी संधि के कारण मेवाड़ ने मात्र पाँच ही दशक में पुनः स्वयं को स्थापित कर लिया।

मेवाड़ के लिए इस संधि के दो मुख्य लाभ रहे, जिनका उल्लेख आवश्यक है। पहला है, चितौड़ का पुनः प्राप्त होना, जिसे अकबर ने पचास वर्ष पहले हिंदुओं से छीना

था। दूसरा, अमर सिंह द्वारा मुगलों से उत्तम तकनीक से निर्मित तोपें बनाने हेतु कारीगर लिये गए। चित्तौड़, मेवाड़ और उसकी प्रजा के लिए एक सांकेतिक व मनोवैज्ञानिक महत्त्व का स्थान रखता था और मेवाड़ की जनता ने चित्तौड़ के पुनर्ग्रहण को किसी उत्सव की भाँति उल्लास से मनाया।

दूसरा, मेवाड़ी सैनिकों को मुगल आग्नेयास्त्रों का प्रशिक्षण मिलने से भविष्य में औरंगजेब के साथ हुए युद्ध में विजय प्राप्त करना और भी सुगम हो गया।

मेवाड़ पर हो रहे आक्रमणों को एक सम्मानजनक और लाभदायी संधि में परिवर्तित कर राज्य और प्रजा दोनों के लिए ही मेवाड़ के बुद्धिमान और शौर्यवान सामंतों एवं महाराणा अमर सिंह ने उचित निर्णय लिया।

मेवाड़ की गाथाओं और हिंदू लेखकों द्वारा लिखित ग्रंथों में इस परिवर्तन के उल्लेख के अतिरिक्त जहाँगीर की आत्मकथा 'तुजुक-ए-जहाँगीरी' में भी महाराणा अमर सिंह एवं उनके पुत्र कर्ण सिंह के विषय में सम्मानजनक उल्लेख किया गया है—

18 फरवरी, 1615 को मेवाड़ के राजकुमार करण सिंह, शहजादा खुर्रम के साथ अजमेर पहुँचे और जहाँगीर ने स्वयं आकर राजकुमार का स्वागत किया। मुगल दरबार में ब्रिटिश राजदूत और जेम्स प्रथम के प्रतिनिधि थॉमस रो के अनुसार, जहाँगीर स्वयं अपने सिंहासन से उठा और उसने राजकुमार करण सिंह का स्वागत किया तथा उनके ललाट का चुंबन लिया इसके पश्चात् जहाँगीर ने उनको अपनी बाईं तरफ एक स्थान पर बिठाया, जो अन्य राजकुमारों एवं दरबारियों से ऊँचा स्थान था।

जहाँगीर ने भी अपने संस्मरणों में लिखा है—

"करण ने अपने राज्य में पर्वतों में घूमते हुए जो जीवन जिया है, उसके हिसाब से वह काफी शर्मीला है, और उसे दरबार के तौर-तरीकों का अनुभव भी नहीं है, मैं स्वयं उससे जुड़ने के लिए और उसे विश्वास दिलाने के लिए उसके और उसके परिवार के प्रति सम्मान व्यक्त करता हूँ तथा उसे कुछ-न-कुछ देता रहता हूँ।

"दूसरे ही दिन मैंने उसे एक जड़ाऊ कटार दी थी। तीसरे दिन मैंने उसे इराक से मँगवाया हुआ एक बेहतरीन नस्ल का सजीला घोड़ा उपहार में दिया। उसी दिन मैं उसे मलिका के दरबार में भी ले गया, जहाँ बेगम नूरजहाँ ने उसके लिए बेहतरीन खिलत (वे वस्त्र, जो किसी राजा की ओर से सम्मानपूर्वक दिए जाते हैं।) बनवाए, कई हठी घोड़े और बेशकीमती जवाहरात भी दिए। उसी दिन मैंने उसे मोतियों का एक बहुमूल्य हार भी दिया और एक दिन एक हाथी दिया। मेरी इच्छा थी कि मैं उसे एक से बढ़कर एक बेहतरीन चीजों से नवाजूँ। मैंने उसे तीन शाही बाज और सिखाई हुई तीन चीलें, कवच और शानदार जिरह-बख्तर भी दिया। महीने के आखिरी दिन मैंने उसे खूबसूरत गलीचे, तकिए, इत्र, सोने के बरतन और गुजरात से मँगवाई हुए खूबसूरत बैलों की एक जोड़ी भी दी।"

करण सिंह के साथ हुए इस राजसी व्यवहार से पता चलता कि सम्मान और साहस कितना मूल्यवान् होता है! जो राजा मुगलों की सेवा में थे, उनके साथ कभी ऐसा राजसी व्यवहार नहीं हुआ, जैसा जहाँगीर ने करण सिंह के साथ किया।

जहाँगीर द्वारा करण सिंह को दिए गए सम्मान के विषय में ब्रिटिश एजेंट थॉमस रो लिखते हैं—"राजा पुरु का असली उत्तराधिकारी मुगलों के बीच खड़ा था, पिछले बरस तक तो कोई इन्हें डरा भी नहीं सका था, लेकिन सच कहें तो उसे हराया नहीं गया, बल्कि खरीदा जा रहा है। जिस पर हथियार न चलें, उसे उपहार दे दो! सिकंदर द्वारा निर्मित स्तंभ आज भी दिल्ली में है, जो कि राम की पुरातन राजधानी रही, पौरस के वंशज की राजधानी।"

थॉमस रो ने एक ही वक्तव्य में श्रीराम से लेकर राजा पुरु और मेवाड़ के महाराणाओं की ख्याति कह दी थी, जो कि आज भी बिना किसी रोक-टोक के मेवाड़ में यशस्वी महाराणाओं के रूप में विद्यमान है।[122]

दुःख की बात यह है कि यद्यपि हम विश्व की सबसे पुरानी सभ्यता के वंशज हैं, पर हम स्वयं ही शौर्य व आत्मसम्मान की इस परंपरा से अनभिज्ञ हैं। आज यदि हम जीवित हैं और सुखी हैं तो उसके पीछे हमारे उन महान पूर्वजों का विवेक एवं बलिदान है, जिन्होंने भयंकर संघर्ष के समय में भी मन स्थिर रखा और अभूतपूर्व शौर्य से युद्ध लड़े।

करण सिंह मेवाड़ लौट आए और कुछ समय पश्चात् उनके पुत्र जगत् सिंह भी जहाँगीर के दरबार में गए। उनके साथ भी वही यथोचित व्यवहार हुआ, जो करण सिंह के साथ हुआ था।

करण सिंह के मेवाड़ लौटने के साथ ही मेवाड़ की आर्थिक और सामाजिक संपन्नता तीव्र गति से बढ़ने लगी। प्रजा अब पर्वतीय क्षेत्रों से उतरकर मैदानी क्षेत्रों में पुनः बसने लगी। कृषि और व्यापार पुनः पल्लवित होकर बढ़ने लगे थे। देवला और डूँगरपुर पर आधिपत्य के साथ ही मेवाड़ के भूभाग का विस्तार भी होने लगा था। अब नए नगरों, जैसे खेराड़, फूलिया, बदनोर, मांडलगढ़, झीरम, नीमच और भैंसरोडगढ़ इत्यादि को भी मेवाड़ में सम्मिलित कर लिया गया था।

चित्तौड़ को पुनः प्राप्त करना और उसके खोए स्वरूप तथा प्रतिष्ठा को लौटाना मेवाड़ की प्रजा के मानस पर एक सकारात्मक प्रभाव लाया, क्योंकि उनके पूर्वजों ने अपना सर्वस्व बलिदान देकर उसकी रक्षा की थी। जैसे ही अमर सिंह और मुगलों में संधि हुई, भाग्य ने महाराणाओं की कथा में एक सुखद बदलाव करना शुरू कर दिया था।

यह संधि ऐसा विश्राम थी, जिसे मेवाड़ के महान राजवंश ने अपने बाहुबल पर अर्जित किया था।

यह संधि कुल पाँच दशकों तक चली और इस काल में मेवाड़ ने वह सुख की

122. टॉड, खंड-1, पृ. 288-89।

साँस ली, जिसका वह अधिकारी था।

मेवाड़ के महाराणाओं एवं उनकी प्रजा को क्या पता था कि उनके भाग्य में मुगलों के साथ एक अंतिम भीषण संघर्ष अभी शेष है। ईश्वर ने मेवाड़ को अपनी शक्तियों और सामर्थ्य को बढ़ाने एवं थोड़ा विश्राम कर लेने का एक अवसर दिया था, ताकि वे महाराणा जगत् सिंह के परम साहसी पुत्र राज सिंह के नेतृत्व में हिंदू धर्म के सबसे कपटी शत्रु औरंगजेब से पूरी शक्ति के साथ संघर्ष कर सकें।

मेवाड़ द्वारा मुगलों पर अंतिम और निर्णायक युद्ध की यह गाथा अधिकांश लोगों को ज्ञात ही नहीं है। वह युद्ध जिसने दिल्ली सल्तनत के शाह औरंगजेब के शासन की जड़ें हिला दीं; परिणामतः मुगल साम्राज्य सदा के लिए अपने पतन की ओर चला गया।

इसी संधि के कारण महाराणा राज सिंह का शासन आने तक राजपूतों में एकता होने का वह महती कार्य संभव हुआ, जो औरंगजेब की मृत्यु के बाद उसके वंश के पतन का प्रमुख कारण बना। मेवाड़ की उस संधि के समय में अमर सिंह शांतिकाल में शासन कर रहे थे तथा करण सिंह एवं जगत् सिंह मुगलों द्वारा प्रसन्न किए जा रहे थे। अमर सिंह ने भी करण सिंह एवं जगत् सिंह को विभिन्न बहुमूल्य उपहार देकर जहाँगीर के दरबार में भेजा, ताकि उनकी ओर से इस संधि का उचित सम्मान रखा जा सके।

किंतु अमर सिंह का विदग्ध मन, मुगलों द्वारा दिया गया कोई भी सम्मान या उपहार स्वीकार नहीं कर सकता था। अमर सिंह अपने पिता, प्रताप को दिए गए वचन के भार से मुक्त नहीं हो पा रहे थे, जो रघुकुल का उच्चतम आदर्श और परंपरा थी। इस विषय को गोस्वामी तुलसीदासजी ने बड़े सहज एवं सुंदर शब्दों में कहा है—

रघुकुल रीति सदा चली आई।
प्राण जाहुँ पर वचन न जाई।

अर्थात् रघु के वंश में यह रीति सदैव रहेगी, चाहे प्राण गँवाने पड़ें, किंतु रघु के वंशज वचन का निर्वहन करना नहीं छोड़ सकते।

यद्यपि मेवाड़ ने मुगलों के साथ संधि में कुछ नहीं खोया, केवल अपनी प्रजा के लिए अधिक क्षेत्र और प्रभाव ही प्राप्त किया था, किंतु अमर सिंह पर उस वचन का नैतिक भार किसी भी लाभ से अधिक था। मेवाड़ ने प्रताप की शपथ पूरी करते हुए, बहुमूल्य एवं सबसे महत्त्वपूर्ण चित्तौड़ को प्राप्त कर लिया था, किंतु अमर सिंह अब भी बार-बार अपने पिता को दिए वचन पर ही अटक जाते थे। प्रत्येक पल, अमर सिंह मुगल शासन के मित्र बनने के विचार मात्र से ही इतने उद्वेलित होते थे कि उनकी आत्मा एकाकीपन की अंधकारमय वीथियों में ही भ्रमण करती रहती थी।

सज्जनता के परिचायक उन अमर सिंह को नमन, जो कुछ कम सम्मान से श्रेयस्कर, कुछ भी नहीं होने को मानते थे। अतः उन्होंने उस राजसिंहासन को छोड़ने का

मन बना लिया, जिस पर आसीन रहना उनके लिए असंभव हो गया था। उन्होंने अपने सरदारों, सामंतों और मंत्रिगणों को बुलाकर अपना निर्णय सुनाया। अपने हाथ से उन्होंने करण सिंह के माथे पर तिलक लगाया और मेवाड़ के सम्मान का दायित्व करण सिंह को सौंपकर पिछोला झील के किनारे बनी नौचौकी पर एकांतवास में चले गए।

अमर सिंह मेवाड़ के अत्यंत शौर्यवान और शक्तिशाली राजकुमार थे, जिन्होंने दिवेर के युद्ध में अपने शौर्य से सबको चमत्कृत कर दिया था। मेवाड़ के अन्य राजाओं के विपरीत वे श्यामवर्णी थे।

अमर सिंह, प्रताप और अपने वंश के उत्तराधिकारी होने के सर्वथा योग्य थे। उनमें वे सभी मानसिक-शारीरिक एवं वैचारिक गुण थे, जो एक हिंदू राजा में ऐसे कठिन समय में होने चाहिए, जैसा कि मेवाड़ ने संघर्ष के दिनों में देखा। वे मितभाषी थे, एकांतप्रिय थे, किंतु सैन्य कौशल में अत्यंत प्रवीण थे। वे कर्मठ एवं दयालु राजा थे, जो सभी प्रकार के लोगों, मतों एवं संस्कृतियों का सम्मान करते थे।

साठ वर्ष की आयु में उन्होंने कुल चालीस वर्ष तो केवल मुगलों से दिन-रात संघर्ष करते हुए व्यतीत किए थे। मेवाड़ पर अपने शासन के 23 में से 18 वर्षों तक उन्होंने केवल अकबर और जहाँगीर की सेनाओं से युद्ध करने में व्यतीत किए और प्रत्येक युद्ध को अपनी और मेवाड़ की विजय में परिणत किया। इस दृष्टि से अमर का मुगलों से संघर्ष काल प्रताप की तुलना में दुगुना था।

प्रताप का संघर्ष, 1574 ईसवी से 1583 ईसवी तक लगभग नौ वर्ष का ही था। अमर सिंह के शासनकाल के अंतिम पाँच वर्ष, युद्ध से त्रस्त और थके मेवाड़ के लिए सुख और संपन्नता का समय रहा।

अत्यंत सहिष्णु और संवेदनशील पुरुष होने के कारण उनके मन में अपने पिता को दिए वचन के भंग होने का ऐसा प्रभाव पड़ा कि 30 अक्तूबर, 1620 ईसवी को उनकी बोझिल आत्मा इस लोक को छोड़ श्रीहरि के चरणों में लीन हो गई।

प्रताप के सबसे योग्य, किंतु कम प्रसिद्ध पुत्र, अमर सिंह पिछोला के किनारे मोक्ष को प्राप्त हुए।

उनकी अस्थियाँ भी उनके पूर्वजों की अस्थियों की भाँति, मेवाड़ की माटी में मिला दी गईं। प्रताप के ज्येष्ठ पुत्र और उनके उत्तराधिकारी अमर सिंह ने जीवनपर्यंत मेवाड़ के ध्वज को अद्भुत संतुलन और सम्मान के साथ सर्वोपरि रखा, जो उनसे अपेक्षित था।

उनके द्वारा मुगलों के साथ की गई सम्मानजनक संधि के कारण मेवाड़ को पुनः स्वयं को सामरिक और आर्थिक रूप से सक्षम होने का समय दिया, जिसके फलस्वरूप उनके प्रपौत्र राज सिंह ने औरंगजेब के अत्याचारों से देश को मुक्त करवाया और 1707 ईसवी में औरंगजेब के साथ मुगल साम्राज्य सदा के लिए समाप्त हो गया।

करण सिंह (1620–1628 ईसवी) एवं जगत सिंह (1628–1652 ईसवी)

करण सिंह को 1620 ईसवी में आधिकारिक रूप से मेवाड़ का महाराणा बना दिया गया। करण सिंह साहसी योद्धा तो थे ही, साथ ही सरल हृदय तथा परोपकारी राजा भी थे। करण ने अपने आठ वर्ष के शासन में युद्धों से खंडित मेवाड़ को आर्थिक व सामाजिक रूप से सुदृढ़ करने का प्रयास किया।

महाराजा करण सिंह
(1620–1628 ईसवी)

उन्होंने बिना किसी सशस्त्र संघर्ष के केवल अपने बुद्धि-चातुर्य एवं नीति-कौशल्य से मेवाड़ की सीमाओं का मालवा एवं गुजरात में विस्तार किया। हमने अमर सिंह के अध्याय में पढ़ा एवं जाना कि करण सिंह आगरा तथा अजमेर में लगाए गए जहाँगीर के दरबार में उपस्थित हुए थे।

जहाँगीर के पुत्र खुर्रम से उनकी अभिन्न मित्रता भी इसी समय हुई। यही खुर्रम आगे जाकर 'शाहजहाँ' के नाम से दिल्ली के तख्त पर बैठा।

करण सिंह के राजकाल में खुर्रम ने अपने पिता जहाँगीर के विरुद्ध विद्रोह कर दिया, जिसके फलस्वरूप मुगल साम्राज्य उत्तराधिकार के इस युद्ध में दो फाड़ हो गया। यद्यपि करण ने खुर्रम को उदयपुर में शरण दी, किंतु जहाँगीर से किसी भी प्रकार का वैर नहीं लिया, क्योंकि जहाँगीर स्वयं करण सिंह को पुत्र के समान मानता था।

मुस्लिम पुस्तकों के अनुसार शाहजहाँ, कभी करण सिंह के राजकाल में मेवाड़ का अतिथि रहा ही नहीं, क्योंकि एक भावी मुगल सुल्तान किसी हिंदू की शरण ले, यह मुसलमानों के लिए अपमान का एक विषय है, किंतु इस संबंध में अनेक साक्ष्य हैं, जो इस घटनाक्रम को प्रामाणिक बनाते हैं।

रणछोड़ भट्ट तैलंग द्वारा रचित 'राजप्रशस्ति' नामक ऐतिहासिक ग्रंथ में शाहजहाँ के विषय में उल्लेख है, तैलंग मेवाड़ के राज्याश्रय प्राप्त इतिहासकार थे। इसके अतिरिक्त बीकानेर एवं बूँदी के इतिहास में भी शाहजहाँ का उल्लेख है।

मुगल बादशाह शाहजहाँ की लाल मुगल पगड़ी, अब भी मेवाड़ राजघराने के पास सुरक्षित है। उस समय में यदि दो राजा मित्रता करते थे तो वे आपस में पगड़ियाँ बदलते थे। इस बात से यह स्थापित होता है कि करण सिंह ने मेवाड़ में शाहजहाँ को शरण दी थी। इस घटना से मेवाड़ का आगरा एवं दिल्ली के आंतरिक मामलों में प्रभाव भी स्पष्ट होता है।

जहाँगीर ने करण सिंह द्वारा खुर्रम को शरण देने की घटना पर अधिक ध्यान नहीं दिया। करण भी मेवाड़ के राणा के रूप में फिर कभी आगरा नहीं गए, वरन् अपने पुत्र जगत सिंह को मेवाड़ का प्रतिनिधि बनाकर भेजा। इस बात से जहाँगीर भी संतुष्ट हो गया था एवं उसने शेष भारत में युद्ध लड़ने में अपना समय व्यतीत किया।

1627 ईसवी में जहाँगीर की मृत्यु के पश्चात् करण ने खुर्रम का खुलकर पक्ष लिया एवं उसे दिल्ली के उत्तराधिकार के युद्ध में विजय पाने में सहायता की। इस तरह से करण ने भविष्य में मेवाड़ के महाराणा बननेवाले अपने पुत्र जगत सिंह का स्थान अधिक सुरक्षित व शक्तिशाली बना दिया। उधर खुर्रम ने अपने श्वसुर आसफ खाँ के साथ मिलकर अपने सभी भाइयों की हत्या कर दी। जहाँगीर के अन्य पुत्रों के दुःखद अंत के विषय में नीचे लिखा है, जिससे ज्ञात होता है कि मुगल शहजादे किस प्रकार सत्ता-लोलुपता में अंधे थे! अपने पिता एवं परिवार से द्रोह कर, सत्ता हथियाने को कितने घृणित कर्म कर लेते थे। अपने ही सहोदरों में छिड़े उत्तराधिकार के इस संघर्ष में जो जितना अधिक क्रूर एवं निर्दयी होता था, उसके विजयी होने की संभावना उतनी ही अधिक होती थी।

इस्लामी शासक न केवल हिंदुओं पर, वरन् अपने संबंधियों, मित्रों व आम मुसलमानों के साथ भी उतने ही बर्बर हो जाते थे, जितने कि अन्य धर्मों के साथ। ऐसे में उनका एकमात्र लक्ष्य केवल शक्ति एवं सत्ता प्राप्त करना होता था, फिर वह चाहे किसी भी मूल्य पर मिले। इसके विपरीत, मेवाड़ जैसे हिंदू राज्य में प्रताप के समक्ष ऐसी ही परिस्थितियाँ उत्पन्न हुईं। उनका अपना राज्यारोहण हो रहा था, किंतु उन्होंने कभी सत्ता-प्राप्ति हेतु अपने परिजनों का रक्त नहीं बहाया। जहाँगीर के ज्येष्ठ पुत्र परवेज का सभी मुगल सरदारों ने एवं जोधपुर तथा जयपुर ने साथ दिया था। भीम सिंह नाम से करण सिंह के ही भाई, जो शाहजहाँ के साथ बड़े हुए थे, उन्होंने भी शाहजहाँ का इस उत्तराधिकार युद्ध में साथ दिया था।

भीम सिंह एक महान योद्धा थे। वर्तमान उत्तर प्रदेश में जिला जौनपुर में उस समय भीषण युद्ध हुआ था, जिसमें शाहजहाँ की ओर से लड़ते हुए भीम सिंह ने वीरगति प्राप्ति की। भीम सिंह के इस मित्रवत् बलिदान का मूल्य शाहजहाँ ने जीवन पर्यंत चुकाया।

शाहजहाँ न केवल करण सिंह, वरन् उनके पुत्र जगत सिंह एवं उनके पौत्र राजसिंह

शाहजहाँ उर्फ खुर्रम
(1628–1658 ईसवी)

के प्रति भी सदैव सहिष्णु बना रहा। परवेज अत्यधिक मदिरापान के कारण मात्र 38 वर्ष की आयु में 1626 ईसवी में यकृत के सिरोसिस की व्याधि से मृत्यु को प्राप्त हुआ। जहाँगीर का सबसे बड़ा पुत्र खुसरो मिर्जा योग्य व्यक्ति व साहसी योद्धा था और अपने दादा अकबर का भी लाड़ला था। इसी कारण अकबर ने जहाँगीर की इच्छा के विरुद्ध उसे मुगल शासन का उत्तराधिकारी घोषित करने की सोची थी, किंतु 1605 ईसवी में अकबर की मृत्यु के पश्चात् जहाँगीर ने खुसरो मिर्जा को स्वयं पराजित कर उसे अंधा कर दिया था। कालांतर में शाहजहाँ के आदेश पर आसफ खाँ द्वारा 1622 ईसवी में खुसरो की हत्या कर दी गई।

जहाँगीर के कनिष्ठ पुत्र शहरयार को खुर्रम ने एक युद्ध में पराजित कर 1628 ईसवी में उसकी हत्या कर दी। अपने सभी भाइयों को समाप्त करने के पश्चात् खुर्रम ने 'शाहजहाँ' नाम प्राप्त किया एवं इसी नाम से वह 1628 ईसवी में दिल्ली के सिंहासन पर बैठा। खुर्रम की उत्तराधिकार के युद्ध में करण सिंह द्वारा की गई सहायता का शाहजहाँ ने आजीवन उपकार माना और इसका समुचित मूल्य भी चुकाया। करण सिंह ने तो जहाँगीर की मृत्यु का समाचार मिलते ही खुर्रम को अपने सरदारों द्वारा सूरत तक सूचना पहुँचाई, जहाँ वह छुपा हुआ था तथा उसे सूरत से ही उदयपुर बुलवा भेजा।

उदयपुर के ही बादल महल में मेवाड़ तथा आसपास के सभी राजकुमारों एवं सरदारों ने मिलकर खुर्रम को 'शाहजहाँ' का नाम दिया था।[123] आगरा पहुँचते ही शाहजहाँ ने मेवाड़ की पाँच जागीरें उन्हें पुनः लौटा दीं एवं करण सिंह को एक बहुमूल्य माणिक भेंट करते हुए करण की इच्छानुसार उन्हें चित्तौड़गढ़ का पुनर्निर्माण करने की छूट भी दे दी। साथ ही मेवाड़ में शस्त्रास्त्र के उत्पादन के कारखाने स्थापित करने की भी छूट दी गई।

करण के जीवन की एक और महत्त्वपूर्ण घटना का यहाँ उल्लेख करना आवश्यक है। किस प्रकार सौभाग्य ने महाराणाओं की रक्षा की तथा मेवाड़ के महाराणाओं तथा चारण समाज के प्रगाढ़ संबंधों के विषय में भी ज्ञात होता है। 1625 ईसवी में करण सिंह ने जयपुर के एक नरुका राजपूत को अज्ञात कारणों से मृत्युदंड दे दिया।

इस मृत नरुका राजपूत के छोटे भाई ने अपने भाई के प्रतिकार की शपथ ली एवं अपने हृष्ट-पुष्ट घोड़े पर चढ़कर वह मेवाड़ आ गया। उस समय खेमराज चारण नामक एक युवा योद्धा, शस्त्रागार में काम करता था। नरुका ने खेमराज को भारी धनराशि के

123. टॉड, खंड-1, पृ. 295।

बदले में अपनी तलवार तेज करने के लिए कहा। साथ ही नरुका ने अपने घोड़े की नाल को ठीक करने के लिए भी आवश्यकता से अधिक धन दिया।

खेमराज को नरुका पर संदेह हो गया एवं उसने उसका पीछा किया। अगले दिन करण सिंह के पुत्र एवं मेवाड़ के उत्तराधिकारी, जगत सिंह आखेट से वापस लौट रहे थे। करण सिंह स्वयं महल की सबसे ऊँची जगह से उन्हें लौटते हुए देख रहे थे। ऐसे में कृष्ण पोल के निकट, "मैं यहाँ तुमसे अपने भाई की मृत्यु का बदला लेने आया हूँ," ऐसा कहते हुए नरुका ने अचानक ही जगत सिंह पर आक्रमण कर दिया।

महाराणा जगत सिंह
(1628-1652 ईसवी)

दूर से देख रहे करण सिंह भी घबराकर चिल्लाए, "मेरा कुलदीपक बुझा! कोई बचाओ!"

उसी समय पहले से तैयार बैठा खेमराज, नरुका एवं जगत के मध्य आ गया। उसने एक ही प्रहार में नरुका राजपूत का एक हाथ तथा मस्तक धड़ से अलग कर दिया। इस प्रकार एक सामान्य नागरिक की दूरदृष्टि तथा स्वामिभक्ति के कारण मेवाड़ के उत्तराधिकारी के जीवन की रक्षा हो सकी।

कहते हैं—'सतत जागरूकता ही स्वतंत्रता का मूल्य है'।

खेमराज ने नरूका के धन के लोभ में अपने विवेक का विनिमय नहीं किया, इस प्रकार देश व धर्म को बहुत बड़े संकट से बचा लिया।

करण ने खेमराज को अपने पुत्र के रूप में ग्रहण किया एवं उसे जगत सिंह का मुख्य अंगरक्षक भी बनाया। 1628 ईसवी में करण सिंह अपने आठ वर्षों का राजकाल भोगकर मात्र 45 वर्ष की अल्पायु में, अज्ञात व्याधि के कारण परलोक सिधार गए। इसके पश्चात् करण सिंह के उत्तराधिकारी जगत सिंह मेवाड़ के महाराणा बने तथा उन्होंने मुगलों से बिना छेड़खानी के चौबीस वर्षों तक शांतिपूर्वक राज किया। इस शांतिकाल में विभिन्न कलाओं, विशेषकर स्थापत्य कला का खूब उत्थान हुआ।[124]

मेवाड़ की जनता द्वारा उठाए गए कष्टों के पश्चात् उदयपुर की वर्तमान सुंदरता का श्रेय मुख्यतः इन्हीं महाराणा को जाता है। जगत सिंह ने उदयपुर नगर को अप्रतिम सुंदरता के एक उदाहरण के रूप में विकसित किया और आज न केवल देश भर में, वरन् विश्व भर में भी उदयपुर विख्यात है। उदयपुर को, नहरों पर बसे इटालवी नगर वेनिस से तुलना करते हुए 'पूर्व का वेनिस' भी कहा जाता है।

124. वीर विनोद, खंड-2, पृ. 316-17।

जगत सिंह ने हिंदू तीर्थस्थलों में तीर्थयात्रियों के लिए विभिन्न निर्माण करवाए। उनकी निजी तीर्थयात्राओं में भी उनके साथ विशाल सेना चलती थी। विभिन्न अवसरों पर स्थानीय मुस्लिम शासकों एवं जागीरदारों द्वारा उनकी यात्रा में व्यवधान डाले गए, किंतु उन्होंने कभी भी किसी विधर्मी का संज्ञान ही नहीं लिया। द्वारका एवं हरिद्वार के उनके प्रवास के समय में मुस्लिम लुटेरों द्वारा हिंदू व्यापारियों पर होनेवाले अत्याचारों एवं करों से उन्होंने हिंदुओं को मुक्त करवाया।

एक बार मालवा के सूबेदार के साथ उनका आमने-सामने का संघर्ष भी हुआ, जिसमें सूबेदार की बुरी तरह पराजय हुई। मुसलमान सूबेदार ने जगत सिंह के विरुद्ध शाहजहाँ को एक पत्र लिखा, जिसे शाहजहाँ ने अनावश्यक मानकर अनदेखा कर दिया। यह मानना होगा कि करण व जगत सिंह की मित्रता का शाहजहाँ ने भी प्रतिफल दिया। उस कालखंड में मेवाड़ की आर्थिक व सैन्य प्रगति में शाहजहाँ की उपेक्षा का भी सक्रिय योगदान था।

जगत सिंह ने उदयपुर में प्रसिद्ध जगदीश मंदिर के निर्माण के साथ चित्तौड़ के दुर्ग का भी पुनर्निर्माण करवाया।

इसके अतिरिक्त शाहजहाँ की अनदेखी का लाभ उठा जगत सिंह ने डूँगरपुर, बाँसवाड़ा और सिरोही में मेवाड़ का प्रभाव बढ़ाया। 1652 ईसवी में जगत सिंह के 45 वर्ष की अल्पायु में स्वर्गारोहण के पश्चात् उनके ज्येष्ठ पुत्र राजसिंह ने मेवाड़ का शासन सँभाला।

महाराणा राजसिंह ने उत्तरोत्तर प्रगति कर अपने पूर्वजों की ख्याति को और प्रगाढ़ता से स्थापित किया।

जगत व करण द्वारा अर्जित मेवाड़ की संपदा, इन्हीं राजसिंह को हिंदुओं के सर्वाधिक दुष्ट एवं घृणित शत्रु औरंगजेब की कुटिल विस्तारवादी नीतियों से निपटने हेतु काम आने वाली थी। मेवाड़ के हर महाराणा ने अपने-अपने स्वभाव, प्रतिभा व योग्यता के अनुसार धर्म व राष्ट्र की सेवा की। ये महाराणा सत्तामद में अंधे, हिंसक या शोषण करने वाले शासक नहीं थे। ये विलक्षण पुरुष, काल व परिस्थिति के अनुसार निर्णय लेने वाले महामना थे। निज महत्त्वाकांक्षा, लोकहित के सम्मुख गौण थी।

आज के हमारे शासक इन महाराणाओं से यह सरल सा सिद्धांत सीख लें, तो हमारा देश एवं धर्म और भी तीव्र गति से प्रगति कर सकता है।

□

16

महाराणा राज सिंह : श्रीनाथ जी का मेवाड़ पधारना, औरंगजेब की पराजय

(1652-1680 ईसवी)

महाराणा राज सिंह के साथ मेवाड़ के महाराणाओं की उस वीरगाथा का अंत होता है, जिन्होंने इस्लामी आक्रांताओं का एक सहस्र वर्षों तक निरंतर, वीरतापूर्वक विरोध किया और भारतवर्ष में इस्लामी आक्रांताओं के निर्मम अत्याचारों का सतत प्रत्युत्तर दिया।

समकालीन हिंदू समाज की वैचारिक रिक्तता व मतांध हत्यारों के सम्मुख समर्पण को देखें तो महाराणा राज सिंह की यह कथा और इसके पात्र अवास्तविक से लगते हैं।

कविवर श्यामलदास और कर्नल जेम्स टॉड व राजेंद्र शंकर भट्ट द्वारा मेवाड़ के इतिवृत्त तथा गाथाओं के ध्यानपूर्वक, संरक्षित संकलन के अध्ययन से ही हम उन वीरों की अमर कथाओं को जान और समझ पाए हैं। इन महामनाओं के प्रयासों के बिना मेवाड़ का इतिहास या तो धूमिल हो जाता या केवल दंतकथाएँ बनकर रह जाता।

आठवीं शताब्दी में बाप्पा रावल से लेकर 17वीं शताब्दी में राज सिंह तक, मेवाड़ के इस अद्वितीय वंश ने ऐसे योद्धा और नायक उत्पन्न किए, जिन्होंने हिंदू धर्म पर अपनी निष्ठा रखते हुए जो महान कृत्य किए, वे मानव मन की कल्पनाओं से भी परे हैं।

मेवाड़ ने हिंदू धर्म के रक्षार्थ अपने स्वधर्मी राजाओं और सरदारों के साथ मित्रता करके धर्मयुद्ध किए। कभी-कभी, सब मेवाड़ से अलग हो जाते और मेवाड़ को अपने

इस धर्मयुद्ध में, मध्य-पूर्व से आनेवाले इन बर्बर आक्रांताओं का अकेले ही सामना करना पड़ा था।

मेवाड़ का केंद्र चित्तौड़गढ़, हजार वर्षों के इस संघर्ष में कई बार महाराणाओं के हाथ से निकला और पुनः जीत लिया गया। चित्तौड़ की एक-एक ईंट और दीवार, इन महान योद्धाओं के साहस की मूकदर्शक रही है, जिन्होंने धर्मध्वज तथा स्वातंत्र्य की पताका को सदैव ऊँचा रखा। इन महापुरुषों ने दोनों को ही अपने रक्त-अस्थि-मेद-मज्जा में समाहित कर, अपने सत्य-प्रण को प्राणांत होने तक धारण किए रखा।

कदाचित् हजार वर्षों की वीरगाथा के अंतिम भाग को लिखने के योग्य राज सिंह के अतिरिक्त कोई और राजा हो भी नहीं सकता था।

22 अक्तूबर, 1652 ईसवी में राज सिंह को जगत् सिंह द्वारा उत्तराधिकार के रूप में मेवाड़ का राज्य काफी सुदृढ़ और संपन्न अवस्था में प्राप्त हुआ। 28 वर्ष पश्चात्, अपनी मृत्यु तक राज सिंह ने उपमहाद्वीप के इतिहास को बदलकर रख दिया, इसीलिए उनका जीवनवृत्त न केवल राजस्थान, वरन् भारतवर्ष की लोकगाथाओं में सदा के लिए समाहित हो गया। राज सिंह के जीवनवृत्त को हम तीन मुख्य भागों में देख सकते हैं—

1. मेवाड़ में अकाल और राजसमंद झील का उत्खनन एवं निर्माण,
2. मेवाड़ का विस्तार और औरंगजेब से युद्ध,
3. भारतवर्ष के हिंदू राजाओं का एकीकृत होना।

1. मेवाड़ में अकाल

राज सिंह के राज्यारोहण को केवल सात वर्ष ही हुए थे कि मेवाड़ में निरंतर तीन वर्षों तक वर्षा न होने के कारण भीषण अकाल पड़ा।

राणा ने अपनी प्रजा के दुःख निवारण हेतु विभिन्न देवस्थानों, जैसे चारभुजा नाथ मंदिर और जगदीश मंदिर इत्यादि में वर्षा हेतु प्रार्थनाएँ कीं, किंतु आकाश द्रवित न हुआ।

एक कवि ने अपनी कृति 'राज विलास' में इस परिस्थिति का अत्यंत दारुण विवरण लिखा है, जिसे कर्नल जेम्स टॉड ने अनुवादित कर लिखा है। यह मेवाड़ के इस अकाल और दुःख के समय का करुणाजनक चित्रण है। टॉड लिखते हैं—

"जब जगत् में जल की कमी के कारण आँखें द्रवित हो गईं और लोग भूख से व्याकुल हो उन्मादी हो गए।

तब लोग खाद्य-अखाद्य में भेद न करके सब कुछ खाने को विवश हो गए थे।
पति अपनी पत्नी को त्याग रहे थे और पत्नी पति को,
अभिभावकों ने अपने बच्चों तक को बेचना शुरू कर दिया था,
पल-पल बीतते समय में मनुष्य राक्षस होता जा रहा था,

अकाल का घेरा बढ़ता जा रहा था,
कीट-पतंग और कृमि तक का नाश होने लगा था,
क्योंकि उनके पास भी खाने को कुछ नहीं था।
पश्चिम से बहता पवन भी घातक और असहज ऊष्मा से भरा था,
रात्रि-आकाश में तारामंडल बहुत स्पष्ट दिखते थे,
दिन में भी आकाश में मेघों का कोई अवशेष नहीं था,
आँधी-तूफान तथा वज्रपात को लोग भूल ही चुके थे,
इन परिस्थितियों में मानव-मन विचलित हो चला था,
नदियाँ-झीलें और फव्वारे सभी सूख चुके थे,
धनी लोगों ने अपने लिए भोजन संग्रह कर लिया था,
कर्मकांडी और पुजारी वर्ग अपने दायित्व भूल चुके थे,
कहीं कोई जातिभेद नहीं रह गया था,
शक्ति, बुद्धि, जाति तथा जनजाति सभी गौण हो चले थे,
अब केवल भोजन ही सर्वाधिक मूल्यवान् हो चला था,
वर्ण-व्यवस्था के भेद के सभी चिह्नों को त्याग दिया गया था,
सभी को क्षुधा अपनी छाया में लील चुकी थी,
फल-फूल, समस्त शाख-पत्रादि,
यहाँ तक कि वृक्षों की छाल भी लोगों के लिए खाद्य हो गई थी,
अन्यथा मनुष्य मनुष्य का भक्षण भी कर ही लेता,
जनसंख्या कम होने लगी थी,
परिवार के बीज का भी उच्चाटन और नाश होने लगा था,
मत्स्यादि जल के जीव भी समाप्त होने लगे थे,
और इन सबके साथ आशा का सरोवर भी सूखने लगा था।"[125]

अकाल के उस विपरीत समय का यह भयावह किंतु सहज वर्णन है। ऐसे विकट समय में उदयपुर से पचास किलोमीटर की दूरी पर महाराणा राज सिंह ने अपनी दूरदर्शिता से एक कृत्रिम झील का निर्माण करवाया।

1661 ईसवी में महाराणा राज सिंह जब रूपनारायण मंदिर जा रहे थे तो भाव-विवश वे सूखी हुई गोमती नदी के किनारे रुके। उन्हें जिज्ञासा हुई कि क्या इस नदी के पानी को एकत्र करने के लिए किसी झील अथवा सरोवर का निर्माण करवाया जा सकता है?

इस पर सामंतों और पुरोहितों ने उन्हें बताया कि उनके परदादा अमर सिंह ने एक

125. टॉड, खंड-1, पृ. 310।

बार इस विषय में कार्य करने का प्रयास किया था, किंतु गोमती नदी के शक्तिशाली वेग के कारण ऐसा संभव नहीं हो पाया था। यदि यहाँ एक झील का निर्माण हो पाए तो यह एक महती कार्य होगा।

राज सिंह अपनी प्रजा की दयनीय परिस्थिति पर मनन करने लगे।

उन्होंने एक ऐसा विशाल निर्माण करने के विषय में सोचा, जिससे प्रजा के दुःख दूर हो सकें, वर्षाजल का संग्रहण हो सके और उनके अपने वंश के नाम का गुणगान भी हो। इस झील का नाम 'राजसमुद्र' रखा गया। 'राजसमुद्र' के उत्खनन का कार्य 12 जनवरी, 1662 ईसवी को आरंभ हुआ।

इसकी पाल अथवा बाँध की नींव 8 मई, 1665 ईसवी को रखी गई। 'राजसमुद्र' नाम की इस विस्तृत झील के निर्माण में कुल 16 वर्ष लगे और आज इसे 'राजसमंद' के नाम से जाना जाता है।

इस झील के निर्माण से मेवाड़ के सहस्रों लोगों को जीवनयापन के अवसर मिले तथा राज सिंह ने इस निर्माण के निमित्त अपने राजकोष के द्वार खोल दिए। 'राजसमंद' को भरनेवाली मुख्यत: तीन नदियाँ हैं, जिनके नाम हैं—गोमती, ताली और केलवा। उत्तर-पश्चिम तथा उत्तर-पूर्वी छोर को छोड़कर झील का काफी हिस्सा इसकी पाल से घिरा हुआ है, जो कि कुल तीन किमी. की है। इस बाँध के माध्यम से 12 मील लंबी-चौड़ी झील की परिधि बाँधी गई थी। बाँध का निर्माण मुख्यत: सफेद मार्बल से हुआ है तथा इसकी पंक्तियाँ भी इसी पत्थर से निर्मित हैं। झील के भीतरी तल से लेकर ऊपरी सतह तक जानेवाले इस बाँध में केवल सफेद मार्बल, अर्थात् संगमरमर का ही प्रयोग हुआ है। राजसमंद, स्थापत्य कला का एक उत्कृष्ट उदाहरण है, जिसके पास ही दक्षिण में एक नगर और दुर्ग का निर्माण हुआ था तथा बाँध के किनारे काँकरोली का भगवान् कृष्ण मंदिर भी है।

टॉड के अनुसार, राणा ने स्वयं इसके लिए दस लाख तथा उनके सरदारों व अन्य लोगों ने कुल डेढ़ लाख यूरोपियन शिलिंग्स दानार्थ प्रदान किए। श्यामलदास के अनुसार, इस निर्माण पर कुल एक करोड़ पाँच लाख सैंतालीस हजार पाँच सौ चौरासी रुपए का व्यय हुआ। यह इस अकाल में परमार्थ हेतु किए गए इस कार्य का सहज किंतु विस्तृत लेखा-जोखा है। इस दुर्भिक्ष से मेवाड़ अभी पूरी तरह से उबर भी नहीं पाया था कि क्रूर औरंगजेब ने अपना जेहाद छेड़ दिया और इस न्यायप्रिय तथा सर्वोदयी क्षेत्र पर अपनी दमनकारी नीतियों का भार डाल दिया।

राजसमंद झील

मेवाड़ के महान राजपूतों व हिंदुओं को हानि पहुँचाने की दृष्टि से चलाए गए इस दमनचक्र के परिणामस्वरूप न केवल औरंगजेब, वरन् उसके पूरे वंश की छवि बुरी तरह धूमिल हुई। औरंगजेब के अपने पाप कर्मों के चलते, उसके मरते ही उसके परिवार के हाथ से सत्ता जाती रही और उसका वंश तक नष्ट हो गया।

महाराणा राज सिंह ने अपनी प्रजा तथा राज्य को अकाल से राहत देकर औरंगजेब के विरुद्ध मोर्चा खोल दिया, जिसके पश्चात् भारतवर्ष से मुस्लिम साम्राज्यवाद का समूल नाश तथा उच्चाटन होना निश्चित हो गया था।

2. मेवाड़ का विस्तार और औरंगजेब के साथ युद्ध

जैसा कि हमने अमर सिंह, करण सिंह और जगत सिंह के अध्याय में देखा, 1615 ईसवी में मेवाड़–मुगल संधि के पश्चात् मेवाड़ ने आधी शताब्दी तक शांति और संपन्नता का एक संक्षिप्त समय देखा। इसी के कारण मेवाड़ को मुगलों के साथ वह अंतिम संघर्ष करने हेतु संसाधन, सहयोग एवं सेना एकत्र करने का समय मिल पाया। राज सिंह के राज्यारोहण के समय तक शाहजहाँ वृद्ध हो चला था और उसके चार पुत्रों शुजा, दारा शिकोह, मुराद तथा औरंगजेब के बीच सत्ता और उत्तराधिकार को लेकर खूनी संघर्ष प्रारंभ हो चुका था।

मुगलों में ज्येष्ठता के आधार पर उत्तराधिकारी के चुनाव की कोई परंपरा नहीं थी, जिससे बादशाह की मृत्यु होने पर सुगमता से शासनाधिकार ज्येष्ठ उत्तराधिकारी को प्राप्त हो। इसके विपरीत, उनमें अपने ही पिता को अपदस्थ करके सत्ता के लिए आपस में रक्त रंजित संघर्ष की परंपरा अवश्य थी। उत्तराधिकार के इस संघर्ष का प्रतिफल इस पर निर्भर करता था कि मेवाड़ किस पक्ष में खड़ा होगा? अत: शाहजहाँ के चारों पुत्रों ने राज सिंह को इस संघर्ष में साथ देने के लिए पत्र लिखे।

दारा शिकोह :
वह उदार मुगल जो भारत को नहीं मिला

इन सभी में से राज सिंह का झुकाव दारा शिकोह की ओर था, जो एक सहिष्णु शहजादा था। दारा शिक्षित व प्रबुद्ध व्यक्ति था और अच्छा लेखक भी। उसने उपनिषदों का फारसी में अनुवाद भी किया था। किंतु अंततः औरंगजेब ने उस प्रत्येक व्यक्ति को अपनी महत्त्वाकांक्षा की बलि चढ़ा दिया, जो उसका विरोध कर रहा था। अपने पिता, अपने भाई और उसके अपने पुत्र, जो भी उसके विरोध में

सामने आया, वह मार डाला गया। औरंगजेब की यह सत्तालोलुपता और उन्माद न केवल उसके अपने लिए, वरन् पूरे मुगल साम्राज्य के लिए पतन का कारण बने।

दारा शिकोह, औरंगजेब द्वारा फतेहाबाद के युद्ध में पराजित हुआ और 1659 ईसवी में मारा गया। मुराद को ग्वालियर में बंदी बना लिया गया था तथा औरंगजेब के कहने पर गुजरात में 1661 ईसवी में उसे मृत्युदंड दे दिया गया। शुजा को बंगाल का गवर्नर बना दिया गया था, किंतु जब उसकी महत्त्वाकांक्षाओं ने सिर उठाया तो औरंगजेब की सेना ने उसकी सेना को पराजित कर दिया। शुजा अपनी जान बचाकर बर्मा भाग गया, जहाँ स्थानीय लोगों ने उसे मार डाला।

जहाँगीर और शाहजहाँ द्वारा शक्तिशाली हिंदू राज्य मेवाड़ से मैत्री की संधि और सहयोग की राजनीति को औरंगजेब ने तिलांजलि दे दी। यही बात उसकी अपमानजनक पराजय व उसकी मृत्यु के बाद मुगल आतंक के पतन का कारण बनी। ध्यान देने योग्य बात यह है कि शाहजहाँ और जहाँगीर दोनों ही राजपूत माताओं के पुत्र थे, अतः दोनों ही किसी सीमा तक सहिष्णु भी थे। भारत जैसे देश पर राज करने के लिए यह सहिष्णुता अनिवार्य थी, क्योंकि भारत की 95 प्रतिशत जनसंख्या हिंदू थी।

औरंगजेब विशुद्ध तातार रक्त था और हिंदुओं से घृणा करता था। अतः राजपूतों के साथ उसकी मेल-मैत्री असंभव ही थी। उसकी अपेक्षा के प्रतिकूल, राजस्थान के समस्त राजा-रजवाड़ों, विशेषकर मेवाड़ व मारवाड़ ने उत्तराधिकार के संघर्ष में शाहजहाँ और दारा शिकोह का साथ दिया था। यह बात भी औरंगजेब के हृदय का काँटा बनी थी। औरंगजेब ने अपनी धर्मांधता के चलते हिंदुओं, विशेषतः राजपूतों का निर्ममता से संहार करना आरंभ कर दिया।

इधर मेवाड़ और मुगलों की 1615 ईसवी में हुई संधि की उपेक्षा करते हुए राज सिंह ने मुगलों का विरोध जारी रखा। राज सिंह अत्यंत धार्मिक थे और ऐसे आक्रामक हिंदू राजा थे, जो न केवल मेवाड़ की इंच-इंच भूमि मुगलों से वापस लेना चाहते थे, वरन् उत्तर एवं पश्चिम भारत में भी मेवाड़ का विस्तार कर, अंततः मुगलों को दिल्ली में पराजित करना चाहते थे। राज सिंह ने अपना कार्य, औरंगजेब के दिल्ली पर अधिकार करने से काफी पहले ही शुरू कर दिया था।

राज सिंह ने 'टीका दौड़' की नीति अपनाई, जिसमें मेवाड़ के राजा छोटी सी सेना लेकर शिकार अभियान की आड़ में आसपास के क्षेत्र पर शनैः-शनैः अधिग्रहण कर लेते थे। राज सिंह ने इसी प्रकार से जयपुर के मालपुरा पर अधिकार कर लिया और अजमेर तक अपना राज्यविस्तार करके मुगलों को सीधी चुनौती दे दी। तब शाहजहाँ मुगल बादशाह था और उसने राज सिंह द्वारा किए गए इन अभियानों को नजरअंदाज कर दिया और इसे 'अपने भतीजे की कारस्तानी' कहकर मुँह फेर लिया।

शाहजहाँ, महाराणा करण सिंह को अपना मुँहबोला भाई मानता था। करण सिंह, राज सिंह के पितामह थे।

राज सिंह ने चित्तौड़ दुर्ग की मरम्मत करवाकर मेवाड़ तथा आसपास के क्षेत्र में मस्जिदों को तोड़कर, गौहत्या करनेवाले मुसलमानों के सार्वजनिक रूप से सिर काटकर शाहजहाँ को कुपित करने का अपना उद्योग जारी रखा। 1654 ईसवी में शाहजहाँ 30,000 घुड़सवारों को लेकर राज सिंह से युद्ध करने हेतु अजमेर आया। शाहजहाँ ने एक ब्राह्मण चंद्रभान को राज सिंह को समझाने हेतु भेजा कि उन्हें अपनी महत्त्वाकांक्षा को नियंत्रित करना होगा। चंद्रभान मेवाड़ पहुँचता, उससे पहले ही राज सिंह ने स्वयं ही मधुसूदन भट्ट तथा राज सिंह झाला नाम के दो दूतों को मुगल सेनापति सदुल्ला खाँ के पास भेजा। सदुल्ला उस समय चितौड़ को अपने अधिकार में कर चुका था तथा निर्दयतापूर्वक तोड़-फोड़ कर रहा था। सदुल्ला खाँ और राज सिंह के दूतों के मध्य हुआ वार्तालाप कुछ इस प्रकार है—

सदुल्ला—उदयपुर के राजपूत कब से खुदमुख्तार हो गए? क्या तुम भूल गए हो कि शाहजहाँ हमारे बादशाह हैं?

दूत—उदयपुर के राजपूतों ने दिल्ली और मेवाड़ दोनों ही जगह एक साथ होने का अधिकार अपनी वीरता के बल पर प्राप्त किया है और यह परंपरा तब से चली आ रही है, जब से रावत मेघ सिंह और शक्ति सिंह, जहाँगीर और अकबर के साथ खड़े थे।

सदुल्ला—तो इसका मतलब यह कि तुम राजपूत दिल्ली को दोयम दर्जे की ताकत समझते हो?

दूत—नहीं, किंतु मेवाड़ भी कम शक्तिशाली नहीं है। मेवाड़ के राजपूत दिल्ली में रहें या उदयपुर में, यह उनके मन पर निर्भर करता है।

सदुल्ला—अच्छा? अगर उदयपुर को दिल्ली से जंग करनी है तो ठीक है, हम इस्तकबाल करेंगे तुम्हारा, वैसे राज सिंह के पास घोड़े कितने हैं?

दूत—छब्बीस हजार!

सदुल्ला—शाहजहाँ के पास एक लाख हैं, तुम हमसे लड़ोगे कैसे?

दूत—तुम्हें पराजित करने के लिए 26,000 पर्याप्त हैं।[126]

इस प्रयास के विफल होने के पश्चात् राज सिंह ने दारा शिकोह से संपर्क किया और अपने पुत्र सुल्तान सिंह को अपने कुछ विश्वस्त सेवकों के साथ शाहजहाँ के दरबार में भेजा। शाहजहाँ ने कुँवर सुल्तान सिंह को मेवाड़ और मुगलों के झगड़े के उपरांत भी उचित आतिथ्य व सम्मान दिया।

राज सिंह समझ चुके थे कि उनके मस्तिष्क में जो योजना चल रही थी, वह संगठित हिंदू नेतृत्व तथा एक नियोजित योजना के बिना सिद्ध नहीं हो सकती थी। अतः

126. वीर विनोद, खंड-2, पृ. 412।

उन्होंने राजस्थान के अन्य राजघरानों से संपर्क साधा। जोधपुर, बीकानेर और जयपुर, मुख्य राजपूत हिंदू राजघराने थे, जिनका सहयोग लिया जा सकता था। राज सिंह ने उभरते हुए मराठा नायकों से मिलने हेतु दूत भी भेजे।

1661 ईसवी तक औरंगजेब अपने तीनों भाइयों को अपने मार्ग से हटा चुका था। उदार चरित दारा, प्रबल साहसी मुराद और अतिसक्रिय शुजा, सभी का एक जैसा ही दुःखद अंत हुआ। औरंगजेब ने अपने पिता शाहजहाँ को बंदी बना लिया और फिर आरंभ हुआ मेवाड़ की हिंदू आस्था तथा औरंगजेब की इस्लामी दरिंदगी के बीच का अंतिम व निर्णायक संघर्ष। इस संघर्ष में दोनों ही ओर से सैन्य रूप से सर्वोत्कृष्ट तथा अपने-अपने धर्म के प्रति प्रतिबद्ध नायक थे। भेद था तो केवल छल-कपट करने की क्षमता में।

राज सिंह अदम्य साहसी, किंतु राजपूत सुलभ, सरलता वाले नायक थे। उधर औरंगजेब भी महत्त्वाकांक्षी, किंतु कपटी व मिथ्याचारी राजा था।

भारतीय उपमहाद्वीप के हिंदुओं के लिए यह लज्जा का विषय है कि मुगलों पर हिंदुओं की इस महान विजय का अध्याय ही भारतीय इतिहास से पूर्णतया मिटा दिया गया है। औरंगजेब के हिंदूद्रोही शासनकाल के प्रथम बीस वर्षों में ही औरंगजेब को राज सिंह ने चुनौती दी और पराजित भी किया। यह एक बड़ी महत्त्वपूर्ण घटना थी, क्योंकि इसने औरंगजेब की राजस्थान पर विजय प्राप्त करने की उसकी आकांक्षाओं पर पानी फेर दिया था।

राजस्थान से निष्कासित होने पर औरंगजेब अपना ध्यान पूर्णतया दक्षिण तथा सुदूर पूर्व की ओर कर लिया। यह एक ऐसी मूल्यवान घटना थी, जिसमें राजपूत राजघरानों ने आपस के भेद मिटाकर एक ऐसे शत्रु के विरुद्ध संगठन खड़ा किया, जो हर प्रकार से हिंदू धर्म की हानि करने को कटिबद्ध था। एक ऐसी गाथा, जिसके पश्चात् मेवाड़ तथा इस्लामी साम्राज्यवाद के मध्य संघर्ष की पूर्णतया इतिश्री हो गई। औरंगजेब के पश्चात् मुगल राज्य का पतन इसीलिए हो पाया कि राज सिंह के नेतृत्व में राजपूत मुगल संबंध पूरी तरह नष्ट होकर शत्रुता की ओर जा चुके थे। इस दृष्टि से राज सिंह, राजपूत एकता के लिए, सांगा व प्रताप के बाद, सर्वाधिक महत्त्वपूर्ण धुरी बनकर उभरे।

हिंदू धर्म और बर्बर हत्यारे संप्रदाय के मध्य एक सहस्र वर्ष तक चले सभ्यताओं के संघर्ष के पटाक्षेप हेतु राज सिंह से अधिक योग्य नायक और कौन हो सकता था! राज सिंह के नेतृत्व में मेवाड़-मुगल संघर्ष को समझने हेतु हमें समान रूप से महत्त्वपूर्ण तीन मुख्य घटनाओं को समझना होगा—

चारुमति प्रकरण

राज सिंह के समय किशनगढ़, मेवाड़ के अंतर्गत आनेवाला एक छोटा सा राज्य था, जिसके राजा थे रूप सिंह। इन रूप सिंह की एक अत्यंत सुंदर और सुगढ़ कन्या थी चारुमति। जब चारुमति के सौंदर्य की गाथा औरंगजेब तक पहुँची तो उसने चारुमति के भाई मान सिंह को संदेश भिजवाया कि वह चारुमति से विवाह का इच्छुक है।

किशनगढ़ राज्य के पुरुषों ने युद्ध की आशंका से इस प्रस्ताव पर अपनी सहमति जता दी। किंतु जब चारुमति को इसका पता चला तो उसने अपने भाई तथा पिता द्वारा लाए गए एक मुसलमान से विवाह के प्रस्ताव पर अपनी असहमति स्पष्ट रूप से बता दी। चारुमति अत्यंत धार्मिक हिंदू कन्या थी और भगवान् श्रीकृष्ण में उसकी असीम आस्था थी।

अत: उसने अपने परिवार को स्पष्ट रूप से बता दिया कि एक म्लेच्छ से विवाह करने की अपेक्षा, वह मृत्यु का वरण करना अधिक गौरवशाली समझती है। अपने परिवार से यथोचित सांत्वना न प्राप्त होने के कारण चारुमति ने मेवाड़ के महाराणा राज सिंह को इस विषय में पत्र अपने एक विश्वासपात्र पुरोहित के माध्यम से भिजवा दिया। यह पत्र आज भी मेवाड़ के आख्यानों में सुरक्षित है।

उन्होंने राज सिंह को न्योता दिया कि वे आकर उससे विवाह कर लें। उस पत्र के एक अंश में यह लिखा है—

"क्या कभी कोई हंसिनी, काग से संबंध बना सकती है; तो एक शुद्धरक्ता राजपूतनी कैसे एक वानरमुखी बर्बर की पत्नी बन सकती है?"

उसने अपने पत्र के अंत में मुगल से विवाह न रुक पाने की स्थिति में आत्मघात तक करने की बात लिख डाली थी।

राज सिंह ने एक राजपूत कन्या के सतीत्व की रक्षा के लिए किशनगढ़ कूच का निश्चय किया। उन्होंने अपने विश्वासपात्र सामंतों की एक सेना तैयार करके मेवाड़ के अंतर्गत आनेवाले सलूंबर ठिकाने के रतन सिंह चूँडावत को एक पत्र लिखा। रतन सिंह अत्यंत साहसी योद्धा थे और उनके पास कुछ हजार सैनिक भी थे।

राज सिंह ने उन्हें तुरंत प्रभाव से अजमेर की ओर कूच करने का आदेश दिया, ताकि वे स्वयं, त्वरित गति से किशनगढ़ पहुँचकर चारुमति का औरंगजेब से बलात् विवाह करवाने के उद्देश्य से पहुँच रही औरंगजेब की सेना को रोक सकें।

औरंगजेब को मेवाड़ के विरुद्ध अभियान में अपने राजपूत सेनापतियों पर विश्वास नहीं था, अत: उसने अपने विश्वासपात्र मुसलमान सेनापति के नेतृत्व में मुगल सेना किशनगढ़ की ओर रवाना की। जब राज सिंह का पत्र रतन सिंह चूँडावत के पास पहुँचा, तब उनके विवाह को अभी कुछ ही दिवस हुए थे, किंतु फिर भी उन्होंने तुरंत ही राणा के

इस पत्र में लिखे आदेश को मानते हुए अपने कुछ हजार सैनिकों को लेकर औरंगजेब की सेना को रोकने हेतु किशनगढ़ की ओर कूच कर दिया। किंतु रतन सिंह नवविवाहित अपनी सुंदर रानी के मोहपाश में बँधे थे, जो कि बूँदी के हाड़ा वंश की राजकुमारी थी। ऐसे अवसर पर हाड़ी रानी ने रतन सिंह की मन:स्थिति भाँपते हुए उन्हें समझाया कि वह मुगल सेना की पराजय के पश्चात् उनके पुन: आने की प्रतीक्षा करेगी।

कथा कुछ इस प्रकार है—रतन सिंह अपनी पत्नी के प्रेमपाश में इतने आबद्ध थे कि किशनगढ़ की ओर जाते हुए भी बीच-बीच में अपने दूत, संदेश लेकर रानी के पास भेजते जाते थे। पहले आए दो दूतों को तो रानी ने अपनी एक अँगूठी तथा एक सुवासित रुमाल अपने पति के लिए स्मृतिचिह्न के रूप में दे दिए। जब तीसरा दूत रानी के पास पहुँचा तो रानी समझ गई कि उनके पति प्रेम में अपने कर्तव्य से विचलित हो रहे हैं और रतन सिंह को मेवाड़ के प्रति उनके दायित्व समझाने हेतु कुछ कठोर करना ही होगा। इस समय पति की अधिक आवश्यकता रणभूमि में थी और इस कठिन समय में रतन सिंह की विजय पर ही राज सिंह का सम्मान टिका था।

इस विचार से प्रेरित हो हाड़ी रानी ने एक अकल्पनीय कृत्य कर डाला। उन्होंने एक पूजन थाल में लाल वस्त्र रखकर दूत को दिया और उसी समय खड्ग से अपना शीश काटकर उस थाल में रख दिया, ताकि उस स्मृतिचिह्न को रतन सिंह तक पहुँचाया जा सके और रतन सिंह निर्द्वंद्व होकर युद्ध कर सकें। इस्लामी आक्रांताओं से संघर्ष के समय में हमारे अद्भुत पूर्वजों ने ऐसे महान बलिदान दिए हैं। हम सोच भी नहीं सकते कि इस कृत्य से मेवाड़ भर में क्या संदेश गया होगा! क्या हम सोच सकते हैं उस दृश्य तथा उसके प्रभाव के विषय में, जब वह दूत हाड़ी रानी के कटे हुए मस्तक को थाल में लिये युद्ध स्थल में रतन सिंह के पास गया होगा! क्या हम रतन सिंह की मन:स्थिति कभी समझ पाएँगे, जब उन्होंने अपनी नवोढ़ा पत्नी का कटा हुआ मस्तक थाली में रखा देखा होगा?

हम तो सतत अपने जीवन को कुछ और वर्ष बढ़ाने की आशा एवं प्रयास में ही मरे जाते हैं। उन महानायक रतन सिंह पर क्या बीती होगी, जब उन्होंने थाल पर से लाल कपड़ा हटाया होगा। उनका विश्व तो एक क्षण में नष्ट हो गया था।

हजारों वर्षों में हमारी वीरांगनाओं द्वारा किए गए बुद्धिमत्ता और बलिदान से परिपूर्ण ऐसे ही अगणित कृत्यों के कारण हम हिंदू, एक ऐसे हत्यारे संप्रदाय पर अंकुश लगाने में सफल हो पाए, जो विश्व भर को अपनी कलुषित विचारधारा के तले कुचलने का प्रण लेकर चले थे।

रतन सिंह सभी प्रकार के सांसारिक मोह से विमुख हो वे पूरे साहस और बल के साथ युद्ध में प्रवृत्त हो गए। उन्होंने अपनी सेना का नेतृत्व करते हुए चौगुनी बड़ी मुगल सेना को पराजित किया। आमेर के आस-पास कहीं यह युद्ध लड़ा गया। रतन सिंह तथा

उनके अधिकांश सेनानी इस युद्ध में बलिदान देकर अमर हो गए, किंतु इस बीच राज सिंह को चारुमति से विवाह कर मेवाड़ वापस लौट जाने का समय मिल गया।

राज सिंह, जो अपने कुछ विश्वस्त सामंतों के साथ किशनगढ़ गए थे, सुरक्षित चारुमति के साथ उदयपुर पहुँच गए। राज सिंह से चारुमती के विवाह के इस विस्मयपूर्ण प्रकरण से राजस्थान के राजपूतों में हर्ष और आत्मविश्वास का ज्वार उठा और नव चेतना का संचार हुआ। राणा ने निकृष्ट मुगलों को भारत से उखाड़ फेंकने के लिए इस भावना का लाभ उठाकर राजपूतों की सेना में भरती आरंभ कर दी। यहीं से उन्होंने

हाड़ी रानी का अप्रतिम बलिदान

उस संघर्ष को प्रारंभ किया, जो उनके मन में पहले से ही सुनियोजित था और जिसके आधार पर वे देश और धर्म को इन आक्रांताओं से मुक्त कराना चाहते थे।

राज सिंह का चारुमती से विवाह संपन्न

निर्भीक होकर एक राजपूत राजा का चारुमति से विवाह करना व एक मुसलमान शासक द्वारा बलात् एक राजपूत राजकुमारी से विवाह करने की कुत्सित योजना को असफल करना, राजपूतों के लिए शुभ शकुन सा था। रतन सिंह चूँडावत और हाड़ी रानी के अमर बलिदान ने राजस्थान भर में राजपूतों के आत्मसम्मान को सुदृढ़ करने का महती कार्य किया।

राज सिंह ने राजस्थान और भारत

के हिंदुओं को यह दिखा दिया था कि मुगलों की शक्ति एवं सत्ता बुलबुले के समान असत्य व अस्थायी है।

मुगल सत्ता दो ही कारणों से खड़ी थी—पहला, राजपूतों का आपसी भेद और दूसरा, भाड़े के मुसलमान सैनिकों को हिंदुओं के धन व महिलाओं का लालच देकर अपने पक्ष में लड़ाना। यदि राजपूत अपने बीच के भेदों को मिटाकर एक-दूसरे का साथ देते हैं तो मुगल साम्राज्य को मिटाना अत्यंत सरल हो जाएगा। जब हिंदू अपना धन व अपनी महिलाओं की सुरक्षा कर लेंगे तो मुसलमानों का यह कुचक्र बिखर सकता है। इस प्रकार से राज सिंह ने औरंगजेब की सत्ता को चुनौती दी, किंतु औरंगजेब ने अभी मेवाड़ को छेड़ना उचित नहीं समझा।

अंत में अपने अपमान का घूँट पीकर औरंगजेब ने चारुमति की छोटी बहन का विवाह अपने पुत्र मुअज्जम से करवा कर अपने अहंकार को तृप्त किया।

नाथद्वारा प्रकरण तथा जजिया कर का विरोध

भारतीय उपमहाद्वीप में हिंदू-मुस्लिम संघर्ष की स्थितियाँ बदलने में औरंगजेब ने अपनी धर्मांधता के चलते ऐसे दो कार्य किए, जिसके कारण उसे राज सिंह से आमने-सामने के युद्ध में खड़ा होना पड़ा। औरंगजेब ने मथुरा के गोसाईं पुरोहितों[127] को संदेश भिजवाया कि यदि आपके देवी-देवता सत्य हैं तो मुझे कोई चमत्कार दिखाकर इसका प्रमाण चाहिए, अन्यथा मैं मथुरा और वृंदावन के कृष्ण मंदिरों को ध्वस्त कर दूँगा।[128]

10 अक्तूबर, 1669 ईसवी को श्रीनाथजी मंदिर, मथुरा के पुजारी दामोदरजी, बालकृष्ण, वल्लभजी और गंगा बाई, भगवान् कृष्ण की अद्भुत दैवीय मूर्ति को लेकर अत्याचारी औरंगजेब से बचाने हेतु राजस्थान की ओर प्रस्थान कर गए। कोई भी राजपूत राजा औरंगजेब के साथ शत्रुता करने का साहस नहीं जुटा सका। एक-एक करके सभी राजाओं ने गोसाईं पुरोहितों को अन्यत्र कहीं शरण लेने को कहा। बूँदी, जोधपुर, कोटा, जयपुर इत्यादि राजघरानों द्वारा शरण देने में असमर्थता देखकर, अंततः पुजारियों ने मेवाड़ के महाराणा राज सिंह से संपर्क किया, ताकि औरंगजेब के क्रूर मंतव्य से श्रीनाथजी की पावन मूर्ति को बचाया जा सके और मेवाड़ में श्रीनाथजी का मंदिर बनवाया जा सके।

राज सिंह ने पुजारियों को जो उत्तर दिया, वह सदा के लिए स्वर्णाक्षरों में हिंदू इतिहास में अंकित है। राज सिंह ने गुसाइयों से गरजकर कहा, "जब तक मेरे एक लाख

127. कृष्ण मंदिर के ब्राह्मण पुजारी।

128. वीर विनोद, खंड-2, पृ. 452।

राजपूतों के मस्तक कट नहीं जाते, तब तक औरंगजेब, श्रीनाथजी की मूर्ति को स्पर्श भी नहीं कर पाएगा।"[129]

क्या भक्ति भावना रही होगी उन विलक्षण ब्राह्मणों की, जो श्री नाथजी की मूर्ति लिये भागते फिर रहे थे?

क्या कहा जाए क्षात्र धर्म के पालक महाराणा राज सिंह के लिए, जो उस समय के सबसे नृशंस हत्यारे औरंगजेब से भिड़ गए?

हमारे इन पुरखों से त्याग व समर्पण पर, हम अनुग्रह के भाव से केवल नतमस्तक हो सकते हैं।

श्रीनाथजी

राज सिंह ने मूर्ति तथा पुजारियों को अपने राज्य में संरक्षण दिया, साथ ही उन्हें अपनी इच्छानुसार मंदिर हेतु जगह पसंद करने का आग्रह किया। पुजारियों ने उदयपुर से 50 किमी. की दूरी पर बनास नदी के किनारे सिहाड़ गाँव में मंदिर हेतु जगह का चुनाव किया तथा शनिवार 20 फरवरी, 1672 ईसवी को श्रीनाथजी की मूर्ति को वहाँ स्थापित किया, आज वही गाँव, वैष्णव संप्रदाय के हिंदुओं के लिए एक प्रमुख मान्यतावाला तीर्थ है, जिसे 'नाथद्वारा' कहते हैं।

यह विडंबना ही है कि आज के नाथद्वारा में राज सिंह की कोई विशाल प्रतिमा तो दूर, श्रीनाथजी की रक्षा में किए उनके योगदान पर कोई पोस्टर भी नहीं लगा है। यह बहुत ही लज्जा का विषय है कि हिंदू समाज अपने रक्षकों को कैसे विस्मृत कर बैठा है!

वृंदावन के पुजारियों को आश्रय देना, औरंगजेब और मेवाड़ के संबंधों को चीर के रख देनेवाले एक काँटे के समान था।

राज सिंह ने धर्मनिष्ठा व आत्मसम्मान के लिए औरंगजेब के विरोध में खड़े रहने को, औरंगजेब से भय और धन इत्यादि के लोभ से अधिक माना। वैसे भी ये दोनों दुर्गुण राजपूतों की सिसोदिया शाखा को कभी लेशमात्र भी छू नहीं पाए थे।

औरंगजेब ने राज सिंह को पत्र लिखकर पुजारियों और श्रीनाथजी की मूर्ति को

129. वीर विनोद, खंड-2, पृ. 453।

मेवाड़ में शरण देने हेतु मना किया था। राज सिंह ने औरंगजेब की बात पर कान ही नहीं दिया, बल्कि औरंगजेब द्वारा नवनिर्मित मंदिर पर आक्रमण की आशंका से उन्होंने मंदिर की रक्षार्थ एक बड़ी सेना सिहाड़ में तैनात कर दी। देवगढ़, सलूंबर और आसपास के क्षेत्रों के सभी सामंत अपने हिंदू देवता की रक्षा में युद्ध हेतु पूरी तरह से तैयार हो चुके थे।

राज सिंह ने जोधपुर के राठौड़ वंश को भी औरंगजेब के विरुद्ध इस युद्ध में साथ देने हेतु अपना एक दूत भेजा। किंवदंति के अनुसार, नाथद्वारा के निकट एक भीषण युद्ध हुआ था, किंतु लेखक के बहुत प्रयासों के उपरांत भी, कोई स्पष्ट प्रमाण न मिलने के कारण कुछ कहना कठिन है।

दुर्गादास राठौड़ के साथ राज सिंह की मैत्री और जोधपुर के अजीत सिंह को आश्रय देना

ऐसा प्रतीत हो रहा था कि औरंगजेब के काल में प्रारब्ध स्वत: ही हिंदुओं की ओर झुकता चला जा रहा था। राजस्थान के तीनों बड़े और महत्त्वपूर्ण राजघराने अत्यंत साहसी, कुशल, शूरवीर तथा निष्ठावान, तीन राजाओं द्वारा सँभाले जा रहे थे। मेवाड़ में राज सिंह, जोधपुर में जसवंत सिंह और आमेर (जयपुर) में मिर्जा राजा जयसिंह, ये तीनों वे राजपूत राजा थे, जो उपमहाद्वीप के पूरी तरह से इस्लामीकरण करने की औरंगजेब की योजना के विरुद्ध दीवार की भाँति खड़े थे।।

जयसिंह और जसवंत सिंह, निष्ठावान हिंदू राजा थे, किंतु अपने पूर्वजों की मुगलों से हुई संधि से विवश होकर वे मुगलों के ध्वज तले लड़ने को बाध्य थे। किंतु दोनों ही राजा, औरंगजेब के शासन से मन-ही-मन दु:खी थे और इसका आभास वे समय-समय पर औरंगजेब को करवाते भी रहते थे। औरंगजेब ने भी इन दोनों पर कभी विश्वास नहीं किया तथा सदैव इन्हें दिल्ली से दूर सैन्य अभियानों में उलझाए रखा।

भारत के हिंदू राजाओं तथा अफगानिस्तान के अफगानों के साथ औरंगजेब के सतत संघर्ष के कारण मुगल शासित क्षेत्रों से अधिकाधिक हिंदू विस्थापित होकर अन्य हिंदू शासित राज्यों में बसने लगे थे। इन हिंदू शासित राज्यों में नए-नए गाँव उभरने लगे।

मुख्य शहरों के खाली होते रहने के कारण आर्थिक मंदी का समय आ रहा था तथा औरंगजेब के राजसी खजाने को भारी क्षति पहुँच रही थी। औरंगजेब ने उपमहाद्वीप के सभी हिंदुओं पर 'जजिया' कर लगाने की योजना बनाई। जजिया कर, गैर-मुस्लिमों पर लगाया जाता था, जो इस्लाम के अतिरिक्त किसी अन्य धर्म के अनुयायी थे। जजिया, इस्लामी न्याय व्यवस्था के लिए एक खलीफा उमर की सोच का परिणाम था, जिसमें गैर-मुसलमानों के लिए भिन्न आर्थिक व सामाजिक नियम होते थे।

इन नियमों को 'उमर की संधि' कहा जाता है, जो उमर ने तात्कालिक गैर-

मुसलमानों को अपमानित व आर्थिक रूप से शोषित करने के इरादे से गढ़ा था। गैर-मुसलमानों को 'जिम्मी' कहना, उनके धर्म का अपमान व उनसे जजिया कर वसूलना इस संधि की मूल बातें हैं। औरंगजेब जानता था कि जयपुर, जोधपुर तथा मेवाड़ के राजपूत राज्यों के रहते जजिया का प्रबल विरोध होगा और उसके कारण विद्रोह की स्थिति भी बन सकती है। अत: सर्वप्रथम उसने जयपुर के मिर्जा राजा जयसिंह तथा जोधपुर के जसवंत सिंह की हत्या की योजना बनाई। उसने जयसिंह को दक्षिण भारत में चल रहे विद्रोहों का दमन करने हेतु भेजा तथा जसवंत सिंह को अफगानिस्तान में विरोध समाप्त करने के लिए।

28 अगस्त, 1667 के दिन औरंगजेब के आदेशानुसार राजा जय सिंह को विष देकर उनकी हत्या कर दी गई।[130] जजिया के अतिरिक्त औरंगजेब ने राजा जयसिंह पर मराठा छत्रपति शिवाजी की सहायता करने का आरोप भी लगाया। जय सिंह की औरंगजेब द्वारा हत्या के विषय में लेखक को शोध करते समय दो पुस्तकों से प्रमाण मिले।

पहली कथा अत्यंत मार्मिक है। श्री शंकर सिंह आशिया द्वारा लिखित, 'चारण दिग्दर्शन' में स्पष्ट वर्णन मिलता है कि शिवाजी की सहायता के प्रकरण से क्षुब्ध औरंगजेब ने अपने वजीर, निजाम-उल-मुल्क को राजा जय सिंह की हत्या करवाने का दायित्व सौंपा। निजाम ने जयपुर के जगन्नाथ रत्नू को इस के लिए तैयार किया। जगन्नाथ एक बलिष्ट व वीर यक्का थे। उस काल में सौ लोगों को युद्ध में मारने वालों को 'यक्का' की उपाधि दी जाती थी।

जगन्नाथ रतनू, जय सिंह को शिकार के बहाने जंगल में ले गए। वहाँ उन्होंने जय सिंह पर तलवार तानकर उन्हें ललकारा। जय सिंह यक्के से नहीं लड़ सकते थे, तथापि उन्होंने भी खड्ग खेंच ली। तब जगन्नाथ रतनू ने जय सिंह जी के चरणों में अपनी तलवार रखते हुए उन्हें वह फरमान दिखाया, जिसमें निजाम ने उनकी हत्या का आदेश जगन्नाथ को दिया गया था।

जगन्नाथ बोले, "चारण कुल में जन्मे किसी भी वीर की तलवार किसी राजपूत पर कभी नहीं चल सकती। किसी चारण पर स्वामिद्रोह का लांछन कभी नहीं लग सकता।"

आगे जगन्नाथ ने कहा, "यद्यपि रोटी के लिए धर्म बेचा नहीं जा सकता, फिर भी औरंगजेब का अन्न मेरे पेट में है, सो उसके अन्न को उऋण करने के लिए मुझे यह सब करना पड़ा। आप पर तलवार उठाकर मैं उस बोझ से मुक्त हो गया हूँ। परंतु इससे आगे मैं धर्म सूत्र से बँधा हूँ। मैं आप पर वार नहीं कर सकता। यह नग्न खड़ग अब आपके वध के लिए नहीं, आपकी रक्षा के लिए है। अब आप यहीं से आमेर चले जाइए। मैं वजीर से आपके बच निकलने की कोई कहानी कह दूँगा।"

राजा जय सिंह ने जगन्नाथ को गले लगाया और बोले, "आप मेरे लिए पिता तुल्य

130. टॉड, खंड-1, पृ. 302।

जोधपुर के महाराजा जसवंत सिंह (1638–1678 ईसवी)

हो। आप दिल्ली गए तो वजीर द्वारा मारे जाएँगे। कोई विश्वास नहीं करेगा कि जय सिंह एक यक्के से बचकर निकल गया। आप भी मेरे साथ आमेर चलो।"

जगन्नाथ के मना करने के उपरांत भी जय सिंह उन्हें आमेर ले गए तथा, चाकसू तहसील में भोजपुरा, झोड़ूँदा, सुनारा व नांगल इत्यादि बारह गाँव उन्हें जागीर में दिए।[131] जगन्नाथ नांगल में ही बस गए, जहाँ जय सिंह उनसे मिलने जाया करते थे। जगन्नाथ रतनू के वंशज आज भी इन गाँवों में बसते हैं तथा इनमें से कुछ लेखक के दूर के संबंधी भी हैं। बहुत प्रयास के बाद भी औरंगजेब का वह फरमान लेखक के हाथ नहीं लगा। कदाचित् वह जगन्नाथ जी द्वारा उसी समय नष्ट कर दिया गया।

यह कथा हमारे पुरखों की विलक्षण समझ व उनकी दुविधा का प्रबल उदाहरण है। कितनी विषम परिस्थितियों में, कितने दुष्ट शत्रु से हमारे पुरखे स्वयं व धर्म को बचा कर लाए हैं।

दूसरा उल्लेख जयपुर के अभिलेखों में मिलता है कि औरंगजेब ने एक दासी के हाथों जय सिंह को विष दिलवा दिया। यह दुर्भाग्यपूर्ण घटना बुरहानपुर में 19 जुलाई, 1667 ईसवी को घटी। श्यामलदास जी व टॉड दोनों का मत है कि शिवाजी महाराज की सहायता करने के फलस्वरूप जय सिंह की हत्या औरंगजेब ने करवाई।[132]

वीर दुर्गादास राठौर (1638–1718 ईसवी)

इस विषय में बीकानेर के श्री महेंद्र खड्गावत का नूतन शोध भी बहुत प्रामाणिक है, जिसे वे शीघ्र ही सार्वजनिक करेंगे। उन्होंने औरंगजेब द्वारा लिखित वह पत्र उद्धृत किया है जिसमें वह राजा जय सिंह को छत्रपति शिवाजी महाराज की मुक्ति का दोषी मानता है।

इसी वर्ष में औरंगजेब ने जसवंत सिंह के प्रतिभाशाली पुत्र

---

131. आशिया, पृ. 357।

132. वीर विनोद, खंड-2, पृ. 1293-94, 1986।

पृथ्वीराज सिंह को 'खिलअत' नाम की एक अरबी वेशभूषा उपहार में दी, जिसमें विष लगा हुआ था। इसके फलस्वरूप पृथ्वीराज सिंह की मृत्यु हो गई। पृथ्वीराज बहुत मेधावी तथा कट्टर हिंदू राजकुमार थे। उनकी हत्या कर औरंगजेब ने जोधपुर को हड़पने की पूरी बिसात बिछा दी थी।

जसवंत सिंह अपने पुत्र की इस निर्मम हत्या से विचलित हो उठे, क्योंकि उनका और कोई पुरुष उत्तराधिकारी नहीं था। कुछ अप्रकट कारणों से जसवंत सिंह औरंगजेब के लिए फिर भी लड़ते रहे और फिर 28 दिसंबर, 1678 को जसवंत सिंह की भी विष देकर हत्या कर दी गई। इस समय जसवंत सिंह की रानी गर्भवती थीं, किंतु औरंगजेब ने उन्हें दिल्ली में अपनी रानियों के साथ रहने को बाध्य कर दिया।

औरंगजेब ने जोधपुर के राज्य को मुगल अधिकार में कर लिया, क्योंकि जसवंत सिंह की मृत्यु के समय उनका कोई वैध उत्तराधिकारी नहीं था। कुछ समय पश्चात् जसवंत सिंह की रानी ने एक पुत्र को जन्म दिया, जिसका नाम रखा गया अजीत सिंह। औरंगजेब, इस राजपूत राजकुमार का पालन–पोषण मुस्लिम रीति से करना चाहता था, इसलिए उसने शिशु अजीत सिंह के दिल्ली के एक चिह्नित स्थान से बाहर जाने पर रोक लगा दी। तब मारवाड़ के मरुस्थल से एक वीर योद्धा उठा, जिसने औरंगजेब से विद्रोह करके भारतवर्ष में हिंदू–मुस्लिम संघर्ष के इतिहास को पलटकर रख दिया। उसका शौर्य ही कुछ ऐसा था कि इतिहास को उसके नाम के आगे 'वीर' का विशेषण लगाना ही पड़ा। यह योद्धा था, वीर दुर्गादास राठौड़![133]

दुर्गादास, जसवंत सिंह की सेना में एक साधारण सैनिक ही थे, किंतु उन्होंने अपने रणकौशल तथा साहस के बल पर मारवाड़ के सामंतों और सेनानायकों के मध्य एक सम्मानित स्थान प्राप्त कर लिया। यहाँ तक कि शत्रु उनके नाम से भी भय खाते थे। जसवंत सिंह की हत्या से पूर्व दुर्गादास ने जसवंत सिंह के अजन्मे बालक की रक्षा करने तथा एक दिन उसे जोधपुर का महाराजा बनाने की शपथ ली थी।

दुर्गादास ने अपने इस प्रण को कैसे पूरा किया और कैसे अजीत सिंह को जोधपुर का महाराजा बनाया, यह पूरी गाथा स्वामिभक्ति, बुद्धिमत्ता, साहस व निस्स्वार्थ सेवा का अद्वितीय उदाहरण है।

यदि हम इस गाथा को लिखने लगें तो हमें कदाचित् एक पूरी पुस्तक ही लिखनी होगी। अत: यहाँ संक्षेप में ही यह कथा वर्णित है।

हम इस बात का यहाँ उल्लेख इसलिए कर रहे हैं, क्योंकि बालक अजीत को औरंगजेब के हाथों से छुड़वा कर दुर्गादास की स्वामिभक्ति और साहस की ख्याति पूरे राजस्थान में फैल चुकी थी। उन्हें मारवाड़ के सच्चे रक्षक और एक नायक के रूप में

133. भीमसेन बुरहानपुरी आर.एस. भट्ट द्वारा उल्लिखित, पृ. 143।

जाना जाने लगा था। बालक अजीत के बड़े होने और महाराजा बनने तथा मारवाड़ तथा जोधपुर से इस्लामी शासन समाप्त होने में वीर दुर्गादास राठौड़ का अतुलनीय योगदान रहा। मारवाड़ के इतिहास में इस घटना का विस्तार से उल्लेख है।

औरंगजेब के सिपाहसालार, फौलाद खान ने 20,000 सैनिक लेकर जोधपुर की हवेली को घेर लिया तथा रानी व अजीत सिंह को उन्हें सौंप देने की माँग की।

जब इन साहसी योद्धाओं ने अपने स्वामी के पुत्र और मारवाड़ के एकमात्र जीवित राजकुमार को औरंगजेब के हाथों में जाते देखा तो राठौड़ों में विद्रोह हो गया। उन्होंने अपने राजकुमार की जीवन रक्षा को ही अपना ध्येय बनाया। अपने इस लक्ष्य की पूर्ति हेतु जो हृदयविदारक मार्ग उन्होंने चुना, वह कल्पनातीत था।

इस भयानक संघर्ष के आरंभ में राठौड़ कुल की जो स्त्रियाँ व बच्चे, रानी और राजकुमार के साथ रहती थीं, उन्हें बारूद के ढेर के साथ कमरों में बंद कर दिया गया। फिर अपने हाथों से उस बारूद को अग्नि देकर इन महापुरुषों ने अपने परिवारों के चिथड़े उड़ा दिए। बारूद के विस्फोट में सब कुछ क्षण भर में ही वाष्पीकृत हो गया। यह जौहर का ही एक वीभत्स रूप था, जिसमें सम्मान की रक्षा हेतु परिवारों का बलिदान दिया गया। कितने कठोर हृदय से राठौडों, चारणों व अन्य हिंदू लड़ाकों ने अपने परिवारों को विस्फोट से उड़ाया होगा, लेखक के लिए उस भावदशा का वर्णन करना असंभव है।

प्रेम और पारिवारिक बंधनों से मुक्त होने के पश्चात् मारवाड़ के राजपूतों के पास अन्य कोई साध्य नहीं बचा था।

राजपूत योद्धा, मृत्यु से पलायन की अपेक्षा, सम्मान के साथ मृत्यु का आलिंगन करने को श्रेयस्कर मानते थे। अजीत सिंह को मिठाइयों के एक टोकरे में छुपाकर पहले ही मुगल किले से बाहर निकाल दिया गया। अब मारवाड़ के मुट्ठी भर वीर, मुगल सेना से शिशु अजीत सिंह को बचाने को उद्यत हुए थे।

वीर दुर्गादास राठौड़ के नेतृत्व में मारवाड़ के पाँच सौ योद्धाओं ने अपने इष्ट को याद किया, अफीम का सेवन किया और एक असंभव कार्य करने को कटिबद्ध, अपने अश्वों पर आरुढ़ हुए।

सबसे पहले रघुनाथ भाटी ने अपने सौ सैनिकों के साथ आक्रमण किया। दुर्गादास और अन्य चार सौ सैनिक दूसरे द्वार से मारवाड़ की ओर भाग निकले।

रघुनाथ ने हजारों मुगलों को ढेर कर अपने सत्तर सैनिकों के साथ वीरगति प्राप्त की। तब तक दुर्गादास वहाँ से नौ मील दूर निकल गए थे।

मारवाड़ की सेना का पीछा करने के लिए दस हजार मुगलों की एक सेना भेजी गई।

मुगलों को अगली चुनौती रणछोड़ दास जोधा और उनके साठ राजपूत सैनिकों ने दी। इस युद्ध में भी हजारों मुगलों को परलोक पहुँचाने के पश्चात् रणछोड़ दास अपने

सैनिकों के साथ वीरगति को प्राप्त हुए।

अंततः दुर्गादास और उनके बचे-खुचे राजपूत सैनिकों ने मुगलों से संघर्ष करने की ठानी।

पाँचला के चंद्रभान जोधा भी इस प्रकरण में अपनी दो पत्नियों के साथ निकले थे। उन्होंने अपने हाथों अपनी दोनों पत्नियों के शीश काट, उनके शरीर यमुना में प्रवाहित कर दिए तथा अन्य राजपूतों का साथ देने दुर्गादास से जा मिले।

क्या संस्कार रहे होंगे उन क्षत्राणियों के, जो अपने शीश कटाने को पति के सम्मुख बैठ गईं!

यदि उन दो स्त्रियों ने चंद्रभान का विरोध किया होता, तो क्या चंद्रभान इस कृत्य को कर सकते थे?

क्या किसी को आत्मबलिदान के लिए बाध्य किया जा सकता है?

नहीं। उन देवी तुल्य महिलाओं ने सहज ही स्वयं को पति के हाथों में सौंप दिया।

केवल अपने राजकुमार की रक्षा के लिए!

कोई तर्क-कुतर्क नहीं, कोई भय नहीं, कोई शंका नहीं, कोई सस्ती भावुकता नहीं, बस कर्तव्य कर्म मात्र।

पति का कर्म कहीं क्षीण न पड़ जाए, इसलिए स्वयं की ही बलि चढ़ा दी।[134]

ऐसी अविश्वसनीय वीरांगनाओं के होते हुए क्या आश्चर्य कि मुसलमान इस देश को कभी नहीं जीत पाए!

मुगलों पर हिंदू सैनिक, बिजली की भाँति टूट पड़े। प्रत्येक हिंदू सैनिक ने बलिदान देने से पूर्व बीस से तीस मुगलों को परलोक पहुँचाया और संध्या होने तक युद्ध करते रहे।

इस भीषण युद्ध के पश्चात् मारवाड़ की सेना में अत्यंत घायल अवस्था में दुर्गादास समेत सात हिंदू सैनिक शेष बचे, जबकि मुगलों की पूरी सेना का सफाया हो गया। उन शेष छः योद्धाओं के नाम इस प्रकार हैं—

1. रूप सिंह राठौड़ प्रयाग दासोत
2. मोखम सिंह राठौड़ जगत सिंहोत
3. भोजराज राठौड़
4. दूदी राठौड़
5. महा सिंह राठौड़ एवं
6. पंचायण दास पंचोली तिलक चंदोत

जोधपुर की महारानी एवं राजकुमार अब म्लेच्छों कि पकड़ से बहुत दूर निकल चुके थे।

मारवाड़ के सपूतों ने असंभव को संभव कर दिखाया था।

मारवाड़ की ख्यातों में इस युद्ध का कवितामय बखान है।

---

134. आर.एस. भट्ट, पृ. 147-48।

राठौड़ों व उनके मित्रों के अतुलनीय बलिदान का वर्णन लेखक के बस का नहीं। उस गौरवशाली दिन को पाठकों के लिए सजीव करने के लिए ख्यातों का वर्णन यहाँ साझा किया जा रहा है।

मृत्यु का भय निकलते ही एक एक हिंदू वीर साक्षात काल बनकर असुरों पर टूट पड़ा।

आत्मबलिदान हेतु उनकी आकांक्षा इतनी प्रबल थी कि कभी-कभी तो उनकी भावना के आगे उनके बदला लेने का उद्देश्य भी गौण हो जाता था।

वीर दुर्गादास ने रणछोड़, गोविंद, जोधा के पुत्र, चंद्रभान दुरावत, रघुनाथ के पुत्र निडर भारमल, ऊदा, सूजावत इत्यादि सभी से कहा, "चलो! युद्ध के ज्वार को हम तैरकर पार करें।"

इस पर सभी ने उन्हें आश्चर्य से देखा तो दुर्गदास ने दहाड़ लगाई, "युद्ध के ज्वार में से आओ हम मिलकर इन असुरों को हमारी इस धरती से उखाड़ फेंकें, ताकि स्वयं अप्सराएँ हमें सूर्यदेव के भवन में ले जाएँ।"

फिर एक-एक करके सबने अपने वचन कहे, सूजा चारण ने ऐसे ही दिन के लिए अपने शब्द बचाकर रखे थे। उसने कहा, "अपनी संपत्ति ईश्वर के कार्यों हेतु दे दो, अपने शरीर को बलिदान हेतु और इस प्रकार सशरीर स्वर्ग जाने का पथ चुनो।"

"मैंने अपने जीवन में मित्रता पाई, उपहार प्राप्त किए और आज मैं जोधपुर के नमक का ऋण चुकाऊँगा। मैं अपने पिता की ख्याति को आगे ले जाऊँगा और आज के इस युद्ध में मैं मृत्यु को ऐसे पराजित करूँगा कि आने वाली पीढ़ियों तक चारण मेरा यशगीत गाएँ।"

असोह के पुत्र दुर्गादास ने कहा, "यवनों के दाँत तेज हैं, किंतु हमारी तलवारों की तेजी का, हमारे शौर्य का दिल्ली को पता लग जाएगा और हमारा क्रोध, शाह की सेना को ही लील जाएगा।"

जैसे ही औरंगजेब की सेना पहुँची, हाथों में शस्त्र लिये यम की भाँति दिखनेवाले मारवाड़ के राठौड़ एवं अन्य योद्धाओं ने अपने शत्रु पर धावा बोल दिया। रणक्षेत्र में रक्त का ज्वार बारंबार उठने और गिरने लगा।

आज शाहजहानाबाद, दिल्ली की सड़कों पर शिव का साक्षात् तांडव हो रहा था। रतन सिंह ने नौ हजार शत्रुओं को सँभाला। दिलोह व दुरावत दोनों ही वीरगति प्राप्त कर देवलोक को चले गए। चंद्रभान को अप्सराएँ अपने संग चंद्रपुर ले प्रयाण कर गईं।

सुल्तान के पुत्र के पीछे ही भाटी का शरीर भी क्षत-विक्षत पड़ा था। निष्ठावान उदावत कमल के समान दिख रहे थे। सांदू चारण अपने दोनों हाथों में तलवार लिये रणक्षेत्र में अपना युद्ध कौशल दिखाते हुए परमतत्त्व को प्राप्त हो गया।[135]

---

135. टॉड, खंड-2, पृ. 35।

प्रत्येक जाति एवं वंश के योद्धाओं ने इस पुनीत धर्म कार्य में अपने दायित्व का निर्वहन किया तथा तलवारों की छाया में दुर्गादास ने अपने सैनिकों और सामंतों समेत शत्रु को धराशायी कर अपने सम्मान की रक्षा की।

अगस्त 1679 ईसवी के एक दिन, मारवाड़ के केवल पाँच सौ योद्धाओं ने औरंगजेब की अनुमानतः दस हजार सेना को पराजित किया तथा अपने राजकुमार और जसवंत सिंह की रानियों की रक्षा की। और यह अतिशयोक्ति नहीं, हर स्रोत से पुष्टि के बाद यह अविश्वसनीय घटना यहाँ लिखी गई है।

दुर्गादास समेत मात्र सात सैनिक, ग्राम बलूंदा के ठाकुर मोखम सिंह के यहाँ बालक अजीत को सुरक्षित लेकर पहुँचे। कुछ समय बाद अजीत सिंह को लेकर दुर्गादास मेवाड़ के महाराणा राज सिंह के पास गए, जिन्होंने सहर्ष अजीत सिंह को मेवाड़ में आश्रय दिया।

घोड़े की पीठ पर दुर्गादास

राज सिंह ने केलवा के आस-पास बारह गाँव की बालक अजीत सिंह को जागीर दी। फिर वे दुर्गादास से बोले, "औरंगजेब में मेवाड़ और मारवाड़ की संयुक्त सेना पर हमला करने का साहस नहीं है। आप निश्चिंत होकर मेवाड़ में रहिए।"

अतः मेवाड़ के सिसोदिया वंश और मारवाड़ के राठौड़ वंश के बीच एक नया संबंध प्रारंभ हुआ और आगे चलकर इन्हीं सुदृढ़ संबंधों के कारण राजस्थान से इस्लामी शासन की पूर्णतया समाप्ति हुई। दुर्गादास ने सिरोही और आबू के पर्वतों में आश्रय लिया तथा औरंगजेब की सेना पर छापामार आक्रमण करते हुए उसे बहुत हानि पहुँचाई। एक लोकोक्ति का उल्लेख यहाँ करना आवश्यक है।

औरंगजेब ने अपने दो महत्त्वपूर्ण शत्रुओं के चित्र बनवाने का आदेश दिया, जब चित्र बन गए तो उनमें शिवाजी महाराज को सिंहासन पर तथा दुर्गादास को अश्व पर विराजमान दर्शाया गया था। जब औरंगजेब ने इस चित्र को देखा तो उसके मुँह से निकल पड़ा, "संभवतः मैं इसे तो (शिवाजी को) पकड़ भी लूँ, किंतु यह शैतान तो मेरा काल बनने के लिए ही जन्मा है।"

औरंगजेब ने दुर्गादास को चालीस हजार दीनार की रिश्वत देने का भी प्रयास किया, यदि वह अजीत सिंह को उसके हवाले करने को तैयार हो, किंतु दुर्गादास ने इस बात को भी उपहास में उड़ा दिया। अंततः दुर्गादास ने औरंगजेब का विरोध जीवनपर्यंत जारी

रखा और वे औरंगजेब से भी अधिक आयु को प्राप्त हो, मारवाड़ को मुगलों से स्वतंत्र कराने में सफल हुए।[136]

1707 ईसवी में औरंगजेब की मृत्यु के साथ ही दुर्गादास ने मारवाड़ से मुगलों की सेना को बाहर निकाल दिया तथा किशोर अजीत सिंह को मारवाड़ का महाराजा बना दिया।

अत: सिंह के समान साहसी दुर्गादास ने अपने राजा जसवंत सिंह से किए वचन को निभाया। बाद में अजित सिंह के साथ कुछ मनमुटाव होने के कारण दुर्गा दास सदा के लिए मारवाड़ छोड़ कर चले गए। कुछ समय पश्चात् 22 नवंबर, 1718 ईसवी को क्षिप्रा नदी के तट पर स्थित धार्मिक नगरी उज्जैन में उनका देहांत हुआ। उस समय उनके कुछ निष्ठावान लोग ही उनके साथ थे।

दुर्गादास राठौड़ की वीरता, शौर्य, वीतरागता व धर्मनिष्ठा पर कोई लेखक क्या लिख सकता है, बस कुछ क्षणों के लिए, यदि हम उस अमर चेतना को अनुभव भी कर सकें तो हमारा साधारण जीवन रूपांतरित हो सकता है। माँ भवानी ने यदि अवसर दिया तो मारवाड़ के इस यशस्वी पुत्र पर भी एक विस्तृत पुस्तक लिखी जाएगी।

अब हम पुन: राज सिंह की ओर लौटते हैं।

औरंगजेब के हाथों से छुड़ाकर अजीत सिंह को दुर्गादास ने कुछ माह तक राज सिंह की शरण में रखा तो यह भी मेवाड़ तथा मुगलों के बीच तनातनी का कारण बन गया।

औरंगजेब तथा राज सिंह के बीच शांति स्थापित होने की बची-खुची उम्मीद भी उस दिन समाप्त हो गई, जब भारतीय उपमहाद्वीप के हिंदुओं पर 'जजिया कर' लगाया गया।

भारतवर्ष के हिंदुओं के लिए जजिया एक तरह से लाभकारी रहा, क्योंकि इस बात से औरंगजेब का सत्य अब पूरा प्रकट हो गया और वह हिंदुओं का धर्म परिवर्तन करने के लिए खुलकर हिंसा और क्रूरता पर उतर आया था। औरंगजेब की हठधर्मी के चलते उसके अधीन राजाओं की सेना में ही नहीं, वरन् आम हिंदुओं में भी भयंकर रोष व्याप्त हो गया। जजिया के विरोध में राजस्थान के तीनों बड़े राजघराने—मेवाड़, मारवाड़ और जयपुर अपने मतभेदों को भुलाकर एक हो चुके थे।

श्री गुरु गोबिंद सिंह

राज सिंह ही वह केंद्र बिंदु बन चुके थे, जिनके इर्द-गिर्द राजपूतों की शक्ति का एकीकरण हो रहा था। राज सिंह ने छत्रपति शिवाजी एवं दसवें सिख गुरु श्री गुरु गोबिंद सिंह जी महाराज को भी पत्र लिखे और

136. टॉड, खंड-2, पृ. 50।

दिल्ली के इस्लामी शासन के विरुद्ध पूरे भारतवर्ष में विरोध का सर्वाधिक प्रबल स्वर बनकर उभरे।

कुटिल औरंगजेब को पता था कि जब तक जोधपुर के महाराजा जसवंत सिंह और जयपुर के मिर्जा राजा जयसिंह जीवित हैं, तब तक जजिया कर लगाना हानिकारक होगा, क्योंकि ये दोनों ही निष्ठावान राजा जजिया का विरोध अवश्य करेंगे, संभवत: इसके विरोध में राज सिंह के साथ जा मिलेंगे।

जैसा कि पहले उल्लेख किया जा चुका है, औरंगजेब ने 1679 ईसवी में जजिया लागू करने से पूर्व इन दोनों महान हिंदू राजाओं की कुटिलतापूर्वक विष देकर हत्या करवा दी। अब औरंगजेब के लिए जजिया के मार्ग में अब एक ही काँटा था—मेवाड़ के महाराणा राज सिंह।

राज सिंह द्वारा औरंगजेब को लिखे गए पत्र के अंश निम्न प्रकार से हैं। इस पत्र में राज सिंह ने हिंदुओं पर कर लगाने के विरोध में औरंगजेब को लगभग मेवाड़ पर आक्रमण का न्योता ही दे दिया—

"मुझे ज्ञात हुआ है कि मेरे विरुद्ध षड्यंत्रों के लिए बहुत अधिक मात्रा में धन का व्यय हो रहा है और उसकी वजह से आपके राजकोष में हो रही हानि की भरपाई हेतु आपने आम जनता पर अवांछित कर लगाने शुरू कर दिए हैं...आपका शुभचिंतक।"

"आपके महान पूर्वजों ने अपने महान आदर्शों की स्थापना और उनके पालन से जहाँ-जहाँ भी अपने चरण रखे, वहाँ देश-विदेश में केवल विजय प्राप्त की और इसमें उन आदर्शों का भी योगदान था। किंतु हे महामना! आपके शासनकाल में आपके कई साथी राजाओं ने अपने पाँव पीछे खींच लिये हैं तथा आगे भी आपको अपनी सीमाओं की हानि ही उठानी होगी, क्योंकि विनाश और लूटमार अब सभी जगह फैल चुके हैं तथा इन पर आपका नियंत्रण भी नहीं रहा है। आपकी प्रजा का निरंतर दमन हो रहा है तथा आपके साम्राज्य का प्रत्येक सूबा दरिद्र होता जा रहा है। जब राजा और प्रजा दोनों ही दरिद्रता का मुख देख रहे हैं तो सामंतों की क्या स्थिति होगी? जहाँ तक सेना का प्रश्न है, उनमें भी खुसुर-पुसुर शुरू हो चुकी है, व्यापारी भी मुसलमानों से दु:खी हैं, हिंदुओं की अधिकांश जनसंख्या दिन-रात क्रोध और क्षोभ में भरी अपना सिर पीट रही है। इस बुरे काल में, ऐसा सुनने में आया है कि आप स्वयं भी हिंदू भक्तों से ईर्ष्या कर रहे हैं तथा ब्राह्मणों, समोरा, जोगी, बैरागी और संन्यासियों से भी कर के रूप में धन वसूली कर रहे हैं। यदि बादशाह अपने धर्मग्रंथों में आस्था रखते हैं और दैवीय प्रताप को मानते हैं तो उन्हें ज्ञात होगा कि ईश्वर सभी प्राणियों का ईश्वर है, केवल मुसलमानों का ही नहीं है।

कर के रूप में जो धन आप हिंदुओं से वसूल रहे हैं, वह असंगत है। न ही यह एक उचित नीति है, बल्कि इससे देश भी दरिद्रता के पथ पर चल पड़ेगा। यह नीति और कुछ नहीं,

बल्कि हिंदुस्तान के कानून की अवमानना है। किंतु यदि आपके धर्म ने आपको यह पथ चुनने को बाध्य किया है तो सर्वप्रथम जयपुर के महाराजा रामसिंह को इस पुण्य कार्य में अपना भाग देना चाहिए, यही न्यायपूर्ण होगा क्योंकि वही हिंदुओं के एक बड़े आदर्श हैं। फिर मैं, आपका हितैषी तो उपस्थित हूँ ही, जिसका सामना करने में आपको अधिक कष्ट नहीं उठाना होगा। आपके जैसे ओजस्वी तथा उदार व्यक्ति को, तुच्छ कीड़े-मकोड़ों सी जनता को त्रास देना शोभा नहीं देता। यह अद्‍भुत है कि आपके मंत्रिपरिषद् के सदस्यों में से एक ने भी आपको सत्य और सम्मान के मार्ग पर चलते हुए शासन करने के विषय में नहीं समझाया।"[137]

इस उपहास भरे पत्र के बाद औरंगजेब क्रोध में जल उठा। इसी समय के आसपास छत्रपति शिवाजी महाराज ने भी औरंगजेब को एक पत्र लिखा। शिवाजी महाराज ने औरंगजेब को चुनौती दी कि यदि उसमें सामर्थ्य है तो मेवाड़ के महाराणा राज सिंह से जजिया कर वसूल करके दिखाए!

इस प्रकार मेवाड़ और मुगलों के मध्य उस युद्ध की आधारशिला रखी गई, जो कि भारतवर्ष में इस्लाम के विरुद्ध मेवाड़ का अंतिम संघर्ष सिद्ध होना था। यह एक ऐसा अध्याय है, जो औरंगजेब को पराजित कर उसे दक्षिण तथा पूर्वी भारत की ओर धकेलकर मेवाड़ की महानता को स्थापित करता है। जजिया लगने के लिए यह आवश्यक हो गया था कि औरंगजेब, मेवाड़ पर चढ़ाई कर, राज सिंह को पराजित करे।

राज सिंह मेवाड़ के ऐसे अंतिम महान राजा थे, जिन्होंने मेवाड़ की सैन्यशक्ति के बल पर मुगलों को न केवल मुँहतोड़ जवाब दिया, वरन् उन्हें सदा के लिए पराजित कर दिया। राज सिंह ने मुगलों के विरुद्ध संघर्ष में अपनी महती भूमिका का निर्वहन किया। मराठा शक्ति के उदय के साथ हिंदू धर्मध्वज शिवाजी महाराज और उनके पेशवाओं के हाथों में चला गया। यह कहना अतिशयोक्ति नहीं होगी कि राजस्थान से मुगलों को बाहर निकालने में राज सिंह का योगदान न केवल अति महत्त्वपूर्ण था, वरन् पूरे भारतवर्ष में हिंदुओं द्वारा मुगलों के विरुद्ध संघर्ष का सूत्रपात भी था।

राज सिंह तथा औरंगजेब के मध्य 1679 से 1680 ईसवी, अर्थात् दो वर्ष तक चले निरंतर युद्ध के परिणामस्वरूप औरंगजेब की सेना, पराजित व अपमानित करके राजस्थान की सीमाओं से बाहर धकेल दी गई।

अंतिम मुगल-मेवाड़ युद्ध

औरंगजेब ने मेवाड़ के विरुद्ध जो युद्ध की तैयारी की थी, वह किसी विशाल साम्राज्य से लड़ने के लिए काफी थी, न कि एक छोटे जमींदार के लिए, जबकि मेवाड़ मुगलों के तथाकथित साम्राज्य के सामने एक छोटा सा राज्य था और स्वयं मुगलों के

137. टॉड, खंड-1, पृ. 303।

अनुसार, यह केवल एक छोटी जमींदारी से अधिक नहीं था।

औरंगजेब की तैयारी ही प्रमाण है कि मुगल, मेवाड़ से कितना आशंकित रहते थे, तथा मुसलमान इतिहासकार किस प्रकार हिंदुओं के सामर्थ्य को कम लिखते थे।

औरंगजेब ने मेवाड़ में सेना समेत पदार्पण करने से पूर्व अपने पुत्र अकबर को बंगाल से, अजीम को काबुल से तथा मुअज्जम को दक्षिण से अपनी सहायता हेतु बुलवा लिया।

राज सिंह ने भी औरंगजेब के आक्रमण के प्रत्युत्तर में पूरे कुल व सामंतों को लामबंद कर लिया। उन्होंने राजस्थान के समस्त छोटे-बड़े राजाओं तथा सामंतों को हिंदू धर्म के रक्षार्थ साथ आने का निमंत्रण देते हुए दूतों को वहाँ भेजा तथा उनकी सहायता से एक विशाल सेना खड़ी कर ली। राज सिंह के जीवन तथा उनके कार्यों ने राजस्थान के युवाओं को इतना प्रेरित कर दिया था कि उन सभी में हिंदू धर्म को आहत करनेवाले विधर्मियों का प्रतिकार करने की प्रबल इच्छाशक्ति जाग्रत् हो गई।

भील, पलिंदा और पालिपट लोगों ने हिंदूपत अर्थात् हिंदुओं के सर्वे-सर्वा के साथ अपने हजारों हृदय और धनुष-बाण थामे सैनिक समर्पित कर दिए। सिसोदिया तथा राठौड़ रक्त के वंशज, राज सिंह ने विश्व के सर्वाधिक शक्तिशाली तथा बर्बर शासकों के विरुद्ध मेवाड़ का केसरिया ध्वज पूरे साहस, शक्ति और सम्मान के साथ ऊँचा उठा दिया था।

मेवाड़ के सेनापति के रूप में राज सिंह की प्रथम राजाज्ञा थी—उनके महान पूर्वजों की समतल भूमि को छोड़ साधारण जनता द्वारा पर्वतों की ओर पलायन।

किसान, व्यापारी, ग्वाले, लोहार इत्यादि समस्त छत्तीस जातियों ने अपने पूरे-के-पूरे गाँव खाली कर दिए और मैदानों को छोड़कर पर्वतीय क्षेत्रों में बस गए, जहाँ एक बार फिर भीलों ने उनका साथ दिया, उनके भोजन-पानी और रक्षा की व्यवस्था की और एक बार पुनः इस कृत्य से मुगल सेना को कष्टों का सामना करना पड़ा, क्योंकि उनके लिए भोजन-पानी इत्यादि की भयंकर समस्या उत्पन्न हो गई, जो उन्हें अजमेर से मँगवाना पड़ता था और मेवाड़ के वीर गुरिल्ला युद्ध में उस सामग्री को लूट लेते थे।

राज सिंह ने अपनी सेना को तीन भागों में विभक्त कर रखा था। उनके ज्येष्ठ पुत्र जयसिंह को अरावली की चोटियों पर तैनात किया गया, ताकि पर्वत-शृंखला के किसी भी ओर से आनेवाले शत्रु पर आक्रमण किया जा सके। कनिष्ठ पुत्र भीम सिंह को मेवाड़ के पश्चिमी भाग में भेजा गया था, जिससे वे आबू में तैनात रहकर मारवाड़ तथा गुजरात के हिंदू शासकों से संपर्क में रहें तथा समय आने पर उनकी मदद ले पाएँ। महाराणा राज सिंह ने मेवाड़ की सेना की प्रमुख वाहिनी को अपने साथ अरावली पर्वत-शृंखला के बाएँ भाग में रखा, ताकि मुगलों द्वारा न किसी से संपर्क किया जा सके और न ही पीछे की ओर भागा जा सके।

भव्य जगदीश मंदिर

औरंगजेब, उदयपुर के बाहरी हिस्से देबारी की ओर से आते हुए रुक गया, जहाँ जयसिंह उसकी प्रतीक्षा कर रहे थे। उस घाटी से आने के बजाय उसने अपने सेनापति टाइबर खान और अपने पुत्र अकबर को 50,000 सैनिकों के साथ उदयपुर भेजा। संभव है, औरंगजेब को इस विषय में पूर्व सूचना मिल गई हो और तभी उसने अपनी पूरी सेना को भेजने के बजाय केवल पचास हजार सैनिकों को ही भेजा और इसी कारण उसकी पूरी सेना नष्ट होने से बच गई।

शहजादा अकबर, उदयपुर में बिना किसी विरोध के घुस गया। महल, उपवन और झीलों के मध्य बने महल उसने सब कुछ देखा, किंतु वहाँ उसे एक भी जीवित प्राणी नजर नहीं आया। अकबर ने उदयपुर में अपना पड़ाव डाला, साथ ही ताज खाँ तथा रोहिल्ला खाँ को सभी मंदिरों एवं मूर्तियों को तोड़ने का आदेश दिया। उस समय उदयपुर में अनुमानत: 200 मंदिरों को धराशायी कर दिया गया। इन मंदिरों पर आक्रमण के समय कई छोटे-बड़े संघर्ष हुए, जिनमें प्रत्येक मंदिर में औसतन 20 से 50 मेवाड़ी हिंदू अपने से तीन-चार गुना मुसलमानों को मारकर वीरगति को प्राप्त हुए।

प्रसिद्ध जगदीश मंदिर के पास हुआ यह युद्ध बहुत भीषण था और इसका उल्लेख होना आवश्यक है।

उदयपुर राजमहल के रक्षक नरु बारहठ नामक सेनानी थे, जब राज सिंह ने महल छोड़कर पर्वतों की ओर प्रस्थान किया तो किसी ने नरु के साथ उपहास करते हुए कहा कि जीवन भर तुमने यहीं से उपहार इत्यादि लिये तो क्या अब इन महलों और मंदिरों के रक्षार्थ तुम यहाँ नहीं रुकोगे?

स्वाभिमानी नरु ने अपने परिवार को राणा के साथ पर्वतों में भेज दिया और स्वयं जगदीश मंदिर के दरवाजे पर कुछ चुने हुए सैनिकों के साथ वीरतापूर्वक डट गए। जब ताज खाँ और रोहिल्ला खाँ जगदीश मंदिर पहुँचे तो नरु और उनके 20 योद्धाओं ने 500

से अधिक मुगल सैनिकों को समाप्त करने के पश्चात् ही अपने प्राण त्यागे।

इस प्रकार मेवाड़ के लोग मुगलों को अपने शौर्य और साहस से उनके भविष्य का पूर्वाभास करवाते रहते थे। औरंगजेब देबारी से उदयसागर गया, जहाँ उसने स्वयं शिव और विष्णु के तीन सुंदर मंदिरों को ध्वस्त करवाया। राज सिंह अपने सैनिकों के साथ आगे बढ़े और उन्होंने औरंगजेब की सेना को कुछ इस प्रकार घेर लिया कि न तो औरंगजेब आगे बढ़ पाया और न ही शहजादा अकबर उदयपुर से वापस लौटकर मदद करने को आ सके।

राज सिंह रणनीति के कुशल जानकार थे। उन्हें मेवाड़ के भूगोल की पूरी जानकारी थी। राज सिंह चाहते थे कि उदयपुर की सीमाओं में फँसा अकबर कोई मूर्खता करे और हुआ भी वही। कुछ सप्ताह प्रतीक्षा करने के पश्चात् अकबर ने एक आत्मघाती निर्णय लिया। अकबर ने बाहर निकलने के लिए गोगूँदा के पर्वतों और घाटियों को चुना, जहाँ घाटियों और पर्वतों के मध्य छुपे भील और राजकुमार जयसिंह की संयुक्त सेना अकबर की प्रतीक्षा कर रही थी।

भीलों की साहसी सेना के साथ उन पर्वतीय क्षेत्रों के भूमिपतियों ने अकबर के बचकर निकलने के सभी रास्ते बंद कर दिए थे। उन्होंने विस्तृत घाटियों में भीतर आने तथा बाहर निकलने के सभी रास्तों, जिन्हें 'नाल' कहा जाता था, उनको पेड़ों व पत्थरों से अवरुद्ध कर दिया।

घने पेड़ों में पहाड़ की चोटियों पर बनी चौकियों पर बैठे सैनिक अपने बाणों से शत्रु का संहार कर रहे थे और दूसरी ओर राजकुमार ने घाटी में आने-जाने के रास्तों में अपने योद्धा बैठा रखे थे, जो मुगलों का आवागमन रोके हुए थे। मृत्यु अब मुगलों के सिर पर नाच रही थी।

मुगल सेना एक पाश में बँध चुकी थी तथा भूख-प्यास से व्याकुल, निरंतर अपने अंत के समीप पहुँचती जा रही थी, तब राजकुमार जयसिंह ने उन पर दया दिखाई और अकबर के संधि प्रस्ताव को मानते हुए उन्हें जीलवाड़ा होते हुए चित्तौड़ की ओर जाने का सुरक्षित मार्ग दे दिया।

उससे पहले जयसिंह ने अकबर को शपथ दिलवाई कि वह कभी मेवाड़ की ओर मुँह करके भी नहीं सोएगा। इधर अकबर अरावली के दर्रों में फँसा था, उधर एक और मुगल सेनापति दिलेर खाँ, मारवाड़ की ओर से, देसुरी की नाल होते हुए मेवाड़ के भीतर अकबर की सहायता के लिए निकला।

मेवाड़ी सेना ने दिलेर खाँ को बिना किसी संघर्ष के भीतर आने दिया, जब वह एक संकीर्ण घाटी में पहुँच गया तो विक्रम सोलंकी और गोपीनाथ राठौड़ नाम के दो साहसी मेवाड़ी सरदारों ने मुगलों की उस टुकड़ी का संहार कर दिया। मेवाड़ के हाथों में बड़ी

मात्रा में मुगलों के शस्त्रास्त्र तथा धन भी आ गया। अरावली के दर्रों में मुगलों को फँसाने की योजना अत्यंत कुशलता के साथ क्रियान्वित की गई तथा मुगलों को इस अभियान में भारी क्षति पहुँची।

भिन्न-भिन्न स्थानों पर मुगल या तो फँसे हुए थे या मारे जा रहे थे। यही उपयुक्त समय है, सोचकर राज सिंह ने औरंगजेब पर उदयपुर और चित्तौड़ के पर्वतों के मध्य किसी स्थान पर स्वयं आक्रमण किया।

ब्रिटिश इतिहासकर रॉबर्ट ऑरमे ने उस समय के ऐतिहासिक पक्ष पर काफी अध्ययन किया है, उनके कथन को उद्धृत करते हुए टॉड कहते हैं—

"मुगल सेना बड़ी मुश्किलों से संकीर्ण घाटियों से होती हुई आगे बढ़ी, किंतु उन्होंने बुद्धि का लेशमात्र भी प्रयोग नहीं किया, परिणामत: जिस सेना का नेतृत्व स्वयं औरंगजेब कर रहा था, उसे भरपूर कठिनाई का सामना करना पड़ा। दूसरी ओर राजपूतों ने औरंगजेब के घाटी से वापस लौटने के रास्तों को बड़े-बड़े पेड़ों और पाषाणखंडों से अवरुद्ध कर दिया और ऊपर से तीरों व बाणों की बौछारों से मुगलों का संहार करने लगे। अब मुगल न आगे जाने के रहे, न ही पीछे लौटने के। भीतर और बाहर सभी ओर से मुगलों ने स्वयं को फँसा हुआ पाया।"

औरंगजेब की एक सुंदर यवन पत्नी थी उदैपुरी, जो इस भीषण युद्ध में उसके साथ आई थी। वह अपने सेवकों के साथ पर्वत के दूसरी ओर फँस गई। उसके रक्षक पर्वत के इस ओर अटके हुए थे, अत: रानी के जीवन को खतरा देखते हुए सेवकों ने अपनी रानी समेत समर्पण कर दिया। इस बेगम को राणाजी के समक्ष प्रस्तुत किया गया, जिन्होंने न केवल सम्मान के साथ उसका स्वागत किया, बल्कि यथोचित ध्यान भी रखा। इस बीच औरंगजेब ने भी भूख व प्यास का स्वाद अच्छे से चख लिया था, अत: राणा ने करुणा दिखाते हुए मात्र एक-दो दिन और उसे रोके रखा और तत्पश्चात् अपने सामंतों को अपनी-अपनी चौकियों से पीछे हटने का आदेश दिया, ताकि बादशाह स्वयं अपनी सेना के साथ सुरक्षित वहाँ से निकल जाए। जैसे ही औरंगजेब खतरे से बाहर हुआ तो राणा ने कुछ विश्वस्तों की सहायता से उसकी पत्नी को ससम्मान उसके पास पहुँचा दिया।[138]

इसके बदले में राणा ने औरंगजेब से केवल एक ही शर्त रखी थी कि औरंगजेब कभी भी हिंदू धर्म में पवित्र माने जानेवाले पशुओं को आहत नहीं करेगा; किंतु औरंगजेब, जो अपने स्वार्थ के अतिरिक्त किसी भी चीज में विश्वास नहीं करता था, उसने राणा की उदारता तथा सहनशीलता का प्रत्युत्तर बदला लेने की अपनी कुत्सित नीतियों से किया और युद्ध को अनवरत जारी रखा।

138. टॉड, खंड-1, पृ. 305।

कुछ ही समय बाद वह पुनः पर्वतों पर अपनी सेना लेकर चढ़ आया।[139]

औरंगजेब, सिसोदिया और राठौड़ योद्धाओं के साहस और शौर्य के सामने टिक नहीं पाया, यद्यपि उसके पास फ्रांसीसियों द्वारा संचालित तोपखाना था, किंतु मुगल सेना धर्मनिष्ठ और वीर राजपूतों के सामने विवश होकर मरती रही। औरंगजेब काफी अपमानित हुआ और उसकी पूर्ण पराजय हुई। सेना, धन और सैन्य उपकरणों की भारी क्षति के पश्चात् उसे अपनी सेना के साथ बहुत लज्जास्पद परिस्थितियों में पीछे हटना पड़ा।

राज सिंह ने मुगलों के हाथी-घोड़े-शस्त्रास्त्र-रथादि सभी सैन्य वस्तुओं को अपने हस्तगत कर लिया। राज सिंह, उनके पुत्रों एवं सामंतों द्वारा औरंगजेब और उसके पुत्रों का अपमान यहीं समाप्त नहीं हुआ, यह आगे भी दो वर्षों तक चला। आगे भी कई छोटे-बड़े युद्ध लड़े गए, जिनमें से कुछ महत्त्वपूर्ण युद्धों का उल्लेख यहाँ संक्षेप में किया जा रहा है।

औरंगजेब जैसे-तैसे बच करके चित्तौड़गढ़ की सुरक्षित दीवारों में पहुँचा, वह अपने पुत्रों अकबर तथा मुअज्जम से मिला। इतनी बुरी तरह अपमानित और पराजित होने के पश्चात् भी वो अपने बर्बर आचरण से नहीं चूका और फिर एक बार उसने हिंदू मंदिरों को ध्वस्त करने का घृणित कार्य किया।

बढ़ते हुए राजपूतों को कैसे रोके, इस विचार के साथ अपने घावों को मरहम-पट्टी करते हुए, थका-हारा, बचकर भागते हुए भी उसने अपनी नीचता नहीं त्यागी। चित्तौड़ और उसके आसपास कुल 76 हिंदू एवं जैन मंदिरों को उसने ध्वस्त करवाया। इसी बीच साँवलदास राठौड़ नाम के एक मेवाड़ी सामंत, जो जयमल राठौड़ के वंशज थे, उन्होंने मुगलों की सहायता हेतु अजमेर से चित्तौड़ पहुँचनेवाली खाद्य एवं सैन्य सामाग्री को लूट-लूटकर मुगलों को तंग करके रखा दिया।

इन घटनाओं से औरंगजेब को अपनी स्वयं की सुरक्षा की चिंता हुई। मेवाड़ के इस भयावह युद्ध अभियान को अपने पुत्रों के भरोसे छोड़ कर, उसने पीछे हटते हुए अजमेर जाकर शरण ली। प्रतिशोध की आग में जलते हुए, अपमानित, दो बार महाराणा से अभयदान प्राप्त कर, अपनी खोई हुई पत्नी को ससम्मान वापस पाकर, अपनी सेना, धन, शस्त्रादि व धर्मांधता तथा अहंकार के मानमर्दन के पश्चात्, तातारी हत्यारे औरंगजेब को महान बाप्पा रावल के पवित्र और शूरवीर वंशजों ने मेवाड़ की पावन धरा से सदा के लिए बाहर निकाल दिया, लेकिन हमारे इस अभागे देश के इतिहास में इन महान योद्धा और कुशल प्रशासक, महाराणा राज सिंह के विषय में पढ़ाना तो दूर, इनका नाम तक मिटा दिया गया।

एक ऐसे महाराणा, जिन्होंने अपने पूर्वजों से विरासत में प्राप्त सुख और शांति

139. टॉड, खंड-1, पृ. 196।

में विलासी जीवन व्यतीत न करके धर्म के रक्षार्थ, औरंगजेब की धर्मांधता से प्रेरित महत्त्वाकांक्षाओं को पूर्ण रूप से पराजित किया। अजमेर पहुँचकर औरंगजेब ने रोहिल्ला खाँ को बारह हजार सेना के साथ साँवलदास को पकड़ने और उनकी हत्या करने हेतु भेजा। साँवलदास की सहायता हेतु मारवाड़ की सेना आगे आई और इनकी संयुक्त सेनाओं ने मुगलों को मांडल के युद्ध में पराजित कर उन्हें फिर से अजमेर तक धकेल दिया।

जब राणा और उनके ज्येष्ठ पुत्र जयसिंह ने औरंगजेब को पूर्व में पराजित कर दिया, तब उनके कनिष्ठ पुत्र भीम सिंह ने पश्चिमी क्षेत्र में अपने शौर्य का परिचय देते हुए गुजरात पर आक्रमण किया और उसे हस्तगत कर लिया। भीम ने ईडर पर भी आक्रमण किया और वहाँ के मुगल किलेदार वसाल हसन और उसकी सेना को समाप्त कर दिया। भीम ने वडनगर और पाटन पर आक्रमण करके उन्हें भी हस्तगत कर लिया। सिद्धपुर, मोढ़ासा इत्यादि पश्चिमी गुजरात के नगरों का भी यही हाल रहा। भीम सूरत की ओर अग्रसर हो ही रहे थे, जब राज सिंह ने उन्हें वापस बुलवा लिया, क्योंकि गुजरात के सुल्तान और स्थानीय नवाब ने राणा के आगे सहायता की गुहार लगाई थी। भीम निष्ठावान और सशक्त हिंदू राजकुमार थे, जिन्होंने हिंदू मंदिरों के ध्वंस के प्रत्युत्तर में दक्षिणी राजस्थान एवं उत्तरी गुजरात में मस्जिदों के साथ वही किया, जो मुगलों ने हमारे धर्मस्थलों के साथ किया था।

श्यामलदास 'वीर विनोद' में उल्लेख करते हैं—"महाराणा ने अपने पुत्र भीम सिंह को 4,000 अश्वारोहियों के साथ वडनगर, गुजरात भेजा, जहाँ उन्होंने 300 मस्जिदों को तोड़ा और वहाँ से 40,000 रुपए हरजाने में वसूल कर विजयी होकर लौटे।"

महाराणा के नेतृत्व में हिंदुओं के प्रतिकार का एक और प्रकरण है, जिसका उल्लेख होना आवश्यक है, इसके पश्चात् हम महाराणा और उनके तीन पुत्रों द्वारा लड़े गए तीन मुख्य युद्धों के विषय में बात करेंगे, जिनके कारण मेवाड़ की पूर्ण विजय हुई और औरंगजेब को राज सिंह से संधि करनी पड़ी। एक संधि, जिसके कारण मेवाड़ की सुरक्षा तथा संपन्नता सुनिश्चित हुई और राज सिंह ने मुगलों को झुकाकर यह संधि की।

दो वर्ष तक मेवाड़-मुगल संघर्ष में राज सिंह, उनके दोनों पुत्रों तथा मेवाड़ के सभी पुराने सामंतों-मंत्रियों ने एक छत्र के नीचे हिंदू गौरव के निमित्त, निर्दयी औरंगजेब के विरुद्ध युद्ध किया, जिसके कट्टरपंथी व जिहादी मंतव्य अब सबके सामने आ चुके थे।

ऐसे ही एक मंत्री थे, दयाल शाह नामक एक जैन योद्धा, जिन्होंने राणा के प्रति निष्ठा रखते हुए ऐसा रण-कौशल दिखाया कि वे राणा के विश्वासपात्र बन गए थे।

दयाल शाह एक उड़न दस्ते का नेतृत्व करते थे, जिसका कार्य था, शत्रुओं को अपने बाणों से विदीर्ण कर वहाँ से शीघ्रता से निकल लेना। इस युक्ति से उन्होंने मुगलों को बहुत त्रस्त कर दिया था। राज सिंह ने दयाल शाह के साथ एक बड़ी टुकड़ी पूर्व में

मालवा की ओर भेजी और दयाल शाह ने नर्मदा तथा बेतवा नदियों तक के विस्तार में अपने शौर्य और मेवाड़ के नाम का डंका बजा दिया।

जेम्स टॉड, कुँवर भीम सिंह तथा दयाल शाह द्वारा मेवाड़ के प्रतिकार को इस्लामी दमन का बदला बताते हुए लिखते हैं—

"पराजित को अभयदान देने के राजपूतों के चरित्र के विपरीत, मेवाड़ के योद्धाओं और सेनानायकों ने औरंगजेब के कपटपूर्ण व्यवहार एवं उसकी दमनकारी नीतियों से बाध्य होकर प्रतिकारात्मक कार्यवाही की। दयाल शाह ने सारंगपुर, देवास , सरोंग, मांडू, उज्जैन और चँदेरी इत्यादि पर आक्रमण किए और मुगलों के विरोध का प्रत्युत्तर अपनी तलवार से दिया।[140]

इतिहास के उल्लेखानुसार—

"पुरुष अपने परिवारों को छोड़ भाग खड़े हुए, जिन वस्तुओं को साथ ले जाना संभव नहीं था, उन्होंने उसे आग लगा दी। काजियों को बंदी बना लिया गया था और उनकी दाढ़ियाँ मुँडवा दी गईं, कुरान की प्रतियाँ कुओं में डाल दी गईं।"

इस बार मेवाड़ की सेना ने इस्लामी आक्रांताओं को उनकी अपनी भाषा में प्रत्युत्तर दिया था और उनके धर्म पर भी दया नहीं दिखाई। दयाल शाह ने सैकड़ों मस्जिदों को ध्वस्त किया।

दयाल शाह का यह तांडव रुक ही नहीं रहा था। उन्होंने पूरे मालवा को ही श्मशान भूमि-सा बना दिया था। मालवा को जी भर के लूटा गया तथा मेवाड़ के कोषागार को उस लूट से भर दिया गया। यह बिल्कुल उसी तरह था, जैसा कि प्रताप के समय में मालवा से लूटकर लाए गए धन को भामाशाह ने प्रताप को मेवाड़ की सेवा हेतु समर्पित कर दिया था, यद्यपि मात्रा में वह इतना बड़ा नहीं था।

मालवा से लूटे गए धन और साधन इत्यादि को लेकर दयाल शाह, राजकुमार जयसिंह से चित्तौड़ के पास मिले और वहीं चित्तौड़ के निकट औरंगजेब के पुत्र अजीम को युद्ध में भारी टक्कर दी। जब दयाल शाह जयसिंह तक पहुँचे, तब जयसिंह ने चित्तौड़ में 13,000 अश्वारोहियों तथा 26,000 सैनिकों के साथ अपना पड़ाव डाला हुआ था।

चित्तौड़ में हुए इस भीषण युद्ध से एक रात्रि पूर्व, मुखिम और गंगा सिंह शक्तावत, सलूंबर के रतन सिंह चूँडावत, सादड़ी के चंद्रसेन झाला और बेदला के सबल सिंह चौहान ने मेवाड़ की सेना को उत्साहित करने के लिए अपने भाषण दिए, जो मेवाड़ के इतिहास में संकलित हैं। जुलाई 1680 ईसवी के एक दिन, मेवाड़ी सेना चित्तौड़ दुर्ग के नीचे एकत्र हुई और वर्षा का लाभ उठाते हुए उन्होंने वहाँ उपस्थित मुगलों का जमकर नरसंहार किया।

---

140. टॉड, प्रथम खंड, पृष्ठ 307।

मेवाड़ी सेना, मुगलों से लूटे हुए हाथी, अश्व, अंगाड़े, तंबू, शस्त्रास्त्र इत्यादि लेकर राजकुमार जयसिंह के पास लौटे तो राजकुमार ने इन सब वस्तुओं को अपने नायकों इत्यादि में वितरित कर दिया। चित्तौड़ का दुर्ग, एक बार पुनः 500 वर्षों के रक्तरंजित संघर्ष के पश्चात् राजपूतों ने कभी न खोने के लिए विजय कर लिया था।

अजीम अपनी जीवनरक्षा हेतु चित्तौड़ से भाग निकला और मेवाड़ी सेना ने रणथंभौर दुर्ग तक उसका पीछा किया, किंतु अजीम दुर्ग में घुसने में सफल हो गया और स्वयं को वहीं बंद कर लिया। इस समय महाराणा राज सिंह, मेवाड़ और मारवाड़ की सीमा, अर्थात् पश्चिमी मेवाड़ पर स्थित थे। राज सिंह ने गोड़वाड़ के मुख्य नगर गणोड़ा में मुगलों को पराजित कर मारवाड़ के राठौड़ वंश के कुँवर अजीत सिंह की रक्षा की शपथ के निर्वहन हेतु किया वचन पूरा किया। दुर्गादास के नेतृत्व में मारवाड़ के वीरों ने मेवाड़ी सेना के साथ मिलकर मुगल सेना से लोहा लिया और उन्हें बुरी तरह धराशायी कर मेवाड़ और मारवाड़ की सीमाओं से बाहर फेंक दिया।

उत्तरी-मध्य मेवाड़ के किसी क्षेत्र में राजकुमार भीम अपने सिसोदिया योद्धाओं के साथ एकत्रित हुए और उनके साथ मारवाड़ के राठौड़ योद्धा भी आए, सभी ने एक साथ शहजादा अकबर तथा उसके सेनापति टाइबर खाँ पर आक्रमण करके बुरी तरह पराजित किया। इस विजय का श्रेय उन राजपूत सेनानियों को जाता है, जिन्होंने पहले तो मुगलों से पाँच सौ ऊँट लूट लिये और फिर रात्रि के समय उन ऊँटों पर मशालें बाँधकर उन्हें मुगलों के खेमे में छोड़ दिया, जिससे मुगलों में हाहाकार मच गया और इसी का लाभ उठाते हुए मेवाड़ी सैनिकों ने मुगलों पर औचक आक्रमण कर उन्हें पराजित कर दिया।

हिंदुओं के रक्षक
महाराणा राज सिंह की विस्मृत समाधि

1680 ईसवी में भागा औरंगजेब, मेवाड़ से इतना भयभीत हो गया था कि उसने 1707 ईसवी में अपनी मृत्युपर्यंत पुनः कभी मेवाड़ की

राज सिंह का प्रस्तावित हिंदू संगठित मोर्चा। मेवाड़ के अतिरिक्त, छत्रपति शिवाजी महाराज, श्री गुरु गोबिंद सिंहजी व जयपुर और जोधपुर के राजपूत औरंगजेब के विरुद्ध एक होने लगे

ओर आँख उठाकर नहीं देखा। राज सिंह और उनके सरदारों ने मारवाड़ के राठौड़ों के साथ मिलकर मुगलों की महान सत्ता के भ्रम का सदा के लिए अंत कर दिया। इन्होंने मुगलों की सैन्यशक्ति तथा साधनों इत्यादि को लूटकर इतनी हानि पहुँचाई कि उन्हें दक्षिण एवं पूर्व के अभियान से पूर्व स्वयं को सँभालने में काफी लंबा समय लग गया।

औरंगजेब की धर्मांधता ने ऐसे नए संघर्ष को जन्म दिया, जिससे 150 वर्षों से चल रहे मुगल-राजपूत संबंधों के समीकरण का अपूरणीय बिगाड़ हो गया। मारवाड़ और मेवाड़ राजघराने पहले से ही औरंगजेब से अलग हो चुके थे और जयपुर के राजा रामसिंह कच्छावा अन्यमनस्कता से बैठे थे। अब औरंगजेब के पास हिंदुओं को सँभालने हेतु कोई हिंदू राजा नहीं था। औरंगजेब द्वारा मंदिरों को क्षतिग्रस्त करने तथा जजिया कर लगाने के घृणित कृत्यों के चलते भारत भर में हिंदुओं ने विद्रोह कर दिया।

भारत के इस्लामीकरण की औरंगजेब की मतांधता ने हिंदू शक्तियों को तब एकीकृत कर दिया, जब राज सिंह ने श्री गुरु गोबिंद सिंह महाराज, पुणे के छत्रपति शिवाजी महाराज के अतिरिक्त राजस्थान के सामंतों और राजपूत राजाओं को भी पत्र लिखकर मुगलों को भारतभूमि से सदा के लिए बाहर कर देने हेतु पत्र लिखे। इससे हजार वर्षों से भारत में चले आ रहे हिंदू-मुस्लिम संघर्ष की धारा को सदा के लिए हिंदुओं के पक्ष में मोड़ दिया होता, यदि महाराणा राज सिंह के निकट रहनेवाले कुछ हिंदुओं ने अपनी आत्मा का विनिमय नहीं किया होता।

3 नवंबर, 1680 को मुगलों को पूर्णतया राजस्थान से बाहर कर दिया गया और राज सिंह, भारत से इस्लामी शासन का संपूर्ण अंत करने की भूमिका बाँध रहे थे। कुंभलगढ़ के निकट ओढ़ा नाम के गाँव में राज सिंह अपने मित्र एवं विश्वासपात्र आसकरण चारण के साथ भोजन करने बैठे। वे आसकरण को अपना भाई मानते थे। दोनों ने साथ बैठकर खिचड़ी खाई और भोजन में विष मिला होने के कारण कुछ ही क्षणों में दोनों की मृत्यु हो गई। मात्र 51 वर्ष की आयु में इन महान महाराणा का आकस्मिक प्राणांत अपने ही लोगों के विश्वासघात के चलते हुआ।

औरंगजेब द्वारा जोधपुर एवं जयपुर के राजपूत राजाओं को विष देकर उनकी हत्या

करने एवं उसके परदादा अकबर द्वारा भी इसी प्रकार से अपने शत्रुओं को रास्ते से हटाने के तरीकों से स्पष्ट हो जाता है कि महाराणा राज सिंह की मृत्यु में भी औरंगजेब का ही हाथ था।

इस प्रकार मानव इतिहास के एक महान राज्य में सूर्यास्त हो गया, जहाँ एक से बढ़कर एक महान और प्रतापी राजाओं ने मातृभूमि और धर्म के प्रति अपनी निष्ठा एवं बलिदान के कीर्तिमान स्थापित किए थे। राज सिंह ने अपने पूर्वजों की कीर्ति और ख्याति को सदैव शिरोधार्य रखा।

बाप्पा रावल के समान उन्होंने हिंदुओं से आपसी मैत्री कर भारत पर बर्बर इस्लामी आक्रांताओं को रोका।

कुंभा के समान उनकी रुचि भी विभिन्न विषयों में थी, इसीलिए उन्होंने मेवाड़ में कला और स्थापत्य के उत्थान पर विशेष ध्यान दिया। मेवाड़ में अकाल के समय राजसमंद झील का निर्माण इसका विशेष उदाहरण है।

सांगा के समान ही उन्होंने अपनी किसी भी सैन्य दुर्बलता या वैचारिक द्वंद्व को औरंगजेब की इस्लामी महत्त्वाकांक्षाओं के विरुद्ध खड़ा होने में स्वयं पर हावी नहीं होने दिया। चारुमति की रक्षा हो या श्रीनाथजी एवं गोस्वामियों को मेवाड़ में शरण देनी हो या जोधपुर के राजकुमार अजीत सिंह को राजकीय आश्रय देना, ये सभी कृत्य उनकी निर्भीकता को प्रदर्शित करते हैं, जो कदाचित् उन्हें अपने महान पूर्वज, राणा सांगा से प्राप्त हुई थी। सांगा की ही भाँति राज सिंह समूचे भारत के हिंदुओं के सिरमौर बन गए।

प्रताप की भाँति, राज सिंह ने बर्बर इस्लामी शक्तियों के सामने कभी अपने दृढ़ निश्चय व संकल्प को कम नहीं होने दिया, यद्यपि राज सिंह ने प्रताप की भाँति कभी भी आर्थिक संघर्ष नहीं देखा था, किंतु राज सिंह के समक्ष जो संकट था, वो प्रताप से कहीं अधिक विराट व व्यापक भी था।

राज सिंह पूरे जीवन एक ऐसे अडिग पर्वत की भाँति खड़े रहे, जिनकी छत्र छाया में संतप्त हिंदू आजीवन शरण पाते रहे। एक राजा, जिन्होंने उदयपुर राजमहल के वैभव-विलास को त्यागकर, अरावली के जंगलों में अपना डेरा बनाया तथा उन विपरीत परिस्थितियों में भी औरंगजेब के विरुद्ध अपना अभियान जारी रखा।

एक समर्पित हिंदू, जिन्होंने देवताओं के सम्मान की रक्षा हेतु खड्ग उठाई, जबकि कोई अन्य हिंदू राजा कुछ भी करने में घबरा रहा था। एक करुणामय शासक, जिन्होंने मेवाड़ में अकाल की परिस्थिति में अपनी प्रजा की सेवा हेतु अपने राजकोष के द्वार खोल दिए।

एक सम्माननीय व्यक्तित्व, जो चारुमति के आग्रह पर उनके रक्षार्थ आगे आए।

एक पारिवारिक व्यक्ति, जिन्होंने उस समय की सबसे शक्तिशाली एवं दुर्दांत सेना से, बालक अजीत सिंह की रक्षा का बीड़ा उठाया। एक दूरदृष्टा राजा, जिन्होंने इस्लामी आक्रमणों के सत्य को समझा और कभी भी किसी लालच अथवा आलस्य के वश, मुगलों के मिथ्याचारी भ्रम में नहीं फँसे। इसके विपरीत, उन्होंने अन्याय के विरुद्ध सभी हिंदू राजाओं को एकीकृत किया। मेवाड़ के सिसोदिया राजाओं के मुसलमानों से विरोध की अमर गाथा का अंत करने के लिए महाराणा राज सिंह के अतिरिक्त और कौन हो सकता है, जिनके माहात्म्य से इस गाथा को पूर्ण किया जाए!

सतत विरोध, सबल संघर्ष व अप्रतिम विजय की एक ऐसी अद्‌भुत गाथा, जिसमें सामने खड़ा शत्रु अधिक शक्तिशाली एवं कपटी आक्रांता था, जिसमें मानवीय भावनाओं एवं सिद्धांतों का अभाव था और जो अपनी धर्मांधता में निर्मम हत्याएँ करने में ही अपने जीवन की सार्थकता समझता था।

मेवाड़ के सिसोदिया राजपूत, हमारी महान वैदिक धरती पर हुए इस्लामी आक्रमण का विरोध करने के लिए किसी दैवी शक्ति द्वारा भेजे गए महापुरुष थे।

बाप्पा रावल से महाराणा राज सिंह तक, इन्होंने सैनिक का सैनिक से, लोहे का लोहे से, अग्नि का अग्नि से, पशु का पशु से, छल का छल से, साहस का साहस से व रक्त का रक्त से प्रतिकार लिया और 1,000 वर्षों तक हिंदू धर्म पर हर आघात को अपनी छाती पर सहा।

मेवाड़ के महाराणाओं द्वारा इस्लामी आक्रांताओं के साहसपूर्ण विरोध की इस गाथा को मैं भरपूर तृप्ति, गौरव तथा कृतज्ञता की भावना के साथ संपूर्ण कर रहा हूँ। हिंदुओं की इस गौरवगाथा को समाप्त करने हेतु गौरवशाली, करुणामय एवं शक्तिशाली महाराणा राज सिंह की कथा से सुंदर और क्या अध्याय हो सकता था!

मेरा सामर्थ्य नहीं कि इन देवपुरुषों की यशोगाथा के साथ न्याय कर सकूँ, किंतु यह पुस्तक, यदि हिंदू समाज को इन महापुरुषों के त्याग व संघर्षों की छोटी सी झलक भी दिखा सकी, तो मैं इस प्रयास को सार्थक समझूँगा।

□

खंड-3

"भारतीय इतिहास वस्तुतः विश्वविख्यात संस्कृति और कालांतर में विदेशियों से संघर्ष करनेवाले महान योद्धाओं के इतिहास के स्थान पर अरब, तुर्क, उज्बेतक, अफगान, फारसी, पुर्तगाली, डच, फ्रांसीसी एवं ब्रिटिश जैसे विदेशी आक्रमणकारियों का इतिहास बन चुका है।

भारत प्राचीन और गौरवशाली वैदिक हिंदू भूमि के स्थान पर बहुजातीय मानवता से भरा एक उपमहाद्वीप बन चुका है।

भारतीय इतिहास के ऐसे विकृत स्वरूप का ब्रिटिश साम्राज्यवादियों ने निःशंक होकर उपयोग किया। हिंदुओं का दमन किया, हिंदुओं की संपत्तियों को लूटा एवं हिंदू संस्कृति का खुलेआम अपमान किया। यह इतिहास का वह स्वरूप था, जिसने क्षत्रिय हिंदू समाज को प्रभावहीन कर दिया एवं बहुत से हिंदू समाज को इस्लामी साम्राज्यवाद का समर्थक बना दिया। इतिहास के इसी स्वरूप से उत्साहित होकर इस्लामी साम्राज्यवाद के अवशेषों को सड़कों पर दंगे व रक्तपात करने का साहस हुआ। इसी मानसिकता के आधार पर मोहम्मद जिन्ना जैसा धूर्त राजनीतिक हिंदुओं को ब्लैकमेल कर भारत की धरती का बहुत बड़ा भाग ले गया। इतिहास के इसी विकृत स्वरूप के आधार पर इस्लामी आक्रमण पुष्ट हुआ, जिसे एक सहस्र वर्षों तक हमारे पुरखे बार-बार पराजित करते आए थे।"

—महर्षि सीताराम गोयल

17

सहस्र वर्षों की हिंदू दासता का घृणित झूठ

हमने इस वाक्यांश 'हिंदुओं की इस्लामी साम्राज्य की दासता के हजार वर्ष' को हिंदू विचारकों व सामान्य बोलचाल में इतनी बार सुना है और इस मिथ्या विचार को इस प्रकार आत्मसात् कर लिया है, जैसे कि यह भारतीय उपमहाद्वीप में हिंदू-मुस्लिम संघर्ष सभ्यता का एकमात्र अकाट्य सत्य हो!

यद्यपि ईसाई सभ्यता ने भी इस्लामी साम्राज्यवाद के हाथों बहुत कुछ सहा है।

वर्षों तक चलनेवाले क्रूसेड्स, टूर का युद्ध, जिहादियों द्वारा स्पेन पर अतिक्रमण और फिर स्पेन की स्वतंत्रता से लेकर समकालीन समाज में जिहादी हिंसा ईसाइयों पर हुई। किंतु हिंदुओं पर इस्लामी आक्रांताओं के आक्रमण व हिंदुओं का उसके विरुद्ध संघर्ष, मानव इतिहास की अद्वितीय घटना है।

एक तो अरबों का भौगोलिक रूप से भारतवर्ष की सीमाओं से सातत्य और दूसरा, हिंदू समाज का मौलिक स्वभाव भी इस्लामी आक्रमण के विचारणीय आयाम हैं।

हिंदू समाज में श्रम का विभाजन सदियों से होता आया है। इसी कारण जातियाँ अस्तित्व में आईं।

केवल क्षत्रियों पर ही राष्ट्र व धर्मरक्षा का दायित्व रहता था। शेष समाज अपने-अपने कार्य-कलापों में लगे रहते थे। इसके साथ ही हिंदू चेतना पर जैन और बौद्ध मतों का भी सघन प्रभाव हुआ था, जिससे कि समाज थोड़ी निष्क्रियता में चला गया था। अत: इस्लामी या किसी भी बाहरी आक्रांता से संघर्ष का दायित्व केवल क्षत्रियों, विशेषकर राजपूतों पर आ पड़ा था।

समाज का केवल एक ही हिस्सा अपने नैतिक मूल्यों व दायित्व को सर्वोपरि मानते हुए युद्धों में भाग ले रहा था। यद्यपि समय के साथ सभी जातियाँ राजपूतों के नेतृत्व में इस्लामी विस्तारवाद के विरुद्ध खड़ी हो गईं। यह सामाजिक तरलता ही हिंदू समाज को इस्लाम से बचाने में बहुत उपयोगी रही।

इस्लामी लुटेरों के साथ 1,400 वर्षों का हिंदुओं का यह अनवरत युद्ध, मानवीय

भावना का अपने पूर्वजों के धर्म के प्रति निष्ठा और स्वतंत्र रहने की अटल इच्छा का एक विस्मयकारी अध्ययन है।

इस्लाम से ईसाई व हिंदू संघर्ष की तुलना इसलिए भी बनती है, क्योंकि ये दो जातियाँ ही इस्लाम का विस्तार रोकने में सफल रहीं। शेष सब जातियाँ, जैसे ईरान के पारसी, मैसोपोटामिया व मिस्र के पेगन, अफगानिस्तान के कौप्टिक या बौद्ध, सीरिया के ईसाई इत्यादि पराजित करके या तो मार दी गईं या उनका धर्मांतरण कर दिया गया।

संघर्ष की उन शताब्दियों में जब संचार माध्यम इतने विकसित नहीं थे, जब एक हिंदू राजा से दूसरे तक सहायता का संदेश पहुँचने में कई सप्ताह लग जाते थे, तब हत्यारे साम्राज्यवादियों के विरुद्ध एक बड़ी सेना को संगठित करना और उन्हें साथ लेकर चलना, अपने आप में एक बड़ी चुनौती थी, जिसे हिंदू राजाओं ने सफलतापूर्वक निभाया।

और यह सब तब हुआ, जब इस्लामी आक्रांताओं का असली स्वरूप व लक्ष्य भारतीय उपमहाद्वीप के राजाओं और आमजनों को पता ही नहीं था।

जब स्वार्थलोलुप मतांध लुटेरे, पश्चिम से हमारे देश पर लगातार सिर्फ इसलिए आक्रमण कर रहे थे कि वे हमारा धर्म परिवर्तन कर हमें मुसलमान बना सकें या हमारी संपत्ति व स्त्रियाँ लूट सकें।

जब हिंदुओं की बड़ी जनसंख्या व्यापार-वाणिज्य, बौद्धिक,कलात्मक अथवा आध्यात्मिक कार्यों में संलग्न थी।

जब यौन शोषण और मानव दासता जैसी कुरीतियाँ, धिम्मा और इस्लामी राजाओं द्वारा उनके साथ किया जानेवाला व्यवहार, निर्मम सेना द्वारा सामान्य, निर्दोष जनता की हत्या, सेनाओं द्वारा युद्ध में अनैतिक आचरण तथा सभी आक्रांताओं का अप्रत्याशित व्यवहार, हिंदुओं के सामाजिक व आर्थिक जीवन पर सतत प्रहार कर रहा था।

जब असंतुष्ट हिंदुओं की निष्ठा को खरीदकर, इस्लाम को न माननेवालों को किसी भी तरह मारने की क्रूर वासना में डूबे निर्मम कृत्यों ने इस उपमहाद्वीप के हिंदुओं को किंकर्तव्यविमूढ़ और भ्रमित कर दिया।

जब उन्हें पता ही नहीं चल रहा था, उनका पाला किस प्रकार की पाशविक प्रवृत्ति वाले विचित्र शत्रु से पड़ा है।

जब हिंदू समाज, गणित और भौतिकी के सिद्धांतों की खोज कर रहा था या जयदेव के 'गीत गोविंद' तथा तुलसी की 'रामायण' या सूर व मीरा के भजनों का रस ले रहा था।

जब हिंदू, स्थापत्य कला के नवीन निर्माण कर रहे थे तथा विजय-स्तंभ, रणकपुर, खजुराहो, कोणार्क, महाबलीपुरम् आदि के अद्भुत कीर्तिमान स्थापित कर रहे थे, तब हम पर बंजर रेगिस्तान से आने वाले बर्बर लोगों ने भीषण व क्रूर आक्रमण किया।

ऐसे लोग, जिन्हें न सौंदर्य और न ही सभ्यता का ज्ञान था, न निजी संपत्ति व

स्वतंत्रता के मूल्य की कोई समझ थी। जिनका एकमात्र लक्ष्य था, उस व्यक्ति का संदेश फैलाना, जो उनके लिए एक देवदूत था। वो लोग, जिनके पास अपने बर्बर प्रयासों में खोने के लिए कुछ था ही नहीं, क्योंकि उनकी अपनी धरती पर तो कुछ भी मूल्यवान् या वैभवशाली था नहीं। वे पापाचारी लोग, हिंदुओं के धन और स्त्रियों के लिए पागल थे, यद्यपि हिंदुओं को हराना उनके वश में नहीं था।

वे लोग, जो बलात्कार व हत्या करना न्यायसंगत, और जो भी उनके धर्मसंगत नहीं था, उसको नष्ट करने को उचित मानते थे।

वे लोग, जो निर्दयी हत्यारे थे और लुटेरे थे, क्योंकि उन्हें स्वयं धन का उपार्जन करना आता ही नहीं था। वे लोग, जिन्होंने नैतिकता और सभ्यता को पूरी तरह भुलाकर, अपने धर्म के लिए मरने और मारने की परिपाटी पर चलते हुए, हमारे पूर्वजों को बुरी तरह संतप्त किया।

सहस्रों वर्षों की यात्रा में हिंदू धर्म ने अनेक विचारधाराओं को जन्म दिया, जो समय व विवेक की कसौटी पर कसे जाने के बाद या तो समाज में अपना ली गईं या त्याग दी गईं। वैचारिक मतभेद निपटाने के लिए भारत में शास्त्रार्थ होते थे, तथा जिस तर्क व प्रमाण में बल होता था, वह स्वीकार्य हो जाता था। इस्लाम एक ऐसा विचार बन कर आया, जिसकी वाद-विवाद में कोई रुचि ही नहीं थी। इस्लाम, हिंदुओं से पूर्ण समर्पण माँग रहा था। बुद्ध, महावीर, आदि शंकर, माधव, वशिष्ठ, कौटिल्य, नागार्जुन, गोरख इत्यादि संतों की चेतना से पोषित इस देश को, यह समर्पण स्वीकार नहीं था। इसलिए, श्रीकृष्ण के निष्काम कर्म के संदेश से स्पंदित हिंदू समाज, इस्लाम के विरुद्ध संघर्ष के लिए खड़ा हो गया।

यद्यपि यह एक असंगत संघर्ष था, किंतु हमारे गौरवशाली और बुद्धिमान पूर्वजों ने न केवल इसका सामना किया, वरन् जीवित भी रहे और अंततः चौदह सौ वर्षों तक इन हत्यारों को पराजित भी किया।

असंगत इसलिए कि सभ्य और असभ्य जातियों के हिंसक संघर्ष में सदैव असभ्य समाज का पलड़ा भारी रहता है। असभ्य समाज के पास खोने को कुछ नहीं होता, न आर्थिक, न नैतिक। इसलिए ऐसे समाज नृशंस होते हैं। सभ्य समाज या तो लड़ता ही नहीं या नैतिकता के मूल्यों से बँध कर लड़ता है।

जब यह विश्व हिंदुओं के इस संघर्ष को निष्पक्ष रूप से देखेगा, तब उसे बोध होगा कि हिंदुओं के इस सर्वोच्च बलिदान का फल केवल हिंदुओं के लिए ही नहीं, वरन् पूरे विश्व के लिए कितना कल्याणकारी रहा है।

वैश्विक समुदाय को हिंदू समाज का आभारी होना चाहिए और हिंदू राजाओं तथा उनके योद्धाओं को श्रद्धा से स्मरण करना चाहिए, जिन्होंने इस्लामी साम्राज्यवाद के

वार अपने सीनों पर सहे और सुदूर पूर्व तथा चीन तक इन आक्रांताओं को पहुँचने ही नहीं दिया। किंतु अब एक नए ही दुष्चक्र के अंतर्गत, जो आधुनिक भारत के स्वघोषित बुद्धिजीवी लेकर आए हैं, ये लगातार नए झूठ बोल और फैला रहे हैं कि इस्लाम ने भारत पर एक सहस्र वर्षों तक राज किया। इसके साथ ही यह प्रचार भी चलता है कि यह शासन बहुत उदार लोगों का था, जो काफी समझदार थे और वे इस अविकसित भूभाग की असभ्य जनता को सभ्य बनाने आए थे। सत्य यह है कि 'गंगा-जमुनी तहजीब' नाम के इस मिथ्या विचार को बच्चों का यौन शोषण करनेवाले और हत्यारों के एक समूह का मानवीकरण करने के लिए लाया गया है। झूठ का यह सारा जाल इसलिए बिछाया गया, ताकि इस्लामी हत्यारों के कुकृत्यों की नग्नता को सहिष्णुता व 'दरियादिली' की चादर से ढक दिया जाए।

इस पुस्तक के मूल उद्देश्यों में से एक है, इसी झूठ को तर्क व तथ्यों के आधार पर नष्ट करना कि इस्लाम ने सहस्र वर्षों तक हम पर राज किया। यह झूठ, जो हमारे देश के दैनिक जन जीवन में घुसकर बैठ गया है। अब हम हिंदुओं की सहस्र वर्षों की इस दासता के असत्य का गहन परीक्षण और विश्लेषण करते हुए पूर्ण सत्य को सबके सामने लाने का प्रयास करते हैं। निम्नलिखित कारणों से हम समझते हैं कि भारत पर इस्लामी आक्रमण एक पक्षीय जीत नहीं थी, जिसके बाद हिंदुओं को दास बनाया गया, बल्कि यह सहस्र वर्षों का रक्तरंजित युद्ध था, जो हमारे पुरखे लड़े व जीते।

इस्लामी शासन का कालखंड और अवधि

आरंभ में हम हिंदू और फारसी इतिहासकारों द्वारा लिखे इतिहास की समयावधि का अध्ययन कर लेते हैं। सातवीं शताब्दी में जब सिंध के राजा दाहिर पर अरब हत्यारे मुहम्मद बिन कासिम द्वारा पहला इस्लामी आक्रमण किया गया था तो हमें समझ आएगा कि दिल्ली पर इस्लामी शासन का कालखंड ही अनुचित लिखा गया है।

कासिम ने राजा दाहिर पर आक्रमण किया और उन्हें मार डाला। कासिम, राजा दाहिर की दो पुत्रियों को भोग-दासी बनाकर अपने खलीफा के पास ले गया। इसके कुछ वर्षों बाद अरबों ने चित्तौड़ पर आक्रमण किया, जहाँ उसका सामना बाप्पा रावल, प्रतिहार कुल के नागभट्ट तथा गुजरात के पुलकेसी राजा की संयुक्त सेनाओं से हुआ।

संयुक्त हिंदू सेनाओं ने 'राजस्थान के युद्ध' में अरबों को बुरी तरह पराजित किया और बाप्पा ने तो इनका पीछा ईरान तक किया। उस समय के अरब इतिहास में हिंदू योद्धाओं के प्रकोप के विषय में लिखा है—"राजपूतों के क्रोध से बचने के लिए हमें कहीं शरण नहीं मिली।"

सातवीं शताब्दी के बाद से ही भारत पर हो रहे अनवरत इस्लामी आक्रमणों को

मेवाड़ के राजवंश और अन्य हिंदू राजाओं की संयुक्त सेनाओं द्वारा लगातार प्रत्युत्तर दिया गया। बाप्पा के वंशज खुमाण प्रथम, द्वितीय और तृतीय तथा मेवाड़ के शक्ति कुमार, रावल जैत्र सिंह, रावल समर सिंह व कश्मीर के ललितादित्य मुक्तापीड़ आदि ऐसे विलक्षण नाम हैं, जिन्होंने अरबों को भारत में सिंध से कभी आगे बढ़ने ही नहीं दिया।

गजनी का महमूद, तुर्क मूल का एक अफगान लुटेरा था, जिसने भारत पर ग्यारहवीं शताब्दी के आरंभ में आक्रमण किया।

शाहिया वंश के जयपाल व अनंगपाल, से महमूद का भयंकर संघर्ष हुआ।

इनसे पार पाने के बाद महमूद सोमनाथ के मंदिर को लूटने में तथा पवित्र शिव लिंग को खंडित करने में सफल रहा, किंतु वह 50,000 हिंदू वीरों को काटकर ही मंदिर को छू पाया। सोमनाथ के विध्वंस के बाद महमूद रुका नहीं और पुनः गजनी लौट गया, किंतु उसने मुलतान व मनशूरा के रास्ते लौटने का वैकल्पिक मार्ग चुना। अरब इतिहासकार गरदिजी लिखता है "हिंदुओं का बादशाह उसकी प्रतीक्षा कर रहा था। इसलिए महमूद ने सुगम मार्ग छोड़कर दुर्गम मार्ग से लौटना उचित समझा कि कहीं उसकी विजय पराजय में न परिवर्तित हो जाए!"[141] कदाचित् यह बात चालुक्य हिंदू राजा भीमदेव के लिए लिखी गई है।

तथापि सिंध के जाटों ने गजनी की लौटती हुई सेना को लूटा तथा सेना को तहस-नहस किया।

इस्लामी आक्रांताओं के हाथों हिंदुओं की पहली बड़ी पराजय 1192 ईसवी में हुई, जब पृथ्वीराज चौहान को तराई के द्वितीय युद्ध में हराकर मोहम्मद गौरी ने पृथ्वीराज की आँखें फोड़ने के बाद उनकी हत्या कर दी। मोहम्मद गौरी, कुतुब-उद-दीन ऐबक को अपना राजदूत बनाकर काबुल लौट गया और उसके बाद विभिन्न हिंदू राजाओं के साथ इस्लामी साम्राज्यवादियों का टकराव शुरू हुआ, जो अगले 500 वर्षों तक चला, जब तक कि ब्रिटिश नहीं आए और दोनों ही प्रतिद्वंद्वियों को अपने अधीन नहीं कर लिया।

इस हिंदू-मुस्लिम संघर्ष का पटाक्षेप 1707 ईसवी में औरंगजेब की मृत्यु के साथ हुआ। औरंगजेब के मरते ही मुगल साम्राज्य बिखर गया तथा महान मराठों का सूर्योदय हो गया। अतएव वर्षों के आधार पर देखें तो हमारे देश पर इस्लामी उपद्रवियों का आतंक कुल पाँच सौ वर्षों तक चला। इन पाँच सौ वर्षों में से पहले तीन सौ वर्षों तक दिल्ली सल्तनत नाम का एक झूठ गढ़ा गया तथा यह पढ़ाया गया कि दिल्ली सल्तनत के समय शक्तिशाली मुसलमान सुल्तान दिल्ली में राज कर रहे थे, जबकि सत्य यह है कि ये केवल हिंदुओं के हत्यारे और लुटेरे थे, जिनका राज यमुना से महरौली तक सीमित था।

141. मिश्रा, पृ. 66।

इन्हें हिंदुओं का हत्यारा व डकैतों का समूह कहना इसलिए तर्कसंगत है, क्योंकि इनके राज्य में जनहित का कोई भी कार्य किए जाने के प्रमाण नहीं मिलते। इन तथाकथित सुल्तानों ने हिंदुओं के विरुद्ध हिंसा व अराजकता का जो घिनौना तांडव किया, उसका उदाहरण इतिहास में कम ही मिलता है। डॉ. आर.सी. मजूमदार, फिरोजशाह तुगलक के लिए लिखते हैं, "फिरोज अपने युग का सबसे धर्मांध इस्लामी शासक सिद्ध हुआ, जो सिकंदर लोधी व औरंगजेब का अग्रगामी था। फिरोज ने सर्वप्रथम ब्राह्मणों से जजिया लेना आरंभ किया।"

इन तथाकथित सुल्तानों में से तीन को तो मेवाड़ के महाराणाओं ने महीनों तक चित्तौड़ में बंदी बनाकर रखा था। यह कैसी दिल्ली सल्तनत थी, जिसके तथाकथित सुल्तानों को हिंदू राजा पूरे देश में दौड़ा रहे थे! विजयनगर व काकातिया साम्राज्य तथा बंगाल व कलिंग के हिंदू राजाओं ने भी इन 'सुल्तानों' को धूल चटाई।

अब हम वामपंथियों के सबसे अधिक चहेते व प्रचलित मुगल काल के तथ्यों का परीक्षण और विश्लेषण करते हैं। सर्वप्रथम, मुगल शासनकाल की शुरुआत 1527 ईसवी में खानवा के महान युद्ध में महाराणा सांगा की संयुक्त सेना पर बाबर की तथाकथित जीत के बाद से मानी जाती है। इस भीषण युद्ध में दोनों ही ओर के लाखों सैनिक मारे गए थे। सांगा व उनके अदम्य साहसी सैनिकों और सहायक राजाओं ने इस युद्ध में रायसेन के सलहदी तँवर के विश्वासघात तथा बाबर के उन्नत तोपखाने के उपरांत भी हार नहीं मानी और यह युद्ध अनिर्णीत समाप्त हुआ।

सांगा स्वयं मूर्च्छित होने के कारण युद्धक्षेत्र से हटा लिये गए, पर अज्जा झाला के नेतृत्व में हिंदुओं ने मुगलों को इतना नुकसान पहुँचाया था कि उन्होंने भय खाकर सांगा का पीछा न करना ही उचित समझा।

खानवा के इस अनिर्णीत युद्ध के बाद महाराणा सांगा एक वर्ष तक जीवित रहे तथा बाबर को लगातार चुनौती देते रहे। 1528 में बाबर ने सांगा को पानी में विष मिलाकर उनकी हत्या करवा दी। खानवा पर विस्तार से सांगा के अध्याय में लिखा गया है। सौभाग्य से बाबर स्वयं खानवा युद्ध के तीन वर्षों बाद ही मर गया।

दूसरी बात, बाबर का पुत्र हुमायूँ दिल्ली पर अपना अधिकार बनाए रखने के लिए 1530 ईसवी से 1556 ईसवी में अपनी मृत्युपर्यंत संघर्षरत ही रहा। आरंभिक काल में हुमायूँ को अपने भाइयों व गुजरात के बहादुर शाह से भयंकर संघर्ष करना पड़ा। 1540 से 45 के बीच एक योग्य, किंतु निर्दयी अफगान, शेरशाह सूरी ने हुमायूँ को हराकर उसे ईरान तक खदेड़ दिया था। मुगल शासन, असल में शुरू होता है 1556 में अकबर के साथ और जहाँगीर, शाहजहाँ से होते हुए 1707 ईसवी में औरंगजेब की मृत्यु के साथ समाप्त हो जाता है। तो यदि हम दिल्ली पर अधिकार करने को मुगल सल्तनत काल मान

भी लें तो वह केवल डेढ़ सौ वर्षों तक चला।

तो यदि हम हजार वर्ष की गुलामी के इस झूठ को केवल समय के आधार पर भी आँकें तो यह पूर्णतया असत्य है। पाँच सौ वर्षों का हिंदू-मुस्लिम संघर्ष, एक हजार वर्षों की गुलामी कब और कैसे बन गया, यह हिंदू समाज के लिए गंभीर अन्वेषण का विषय होना चाहिए! क्या विवशता है, क्या अदूरदर्शिता है, जिसके चलते हम इस असत्य को भी सत्य माने बैठे हैं?

2. इस्लामी शासकों में गृहयुद्ध और हिंदुओं का विरोध

यदि हम इस्लामी आक्रांताओं के वंशजों द्वारा भारत पर अधिकार करने के प्रयासों को देखें तो ज्ञात होता है कि भारत पर इस्लामी सामंतवाद, भिन्न-भिन्न मुसलमान घरानों का एक पारिवारिक गृहयुद्ध था, जिसमें ये लुटेरे बीच-बीच में हिंदू मंदिरों और शिक्षण केंद्रों को भी लूटते तथा ध्वस्त कर देते थे। उदाहरणार्थ 1192 ईसवी में मोहम्मद गौरी द्वारा पृथ्वीराज चौहान को मारने के बाद अगले 300 वर्षों में पाँच राजवंश, 24 तथाकथित बादशाह और एक बेगम (रजिया सुल्तान) ने दिल्ली में हत्याओं, विद्रोहों और एक-दूसरे को राजच्युत करने के बीच राज किया।

जो रक्तपात अरब में पैगंबर मुहम्मद बिन अब्दुल्ला की मृत्यु के बाद खलीफा बनने के लिए हुआ था, वैसा ही भारत में भी इस्लामी आक्रांताओं के बीच हुआ है। इधर, अंतर्द्वंद्व होते हुए भी भारत के समस्त हिंदू राजाओं ने बिना रुके, इस्लामी आक्रांताओं के साथ युद्ध जारी रखा।

कभी-कभी यह जानकर आश्चर्य होता है कि यदि दिल्ली के प्रत्येक सुल्तान ने औसतन केवल बारह वर्षों[142] तक ही राज किया तो किस तरह की सल्तनतें इन आक्रांताओं द्वारा स्थापित की गईं थीं! सय्यद वंश के एक लुटेरे शाह आलम के लिए तो उत्तर भारत में एक उपहास प्रचलित है; 'सल्तनत ए शाह आलम, अज दिल्ली ता पालम' अर्थात् शाह आलम की सल्तनत क्या है? बस दिल्ली से पालम तक है।

इन लुटेरों के आतंक को सल्तनत कैसे कहा जा सकता है, जबकि ये केवल एक-दूसरे को मार्ग से हटाने या फिर हिंदू राजाओं के साथ युद्ध में इधर-उधर भागे फिर रहे थे? क्या कहीं कोई विश्वविद्यालय, महल अथवा स्थापत्य निर्माण का उदाहरण मिलता है?

इन सत्तालोलुप, उन्मत्त उपद्रवियों द्वारा किस कला को संरक्षण दिया गया?

क्या व्यापार और वाणिज्य इन हत्यारों द्वारा पोषित किया गया?

दिल्ली सल्तनत की भौगौलिक स्थिति क्या थी, जब इन पाँच तथाकथित सल्तनतों के सुल्तान विद्रोहों को दबाने के लिए पूरे भारतवर्ष में इधर-उधर भागे फिर रहे थे? क्या

---

142. टॉड, खंड-1, पृ. 231।

उस कालखंड में दिल्ली सत्ता का केंद्र भी थी, या केवल आज की दिल्ली के आस-पास के भौगोलिक भाग को दिल्ली सल्तनत कहकर महिमामंडित किया गया है ?

इन तथाकथित सुल्तानों के विषय में इतना अवश्य कहा जा सकता है कि इन सबने निरअपराध हिंदुओं की हत्याएँ कीं तथा जजिया कर लगाया। भारत के इतिहासकारों द्वारा ऐसे पाशविक लोगों को सुल्तान की उपाधि देना यह स्पष्ट कर देता है कि ये इतिहासकार अवश्य मुसलमानों के मानसिक गुलाम बन चुके हैं।

हिंदू राजाओं व प्रजा ने तो इन हत्यारों को कभी अपना राजा स्वीकार नहीं किया। 'दिल्ली सल्तनत' के उन शासकों को बार-बार मेवाड़ के महाराणाओं और विजयनगर साम्राज्य द्वारा पराजित किया गया। इनमें से तीन तथाकथित सुल्तानों को अपमानजनक तरीके से चित्तौड़ में बंदी बनाकर रखा गया था। राणा हम्मीर सिंह ने मुहम्मद बिन तुगलक को छह महीनों तक चित्तौड़ में बंदी बनाकर रखा और काफी दंड वसूल करने के बाद ही उसे छोड़ा। महाराणा लाखा ने एक तुगलक वंशी को चित्तौड़ में बंदी बनाया और यही महाराणा मोकल ने भी गियासुद्दीन तुगलक के साथ किया था।

महाराणा कुंभा ने मालवा, गुजरात और नागौर के इस्लामी शासकों के विरुद्ध अपने जीवन में 56 युद्ध लड़े और कभी एक भी युद्ध नहीं हारा। कुंभा ने मालवा के सुल्तान महमूद खिलजी को महीनों तक चित्तौड़ में बंदी बनाए रखा। महाराणा सांगा ने दिल्ली के 'सुल्तान' इब्राहिम लोदी को दो बार पराजित किया। एक बार तो इब्राहिम के पुत्र को बंदी बनाकर भी रखा। प्रताप ने अकबर की शाही सेना को हल्दीघाटी के अतिरिक्त, 1583 में दिवेर में हराया और 30,000 से अधिक मुगलों का तीन दिन में संहार किया।

जहाँगीर की सेना को प्रताप के पुत्र महाराणा अमर सिंह ने 17 बार हराया। उसके बाद मुगलों ने उनके साथ एक सम्मानजनक संधि की, जिसमें मेवाड़ की स्वतंत्रता अक्षुण्ण बनी रही और चित्तौड़ को मुगलों के हाथों से छुड़वा लिया गया। ऐसा कब होता है कि गुलामों ने अपने मालिकों के साथ सम्मानजनक संधि की हो? शाहजहाँ पूरे भारतवर्ष में विद्रोहों को दबाने में लगा रहा और औरंगजेब को पहले राणा राज सिंह और फिर आसाम के अहोम राजा द्वारा हराया गया।

आखिर मध्यकालीन भारत में कौन किसको दास बना रहा था? इस्लाम के अरब और मध्य-पूर्व में फैलाव की तुलना करके देखते हैं। फारस ईरान बन गया और वहाँ की पूरी पारसी जनता या तो मार दी गई या उन्हें धर्म-परिवर्तन करना पड़ा। मेसोपोटामिया इराक बन गया, मिस्र की पुरातन सभ्यता निर्मूल कर दी गई और सब कुछ केवल कुछ ही दशकों में घट गया।

हिंदू सभ्यता चौदह सौ वर्षों से लगातार आक्रमण सहन करने के पश्चात् आज भी कैसे जीवित है ? क्या तत्त्व है, जो आज भी हमें जीवित व स्पंदित रखे हुए है ? इस्लाम के ये कैसे गुलाम हैं मानव इतिहास में, जो इन इस्लामी मतावलंबियों की आँखों के सामने बुतपरस्ती (मूर्ति पूजा) और शिर्क (अधर्म) किए जा रहे हैं ?

भारत से हिंदुओं का पलायन नहीं हुआ

एक और देखनेवाली बात यह है कि जब भी इन बर्बर उपद्रवियों का आक्रमण विश्व में कहीं हुआ तो लोग अपने घर छोड़कर भाग खड़े हुए। पारसियों ने फारस पर हमला होने के समय पलायन किया था। इनमें से कुछ गुजरात के तट पर भी उतरे थे या जैसा यहूदियों ने पिछली शताब्दी में यूरोप से भागते हुए किया था।

क्या कहीं भी ऐसा हुआ कि हिंदुओं को इस्लामी आक्रांताओं के कारण अपना देश छोड़कर भागना पड़ा हो ? कभी नहीं।

आज के बांग्लादेश से 1971 में भी हिंदुओं का पलायन व नरसंहार हुआ, किंतु हिंदुओं के पास एक सुसज्जित, आधुनिक सेना होने के कारण तुरंत ही इसका प्रतिकार हुआ तथा पूर्वी पाकिस्तान को पश्चिमी पाकिस्तान से तोड़कर बांग्लादेश बना दिया गया। इस्लामी अतिवादियों के अत्याचारों का हिंदुओं ने इसी प्रकार 1400 वर्षों से प्रतिशोध लिया है।

हाँ, इसका एकमात्र अपवाद हमें आधुनिक काल में मिलता है, जब 1990 ईसवी में कश्मीर घाटी से हिंदुओं का आंतरिक विस्थापन हुआ, जब इस्लामी आतंकवादियों ने मस्जिदों से हिंदुओं के समूल नाश की घोषणाएँ कीं तथा भारतीय राज्य व शेष भारत का हिंदू समाज, सन्निपात से ग्रस्त यह घिनौना खेल देखता रहा। पलायन का यह कलंक आधुनिक हिंदू समाज के माथे पर है, हमारे यशस्वी पूर्वजों के माथे पर नहीं। इसके अतिरिक्त भारतवर्ष से वृहद् स्तर पर हिंदुओं के पलायन का कोई उदाहरण हमें नहीं मिलता।

आज भी हम देखते हैं सीरिया से, इराक में यजीदी और कुर्द समाज के लोग कैसे प्रताड़ित होकर पलायन कर रहे हैं। पाकिस्तान व बांग्लादेश से हिंदू-सिख और ईसाई, मुसलमानों के अत्याचारों के डर से कैसे भाग रहे हैं[143] क्योंकि उनके पास अब कोई विकल्प बचा नहीं है। या तो उनकी हत्या होगी या धर्म परिवर्तन, अत: उन्होंने अधिक सभ्य व सुरक्षित समाजों की ओर पलायन प्रारंभ कर दिया है।

यह आलोचनात्मक विवेचना का विषय है कि क्यों मुस्लिम विचारधारा स्थायी व सभ्य समाज को जन्म नहीं दे पाती। चौदह शताब्दियों से यह विचारधारा जहाँ न्यूनता में

143. https://economictimes.indiatimes.com/news/international/world-news/pakistan-institutionalised-discrimination-against-minority-groups-eu-parliament-report/articleshow/69329724.cms?from=mdr.

है तो अन्य धर्मों से तथा जहाँ सब मुसलमान ही हैं, वहाँ आपस में खून की होली खेल ही रही है। मनोवैज्ञानिकों को खोजना चाहिए कि वह क्या तत्त्व है, जो मुसलमानों को चैन से नहीं रहने देता।

यदि इक्कीसवीं शताब्दी में दिन के उजाले में विश्व के सामने यह सब हो रहा है, तो हम कल्पना भी नहीं कर सकते कि हिंदुओं ने शताब्दियों तक वह अत्याचार कैसे सहन किया होगा। किंतु पलायन तब होता है, जब सामान्य लोग और उनके नेता समर्पण कर देते हैं।

यदि देश के लोग और उनका नेतृत्व खड़े होकर विरोध करें तो पलायन नहीं होता।

हिंदू राजाओं ने इस्लाम के विरुद्ध ध्वज उठाया और सतत युद्धरत रहे, वहीं उनकी प्रजा भी अपने राजाओं के साथ खड़ी रही और इस्लामी अतिवादियों के विरुद्ध लड़ती रही, किंतु किसी अन्य देश की ओर भागी नहीं। भारतीय उपमहाद्वीप के हिंदुओं की दृढ़ स्थिति इस्लामी आक्रमणों के विरुद्ध उनके सामर्थ्य का एक सशक्त उदाहरण है और इसी से हिंदुओं की सहस्र वर्षों की दासता का असत्य सामने आ जाता है।

हिंदू साम्राज्यों में कला और स्थापत्य

यदि हिंदू हजार वर्षों तक गुलाम रहे तो मेवाड़ के अद्‍भुत दुर्गों का निर्माण किसने करवाया? चित्तौड़ के स्थापत्य कला के उदाहरण, राजस्थान में बनी वेधशालाएँ, पूरे राजस्थान में बनी हवेलियाँ, कोणार्क का सूर्य मंदिर, महाबलीपुरम्, खजुराहो और रणकपुर के मंदिरों को किसने बनवाया? अकेले मेवाड़ के महाराणा कुंभा ने ही पंद्रहवीं शताब्दी में चित्तौड़ के अनुपम विजय-स्तंभ के अतिरिक्त बत्तीस दुर्गों का निर्माण करवाया था। हिंदुओं ने गीता, उपनिषदों इत्यादि की टीकाएँ कैसे लिखीं, जैसी कि माधवाचार्य, वल्लभाचार्य और रामानुजाचार्य के साहित्यिक कार्यों में मिलती हैं?

कैसे मीराबाई ने इतनी सुंदर कविताओं और भजनों की रचना की और यदि हम दास थे तो कैसे भक्तिकाल में भारतवर्ष में इतने सारे भक्त संतों का उद्‍भव हुआ, जिन्होंने हिंदू धर्म की सेवा की और घोर विपत्ति के काल में भी धर्म को नूतन ऊर्जा से स्पंदित किया? दादू, रज्जब, कबीर, नानक, सहजो बाई, सुंदर दास आदि संत, कैसे भारत की गलियों में नाच रहे थे, यदि हम गुलाम थे? हिंदू अपने धर्म का पालन कैसे कर सकते थे, यदि वे इस्लाम के दास थे अथवा उनके अधीन थे? क्या दासों को साहित्य और स्थापत्य के क्षेत्र में कुछ भी करने का अवसर मिल पाता है?

कौन से ऐसे दास हुए, जिन्होंने विजयनगर जैसे विशाल साम्राज्य की स्थापना और उसका विस्तार किया तथा दक्षिण भारत में तीन सौ वर्षों तक राज भी किया? जब भारत पर एक हजार वर्षों तक इस्लामी शासन था तो कौन से ऐसे दास थे, जो मूर्तिपूजा करते

थे, वैदिक ऋचाओं का अभ्यास और उच्चारण करते थे, राजवंशों से सहायता प्राप्त करके नृत्य और नाट्य का शिक्षण-प्रशिक्षण देते थे और अपने विशालकाय मंदिरों में मंगल आरती किया करते थे?

उत्तरोत्तर प्रगति करती हिंदू संस्कृति, परंपराएँ और यहाँ के त्योहार स्वयं में पुष्ट प्रमाण हैं कि इस्लामी आक्रांता अपनी अरुचि और असुविधा के उपरांत भी इन सबको नहीं रोक पाए, जबकि मध्य-पूर्व की पेगन सभ्यताओं को कुछ ही वर्षों में इस्लामी आक्रांता लील गए। लोककला व निर्माण का पूरे भारतवर्ष में निर्बाध चलते रहना इस बात का प्रबल प्रमाण है कि हिंदू एक दिन के लिए भी मुसलमानों के दास नहीं रहे।

बल्कि, इस अभागे देश के निम्न स्तर के बुद्धिजीवियों का यह चमत्कार है कि हिंदुओं के अपने धर्म, साहित्य व रीतियों को अक्षुण्ण रखने के संकल्प को, इन मक्कारों ने इस्लामी आक्रांताओं की उदारता कहकर प्रचारित कर दिया।

यह इस अभागे देश के स्वघोषित बुद्धिजीवियों व इतिहकारों की निर्लज्जता का प्रमाण है कि एक ही मुँह से वे हिंदुओं को मुसलमानों का दास व उन्हीं मुसलमानों को उदार भी कहते हैं। कोई इनसे नहीं पूछता की किसी मनुष्य को दास बनाने वाला समाज उदार चित्त का कैसे हो सकता है?

सत्य यह है की हिंदू समाज मुसलमानों के कारण नहीं, बल्कि उनके अतिवाद के उपरांत भी विज्ञान, अध्यात्म व धर्म की खोज में निरंतर लगा रहा। यदि हम मुसलमानों के दास होते तो यूरोप की तरह हम भी 'अँधेरी शताब्दियाँ' बिताने को अभिशप्त होते!

इस्लामी आक्रांताओं द्वारा हिंदुओं को दास नहीं बनाया गया

मनुष्य को मनुष्य का दास बनाने की घिनौनी परिपाटी, भारत में इस्लामी आक्रांताओं द्वारा ही लाई गई।

8,000 वर्षों की वैदिक सभ्यता में दास प्रथा किसी भी परिस्थिति में सनातन धर्म के अनुयायियों द्वारा अंगीकार नहीं की गई थी। दासत्व को सिरे से अस्वीकार करना ही हिंदू राजाओं तथा जनता के लिए इस्लाम का प्रचंड विरोध करने का एक बड़ा कारण था।

सभी राजपूत राज्यों के इतिहास में कई जगह पर राजाओं व उनके परामर्शदाताओं के बीच के पत्र-व्यवहार इत्यादि अंकित हैं, जिनमें लिखा गया है कि यदि इस्लामी आक्रांताओं का विरोध नहीं किया गया तो हिंदुओं की कैसी दुर्दशा होगी और कैसे हिंदुओं की स्त्रियाँ व बच्चे गुलाम बना लिये जाएँगे।[144] साका-जौहर की अभूतपूर्व प्रथा, भारतीय हिंदुओं द्वारा भोग दासता की अपेक्षा मृत्यु को चुनने का एक प्रमुख उदाहरण है।

वहशी इस्लामी आक्रांता, हिंदू स्त्रियों को यौन-दासी बनाकर रखना चाहते थे।

144. टॉड, खंड-1, पृ. 223।

वे इससे स्थानीय जनता का अपमान ही नहीं, उन्हें मानसिक रूप से तोड़ना चाहते थे, क्योंकि उनकी पुस्तकों और संस्कृति में उन्हें ऐसा अमानवीय व्यवहार करने की धार्मिक स्वीकृति मिली हुई थी। इस्लामी आक्रांताओं को यह शिक्षा दी जाती थी कि किसी समाज के आत्मबल को तोड़ना है तो उसकी स्त्रियों को हथिया लो।

राजस्थान ने चित्तौड़, रणथंभौर, जैसलमेर, जालौर इत्यादि मिलाकर कुल दर्जन भर से अधिक साका-जौहर देखे हैं, जिसमें हिंदू महिलाएँ यौन-दासता से बचने के लिए अग्नि में जीवित प्रवेश कर जाती थीं।

कई बार यह प्रश्न उठता है कि इतनी पीड़ादायक मृत्यु क्यों? ये महिलाएँ विष भी पी सकती थीं या एक-दूसरे को कटार इत्यादि से आघात करके मार सकती थीं! इसका उत्तर है, इस्लामी मान्यताओं के अनुसार मृत शरीरों के साथ भी संभोग की कुत्सित प्रथा, जिसे 'नैक्रोफीलिया' कहा जाता है।

इस्लामी आक्रांता, हिंदू महिलाओं के मृत शरीरों के साथ भी अभद्रता करते थे, अत: जौहर की प्रथा को अपनाया गया। स्वयं को जौहर की अग्नि में जला देने से अन्य हिंदू जनता के बीच बर्बर इस्लामियों से लड़ते रहने का संदेश भी जाता था। क्या हम कल्पना कर सकते हैं, पूरे देश के राजाओं और आमजन के त्याग, बुद्धिमत्ता और दृढ़ निश्चय की, जिन्होंने एक ऐसा अद्वितीय उपाय निकाला, जिससे इस्लामी यौन-दासता से महिलाओं को बचाया जा सके! विदेशी इस्लामियों और स्थानीय हिंदुओं को सीधा और स्पष्ट संदेश था—

हम कभी भी हिंसा और अत्याचार से नहीं हारेंगे।

हम कभी भी अपने पूर्वजों के धर्म को नहीं त्यागेंगे।

हम कभी भी अपनी स्वाधीनता त्यागकर किसी की भी दासता स्वीकार नहीं करेंगे।

हिंदू समाज की स्वतंत्रता की अभीप्सा ने पूरे विश्व को एक संदेश दिया कि एक दास की भाँति कुछ वर्षों का अपमानजनक जीवन जीने से सम्मानजनक मृत्यु का वरण करना कहीं श्रेयस्कर है।

इस्लामियों की घृणित दास प्रथा के विरुद्ध साका और जौहर से बढ़कर क्या प्रत्युत्तर हो सकता है! जो लोग अपनी स्वाधीनता का त्याग कर देते, वे जौहर जैसा कार्य इतने व्यापक स्तर पर और बार-बार नहीं कर सकते।

यह ठीक है कि मुहम्मद बिन कासिम, तैमूर लंगड़े और नादिर शाह जैसे अरब और तुर्क आक्रांताओं द्वारा हजारों हिंदुओं को दास बनाकर अपने देश ले जाने के लिखित प्रमाण हैं, क्योंकि इस्लामी उपद्रवियों के लिए यह एक प्रचलित परिपाटी थी, किंतु हिंदुओं ने इसका प्रचंड विरोध किया। जब हिंदू प्रतिद्वंद्वी कुछ समय के लिए पराजित हो जाते थे तो ये बर्बर लोग उनके प्रजाजनों, सैनिकों इत्यादि को दास बनाकर

अपने साथ ले जाते थे, तथापि हिंदू जनसंख्या के बहुत बड़े प्रत्यार्पण का प्रमाण इतिहास में नहीं मिलता।

सत्रहवीं व अठारहवीं सदी में सिख योद्धा, मुसलमानों की जेलों पर सतत् हमला करके हिंदू-सिख स्त्रियों को छुड़ाते थे। इन जेलों में हिंदू-सिख स्त्रियों को यौन दासी बना कर मध्य-पूर्व भेजने के लिए रखा जाता था।

हिंदू-मुस्लिम राजाओं के मैत्रीपूर्ण संबंध

प्रत्येक मानव समाज में कुछ लोग असफल होते ही हैं। हर कोई तो सफल या प्रथम हो नहीं सकता। और एक बाहरी शत्रु द्वारा किसी पर भी आक्रमण करने से पहले ऐसा एक असफल-असंतुष्ट व्यक्ति ढूँढ़कर, उसकी, विफलताओं का लाभ उठाकर, उसे अपना साथी बना लेना कोई कठिन कार्य नहीं है।

इस्लामी आक्रांताओं ने भारत में अपने पैर जमाने के लिए इसी मानवीय दुर्बलता का भरपूर प्रयोग किया।

किंतु क्या इसका यह अर्थ है कि उन्होंने हिंदुओं को अपना दास बनाया या हिंदुओं के आपसी विद्वेष को हवा देकर उसका लाभ उठाया?

यह एक विचारणीय प्रश्न है। स्थानीय हिंदू राजाओं से मित्रता अथवा संधि किए बिना किसी भी मुसलमान आक्रांता ने भारत की एक इंच भूमि पर भी शासन नहीं किया। भारत पर इस्लामी आक्रमण, हिंदुओं के लिए केवल इस्लामी सेनाओं से युद्ध ही नहीं है, वरन् अपने धर्म की किसी भी मूल्य पर रक्षा हेतु की गई एक महान संघर्ष-गाथा है। अत: मुसलमानों को अपनी नीति बदलनी पड़ी और उन्होंने हिंदू राजाओं से शांति का रास्ता खरीद लिया, फिर चाहे वह कपटपूर्ण शांति कुछ ही समय के लिए रही हो। किंतु इससे एक सत्य तो स्पष्ट हो जाता है कि हिंदू राजाओं द्वारा साधनों, नीतियों और जानकारियों के रूप में की गई सहायता के बिना इस्लामी आक्रमणकारियों द्वारा हिंदुओं पर विजय प्राप्त करना असंभव था।

हिंदू योद्धा, जहाँ नीति व न्याय के आधार पर युद्ध करते थे, मुसलमान एक विक्षिप्त की भाँति हर लोभ या भय का उपयोग अपने काले आदर्शों की विजय के लिए करते थे। यह बात हिंदुओं की कूटनीतिक विफलता तो सिद्ध करती है, किंतु इससे यह कैसे सिद्ध हो जाता है कि मुसलमानों ने हिंदुओं को अपने शौर्य से पराजित कर दास बनाया?

छल-कपट क्या वीरता का विकल्प बन सकते हैं?

क्या हल्दीघाटी में राजपूतों का इतना रक्तपात होता, यदि जयपुर मेवाड़ के साथ होता? क्या मान सिंह और जगन्नाथ कच्छावा की सहायता के बिना अकबर भारत का बादशाह बनने का स्वप्न भी देख सकता था? कुछ इस्लामी शासकों के विरुद्ध विद्रोहों का दमन उनके लिए हिंदू राजाओं ने ही किया। अकबर का शासन ताश के पत्तों की तरह

बिखर जाता, यदि मान सिंह, जगन्नाथ कच्छावा, भगवानदास और माधो सिंह जैसे योद्धा अकबर के लिए युद्ध नहीं करते। औरंगजेब ने अफगानिस्तान में पठानों के विद्रोह का दमन करने के लिए जोधपुर के राजा जसवंत सिंह का प्रयोग किया।

अकबर से पूर्व बहुत कम हिंदू राजाओं ने मुसलमानों का साथ दिया था। अकबर ने प्रथम बार इस छल व कूटनीति से हिंदुओं को आपस में लड़ाकर एक अर्ध-इस्लामी राज्य की स्थापना करने में सफलता पाई। जहाँगीर व शाहजहाँ, जब तक अकबर की इस नीति पर चले, मुगल शासन चला। औरंगजेब ने जब हिंदुओं पर अत्याचार आरंभ किए तो उसकी मृत्यु के साथ ही मुगल समाप्त हो गए।

ऐसे हिंदू राजा, जिन्होंने अपने भाइयों की जगह इस्लामी आक्रांताओं का साथ दिया, उनकी बुद्धिमत्ता और निष्ठा पर तो हम प्रश्नचिह्न लगा सकते हैं, किंतु इससे एक बात तो स्पष्ट हो ही जाती है कि इस्लामी आक्रांता मध्यकालीन भारत में 'सत्ता के प्रबंधक' मात्र थे, न कि विजेता, जैसा कि हमारे इतिहास में उन्हें महिमामंडित किया गया है।

समसामयिक साहित्य में इस्लामी संदर्भ

यदि हम चौदह सौ वर्षों के संघर्ष पर दृष्टि डालें, तो ऐसा कोई समय नहीं था, जब हिंदू राजाओं ने दुर्ग अथवा महल बनवाना बंद कर दिया हो या फिर हिंदू साहित्यकारों ने मुसलमानों की सार्वजनिक निंदा का साहित्य लिखना बंद कर दिया हो। इनमें से अधिकांशतः साहित्य, विशेषतः राजस्थान में लिखित दोहे और सोरठे, मुस्लिम शासकों द्वारा प्रचलित हिंदू विरोधी नीतियों तथा हिंदू जनजीवन पर मुस्लिम अत्याचार इत्यादि के विषय में बताने के लिए और इन कुरीतियों के विरोधस्वरूप लिखे गए थे।

पृथ्वीराज रासो, खुमाण रासो, राणा रासो, अमरकाव्यम, चित्तौड़ का पाटनामा आदि ग्रंथ, स्थानीय हिंदू कवियों द्वारा इस्लामी उपद्रवियों के विरुद्ध हिंदू राजाओं के युद्धों इत्यादि की कथाओं एवं ख्याति को जन-जन तक पहुँचाने के लिए लिखे गए थे। चारणों व अन्य काव्य प्रतिभा से संपन्न व्यक्ति, निरंतर इस्लामी कुप्रथाओं का खुला विरोध अपनी कविताओं के माध्यम से करते थे। मध्यकालीन देशज साहित्य में इस्लामी आक्रांताओं को म्लेच्छ, तुर्क, तातार, हत्यारे और असुर के नाम से संबोधित किया गया है।

दुरसा आढ़ा नाम के अकबर के दरबार के एक चारण कवि ने महाराणा प्रताप की प्रशंसा में 'विरद छिहत्तरी' की रचना की थी, जिसमें छिहत्तर दोहे थे, जिसमें उन्होंने प्रताप को सिंह, सूर्य की आभा और वीर क्षत्रिय, जबकि अकबर को सियार, काला बादल और लालची हत्यारा तक कहकर संबोधित किया है।

कौन सा ऐसा दास होगा, जो शांति से जीवन जीने की जगह अपने बंदीकर्ता के लिए इस प्रकार की भाषा का प्रयोग करेगा ?

हिंदू मनीषियों ने शब्द को ब्रह्म की संज्ञा दी है। शब्द का सामर्थ्य शस्त्र से कहीं अधिक होता है। इस समय के साहित्य ने जनता को इस्लामी नियंत्रण की काली छाया के विरुद्ध खड़ा होने के लिए शब्द दिए और शक्ति भी, ताकि वे सभी मिलकर हिंदू राजाओं के साथ खड़े हों, जो इस्लामियों से संघर्ष कर सकें।

विरोध के इन शब्दों की शक्ति का प्रयोग हिंदू कवियों द्वारा आमजन में जागृति लाने के लिए हुआ। इस्लामी आक्रांताओं के विरुद्ध विरोध की अग्नि को प्रज्वलित रखने के लिए सत्य से प्रेरित व कलात्मकता से परिपूर्ण इन कविताओं, दोहों इत्यादि से सरलता से समझा दिया गया था कि यदि इस्लामी उपद्रवियों का विरोध नहीं किया तो हिंदू धर्म पर अस्तित्वगत खतरा है।

राजस्थानी साहित्य पर इस्लाम की छाया के फलस्वरूप किस प्रकार परिवर्तन आया, यह डिंगल भाषा के इस दोहे से स्पष्ट हो जाएगा।

धर जातां धरम पलटतां, त्रियाँ पड़ंता ताव।
तीन दिवस ऐ मरण रा, कुण रंका कुण राव।।

अर्थात् यदि तुम्हारी धरती कोई छीनता है, धर्म परिवर्तन करता है या स्त्रियों को कष्ट देता है, इन तीन परिस्थितियों में मरना भी पड़े तो श्रेय है, चाहे कोई राजा हो या रंक। इस्लाम के आने से पूर्व धर्म परिवर्तन की बात ही अतर्क्य है। यों हमारे पुरखों ने शब्द के माध्यम से समाज को जगाए रखा।

हिंदू कवियों ने काव्य के माध्यम से, साधारण लोगों को हिंदू राजाओं के संघर्ष व महिलाओं व बच्चों के जौहर की काली स्मृतियों को विस्मृत नहीं होने दिया।

परिणाम यह हुआ कि हिंदू राजाओं के साथ उनका जनसमूह हर प्रकार के कष्ट व उत्पीड़न सहने के उपरांत भी खड़ा रहा। हिंदुओं की दासता का झूठा राग अलापने वाले वामपंथियों व लेखकों से यह प्रश्न पूछना तर्कसंगत है कि कौन से दास अपने मालिकों के विरोध में सतत साहित्य लिखते हैं और जीवित रहते हैं?

औरंगजेब का अपने कृत्यों पर पश्चात्ताप

मानव जीवन इतिहास का बंधक नहीं हो सकता। इतिहास को तो हमारे अंधेपन एवं पूर्वग्रहों को क्षीण करना चाहिए, ताकि हम विकसित होते रहें।

मेवाड़ के महाराणाओं, सामंतों व प्रजा की गाथा केवल एक धुरी पर घूमती है—इस्लामी लुटेरों से सतत संघर्ष।

वो लोग, जिन्होंने गणित, उपनिषद्, गीता एवं योग के सिद्धांतों को खोजा।

ऐसे प्रगतिशीत लोगों को मुसलमान लुटेरों ने, धर्म की आड़ में, असह्य कष्ट दिए।

जेम्स टॉड ने औरंगजेब द्वारा 1682 ईसवी में अपने शिक्षक को लिखे गए एक पत्र

का उल्लेख करते हुए लिखा है, "औरंगजेब इस पत्र में अपने शिक्षक से क्रोधित है कि उसके कारण वह एक धर्मांध व्यक्ति बना।

टॉड कहते हैं कि इस पत्र को लिखे जाने के समय फ्रांसीसी इतिहासकार फ्रेंकोड़ बर्नियर। इस बर्नियर वहीं थे और उन्होंने इस पत्र की प्रति अपने पास सँभालकर रख ली थी।

इसी तरह का एक अन्य पत्र भी है, जो औरंगजेब ने मृत्युशय्या पर अपने पुत्र एवं पौत्र को लिखा था।

इस पत्र से हम औरंगजेब के जीवन का सत्य जान सकते हैं।

इस पत्र का मूल तत्त्व काफी विस्फोटक है, क्योंकि इसके अनुसार औरंगजेब हिंसा एवं सतत संघर्ष को नकार रहा है।

भारतीय उपमहाद्वीप में इस्लामी शक्तियों की सफलता का मानक औरंगजेब को ही माना गया है।

यदि वो अपनी मृत्युशय्या पर, अपने कृत्यों पर पश्चाताप कर रहा है तो इस बात का मुल्लाओं एवं उनके अनुयायियों को जानना आवश्यक हो जाता है।

यदि अपना संपूर्ण जीवन, एक आदर्श मुसलमान की तरह जीवन बिताने वाला औरंगजेब, अपने अंत समय में यूँ पछता रहा है, तो मुस्लिम जगत को समझना चाहिए कि जेहादी, जो घृणा व अशांति फैला रहे हैं, वह कितनी निरर्थक है!

पहले पत्र में औरंगजेब अपने धार्मिक शिक्षक, मुल्ला सालेह पर क्रोधित हो रहा है कि उसकी धार्मिक शिक्षा के कारण, वह अपने जीवन में बहुत सी अच्छी चीजों से वंचित रह गया।

औरंगजेब लिखता है—"तुमने मेरे पिता शाहजहाँ से कहा था कि तुम मुझे फलसफा पढ़ाओगे।

तुम वर्षों तक मुझसे वो हवाई बातें करते रहे, जिनसे मेरे मन को कोई शांति नहीं मिली, न ही वो विचार, वो फलसफे मानव समाज के लिए काम के थे।

मुझे अब भी याद है, तुम्हारी वो अद्‌भुत बातें, जिनमें फलसफे के नाम पर केवल बर्बर और काले शब्द थे, जिनसे वैचारिक क्षमता कुंद हो जाती है और उन शब्दों से केवल तुम्हारे जैसे व्यक्ति की अज्ञानता और अहम् को ही ढका जा सकता है।

"यदि तुमने मुझे उन फलसफों से परिचित करवाया होता, जो मनुष्य को चैतन्य की ओर ले जाता है तो मेरा चित्त भी तर्कनिष्ठ होता, यदि तुमने मुझे उस ज्ञान सागर से परिचित करवाया होता, जिनसे आत्मा प्रारब्ध के आघातों से ऊपर उठ जाती है, चित्त समता में स्थित हो जाता है और न सफलता से अहंकार आता है तथा न विफलता से निराशा आती है।

यदि तुम मुझे बताते कि हम हैं कौन, जीवन के आधारभूत तत्त्व क्या हैं, तो मैं तुम्हारा उस से कहीं अधिक ऋणी रहता, जितना कि सिकंदर अरस्तु का था।"

औरंगजेब एक तीक्ष्ण बुद्धि रखता था।

जब उसने महाराणाओं एवं मेवाड़ के लोगों को हिंदू धर्म के लिए संघर्षरत और बलिदान देते हुए देखा, तो उसने भी आत्मविश्लेषण किया होगा कि कोई तो ऐसा महान आदर्श है जिसके हेतु हिंदू, इतना सघन संघर्ष कर रहे हैं, अपना बलिदान कर रहे हैं।

महाराणा राजसिंह, वीर दुर्गादास राठौड़ तथा शिवाजी महाराज के जीवन चरित्र एवं कार्यों ने उसे सोचने पर विवश कर दिया होगा कि केवल इस्लाम में ही धर्म के प्रति प्रेम अथवा समर्पण की भावना नहीं है, हिंदू धर्म में भी ऐसा होता है!

इसके पश्चात् औरंगजेब, मुल्ला सालेह की शिक्षा को अपने क्रोधी स्वभाव के लिए भी दोषी मानता है; "केवल प्रशंसा और ठकुरसुहाती कहने की अपेक्षा, मुझे राज्योचित ज्ञान दिया होता। एक राजा के अपनी प्रजा हेतु क्या दायित्व होते हैं। किंतु तुमने ऐसा नहीं किया, वरन् इसके विपरीत मुझे सिखाया कि मेरा जीवन और मेरी राज्यलिप्सा, मेरी खड्ग ही चला सकती है, जिसके बल पर मैंने अपने भाइयों के जीवन का भी अंत कर लिया।

क्या ये हिंदुस्तान के सभी पुत्रों का प्रारब्ध नहीं बन गया है?

अब अपने गाँव जाकर मुँह छुपा लो, जहाँ तुम्हे कोई न जान पाए और न ये जान पाए कि तुम्हारी क्या दशा है।"

टॉड, औरंगजेब द्वारा अपने प्रपौत्र शाह अजीम शाह को लिखे गए पत्र का भी उल्लेख करते हैं—

"स्वस्थ रहो पुत्र! तुम मेरे हृदय में सदा रहते हो।

अब मेरी आयु पूर्ण होने को है, मेरे अंग-प्रत्यंग शिथिल हो रहे हैं।

मेरे शरीर की शक्ति क्षीण हो चुकी है।

मैं इस विश्व में एकाकी ही आया था और एकाकी ही जाऊँगा।

मैं कभी साम्राज्य का अभिभावक अथवा रक्षक नहीं बन पाया।

मेरा अमूल्य समय व्यर्थ हो गया।

मैंने इस विश्व को कुछ नहीं दिया,

मेरे पास केवल मेरी दुर्बलता ही शेष है, अन्य कुछ भी नहीं।

मुझे मेरी मृत्यु का भय है, कितनी यातनाओं से मुझे दंडित किया जाएगा! यद्यपि मुझे ईश्वर की दयाशीलता पर विश्वास है, किंतु फिर भी, मेरे द्वारा किए गए कुकृत्यों का भय मुझे नहीं छोड़ेगा।

विदा! विदा! विदा!"

औरंगजेब ने यह सोचकर इस देश के हिंदुओं एवं मुसलमानों की हत्याएँ की कि ये

उसका धार्मिक दायित्व है। हमने विस्तार से जाना कि किस प्रकार उसने राजपूत राजाओं की हत्याएँ कीं, हिंदुओं के गाँव-के-गाँव उजाड़ दिए तथा अपनी धर्मांधता के चलते उसने हिंदुओं के सैकड़ों मंदिरों को ध्वस्त किया।

वर्तमान में कुछ आधुनिक मुस्लिम एवं उनके धर्मगुरु भी औरंगजेब द्वारा मंदिरों को ध्वस्त किए जाने के कृत्य पर गर्व करते हैं। इसी देश में मदरसों में औरंगजेब द्वारा किए गए नरसंहार एवं मंदिरों को तोड़ने की गतिविधियों को उदाहरणस्वरुप पढ़ाया जाता है।

फलस्वरूप, भारतवर्ष के इस्लामीकरण का अभियान, औरंगजेब की मृत्यु से लेकर आज इक्कीसवीं शताब्दी तक निरंतर जारी है।

क्या मदरसों में बैठे मुल्ले अपने छात्रों को औरंगजेब के क्षोभ एवं पश्चाताप के विषय में कभी पढ़ाते हैं?

जब हलाल अर्थव्यवस्था, लव जिहाद, पीड़ित होने का असत्य विमर्श, सूफियों का पाखंड, जनसंख्या विस्फोट, हिंदुओं के नरसंहार, एक विशेष प्रकार की हिंसा; अकस्मात्, अनवरत, लघु श्रेणी की, छितरी हुई हिंसा, बॉलीवुड व क्रिकेट द्वारा अंडरवर्ल्ड का शिकंजा हिंदुओं को जकड़ रहा है, तो क्या विकल्प हैं हिंदुओं के सम्मुख?

नैतिकता एवं सत्य मनुष्य में जन्म से नहीं होता है।

ये गुण हम अपने परिवारों, शिक्षकों एवं समाज से सीखते हैं।

नैतिकता एवं न्याय के बिना, विश्व एक दिन भी नहीं चल सकता।

यदि धार्मिक उन्मादी, औरंगजेब के इन पत्रों को पढ़, मानवता का पथ चुनेंगे, तो मनुष्यता की उत्तरोत्तर प्रगति होगी।

रक्षा एवं सुरक्षा पर निरर्थक व्यय होने वाले धन का सदुपयोग समुद्र विज्ञान, औषधि विज्ञान, अंतरिक्ष, कैंसर, आयुर्विज्ञान तथा मौसम विज्ञान इत्यादि के क्षेत्र में होनेवाले शोध कार्यों में किया जा सकेगा, ताकि हम मानव जीवन को सुरक्षित व बौद्धिक रूप से उन्नत भविष्य की ओर ले जा सकें।

हिंदू राजाओं और हिंदू विचार ने औरंगजेब जैसे कट्टर जड़बुद्धि को भी अपने कृत्यों की विफलता दिखा दी थी।

हमारे पुरखे, इस पागल आदमी के आस-पास हिंदू धर्म का खुलकर अनुसरण करते थे, यही बताता है कि हिंदू कभी किसी के दास नहीं रहे।

यद्यपि औरंगजेब अपने मजहब व अपने जीवन पर पछताया, किंतु उसने हिंसा का तांडव भारत में जारी रखा।

हमारे विलक्षण पुरखे औरंगजेब से लड़ते रहे तथा उसके मन में संशय के बीज डाल, उसे अपने ही जीवन की व्यर्थता दिखा दी।

कोई गुलाम ये काम अपने आततायी के साथ नहीं कर सकता।

आज हिंदू सौ करोड़ कैसे हैं?

मध्य-पूर्व में इस्लाम के फैलाव का अध्ययन करें तो स्पष्ट है कि जैसे ही इस्लाम किसी समाज में अपने पैर जमाता है, वह दमन करके या मित्रता का ढोंग करके, सत्ता के निकट पहुँचने का प्रयास करता है।

इस्लाम के पूरे मनोविज्ञान के केंद्र में केवल एक बात है : सत्ता।

और सत्ता प्राप्त करने के लिए साम, दाम, दंड, भेद, कोई भी साधन अमान्य नहीं है।

कुछ ही दशकों में पूरा मध्य-पूर्व इस तरह इस्लामी हो गया कि वहाँ उनकी स्थानीय संस्कृति का कोई अवशेष तक नहीं बचा। मध्य-पूर्व के पेगन (गैर अब्राहमिक मत) मंदिर ध्वस्त कर दिए गए, समस्त वास्तुकला को धूल में मिला दिया गया, जन-जीवन को नष्ट कर दिया गया, और ये सब सिर्फ उस मतांध, क्रोधी व एकेश्वरवादी समाज को स्थापित करने के लिए, जो नृत्य, संगीत और मूर्तिकला को कुफ्र या धर्म-विरुद्ध मानता है!

तथापि केवल हिंदू ही थे, जिन्होंने अपनी अर्थव्यवस्था व संस्कृति पर सतत आक्रमण और अपने लोगों की निर्मम हत्याएँ होने के उपरांत भी अपने संघर्ष को निरंतर जीवित रखा। यह ठीक है कि बहुत से हिंदू, बौद्ध, सिख व जैन संस्कृति के केंद्रों को हमने इन आक्रमणों में खो दिया और धीरे-धीरे हमारा सामाजिक, धार्मिक, आर्थिक व भौतिक जगत् सिकुड़ता गया, किंतु चौदह सदियाँ, एक ऐसे धर्मांध समुदाय से लड़ने के लिए अत्यंत लंबा समय है, जिनका कुल उद्देश्य अपने धर्मशास्त्र का अंधानुकरण करते हुए संपन्न हिंदुओं की स्त्रियाँ और संपत्ति को लूटकर इस्लामिक राज्य स्थापित करना था।

हम सोच सकते हैं कि इस भारतीय उपमहाद्वीप के हिंदुओं की बुद्धिमत्ता और संकल्पशक्ति कितनी दृढ़ रही होगी!

लेखक को गत दस वर्षों से इक्कीसवीं शताब्दी में पाकिस्तान से विस्थापित होकर भारत आए हिंदू एवं सिख शरणार्थियों की सेवा का सौभाग्य प्राप्त हुआ है। हम अपनी संस्था 'निमित्तेकम' के माध्यम से अब तक सहस्रों हिंदू व सिखों को पाकिस्तान से भारत ला चुके हैं।

एक बात इन हिंदू और सिखों में विशेष है, वह है, उनकी दृढ़ इच्छाशक्ति।

एक ऐसी अद्भुत इच्छाशक्ति, जो अपने धर्म के लिए उन्हें अपनी हर प्यारी वस्तु, अपनी धरती, संपत्ति, व्यवसाय, स्मृतियाँ और यहाँ तक कि उनके सगे-संबंधियों तक को भी छोड़ने का संबल देती है।

यदि हम समझना चाहें कि धर्म, हिंदुओं के लिए क्या मायने रखता है, तो हमें इन अद्भुत, पवित्र आत्माओं से अवश्य मिलना चाहिए। ये विलक्षण लोग केवल इसलिए

पाकिस्तान और बांग्लादेश से भागकर भारत आ रहे हैं, ताकि वे हिंदू बने रहें।

पाक विस्थापित बंधु, भाग चंद भील, 'निमित्तेकम' संस्था के जयपुर स्थित संयोजक हैं। 2012 में भाग चंद के 16 वर्षीय पुत्र को पाकिस्तानी पंजाब के रहीम यार जिले में जिहादी अपहरण कर ले गए। हिंदुओं के बच्चों का अपहरण वहाँ पर बहुत आम घटना है। यूरोपीय संसद की एक रिपोर्ट के अनुसार, तीन हिंदू/सिख बच्चियों का पाकिस्तान में प्रतिदिन अपहरण होता है।

भाग चंद ने अपनी सारी संचित जमा-पूँजी व्यय करके अपने पुत्र को जिहादियों से पुनः खरीदा। वे जेहादी राक्षस, उस अवयस्क बच्चे को खैबर पख्तूनख्वाह राज्य के किसी मदरसे में मुसलमान बनाकर कुरान पढ़ा रहे थे।

इस घटना के तुरंत बाद भाग चंद अपने पूरे परिवार के साथ 2013 में भारत आ गए। पाकिस्तान में भाग चंद का कपड़ों का व्यापार था तथा वे आर्थिक रूप से संपन्न व्यापारी थे। भारत में वे रिक्त हाथ आए। मैं साक्षी हूँ भाग चंद व उनके परिवार के आर्थिक कष्टों का, जो उन्होंने भारत पलायन के कारण झेले।

एक दिन मैंने भाग चंद जी भील से पूछा कि आप लोग इतना अपमान, कष्ट व निर्धनता सहने के स्थान पर कलमा पढ़कर मुसलमान क्यों नहीं बने?

आप मुसलमान बन जाते तो आपके कष्ट होते ही नहीं।

लेखक, भाग चंद भील के साथ कुंभ मेले की यात्रा पर

भाग चंद ने बहुत सरल से भाव से कहा, "साहब, बाप-दादों का धरम ऐसे कैसे छोड़ देते!"

मैं अवाक् रह गया। जीवन की इतनी सरल समझ, एक ऐसा वरदान है, जिसका बोध हममें से अधिकतर को नहीं है।

इसी सरल समझ के कारण कदाचित् हमारे महान पुरखे कभी झूठी नैतिकता के चक्कर में पड़कर भ्रमित नहीं हुए। इसी समझ के कारण हमारे पुरखों ने भगवद्गीता की सच्ची नैतिकता को चुना, जिसके अनुसार, जो आततायी हमारे देवों व स्त्रियों पर हाथ डाले, उसका वध ही धर्म है।

एक हिंसक अपराधी के सम्मुख अहिंसा की बात करना अनैतिक ही नहीं, बल्कि अपनी कायरता को ढँकने का भद्दा उपकर्म है।

भाग चंद भील सदियों से स्थापित उसी निष्ठा के उदाहरण हैं जिसके अनुसार हिंदू धर्म के प्यारे मूल्यों के लिए जीना, लड़ना व आवश्यकता पड़े तो मरना भी श्रेयस्कर है।

भाग चंद उस निष्ठा के जीते-जागते वाहक हैं। उन्होंने पुरखों को दिए एक वचन के चलते अपनी संपत्ति व सुरक्षा एक क्षण में त्याग दी।

एक वचन, जो हर हिंदू के पुरखे उसे उत्तराधिकार में देकर जाते हैं—मरते मर जाना, पर हिंदू धर्म से पीठ मत फेरना।

यह सनातन धर्म के प्रति अद्भुत निष्ठा और गहन समझ ही है, जिसके कारण ये हिंदू व सिख, अत्यंत हिंसक और अनैतिक बलात्कारियों तथा हत्यारों से बचे रहे एवं आज भी बचे हुए हैं। मेरे लिए तो पाकिस्तान तथा बांग्लादेश में फँसे ये हिंदू और सिख, मेवाड़ के महाराणाओं के समान ही पूजनीय हैं। इन शौर्यवान हिंदुओं-सिखों का जौहर-साका तो आज भी चल रहा है। देखते हैं, कब बॉलीवुड व क्रिकेट से भरमाए हिंदू समाज की तंद्रा टूटती है और इन विस्मृत हिंदू-सिखों को हिंदू समाज, पाकिस्तान व बांग्लादेश रूपी नरक से निकाल पाता है।

दासता का झूठ फैलाने के कारण

इस पृष्ठभूमि के आधार पर हम इस बात का उत्तर ढूँढ़ने का प्रयास करते हैं कि आखिर हमारे ही देश के वामपंथी और जिहादी इतिहासकारों ने सहस्त्र वर्षों की गुलामी के इस कपटपूर्ण झूठ का बीज क्यों बोया? क्या प्रयोजन था वामियों-जिहादियों का, हिंदुओं को इस्लाम का दास स्थापित करने में?

एक कारण तो यह है कि इस्लामी आक्रांता, जो बलपूर्वक नहीं कर पाए, वह इन्होंने कपट से प्राप्त करने के प्रयास किए। जो वो अपनी तलवार के बल पर नहीं ले

पाए, उसे इन्होंने अपनी कलम के माध्यम से लेने का प्रयास किया।

भारत के हिंदुओं के गौरव को नष्ट करने के लिए, हिंदुओं के इस्लामी आक्रांताओं के विरोध के सत्य को छुपाने से अधिक कारगर उपाय और क्या हो सकता था? इस्लामी विचारकों को लोगों के मनो-मस्तिष्क पर नियंत्रण करना आता था, फिर चाहे वह हिंसा का भय दिखाकर हो या झूठ के बल पर।

इस कुत्सित चेष्टा में उन्हें हिंदू वामपंथी-बुद्धिजीवियों का भी सक्रिय सहयोग मिला, जिन्होंने भारत के लगभग हर शैक्षणिक संस्थान में अपनी जगह बना रखी थी। वामपंथियों ने इस्लामियों के लिए हिंदुओं की हजार वर्षों की गुलामी का झूठ पनपाने हेतु झूठे प्रमाणों, अर्धसत्यों, व विपुल संसाधनों की व्यवस्था कर, मार्ग प्रशस्त किया।

1527 ईसवी में खानवा के युद्ध की पूर्वसंध्या पर बाबर द्वारा अपने सैनिकों को दिए गए भाषण को देखें तो हम समझ सकते हैं कि कैसे धर्म की दुहाई देने से मानसिक रूप से हारी हुई सेना को पुनः खड़े होने और लड़ने के लिए प्रेरित किया जा सकता है।

इसी मनोवैज्ञानिक तथ्य का विपरीत प्रयोग हुआ और इसका प्रभाव पड़ा हिंदू जनता व हिंदू चेतना पर। इसलिए एक झूठ फैलाया गया, ताकि हिंदू समाज एक हीनभावना से ग्रसित हो जाएँ, और मन-ही-मन यह मान लें कि दब्बू, कायर, अंतर्मुखी हिंदू कभी भी आक्रामक, साहसी और बहिर्मुखी इस्लामी आक्रांताओं के सामने टिक ही नहीं सके।

महाभारत के युद्ध में जिस प्रकार मद्रराज शल्व ने करण को हतोत्साहित कर उसकी मृत्यु का मार्ग प्रशस्त किया, ठीक वही काम वामपंथ ने हिंदुओं के साथ गत सत्तर वर्षों में किया है।

पूरे विश्व में इस्लाम का विस्तार एक अनवरत चलने वाली प्रक्रिया है। वैश्विक समुदाय, संपन्नता व विकास के नए-नए सोपान लांघता रहे, इस से कोई अंतर नहीं पड़ता। इस्लामी विस्तारवादियों का एक तबका अपनी सनक को कभी विरल नहीं पड़ने देता।

इसकी सबसे अच्छी उपमा है हाइड्रा नाम का एक जीव और उसका शिकार का तरीका। हाइड्रा के एक मुँह तथा कई बाँहें होती हैं, जिनसे वह अपने शिकार को भरमाता है और ऐसे दिखाता है जैसे कि वह नाच रहा है। वास्तव में वह दूसरे हाथ से शिकार को पकड़ने की तैयारी कर रहा होता है। जब शिकार एक हाथ के नृत्य में मगन हो जाता है, तो पीछे से दूसरे हाथों से वह अनपेक्षित हमला करके शिकार को मार डालता है।

इस्लामी विस्तारवादी भी हिंदू विरोध का सामना करते समय कई चेहरों व हाथों का प्रयोग करते आए हैं। कभी क्रूर आक्रांता, तो कभी सामरिक मित्र, कभी छल करते सेनापति, तो कभी आंतरिक कपट, कभी गाना गाते सूफी, तो कभी मीठे असत्य बोलते फकीर, किंतु हर बार वही अंतिम लक्ष्य, वही अंधी सोच—हिंदुओं का धर्मांतरण!

मौलिक चालबाजी एक ही है। कोई-न-कोई प्रपंच रचकर हाइड्रा की भाँति हिंदू समाज को उलझाए रखना और जैसे ही असावधानी हो, प्रहार करना।

इसी प्रपंच के चलते भारत में हिंदू-मुस्लिम संघर्ष पर पिछले सात दशकों में एक विद्वत्तापूर्ण और निष्पक्ष विश्लेषण के स्थान पर हजार वर्षों की दासता का झूठ पनपाया गया।

अत: एक सीधा प्रश्न यह उठता है कि यदि हिंदू इस्लामियों के दास थे, तो पूरे उपमहाद्वीप का धर्म-परिवर्तन कैसे नहीं हो पाया?

जब इस्लाम की एकमात्र रुचि धर्मांतरण कर अपनी संख्या बढ़ाने में है, तो गत चौदह सौ वर्षों के निरंतर प्रयासों के बाद भी हिंदू विलुप्त क्यों नहीं हुए? कैसे इस भूभाग पर अब भी सौ करोड़ हिंदू निवास करते हैं?

इसका सीधा अर्थ यह है कि हिंदुओं की हजार वर्षों की दासता का झूठ, हिंदू जनमानस के मन में छलपूर्वक बिठाया गया और दु:ख की बात है कि किसी ने भी इस प्रयास पर प्रश्न नहीं खड़े किए!

इससे हिंदू शिक्षाविदों, राजनीतिक और धार्मिक नेतृत्व की अति साधारण बुद्धि व वैचारिक आलस्य का भी पता चलता है। कदाचित् हिंदू नेतृत्व व हिंदू समाज, इस्लामी साम्राज्यवादियों से लड़ते-लड़ते थक चुका है और इस्लामी आक्रांताओं की अनुचित हठ के सामने हिंदू अब शिथिल पड़ रहे हैं।

फिर भी उत्तरदायित्व तो हिंदू नेतृत्व के माथे पर ही है तथा उनकी अकर्मण्यता व निपट अनभिज्ञता से मुँह नहीं मोड़ा जा सकता।

हिटलर के प्रोपेगंडा मंत्री जोसफ गोबेल्स ने कहा था, "यदि आप सौ बार एक ही झूठ दोहराएँगे तो वह भी सत्य बन जाएगा।"

इस्लामी कट्टरपंथी और छद्म हिंदू विचारकों, दोनों ने ही एक साथ मिलकर काम किया और गोबेल्स के इस कथन को सत्य सिद्ध किया। एक अविजित क्षेत्र को जीतकर वहाँ के सभी संसाधनों पर अधिकार कर प्रत्येक स्थानीय को इस्लाम में परिवर्तित करना ही इस्लामी विस्तारवाद का अंतिम खेल है। इस्लामी भाषा में 'इसे दारुल-हर्ब को दारुल-इस्लाम में परिवर्तित करना' कहते हैं। कुल चौदह सौ वर्षों के बाद में भी उनका यह लक्ष्य अथवा सनक बदली नहीं है। बस एक हाइड्रा की भाँति, वह अपने लक्ष्य की प्राप्ति के माध्यम बदलते रहते हैं।

अत: कभी वे मीठा बोलते हैं, कभी गाते हैं और कभी सूफी नृत्य करते हैं, ताकि हिंदुओं को मूर्ख बनाया जा सके।

कभी वो इतिहासकारों और साहित्यकारों को धन का लोभ देकर उनसे असत्य लिखवाते हैं और उसे फैलाते हैं।

कभी ये लोग पीड़ित बने फिरते हैं, जैसे कि मुगलों या अन्य राजपरिवारों में हुए गृहयुद्ध के समय जब इन्हीं में से कोई एक, या तो हिंदू राजाओं से शरण की प्रार्थना करता था या संधि की। जब दया कर हिंदू राजा इनकी सहायता करते थे, तो उन्हीं राजाओं की पीठ में कटार घोंपने में इन्हें कोई संकोच नहीं होता था, जैसा कि सांगा के साथ बहादुर शाह ने किया।

कभी यह सहिष्णुता का कपट होता था, जैसा अकबर द्वारा जयपुर के राजपूतों और टोडरमल जैसे नीतिज्ञों की निष्ठा खरीदने हेतु किया गया था।

कभी औरंगजेब द्वारा जजिया कर पुनः लगाना और हिंदू मंदिरों को ध्वस्त करने जैसे बर्बरतापूर्ण अत्याचार के रूप में।

किंतु हर बार अंत में वही खेल होता है।

धर्म परिवर्तन के माध्यम से उपमहाद्वीप का इस्लामीकरण।

हमारे बुद्धिमान और वीर पूर्वजों ने इस सत्य को उस समय भी समझ लिया था, जब संचार साधन इतने नहीं थे, इसलिए उन्होंने इसका भरपूर विरोध किया।

जेम्स टॉड ने राजस्थान के लोगों, विशेषतः राजपूतों द्वारा इस्लामी साम्राज्यवाद के विरोध को बहुत सुंदर शब्दों में व्यक्त किया है—"राजपूतों के अतिरिक्त ऐसा कौन हो सकता है, जो शताब्दियों तक दमन और विषाद के पश्चात् भी अपने राष्ट्र की सभ्यता और अपने पूर्वजों की रीतियों को बचाए रखे? मानवता के इतिहास में राजस्थान ही एकमात्र ऐसा उदाहरण है, जहाँ आमजन ने बर्बरता के प्रत्येक निर्मम आघात को सहन किया, उन लोगों से भी बैर मोल लिया, जिनका धर्म केवल निर्दयता सिखाता है, फिर भी हिंदू निर्भय होकर उठे और उन्होंने विपत्ति में भी वीरता के उदाहरण प्रस्तुत किए।"

इसके पश्चात् टॉड ने ब्रिटिश लोगों द्वारा वर्षों तक आततायियों के समक्ष समर्पण करने से तुलना करते हुए लिखा है—"ब्रिटिश लोगों ने पहले रोम के समक्ष समर्पण किया, फिर सेक्सन, डेंस और उसके पश्चात् इस बहुजातीय जनता ने नोर्मंस के समक्ष भी घुटने टेक दिए। इसके विपरीत, मेवाड़ के राजपूतों ने अपने धर्म अथवा संस्कृति का अंशमात्र भी खोने नहीं दिया। एक अकेले मेवाड़ ने, जो कि धर्म का रक्षक था, कभी अपनी सुरक्षा के लिए अपने सम्मान को समर्पित नहीं किया और आज भी अपने पुरातन गौरव को लेकर खड़ा है। जब समर सिंह[145] ने पृथ्वीराज के साथ लड़ते हुए बलिदान दिया, तभी से मेवाड़ के राजपुरुषों का रक्त अपने धर्म, सम्मान और स्वाधीनता की रक्षा में प्रचुर मात्रा में बहा है।"

ये उस ब्रिटिश लेखक के विचार हैं, उन लोगों के लिए, जिन पर उसके अपने लोग राज करना चाहते थे।

145. समर सिंह, पृथ्वीराज के सौ वर्ष बाद हुए थे।

ऐतिहासिक तथ्यों को एक साथ रखने के बाद हम इस निष्कर्ष पर पहुँचते हैं कि हिंदू दासता का यह झूठ एक ऐसा मानसिक खेल है, जिसे जिहादी कबीलों ने हमारे ही देश में रहनेवाली कपटी वामपंथियों की सहायता से खेला, ताकि भारतीय उपमहाद्वीप का इस्लामीकरण निरंतर चलता रहे और हम हीनभावना से ग्रस्त होकर मन से ही पराजित हो, इनके कुटिल इरादों के समक्ष समर्पण कर दें।

'गैस लाइटिंग' एक मनोवैज्ञानिक चाल है, जिस में आक्रांता समाज, पीड़ित समाज की सोच को इस तरह नियंत्रित करता है कि पीड़ित समाज स्वयं को ही दोषी मानने लगता है। पीड़ित व्यक्ति या समाज, निरंतर अपने आक्रांता को लुभाने का प्रयास करता रहता है। इस्लामी-वामी लेखकों द्वारा हिंदू समाज की गैस लाइटिंग, कदाचित विश्व में सबसे वृहद् प्रयास है।

गैस लाइटिंग करके अपनी वासना तथा हिंसा पर पर्दा डालने के इस प्रयास में इस्लामी-वामी सफल हो ही जाते यदि इंटर्नेट ना आ जाता ।

झूठ के पाँव नहीं होते, पर चेहरा होता है। मानव मन, चेहरे देख कर ही निर्णय लेता है। इसीलिए गत सत्तर वर्षों में भाँति-भाँति के मुखौटे लगा-लगा कर हिंदू गुलामी का झूठ चल पाया।

किंतु यदि हम इस झूठ में विश्वास करते रहे, तो हमें यह समझ लेना चाहिए कि हमारे गौरवशाली इतिहास को हम स्वयं ही धूमिल कर देंगे।

इस झूठ में विश्वास करने का अर्थ होगा कि हम मेवाड़ के महाराणाओं के अभूतपूर्व संघर्ष और असहनीय कष्टों को ही अस्वीकार कर रहे हैं।

इस झूठ में विश्वास करने का अर्थ है, हम जौहर की अग्नि में स्वयं को समर्पित करनेवाली राजस्थान की उन बलिदानी स्त्रियों और बालकों के जले हुए अवशेषों को पैरों तले रौंद कर, एक मिथ्या भविष्य का निर्माण करना चाहते हैं, जो है ही नहीं।

इस झूठ में विश्वास करने का अर्थ है कि हमारी अस्थियों में अब इतनी भी शक्ति शेष नहीं है कि हम अपने अस्तित्व के सत्य को धारण कर सकें।

इस झूठ में विश्वास करने का अर्थ है कि 'सत्यमेव जयते' केवल एक नारा है, जीवन दाँव पर लगाने योग्य आदर्श नहीं।

इस झूठ में विश्वास करने का अर्थ है, उन महान महाराणा प्रताप की स्मृतियों को अपने मन से समाप्त कर देना, जो धर्म की रक्षा के लिए अकेले खड़े रहे, किंतु कभी हार नहीं मानी।

इस झूठ में विश्वास करने का अर्थ है, खानवा-हल्दीघाटी-दिवेर-पानीपत और ऐसे कई युद्धों में कटे हुए, हिंदू मृत शरीरों पर निर्लज्जता से हँसना।

इस झूठ में विश्वास करने का अर्थ है, भारतवर्ष के उन साधारण लोगों द्वारा किए गए सर्वोच्च बलिदान का उपहास करना, जो धर्मयुद्ध में अपने राजाओं के साथ खड़े रहे, चाहे कितनी भी विपत्तियों का सामना करना पड़ा हो!

इस झूठ में विश्वास करने का अर्थ है, किसी विश्वासघाती की भाँति अपने वीर पूर्वजों के जीवन और उनके क्षत-विक्षत शवों को स्मृति से मिटा देना।

किंतु यदि हम सत्य को समझें तथा अपने मानस से दासता की बेड़ियाँ हटा लें तो कदाचित् हम प्रताप, सांगा और बाप्पा जैसे महान योद्धाओं के वंशज कहलाने के अधिकारी हो पाएँगे।

केवल तभी हम निःशंक होकर कह पाएँगे कि हिंदुओं की हजार वर्षों की दासता का यह झूठ वास्तव में केवल एक झूठ ही है। और झूठ के परिणाम होते हैं, भयंकर परिणाम। परिणाम, जो महिलाओं-बच्चों और समाज के निर्बल और निर्धन वर्ग को भुगतने पड़ते हैं।

यदि हम मानवता का विकास चाहते हैं और उज्ज्वल, सुरक्षित तथा सुखी भविष्य की ओर चलना चाहते हैं तो इस सभ्यता में प्रसारित सभी झूठ हमें समाप्त करने ही होंगे।

झूठ का अंत होता है सत्य बोलने से। झूठ का अंत होता है शैक्षिक अनुसंधान और सत्य को वास्तविक रूप में प्रस्तुत करने में। आज इक्कीसवीं शताब्दी में हमारे हिंदू समाज को यही करने की आवश्यकता है।

सच बोलें, जोर से बोलें और अपने-अपने घर की छतों से उस सत्य को चीख-चीखकर प्रसारित करें, क्योंकि सत्य अजेय है, सत्य जीवन है, सत्य आनंद है, सत्य मोक्ष है।

यदि हम केवल सत्य की खोज करें और सत्य बोलें तो हमारे भारत देश की सच्ची 'भारत शक्ति' उभरकर आएगी और हिंदुत्व को विश्व में यथोचित स्थान प्राप्त होगा।

किसी भी मनुष्य को अपना दास बनाना राक्षसी कर्म है और इसे किसी भी मूल्य पर क्षमा नहीं किया जाना चाहिए।

दासता, हत्या से भी बुरी है, क्योंकि इससे दास की आत्मा की हत्या होती है। दासता के विरुद्ध सतत संघर्ष होना चाहिए, चाहे जो मूल्य चुकाना पड़े। हमारे महान पूर्वजों ने दासता का विरोध किया और सफल हुए। हिंदुओं को एक क्षण के लिए भी दास नहीं बनाया गया। और जब तक प्रत्येक हिंदू को महाराणा प्रताप का व राजस्थान के हिंदुओं का सत्य पता है, हिंदुओं को कभी दास नहीं बनाया जा सकेगा।

हर-हर महादेव!

□

18

सिंहों का मौन : हिंदू समाज के विकल्प

जब हम मेवाड़ के महाराणाओं द्वारा इस्लामी साम्राज्यवाद के आक्रमणों के विरुद्ध साहसपूर्ण संघर्ष की कथाओं से गौरवान्वित व विस्मित होते हैं तो हमें यह आकलन भी करना चाहिए कि महाराणा राज सिंह के पश्चात्, विशेषकर 1700 ईसवी के बाद इस महान राजवंश और सामान्य राजपूतों के क्षत्रिय स्वभाव को कालांतर में हुआ क्या?

यदि आज राजपूत व अन्य क्षत्रिय जातियाँ, हिंदू समाज के हाशिए पर दिखती हैं, तो उसके क्या कारण हैं? यदि इन कारणों का अन्वेषण करते हुए हम मेवाड़ के यशस्वी

इतिहास से सीख कर क्षत्रिय समाज की दिशाहीनता को सुधार पाते हैं, तो कदाचित् यह पुस्तक सिद्ध होगी।

1707 ईसवी में औरंगजेब की मृत्यु के पश्चात् मुगल राज उसके पापों के बोझ तले भरभराकर गिर गया और दुर्भाग्य से ऐसा ही कुछ मेवाड़ के सिसोदिया कुल के साथ भी हुआ। वह वैभवशाली हिंदू राज्य व कुल, इतिहास के राजपथ से हटकर मात्र एक पगडंडी बनकर रह गया। हम यहाँ राजपूतों, चारणों एवं उन सभी लड़ाका हिंदू जातियों के अपकर्ष के कारणों का विश्लेषण करने का प्रयास करेंगे, जिन्होंने संयुक्त रूप से इस्लामी साम्राज्यवादी शक्तियों से दुर्धर्ष संघर्ष किया था।

गोरों के आगमन के पश्चात् उपमहाद्वीप की भू-राजनीतिक परिस्थितियों के पहले से ही मलिन जल में एक नया और जटिल समीकरण उत्पन्न हो गया था।

ब्रिटिश साम्राज्यवाद एक पृथक् विषय है, जिसके अपने उतार-चढ़ाव एवं अर्थ हैं। यहाँ हम केवल भारतीय उपमहाद्वीप में इस्लामी साम्राज्यवाद के बदलते परिदृश्य का अध्ययन एवं विश्लेषण करेंगे।

यह कहना तर्कसंगत होगा कि राजपूत, राजस्थान की अन्य योद्धा जातियाँ एवं मेवाड़ की महान प्रजा, जिन सबने मिलकर इस्लामी साम्राज्यवाद के विरुद्ध सबल संघर्ष किया, था, वे 1,000 वर्षों के इस निरंतर युद्ध को लड़ते-लड़ते थक चुके थे। यह थकान मानसिक या शारीरिक नहीं, वरन् एक सभ्यतागत थकान है, जो कि पागलों के एक समूह से लड़ते-लड़ते किसी भी सभ्य समाज में आ ही जाएगी। जैसा कि जेम्स टॉड 1192 में पृथ्वीराज चौहान एवं मुहम्मद शहाबुद्दीन गौरी के बीच हुए तराई के द्वितीय युद्ध पर सुंदरता से लिखते हैं—*"दिल्ली लूटने एवं पृथ्वीराज को बंदी बनाने, चित्तौड़ के उनके मित्र समर सिंह की मृत्यु के पश्चात् तातारियों की सेनाएँ द्रुतगति से आगे बढ़ रही थीं। और जब कन्नौज (राजा जयचंद) भी हाथ में आ गया तो शहाबुद्दीन को प्रसन्न करने का सामान उसके सामने था और वह था चौहान वंश का राजसिंहासन।*

विध्वंस एवं नरसंहार के वे कातर क्षण, जिन पर विराम लगने में वर्षों लग गए, और विनाश के इस लंबे प्रकरण में कला-संस्कृति एवं धर्म से जुड़ी हर वस्तु बर्बर आक्रमणकारियों द्वारा नष्ट कर दी गई। राजपूतों को जब भी, जहाँ भी, जैसे भी, मौका मिला, उन्होंने दृढ़ता एवं साहस के साथ इन आततायियों को कठोर प्रत्युत्तर भी दिया। [146]*उन्होंने अपने अद्भुत पराक्रम एवं दृढ़ निश्चय से या तो शत्रुओं के साम्राज्य का नाश कर दिया, अथवा वे भाग्यवश अपने अंत को प्राप्त हुए या उनका संघर्ष किसी एक क्षेत्र तक सीमित होकर रह गया। राजस्थान का प्रत्येक मार्ग व पथ योद्धाओं अथवा आततायियों के रक्त से सना था।*

146. टॉड, खंड-1, पृ. 214।

किंतु यह सब कभी समाप्त नहीं हुआ।

नए लोग आते रहे, एक वंश के पश्चात् दूसरा वंश, और प्रत्येक वंश उसी विचारधारा का अनुयायी, जिसमें निर्दयता से काफिरों का रक्त बहाना एक पुनीत कार्य समझा जाता था।

लूटपाट, हत्या विधि सम्मत थी।

विध्वंस एक परंपरा।

इन उग्र व भयावह संघर्षों में, राजपूतों के कुटुंब-के-कुटुंब समाप्त हो गए, सैकड़ों वंश सदा के लिए मिट गए। अब जिनके नाम केवल स्मृतिचिह्नों या पुस्तकों इत्यादि में ही शेष हैं।"

टॉड के महत्त्वपूर्ण शब्दों को देखें तो ज्ञात होता है कि कितने लंबे समय तक हमारे सभ्य, ज्ञानवान एवं प्रगतिशील हिंदू पुरखों ने पश्चिम से निरंतर आनेवाले इन बर्बर, कबीलाई लोगों के अत्याचार सहन करते हुए प्रतिकार किया होगा! किसी भी देश पर इतने समय तक होनेवाले अत्याचारों से दु:खी और थककर उस देश की प्रजा का, आततायियों के सामने समर्पण कर देना बहुत सहज होगा।

हिंदुओं के सौभाग्यवश इस्लामी साम्राज्यवाद के विरुद्ध जब राजपूतों का संघर्ष थमा तो भारतवर्ष में अन्य योद्धा जातियों, जैसे दक्षिण में मराठा, उत्तर में जाट-सिख एवं पूर्व में अहोम व कलिंग राज्य के लोगों ने राजपूतों का स्थान ले लिया और इस्लामी साम्राज्यवाद के विरुद्ध हिंदुओं का संघर्ष निरंतर जारी रहा।

भारत देश के हिंदुओं का संघर्ष अपनी दिशा बदल चुका था और इसी समय मराठों का उदय हुआ, जिन्होंने इस्लाम के विरुद्ध हिंदू ध्वज को उठाए रखा। यह हमारी वैदिक मातृभूमि के लिए एक वरदान के समान था, किंतु इसके कारण राजस्थान के क्षत्रियों का योगदान, हिंदुओं की उभरती हुई नवीन शक्ति के आगे कहीं खो गया। इसमें कोई विवाद नहीं है कि सत्रहवीं शताब्दी के अंत तक हिंदुओं द्वारा इस्लामी प्रतिरोध का केंद्र, मेवाड़ से मराठवाड़ा में स्थानांतरित हो गया था। किंतु आनेवाले 200 वर्षों में वामपंथियों, ब्रिटिश साम्राज्यवादियों, जिहादियों और चाटुकार हिंदुओं द्वारा राजपूतों और इस्लामी आक्रांताओं के विरुद्ध उनके संघर्ष को छोटा दिखाने का दुष्कृत्य लज्जास्पद एवं निंदनीय है।

इस चांडाल चौकड़ी ने एक साथ मिलकर राजपूतों के महान संघर्ष के विषय में मिथ्या प्रचार प्रारंभ कर दिया।

अंग्रेजों द्वारा भारत छोड़ने के सत्तर वर्ष के कालखंड में तो हिंदू योद्धा जातियों एवं उनकी संस्कृति को कायर व भगोड़ा बताना, अपने आप में एक व्यवसाय ही बन गया।

हिंदू योद्धा जातियों पर इस सीधे आक्रमण के परिणामस्वरूप हमारे योद्धा, विशेषकर राजपूत, अंतर्मुखी होकर मौन हो गए।

जब आपके वंश, आपके पूर्वजों के कृत्यों पर कोई अनुचित टिप्पणी करे तो या तो आप पलटकर उत्तर देंगे अथवा चुप रहेंगे। राजपूतों ने दोनों ही रास्ते अपनाए। राजपूतों के एक धड़े ने सड़कों पर उतर कर मुखर होकर इस दुष्प्रचार का प्रत्युत्तर दिया, जबकि अधिकांश कुलीन व संपन्न राजपूत, इस मिथ्याचार से त्रस्त एवं दुःखी होकर मौन हो गए। वामपंथियों एवं जिहादियों द्वारा राजपूतों के स्वर्णिम इतिहास पर इस आक्रमण का एक और दुःखद परिणाम हुआ—पूरे हिंदू समाज के इतिहास व अधिकारों की घोर उपेक्षा।

हिंदुओं का क्षत्रिय समाज मुख्यधारा से कटने लगा। ये क्षत्रिय अब भ्रमित थे कि वो स्वयं को हिंदू धर्म एवं महिलाओं के रक्षक योद्धाओं के वंशज मानें अथवा वामपंथी एवं जिहादी विचार के अनुरूप असफल राजपूत, जो केवल दूसरे शस्त्रहीन हिंदुओं का शोषण करता था?

योद्धा समुदायों का यही मौन और निष्क्रियता, वामपंथी-जिहादी एजेंडे के लिए मुख्य हथियार बन गया। परिणामतः इस्लामी साम्राज्यवाद आज निष्कंटक इस उपमहाद्वीप में हमारी छाती पर चढ़ बैठा है, जबकि हिंदुओं का शौर्य व आत्मसम्मान, उनकी भुजाओं में जंग खा-खाकर लगभग निष्क्रिय हो चुका है।

इस सब पर मोहन दास गांधी और उनके अनुयायियों ने जो अहिंसा का विष हिंदू-मानस में प्रवाहित किया, उसने इस्लामी साम्राज्यवाद के विरुद्ध हिंदू योद्धाओं के महान संघर्ष को लगभग निरर्थक बना दिया। अहिंसा का इतना एक तरफा प्रचार हुआ कि हिंदू योद्धा निष्क्रिय ही हो गए। अहिंसा का इतना एकपक्षीय प्रचार व महिमामंडन हुआ कि क्षत्रिय समाज अपने अस्तित्व पर ही शंका करने लग गया।

आम हिंदुओं में असत्य फैलाया गया कि आत्मसमर्पण सद्गुण है और दुष्टों का विरोध, एक उच्छृंखल अवगुण।

'निरीह हिंदू', जो सदैव व्यर्थ की चिंताओं से ग्रसित रहा, उसे इतना महिमामंडित कर दिया गया कि 'क्षत्रिय हिंदू' अपनी पहचान खोता हुआ पृष्ठभूमि में चला गया। कायरता व दास सुलभ दुर्बलता, कब सद्गुण बन गई, हिंदुओं को पता ही नहीं चला। ब्रिटिश इतिहासकारों द्वारा भी इस्लामी विजयों एवं हिंदुओं की लगातार पराजय का झूठ, 19वीं एवं 20वीं शताब्दी में जमकर फैलाया गया।

अधिकांश हिंदुओं में 'अहिंसा' के रोगाणु प्रवेश कर चुके थे। इन्हीं के माध्यम से ये झूठ और अंध धारणा फैली, जिसने 'भारतीय संस्कृति' की आध्यात्मिक व जागतिक महत्ता को आच्छादित कर उस पर भौतिकवादी व खोखली पाश्चात्य परिपाटियों का लेप चढ़ा दिया। ऐसा प्रचार करनेवाले किसी भी पश्चिमी या हिंदू बुद्धिजीवी को यह दिखाई नहीं दिया कि कायरता, आलस्य एवं विदेशी आक्रमणों के समक्ष समर्पण, कभी भी हिंदू

अध्यात्म व समाज का अंग नहीं रहे हैं।

स्पष्ट है कि हिंदू इतिहास का ऐसा स्वरूप केवल इस्लामी साम्राज्यवाद हेतु एक सहायक उपकरण के रूप में स्थापित किया गया। इस दुविधा का पिछली शताब्दी के विचारक व आधुनिक महर्षि, श्री सीताराम गोयल बहुत सुंदरता से वर्णन करते हैं—"भारतीय इतिहास, वस्तुतः विश्वविख्यात संस्कृति और कालांतर में विदेशियों से संघर्ष करनेवाले महान योद्धाओं के इतिहास के स्थान पर, अरब, तुर्क, उज्बेक, अफगान, फारसी, पुर्तगाली, डच, फ्रांसीसी एवं ब्रिटिश जैसे विदेशी आक्रमणकारियों का इतिहास बन रह गया।"

गोयल, हिंदुओं के इस अस्तित्व गत मनोविकार के विषय में लिखते हैं—"भारत प्राचीन और गौरवशाली वैदिक हिंदू भूमि के स्थान पर, बहुजातीय मानवता से भरा एक उपमहाद्वीप बन चुका है।

भारतीय लोग विभिन राष्ट्रीयताओं—जातीय समूहों एवं धार्मिक समुदायों का एक ढेर बन गए है, जहाँ ये सभी शांति से सह-अस्तित्व का मार्ग नहीं ढूँढ़ पा रहे हैं।

ये सभी लोग मिलकर एक राष्ट्र नहीं बन पा रहे, जो स्वयं में सुधार लाएँ और अपनी संस्कृति, अपने समाज के उस अंग को पुनर्स्थापित कर पाएँ, जो इस्लामी-ईसाई एवं आधुनिक पश्चिमी साम्राज्यवाद के निरंतर आक्रमणों से खंड-खंड हो गया है।"

ऐसे असत्यों के माध्यम से हिंदुओं के उन्मूलन के प्रयासों के विषय में गोयल आगे कहते हैं—"भारतीय इतिहास के ऐसे विकृत स्वरूप का ब्रिटिश साम्राज्यवादियों ने निःशंक होकर उपयोग किया। हिंदुओं का दमन किया, हिंदुओं की संपत्तियों को लूटा एवं हिंदू संस्कृति का सार्वजनिक अपमान किया। यह इतिहास का वह स्वरूप था, जिसने क्षत्रिय हिंदू समाज को प्रभावहीन कर दिया एवं बहुत से हिंदू समाज को इस्लामी साम्राज्यवाद का ही समर्थक बना दिया। इतिहास के इसी स्वरूप से उत्साहित होकर इस्लामी साम्राज्यवाद के अवशेषों को सड़कों पर दंगे व रक्तपात करने का साहस हुआ। इसी मानसिकता के आधार पर मोहम्मद जिन्ना जैसा धूर्त राजनीतिक, हिंदुओं को डरा-धमका कर, भारत की धरती का बहुत बड़ा भाग ले गया। इतिहास के इसी विकृत स्वरूप के आधार पर इस्लामी आक्रमण पुष्ट हुआ, जिसे एक सहस्त्र वर्षों तक हमारे पुरखे बार-बार पराजित करते आए थे।"

गोयल आगे जाकर इस प्रकार के झूठे प्रचार के माध्यम से हिंदुओं के पतन के परिणामों का सटीक वर्णन करते हैं—"यह भारत के इतिहास का वह संस्करण है, जिसे इस्लाम, ईसाई और साम्यवाद के प्रचारकों ने पाँचवें स्तंभ द्वारा लागू किया। इस्लाम, ईसाइयत व मार्क्सवादी, तीनों ही विदेशी धन की मदद से और यदि आवश्यक हो तो विदेशी बंदूकों की मदद से, अपना प्रसार उचित मानते हैं। भारत के इतिहास का यही

वह संस्करण है, जिसे सत्ता के भूखे राजनेताओं द्वारा बढ़ावा दिया जा रहा है। ये ओछे राजनेता, जो मुस्लिम वोट बैंक का तो उपयोग करते हैं, जबकि वे हिंदू समाज को परस्पर विरोधी शिविरों में विभाजित कर रहे हैं।"[147]

हिंदू इतिहास के इस पराजयवादी संस्करण को प्रचारित करने का सबसे सरल उपाय था—अन्य वीर और रणप्रिय समुदायों के साथ-साथ आधुनिक राजपूतों को नीचा दिखाना और उनका मनोबल गिराना। अब हम एक-एक करके इस्लामी आक्रमणकारियों के राजपूत व हिंदू प्रतिरोध के विषय में प्रचारित मिथकों को समझते हैं और हमें उनका प्रतिकार किस तरह से करना है, यह भी समझते हैं।

राजपूत (हिंदू) सभी युद्ध हारे

महमूद गज़नी (971–1030 ईसवी)

भारत पर इस्लामी शक्तियों का पहला आक्रमण, अरब आक्रांता मोहम्मद बिन कासिम ने 7वीं शताब्दी में राजा दाहिर पर किया था। यद्यपि दाहिर को कासिम ने हराकर उनकी हत्या कर दी, पर उसके बाद अरबों को भारत में कोई सफलता नहीं मिली। मेवाड़ के बाप्पा रावल के नेतृत्व में एक हिंदू संघ ने अरबों को पराजित किया और उनको ईरान तक खदेड़ दिया।

पाँच सौ वर्षों तक अरब के इस्लामी खलीफाओं द्वारा प्रायोजित शक्तियों ने हिंदू राजाओं पर निरंतर आक्रमण किया और केवल 1192 ईसवी में ही तराई के दूसरे युद्ध में अजमेर के पृथ्वीराज चौहान को पराजित करने में सफलता पाई। हम अपने इतिहास की पुस्तकों से केवल मोहम्मद शहाबुद्दीन गौरी द्वारा पृथ्वीराज की पराजय के विषय में सुनते हैं, किंतु 500 वर्ष के अंतरिम युद्धों का कोई उल्लेख हमारे इतिहास में क्यों नहीं है ?

इन अंतरिम युद्धों में अरब आक्रमणकारियों और इस्लामी कट्टरपंथियों के हर हमले को प्रतिहार राजा नागभट्ट, कश्मीर के ललितादित्य मुक्तापीड़ (720–764), मेवाड़ के खुमाण प्रथम, द्वितीय और तृतीय, शाहिया वंश के आनंदपाल व अनंगपाल, चंदेल वंश, शक्ति कुमार, जैत्र सिंह और ऐसे कई राजा, जिन्होंने अरब इस्लामी शक्तियों का सामना किया और उन्हें पराजित किया; क्यों हमारे इतिहास से इन सभी महान गाथाओं को मिटा दिया गया है ?

---

147. गोयल, पृ. 2।

क्या कभी हमने विचार किया कि हिंदुओं के सशस्त्र, हिंसक विरोध के कारण किस प्रकार इस्लामी हत्यारों को इस उपमहाद्वीप में अपने हथकंडों व अंतिम लक्ष्यों तक को बदलना पड़ा ?

हमारे देश पर सबसे क्रूर इस्लामी आक्रमण हुआ दसवीं शताब्दी के अंत में, जब गज़नी के महमूद ने सोमनाथ मंदिर को तोड़ने से पहले भारत पर बारह बार आक्रमण किया।

प्रत्येक बार महमूद को अपने घर लौटने पर विवश होना पड़ा।

यद्यपि उसने मंदिरों को ध्वस्त किया और उत्पात मचाया, किंतु हर बार शौर्यवान हिंदू राजाओं ने उसे खदेड़ दिया। 1005 से 1015 ईसवी तक, शाहिया वंश के राजाओं द्वारा महमूद के आक्रमण का सबल विरोध किया गया। आनंदपाल, त्रिलोचनपाल एवं भीमपाल ने उसके सैन्य अभियानों को रोका।

इसके पश्चात् 1018 से 1022 ईसवी तक, खजुराहो के राजा नंद और विद्याधर चंदेला ने उसका सामना किया तथा इन राजाओं के साथ उपहारों का आदान-प्रदान कर तीन बार वो गजनी लौट गया।[148]

1026 ईसवी में महमूद के सोमनाथ मंदिर पर आक्रमण के विरोध में हमें हिंदुओं के शौर्य एवं उनकी युद्ध-क्षमता का पता चलता है।

मुस्लिम गाथाओं के अनुसार, फरिश्ता लिखता है, "इतना विध्वंस देखकर, हिंदुओं ने संगठित हो सशक्त विरोध किया कि मुहम्मद के सैनिक अपनी स्थिति पर डटे नहीं रह पाए और निरंतर युद्ध से थककर वो यहाँ-वहाँ भागने लगे।"

'इब्न उल असीर' के शब्द पढ़ते समय मन भर आता है ये सोचकर कि किस प्रकार हमारे निरस्त्र पूर्वजों ने शस्त्रास्त्रों से लैस बर्बर अफगानियों का सामना किया होगा! "सोमनाथ मंदिर की रक्षार्थ, लोगों के जत्थे-के-जत्थे मंदिर में प्रवेश कर रहे थे, वो लोग रोते-बिलखते हुए प्रार्थना कर रहे थे। और इसके पश्चात् वे हथियारबंद अफगानों से खाली हाथ ही भिड़ गए और लड़ते रहे, जब तक कि उनके प्राण नहीं छूट गए।"

खोंड मीर ने भी दो दिनों तक चलनेवाले भीषण संघर्ष का वर्णन किया है, जिसके पश्चात् "वो लोग उन्मादी भीड़ के रूप में मंदिर में प्रवेश करते, सोमनाथ की मूर्ति का आलिंगन करते और फिर बाहर आकर अपनी मृत्युपर्यंत युद्ध करने लगते। इस अभियान में मंदिर के आस-पास कुल पचास हजार काफिरों को मारा गया।"

ये एक लिखित तथ्य है कि सोमनाथ के विध्वंस के पश्चात् जब गजनी लौट रहा था, तो दो हिंदू सैनिकों ने पथ-प्रदर्शक बनकर उसे और उसकी सेना को गलत रास्ता दिखाया, जिसके कारण महमूद के सैंकड़ों सैनिक भूख-प्यास से मारे गए।

148. मिश्रा, पृ. 63।

गजनी लौट रहे महमूद को, चालुक्य राजा भीमदेव मार्ग में मारने हेतु, घात लगाए बैठे थे।

अंत समय पर उसने अपना मार्ग बदल दिया और उस रास्ते गया ही नहीं जहाँ भीम उसके मृत्युदूत बने प्रतीक्षा कर रहे थे।

यह स्थान आज मारवाड़ के क्षेत्र में आता है।[149]

अंततः महमूद को सिंध के असंगठित जाटों द्वारा भारी क्षति पहुँचाई गई।

हिंदुओं ने प्रत्येक गली, पथ, ग्राम एवं मंदिर में इन विक्षिप्त बर्बरों से घोर संघर्ष किया।

यदि सोमनाथ की रक्षा के लिए, हिंदुओं ने इस प्रकार युद्ध नहीं किया होता तो यह निश्चित है कि भारत के अन्य मंदिरों भी ध्वस्त किए जाते।

यह घिनौनापन इस देश के हिंदुओं के साथ चलता है कि सोमनाथ मंदिर के विध्वंस के घावों पर तो निरंतर नमक रगड़ा जाता है, किंतु उन हजारों मंदिरों के बचने का उल्लेख कोई नहीं करता।

ये सत्य है कि काम-वासना से दग्ध, धार्मिक उन्माद में भरे, विक्षिप्त आततायी, यदि एक सभ्य समाज पर सतत आक्रमण करेंगे तो कुछ स्थानों पर उन्हें जीत मिलना स्वाभाविक है।

प्रश्न यह है कि क्या वे ये सब बिना प्रतिरोध और युद्ध के, सरलता से कर पाए, जैसे कि हमारे देश के वामी लेखकों ने भ्रम फैलाया है ?

पाँच सौ वर्षों तक, हिंदुओं ने हमारी धरती को उस अंधकार से बचाए रखा, जिसने मध्य-पूर्व को कुछ दशकों में ही लील लिया।

हिंदुओ की 500 वर्षों तक अरबों पर हुई विजय की गाथा को, हिंदुओं के जन मानस से मिटाना, ब्रिटिश शासन के पश्चात् आए हिंदू नेतृत्व की निकृष्टता का भी प्रमाण है।

इसी प्रकार हमारे गलों में दिल्ली सल्तनत नाम का सफेद झूठ भी उतारा गया।

इस तथाकथित दिल्ली सल्तनत के तथाकथित सुल्तानों के कम-से-कम तीन उदाहरण स्वतंत्र इतिहासकारों द्वारा दर्ज किए गए हैं, जहाँ मेवाड़ के महाराणाओं ने चित्तौड़ किले में इन 'सुल्तानों' को पकड़ लिया और बंदी बनाकर रखा। मोहम्मद बिन तुगलक, फिरोज शाह तुगलक और गियासुद्दीन तुगलक को क्रमशः मेवाड़ के महाराणा हम्मीर सिंह, महाराणा लाखा और महाराणा मोकल ने बंदी बनाया था। मालवा के राजा महमूद खिलजी को कुंभा ने बंदी बनाकर रखा।

मेवाड़ के महाराणा सांगा ने जीवन में इस्लामी रियासतों से लगभग 100 युद्ध किए थे और इनमें से 99 युद्धों में विजय प्राप्त की थी, किंतु हमारी पुस्तकों में केवल 100वें

149. मिश्रा, पृ. 66।

युद्ध के विषय में बताया गया है, जो था बाबर के विरुद्ध खानवा का युद्ध। खानवा पर भी झूठ की इतनी परतें चढ़ाई गई हैं कि सत्य का निरूपण करना ही असंभव हो गया है। यह प्रचार कि महाराणा सांगा खानवा में पराजित हुए थे, तर्क की दृष्टि से समझ नहीं आता और सांगा के अध्याय में इस पर विस्तृत चर्चा की गई है।

राजपूतों और राजस्थान के हिंदुओं द्वारा किए गए साका-जौहरों को किस निर्लज्जता से छुपाया गया है। दिवेर में प्रताप की निर्णायक विजय का समकालीन इतिहास में कोई उल्लेख ही नहीं मिलता है! हल्दीघाटी के युद्ध के इर्द-गिर्द जो मिथ्या जानकारियाँ फैलाई गई हैं, इसके विषय में हम विस्तार से चर्चा कर चुके हैं। यह वामपंथी-जिहादी कपट की सफलता का प्रतीक है कि हिंदू समाज ने अपने बौद्धिक आलस्य और प्रज्ञाहीनता के कारण मध्यकालीन भारत के सबसे महान हिंदू राजा और मेवाड़ के महाराणा प्रताप सिंह के जीवन और संघर्षों के आसपास के तथ्यों को भी विकृत होकर, लगभग मिट जाने दिया है।

प्रताप के पुत्र, पराक्रमी अमर सिंह ने उस समय दुनिया की सबसे शक्तिशाली सेना के विरुद्ध 17 युद्ध किए और सभी युद्धों में विजय प्राप्त की। फिर भी कथानक यह कि राजपूत तो सारे युद्धों में पराजित हुए। महाराणा राज सिंह ने औरंगजेब को पराजित किया और उसे दो बार बंदी भी बनाया। किंतु क्योंकि यह तथ्य जिहादी कथानक के अनुरूप नहीं बैठता है, इसलिए महाराणा राज सिंह का नाम ही हिंदुओं की सामूहिक स्मृति से मिटा दिया गया है।

मेवाड़ की ही तरह सिंध, चंदेल, प्रतिहार, शाहिया, विजयनगर साम्राज्य, काकातिया, अहोम, मराठा, कलिंग, जाटों व अन्य समूहों के अप्रतिम विजय अभियानों को भी मिटा दिया गया और इस्लामी साम्राज्यवादियों की केवल अंतिम विजय को हिंदू राजाओं पर इकतरफा सरल विजय के रूप में घोषित किया गया। इनमें से प्रत्येक हिंदू राज्य के अभिलेखों और इतिहास पर एक ऊपरी दृष्टि डालने से ही सत्य का पता चल जाता है और हिंदुओं पर इस्लामी विजय के इस झूठ का विस्फोटक नाश भी हो जाता है।

यह पूरी पुस्तक मेवाड़ के विजय अभियानों को पूर्ण निष्पक्षता से प्रगट करने के मंतव्य से लिखी गई है। ऐसा ही प्रयास भारत के अन्य राजाओं के मुसलमानों के साथ सफल संघर्ष पर भी होना चाहिए। तभी हम हिंदुओं की पराजय के इस भद्‌दे झूठ को नष्ट कर पाएँगे।

राजपूतों ने अपनी स्त्रियों को जल कर मरने पर विवश किया

यह राजपूतों की विलक्षण महिमा के विरुद्ध लगाया गया सबसे घृणित आरोप है। जौहर, इस्लामी अनाचार को अस्वीकार करने में हिंदू महिलाओं का सर्वोच्च बलिदान था। उन्होंने स्पष्ट कर दिया कि उनका सम्मान विनिमय की वस्तु नहीं है। राजपूत

राजकुमारियों ने अपनी संतानों के साथ अंतिम संस्कार की चिता में कूदने के लिए हर हिंदू जाति की नारियों का नेतृत्व किया।

क्या हम कल्पना कर सकते हैं कि इस कृत्य का स्वयं इस्लामिक लुटेरों के हिंसक स्वभाव पर क्या प्रभाव पड़ा होगा ? क्या इन हत्यारों की निष्ठुर चेतना पर भी हमारे पुरखों के संकल्प का आघात नहीं हुआ होगा ? क्या ये हत्यारे यह सोचने पर विवश नहीं हुए कि जो हिंदू अपने सम्मान के लिए जीवित जलने को तैयार हैं, इन्हें हम जीतेंगे कैसे ?

इन्हें हम गुलाम कैसे बना पाएँगे ?

यद्यपि इस्लाम, मध्य-पूर्व और उत्तरी अफ्रीका में दशकों में फैल गया। किसी भी और जाति या समुदाय के लोग, चाहे वे फारसी, बाइजेंटाइन, मिस्र, मैसोपोटामिया के लोग हों या यूरोप के ईसाई, कोई भी समाज, जौहर रचाने की कल्पना भी नहीं कर सका था।

इन लोगों ने बस सरलता से आत्मसमर्पण कर दिया। इनके पुरुषों को या तो मार दिया गया, या उनका धर्मांतरण कर दिया गया और महिला तथा बालकों का खुला यौन शोषण किया गया। पूरे मानव इतिहास में यह केवल राजपूत महिलाएँ ही थीं, जिन्होंने भारतीय उपमहाद्वीप में इस्लाम के प्रवेश से संघर्ष के लिए जौहर करने का अंतिम शस्त्र तैयार किया।

जौहर के इस एक कदम से इस्लामिक लुटेरों को संदेश गया कि राजपूत राजकुमारियों के नेतृत्व में हिंदू महिलाएँ, उनकी भोग-दासियाँ बनने के स्थान पर स्वयं को जलाकर राख कर रही हैं। इस एक जौहर की घटना ने राष्ट्र की हिंदू जनता को कभी भी आत्मसमर्पण न करने, कभी भी अधीनता स्वीकार न करने के लिए प्रेरित किया। जिस जीवन से मनुष्य इतना चिपकता है और हर प्रकार के अन्याय व कष्ट को सहकर भी बस कुछ वर्ष और जीवित रहना चाहता है, उस जीवन को सम्मान व स्वतंत्रता के सम्मुख, मिट्टी के घड़े के समान फोड़ने का ज्वलंत उदाहरण, हिंदू ललनाओं ने खड़ा किया।

इस सर्वोच्च बलिदान से हिंदू महिलाओं ने धर्म के प्रति समर्पण के मूल्य को अकल्पनीय ऊँचाइयों तक पहुँचाया। विदा के समय के आलिंगन व प्रेम की ऊष्मा ने हर हिंदू योद्धा को औसतन चार यवनों का वध करने के लिए तैयार कर दिया। जौहर ने मुसलमानों से प्रतिशोध के संकल्प को हिंदू चित्त में गहरा गाड़ दिया, क्योंकि सम्मान और सुरक्षा का अंतिम मूल्य तो हिंदू समाज द्वारा पहले ही चुकाया जा चुका था। अपनी प्रिय और सम्मानित स्त्रियों के राख हो जाने के पश्चात् हिंदू पुरुषों के लिए पीछे मुड़कर देखने का विकल्प ही समाप्त हो चुका था।

पुरुष मन का अपनी स्त्रियों से बहुत गहरा और संवेदनशील संबंध होता है। जिस पुरुष की माँ, बहन, पत्नी या पुत्री से कोई दुष्ट पुरुष, बलात् यौन संबंध बना ले, वह पुरुष जीते-जी मर जाता है। आत्माविहीन हो जाता है। वह पुरुष विवशतावश जिए भी तो अपने ही अंदर हजार बार मरता है।

हमारी पूर्वजा स्त्रियों ने पराजय सम्मुख देखकर अपने शरीर को अग्निस्नान में झोंककर, अपने पुरुषों को इस भयानक मन:स्थिति से ही मुक्त कर दिया।

साका में मुसलमानों से लड़ते हुए वीरगति पाने वाला हिंदू योद्धा इस दंश से मुक्त था, कि उसकी मृत्यु के बाद उसकी स्त्रियों का यौन शोषण हो सकता है।

हिंदू धर्म बचा ही इसलिए कि हमारी महान स्त्रियों ने स्वयं की बलि देकर, पुरुषों के मान को यवनों द्वारा रौंदे जाने की हर संभावना ही समाप्त कर दी।

जौहर के बाद हिंदू पुरुष उन्मुक्त व निर्भय होकर लड़े।

एक समाज के रूप में हमारा मनोबल नहीं टूटा, क्योंकि हमारी स्त्रियों ने जिहादियों के साथ संभोग कर उनके दूषित बीजों को ढोने की संभावना ही समाप्त कर दी।

जौहर कोई क्षणिक नहीं, बल्कि एक कालजयी घटना थी, जो समय के बंधनों से भी आगे निकल गई थी, क्योंकि जौहर का उल्लेख मात्र, आज भी, शताब्दियाँ बीत जाने के उपरांत भी हिंदुओं को रोमांचित कर, एक अद्‌भुत संकल्प को जन्म देता है।

हम सहज ही यह निष्पत्ति निकाल सकते हैं कि इस्लामी अतिक्रमण के विरुद्ध हिंदू प्रतिरोध के लिए जौहर कितनी महत्त्वपूर्ण घटना थी।

जौहर को राजपूतों की पराजय और आत्मसमर्पण की उपमा देना निश्चित रूप से एक कुत्सित बुद्धि की उपज है।

एक ऐसी निम्न कोटि की बुद्धि, जिसे सभ्यता व न्याय के मौलिक सिद्धांतों की स्थूल समझ भी नहीं है।

इसलिए यह कहना कि जौहर ने राजपूतों और हिंदू पुरुषों की अपनी महिलाओं की रक्षा करने में असमर्थता सिद्ध की, यह बात इन अद्‌भुत लोगों की स्मृति पर थूकने जैसा है।

कुछ वामपंथी लेखकों द्वारा यह सुझाव देना कि हिंदू महिलाओं को आत्मदाह करके मृत्यु चुनने की जगह आत्मसमर्पण कर देना चाहिए था और भोग-दासियों के रूप में रहना चाहिए था, हमारी स्त्रियों को हिंसा और गुंडागर्दी के बाजार में बेचने जैसा है। जौहर केवल मेवाड़ और राजस्थान के हिंदू पुरुषों द्वारा अपनी महिलाओं और बालकों के आत्मसमर्पण या त्याग का विषय नहीं था। जब हिंदू महिलाओं ने जीवन से अधिक सम्मान को चुना, तो यह एक इस्लामी आक्रमणकारी के समक्ष दृढ़ अवज्ञा थी। उसकी अंधी वासना के प्रति हिंदू समाज का स्पष्ट इंकार था।

भारत के हिंदुओं को छोड़कर इस दुनिया में कोई उदाहरण नहीं है, जिन्होंने अपनी परतंत्रता की अपेक्षा मरना उचित समझा।

स्वतंत्रता और सम्मान की वेदी पर राजपूतों के नम्र समर्पण के रूप में उनके सर्वोच्च बलिदान का उपहास करना और भारत के हिंदुओं के इस अद्‌भुत पराक्रम को

एक पराजयवादी निर्णय के रूप में प्रतिपादित करना, जीवन की एक अधार्मिक समझ है और हिंदू समाज इसे सिरे से अस्वीकार करता है।

जौहर, प्रेम की एक अद्भुत अभिव्यक्ति था। अपने जीवन साथी, परिवार, धर्म और राष्ट्र के लिए सीमा हीन प्रेम की शिखर अभिव्यक्ति। इसी प्रेम के कारण महिलाओं ने अपने पुरुषों के वध करनेवालों के लिए उनकी यौन-दासी बनने के स्थान पर, अपने शरीर को अग्नि को समर्पित कर देने का मार्ग चुना।

प्रेम के इस कार्य में इन अद्भुत महिलाओं ने स्वतंत्रता और सम्मान का जीवन जीने के हेतु अपने सतीत्व की रक्षा में यह पथ लिया। हिंदू समाज को अभिमान व कृतज्ञता से इन हिंदू पूर्वजों को अपने हृदय में रखना चाहिए, जिससे कि पूरा समाज नीति व स्वाभिमान के शिखर को छू सके।

राजपूत अफीम के नशेड़ी और शराबी थे

राजस्थान के गौरवशाली राजपूतों पर इससे अधिक असंवेदनशील और निंदनीय आरोप और कुछ नहीं हो सकता। सबसे पहले हम कल्पना करें कि एक जयमल मेड़तिया या पत्ता चूँडावत या कोई साधारण सेनानी राजपूत, अपनी प्रिया, अपनी पुत्री और अपनी माँ के जीवित अंतिम संस्कार की चिता अपने ही हाथों से सजा रहा है!

केवल कल्पना करने से जब हमारे शरीर में ठंडा कंपन आ सकता है तो वास्तव में राजपूतों के नेतृत्व में सहस्रों हिंदू महिलाओं ने जौहर कैसे किया होगा! कुछ क्षण के लिए क्या हम अपनी चेतना को उस काल में ले जा सकते हैं, जब हिंदू पुरुष अपने परिवारों की चिता को अग्नि दे अपनी आँखों के सामने उन्हें जीवित जलते हुए देख रहे थे? कठोर-से-कठोर हृदयवाला व्यक्ति भी इस भावोन्माद में अपना मानसिक संतुलन खो सकता था।

यदि हमारे पुरखे उस हृदय-विदारक परीक्षा की घड़ी में अफीम का सहारा लेते थे तो हमें उनका उपहास करना चाहिए या वंदन? अफीम के नशे में यदि हमारे पुरखे उस असहनीय वेदना के पार जाकर शत्रु को हमारे मानमर्दन से वंचित कर रहे थे, तो यह दैवीय कार्य था। जौहर के बाद राजपूत योद्धा शत्रु से युद्ध करने हेतु दुर्ग के द्वार खोलने से पहले एक-दूसरे को पान के बीड़े में भी अमल (अफीम) दिया करते थे।

योद्धा स्वयं को मानसिक एवं शारीरिक रूप से सुन्न करने हेतु अफीम का प्रयोग करते थे, ताकि वे निर्विचार होकर उस शत्रु से युद्ध कर पाएँ, जो उनके परिवार और धर्म का नाश करने का एकमात्र उद्देश्य लेकर आया है।

लिखित इतिहास में हमें कहीं भी सामाजिक बुराई के रूप में अफीम की लत का एक उदाहरण तक नहीं मिलता है। राजस्थान के योद्धाओं में अफीम के सेवन का एक और कारण अफीम का पीड़ानाशक प्रभाव था। म्लेच्छों के साथ हुए अनगिनत संघर्षों

एवं युद्ध तथा अश्वारोहण के प्रशिक्षण के समय लगभग सभी योद्धाओं को छोटी-बड़ी चोटों का सामना करना पड़ता था। मेवाड़ के लिए लड़े गए 100 से अधिक युद्धों के परिणामस्वरूप महान महाराणा सांगा के शरीर पर लगभग 84 घाव थे।

योद्धाओं ने कई भीषण युद्धों में अपनी उँगलियाँ, हाथ, पैर एवं विभिन्न अंग खोए थे और ऐसे समय में जब उन्हें पीड़ा होती थी तो केवल अफीम ही उनके लिए एक औषधि स्वरूप थी, जिसके कारण वे अपनी पीड़ा को कुछ घंटों के लिए दबा पाते थे। राजस्थान में अफीम, विशुद्ध रूप से औषधीय उपयोग में अथवा विवाह इत्यादि उत्सवों में उल्लास हेतु प्रयोग में लाई जाती थी। और ऐसे में इस औषधि का व्यसन कहकर उपहास करना न केवल हमारे पुरखों के त्याग के प्रति हमारी अनभिज्ञता है, वरन् यह भी दर्शाता है कि हम कितने कृतघ्न लोग हैं!

राजपूत व हिंदू राजा आपस में ही लड़ते रहे

जिन दो संप्रदायों से हिंदू धर्म, अस्तित्व के युद्ध में संलग्न है, उनमें आपस में कितने विभाजन हैं, थोड़ा इस पर चर्चा कर लेते हैं। मुसलमानों के जहाँ दर्जनों संप्रदाय हैं, वहीं ईसाइयों में तो इन संप्रदायों की संख्या सैकड़ों में बताई जाती है।

ईसाइयों में दो मौलिक विभाजन हैं, कैथोलिक व प्रोटेस्टेंट। कैथोलिक जहाँ रोम में बैठे पोप को पृथ्वी पर सर्वोच्च सत्ता मानते हैं, वहीं प्रोटेस्टेंट ईसाई, पोप को अस्वीकार करते हैं। मतभेद तक यह बात होती तो ठीक था, दु:ख की बात यह है कि इन दोनों संप्रदायों ने सदियों से एक-दूसरे को काटा व प्रताड़ित किया है। यूरोप में करोड़ों ईसाइयों ने एक-दूसरे की हत्या इसलिए कर दी कि पोप को सर्वोच्च माना जाए या नहीं।

1939-1945 के द्वितीय विश्व युद्ध में करोड़ों ईसाइयों ने एक-दूसरे को मारा।

द्वितीय विश्व युद्ध को उपनिवेशवाद

राष्ट्र रक्षक

महाराणा सांगा 13 मार्च, 1527 ई. को खानवा पहुंचे। राणा की सेना में राजा हसन खां मेवाती(अलवर), भारमल(ईडर), वीरमदेव, रतनसिंह (मेड़ता), मेदिनीराय(चंदेरी), राव गांगा (मारवाड़), रावल उदयसिंह(डूंगरपुर), रावत रतनसिंह चूण्डावत(सलूम्बर), नर्बद हाडा और वीर सिंह(बूंदी), रावत जोगा(कानोड़), पृथ्वीराज(आमेर), चन्द्रभान चौहान(मैनपुरी), मानिक चन्द्र चौहान(राजौर-एटा), झाला अज्जा और झाला सज्जा(बड़ी सादड़ी), गोकुलदास परमार(बिजोलिया), रायमल राठौड़(जोधपुर), रावत बाघसिंह (देवलिया), कुंवर कल्याणमल(बीकानेर), शत्रुदेव(गागरोन) मोहम्मद लोदी, राजा ब्रह्मदेव, राय दिलीप, रामदास सोनगरा आदि अपनी सेना लेकर राणा सांगा के साथ थे।

खानवा स्मारक पर एक शिलालेख

के आधार पर लड़ा गया बताया जाता है, पर किसी को नहीं पता कि लगभग पाँच करोड़ निरपराध मनुष्यों को क्यों मार डाला गया।

मुसलमानों में यूँ तो दर्जनों विभाजन हैं, जो एक-दूसरे को काफिर कहते हैं, पर शिया-सुन्नी संघर्ष में लाखों मनुष्यों को मार डाला गया है। इक्कीसवीं शतब्दी में, गत दस वर्षों में, सीरिया में 5 लाख से अधिक मुसलमान, शिया-सुन्नी संघर्ष में मारे गए हैं।

यदि इन दोनों अब्राहमिक मतों से हिंदुओं की तुलना करें तो क्या यह एक विलक्षण बात नहीं है कि धार्मिक मान्यताओं में मतभेद के आधार पर हिंदुओं ने अपने दस सहस्र वर्षों के इतिहास में कभी एक-दूसरे को नहीं मारा?

दो सगे भाई भी जब साथ नहीं रह पाते तो करोड़ों हिंदुओं के एक रहने की आकांक्षा सर्वथा अनुचित है।

इतनी भाषाओं, क्षेत्रीयताओं, खान-पान के भेद के उपरांत भी आज सौ करोड़ हिंदू एक राष्ट्र की तरह रह रहे हैं। मतभेद भी हैं, लेकिन शास्त्रार्थ, चुनाव या कुछ ले देकर समाज क्रियाशील तो है।

सौ करोड़ हिंदू, एक पाषाण की भाँति जड़ तो हो नहीं सकते। फिर भी सनातन धर्म एक शांतिप्रिय, विकासोन्मुख व सहज जीवन-शैली है जिसे किसी भी मूल्य पर बचाना ही होगा।

वामी व छद्म लिबरल बुद्धिजीवी, हिंदुओं को तो सहिष्णुता का उपदेश न ही दें।

हिंदुओं ने एक-दूसरे को काल्पनिक सिद्धांतों पर मारा-काटा नहीं है।

हाँ, हमारे पुरखों को यह बात भली-भाँति पता थी कि इस्लामी लुटेरों का प्रतिकार मिलकर करना है।

यह कहना कि हिंदू संगठित होकर नहीं लड़े, एक संपूर्ण असत्य है, जिसे वामियों के अतिरिक्त स्वयं हिंदुओं, एवं हिंदुओं से सहानुभूति रखनेवाले लोगों ने भी व्यर्थ ही फैलाया है। यदि ध्यान से देखें तो यह धारणा न केवल त्रुटिपूर्ण है, वरन् हिंदू बुद्धिजीवियों के ज्ञान व पर्याप्त शोध की घोर कमी को भी दर्शाती है। जयपुर के महान राजपूतों को इस विषय में सदैव ही निंदित किया गया है एवं इस विषय में एक अन्य अध्याय में लेखक ने पूर्ण विस्तार से लिख दिया है।

सत्ता का संघर्ष बहुत निर्मम होता है। सभी समुदायों में आदिकाल से यह संघर्ष निर्दयतापूर्वक चलता आया है। राजस्थान के सभी क्षेत्रों में चूँकि राजपूत ही सत्ता में थे, अतः आपसी संघर्ष की यह स्थिति इन राजपरिवारों में भी वंशानुगत चली आ रही थी। मध्यकालीन भारत का सबसे महत्त्वपूर्ण युद्ध 1527 ईसवी में महाराणा सांगा एवं बाबर के मध्य खानवा में हुआ था।

राजस्थान एवं मध्य भारत के सभी राजपूत राजाओं ने प्राची की वेला से रात्रिकाल

तक चले इस रक्तरंजित युद्ध में बढ़-चढ़कर भाग लिया था।

बाबर की तुर्क सेना के सामने हिंदुओं की विशाल सामूहिक सेना खड़ी हुई। पहली बार हिंदुओं का तोपों से सामना हुआ। राजपूतों ने तोपों को निष्क्रिय करने के लिए अपने सिर तोपों में दे दिए। सब छल-कपट, सांगा के घायल होने व एक हिंदू राजा के धोखे के उपरांत भी यह युद्ध सांगा की विजय के साथ समाप्त हुआ। खानवा के विषय में सांगा के अध्याय में विस्तार से लिखा गया है।

यह कहना कि हिंदू इस्लामिक शक्तियों के विरुद्ध संघर्ष में कभी एक नहीं थे, सर्वथा अनुचित है एवं हिंदुओं के महान संघर्ष को नीचा दिखाने का एक कुत्सित प्रयास है। खानवा के अमर युद्ध में सांगा के साथ जयपुर के पृथ्वीराज कच्छावा, जोधपुर के राव गांगा, चंदेरी, रायसेन, ग्वालियर, बूँदी, डूँगरपुर आदि के बहुत से हिंदू राजाओं ने बाबर को टक्कर दी थी। पर हिंदुओं की स्मृति से सांगा व खानवा का युद्ध पूरी तरह से पोंछ दिया गया है, क्योंकि सांगा का जीवन व खानवा का युद्ध, वामपंथी-जिहादी विमर्श को पूरी तरह भंग कर देता है।

यदि हिंदू राजा एक नहीं थे तो कैसे इन्होंने 300 वर्षों तक दिल्ली के तथाकथित सुल्तानों को पराजित किया? इस पर विस्तार से अन्य अध्यायों में लिखा गया है। मेवाड़ के बाप्पा रावल ने गुर्जर प्रतिहारों एवं परमारों के साथ मिलकर अरब आक्रांताओं के संगठन को 'राजस्थान के युद्ध' में बुरी तरह पराजित किया। न केवल पराजित किया, वरन् बाप्पा ने तो अरबों को ईरान तक धकेल दिया।

इसी हिंदू संगठन ने अगले पाँच सौ वर्षों तक अरबों को भारत से दूर रखा, जिसमें मेवाड़ के खुमाण, शक्ति कुमार, जैत्र सिंह, समर सिंह व शाहिया वंश के जयपाल, अनंगपाल व आनंदपाल, कश्मीर के ललितादित्य आदि महान राजाओं ने अपना सबल योगदान दिया।

अरब इस्लाम, भारत में बुरी तरह पराजित हुआ। पाँच सौ वर्षों के निरंतर प्रयास के पश्चात् भी हिंदू राजाओं के संगठन ने अरबों को सिंध से आगे नहीं आने दिया। हिंदू समाज के इस अभूतपूर्व कृत्य को पूरी तरह से चबा जाना, वामी-इस्लामी लेखकों की सबसे बड़ी सफलता है।

किसी हिंदू इतिहासकार या स्वघोषित बुद्धिजीवी ने हिंदुओं की इस विलक्षण उपलब्धि को क्यों उजागर नहीं किया, इसका उत्तर लेखक के पास तो नहीं है।

यदि हम मेवाड़ के साथ मिलकर युद्ध करनेवाले राजपूतों के राजवंशों को ही देख लें तो पता चल जाएगा कि हत्यारे म्लेच्छों के विरुद्ध राठौड़, चौहान, परमार, तोमर, कच्छावा, सोलंकी, खींची, गौड़, सोनगरा, परिहार, हाड़ा, तँवर इत्यादि सभी राजवंशों ने मिलकर संघर्ष किया था। राजपूतों की ये उपजातियाँ उत्तरी एवं पश्चिमी भारत के विभिन्न क्षेत्रों में

स्थापित थीं। यद्यपि केवल सिसोदिया ही मेवाड़ के राजा थे, किंतु फिर भी सभी राजपूतों ने अरब के रेगिस्तान से आए लुटेरों से संघर्ष में सिसोदिया राजाओं का साथ दिया।

एक और बात जो इस संदर्भ में महत्त्वपूर्ण है, वह है, युद्ध में मुसलमानों का अनैतिक व्यवहार, जबकि हिंदू सेना धर्म व नीति के आधार पर युद्ध लड़ती थी। पूरा इतिहास उन उदाहरणों से पटा पड़ा है, जब हिंदू राजाओं ने मुसलमान शासकों को पराजित करने के बाद जीवित छोड़ दिया।

किंतु, राजा दाहिर, पृथ्वीराज और राजा हेमचंद्र की पराजय पर क्रमशः कासिम, गौरी व अकबर ने गर्दन उड़ा दी। राजा दाहिर एक बार कासिम को, तथा पृथ्वीराज कम-से-कम एक बार गौरी को पराजित कर जीवनदान दे चुके थे।

किंतु इस देश के इतिहासकारों को केवल इस्लामी हत्यारों की आरती उतारनी थी, सो हिंदू राजाओं का शौर्य व करुणा को उनकी दुर्बलता बता दिया गया।

हिंदू राजाओं को अपनी स्त्रियों व बच्चों को म्लेच्छों से सुरक्षित छुपाना पड़ता था, जबकि मुसलमानों को पता था कि हिंदू राजा और सेना कभी भी उनके परिवार पर हाथ नहीं डालेंगे। दुर्गादास राठौड़, प्रताप, राज सिंह तथा कई हिंदू राजाओं के हाथ मुसलमानों की स्त्रियाँ पड़ने के बाद उन्हें ससम्मान लौटा दिया गया।

दर्जनों युद्धों में मुसलमानों ने गायों व बैलों को आगे रखकर आक्रमण किया। ये हत्यारे जानते थे कि हिंदू गाय अथवा बैल पर बाण नहीं चलाएँगे।

कुल मिलाकर हजार वर्षों का हिंदू-मुस्लिम संघर्ष एक असंतुलित संघर्ष था, जिसमें हिंदुओं ने नैतिक युद्ध प्रणाली पर रहकर भी, इस्लामी आक्रांताओं की हर प्रकार की अनैतिक चालों को पराजित किया।

राजपूतों के संगठन का आधारभूत विचार था कि यदि हिंदू शक्तियाँ एकजुट होंगी, तभी पश्चिम से आनेवाले इन दानवों से धर्म व राष्ट्र की रक्षा हो पाएगी। जबकि इस्लामी सैनिकों में एकता का कारण था—लूट के माल में हिस्सा, जिसे 'माल-ए-गनीमत' कहा जाता है। इस्लामी युद्ध अनीति के आधार में यही बर्बर विचार था, जिसमें हिंदू राज्यों की लूट में प्राप्त धन एवं स्त्रियों को छोटे-मोटे मुस्लिम सेनापतियों में पुरस्कार स्वरूप बाँट दिया जाता था। पूरा इस्लामी साहित्य इस प्रकार के उदाहरणों से भरा पड़ा है।

यह कहा जा सकता है कि इस्लाम का भाईचारा मित्रता, न्याय या धर्म पर नहीं, लूट पर आधारित था। भारतवर्ष की छाती पर लड़ा गया यह युद्ध 'डकैतों के भाईचारे' के विरुद्ध 'धर्म के भाईचारे' के दो समूहों के बीच लड़ा गया था।

यह वह भयानक अनुपात है, जिसके आधार पर इतने विपरीत लक्ष्यों के साथ यह युद्ध लड़ा गया।

एक तरफ इस्लामी आक्रांता मनुष्य की पाशविक प्रवृत्तियों का उपयोग कर रहे थे

तो उनके सामने खड़े थे धर्म की कठोर अवधारणा को ढोनेवाले हिंदू, जो स्वतंत्रता व सम्मान के लिए लड़ रहे थे।

ऐसी ही धार्मिक एकजुटता का सबसे बड़ा उदाहरण है मेवाड़ के सिसोदिया राजपूतों एवं मारवाड़ के राठौड़ राजाओं का सिहाड़ (आज के नाथद्वारा) में श्रीनाथजी मंदिर की रक्षा में एक साथ आना। इन दोनों ने मिलकर औरंगजेब को बार-बार पराजित किया एवं उसे राजपूतों के क्रोध से स्वयं को बचाने हेतु अजमेर की ओर भागने को बाध्य होना पड़ा। राजपूत योद्धा, इस्लामी कट्टरपंथियों से संघर्ष करते समय किसी एक वंश के नहीं, वरन् केवल एक हिंदू ध्वज के योद्धा बन जाते थे। सभी 36 प्रकार की विभिन्न जातियाँ, स्थानीय भीलों, ब्राह्मणों, गूजरों, चारणों, मीणों, रैगरों, खटीकों, जैनों, बनियों इत्यादि सभी ने मिलकर इन साम्राज्यवादियों से संघर्ष किया।

हल्दीघाटी में प्रताप की घुड़सेना का नेतृत्व एक ब्राह्मण, पूना जोशी करते थे। महान भामाशाह व उनके भाई ताराचंद ओसवाल जैन थे। भीलों के बिना मेवाड़ का हर इतिहास निरर्थक है।

भारत के इतिहास में सब मुसलमान वंशों का उत्तराधिकारी, भाइयों व सगे-संबंधियों का रक्त बहाकर निश्चित हुआ, पर प्रचार यह हुआ कि हिंदू आपस में ही लड़ते रहते थे। यह कहना कि हिंदू, विशेषकर राजपूत, युद्ध में कभी एक होकर नहीं लड़े, न केवल त्रुटिपूर्ण है, बल्कि धृष्टतापूर्ण भी है। वामी-जिहादी लेखकों द्वारा यह प्रयास हिंदुओं द्वारा मानव इतिहास में सर्वाधिक क्रूर समुदाय के विरुद्ध किए गए संघर्षों एवं बलिदानों को अपमानित करने हेतु किया गया है।

इस आत्म प्रवंचना को हिंदू समुदाय जितना शीघ्रता से तोड़ेंगे, उतनी शीघ्रता से हम सत्य का साक्षात्कार कर सकेंगे। भारतवर्ष की योद्धा जातियाँ, विशेषकर राजपूत, परमवीर, अति प्रज्ञावान व नितांत वीतरागी लड़ाके थे। इंद्रियों के सुख-दु:ख से मुक्त होकर, तितिक्षा में स्थित ये महापुरुष, सहजता से इस्लामी असुरों से लड़ते रहे। आज हमारा अस्तित्व, हमारा वैभव व हमारी स्वतंत्रता इन्हीं महापुरुषों का वरदान है।

जिन्हें तलवार से पराजित नहीं कर सकते, उन्हें व्यंग्य व अपमान से पराजित करो

ऐसा नहीं है कि वामपंथी एवं मुसलमान लेखक, हिंदुओं की योद्धा जातियों के साहस एवं बलिदानों से अनभिज्ञ हैं। निश्चित रूप से हमारे देश के कृत्रिम उदारवादियों ने धर्म हेतु हिंदुओं के संघर्ष की क्षमता देखी है कि कैसे वे अंतिम श्वास व अंतिम क्षण तक लड़ते हैं। अत: उन्होंने इन योद्धाओं को हिंदुत्व की मुख्यधारा से ही अलग करने का निश्चय किया।

इस्लाम के विरुद्ध किए गए एक सशक्त संघर्ष की गाथा को मिटाने एवं हिंदुओं के विरुद्ध सफेद झूठ फैलाने के अतिरिक्त उन्होंने हमारी योद्धा जातियों को निरुत्साहित करने हेतु सबसे शक्तिशाली शस्त्र का उपयोग किया—उनका उपहास। स्वयं हिंदू समाज ने अज्ञानतावश अपने ही योद्धाओं के बलिदानों के उपहास एवं अपमान के इस प्रयास में सहयोग भी दे दिया। इस अपमान का सबसे अधिक प्रभाव पड़ा हमारे सिख सहोदरों पर। यद्यपि यही प्रयास जाटों, राजपूतों, गुर्जरों व अन्य लड़ाका जातियों के साथ भी किया गया। उनकी उन्हीं सब विशेषताओं का उपहास किया गया, जो कि उनकी शक्ति थी।

क्या कभी हम हिंदुओं ने एक क्षण के लिए भी विचार किया कि एक सिख बालक को कैसा लगता होगा, जब उसके केश, पगड़ी एवं कड़े पर उसका उपहास बनाया जाता है ? हमारा सामाजिक बोध क्षीण होते-होते अब ऐसी क्रूरता बन गया है कि हम हिंदुओं को एक समाज के रूप में अपने ही सिख बालकों या पूरे सिख समाज के साथ यह क्रूरता करने में भी लज्जा नहीं आती।

औरंगजेब के काल से महाराजा रणजीत सिंह के काल तक पंजाब में एक भयंकर संघर्ष चला, जिसमें एक ओर मुसलमान एवं दूसरी ओर हिंदू-सिखों का संगठन। पंजाब के मुसलमान हिंदुओं एवं सिखों की महिलाओं तथा बालकों को दासता अथवा यौन शोषण करने अथवा उन्हें स्वर्ण मुद्राओं के बदले बेचने के लिए बंदी बना लिया करते थे।

रात्रि के बारह बजे, जब शत्रु गहन निद्रा में सोए होते थे, तब सिखों के छापामार सैनिक उन ठिकानों पर आक्रमण कर देते थे, जहाँ बालक एवं महिलाओं को बंदी बनाकर रखा जाता था। वीर सिखों के जत्थे मुसलमानों के चंगुल से इन स्त्रियों व बच्चों को निकाल लाते थे। और फिर हम लोगों ने अपनी ही इस महान परंपरा का मखौल यह कहकर उड़ाया कि बारह बजते ही सिख विक्षिप्त हो जाते हैं!

जाटों एवं राजपूतों से संबद्ध चुटकुले भी अब सहज रूप से प्रचलन में आने लगे हैं एवं हमें ज्ञात भी नहीं है कि हम अपने ही लोगों के मानस को किस प्रकार कुप्रभावित एवं खंडित कर रहे हैं! जाटों और गुर्जरों ने तो मुसलमानों के विरुद्ध बिना सक्षम नेतृत्व के ही लड़ाई लड़ ली। धर्म के इन विलक्षण योद्धाओं की स्मृति के साथ भी न्याय नहीं हुआ है।

शिक्षित व धनी हिंदू अपनी संपत्ति बढ़ाने में लगे रहे और हमें पता ही नहीं चला कि कब हमारे अपने सहोदर 'अछूत' हो गए ? संतोष का विषय है कि समय रहते इस महापाप के प्रति हिंदू समाज जागा तथा सुधार किया गया।

दो उदाहरण दिए जा रहे हैं, जिससे हमारे दलित सहोदरों की महिमा हमें पता चले।

माँस का व्यापार करने वाला हिंदू समाज खटीक कहलाता है। मान्यता है कि खटीकों का उद्गम उन ब्राह्मणों से है, जो मंदिरों में पशुओं की बलि दिया करते थे। खटीक

समाज ऐतिहासिक रूप से तथा आधुनिक काल में भी मुसलमानों से लोहा लेते आए हैं।

दूसरा उदाहरण है, वाल्मीकि समाज का। कितने विलक्षण थे हमारे वाल्मीकि पुरखे, जिन्होंने शूकर पालन को ही अपना व्यवसाय बना लिया! मुसलमान हमलावर सूअर से बहुत डरते हैं। इसका खूब उपयोग हमारे पुरखों ने स्वयं की रक्षा के लिए किया।

यहाँ भी एक मान्यता है कि वाल्मीकि समाज, क्षत्रिय समाज में से ही निकला है, जिन्हें औरंगजेब ने पवित्र जनेऊ भंग करने पर विवश किया।

अत्यंत दु:ख का विषय है कि जिन महान वाल्मीकि पूर्वजों ने जनेऊ भंग कर दिया, किंतु धर्मांतरण नहीं किया, उन्हीं के वंशजों को अछूत बना दिया गया।

लेखक, वाल्मीकि समाज के साथ अनेक प्रकल्प चलाते हैं, तथा इस पूजनीय लोगों को ही अपना परिवार मानते हैं।

समय आ गया है कि हम अपने दलित सहोदर समाज के बलिदानों का नमनपूर्वक संज्ञान लाएँ तथा सब जाति भेद भुलाकर हमारे साझे शत्रु से निबटें।

इस पृथ्वी पर हम हिंदुओं के समान कृतघ्न दूसरी कोई जाति नहीं है, जिन्होंने सक्रिय रूप से अपनी ही योद्धा जातियों में इतनी हीन भावना भर दी। उसके परिणाम आज हमारे सामने हैं। लोग अपमान पर अलग-अलग तरीके से प्रतिक्रिया देते हैं। अधिकांश तो सहन करके आगे बढ़ जाते हैं, किंतु कुछ विद्रोह करते हैं और अराजकता का पथ चुनते हैं। कुछ राजपूतों या हमारे दलित सहोदरों की भाँति मदिरापान में शांति ढूँढ़ते हैं, कुछ समाज से ही विमुख हो जाते हैं, तो कुछ उद्दंडता का मार्ग ले लेते हैं।

ऐसा इसलिए, क्योंकि हम हिंदुओं ने कभी इस बात पर विचार ही नहीं किया कि हमारे इस उपहास उड़ाने का क्या मानसिक प्रभाव पड़ सकता है? अधिकांश सिखों ने या तो सिख परंपराओं को छोड़ दिया है अथवा हिंदुओं के लिए मन में क्रोध पाले बैठे हैं। राजपूत अंतर्मुखी हो गए हैं एवं राष्ट्रीय एवं राजकीय स्तर पर अथवा एक जाति के रूप में खंड-खंड होकर अति साधारण जीवन जी रहे हैं। बहुत से राजपूत युवा, विश्वविद्यालयों में उपद्रवी छात्र बन गए हैं एवं पूरे-का-पूरा समुदाय ही अपनी तेजस्विता खोने लगा है। गुर्जरों व जाटों ने भी इस्लामी लुटेरों के साथ जो भयंकर संघर्ष किया, उसे भी पोंछ डाला गया।

ये वामपंथियों एवं जिहादियों द्वारा रचा गया एक कुत्सित षड्यंत्र था, जिसे हिंदू नेतृत्व एवं बुद्धिजीवियों को कभी स्वीकार नहीं करना चाहिए था। इस कृत्य ने हमें भीषण हानि पहुँचाई है। अब समय आ चुका है कि शौर्य एवं साहस से परिपूर्ण हिंदुओं के इस रक्षा तंत्र को अपमानित करने के इस आत्मघाती कृत्य को तुरंत समाप्त किया जाए।

पुनरुत्थान का मार्ग

वामपंथी कुप्रचार के कारण चार से पाँच करोड़ राजपूत आज हिंदू समुदाय से

अलग-थलग पड़े दिखाई देते हैं। जिन लोगों ने हमें बलात्कारियों एवं अत्याचारियों के झुंड से बचाने हेतु अपना जीवन तक बलिदान कर दिया, हम लोग कम-से-कम उनके सम्मान को तो आघात न पहुँचाएँ। कम-से-कम उन महान योद्धाओं के प्रति पूरे मन से कृतज्ञता तो व्यक्त करें।

इसी प्रकार करोड़ों जाट, गुर्जर, दलित सहोदर समाज, कुर्मी, सिख, भील, यादव और दर्जनों हिंदू जातियों ने धर्म के इस युद्ध में अप्रतिम बलिदान दिए। हमारे इन महिमाशाली पुरखों का हमें यथोचित सम्मान करना होगा। आज की योद्धा जातियों में इन महान पूर्वजों के संस्कार रक्त बनकर बह रहे हैं। ये समाज धर्म के आधुनिक वाहक हैं तथा धर्म की सहायता के लिए ये निश्चित ही फिर उठ खड़े होंगे।

एच.आई.वी. एक ऐसा कीटाणु है, जो हमारे शरीर की टी कोशिकाओं पर आक्रमण करता है। टी कोशिकाएँ हमारे शरीर के घातक रोगाणुओं से लड़ने हेतु अत्यंत आवश्यक होती हैं।

हिंदू समाज को वामपंथी एवं जिहादी वायरस ने संक्रमित कर रखा है एवं हमारी योद्धा जातियों को पंगु तथा निष्क्रिय बना रखा है। राजपूतों, सिखों, जाटों एवं अन्य योद्धा जातियों का अंतर्मुखी एवं अलग-थलग होना, इस प्रकार के एच.आई.वी. वायरस का एक ज्वलंत उदाहरण है। यद्यपि यहाँ एच.आई.वी. का अर्थ 'हिंदू इम्यूनो डेफिशिएंसी वायरस' हो चुका है।

झूठ प्रचारित करने के भयानक परिणाम होते हैं

ये परिणाम मुख्यत: महिलाओं, बच्चों एवं समाज के निर्बल वर्गों को भुगतने पड़ते हैं।

हिंदू समाज सदा से एक ही शाश्वत आधार पर बना है, 'सत्यमेव जयते, नानृतम्। तदा किं विवादेन्!' अर्थात् 'सत्य की ही विजय होती है और किसी की नहीं। इसमें विवाद कैसा!'

यदि सूचना प्रसारण के इस युग में हम निष्पक्ष रूप से राजपूतों, सिखों, जाटों, मराठों, काकतियों, अहोम एवं हमारे असंख्य महान योद्धाओं के विषय में सत्य सभी को बता पाते हैं।

यदि 1,400 वर्षों तक इस्लाम के विरुद्ध, जो उन्होंने संघर्ष किया, उससे संबंधित फैले असत्य के अंधकार को दूर कर पाते हैं।

यदि हम अपनी अंत:प्रज्ञा को जगाकर हमारे महान राजपूत राजाओं के प्रति कृतज्ञता से भर पाते हैं।

यदि हम ऐसा कर पाते हैं तो निश्चित ही हम पृथ्वी पर सबसे पुरानी सभ्यता कहलाने का गौरव पाने के अधिकारी होंगे।

शौर्य व त्याग बहुत मूल्यवान् मानवीय गुण हैं।

इन गुणों की समाज में स्थापना से ही एक न्यायपूर्ण व सुरक्षित व्यवस्था चल सकती है। जो समाज शौर्य के स्थान पर समर्पण का महिमामंडन करेगा, उस समाज की मृत्यु निश्चित है। विधर्मी शक्तियों से हिंदुओं का युद्ध अभी समाप्त नहीं हुआ है, बल्कि अब निर्णायक काल में पहुँच चुका है। इस्लामी साम्राज्यवाद ने केवल अपना कलेवर और स्वर बदला है, मूल स्वभाव नहीं। और अब तो स्थिति और भी भयावह है, क्योंकि इस्लामी आक्रांताओं के विषय पर हिंदुओं को भ्रमित करने के लिए वामपंथ का जाल फैला हुआ है। वामपंथ की सहायता से, इस्लामी अतिवाद अब भी हमारे विध्वंस की तैयारी में जुटा है। यह अंतिम अवसर है, जब हम अपने इतिहास से सीखकर धर्म व राष्ट्र को बचा सकते हैं।

हिंदुओं के शौर्य की पुरातन परिपाटी को पुनर्स्थापित करने हेतु हमें केवल अपने महान योद्धाओं एवं उनकी साधना के प्रति कृतज्ञता एवं सम्मान का भाव रखना है, ताकि वह भाव पुनर्जाग्रत् हो एवं इस बार ईसा-इस्लामी-वामी साम्राज्यवाद के इस एच.आई.वी. से, हमारी मातृभूमि को सदा के लिए मुक्ति मिल सके। हिंदू समाज को स्वयं आत्मविश्लेषण करना होगा और अपनी शक्तियों को इस नवीन संघर्ष हेतु तैयार करना होगा, जो उनपर थोपा गया है।

ब्राह्मणों को स्वयं को पीड़ित मानना बंद कर, आगे बढ़कर हिंदुओं का नेतृत्व व मार्गदर्शन करना होगा, जैसा कि आचार्य राघवेंद्र व मुनि रूपनाथ ने महाराणा प्रताप का किया था। जैसा कि प्रताप एवं शक्ति सिंह के मध्य आत्मघाती द्वंद्व रोकने हेतु नारायण पालीवाल ने किया था।

हिंदू समाज का मस्तिष्क कहे जानेवाले ब्राह्मणों को स्वयं को एक ऐसी तपस्या में झोंकना होगा, जिसमें तपकर वे उन विधर्मियों से लड़ने के उपाय ढूँढ़ सकें, जो हमारे महान देश में घुसकर उसे खोखला कर रहे हैं।

सब हिंदू योद्धा जातियों को अपनी निद्रा एवं आलस्य को त्यागकर हमारे विलक्षण इतिहास की राख में से बवंडर बनकर उठना होगा, ताकि वे हिंदू समाज को चारों ओर से होने वाले आक्रमणों से बचा सकें।

हिंदू समाज के उत्साह एवं सम्मान की कर्णधार योद्धा जातियों को, प्रताप एवं हम्मीर की भाँति, क्षत्रिय धर्म की अग्नि को अपने मन में पुनः प्रज्वलित करना ही होगा। इन्हीं योद्धा जातियों को हिंदू समाज को अभय एवं धर्मनिष्ठा सिखाकर बलिदान के पथ पर आगे ले जाना होगा।

व्यापारी वर्ग, वैश्यों को अपने लघुहृदयता एवं अनुदारता को छोड़कर भामाशाह तथा ताराचंद की भाँति उदार हृदय बनना होगा, जिन्होंने न केवल अपने कोषागार ही

खोले, वरन् स्वयं भी धर्मयुद्ध में सक्रिय रूप से भाग लिया। हिंदू समाज के कोष भरने वाले वैश्य समाज को, धर्म हेतु धन एकत्र करना होगा, ताकि हमारे योद्धाओं को इस सभ्यताओं के संघर्ष में साधनों की कहीं कमी न हो।

शूद्र एवं दलित कहे जानेवाले हमारे रक्त बंधु, जिन्हें मैं 'सहोदर' कहकर संबोधित करता हूँ एवं मानता भी हूँ, हिंदू शरीर की मांसपेशियाँ हैं। ब्राह्मणों का ज्ञान, क्षत्रियों का तेज एवं वैश्यों की ऊर्जा अब हमारे इन सहोदरों तक पहुँचनी ही चाहिए। तभी हमारे धर्म पर होने वाले आघातों के विरुद्ध हमारा दलित सहोदर समाज भी खड़ा हो सकेगा।

मेवाड़ के भीलों जैसे ही हमारे सशक्त सहोदरों को धर्म के चारों ओर एक सुरक्षा का घेरा बनाना होगा। वैसा ही, जैसा कि उन्होंने प्रताप के साथ मिलकर बनाया था एवं हमारे धर्म के शत्रुओं का नाश किया था।

संपूर्ण हिंदू समाज को एकजुट होकर सभी विधर्मी दानवों एवं वामपंथी विचारधारा के विरुद्ध खड़ा होना होगा, ताकि हम उन्हें शारीरिक, आर्थिक एवं मानसिक रूप से तोड़ सकें। इस युद्ध में इस बार पराजय कोई विकल्प नहीं है हमारे लिए।

पराजय का अर्थ होगा—सहस्रों वर्षों पुरानी सभ्यता का संपूर्ण नाश।

बुर्जुआ और सामुराई

इस पुस्तक को आधुनिक समय के महानतम पूर्णयोगी महर्षि अरविंद के शब्दों के साथ समाप्त करना ही मेवाड़ के महापुरुषों की गाथा के साथ न्याय होगा।

महर्षि ने हिंदू समाज के उच्च तथा मध्यम वर्ग की मूढ़ता को चिह्नित कर, वर्तमान में हमारे सामाजिक तंत्र की दुर्गति के कारणों को स्पष्ट रेखांकित किया है।

महर्षि अरविंद

वे अपने प्रज्ञा वचनों से हमें समस्या, उसके निदान व समाधान का पथ भी बतलाते हैं।

जापान तथा भारत, दोनों ही बाहरी शक्तियों से त्रस्त दो पुरातन सभ्यताएँ हैं, अतः महर्षि दोनों की तुलना करते हुए विश्लेषण करते हैं कि किस प्रकार जापान विश्व शक्ति बन गया और भारत समान रूप से सक्षम और साधन संपन्न होने के उपरांत भी निर्धनता, भ्रष्टाचार एवं नैतिक पतन से त्रस्त, तीसरी दुनिया का एक विपन्न देश बना।[150]

महर्षि अरविंद एक आधारभूत प्रश्न उठाते

150. https://satyameva.org/the-bourgeois-and-the-samurai.

हैं कि कैसे जापान में इतना बड़ा परिवर्तन हुआ और क्यों भारत में यह परिवर्तन का प्रयास भयंकर रूप से असफल रहा?

वे लिखते हैं, "इस तरह की समस्या का हल मशीनों में नहीं, वरन् मनुष्यों में है।"

जिस प्रकार मनुष्य के भीतर बसी उसकी आत्मशक्ति उसके भविष्य का निर्धारण करती है, उसी प्रकार एक देश की आत्मशक्ति, उसके इतिहास व भविष्य का निर्धारण करती है।

जापान अपनी प्राचीन आत्मा से जुड़ा रहा, जो थी सामुराई की आत्मा।

जापान में आध्यात्मिक साधना के साथ ही तलवार के धनी योद्धाओं की एक परंपरा है, जिन्हें 'सामुराई' कहा जाता है।

इसके विपरीत, भारत की आत्मा, अकर्मण्य सुषुप्ति में चली गई।

यद्यपि हिंदू समाज के पास भी अपने सामुराई थे, जिन्हें हम क्षत्रियों के नाम से जानते हैं।

किंतु हिंदुओं के धनवान उच्च वर्ग में, एक नए प्रकार का समाज उत्पन्न हो गया, जो विदेशी शासन की आवश्यकताओं की पूर्ति हेतु बनाया गया था।

महर्षि इस नए प्रकार के समाज को फ्रैंच भाषा के एक शब्द 'बुर्जुआ' की संज्ञा देते हैं।

कौन हैं ये बुर्जुआ?

महर्षि अरविंद के अनुसार, "औसत बुद्धि के, कृत्रिम रूप से संतोषी, मध्यमवर्गीय तथा उच्च मध्यमवर्गीय हिंदू परिवार बुर्जुआ की श्रेणी में आते हैं।

ये सरल स्वभाव एवं उथली प्रकृति के लोग होते हैं, जो अधिकांशत: जागरूक तो होते हैं, पर केवल उतने ही, जितना इन्हें सुविधाजनक लगता है।

अपने जीवन से अंधा प्रेम करनेवाले, अपनी सुख-सुविधा से बढ़कर किसी को न चाहनेवाले ये लोग, किसी भी विपरीत सामाजिक अथवा राजनीतिक परिस्थिति में सर्वप्रथम स्वयं तथा अपनी मूल्यवान् भौतिक संपत्तियों को बचाने में लग जाते हैं।

जो भी इनकी सुख-सुविधाओं को बाधित करता है, ये उसके धुर विरोधी हो जाते हैं तथा उन्हें मूर्ख-अज्ञानी-घातक अथवा अतिवादी कहकर उनका विरोध करते हैं।

पूरे वेग से ये उनका दमन करने में भी लग जाते हैं।

मजे की बात यह है कि सार्वजनिक आंदोलनों में इन बुर्जुआ की बड़ी आस्था होती है। ये उस समय धैर्य तथा शिष्टता का प्रलाप तो करते हैं, पर बहुत अधिक सत्यनिष्ठा एवं उद्योग करने से बचते हैं।

न्याय, परिवर्तन, जागृति, पर्यावरण एवं अन्य आदर्शवादी विषयों पर ये बातें खूब करते हैं।

बुर्जुआ मनुष्य में औसत समझ और शिक्षा होती है। वह संयमित, शांत व आज्ञाकारी व्यक्ति होता है और साथ ही समाज में सम्माननीय भी।

वह इस समझदार समाज का एक प्रमुख स्तंभ माना जाता है।

यद्यपि वह महान साहसिक कार्यों, महती उद्योग, बड़ी उपलब्धियों, अत्यंत कठिन परिस्थितियों इत्यादि से दूर रहता है।

बुर्जुआ के अनुसार, ये सभी लक्षण नायकों, बलिदानियों, अपराधियों, उत्साहियों, पतितों, बुद्धिमानों एवं अतिरंजित सद्गुणों—कुशलताओं तथा विचारोंवाले मनुष्यों के होते हैं।

बुर्जुआ तो केवल ऐसे मनुष्यों द्वारा किए गए कार्यों के फल का आनंद लेते हैं।

ये लोग अपने जीवन में कला, कविता, धर्म, प्रज्ञा व दर्शन, थोड़ी-थोड़ी मात्रा में रखते हैं।

इस प्रकार ये अपने आस-पास एक सुंदर, सजीला, रंगीन वातावरण बनाए रखते हैं।

इन्हें ऐसा कोई उद्योग या विचार रुचिकर नहीं लगता, जो इनके जीवन के 'परम उद्देश्य' से इन्हें दूर ले जाए।

धनोपार्जन, परिवार का पोषण, बच्चों को स्नातक अथवा स्नातकोत्तर तक शिक्षा दिलवाना, बच्चों के विवाहादि का प्रबंध, सेवा में उच्च पद प्राप्त करना, अतिसामान्य जीवन जीते हुए मृत्यु को प्राप्त हो जाना ही इनके जीवन के परम उद्देश्य हैं।

हमारी शिक्षा पद्धति एवं पाश्चात्य संस्कृति की ओर हमारा झुकाव, हमें बुर्जुआ ही बनाता है, यद्यपि हमारे भीतर कुछ है, जो हमें बार-बार यह स्मरण कराता है कि हम भी प्रचंड एवं दुर्जेय सामुराई हैं, क्षत्रिय हैं।

बुर्जुआ कदाचित् समाज को स्थिरता तो देते हैं; किंतु यह स्थिरता जीवंत न होकर, आलस्य व कायरता पर खड़ी होने के कारण जड़ता बन जाती है।

ऐसी जड़ता समाज में कोई क्रांतिकारी परिवर्तन नहीं ला सकती।

बुर्जुआ, देश की राजनीति को सुरक्षित एवं सम्माननीय तो बनाते हैं, किंतु वो देश को महान या स्वतंत्र नहीं बना सकते।

भारत देश, मनुष्य द्वारा उपार्जित किए गए उच्चतम आदर्शों का एक अद्भुत सम्मिश्रण था, जहाँ ब्राह्मणों ने निर्धन रहकर, अपनी इच्छाओं का दमन कर, निस्स्वार्थ भाव से ज्ञानार्जन तथा अध्यापन किया एवं अनुशासन से स्वयं को विकसित किया।

जहाँ क्षत्रियों ने युद्ध की भीषणता में भी जीवन के गीत से ताल मिलाई।

जिन्होंने सुखी जीवन, भार्या, संतान, भौतिक सुख, विश्राम इत्यादि को अपने क्षात्र धर्म, आत्मसम्मान व निर्बलों की रक्षा के राजधर्म के चलते विस्मृत कर दिया।

जहाँ वैश्यों ने, अपने जीवन की कुल जमा-पूँजी को जितने संघर्षों से अर्जित किया था, उतनी ही सरलता से देशहित में समर्पित भी कर दिया और कभी भी उस धन को

अपना न मानकर स्वयं को, केवल उस धन का प्रबंधक ही माना।

जहाँ शूद्रों ने बिना किसी अपेक्षा के स्वयं को सेवा के पथ पर समर्पित कर दिया।

अपने धर्म हेतु जीवन बलिदान करनेवालों में हमारे दलित सहोदरों ने अपना योगदान समय-समय पर दिया। यहाँ तक कि उन्होंने अपने उत्थान एवं उन्नति को भुलाकर समाज के निम्नतम स्तर पर जीना तक स्वीकार किया।

एक सहस्र वर्षों के यही सामाजिक आदर्श व मापदंड रहे थे। इन्हीं के चलते हमने इस्लामी आक्रांताओं को भारत में जमने नहीं दिया।

पर फिर स्वतंत्र भारत के साथ आए बुर्जुआ।

जहाँ उपेक्षाओं से आहत क्षत्रिय मृतप्राय: हो गए। उनकी जगह ली इन्हीं बुर्जुआ ने।

किंतु यदि समाज में शस्त्रधारी एवं राजनयिक ही न होंगे तो फिर ब्राह्मणों की पूछ भी कौन करता? साधु-संन्यासियों के ज्ञान की क्या महत्ता रह गई?

स्वतंत्र भारत को मनीषियों से अधिक क्लर्कों की आवश्यकता थी।

और यूँ हिंदू समाज, तेजस्वी ब्राह्मण, निर्भीक क्षत्रिय, उद्यमी वैश्य व सरल शूद्रों का समाज न रहकर गुलामों का, बाबुओं का समाज बन गया।"

भारतीय बुर्जुआ ने हिंदू जनजीवन को पूरी तरह संक्रमित कर दिया।

कहीं वो एक राजनेता के रूप में मिथ्या नारे लगाकर खुले में झूठ परोस रहे हैं, कहीं विश्वविद्यालयों में प्राध्यापक बने छात्रों को धर्मनिरपेक्षता व समाजवाद का विष पिला रहे हैं, कहीं बॉलीवुड के माध्यम से गंगा-जमुनी तहजीब का असत्य फैला रहे हैं, कहीं लाल फीताशाही में राज्य व्यवस्था को पंगु बनाकर बैठे हैं, तो कहीं खोखले इतिहासकार बन, दिल्ली सल्तनत एवं मुगल साम्राज्य के ऐतिहासिक असत्यों का आविष्कार व प्रचार कर रहे हैं।

बुर्जुआ ने सप्ताहांत की थीम पार्टियों, विदेश की यात्राओं, क्रिकेट में सट्टा लगाने जैसे रिक्त कलापों में डूब कर राष्ट्र के चरित्र निर्माण के कार्य को पूर्ण तिलांजलि दे दी है।

भारतीय बुर्जुआ ने हमारे महान धर्म के पवित्रतम संस्थानों—भारत की सेना और हिंदू आश्रम तथा मठ व्यवस्था तक को दूषित किया।

भारतीय सेना के हिंदू एवं सिख सैनिकों का 'शत्रुबोध' कभी परिभाषित ही नहीं हो पाया, क्योंकि हमारे धर्माचार्य एवं मठाधीश न कभी स्वयं समझ पाए और न ही कभी सैनिकों को समझा पाए कि हमारी संस्कृति एवं सभ्यता के वास्तविक शत्रु, जिहादी तथा मिशनरी एवं उन्हें वैचारिक शरण देनेवाले वामपंथी हैं।

अत: हम पाकिस्तान से लड़े तो सही, पर हमें यह बोध ही नहीं था कि हम एक देश से नहीं, वरन् एक विचारधारा से लड़ रहे हैं।

एक विचारधारा, जिसका एकमात्र लक्ष्य हमारे देश व धर्म का नाश कर, संपूर्ण विश्व का इस्लामीकरण करना है।

एक विचारधारा, जिसके वशीभूत उपमहाद्वीप के मुसलमान आज भी अपने मदरसों में अपने बच्चों के 'गजवा-ए-हिंद' का स्वप्न दिखाते हैं।

एक विचारधारा, जो पाकिस्तान को इस्लाम का किला मानती है, जहाँ से निपट मूर्ख व अनपढ़ जिहादी, पूरे भारतवर्ष के हिंदुओं का नरसंहार करने निकलेंगे।

इस हत्यारी विचारधारा का उत्तर देने के स्थान पर, हिंदू साधु-संन्यासी, समर्पण कर गए। स्वयं को तथा हिंदू समाज को बहला लिया कि कहीं कोई शत्रु है ही नहीं।

'वसुधैव कुटुम्बकम्', 'सारा विश्व मेरा परिवार है' के उच्च सत्य को गिरा कर हत्यारों को भी कुटुंब बताने लगे।

'एकम सत् विप्रम बहुधा वदंति' सत्य एक है, गुणी जन मार्ग भिन्न बताते हैं, जैसे विराट सत्य का दुरुपयोग कर, हमने अपराधियों के एक समूह को सत्य का स्तर दिया।

हमारे अधिकतर साधु संत, वेदांत के मनीषी बनने की अपेक्षा, नैतिक शिक्षक बन कर रह गए। वे ऋषि, जो अस्तित्व के गूढ़ रहस्यों को खोज कर हिंदू जीवन को सुगंधित करते थे, पता नहीं कहाँ खो गए।

हमारे आचार्यों की अध्यात्महीनता के कारण ही आज हिंदू स्वयं को एक अस्तित्वगत संकट में पाते हैं।

कृष्ण की भागवत पर कथाएँ होतीं हैं, कृष्ण की गीता कोई खोलकर नहीं पढ़ता। यद्यपि कृष्ण स्वयं कह गए थे, 'मैंने जैसा कहा है, वैसे करना। मैंने जो किया है, वैसे मत करना।'

हमने गीता पढ़ी व समझी होती तो हमारा शत्रु-बोध बिल्कुल स्पष्ट होता। हमने गीता पढ़ी होती तो जगदगुरु, वासुदेव, भगवान् श्रीकृष्ण स्वयं हमारा कर्तव्य पथ अपने श्रीवचनों से आलोकित करते। किंतु हिंदू गीता को भूल गए। धर्म-अधर्म का भेद करने की क्षमता हम खो चुके। हत्यारे हिंसकों के एक अराजक गिरोह को हमने धर्म का दर्जा देकर हमारे महान पुरखों के त्याग पर ही पानी फेर दिया।

धर्म विहीन समाज बनने के कारण यही दशा हमारी राजनीति की हुई।

राजनीति में भी अति सामान्य बौद्धिक स्तर के गांधी-नेहरू एवं उनके अनुयायियों ने अपनी कुबुद्धि व निजी महानता को स्थापित करने के लिए भारत का विभाजन न केवल स्वीकार किया, वरन् उसे बुरी तरह से बिगाड़ा भी।

पूजनीय बाबा साहेब आंबेडकर एकमात्र ऐसे नेता थे, जिन्होंने विभाजन के समय 'जनसंख्या के संपूर्ण विनिमय 'की पुरजोर माँग उठाई। किंतु नेहरू व गांधी ने उन्हें अनसुना कर दिया।

'47 के उस अधूरे विभाजन का दंश, हिंदू सत्तर वर्षों से झेल रहे हैं तथा आगे भी झेलेंगे।

मदरसे में शिक्षित, अबुल कलाम आजाद को भारत देश का प्रथम शिक्षा मंत्री बनाया गया।

शिक्षा मंत्री जैसे महत्त्वपूर्ण पद हेतु व्यक्ति विशेष की शैक्षणिक योग्यताओं एवं कुशलताओं पर किसी ने कोई प्रश्न भी नहीं खड़ा किया!

हमारे देश में पढ़ाया जानेवाला इतिहास, परतंत्रता के असत्य की भूमि पर खड़ा एक ऐसा गगनचुंबी भवन है, जिसके प्रत्येक कक्ष में मणों, असत्य साहित्य संगृहीत करके रखा गया है।

असत्यों का वह पुलिंदा, जिसे पढ़नेवाले हिंदू को स्वयं से केवल घृणा हो सकती है एवं वो भारत देश को ही निकृष्ट समझने लगेगा।

एक के बाद एक, पाँच मुसलमान शिक्षा मंत्रियों ने इतिहास का यह प्रदूषण जारी रखा, जबकि हिंदू बुर्जुआ किसी और ही गणित में डूबे थे।

आजाद से लेकर हुमायूँ कबीर, मुहम्मद चागला, फखरुद्दीन अली अहमद और नुरुल हसन ने भारत के शिक्षा मंत्रालय में अपनी मनमानी चलाते हुए, भारतीय इतिहास को असत्यों व कल्पनाओं की एक दुर्गंधयुक्त मरीचिका बनाकर रख दिया।

भारत की संसद में इस प्रकार के तर्क रखे व माने गए कि हमें मुसलमानों के क्रूर इतिहास को छुपाना चाहिए, जिससे कि इस देश में भाईचारा बना रहे। इन बौने नेताओं के अनुसार इतिहास भी सांप्रदायिक या धर्म निरपेक्ष होता है।[151]

यह तर्क देनेवाले बुर्जुआ हिंदू ही थे, जिन्होंने उस नपुंसक शांति का पथ चुना, जिसे कवच और शस्त्र धारण के संघर्ष से नहीं, बल्कि निर्लज्ज समर्पण से बुर्जुआ हिंदुओं पर थोपना चाहते थे।

बुर्जुआ बुद्धिजीवियों ने हिंदू आदर्शों के पतन के मूल्य पर वामी-इस्लामी प्रचार-प्रसार को भारतवर्ष पर हावी किया।

जैसे-जैसे बुर्जुआ सफल होते गए, हिंदुओं में बसा विचारक एवं योद्धा सुषुप्त होता गया।

बुर्जुआ रूढ़ियों पर जीवित रहते हैं, क्योंकि सत्य का पथ कठिन है एवं उस पथ पर जाने हेतु उच्च चरित्र, साहस एवं तीक्ष्ण बौद्धिक क्षमता का होना अनिवार्य है।

पाश्चात्य शिक्षा के प्रभाव से अपनी जड़ों को छोड़नेवाले बुर्जुआ, हमारे देश को जिहादियों एवं मिशनरियों द्वारा ग्रसने के षड्यंत्र में बहुत काम आए।

---

151. सुभद्रा जोशी, जे.एन.यू.; विश्वविद्यालय का निर्माण।

महादेव की कृपा से पाश्चात्य शिक्षा का प्रभाव हिंदुओं के एक विस्तृत वर्ग तक नहीं पहुँचा था।

कदाचित् यही बात हमारे लिए एक वरदान बन गई।

ग्रामीण एवं अर्ध-नगरीय क्षेत्रों ने अब भी हमें वो क्षत्रिय मिलते हैं, जिन्हें उचित नेतृत्व मिलने पर वो धर्म हेतु अपना बलिदान देने अथवा किसी के प्राण लेने में लेशमात्र भी समय नहीं लगाएँगे।

वे सरल हिंदू, जो अब भी स्वयं के सत्य को समझते और मानते हैं।

ये जागृत हिंदू, जो जीवन के प्रति आशान्वित हैं, जो कभी भी अकर्मण्यता के दास नहीं होंगे एवं मिथ्याचार के विष को मुँह नहीं लगाएँगे।

जो किसी भी परिस्थिति में अपने सनातन धर्म से विमुख होने की अपेक्षा, सब कष्ट सहकर मिट जाने को अपनी नियति मान लेंगे।

भाग चंद भील जैसे करोड़ों हिंदू, जो अपने पुरखों के हिंदू धर्म को अपनी छाती पर ढोएँगे, पर झुकेंगे नहीं।

जैसा कि हमारे पुरातन विचारकों का मत था कि सत्य पर पूरा ब्रह्मांड खड़ा रहता है, सत्य ही समस्त चराचर के जीवन का आधार है और असत्य में जीने से तो मर जाना ही अधिक श्रेयस्कर है।

शांति और सुरक्षा, किसी की स्वतंत्रता से अधिक महत्त्वपूर्ण है, यह एक झूठ है। बुर्जुआ इस झूठ को जीते हैं।

अत: वो हमारे धर्म पर अब्राहिमिक आक्रमण के विरुद्ध, क्षत्रियों द्वारा किए जाने वाले किसी भी प्रकार के प्रतिकार को रोकते हैं।

राजनीतिक बल व स्वतंत्रता के स्थान पर, सामाजिक तथा आर्थिक उन्नति अधिक आवश्यक है, यह भी एक घातक झूठ है, जिसे बुर्जुआ जीते हैं।

एक न्यायपूर्ण राजनीतिक व्यवस्था के अभाव में, उदासीन शासन एवं एक कामचलाऊ न्याय-व्यवस्था होगी, जिसे कुछ औसत लोग चला रहे होंगे।

अन्याय पर आधारित व्यवस्था की हर सामाजिक एवं आर्थिक उन्नति विनष्ट हो जाएगी।

हिंदुओं के लिए अच्छी बात यह है कि हमारे ऋषियों, मनीषियों ने किसी प्रकार हमारी प्राचीन परंपराओं को अत्याचारियों से सुरक्षित रख लिया एवं इस धरा पर महामनाओं का जन्म होता रहा।

इन परंपराओं के कारण हमें इस महान भूमि पर अपने अस्तित्व का बोध होता रहा।

स्वामी विवेकानंद का उल्लेख करते हुए महर्षि अरविंद लिखते हैं—

"भारतवर्ष में ब्रिटिश शासन, किसी पूरे देश को अपने वशीभूत करने का इतिहास में एक सफल उदाहरण है।

इसमें हमें इच्छाशक्ति के समाप्त होने के उपरांत भी जीवित रहने को बाध्य किया गया।

एक ऐसा मतिभ्रम, ऐसी माया हमारे मनोमस्तिष्क पर फैला दी गई कि हम उसके वशीभूत होकर मात्र कठपुतली बन गए।

और तब, ब्रह्मांड की माया रचनेवाली महाशक्ति ने भारत की आँखों पर अपना हाथ रखकर कहा, "जागो!"

बस तत्क्षण ही वो माया भंग हो गई, मन बंधनमुक्त हो गए तथा मृतात्मा पुनर्जीवित हो गई।

हिंदुओं की इसी आध्यात्मिक परंपरा के कारण आज भी कई महापुरुष हमें मार्ग दिखा रहे हैं।

स्वामी विवेकानंद :
योगी जिसने हिंदू धर्म को पुनर्जीवित किया

अब ये अच्छे के लिए हो या बुरे के, पर मध्यम वर्ग ही भारत का नेतृत्व कर रहा है और अब भारत को बचाने की लहर जब भी आएगी, मध्यम वर्ग से ही आएगी।

किंतु ये होने के लिए, मध्यम वर्ग में एक बड़ा परिवर्तन आना आवश्यक है।

मध्यम वर्ग से ही बुर्जुआ की उत्पत्ति होती है, और इस परिवर्तन के पश्चात् मध्यम वर्ग से ही सामुराई योद्धाओं की उत्पत्ति होगी।

और वह परिवर्तन यह है—मध्यम वर्ग को अभिजात्य वर्ग बनना होगा।

मध्यम वर्ग को क्षत्रिय पैदा करने होंगे।

और यह रूपांतरण, जन्म-उत्तराधिकार-ज्ञान-धन-व्यवसाय इत्यादि के आधार पर नहीं, वरन् चरित्र एवं कर्म के आधार पर होगा।

भारत को आत्मबलिदान, साहस एवं उच्च लालसाओं की परिपाटी को पुनर्जीवित करना होगा।

इस धरा पर हम सर्वाधिक भाग्यवान हैं, जो महान क्षत्रिय परंपराओं के वंशज हैं।

वे क्षत्रिय, जिन्होंने बिना पलक झपकाए, साक्षात् मृत्यु की आँखों में झाँका।

वे क्षत्रिय जिन्होंने अपनी स्त्रियों, भूमि एवं ईश्वर की रक्षा हेतु भीषण युद्ध किए।

वे क्षत्रिय, जो केवल एक जाति नहीं हैं, वरन् सत्य और स्वतंत्रता हेतु लड़ने का पूरा दर्शन हैं।

वे क्षत्रिय, जिन्होंने भयंकर विपन्नता की स्थिति में भी राष्ट्र व धर्मनिष्ठा का हाथ नहीं छोड़ा।

वे क्षत्रिय, जिनके लिए साहस एवं बलिदान विनिमय के आदर्श नहीं थे।

वे क्षत्रिय, जो हिंसा के तांडव के बीच भी सौंदर्य एवं कला के संरक्षक थे।

जीवन के सत्य अत्यंत सरल हैं, यदि हम पूरी सत्यनिष्ठा व प्रज्ञा से उन्हें जिएँ।

जैसे-जैसे सभ्यताओं का यह संघर्ष अपने अंतिम और सबसे महत्त्वपूर्ण चरण में पहुँच रहा है, हिंदुओं के जीवित रहने का केवल एक ही मार्ग है—

समाज से बुर्जुआ मानसिकता का संपूर्ण नाश,

तथा सामुराई, अर्थात् क्षत्रियों का पुनर्जन्म।

हिंदू समाज को संगठित होकर हमारे महान पूर्वज क्षत्रियों की भाँति आगे बढ़कर विधर्मी राक्षसों एवं वामपंथी विचारधारा से लड़ते हुए उन्हें आर्थिक, भौतिक एवं नैतिक रूप से नष्ट करना ही होगा। कोई 'सद्‌गुण विकृति' अबकी बार राष्ट्र व धर्म के रक्षकों के आड़े नहीं आनी चाहिए।

काल ने हमारी पीढ़ी को यह स्वर्णिम सुअवसर दिया है कि हमारे पुरखों की हत्यारी विचारधारा का बीजनाश हमारे हाथों से हो।

प्रात: स्मरणीय छत्रपति शिवाजी महाराज

छत्रपति शिवाजी महाराज ने देह छूटने के समय अपने सामंतों को जो आशीर्वचन कहे थे, वे हर हिंदू को अपने चित्त में स्थापित कर लेने चाहिएँ—

"आम्ही जातो, आमचा काल झाला।
तूम्ही सप्तसिंधू यवनांच्या हातून मूक्त करा।
काशीचा श्री विश्वेश्वर सोडवा,
बारा ज्योतिर्लिंग या यवनांच्या हातून मूक्त करा।
हिंदवी स्वराज्यात आणात। चूकूर होऊ नका।"

अर्थात्—

“मैं चलता हूँ, मेरा काल आ गया है।
तुम सप्तसिंधु को यवनों से मुक्त कर,
काशी तथा बारह ज्योतिर्लिंगों की रक्षा कर,
हिंदवी स्वराज्य स्थापित करना।
इस लक्ष्य में कोई चूक नहीं हो।”

क्या हिंदू समाज अपने सेनापति के अंतिम आदेश की पूर्ति के लिए संकल्पवान है?

क्या हम हिंदू धर्म रक्षा के लिए स्वयं की बलि देने को तत्पर हैं?

हिंदवी स्वराज्य की स्थापना होने तक रुकना नहीं है।

इस बार की हिंदू विजय अंतिम होगी।

यही मेवाड़ के उन महान महाराणाओं को सच्ची श्रद्धांजलि होगी, जो हमें स्वर्ग से देख रहे हैं।

इस प्रण के साथ यह पुस्तक हम उन देवपुरुषों के चरणों में रखते हैं—

‘न कभी भूलेंगे, न कभी क्षमा करेंगे।’

हर-हर महादेव!

□

चित्तौड़ का तीसरा साका

सिसक रही मेवाड़ धरा तुर्कों के अत्याचार तले,
अकबर विनाश बन कर आया संकल्प लिये चित्तौड़ जले,

संख्या का गणित सामंतों ने, उदय और प्रताप को समझाया,
निज प्रजा भार तब राणा जी, जयमल पत्ता पर छोड़ चले,

लाया म्लेच्छ सेना अपार, एकाकी दुर्ग गिराने को,
जयपुर का राजा आन मिला, रजपूती रक्त बहाने को,

चार माह संघर्ष चला, मेवाड़ हठी पर आन डटे,
अकबर के मन में क्रोध पला, स्वातंत्र्य वीर पीछे न हटे,

बरसा बारूद-तोपें तुर्की, जो दृढ़ प्राचीर गिराती थीं,
अगले दिन ही वह भागखंड, पुनर्निर्मित हो पाती थीं,

जब न्यून हुए भोजन-पानी, मेवाड़ी जनता ने ठानी,
अब साका-जौहर करना है, सिर ऊँचा रख कर मरना है,

हिंदू वीरों का रक्त पान, काली के खप्पर में होगा,
रण की वेदी पर शीश दान, शिव के त्रिशूल सम्मुख होगा,

प्रांगण में हिंदू मानस के, रणचंडी बढ़-चढ़ कर नाची,
ब्राह्मण-क्षत्रिय-वैश्य-शूद्रों ने, अपनी अंतिम गीता बाँची,

मीठे संबंध भी हुए क्षीण, जब काल चढ़ गया माथे पर,
कोमल तन-मन पाषाण हुए, परिजन की चिता सजा निज कर,

पतियों-बापों ने अग्नि दी, तुम चलो मैं पीछे आता हूँ,
असुरों को हिंदू मानस का, प्रतिशोध आज दिखलाता हूँ,

न पीड़ा थी न क्लेश कोई, सब कुछ भय-शंकाहीन हुआ,
मृत्यु के उस आलिंगन में, मन देश व काल-विहीन हुआ,

अग्नि-लपटों में धधक-धधक, जौहर की वेदी चमक उठी,
हाड़ और मांस की भेंट लिये, हर हिंदू बाला दहक उठी,

प्राणों के बंधन टूट गए, रण-योद्धा जीवन-मुक्त हुए,
निज पर के सारे भेद मिटे, जीवन-मृत्यु संयुक्त हुए,

हर वीर चिता सम्मुख बैठा, पीने को मौन अग्नि वेदना,
जौहर अंगारों में स्तब्ध, हुई विगत स्मृति से सब चेतना,

जौहर की रात विलक्षण थी, न दुःख था नहीं कोई विलाप,
पुरुषों की सेना आतुर थी, रणचंडी से करने मिलाप,

कर में कृपाण मुँह में बीड़ा, मल चिता-भस्म विस्मृत पीड़ा,
सिर केसरिया थे पैर नग्न, अब हुआ चित्त काली निमग्न,

जयमल कंधे पर कल्ला के, अति प्रेम सहित आरूढ़ हुए,
मृत्यु का तांडव देख-देख, मुगली कर्तव्य-विमूढ़ हुए,

चारों हाथों में खड्ग लिये, तुर्कों को जी भर कर काटा,
और हनुमान से भैरव पोल, का मार्ग शवों से था पाटा,

फिर पाँच तत्त्व के पिंजरे में, कहीं तीर-कटार-तलवार लगी,
कट-फट कर दोनों खेत रहे, बलिदानी जोत अखंड जगी,

अंतिम पंक्ति भी टूट पड़ी, पत्ता ने हाथी गिरा दिए,
रख प्राण हथेली जो खेले, मुगलों के प्राण ही सुखा दिए,

आया अकबर गज पर सवार, कुचला पत्ता को पटक-पटक,
क्षत-विक्षत मुख से अट्टहास, इक वार में दिया शीश झटक,

शाही सेना का नाश देख, अकबर क्रोधित हो पगलाया,
दंडित करने निर्दोष प्रजा, ढेर नरमुंडों का लगवाया,

थे देख रहे प्रताप विवश, दूरी से अपने लोगों को,
जौहर का धुआँ काट रहा, राणा के बोझिल तन-मन को,

चित्तौड़ दुर्ग का नरसंहार, जब समाचार बन कर पाया,
राणा की तपती आँखों में, पीड़ा का रक्त उभर आया,

बोले हैं साक्षी महादेव, इस हत्या का लूँगा प्रतिकार,
है शपथ जलाए बच्चों की, यवनों का होगा नरसंहार,

घाटी दिवेर में राणा ने, बलिदानों का प्रतिशोध लिया,
मेवाड़ रिक्त कर मुगलों से, पत्ता जयमल तर्पण भी किया,

चित्तौड़ के जौहर-साका ने, मेवाड़-भूमि को अमर किया,
धर्म और मान की रक्षा में, जन-जन ने कैसा समर किया,

हे हठी वीर सबला नारी, तुम मिटे तथापि झुके नहीं,
आशीष हमें दो स्वर्गों से, यह सत्य सनातन रुके नहीं।

□

संदर्भ ग्रंथ-सूची

- *वीर विनोद*, श्यामलदास दधवाड़िया
- *मेवाड़ के महाराणा और शहंशाह अकबर*, राजेंद्र शंकर भट्ट
- *उदयपुर राज्य का इतिहास*, गौरीशंकर हीरचंद ओझा
- द *दिल्ली सल्तनत*, आर.सी. मजूमदार
- द *बाबरनामा*, बाबर, अनुवादक : व्हीली एम. थाक्सटॉन
- *एनल्स ऐंड एंटीक्विटीज ऑफ राजस्थान*, कर्नल जेम्स टॉड
- *वीर शिरोमणि महाराणा प्रताप*, गौरीशंकर हीरचंद ओझा
- *हीरोइक हिंदू रेजिस्टेंस टू मुसलिम इनवेडर्स*, सीताराम गोयल
- *महाराणा प्रताप और सोलहवीं शताब्दी का मेवाड़*, सज्जन सिंह राणावत और प्रो. के.एस. गुप्ता
- *अमरकाव्यम्*, रणछोड़ भट्ट तैलंग
- *राजप्रशस्ति*, रणछोड़ भट्ट तैलंग
- *वॉर स्ट्रैटजी ऑफ महाराणा प्रताप*, प्रो. एल.पी. माथुर
- *इंडियन रेजिस्टेंस टू मुसलिम इनवेडर्स अपटू 1206 एडी*, डॉ. राम गोपाल मिश्र
- *महाराणा राज सिंह और औरंगजेब*, राजेंद्र शंकर भट्ट
- *वंश भास्कर*, सुरल मल मिश्रण
- *सिक्स गोल्डेन पेज इन द हिस्टरी ऑफ भारत : वी.डी. सावरकर*, अनुवाद : वैशाली बोरकर
- *महाराणा प्रताप*, भवन सिंह राणा
- हिस्टरी ऑफ द मुगल डायनेस्टी इन इंडिया : फ्रॉम इट्स फाउंडेशन बाई तैमूरलंग इन द इयर 1399 टू द एक्सेशन ऑफ औरंगजेब इन द इयर 1657
- *अकबर अबाउट*, निकोलाओ मानुची
- द *नवरोज इंसीडेंट*, सुरन्या सेनगुप्ता
- *बीकानेर म्यूजियम*
- *जयपुर म्यूजियम*
- *सैफ्रॉन सोर्ड्स*, मानुषी सिन्हा
- *एमिनेंट हिस्टोरियन*, अरुण शौरी
- *इसलामिक जिहाद : अ लीगेसी ऑफ फोर्सेड कन्वर्जन इंपेरियलिज्म ऐंड सलेवरि*, एम.ए. खान
- *सल्तनत काल में हिंदू प्रतिरोध*, अशोक कुमार सिंह
- *मुंतखाब-उत-तवारिख*, अब्द अल-कादिर बदायूँनी
- *अकबरनामा*, अबुल-फजल इब्न मुबारक

□□□